Georgian

A Learner's Grammar

Georgian

A Learner's Grammar

George Hewitt

London and New York

First published 1996
by Routledge
11 New Fetter Lane, London EC4P 4EE

Simultaneously published in the USA and Canada
by Routledge
29 West 35th Street, New York, NY 10001

Typeset in Times Ten
Florencetype Ltd, Stoodleigh, Devon

Printed and bound in Great Britain by Clays Ltd, St Ives PLC

British Library Cataloguing in Publication Data
A catalogue record for this book is available from the British Library

Library of Congress Cataloguing in Publication Data
A catalogue record of this book has been requested.

ISBN 0-415-10273-1 (paperback)
ISBN 0-415-13324-6 (hardback)

This book is humbly dedicated to the
memory of Ak'ak'i Shanidze (1887–1987),
who laid the foundations of
modern Georgian grammar

ეს წიგნი დიდი მოწიწებით ეძღვნება თანამედროვე
ქართული გრამატიკის ფუძემდებლის,
პროფ. აკაკი შანიძის (1887–1987),
ნათელ ხსოვნას

Contents

Introduction

The now independent Republic of Georgia incorporates the homeland of three of the four Kartvelian peoples: the Georgians proper, the Mingrelians and the Svans – the fourth people are the Laz, who live almost exclusively in modern-day Turkey. Each of these peoples have their own language, and the only two of the Kartvelian (or South Caucasian) family which are close enough to be mutually intelligible are Mingrelian and Laz; the family has not been conclusively demonstrated to be related to any other language or language-family spoken either today or in the past. Within Georgia all Mingrelians and Svans since c. 1930 have been classified collectively as 'Georgians', which means that all censuses conducted since that time have been fundamentally flawed. The 'Georgian' population of Georgia from the last Soviet census of 1989, namely 3,787,393 (equivalent to 70.1 per cent of Georgia's total population), conceals up to perhaps one million Mingrelians and around 50,000 Svans (plus 3,000 speakers of a North Central Caucasian language called Bats). Georgian is the only Kartvelian language to be written and taught – all Svans and most Mingrelians are schooled in Georgian and use it (or Russian) as their literary language.

Georgia's conversion to Christianity dates from the early fourth century, and it is thought that the first Georgian script was probably devised around 400 AD in order to facilitate the dissemination of Christian literature. Georgian thus has a rich literature spanning some 15 centuries. Since its adaptation to a written form Georgian has progressed through three alphabets. The one in use today is called მხედრული *Mxedruli.* It is quite simple to learn, and, once learnt, the spelling is straightforward, for each letter has its own pronunciation, and each sound always corresponds to the same letter – in other words, the script is what is technically known as fully phonemic. There are no capital letters to worry about!

How to use this course

For those unaccustomed to learning a new script and who wish to make a start on the language while easing themselves into the alphabet the grammatical sections of the first three lessons are presented exclusively in transliteration, whilst the Georgian script is used in one exercise (სავარჯიშო *savarǰišo*) in Lesson 1, in two in Lesson 2, and in all relevant exercises from Lesson 3.

Use of hyphens and bold

Where words can be easily split into smaller meaningful units, these divisions are indicated by hyphens in the first three lessons, simply to give the reader some idea of the structure of words. Those who find these hyphens distracting should simply ignore them, just as those who wish to use the Georgian script from the very start can engage in extra exercises by transliterating the relevant words into Georgian script. In subsequent lessons verb roots are always given in bold type in the vocabularies, and hyphens are often used as well to illustrate the internal structure of these verbal forms. Neither bold type nor hyphens are used in the dialogues employing the Georgian script, where all Georgian words appear as they are written in the standard orthography.

Georgian is not an easy language, as the reader will soon come to appreciate. The central problem is the verb, which is almost certain to exceed in complexity anything that most learners will have experienced before. The difficulties arise not only because of the number of elements that the verb can accommodate (each with its own contribution to the overall meaning), but also because of the high incidence of exceptions to general rules, all of which adds to the memory load on the part of the learner and to the space allotted to lists of verb forms in grammars such as this! Those who enjoy a challenge should therefore derive much enjoyment from tackling the lessons that follow.

The twenty lessons that comprise this language course present a fully comprehensive picture of the Georgian language – nothing essential has been omitted, though, given the limitations on space, much has had to be treated in a rather cursory fashion. Those who complete this course should, therefore, be in an excellent position to develop and widen their skills in the full knowledge that no major nasty surprises will be lying in wait to trip them up.

Structure of the lessons

I have tried to introduce most of the details concerning non-verbal problems in the first half of the book, concentrating on the verb in the latter half. This is why, for example, we shall not learn how to construct expressions such as '*I love*', '*I want*', '*I have*', '*I like*' etc. until Lesson 13. The dialogues up to and including Lesson 10 tend to be rather short, whereas from Lesson 11 they start to become longer, and because of this each such lesson has only three dialogues. The exception is Lesson 20, where an extra dialogue is incorporated simply to demonstrate the layout of a letter written in Georgian. Certain information is included in the lessons for the sake of completeness; readers may wish to skip over this and return to it at their leisure when the whole grammar has been completed and assimilated (for example, the full range of participles described in Lesson 17 or the patterns of word-formation listed in Lesson 19). It should not be assumed that all lessons have the same degree of difficulty or that they can all be mastered in the same amount of time. The learner must take each lesson as it comes and should not try to rush forward before feeling fully confident about those areas of grammar already covered.

For technical reasons, the ordering of items in the vocabularies to the dialogues follows the pattern:

1	2
3	4
5	6

rather than the more usual:

1	4
2	5
3	6

Further reading

It would be nice to be able to recommend both a Georgian reader and a good Georgian–English dictionary that could be used in conjunction with this grammar. However, the former simply does not exist, though the present author is in the final stages of preparing one (A Georgian Reader, SOAS, 1995), whilst of the few Georgian–English (or English–Georgian) dictionaries that have been published none can be judged to be entirely satisfactory. For those with a knowledge of German, Kita Tschenkéli's *Georgisch–Deutsches Wörterbuch* (in three parts, 1965, 1970, 1974, Amirani Verlag, Zürich, Switzerland) is a must. Equally the *Georgisch–Russisch–Deutsches Gesprächsbuch* (1987, Ganatleba, Tbilisi, Georgia) by N Nadareishvili, E Babunashvili and Heinz Fähnrich would prove a most valuable acquisition, if indeed a copy could be located. Other grammatical studies that may be of use are Kita Tschenkéli's *Einführung in die georgische Sprache* (2 volumes, Amirani Verlag, 1958) and Howard Aronson's *Georgian: A Reading Grammar* (Slavica, Columbus, Ohio, USA, 1982; reprinted 1990). The present author's forthcoming structural (reference) grammar (John Benjamin, 1995) should also be helpful.

The Georgian alphabet

In case the learner should need to consult the older writing systems at some future stage, all three Georgian scripts are set out below. The only one that we shall be learning is the third. Though this script possesses equivalents to all of the characters of its predecessors, five of the characters, given in brackets, are no longer in use today.

The three scripts of Georgian

Mrg(v)lovani	Ⴀ	Ⴁ	Ⴂ	Ⴃ	Ⴄ	Ⴅ	Ⴆ	Ⴡ	Ⴇ
K'utxovani	ⴀ	ⴁ	ⴂ	ⴃ	ⴄ	ⴅ	ⴆ	ⴡ	ⴇ
Mxedruli	ა	ბ	გ	დ	ე	ვ	ზ	(ჱ)	თ
Transcription	a	b	g	d	e	v	z	(ey)	t
Mrg(v)lovani	Ⴈ	Ⴉ	Ⴊ	Ⴋ	Ⴌ	Ⴢ	Ⴍ	Ⴎ	Ⴏ
K'utxovani	ⴈ	ⴉ	ⴊ	ⴋ	ⴌ	ⴢ	ⴍ	ⴎ	ⴏ
Mxedruli	ი	კ	ლ	მ	ნ	(ჲ)	ო	პ	ჟ
Transcription	i	k'	l	m	n	(y)	o	p'	ž
Mrg(v)lovani	Ⴐ	Ⴑ	Ⴒ	Ⴣ	Ⴓ	Ⴔ	Ⴕ	Ⴖ	Ⴗ
K'utxovani	ⴐ	ⴑ	ⴒ	ⴣ	ⴓ	ⴔ	ⴕ	ⴖ	ⴗ
Mxedruli	რ	ს	ტ	(ჳ)	უ	ფ	ქ	ღ	ყ
Transcription	r	s	t'	(wi)	u	p	k	ġ	q'
Mrg(v)lovani	Ⴘ	Ⴙ	Ⴚ	Ⴛ	Ⴜ	Ⴝ	Ⴞ	Ⴤ	Ⴟ
K'utxovani	ⴘ	ⴙ	ⴚ	ⴛ	ⴜ	ⴝ	ⴞ	ⴤ	ⴟ
Mxedruli	შ	ჩ	ც	ძ	წ	ჭ	ხ	(ჴ)	ჯ
Transcription	š	č	c	j	c'	č'	x	(q)	ǰ
Mrg(v)lovani	Ⴠ	Ⴥ							
K'utxovani	ⴠ	ⴥ							
Mxedruli	ჰ	(ჵ)							
Transcription	h	(o:)							

The glottal stop

The only general problem readers may experience will be with those sounds which are glottalised: a feature that lends a special sort of sharpness to the pronunciation. The feature approximates to the abrupt closing and opening of the vocal cords which produces the glottal stop, which is equivalent to the sound Cockneys make for the double *tt* in words like *bottle*. Glottalisation is represented in this course, as in the transcription of other languages, by an apostrophe following the letter concerned.

We shall now go through the 33 letters of the modern alphabet (ანბანი *anbani*) letter-by-letter, defining each by form, name and pronunciation.

Mxedruli script	*Approximate pronunciation*
ა (ანი ani),	as English short *a* in *hat*
ბ (ბანი bani),	as English *b*

გ (განი gani),	as English *g*
დ (დონი doni),	as English *d*
ე (ენი eni),	as short open English *e* in *pet*
ვ (ვინი vini),	as English *v*
ზ (ზენი zeni),	as English *z*
თ (თანი tani),	as English *t*
ი (ინი ini),	as short English *i* in *hit*
კ (კანი k'ani),	as English *k,* but glottalised
ლ (ლასი lasi),	as English *l*
მ (მანი mani),	as English *m*
ნ (ნარი nari),	as English *n*
ო (ონი oni),	as short English *o* in *hot*
პ (პარი p'ari),	as English *p,* but glottalised
ჟ (ჟანი žani),	as the letters *si* in *vision*
რ (რაე rae),	as the rolled *r* heard in Scottish English
ს (სანი sani),	as soft *s* of English *hiss*
ტ (ტარი t'ari),	as English *t,* but glottalised
უ (უნი uni),	similar to *oo* in English *hook*
ფ (ფარი pari),	as English *p* in *pot*
ქ (ქანი kani),	as English *k* in *kit*
ღ (ღანი ġani),	as the *ch* sound in the Scottish pronunciation of the word *loch* but voiced
ყ (ყარი q'ari),	as English *k,* but articulated further back in the mouth against the soft palate and glottalised. Learners will need to pay special attention to the pronunciation of this sound, which is often accompanied by strong friction. Once the pronunciation of the tongue-twister:

ბაყაყი	მყაყე	წყალში	ყიყინებს
baq'aq'i	mq'aq'e	c'q'alši	q'iq'inebs

The frog is croaking in the stagnant water

is mastered, readers will be able to articulate any Georgian word with ease!

შ (შინი šini),	as English *sh* in *shirt*
ჩ (ჩინი čini),	as English *ch* in *church*
ც (ცანი cani),	as English *ts* in *pits*
ძ (ძილი jili),	as English *dz* in *adze*
წ (წილი c'ili),	as *ts* in *pits,* but glottalised
ჭ (ჭარი č'ari),	as *ch* in *church,* but glottalised
ხ (ხანი xani),	as the *ch* sound in the Scottish pronunciation of the word *loch*
ჯ (ჯანი ǰani),	as English *dge* in such words as *edge*
ჰ (ჰაე hae),	as English *h*

Apart from the glottalised sounds in general and *q'ari* in particular, the pronunciation of individual sounds should present few difficulties. However, learners should be aware that a characteristic of Georgian is long sequences of consonants, especially at the start of words, e.g. გნდე gnde *edge (of knife), corner (of plank)*, თრთვილი trtvili *frost*, მღვდელი mġvdeli *priest*, წყვდიადი c'q'vdiadi *thick darkness*, ჟღმურტლი žġmurt'li *fine, misty rain*, ჟღვლემ žġvlem *you knead coarsely*, ჭყვლეპავ č'q'vlep'av *you squeeze* (e.g. vegetable pulp) *with the hand*, წკნდება/დამწკნდარა c'k'ndeba/damc'k'ndara *(liquid) becomes/apparently became clear*, მწვრთნელი mc'vrtneli *trainer*, გვფრცქვნი gvprckvni *you peel us*, ანჩხლს ančxl*s to the hot-tempered one*, and so on.

Remember that Georgian has no long vowels. When a group of vowels occur together, they are pronounced separately, as described above. This means that any given word will consist of the same number of syllables as the number of vowels that it contains, for example:

მეექვსე	meekvse	*sixth* has three syllables
გააადვილებს	gaaadvilebs	*X will facilitate Y* has five syllables
ნაიალაღარი	naialaġari	*having returned from summer pasture in the mountains* has six syllables

Notes on stress

As regards the placement of stress (the syllable to be emphasised), the rule for words of two or three syllables is easy – stress falls on the first syllable, e.g. კატა k'á/t'a *cat*, დათვი dátvi *bear*, ატამი át'ami *peach*, წითელი c'îteli *red*. In words of four syllables or more, however, the stress is not so straightforward. In general the last but two syllable will continue to carry the stress, e.g. დაბადებული dabadébuli *(having been) born*, დამალული damáluli *(having been) hidden*, ოხრახუში oxráxuš*i parsley*, ოხშივარი oxšîvari *steam*, მამასახლისი mamasáxlisi *village-/family-headman*, მდგომარეობა mdgomaréoba *situation*. However, some words of more than three syllables have the stress on the first syllable, e.g. ორიოდე/სამიოდე óriode/sámiode *about 2/3 (etc.)*, კილოკავი k'îlok'avi *dialect*, დანარჩენი dánarčeni *remainder*, ყავარჯენი q'ávarjeni *walking-stick*.

A precise explanation of fluctuation in stress placement is yet to be defined, and so again particular attention should be paid to this feature when listening to spoken Georgian.

Most surnames of Georgians proper (i.e. not Mingrelians or Svans) end in -შვილი -švili *child* or -ძე -je *son* (or *heir*). Surnames of the first type are stressed on the first vowel of the ending, as though this were an independent word (e.g. ყარყარაშვილი q'arq'arašvîli, ჩუბინაშვილი čubinašvîli). Those of the second type carry stress on the penultimate syllable (e.g. შანიძე šanîje, შევარდნაძე ševardnáje).

Handwritten script

In order that readers may have an idea of what handwritten Georgian looks like, some pages from Varlam Topuria's ქართული წერის დედანი kartuli c'eris dedani *Original(s) of Georgian Writing* (1971, Tbilisi) are reproduced below. Learners must pay special attention to the variants that exist for the four letters: დ d, ლ l, ო o and რ r. Be careful not to confuse the variant-l with ღ ġ or either form of დ d. Be careful also not to confuse the variant-r with ხ x.

The sample handwritten text can now be seen on p. 11 as it would appear in printed form, followed by a transliteration and then its English translation:

ზამთარი მიდის

ძალიან გაჯიუტდა ზამთარი. აღარ აპირებდა წასვლას. მაგრამ მზემ თავისი გაიტანა. თბილი სხივები უხვად გამოუგზავნა დედამიწას და თოვლი სულ დაადნო. მზემ გაათბო მინდორ-ველიც. დედამიწიდან ამოდიოდა ბალახი, ყვავილი, ჯეჯილი ...

ყველას უხაროდა გაზაფხულის მოსვლა.

zamtari midis

jalian gaǰiut'da zamtari. aġar ap'irebda c'asvlas. magram mzem tavisi gait'ana. tbili sxivebi uxvad gamougzavna dedamic'as da tovli sul daadno. mzem gaatbo mindor-velic. dedamic'idan amodioda balaxi, q'vavili, ǰeǰili ...

q'velas uxaroda gazapxulis mosvla.

Winter departs

Winter became very obstinate. It no longer intended to depart. But the sun did its thing. Liberally it sent warm rays to the earth and completely melted the snow. The sun warmed the meadow(s and) field(s). From the earth there began to rise grass, flower(s), young corn ...

Everyone rejoiced at the coming of spring.

George Hewitt
Reader in Caucasian Languages
School of Oriental and African Studies,
University of London

ა აააა

ბ ბბბ

გ გგგ

დ დდდ

=

დდ

ე ეეე

ვ ვვვ

ზ ზზზ

თ თთთ

ი იიიი

კ კკკ

ლ ლლ

=

ლლ

მ მ მმმ

ნ ნ ნნნ

ო ო ოოო

პ პ პპპ

ჟ ჟ ჟჟჟ

რ რ რრრ

ს ს ააა

ტ ტ ტტტ

უ უ უ უუუ

ფ ფ ფ ფფფ

ქ ქქქ

ღ ღღღ

ყ ყყყ

შ შშშ

ჩ ჩჩჩ

ც ციც

ძ ძძძ

წ წწწ

ჭ ჭჭჭ

ხ ხხხ

ჯ ჯჯჯ

ჰ ჰჰჰ

ზამთარი მიდის

ძალიან გაჯიუტდა ზამთარი. აღარ აპირებდა წასვლას. მაგრამ მზემ თავისი გაიტანა. თბილი სხივები ისევ გამოუგზავნა დედამიწას და თოვლი სულ დაადნო. მზემ გაათბო მინდორ-ველი. დედამიწიდან ამოდიოდა ბალახი, ყვავილი, ჯეჯილი...

ყველას უხარია გაზაფხულის მოსვლა.

Lesson 1

In this lesson you will learn about:

- Some formal and informal methods of introducing yourself and others
- The nominative case of nouns
- Adjective agreement with nominative nouns
- The formation of adverbs
- Asking questions (including some formal set expressions)
- Some locative expressions
- The personal pronouns, possessive pronouns and adjectives
- The present tense forms of the verbs *to be, come/go, run, be sitting, standing, lying*

Dialogue 1

Zurab (m) and Maia (f) are friends and use the informal mode of address

MAIA: dila mšvidob-isa, zura(b)! ra cud-i amind-i-a!
ZURAB: ga-marǯ-oba, maia, rogora x-a-r? sad mi-di-x-a-r?
MAIA: madl-oba, k'arg-ada v-a-r. kalak-ši mi-v-di-v-a-r.

MAIA: *Good morning, Zurab! What bad weather it is!*
ZURAB: *Hello, Maia, how are you? Where are you going?*
MAIA: *Thanks, I am well. I am going to town.*

Vocabulary

Note: elements in square brackets are not actually pronounced or written but are included to help readers understand the structure of the relevant sentences.

Vocabulary

dila	*morning*	mšvidob-isa	*of peace*
ra	*what* (+ adj.)	cud-i	*bad*
amind-i	*weather*	-a	*it is*
rogor(a)?	*how?*	x-a-r	*you are*
sad?	*where?*	mi-di-x-a-r	*you go*
madl-oba	*thanks*	k'arg-ad	*well*
v-a-r	*I am*	kalak-i	*town*
-ši	*in, to, into*	mi-v-di-v-a-r	*I go*

Dialogue 2

Irak'li (m) and Natela (f) use the formal mode of address

IRAK'LI: ga-marǰ-oba-t, natela!
NATELA: ga-g-i-marǰ-o-t, irak'li! sad mi-di-x-a-r-t?
IRAK'LI: sk'ola-ši mi-v-di-v-a-r. mama rogora-a?
NATELA: k'arg-ad. mšobl-eb-i sad a-r-i-an?
IRAK'LI: saxl-ši a-r-i-an. dġe-s ar mi-di-an kalak-ši.

IRAK'LI: *Hello, Natela!*
NATELA: *Hello to you, Irak'li! Where are you going?*
IRAK'LI: *I am going to school. How is (your) father?*
NATELA: *Well. Where are (your) parents?*
IRAK'LI: *They are at home. They are not going to town today.*

Vocabulary

sk'ola	*school*	mama	*father*
mšobl-eb-i	*parents*	a-r-i-an	*they are*
saxl-i	*house*	dġe-s	*today*
ar	*not*	mi-di-an	*they go*

Dialogue 3

A foreigner approaches a Georgian on the streets of Tbilisi and addresses him in the polite form

FOREIGNER: uk'acrav-ad, tkven kartv-el-i xom ar brjan-d-eb-i-t?
GEORGIAN: diax, me kartv-el-i g-a-xl-av-[v-]a-r-t.
FOREIGNER: ra k'arg-i! me inglis-el-i g-a-xl-av-[v-]a-r-t, da es čem-i col-i g-a-xl-av-t.

Georgian: jalian sasiamovno-a. sad mi-brjan-d-eb-i-t?
Foreigner: cent'r-ši mi-v-di-v-a-r-t, magram sad a-r-i-s, net'av?!

Foreigner: *Excuse me, you wouldn't be a Georgian, would you?*
Georgian: *Yes, I am a Georgian.*
Foreigner: *Great (= How good). I am English, and this is my wife.*
Georgian: *It is a great pleasure [to meet you]. Where are you going?*
Foreigner: *We are going to the centre, but where is it, pray?!*

Vocabulary

uk'acrav-ad	*excuse [me/us]*	tkven	*you (pl.)*
kartv-el-i	*Georgian (person)*	xom	*speech element indicating a tag-question*
diax	*yes*		
inglis-el-i	*English (person)*	me	*I*
es	*this (one)*	da	*and*
col-i	*wife*	čem-i	*my*
sasiamovno	*pleasant*	jalian	*very*
cent'r-i	*centre*	mi-brjan-d-eb-i-t	*you go*
net'av	*pray*	magram	*but*

Greetings and introductions

Very polite	*Formal*		*Informal*
	dila mšvid-ob-isa-t! *Good morning!*		dila mšvid-ob-isa!
	ga-marǰ-oba-t! *Hello!*		ga-marǰ-oba!
	ga-g-i-marǰ-o-t! *Hello to you!*		ga-g-i-marǰ-o-s!
rogor brjan-d-eb-i-t? *How are you?*	rogora x-a-r-t?		rogora x-a-r?
me g-a-xl-av-[v-]a-r-t *I am*		me v-a-r	
es g-a-xl-av-t *This is*		es a-r-i-s	
(ese-n-i g-a-xl-av-an) *(These are)*		(ese-n-i a-r-i-an)	
mi-brjan-d-eb-i-t *You go*	mi-di-x-a-r-t		mi-di-x-a-r
	g-madl-ob-t *Thank you!*		g-madl-ob

Grammar

Citation form of nouns and adjectives

The nominative form of the noun – that given in dictionaries – is also the one used for the single (subject) noun accompanying such (intransitive) verbs as *be* and *go*. Some nouns have a root that ends in a vowel (e.g. **sk'ola** *school*), but the root for the majority of nouns ends in a consonant, in which case the nominative adds a final **i**-vowel (e.g. **col-i** *wife*). A few nouns, usually proper names, have a root that ends in **-i** (e.g. the man's name **ak'ak'i**). Georgian has no gender distinctions (e.g. masculine, feminine, neuter). Adjectives (e.g. **k'arg-i** *good*, **sasiamovno** *pleasant*) are divided in the same way as nouns. Consonant-final adjectives add an **-i** agreement marker when accompanying nouns in the nominative (e.g. **čem-i col-i** *my wife*). Adjectives precede their nouns. Examples:

(jalian) k'arg-i amind-i	*(very) good weather*
(čem-i) cud-i sk'ola	*(my) bad school*
(čem-i) kartv-el-i mšobl-eb-i	*(my) Georgian parents*
(čem-i) inglis-el-i col-i	*(my) English wife*

Locative expressions

English uses prepositions to indicate place/direction. Georgian puts the equivalent element after the noun, and these are called postpositions. These postpositions govern a variety of cases, some of them standing as separate words, others attaching directly to their nouns. For the time being the postposition **-ši** *in, to, into* can be thought of as either attaching directly to nouns with a vowel-final root (e.g. **sk'ola-ši** *in school*) or replacing the nominative **-i** of consonant-final roots (e.g. **saxl-ši** *in the house*). The same is true of **-ze** *on* in Dialogue 4. For example:

kalak-ši	*in the/a town*	mšvidoba-ši	*in peace*
cent'r-ši	*in the/a centre*	saxl-ze	*on the/a house*
dro-ze	*on/in time*		

Formation of adverbs

Adjectives with consonant-final roots replace the nominative agreement marker **-i** with the adverbial formant **-ad** (e.g. **k'arg-ad** *well* from **k'arg-i** *good*), whilst vowel-final roots just add **-d** (e.g. **u-je-o-d** *sonless,* as in *X* *grew old sonless/without a son*). A few adverbs drop the final **-d** (e.g. **čkar-a** *quickly*, **nel-a** *slowly*, **maġl-a** *high up*). Examples:

cud-ad	*badly, poorly*	sasiamovno-d	*pleasantly*

Asking questions

Questions anticipating a *yes/no* answer are indicated simply by use of a rise-fall pitch on the final syllable of the verb without any alteration to the order of words in the sentence. Questions with a specific question word (like **sad?** *where?*) simply place the question word (or phrase containing it) immediately in front of either the verb or, if it is present, the negative adverb **ar** *not*; the verb's stressed syllable has falling pitch. The invariant **xom** equates to tag-questions (i.e. leading questions anticipating the answer *yes* or *no*) in English. (Compare: **xom mi-di-x-a-r?** *You are going, aren't you?* with **xom ar mi-di-x-a-r?** *You aren't going, are you?*); again the verb's stressed syllable has falling pitch. Study these examples:

inglis-el-i x-a-r-t?	*Are you English?*
kartv-el-i brjan-d-eb-i-t?	*Are you Georgian?* (or, to catch the extra degree of politeness, *Would you be Georgian?*)
k'arg-ada x-a-r?	*Are you well?*
sada x-a-r?	*Where are you?*
kalak-ši rat'om mi-v-di-v-a-r?	*Why am I going to town?*
xom k'arg-ada x-a-r?	*You are well, aren't you?*
cud-ad xom ara x-a-r?	*You are not poorly, are you?*
kalak-ši ar mi-di-an?	*Aren't they going to town?*

Consonant-final words

Consonant-final words (other than verbs) when preceding monosyllabic verbs and **da** *and*, regularly add a final **a**-vowel to ease pronunciation (e.g. **rogor*a* x-a-r?** *How are you?*, **sad*a* x-a-r?** *Where are you?*).

Pronouns, possessive adjectives and possessive pronouns

The 1st and 2nd person pronouns (sing. = *I/me*; *you*; pl. = *we/us*; *you* (pl.)) do not alter for case in the way that nouns and 3rd person pronouns do. The forms are:

	Singular	Plural
1st person	**me**	**čven**
2nd person	**šen**	**tkven**

Since Georgian verbs agree with subjects (and direct objects, and indirect objects), personal pronouns such as these are regularly used only for purposes of stress or style.

Possessive adjectives (*my, your, our*) are formed (apart from the 1st person singular) from the above pronouns as follows:

	Singular	Plural
1st person	**čem-i**	**čven-i**
2nd person	**šen-i**	**tkven-i**

When used without any accompanying noun, these forms function as possessive pronouns (*mine, yours, ours*).

The nominative form of the 3rd person pronoun is **is** (or **igi**) *he, she, it* (plural **isi-n-i** or **igi-n-i**). This form also serves as the demonstrative *that one over there*. There are two other demonstratives: **es** *this (by me)* and **eg** *that (by you)*. **es/eg/is** function as both pronouns and adjectives (**igi** can only be a pronoun). As adjectives, **es/eg/is** can stand with either singular or plural nominative nouns (e.g. **es saxl-i/saxl-eb-i** *this house/these houses*). When used as demonstrative pronouns, **es** has the nominative plural **ese-n-i** *these (ones)*, whilst **eg** is pluralised as **ege-n-i** *those (ones by you)*.

The 3rd person possessive adjectival and pronominal forms for the demonstratives are: **a-m-is-i** *this one's* (plural **a-ma-t-i**) or **mag-is-i** *that one's (by you)* (plural **maga-t-i**), or **i-m-is-i** *that one's over there* (plural **i-ma-t-i**). If the initial **i-** is left off this last form, we have the personal possessive adjective/pronoun **m-is-i** meaning *his, her(s), its* (plural **ma-t-i** *their(s)*). Examples:

a-m-is-i mama	*this one's father*
a-m-is-i mšobl-eb-i	*this one's parents*
i-m-is-i col-i	*that one's wife*
i-ma-t-i kalak-i	*their (those ones') town*
mag-is-i saxl-i	*that (by you) one's house*
maga-t-i saxl-i	*those (by you) ones' house*

Formality

Close acquaintances use the 2nd person singular pronoun (and associated verb form) when chatting. More formal occasions require the use of the 2nd person plural pronoun (and associated verb form), the verbal plural marker being sometimes extended to non-verbal forms (e.g. **dila mšvidob-**

isa-*t* Good morning, literally *morning of peace*). There are a few verbs reserved for a special degree of politeness.

The present tense of to be

The present tense of the verb *to be* (known as the copula) conjugates thus:

(me)	v-a-r	*I am*	(čven(a))	v-a-r-t	*We are*
(šen(a))	x-a-r	*You* (sing.) *are*	(tkven(a))	x-a-r-t	*You* (pl.) *are*
(is/igi)	a-r-i(-s)	*He, she, it is*	(isini/igini)	a-r-i-an	*They are*

Note: the subject-pronouns are placed in brackets to remind you that they will only be used if required for emphasis, the final optional **-a** appears when they are immediately in front of their monosyllabic verb form.

The 3rd person singular has a short form **-a** which attaches to the complement of the copula (e.g. **es m-is-i saxl-i a-r-i(-s)/saxl-i-a** *This is X's house*). In speech the final **-s** of the 3rd person singular is often omitted.

The verb of motion and similar formations

The verb *to go* conjugates thus:

mi-v-di-v-a-r	*I am going*
mi-di-x-a-r	*you* (sing.) *are going*
mi-di-s	*he, she, it is going*
mi-v-di-v-a-r-t	*we are going*
mi-di-x-a-r-t	*you* (pl.) *are going*
mi-di-an	*they are going*

The initial element **mi-** is known as a preverb, and it is this which necessitates the translation of this basic verb of motion as *go*. If we alter the preverb, the translation will be different too (e.g. ***mo*-di-s** *X is coming*, ***še*-di-s** *X is going in*, ***še-mo*-di-s** *X is coming in*). The full range of preverbs will be given in the next lesson.

Clearly there are similarities of formation between the verb of motion and the present tense of *to be*. The present tense of four other common (though irregular) verbs that manifest parallel formations is set out below:

mi-v-rb-i-v-a-r	*I am running away*
mi-rb-i-x-a-r	*you* (sing.) *are running away*
mi-rb-i-s	*X is running away*
mi-v-rb-i-v-a-r-t	*we are running away*
mi-rb-i-x-a-r-t	*you* (pl.) *are running away*

mi-rb-i-an	*they are running away*
v-dg-a-v-a-r	*I am standing*
dg-a-x-a-r	*you* (sing.) *are standing*
dg-a-s	*he, she, it is standing*
v-dg-a-v-a-r-t	*we are standing*
dg-a-x-a-r-t	*you* (pl.) *are standing*
dg-a-n-an	*they are standing*
v-zi-v-a-r	*I am sitting*
zi-x-a-r	*you* (sing.) *are sitting*
zi-s	*he, she, it is sitting*
v-sxed-v-a-r-t	*we are sitting*
sxed-x-a-r-t	*you* (pl.) *are sitting*
sxed-an	*they are sitting*

Note: Georgian has a very few verbs whose root alters depending on whether the (intransitive) subject or (transitive) direct object is singular or plural.

v-c'ev-v-a-r	*I am lying prostrate*
c'ev-x-a-r	*you* (sing.) *are lying prostrate*
c'ev-s	*he, she, it is lying prostrate*
v-c'ev-v-a-r-t	*we are lying prostrate*
c'ev-x-a-r-t	*you* (pl.) *are lying prostrate*
c'v-an-an	*they are lying prostrate*

Dialogue 4

Two girls, Diana and Vera, are chatting

DIANA: k'ino-ši mi-di-x-a-r?
VERA: ara. saavadmq'opo-ši mi-v-di-v-a-r. ik deda a-r-i(-s). av-ada-a.
DIANA: login-ši c'ev-s?
VERA: ara. savarjel-ze zi-s. šen rat'om dg-a-x-a-r mand?
DIANA: me imit'om ak v-dg-a-v-a-r, rom natela da ak'ak'i male mo-di-an.
VERA: ege-n-i uk've ak a-r-i-an. ik balax-ze sxed-an. balax-i ra mc'vane-a!
DIANA: eg ra a-r-i(-s) xel-ši?
VERA: es ma-t-i surat-i-a.

DIANA: *Are you going to the cinema?*
VERA: *No. I am going to the hospital. Mother is there. She is poorly.*
DIANA: *Is she (lying) in bed?*
VERA: *No. She is sitting in (on) an armchair. Why are you standing there?*

DIANA: *I am standing here for the reason that Natela and Ak'ak'i are coming soon.*
VERA: *Those you mention are already here. They are sitting over there on the grass. How green the grass is!*
DIANA: *What is that in (your) hand?*
VERA: *This is their picture.*

Vocabulary

k'ino	*cinema*	ara	*no*
saavadmq'opo	*hospital*	ik	*(over) there*
deda	*mother*	av-ad	*poorly*
login-i	*bed*	savarjel-i	*armchair*
-ze	*on*	šen	*you* (sing.)
rat'om?	*why?*	mand	*there (by you)*
imit'om	*for the reason*	ak	*here*
rom	*that*	male	*soon*
mo-di-an	*they come*	uk've	*already*
balax-i	*grass*	mc'vane	*green*
ra?	*what?*	xel-i	*hand*
surat-i	*picture*		

Exercises

1

Write out the present tense of the verb *to be* (known as the copula).

2

Work out the following anagrams:

(a) oǰartagbam
(b) damini
(c) balodam
(d) ragroo xrat
(e) lajani
(f) gramma
(g) šlobembi
(h) nagnad

3

Complete the following words (the number of dots represent the places to be filled):

(a) inglis . . .
(b) madl . . .
(e) savarj . . .
(f) saavadm . . . .

(c) mivdi . . .(.)
(d) mšvid . . .
(g) sura . .
(h) dila mš . . . .(.)

4

Find the equivalents of the following adjectives and adverbs:

(a) bad
(b) my
(c) well
(d) pleasant
(e) that (by you)
(f) our
(g) slowly
(h) their (= of those yonder)
(i) poorly

5

Translate the following into Georgian:

(a) a good school
(b) our house
(c) on the grass
(d) her bed
(e) your (pl.) picture
(f) my parents
(g) in town
(h) what a good bed!

6

Translate the following into English:

(a) გმადლობ, ნანა, ეს ძალიან კარგია
(b) დღეს სკოლაში მივდივარ(თ)
(c) ჩემი მშობლები აქ სხედან
(d) სად მიდიხართ? ცენტრში მივდივართ
(e) საავადმყოფოში არიან. ავად არიან
(f) რატომ მირბიხართ ქალაქში?
(g) როგორა ხარ? ძალიან კარგად, გმადლობ

7

Translate the following sentences into Georgian:

(a) Today I am going to town
(b) Where are you? I am sitting here on the bed
(c) Irak'li and Zurab are going to the cinema
(d) Where are you going? We are going to the hospital
(e) These are my parents
(f) Where are your houses?
(g) Why are they lying on the grass?
(h) *We* are sitting – *they* are standing

Lesson 2

In this lesson you will learn about:

- The plural of nouns
- Dative and genitive case forms
- Adjective agreement with datives and genitives
- The form of demonstrative adjectives when declined
- Directional preverbs
- Numbers (cardinals and ordinals)
- Telling the time
- Days of the week
- Months of the year
- The present tense of the verbs *stand up, lie down, sit down*

Dialogue 1

Two men, Shota and Zaza, discuss plans for the afternoon

SHOTA: uk'acrav-ad, zaza, romel-i saat-i-a?
ZAZA: am c'ut-ši or-i-a (or-i saat-i-a). rat'om?
SHOTA: imit'om rom sam-is naxevar-ze ga-v-di-v-a-r-t.
ZAZA: sad mi-di-x-a-r-t?
SHOTA: sadgur-ze mi-v-di-v-a-r-t. mosk'ov-is mat'arebel-i še-mo-di-s, roca sam-s a-k'l-i-a (u-k'l-i-a) at-i c'ut-i.
ZAZA: vin ča-mo-di-s? da rodis mo-di-x-a-r-t saxl-ši?
SHOTA: čven-i kališvil-is megobr-eb-i ča-mo-di-an. saxl-ši mo-v-di-v-a-r-t xut-is xut c'ut-ze.

Vocabulary

romel-i?	*which?*	saat-i	*clock, watch, hour*
am	*this* (obl.)	c'ut-i	*minute*

or-i	*2*	rat'om?	*why?*
sam-i	*3*	naxevar-i	*half*
sam-is	*of 3*	naxevar-ze	*at half*
ga-v-di-v-a-r-t	*we go out*	sadgur-i	*station*
mosk'ov-i	*Moscow*	mat'arebel-i	*train*
še-mo-di-s	*X comes in*	roca/rodesac	*when*
a-k'l-i-a/u-k'l-i-a	*X lacks Y*	at-i	*10*
vin?	*who?*	ča-mo-di-s	*X comes (down)*
rodis?	*when?*	kališvil-i	*daughter*
kališvil-is	*daughter's*	megobar-i	*friend*
megobr-eb-i	*friends*	xut-i	*5*

Dialogue 2

Two women, Dali and Lia, are discussing Lia's child's birthday

DALI: rodis a-r-i(-s) mag bavšv-is dabadeb-is dġe?
LIA: am-is-i dabadeb-is dġe otx-i ivlis-i-a.
DALI: otx ivlis-s romel saat-ze dg-eb-a?
LIA: adre dg-eb-a – švid saat-ze/švid-ze. da gvian c'v-eb-a – roca at-s a-k'l-i-a (u-k'l-i-a) xut-i c'ut-i.

Vocabulary

mag	*that (by you* obl.*)*	bavšv-i	*child*
dabadeba	*birth*	dabadeb-is dġe	*day of birth*
otx-i	*4*	ivlis-i	*July*
romel saat-ze?	*at what time?*	dg-eb-a	*X gets up*
adre	*early*	švid-i	*7*
gvian	*late*	c'v-eb-a	*X lies down*

Dialogue 3

Two men, Soso and Guram, are talking about days and travel

SOSO: dġe-s ra dġe-a?
GURAM: dġe-s or-šabat-i-a.
SOSO: maš xval sam-šabat-i-a, da am k'vira-ši sam-šabat-s mi-v-di-v-a-r zġva-ze.
GURAM: uk'an rodis ča-mo-di-x-a-r?
SOSO: im k'vira-ši, p'arask'ev-s, oc agvist'o-s.

Vocabulary

dġe-s	*today* (dat. of	dġe *day)*	
or-šabat-i	*Monday*	maš	*in that case*
xval	*tomorrow*	sam-šabat-i	*Tuesday*
k'vira	*week, Sunday*	zġva	*sea*
uk'an	*back*	im	*that (over there,* obl.)
p'arask'ev-i	*Friday*	oc-i	*20*
agvist'o	*August*		

Grammar

The plural of nouns

The plural is indicated by attaching **-eb-** to the root. This plural marker is then followed by the appropriate case marker. Case markers are the same in the plural as in the singular, and so (all) nominative plurals end in **-eb-i**. Nouns with vowel-final roots just add the plural form if the roots end in the vowels **e**, **o**, **u** (or rarely **i**) (e.g. **tve-eb-i** *months*, **brbo-eb-i** *crowds*, **bu-eb-i** *owls*, **t'aksi-eb-i** *taxis*). If the root-final vowel is **a**, this disappears in the plural (e.g. **da** *sister* vs **d-eb-i** *sisters*, **mela** *fox* vs **mel-eb-i** *foxes*). For consonant-final nouns the plural form just stands after the root-final consonant (e.g. **xel-eb-i** *hands*). Some nouns lose the vowel in the preceding syllable (e.g **c'q'l-eb-i** *waters* from **c'q'al-i** *water*, **kveq'n-eb-i** *countries*, *worlds* from **kveq'ana**). We have already met similar roots; they are repeated here, and from now on such disappearing vowels will be denoted by underlining in the vocabularies: **savarjel-i** vs **savarjl-eb-i** *armchair(s)*, **mat'arebel-i** vs **mat'arebl-eb-i** *train(s)*, **megobar-i** vs **megobr-eb-i** *friend(s)*, **naxevar-i** vs **naxevr-eb-i** *half (halves)*, plus, in its pronominal form, **romel-i** vs **roml-eb-i** *which one(s)?*. When we change over to the Georgian script in Lesson 4, the disappearing **-e-** will, for typographical reasons, take this marker over (rather than under) the letter.

The dative case

This case is indicated by **-s**, which is attached directly to the root of all nouns, regardless of whether they end in a vowel or consonant (e.g. **tve-s**, **brbo-s**, **bu-s**, **t'aksi-s**, **da-s**, **xel-s**, **savarjel-s**). In the plural the ending is, of course, **-eb-s** (e.g. **d-eb-s** *sisters*).

The dative singular of the 3rd person personal pronouns (*he/she/it*) and demonstrative pronouns (*this one* and both forms of *that one*) also ends in **-s** (e.g. **ma-s, ama-s, maga-s, ima-s**), but the plurals are different (**ma-t, ama-t, maga-t, ima-t**). Though the 1st and 2nd person personal pronouns do not alter for case when construed with verbs, and although postpositions are just added to three of the pronominal forms given in Lesson 1 (**šen-ze** *on you* (sing.), **čven-ze** *on us*, **tkven-ze** *on you* (pl.)), the form to which these postpositions are attached for the 1st person singular pronoun is the same as appears in the 1st person singular possessives (e.g **čem-ze** *on me*).

The dative has a variety of functions, which will be described as they are encountered in the dialogues. The postpositions **-ši** *in* and **-ze** *on* actually govern the dative, though the dative's **-s** is lost before these postpositions' initial sound. In the **personal** pronoun (but not in the demonstratives) this final **-s** does **not** delete (e.g. **ma-s-ze** *on X*, **ma-s-ši** *in X* as compared to **ama-ze** *on this*, **ima-ši** *in that*. Compare also the presence of **-s-** in **vi-s-ze?** *on whom?* with the lack of **-s-** in **ra-ze?** *on what?*). It marks the noun *X* with the verb *X lacks Y*, and it is used, as illustrated below, to indicate *on* with days of the week and dates that incorporate both the number of the day and the name of the month.

The genitive case

The case ending is, in most instances, **-is**. Most roots ending in the vowels **e** or **a** lose these vowels in the genitive singular (e.g. **tv-is, d-is**); note however that **deda** and **mama** as titles (*Mother* and *Father*) have genitives in **deda-s/mama-s** (as do **a**-stem proper names such as **natela** and **šota**; e.g. **natela-s/šota-s kališvil-i** *Natela's/Shota's daughter*, as well as a number of common nouns in **-a** such as **mela** *fox* and **cisart'q'ela** *rainbow*, which will be indicated in the vocabularies by a bracketed (**a**)). When these are not used as titles the genitive is normal (**ded-is/mam-is**). If the root ends in **u** (or the rare **i**), then it is the genitive which loses its **i**-vowel, thus making the genitive singular indistinguishable from the dative singular (e.g. **bu-s, t'aksi-s**), though monosyllables in **-u** may take the normal ending (e.g. **bu-is**). There are a few proper names ending in **-e** of which this is also true (e.g. **p'et're-s**), as well as some common nouns in **-e** (e.g. **t'ire** *dash*, whose genitive is **t'ire-s**). These will be indicated in vocabularies by bracketed **e**. The same is generally true of **o**-stem nouns (e.g. **brbo-s, žolo-s** *of raspberry*), but **dro** *time* has both **dro-s** and **dro-is** (a choice that is available to other monosyllables in **-o**), whilst **ġvino** *wine*, a very important word in Georgia, has **ġvin-is**. If a vowel is lost in the plural, then this occurs in the genitive singular too (e.g. **savarjl-is** compared with non-syncopating **xel-is**). In the plural the ending for nouns is always **-eb-is**. The main use of the genitive is to mark possession, the possessor preceding the possessed. The case is also required by some of the postpositions, such as **-tvis** *for* (e.g. **natela-s-tvis** *for Natela*).

The genitive forms of the 3rd person personal and demonstrative pronouns are the stems of the possessive adjectives discussed in Lesson 1. If the adjectival agreement marker **-i** is removed from those adjectives, the genitives of the pronouns result: **m-is**, **am-is**, **mag-is**, **im-is**, and in the plural **ma-t**, **ama-t**, **maga-t**, **ima-t**, which do not differ from the dative forms. In fact, these forms serve as the genitive, dative and ergative plural for the relevant pronouns. The interrogative pronoun **vin?** *who?* has a parallel adjectival form **v-is-i?** *whose* (from the genitive **v-is?** *of whom?*), whilst **ra?** *what?* has **r-is-i?** *what's?* (from genitive **r-is?** *of what?*).

Declension of the demonstrative adjectives

In Lesson 1 we met the demonstrative adjectives **es, eg, is**. These are the forms that accompany nouns in the nominative (sing. or pl.). When they accompany nouns in any other case, we need to use the so-called oblique forms, which are (for both singular and plural nouns) respectively: **am**, **mag**, **im** (e.g. **es k'ino** *this cinema* (nominative) becomes **am k'ino-s** (dative or genitive); **eg ġvino** *that (by you) wine* (nominative) becomes **mag ġvino-s** (dative); **is žolo-eb-i** *those (yonder) raspberries* (nominative) becomes **im žolo-eb-is** (genitive)).

Adjective agreement with datives and genitives

Adjectives with vowel-final roots do not alter. Consonant-final adjectives have no ending with dative nouns but with genitives keep the same **-i** as described earlier for agreement with nominatives (e.g. **k'arg kališvil-s** *good daughter* (dative) vs **k'arg-i kališvil-is** *of a/the good daughter* (genitive), **romel megobr-eb-s**? *which friends?* (dative) becomes **romel-i megobr-eb-is**? *of which friends?* (genitive)). With dative nouns the 1st and 2nd person possessive adjectives regularly end in **-s** (e.g. **čem-s/šen-s/čven-s/tkven-s kališvil-(eb-)s** *my/your/our/your* (pl.) *daughter(s)* (dative)).

Preverbs

The original function of preverbs, and the one they retain with verbs expressing motion, was to indicate direction. In Lesson 1 we met **mi-** *there (motion)* and **mo-** *here (motion)*. The following list gives the directional meanings of all the preverbs. **mo-** may be added to indicate 'hitherness', which in modern Georgian means motion towards speaker or hearer:

Simplex		*Complex*
a-	*up*	a-mo-
ga(n)-	*out*	ga-mo-
še-	*in*	še-mo-
ča-	*down into*	ča-mo-
ga(r)da-	*across, through*	ga(r)d-mo
mi-	*thither*	mi-mo-
c'a-	*away*	c'a-mo-
da-	*down*	[da-mo-]
mo-	*hither*	–

The elements in round brackets are found in a few archaic forms. The first five pairs in this list (plus **mo-**) can be substituted for **mi-** in either of the two verbs of motion given in Lesson 1 to produce the expected meanings. **mi-mo-** is the equivalent of *to and fro*. **c'a-/c'a-mo-** are not found in the present (or its derivatives, the imperfect and present subjunctive), whilst elsewhere **c'a-** accompanies the basic verb of motion for the simple meaning *go*, parallel forms with **mi-** implying not simply *going* but actually *reaching* the destination. **da-** with the verbs of motion in Lesson 1 does not mean *down* but rather *going/running* (on a regular basis), e.g. **sk'ola-ši da-di-s rva saat-ze,** *X regularly goes to school at 8 o'clock*. Today the combination **da-mo-** is found with only one verbal root, as in **da-mo-k'id-eb-ul-eba** *dependence* (and its opposite: **da-mo-u-k'id-eb-l-oba** *independence*). **ča-mo-di-s** can be used to render the English *X is coming* (in addition to *X is coming down into*), if the journey is from another town.

Numbers

ert-i	1*	t-ert-met'-i	11
or-i	2	t-or-met'-i	12
sam-i	3	cam-[m]et'-i	13
otx-i	4	t-otx-met'-i	14
xut-i	5	t-xut-met'-i	15
ekvs-i	6	t-ekvs-met'-i	16
švid-i	7	čvid-met'-i	17
rva	8	t-vra-met'-i [sic]	18
cxra	9	cxra-met'-i	19
at-i	10	oc-i	20

oc-da-ert-i	21	oc-da-at-i	30
oc-da-t-ert-met'-i	31	or-m-oc-i	40
or-m-oc-da-at-i	50	or-m-oc-da-cxra-met'-i	59
sam-[m-]oc-i	60	sam-[m-]oc-da-at-i	70
otx-m-oc-i	80	otx-m-oc-da-at-i	90
as-i	100	as ert-i	101
or-as-i	200	or-as-oc-i	220
cxra-as-i	900	at-as-i	1,000
at-as-at-i	1,010	or-i at-as-i	2,000
rva at-as-i	8,000	at-i at-as-i	10,000
as-i at-as-i	100,000		
ert-i milion-i	one million		
ert-i miliard-i	one billion		

* The word *cali* is used when reference is to one of a natural pair (e.g. cali xeli/pexi/tvali/q'uri *one hand/foot/eye/ear*).

From 20 to 99 the system is based on units of 20, so that 50 is literally '2-×-20 + 10', and 59 is '(2-×-20)-and-(10-9-more)'. From 11 to 19 the forms are analysable as '10-unit-more', so that 11 is literally '10+one-more'. From these cardinals the ordinals from 2 onwards are produced by the circumfix **me-**root**-e** ('1st' being **p'irvel-i**, though where '1st' is found in a compound number **me-ert-e** is also possible):

me-or-e	2nd	me-rv-e	8th
me-cxr-e	9th	me-cxra-met'-e	19th
me-oc-e	20th	oc-da-p'irvel-i/oc-da-me-ert-e	21st
oc-da-me-at-e	30th	me-or-m-oc-e	40th
me-otx-m-oc-e	80th	otx-m-oc-da-me-t-ert-met'-e	91st

When a cardinal (or indeed any quantifying expression) qualifies a noun, the noun stands in the singular.

Telling the time

In reply to the question **romel-i saat-i-a?** *What time is it?*, if an exact hour is the correct reply, either put the appropriate cardinal in front of **saat-i-a** or simply add the 3rd person of the verb *to be* to the appropriate cardinal (e.g. **at-i saat-i-a/at-i-a** *it is 10 (o'clock)*). Note that *one o'clock* in any expression of time uses the ordinal (e.g. **p'irvel-i(saat-i)-a** *it is 1 (o'clock)*). From one minute up to half past the hour, state the correct number of minutes (or the word **naxevar̲-i** for *half*) preceded by the genitive case of the coming hour (e.g. **švid-is at-i(c'ut-i)-a/naxevar̲-i-a** *it* *is 10 (minutes)/half past six*). From 29 up to one minute before the hour, use the verb **a-k'l-i-a/u-k'l-i-a** *X lacks Y* with the hour in the dative and the appropriate number of minutes in the nominative (e.g. **rva-s a-k'l-i-a/u-k'l-i-a oc-da-ert-i c'ut-i** *It is 21 minutes to 8*).

To express 'at (TIME)' use the postposition **-ze** for full hours or when in English the word *past* occurs (e.g. **romel saat-ze?** *at what time?*, **sam (saat)-ze** *at 3 (o'clock)*, **otx-is t-xut-met'(c'ut)-ze** *at 15 (minutes) past 3*, **rv-is naxevar-ze** *at half past 7*). For *at X to the hour* simply add **roca** *when* to the appropriate description of this time (e.g. **roca p'irvel-s a-k'l-i-a/u-k'l-i-a at-i (c'ut-i)** *at 10 (minutes) to 1*). When listing a timetable, the past hour with however many minutes up to 59 is used (e.g. **t-ert-met' saat-ze da or-m-oc-da-cxra-met' c'ut-ze** *at 11.59*). Note the simple dative in **ra dro-s?** *at what time?*, **am/im dro-s** *at this/that time.*

Days of the week

k'vira	*Sunday*	or-šabat-i	*Monday*
sam-šabat-i	*Tuesday*	otx-šabat-i	*Wednesday*
xut-šabat-i	*Thursday*	p'arask'ev-i	*Friday*
šabat-i	*Saturday*		

k'vira also serves as *week;* to avoid confusion **k'vira-dġe** can be used for *Sunday*. For the expression *on* a certain day, simply put the day in question into the dative (e.g. **šabat-s** *on Saturday*).

Months of the year

At the time of writing the Western European calendar is still in use in Georgia, but there may be a return to traditional month names.

ianvar-i	*January*	ivlis-i	*July*
teberval-i	*February*	agvist'o	*August*
mart'-i	*March*	sekt'ember-i	*September*
ap'ril-i	*April*	okt'omber-i	*October*
mais-i	*May*	noember-i	*November*
ivnis-i	*June*	dek'ember-i	*December*

The expression *in* a particular month is exactly the same as the use of the locative described in Lesson 1: (**mais-ši** *in May*, **romel tve-ši?** *in which month?*). For the expression *on such-and-such a date* put the month into the dative and place in front of it the ordinal **p'irvel** for the *1st,* otherwise the appropriate cardinal (e.g. **p'irvel ivlis-s** *on the 1st of July*, **t-ert-met' noember-s** *on the 11th of November*). If the month is understood and one simply wants to say *on the Nth*, use **p'irvel-i** or the appropriate cardinal with the postposition **-ši** *in* (e.g. **p'irvel-ši** *on the 1st,* **oc-da-cxra-ši** *on the 29th*).

Year itself is **c'el-i**. The expression *in such and such a year* places this noun in the dative preceded by the appropriate cardinal (e.g. **at-as cxra-as otx-m-oc-da-t-ert-met' c'el-s** *in the year 1991*, **romel c'el-s?** *in what year?*). If the word for year is omitted, then the postposition **-ši** is again employed.

The present tense of the verbs stand up, sit down, lie down

In Lesson 1 the so-called stative verbs *be standing, sitting, lying* were given. Compare with those the equivalent dynamic verbs:

v-dg-eb-i	*I am standing/getting up*	v-ǰd-eb-i	*I am sitting down*
dg-eb-i	*you* (sing.) *are . . .*	ǰd-eb-i	*you* (sing.) *are . . .*
dg-eb-a	*X is . . .*	ǰd-eb-a	*X is . . .*
v-dg-eb-i-t	*we are . . .*	v-sxd-eb-i-t	*we are . . .*
dg-eb-i-t	*you* (pl.) *are . . .*	sxd-eb-i-t	*you* (pl.) *are . . .*
dg-eb-i-an	*they are . . .*	sxd-eb-i-an	*they are . . .*

v-c'v-eb-i	*I am lying down*
c'v-eb-i	*you* (sing.) *are . . .*
c'v-eb-a	*X is . . .*
v-c'v-eb-i-t	*we are . . .*
c'v-eb-i-t	*you* (pl.) *are . . .*
c'v-eb-i-an	*they are . . .*

Dialogue 4

Shukia and Leila, two sisters, are discussing times

SHUKIA: ama-ġam romel saat-ze c'v-eb-i?
LEILA: daaxloebit t-or-met'-is t-xut-met'-ze. rat'om?
SHUKIA: imit'om rom xval adre v-dg-eb-i – roca ekvs-s a-k'l-i-a xut-i c'ut-i. sad-ġac mi-v-di-v-a-r.
LEILA: ui, daxe, is bič'-eb-i rat'om sxed-an svel balax-ze?
SHUKIA: albat imit'om rom ik sk'am-i ar a-r-i(-s). exla uk've dg-eb-i-an.
LEILA: ra-ši-a sakme?

Vocabulary

ama-ġam	*tonight*	daaxloebit	*approximately*
sad-ġac	*somewhere*	ui	*ooh*
daxe	*look at X*	bič'-i	*lad*
svel-i	*wet*	albat	*probably*
sk'am-i	*seat*	exla/axla	*now*
uk've	*already*	ra-ši?	*in what?*
sakme	*business*	ra-ši-a sakme?	*what's going on?*

Dialogue 5

Sopik'o questions her sister Tamrik'o about some numbers and dates

SOPIK'O: c'elic'ad-ši ra-mden-i dġe-a?
TAMRIK'O: čveulebriv sam-as sam-[m-]oc-da-xut-i, nak'ian c'elic'ad-ši k'i sam-as sam-[m-]oc-da-ekvs-i.
SOPIK'O: mama-čven-is dabadeb-is dġe rodis a-r-i(-s)?
TAMRIK'O: ekvs mart'-s. ekvs-i mart'-i c'el-s p'arask'ev-i-a.
SOPIK'O: k'vir-is bolo dġe romel-i-a?
TAMRIK'O: an šabat-i-a, an k'vira(-dġe).
SOPIK'O: sam-ǰer rva ra-mden-i-a?
TAMRIK'O: sam-ǰer rva da agretve rva-ǰer sam-i oc-da-otx-i-a.
SOPIK'O: čven-i jma sc'rap-ad da-rb-i-s?
TAMRIK'O: ho, saat-ši t-or-met'-i mil-is sisc'rap-it.

Vocabulary

c'elic'ad-i	*year* (astronomical)	ra-mden-i?	*how many?*
čveulebriv(ad)	*usually*	nak'ian-i	*leap-*
k'i	*however*	c'el-s/c'leuls	*this year*
bolo	*last*	an . . .an	*either . . .or* (If the second alternative is another way of referring to the first, **anu** may be used instead of the second **an**)
-ǰer	*times*	agretve	*also*
jma	*brother*	sc'rap-ad	*quickly*
ho	*yes* (casual)	mil-i	*mile*
sisc'rap-it	*at a speed*		

Names denoting common relationships and possessives

The possessive adjectives relating to **mama** *father* and **deda** *mother* (plus a few other names denoting relationships) are placed after the noun. The possessive is then incorporated into the previous word, and only the possessive component changes for case (compare **deda-čem-i** *my mother* (nom.) with **deda-čem-is** *of my mother* (gen.) and **deda-čem-s** t*o my mother* (dat.)).

Exercises

1

Write out side by side the present tense of the stative and dynamic pairs of verbs meaning (a) *be sitting* vs *sit down*, (b) *be standing* vs *stand up*, (c) *be lying (prostrate)* vs *lie down.*

2

Work out the following anagrams, which are based on material contained in this Lesson:

(a) სოვგატი
(b) აკივესპარ
(c) მიტრეთეთ
(d) არიშა ემასქ
(e) ვუველჩიბერ
(f) ახრივენა
(g) ვილორეპ
(h) დაჩედიმე

3

Fill in the gaps and translate the following:

(a) uk'. .r. .a.
(b) o.x.o. . a.e.vr. .et'.
(c) .a. .re.l.b.
(d) s.de.i.
(e) r. .s .axe.a.z.
(f) d.a. .oe. .t
(g) . .me.i s. .ti.?
(h) d.mo.k'. .e.l. .a

4

Find or work out the equivalent of:

(a) 20th; on the 20th
(b) Thursday; on Thursday
(e) probably
(f) when?

(c) brothers

(d) daughter

(g) February; in February; on the 20th February

(h) halves

5

Express the following times in answer to the question **romeli saatia?** *What time is it?*. Then give the same times in answer to the question **romel saatze?** *At what time?* (a) conventionally, and (b) as though reading the information from a timetable:

(a) 1.00
(b) 10.18
(c) 15.30
(d) 0.50
(e) 20.32
(f) 12.10
(g) 8.59
(h) 23.15

6

Translate the following into English:

(a) ის ძმები რატომ შემოდიან ჩვენს სახლში?
(b) თქვენი ქალიშვილები რომელ საათზე დგებიან? ადრე დგებიან და გვიან წვებიან
(c) ჩვენი მშობლების ის ორი მეგობარი ადრე ჩამოდის ამაღამ
(d) რომელ ლოგინზე წვებიან ეგ ბავშვები? ამ ლოგინზე (ამაზე)
(e) როცა შენი დაბადების დღეა, ხომ ადრე დგები? დიახ, შვიდ საათზე (შვიდზე) ვდგები
(f) ან ამაღამ თორმეტის ნახევარზე ან ხვალ შვიდის თხუთმეტზე მივდივართ სადგურზე
(g) ამაში ვინ არი(ს) (= ვინაა)? ეგ მამა-ჩემია. იმაში დედა-შენი ზის.
(h) მაისში მესამე კვირის პირველ დღეს დავდივართ ზღვაზე

7

Translate the following into Georgian:

(a) That (over there) child's mother is my father's friend
(b) Who is sitting down on that wet seat over there? Your three friends are not sitting down – they are already sitting on it
(c) On what day are you going to the sea? We are going on Wednesday the 3rd June. The 3rd? Yes, the 3rd
(d) When do you get up? I get up at 20 (minutes) to eight

(e) Who is coming to our houses on the 25th December?
(f) For whom are you sitting on that chair? I am sitting here for my mother
(g) Where are you going at a quarter to four? I am going home at that time
(h) On whose chairs are those (over there) lads sitting? They are not sitting on chairs, they are lying on your beds

8

Answer the question **rodis daibade(t)?** *When were you born?*, beginning with the verb **davibade** *I was born*, e.g.:

davibade tertmet' noembers atas cxraas ormocdacxra c'els	*I was born on the 11th November 1949.*

Lesson 3

In this lesson you will learn about:

- Giving your age and asking someone theirs
- The comparative and superlative forms of adjectives and adverbs
- The instrumental case
- Adjective agreement with the instrumental
- More postpositions
- The past tense of 'to be', the basic verb of motion 'to come', the stative forms *be sitting, standing, lying* and the dynamic equivalents *sit down, stand up, lie down*
- Subject agreement markers on the verb

Dialogue 1

Darejan and Tinatin are two women who have been friends for some time but decide there are things they have not yet discovered about each other

DAREJAN: did-i xan-i-a(, rac) čven megobr-eb-i v-a-r-t da čem-tvis saint'ereso-a ra-ġac – bodiš-i magram ra-mden-i c'l-isa x-a-r?

TINATIN: me oc-da-ekvs-i (26) c'l-isa v-a-r – čem-i dabadeb-is c'el-i at-as cxra-as sam-[m-]oc-da-ekvs-i (1966) a-r-i(-s). šen ra-mden-i c'l-isa x-a-r?

DAREJAN: samc'uxaro-d, me uk've or-m-oc-da-or-isa (42) v-a-r. šen-s ojax-ši ra-mden-i da=jma a-r-i(-s)?

TINATIN: xut-i da=jma v-a-r-t. čem-i jma, merab-i, q'vela-ze upros-i-a. igi čem-ze upros-i-a or-i c'l-it. čem-i meore jma, durmišxan-i, čem-ze umcros-i-a ert-i c'l-it. nani da rusudan-i t'q'up'-i d-eb-i a-r-i-an. isi-n-i mxolod t-xut-met'-i (15) c'l-is a-r-i-an.

Vocabulary

did-i	*big, great, long*	xa̲n-i	*time*
did-i xa̲n-i-a/or-i c'e̲l-i-a(, rac)		*it's a long time/two years since . . .*	
čem-tvis	*for me*	saint'ereso	*interesting*
ra-ġac	*something*	bodiš-i	*sorry*
ra-mden-i c'l-is?	*how old?*	samc'uxaro-d	*unfortunately*
ojax-i	*family*	da=jma*	*sister-brother*
q'vela-ze upros-i	*oldest*	upros-i	*older, boss*
or-i c'l-it	*by 2 years*	čem-ze	*than me*
umcros-i	*younger*	t'q'up'-i	*twin*
mxolod	*only*		

(The use of the equals sign represents an actual hyphen in the Georgian script)

Dialogue 2

Avtandil is a new employee at a Tbilisi factory and introduces himself to Lasha, who discovers that Avtandil previously worked in the industrial town of Rustavi

AVTANDIL: ga-marǰ-oba-t!

LASHA: ga-marǰ-oba-t! tkven vin brjan-d-eb-i-t?

AVTANDIL: me tkven-i axal-i tanamšromel-i, avtandil-i, g-a-xl-av-[v-]a-r-t.

LASHA: sa-idan mo-x-ved-i-t?

AVTANDIL: upros-tan v-i-q'av-i da ak p'irdap'ir še-mo-[v-]ved-i m-is-i biuro-dan.

LASHA: romel-i karxana a-r-i(-s) upro did-i – esa tu is, sada-c akamo-mde i-q'av-i-t?

AVTANDIL: eč'v-is gareše (/ueč'vel-ad) tkven-i gacileb-it upro did-i-a. am-is garda (/garda am-isa) tbilis-i upro lamaz-i-a rustav-ze, sada-c čem-i jvel-i samušao g-a-xl-av-t.

Vocabulary

axa̲l-i	*new*	tanamšrome̲l-i	*co-worker*
sa-idan?	*where from?*	mo-x-ved-i-t	*you* (pl.) *came*
upros-tan	*with the boss*	v-i-q'av-i	*I was*
p'irdap'ir	*straight, directly*	še-mo-[v-]ved-i	*I came in*
biuro	*office*	biuro-dan	*from the office*
karxa̲na	*factory*	upro	*more*
tu	*or (question)*	sada-c	*where*

akamo-mde	*up to now*	i-q'av-i-t	*you* (pl.) *were*
eč'v-i	*doubt*	gareše	*without*
ueč'vel-ad	*undoubtedly*	gacileb-it	*by far*
garda	*besides*	lamaz-i	*pretty*
jvel-i	*old*	samušao	*work(-place)*

Dialogue 3

Davit tells his new, inquisitive acquaintance Gia where exactly he slept the previous night

GIA: sad(a) zi-s tkven-i važišvil-i?
DAVIT: exla zi-s iat'ak'-ze, upro adre k'i divan-ze i-ǰd-a deda-s-tan ert-ad.
GIA: c'uxel rodis da-c'ek-i-t?
DAVIT: at-is naxevar-ze am otax-idan ga-[v-]ved-i, a-[v-]ved-i meore sartul-ze da jalian rbil login-ši da-v-c'ek-i.
GIA: tkven-i sajile sad a-r-i(-s)?
DAVIT: zevit, bavšv-eb-is otax-eb-s šua. es rat'om a-r-i(-s) tkven-tvis saint'ereso?
GIA: bodiš-i, me ubralo-d cnobismoq'vare v-a-r!

Vocabulary

važišvil-i	*son*	iat'ak'-i	*floor*
i-ǰd-a	*X was sitting*	divan-i	*divan*
deda-s-tan ert-ad	*with mother*	c'uxel	*last night*
da-c'ek-i-t	*you* (pl.) *lay down*	otax-i	*room*
ga-[v-]ved-i	*I went out*	sartul-i	*floor, storey*
a-[v-]ved-i	*I went up*	rbil-i	*soft*
da-v-c'ek-i	*I lay down*	sajile	*bedroom*
zevit	*upstairs, above*	šua	*between*
tkven-tvis	*for you* (pl.)	ubralo-d	*just*
cnobismoq'vare	*inquisitive*		

Grammar

Asking about and stating one's age

The genitive case is used, whether in the question **ra-mden-i c'l-isa x-a-r(-t)?** *How old are you?*, in the answer **oc-i c'l-isa v-a-r** *I am 20 years old* (where it is sufficient for the numeral alone to stand in the genitive without the word for year – **oc-isa v-a-r** *I am 20*), or when qualifying a noun (e.g. **oc-i c'l-is k'u** *a 20 year-old tortoise*). Note that with any phrase expressing quantity the singular case of the noun is used (hence **c'l-is(a)** and not ***c'l-eb-is(a)**), and that before a monosyllabic word (such as **x-a-r(-t)**) a consonant-final word (such as **c'l-is**) takes an extra euphonic **-a**.

The comparative and superlative grades of adjectives and adverbs

The usual method of constructing the comparative of adjectives (e.g. *greener, more green*) is to place **upro** *more* before the basic form of the adjective. To indicate the object of comparison (*than X*) the postposition **-ze** is simply attached to the relevant noun/pronoun (e.g. **kal-i k'ac-ze upro maġal-i a-r-i(-s)** *the woman is taller than the man*). For the superlative (*greenest, most green*) **q'vela-ze** *than all* is placed before the sequence **upro** + adjective (e.g. **q'vela-ze upro maġal-i kal-i** *the tallest woman*). Since the presence of **-ze** (plus (pro)noun or **q'vela** *all*) makes the nature of the construction clear, **upro** *more* can in fact simply be omitted (e.g. **kal-i k'ac-ze maġal-i a-r-i(-s)**; **q'vela-ze maġal-i kal-i**). Simply use the adverb (*in* **-(a)d**) in place of the adjective in these sequences to produce the comparative and superlative adverbial forms

Two common adjectives (**k'arg-i** *good*, **cud-i** *bad*) frequently make use of the following forms, in addition to the possibilities already mentioned above:

Positive	*Comparative*	*Superlative*
k'arg-i	**u-k'et-es-i**	**sa-u-k'et-es-o**
cud-i	**u-ar-es-i**	**q'vela-ze cud-i/u-ar-es-i**

These forms reveal the older method of forming comparatives by placing the elements **u- . . . -es(-i)** around the root of the adjective.

Adjectives and adverbs may also be intensified by the use of such qualifying words as: **jalian**, **jlier** *very*, **met'ad** *especially*, **met'ismet'ad** *too* (e.g. **met'ismet'ad jnel-i-a** *it is too difficult*).

The instrumental case

Where loss of a root vowel occurs in the genitive singular, it will occur in the instrumental singular also. The usual ending is **-it**, which replaces the nominative **-i** for all consonant-final roots (e.g. **čakuč-it** *with a/the hammer*, **c'l-it** *by a year* from **c'e̲l-i**) as well as most root-final **e/a** vowels (e.g. **satit-it** *with a/the thimble* from **satite**, **rk-it** *with a/the horn* from **rka**). For roots that end in **u** and **o** the instrumental is in **-ti**, which is added to the full form of the root (e.g. **juju-ti** *with a/the breast*, **lobio-ti** *with beans*), although **dro** *time* also has **dro-it** (e.g. **mosk'ov-is dro-it** *by Moscow time*), and all monosyllabic nouns ending in **-o/-u** may similarly use **-it** as well as **-ti**. Those nouns which do not lose their final **e/a** vowels also take an instrumental in **-ti**, whilst the few nouns that have a root ending in **i** just add **-t** (e.g. the proper nouns **k'ot'e-ti**, **uča-ti**, **gudava-ti**, **giorgi-t** plus the common nouns **mela-ti** *with/by the/a fox*, **t'ire-ti** *with/by the/a dash*). In the plural all nouns have their instrumental in **-eb-it.**

The 3rd person personal and demonstrative pronouns have the instrumental forms: **m-it**, **am-it**, **mag-it**, **im-it** (the uncommon plurals are irregular: **ma-t-it**, **ama-t-it**, **maga-t-it**, **ima-t-it**). The non-human interrogative pronoun has **r-it(i)?** *with what?*. The instrumental of the interrogative relating to people or the 1st and 2nd person personal pronouns is extremely rare – the relevant forms are: **v-is-it?**, **čem-it**, **šen-it**, **čven-it**, **tkven-it**.

Adjective agreement with the instrumental

Vowel-final adjectives do not alter at all. Consonant-final adjectives take the same agreement-marker **-i** as for nominative and genitive nouns (e.g. **tetr-i/cxel-i uto-ti** *with a/the white/hot iron*, **čem-i azr-it** *in my opinion*).

Postpositions

gareše	*without*	**garda**	*apart from*
šua	*between*	**šoris**	*among, between*
-tan	*at*	**-tan ert-ad**	*together with*
-(i)dan	*from (a time or place)*	**-gan**	*from (person)*

gareše and **garda** (the latter may also stand before its noun) govern the genitive (e.g. **satbur-is gareše** *without a greenhouse* from **satbur-i**; **am sijnel-is garda/garda am sijnel-is(a)** *apart from this difficulty* from **sijnele**). Notice the so-called long form in **-a** of the genitive, which is usual with this reversed order and optional with those postpositions that are written as part of the preceding word; (the dative and instrumental also have long forms in **-a**). It is the dative that is governed by **šua, šoris** and **-tan** (e.g. **k'edl-eb-s šua** *between the walls* from **kedel-i**; **q'vavil-eb-s šoris** *among the flowers* from **q'vavil-i**) – in the phrase **sxva-ta šoris** *amongst other things/by the way* **-ta** is the old dative plural, (see Appendix B); **mezobel-tan** *by the neighbour/at the neighbour's*, from **mezobel-i** – cf. **bebia-s-tan** *at* *grandmother's*, from which we see that in the case of consonant-final nouns the dative loses its **-s**, whilst vowel-final nouns keep the case marker when used with **-tan** (which in meaning is similar to French *chez* and German *bei*). Coupling **ert-ad** *as one* with **-tan** gives the meaning *together with X* (e.g. **deda-s-tan ert-ad** *together with mother*).

When the 1st and 2nd person pronouns are used with dative- and genitive-taking postpositions, the bases are **čem-**, **šen-**, **čven-**, **tkven-** for those postpositions that are written as part of their governed word (e.g. genitive-taking **-tvis** *for* gives **čem-tvis**, **tkven-tvis** etc. whilst dative-taking **-tan** *at* gives **šen-tan**, **čven-tan**). For those postpositions that are written as separate words, an extra **-s** is added to these bases (e.g. genitive-taking **garda** gives **čem-s garda**, **šen-s garda** etc.; dative-taking **šoris** gives **čven-s šoris** *amongst us*).

Historically the postposition **-gan** *from* (*a time/place*) governed the instrumental. This coupling gave the endings **-it-gan/-t-gan**. The **t** and the **g** here merged to give **d**, so that today we have the form **-(i)dan**, the **i** being present if it appears in the corresponding instrumental. If there is loss of a vowel in the root then the presence of this ending will motivate it (e.g. **im c'l-idan** *from that year*, **karxn-idan** *from the factory*, **or-i saat-idan** *from 2 o'clock*, **tbilis-idan** *from Tbilisi*). Adjective agreement is as for an instrumental noun (e.g. **čven-i tbilis-idan** *from our Tbilisi*).

In the sense of *from* (person) **-gan** is used with the genitive (e.g. **k'ac-is(a)-gan** *from the man*, **kal-eb-is(a)-gan** *from the women*, **šen-gan** *from you*). With the verb **še-dg-eb-a** *X consists (of Y)* the expression *of Y* is conveyed by **-gan** + genitive, regardless of whether a person or a thing is involved (e.g. **c'ign-i še-dg-eb-a xut-i tav-is(a)-gan** *the book* (**c'ign-i**) *consists of 5 chapters* (**tav-i**)).

In the sense of *out of, from among* **-(i)dan** can also be applied to people (e.g. **m-is-i moadgile-eb-idan p'irvel-i i-q'o beria** *out of his deputies* (**moadgile**) *Beria was the first*).

Summary of the past tense of irregular verbs from previous lessons

v-i-q'av-i	*I was*	mo-[v-]ved-i	*I came*
i-q'av-i	*you* (sing.) *were*	mo-x-ved-i	*you* (sing.) *came*
i-q'o	*X was*	mo-vid-a	*X came*
(from i-q'v-a)			
v-i-q'av-i-t	*we were*	mo-[v-]ved-i-t	*we came*
i-q'av-i-t	*you* (pl.) *were*	mo-x-ved-i-t	*you* (pl.) *came*
i-q'v-nen	*they were*	mo-vid-nen	*they came*

v-i-ǰek-i	*I was sitting*	v-i-dek-i	*I was standing*
i-ǰek-i	*you* (sing.) *were sitting*	i-dek-i	*you* (sing.) *were standing*
i-ǰd-a	*X was sitting*	i-dg-a	*X was standing*
v-i-sxed-i-t	*we were sitting*	v-i-dek-i-t	*we were standing*
i-sxed-i-t	*you* (pl.) *were sitting*	i-dek-i-t	*you* (pl.) *were standing*
i-sxd-nen	*they were sitting*	i-dg-nen	*they were standing*
v-i-c'ek-i	*I was prostrate*	da-v-ǰek-i	*I sat down*
i-c'ek-i	*you* (sing.) *were prostrate*	da-ǰek-i	*you* (sing.) *sat down*
i-c'v-a	*X was prostrate*	da-ǰd-a	*X sat down*
v-i-c'ek-i-t	*we were prostrate*	da-v-sxed-i-t	*we sat down*
i-c'ek-i-t	*you* (pl.) *were prostrate*	da-sxed-i-t	*you* (pl.) *sat down*
i-c'v-nen	*they were prostrate*	da-sxd-nen	*they sat down*
a-v-dek-i	*I stood up*	da-v-c'ek-i	*I lay down*
a-dek-i	*you* (sing.) *stood up*	da-c'ek-i	*you* (sing.) *lay down*
a-dg-a	*X stood up*	da-c'v-a	*X lay down*
a-v-dek-i-t	*we stood up*	da-v-c'ek-i-t	*we lay down*
a-dek-i-t	*you* (pl.) *stood up*	da-c'ek-i-t	*you* (pl.) *lay down*
a-dg-nen	*they stood up*	da-c'v-nen	*they lay down*

Although in certain respects the verbs above do conform to one of the regular patterns of conjugation, it is advisable to view them as exceptional, and so they should be learned as such before we advance to the more normal types of conjugation in Lesson 4.

Subject agreement-markers within the verb for intransitive subjects

All of the verbs introduced so far have been intransitive. The subject of these and other intransitive verbs always remains in the nominative case in Georgian. But, as we noted earlier, Georgian verbs agree not only with subjects but with both direct and indirect objects. Readers will probably have noticed that, wherever *I* appears in the translation, a **v-** has been present in the Georgian verb form. Equally, wherever the translation has *we*, this **v-** has been accompanied by a word-final **-t**. Wherever we have had *you* in translation, Georgian has had either nothing in place of 1st person **v-**, or a **x-**, accompanied in the plural by word-final **-t**. In modern Georgian 99 per cent of verbs with a 2nd person subject take the zero marker, whereas a tiny number of forms (such as parts of 'to be' and the verb of motion) have retained the older marker **x-**. The agreement affix for 3rd person subjects varies according to the form of the verb. The subject agreement affixes are as follows:

	Singular		*Plural*	
1st person	**v-**		**v-**	**-t**
2nd person	**Ø(/x)-**		**Ø(/x)-**	**-t**
3rd person		**-s/a/o**		**-(a/e)n/es/nen**

The 3rd person affixes (of which we have thus far met **-s**, **-a**, **-an**, **-nen**) are suffixal (i.e. they stand after the verb root), as are the 1st and 2nd person plural markers, whilst the 1st and 2nd person markers themselves are prefixal, standing either immediately before the root (e.g. **v-ǰd-eb-i**) or before one of the so-called 'version vowels' (e.g. **v-i-ǰek-i**), about which we shall learn in later lessons.

Dialogue 4

Two women, Tea and Manana, are talking about the whereabouts of a naughty boy, Ilik'o

TEA: sxvata šoris, ilik'o sad a-r-i(-s)?

MANANA: sk'ol-is ezo-ši dg-a-s megobr-eb-s šoris.

TEA: upro adre t-or-met'-ze (/t-or-met' saat-ze) k'ape-ši i-ǰd-a sxva bič'-eb-tan ert-ad. ra celk-i bič'-i-a igi! ak rodis gad-mo-vid-a?

MANANA: albat p'irvel-ze (/p'irvel saat-ze) gad-mo-vid-a, radgan p'irvel-ze (/p'irvel saat-ze) bavšv-eb-i še-vid-nen sk'ol-is ezo-ši.

Vocabulary

ezo	*yard*	sxvata šoris	*by the way*
k'ape	*café*	sxva	*other*
celk-i	*naughty*	gad-mo-vid-a	*X came over*
radgan	*as, because*	še-vid-nen	*they went in*

Exercises

1

Write out in Georgian script the present and past tenses of the verbs *go in* and *come in*. Remember that the root of the verb of motion must be used with the correct choice of preverbs.

2

Work out the following anagrams, which are based on material presented in this lesson:

(a) ელდავუჭე
(b) მისცურო
(c) სელაძი
(d) უთესაკოსე
(e) ასთინდილბი
(f) ხავთას სირმო
(g) ლაბუდორ
(h) ხიმთევოდ

3

Fill in the gaps in the following and translate into English:

(a) .ა.დე.ი წ..ს. .ა.(თ)?
(b) .ა.ხნ.დ.ნ
(c) უკ..ე.ი
(d) ჩ... .ზრ.თ
(e) ლ..ი.თ.
(f) .ო.ვე.ი.
(g) .ყვ..ნ
(h) ოცი წ.... ვ..

4

Translate into Georgian:

(a) on which floor/storey?
(b) on the greenest grass
(c) 81-year-old men
(d) for the/a better wife
(e) together with my two sisters
(f) at 3.15 Moscow time
(g) with/by (the) bigger hammers
(h) among women one year older than me

5

Translate into English:

(a) ცელქი ბიჭები ქარხანაში შევიდნენ და იატაკზე დასხდნენ
(b) დიდი ორმოცდაორი წლის კუ ნელა გამოვიდა თქვენი ეზოდან
(c) ვისზე ხარ უფრო მაღალი? ხომ ყველაზე ვარ უფრო მაღალი?

(d) რომელი ქალაქიდან ჩამოხვედით წუხელ? მოსკოვიდან ჩამოვედით
(e) შენი აზრით, რამდენი წლის იყო ის კაცი, როცა ჩვენს სახლში მოვიდა?
(f) ვისთან ერთად წახვედით თბილისში? თბილისში წავედით საუკეთესო ქართველ ქალებთან ერთად
(g) მათი მეზობლები მერვე სართულზე ავიდნენ, უფროსის ბიუროში შევიდნენ და დასხდნენ, მაგრამ ადგნენ, როცა უფროსი შემოვიდა
(h) ჩვენთან რატომ მოხვედით? იმიტომ რომ ამაღამ კინოში მივდივართ. ხომ მოდიხარ ჩვენთან ერთად?

6

Translate into Georgian:

(a) From which floor did you come down? I came down from the sixth
(b) Where were you last night? We were at Nana's (place)
(c) At what time did they go out? They went out at 7.15 and came in at 11.20
(d) How many years younger than you is your sister? She's three years younger than me
(e) Between which two women is Zurab sitting? He's sitting between the most interesting women
(f) Look! Our neighbours' sons are coming quickly out of their house. What's it all about?
(g) Who sat on the softest chair?
(h) By what train did you come to Tbilisi?

7

Answer the question რამდენი წლისა ხარ(თ)? *How old are you?*.

Lesson 4

In this lesson you will learn about:

- The three-way division of the tense system
- The marking of subject and object with transitive verbs in the present
- Word order
- The present tense of transitive verbs
- Neutral version
- Verb agreement with 3rd person plural subjects
- The loss/reduction of **-o-** in the declension of nouns
- The adverbial case of nouns
- Adjective agreement with nouns in the adverbial case
- The postposition **-mde** 'up to'

Dialogue 1

An English visitor, Anne, talks to her Georgian hostess, Inga, about housework

ანი: რა არი(ს) შენი დღევანდელი გეგმა?

ინგა: დღეს შაბათია, ამიტომ პურს ვაცხობ სამზარეულოში.

ანი: პურს როგორ აცხობ?

ინგა: მე ასე – ჯერ ვაწყობ ყველაფერს მაგიდაზე: ჯამს, ფქვილს, თბილ წყალს, მარგარინს, მარილს, შაქარსა და საფუარს. ფქვილს საცრით ვცრი და სასწორზე ვწონი, მერე ჯამში მას ვყრი მარგარინს, საფუარს, ცოტა მარილსა და შაქართან ერთად, და ზედ წყალს ვასხამ. ცომს დიდხანს ვზელ, და როცა ყველაფერი კარგად არი(ს) შერეული, ჯამს ვფარავ და ვტოვებ.

ანი: საფუვრის როლი რა არი(ს)?

ინგა: საფუარი ცომს აფუებს. როცა ჯამი უკვე სავსეა ცომით, კიდევ ვზელ და ცომს სამად ვჭრი. კიდევ

ცოტა ხნით (ორმოცი წუთით) ვტოვებ. წინასწარ ვანთებ ღუმელს და ცომს ღუმელში ვდებ ტაფაზე.

ანი: შენ აცხობ ხოლმე ძალიან გემრიელ პურს.

ინგა: მადლობელი ვარ. ჩვენთან საქართველოში აცხობენ ბრტყელ პურსაც (ესე იგი ლავაში) განსაკუთრებული ტიპის ღუმელში – ქართულად მისი სახელი გახლავს თორნე (ანუ ფურნე).

Vocabulary

Note: For the rest of the course verbs are given in the form of the present tense with 2nd person singular subject (and, where appropriate, with 3rd person object). The verbal root is highlighted in bold print.

დღევანდელი	*today's*	გეგმა	*plan*
ამიტომ	*for this reason*	პური	*bread*
ა-ცხ-ობ	*you bake X*	სამზარეულო	*kitchen*
ასე	*like this*	ჯერ ... მერე	*first . . . then*
ა-წყ-ობ	*you arrange X*	ყველაფერი	*everything*
მაგიდა	*table*	ჯამი	*bowl*
ფქვილი	*flour*	თბილი	*warm*
მარგარინი	*margarine*	მარილი	*salt*
შაქარი	*sugar*	საფუარი (-ვ-)	*yeast*
საცერი	*sieve*	ცრ-ი	*you sieve X*
სასწორი	*scales*	წონ-ი	*you weigh X*
ყრ-ი	*you tip them*	ზედ	*on top*
ა-სხ-ამ	*you pour X*	ცოტა	*a little*
ცომი	*dough*	დიდხანს	*for a long while*
ზელ	*you knead X*	ერთმანეთი	*one another*
შერეული	*mixed*	ფარ-ავ	*you cover X*
ტოვ-ებ	*you leave X*	როლი	*role*
ა-ფუ-ებ	*you make X rise*	სავსე	*full*
კიდევ	*again*	წინასწარ	*in advance*
ა-ნთ-ებ	*you light X*	ღუმელი	*oven*
სამად	*into three*	ჭრ-ი	*you cut X*
დ-ებ	*you place X*	ტაფა	*pan*
ხოლმე	*as a rule*	გემრიელი	*tasty*
მადლობელი	*thankful*	საქართველო	*Georgia*
ბრტყელი	*flat*	-ც	*also*
ესე იგი (ე.ი.)	*i.e.*	ლავაში	*unleavened bread*
განსაკუთრებული	*special*	ტიპი	*type*
ქართული	*Georgian* (thing)	ქართულად	*in Georgian*
თორნე/ფურნე	*round oven*		

Dialogue 2

Anne and Inga talk about other things

ანი: კეთილი, პური უკვე მზადაა. ეხლა რას ვაკეთებთ? რატომ გადიხარ ბაღში?

ინგა: ამინდი მშვენიერია, და სწორედ ასეთ დროს ვმარგლავ ჩემს ბოსტანს ფრთხილი მებაღე სარეველას ყოველ კვირას (/კვირაში) ფხვრის, თორემ ის პატარა სტაფილოს, ლობიოსა და სიმინდს ახრჩობს.

ანი: თესლებს ხომ არ თესავ?

ინგა: დიახ, და მცენარეებსაც ვრგავ. მერე თითქმის ყოველ დღე მათ ვრწყავ, რადგან ზაფხულში ყვავილები ბაღს ძალიან ალამაზებს.

ანი: სათბურში რას ზრდი?

ინგა: მე არაფერს, მაგრამ ჩემი ქმარი და ჩვენი მეზობელი იქ ზრდიან ყურძენსა და პამიდვრებს.

Vocabulary

კეთილი	*fine, kind*	მზად	*ready*
ა-კეთ-ებ	*you do/make X*	ბაღი	*garden*
მშვენიერი	*beautiful*	სწორედ	*precisely*
ასეთი	*such a*	მარგლ-ავ	*you weed X*
ბოსტანი	*vegetable plot*	ფრთხილი	*careful*
მებაღე	*gardener*	სარეველა (-ა-)	*weed(s)*
ფხვრ-ი	*you uproot X*	თორემ	*otherwise*
პატარა	*small*	სტაფილო	*carrot(s)*
კომბოსტო	*cabbage(s)*	სიმინდი	*maize*
ა-ხრჩ-ობ	*you choke X*	თესლი	*seed*
თეს-ავ	*you sow X*	მცენარე	*plant*
რგ-ავ	*you plant X*	თითქმის	*almost*
რწყ-ავ	*you water X*	ა-ლამაზ-ებ	*you adorn X*
ზრდ-ი	*you raise X*	არაფერი	*nothing*
ქმარი	*husband*	ყურძენი	*grape(s)*
პამიდორი (-ვ-)	*tomato*		

Dialogue 3

Inga explains to Anne what the members of her family are doing around the house

ინგა: ეს არი(ს) ჩვენი სახლი. სასტუმრო ოთახში დედა-ჩემის მეგობარი კერავს ახალ კაბას დედა-ჩემისთვის.
ანი: სამუშაო კაბინეტში ვხედავ შენს ძმას. რას აკეთებს იგი?
ინგა: ყავას სვამს და ერთდროულად წერილს წერს.
ანი: მენი და სად არი(ს)?
ინგა: ზევით ლოგინების თეთრეულს ცვლის და ყველგან წმენდს – ჩვენი სახლი მტვერიანია.
ანი: დედა-შენი რატომ აფრქვევს ცრემლებს?
ინგა: ხახვს ფრცქვნის სამზარეულოში – ხომ ხედავ?
ანი: შენ რატომ ასხამ წყალს ტაშტში?
ინგა: ბებია-ჩემისთვის ვამზადებ. იგი იატაკს გვის კავკასიური ცოცხით, და ჯერ ხომ წყლით ასველებენ იატაკს?
ანი: თურმე შენი ოჯახის ყველა წევრი დაკავებულია.
ინგა: კი, მაგრამ თორმეტ საათამდე ყველაფერს ამთავრებენ ხოლმე, რადგან პირველის ნახევარზე სადილს ვჭამთ.

Vocabulary

სასტუმრო	*guest-, hotel*	ოთახი	*room*
კერ-ავ	*you sew X*	კაბა	*dress*
სამუშაო	*work-*	კაბინეტი	*cabinet, room*
ხედ-ავ	*you see X*	ყავა	*coffee*
სვ-ამ	*you drink X*	ერთდროულად	*at the same time*
წერილი	*letter*	წერ	*you write X*
ზევით	*upstairs*	თეთრეული	*linen*
ცვლ-ი	*you change X*	ყველგან	*everywhere*
წმენდ	*you clean X*	მტვერიანი	*dusty*
ა-ფრქვ(-)ევ	*you shed X*	ცრემლი	*tear*
ხახვი	*onion*	ფრცქვნ-ი	*you peel X*
ტაშტი	*large bowl*	ბებია	*grandmother*
ა-მზად-ებ	*you prepare X*	გვ-ი	*you sweep X*
კავკასიური	*Caucasian* (thing)	ცოცხი	*brush*
ა-სველ-ებ	*you wet X*	წევრი	*member*
დაკავებული	*occupied*	ა-მთავრ-ებ	*you finish X*
სადილი	*lunch*	ჭამ	*you eat X*

Grammar

The division of the tense system

Because of the three different patterns of case marking for the subject and direct object of Georgian's transitive verbs, it is necessary to establish three different series of tenses, each of which will then be associated with one particular pattern of case marking. Each of the series comprises the following list of tenses, though not every verb necessarily possesses each tense form:

Series I	present indicative, imperfect indicative, present subjunctive, future indicative, future subjunctive, conditional;
Series II	aorist indicative (i.e. the simple past), aorist subjunctive;
Series III	perfect, pluperfect, IIIrd subjunctive.

In this lesson the forms of the present indicative for transitive verbs are described.

Subject and direct object case marking and verbal agreement for Series I transitives

All transitive verbs in each of the Series I tenses listed above take their subject in the nominative case, whilst their direct object stands in the dative case (e.g. ანი ინგას ხედავს *Anne* (nom.) *sees Inga* (dat.)). As we have already seen in Lesson 3, the subject of an intransitive verb not only stands in the nominative but also is cross-referenced on the verb by means of an appropriate agreement marker. The same set of markers given in Lesson 3 is also used to cross-reference the nominative subject for all transitive verbs in each of the Series I tenses. In the present indicative of transitive verbs the 3rd person plural subject *they* is expressed by **-en**, except after the vowel **-i-**, when **-an** is used.

ვ-წერ	*I write X*	ვ-ჭრ-ი	*I cut X*
წერ	*you write X*	ჭრ-ი	*you cut X*
წერ-ს	*X writes Y*	ჭრ-ი-ს	*X cuts Y*
ვ-წერ-თ	*we write X*	ვ-ჭრ-ი-თ	*we cut X*
წერ-თ	*you* (pl.) *write X*	ჭრ-ი-თ	*you* (pl.) *cut X*
წერ-ენ	*they write X*	ჭრ-ი-ან	*they cut X*
ვ-ა-კეთ-ებ	*I do X*	ვ-მარგლ-ავ	*I weed X*
ა-კეთ-ებ	*you do X*	მარგლ-ავ	*you weed X*
ა-კეთ-ებ-ს	*X does Y*	მარგლ-ავ-ს	*X weeds Y*

ვ-ა-კეთ-ებ-თ	*we do X*	ვ-მარგლ-ავ-თ	*we weed X*
ა-კეთ-ებ-თ	*you* (pl.) *do X*	მარგლ-ავ-თ	*you* (pl.) *weed X*
ა-კეთ-ებ-ენ	*they do X*	მარგლ-ავ-ენ	*they weed X*

The reader will see from these examples that the agreement affixes wrap themselves around either the root alone (as in the case of the verb *write*) or the root plus one or both of (a) a prefixed version vowel (as in the case of the verb *do*) and (b) a thematic suffix (as in the case of the verbs *do*, *cut* and *weed*). The neutral version and the thematic suffixes are described below.

As described earlier, the Georgian verb agrees not only with subjects but with both direct and indirect objects. The object agreement affixes will not be described until Lesson 6 in order to give readers the chance first to familiarise themselves thoroughly with the subject affixes. For the time being all transitive verbs will take a 3rd person direct object, the agreement marking for which is in fact zero, as readers will see in the set of affixes presented in Lesson 6. Since 2nd person subjects are almost always marked by zero, verb forms will (usually) be presented in future vocabulary lists in the present indicative with 2nd person subject (and, if transitive, with 3rd person direct object).

Word order

As with most languages in which the function of nouns is indicated by the use of case markers, the word order is not rigid in Georgian. However, both the orders (a) subject + verb + direct object (as in English) (e.g. მეზობლები მარგლავენ ბოსტნებს *The neighbours are weeding the vegetable plots*) and (b) subject + direct object + verb (e.g. მეზობლები ბოსტნებს მარგლავენ *The neighbours are weeding the vegetable plots*) are entirely normal.

Transitive verbs in the present indicative

We have already seen that for some verbs it is sufficient for the root alone to combine with the appropriate agreement affixes for a present indicative form to be produced; the root წერ *write* is one such (as an actual present it means *you write X*). These are the so-called root verbs, and some others in the sub-group are:

ტეხ	*you break X*	გრეხ	*you twist X*
გლეჯ	*you tear X away*	ფხეკ	*you scrape X*
ქსოვ	*you knit X*	წოვ	*you suck X*
კრეფ	*you pick X*	სრეს	*you squash X*

კრებ	*you amass X*	ხვრეტ	*you pierce X*
ღრეკ	*you bend X*	წყვეტ	*you decide X*
ზელ	*you knead X*	ხეთქ	*you split X*

Sometimes verbs which it is convenient today to treat as root verbs show the neutral version vowel **-a-** before the root:

ა-მტვრ(-)ევ	*you shatter X*	ა-ღდგ(-)ენ	*you restore X*
ა-ქნ(-)ევ	*you shake X*	ა-რჩ(-)ენ	*you save X*
ა-რჩ(-)ევ	*you sort out X*	ა-ცდ(-)ენ	*you make X go wrong*
ა-ნგრ(-)ევ	*you ruin X*	ა-თრ(-)ევ	*you drag X*
ა-ბნ(-)ევ	*you lead X astray*	ა-რღვ(-)ევ	*you transgress X*

However, in addition to the possible presence of the neutral version vowel, most verbs require a further element after the root. This extra element is called the thematic suffix. A number of thematic suffixes exist, and a selection of verbs for each of the suffixes is listed.

Thematic suffix -eb

This sub-group is perhaps the largest. Most verbs require the neutral version vowel **-a-**, though by no means all:

ა-შენ-ებ	*you build X*	ა-წუხ-ებ	*you upset X*
ა-ღ-ებ	*you open X*	ა-გ-ებ	*you lose* (game)
დ-ებ	*you put X*	კიდ-ებ	*you hang X up*
ბად-ებ	*you give birth to X*		

The majority of verbs formed from nouns and adjectives belong to this sub-group. In this case the neutral version vowel is always present. Note that a syncopating root is syncopated in the verb form:

შავ-ი *black* → ა-შავ-ებ *you blacken X*
თეთრ-ი *white* → ა-თეთრ-ებ *you whiten X*
წითელ-ი *red* → ა-წითლ-ებ *you redden X*
თავ-ი *head* → ა-თავ-ებ *you finish X*
ბრალ-ი *fault* → ა-ბრალ-ებ *you accuse X*
დიდ-ი *big* → ა-დიდ-ებ *you enlarge X*
თავისუფალი *free* → ა-თავისუფლ-ებ *you liberate X*

Thematic suffix -av

ხატ-ავ	*you paint* (portrait)	ღებ-ავ	*you paint X*
კარგ-ავ	*you lose X*	მალ-ავ	*you hide X*
ქაჩ-ავ	*you tug X*	ხურ-ავ	*you close X*
ხნ-ავ	*you plough X*	სხლ-ავ	*you prune X*
კლ-ავ	*you kill X*	ბედ-ავ	*you dare X* (cf. ბედ-ი *fate*)

Thematic suffix -i

(ა-)გზავნ-ი	*you send X*	წვრთნ-ი	*you train X*
თარგმნ-ი	*you translate X* (cf. თარგმან-ი *translation*)	ღლ-ი	*you tire X*
ა-მყნ-ი	*you graft X*	მკ-ი	*you reap X*
ღვრ-ი	*you spill* (blood)	რყვნ-ი	*you corrupt X*
შლ-ი	*you unfurl X*		

Thematic suffix -ob

ა-თბ-ობ	*you warm X*	ა-თრ-ობ	*you intoxicate X*
ა-მხ-ობ	*you bring X down*	ა-რთ-ობ	*you amuse X*
ა-დნ-ობ	*you melt X*	ა-შრ-ობ	*you dry X*
ა-ლპ-ობ	*you rot X*	ა-რჭ-ობ	*you fix X in*
სპ-ობ	*you ruin X*	გმ-ობ	*you censure X*

Thematic suffix -am

დგ-ამ	*you place X*	ნთქ-ამ	*you engulf X*
ფს-ამ	*you urinate (X)*	ჯვ-ამ	*you defæcate (X)*
სვ-ამ	*you drink/seat X*	ა-სხ-ამ	*you pour X*

Notice the suffix **-op** in ყ-ოფ *you divide X.*

Neutral version

Georgian has a number of vowels which stand immediately before verb roots to convey certain aspects of meaning. The basic system of oppositions, known as 'version' (= Georgian ქცევა *turning*), is seen most clearly in Series I and II of the transitive verbs. The neutral version is so-called because it adds nothing to the verb's fundamental meaning. As we have seen, some transitive verbs require an **a**-vowel before their root, whilst others take a zero marker in place of the **a**-vowel. Apart from verbs in **-eb** derived from nouns or adjectives, which always take the **a**-vowel, there is no way of predicting whether a verb's neutral version will be in **a-** or zero.

Verb agreement with 3rd person plural subjects

The agreement affixes set out in Lesson 3 allow verbs (transitive or intransitive) to agree with their subjects in person (1st, 2nd or 3rd). Verbs always agree for plurality with their 1st or 2nd person subjects (i.e. *we* and *you* (pl.)). However, only animate 3rd person plural subjects cause verbs to take the 3rd person plural agreement affix; inanimate 3rd person plural subjects take the 3rd person *singular* agreement affix on their verbs (e.g. ბავშვ-ებ-ი/ცხენ-ებ-ი ინგას ა-წუხ-ებ-ენ *children/horses upset Inga* compared with მცენარე-ებ-ი ინგას ა-წუხ-ებ-ს *plants upset* (literally *upsets*) *Inga*).

Syncope of -o- in nouns

When the vowels **-a-/-e-** in noun roots syncopate, they disappear completely. When the vowel **-o-** is affected, it too sometimes disappears completely, but sometimes it reduces to **-v-**. This is indicated in vocabularies by a **-v-** in brackets after an appropriately marked noun. Some examples of disappearing **-o-** are: საპონი (საპნის) *soap* (*of soap*), ობოლი (ობლის) *orphan* (*of orphan*), გოდორი (გოდრის) *basket* (*of basket*), ფოთოლი (ფოთლის) *leaf* (*of leaf*). Some examples of reducing **-o-** are: ნიგოზი (ნიგვზის) *walnut* (*of walnut*), მინდორი (მინდვრის) *meadow* (*of meadow*), მონაზონი (მონაზვნის) *nun* (*of nun*), მაწონი (მაწვნის) *yoghurt* (*of yoghurt*). In fact, the **-o-** disappears if it follows a labial consonant (e.g. **b/p/p'**) or if the preceding syllable contains another **-o-**.

Note: it is the **a**-vowel in საფუარი *yeast* that seems to turn into **-v-** (e.g. საფუვრის *of yeast*). In fact, originally the word was საფუვარი, the **-v-** dropping out between the **-u-** and **-a-**.

The adverbial case of nouns

Consonant-final stems form this case by replacing the nominative ending with **-ad**, whilst vowel-final stems just add **-d** to the stem-final vowel – syncopating nouns syncopate. The case is used to make predications of the form *Inga regards Anne as a fool/as a well-wisher*, which in Georgian will be ინგა ანს ბრიყვ-ად/კეთილმოსურნე-დ თვლ-ი-ს, where ბრიყვი is *fool*, კეთილმოსურნე is *well-wisher*, and თვლ-ი is *you count X*.

Adjective agreement with nouns in the adverbial case

The same pattern of agreement as was illustrated in Lesson 2 for dative nouns applies with those in the adverbial case: consonant-final adjectives stand in the bare stem (e.g. კარგ კაც-ად *as a good man*). The possessive adjectives of the 1st and 2nd person (sing. and pl.) may either stand similarly in their bare stem (e.g. ჩვენ კაც-ად *as our man*) or add a final **-s** (e.g. ჩვენ-ს კაც-ად *as our man*). The same is true when possessive adjectives accompany nouns in the dative, as explained in Lesson 2.

The postposition -mde **up to**

This is the only postposition that governs the adverbial. In Modern Georgian the final **-d** of the adverbial case is lost before the postposition (e.g. ბაღ-ა-მდე *up to/as far as the garden*, from Old Georgian ბაღ-ად-მდე). The older form -მდის is sometimes used, being obligatory in the standard expression for *goodbye!*, namely ნახვამდის, which is literally *up to seeing* (ნახვა).

Dialogue 4

ინგა: შენ რამდენ სახლს ხედავ?
ანი: მე სამს ვხედავ. რომელია შენი?
ინგა: ჩემია მეორე, სადაც კაცები ფანჯრებს ღებავენ.
ანი: მამა-შენი რას აკეთებს?
ინგა: მამა-ჩემი წერწას რწყავს. წერწა მისი საყვარელი მცენარეა. ზაფხულში მცენარეები ბევრ წყალს სვამს.
ანი: ეხლა სად მივდივართ?
ინგა: მივდივართ მხატვრებთან, სადაც ჩემს პორტრეტს ხატავენ.
ანი: რამდენი მხატვარი ხატავს შენს პორტრეტს?
ინგა: ორი მხატვარი ხატავს მას.

Vocabulary

სადაც	*where*	ფანჯარა	*window*
წერწა	*honeysuckle*	საყვარელი	*favourite*
ბევრი	*much, many*	მხატვარი	*artist*
პორტრეტი	*portrait*		

Exercises

1

Write out the present tense paradigms according to the pattern given in the grammar for the verbs: წყვეტ, ანგრევ, არჩენ, ბადებ, კლავ, წვრთნი, ამხობ, სვამ, ყოფ.

2

Work out and translate these anagrams based exclusively on material from this lesson:

(a) ემილეგრი
(b) გრიმანთ
(c) ტივამნიერ
(d) გრავლამ
(e) ქლევათროსა
(f) დერუღთოდრა
(g) ბელთიწა
(h) წრასწანი

3

Produce the correct agreement form for the verb in these sentences:

(a) თქვენ რას (sew)?
(b) ჩვენ ვის (corrupt)?
(c) შენი მეგობრები რას (drink)?
(d) მე წერილებს (translate)
(e) დედა-შენს რა (tire)?
(f) ჩემი მეგობრები წუხელ (come) და ეხლა (be sitting) ბაღში
(g) შენ რატომ (upset) ჩემს მშობლებს?
(h) თქვენ რამდენ წერილს (write)? მე ბევრ წერილს (write)

4

Fill in the gaps:

(a) ქალ. პ.რ. აცხ.ბ.
(b) შე. რა. .კ.თ.ბ?
(c) თქ.ე. სა.ე..ლა. .ატო. ფხ.რ..?
(d) დედ. რა. .ალავ. სა..არეუ..მ.?
(e) მ. ჩემ. ბ..ტ.ნ. .რწ.ა.
(f) ის.ნ. ს.დ (ა)გ.ა.ნი.. ვა..შვ.ლ.?
(g) ფ.ვილ. ვი. .ონი. სა..ორზ.?
(h) ჩვე. რა. ..კეთე.. დღე. ბა.მ.?

5

Put the bracketed word into its appropriate Georgian form to fit the context:

(a) მებაღე ბევრ (plant) რწყავს
(b) ჩვენს (daughter) და (son) ქალაქში ვ(ა)გზავნით
(c) რამდენ (house) აშენებთ?
(d) (wine) ვინ ასხამს?
(e) ჩვენი (neighbours) ჩვენს მეგობრებს კლავენ
(f) იმ (windows) ვინ აღებს?
(g) მებაღეები (flowers) კრეფენ
(h) საცრით (what?) ცრი(თ)? (flour) ვცრი

6

Translate into Georgian:

(a) Our neighbours are saving our parents
(b) Why are you painting our windows?
(c) When and where do you bake bread as a rule?
(d) I personally usually bake bread on the table in the kitchen
(e) Mothers give birth to sons and daughters
(f) Who is hanging up the linen?
(g) Why are you breaking those bowls?
(h) How many onions are the women peeling?

7

Translate into English:

(a) რას ჭრი(თ)? ცომს ვჭრი
(b) ინგლისელები ხომ ჭამენ კავკასიურ ლობიოს? ხომ სვამენ ქართულ ღვინოს?
(c) ეხლა რას დგამ(თ) მაგიდაზე? მაგიდაზე სასწორს ვდგამ
(d) რამდენ ფანჯარას ათეთრებენ დღეს შენი დები?
(e) ბებია-ჩემი დიდი ცოცხით იატაკს გვის, დედა-ჩემი კი მამა-ჩემის მცენარეებს რწყავს
(f) წუხელ რომელ საათამდე იჯექი სასტუმრო ოთახში? იქ ვიჯექი ათამდე
(g) ზურაბის ძმები რას თარგმნიან? შენს წერილებს თარგმნიან ქართულად
(h) მე რატომ ვწვრთნი ამ კაცებს, როცა ისინი მხოლოდ სახლში სხედან და ყავას სვამენ?

Lesson 5

In this lesson you will learn about:

- Subjective version
- Indirect objects
- Locative version
- Indefinite pronouns and adverbs
- Articles

Dialogue 1

Tsira is talking with her daughter, Esma

ესმა: აქ როგორ ცივა!
ცირა: მართალი ხარ. რატომ არ იცვამ რაიმეს?
ესმა: პალტოსა და წინდებს ვიცვამ, და რაღაცას ვაცვამ ჩემს საყვარელ თოჯინას.
ცირა: ოდესმე ისვენებ?
ესმა: ეხლა ვიძინებ, მაგრამ ჯერ ვაძინებ თოჯინას.

....

ცირა: უკვე იღვიძებ?
ესმა: კი, ვიღვიძებ, და თოჯინას ვაღვიძებ. აღარ ცივა – რატომღაც უკვე ცხელა.
ცირა: მართალია. რატომ არ იხდი რა(ი)მეს?
ესმა: რაღაცას ვიხდი, და ცხელ ტანსაცმელს ვხდი თოჯინას.
ცირა: სადმე ხომ არ ხედავ ჩემს ახალ კაბას?
ესმა: რატომ? მოდის ვინმე?
ცირა: მოდის კი არა – უკვე აქ არის ვიღაცა!

Vocabulary

ცივა	*it's cold*	მართალი	*correct*
იცვამ	*you put (some clothing) on (yourself)*		
რა(ი)მე	*anything*	პალტო	*coat*
წინდა	*sock, stocking*	რაღაც(ა)	*something*
აცვამ	*you dress X in Y*	თოჯინა	*doll*
ოდესმე	*ever*	ისვენებ	*you rest*
იძინებ	*you go to sleep*	ჯერ	*first*
აძინებ	*you put X to sleep*	იღვიძებ	*you wake up*
კი	*yes*	აღვიძებ	*you wake X up*
აღარ	*no longer*	რატომღაც	*for some reason*
ცხელა	*it's hot*	იხდი	*you remove (from yourself some clothing)*
ცხელი	*hot*	ტანსაცმელი	*clothing*
ხდი	*you remove (clothing from someone else)*		
სადმე	*anywhere*	ვინმე	*anyone*
მოდის კი არა	*it's not a question of X* <u>*coming*</u>		
ვიღაც(ა)	*someone*		

Dialogue 2

Paul, an Englishman, is in conversation with his male Georgian friend, Ucha

პავლე: იმ კაცს რამდენ ფულს აძლევ?
უჩა: მას ათ მილიონ მანეთს ვაძლევ.
პავლე: რატომ? რაიმეს ყიდის?
უჩა: სახლს ყიდის ათ მილიონ მანეთად – ამიტომ.
პავლე: უბრალოდ ხელს რატომ არ აწერ ჩეკს? ეგრე ხომ უფრო ადვილია?
უჩა: ეს ინგლისი არ არის – ეს საქართველოა! აქ რატომღაც ყურადღებას აქცევენ მხოლოდ ნამდვილ ფულს.
პავლე: შიშის გარეშე როგორ დადის ხალხი აქ მაგდენი ფულით ჯიბეში?!
უჩა: როგორმე ვახერხებთ. ჩემი ფული სადღაც დამალულია.

Vocabulary

ფული	*money*	აძლ(-)ევ	*you give X to Y*
მანეთი	*rouble*	ყიდი	*you sell X*
მანეთად	*for a rouble*	უბრალოდ	*just, simply*

ხელს აწერ	*you write the hand on X (you sign X)*		
ეგრე	*like that (by you)*	ადვილი	*easy*
ინგლისი	*England*	ყურადღება	*attention*
ყურადღებას აქც(-)ევ	*you turn (pay) attention to X*		
ნამდვილი	*real*	შიში	*fear*
დადის	*X goes around*	ხალხი	*folk*
მაგდენი	*so much (by you)*	ჯიბე	*pocket*
როგორმე	*somehow*	ახერხებ	*you manage it*
სადღაც	*somewhere*	დამალული	*hidden*

Dialogue 3

Two women friends, Ina and Lia, are discussing over a meal how a kindergarten is run

ინა: როდესაც მშობლები ბავშვებს აბარებენ მასწავლებლებს საბავშვო ბაღში, რაიმეს ართმევენ ბავშვებს მასწავლებლები?

ლია: ჯიბეებს ჯერ აჩვენებენ ბავშვები მასწავლებლებს, და, თუ შიგ არის ტკბილეულები, მათ ართმევენ ბავშვებს.

ინა: მერე სულ იტოვებენ?

ლია: არა, უჯრაში მთელი დღე ტოვებენ და მერე აძლევენ ბავშვების მშობლებს.

ინა: ის რა ხმაურია?

ლია: მეზობლები იშენებენ რაღაცას ეზოში და ბევრ ნაგავს ყრიან გარეთ.

ინა: ფრთხილად! – ბევრ მარილს აყრი საჭმელს! აფუჭებ გემოს.

ლია: ვაიმე! როცა რა(ი)მე აწუხებს კაცს, მისთვის ძნელია კონცენტრაცია. მაინც საჭმლის გემოს არ ვაფუჭებ – ბევრი მარილით უფრო ვიფუჭებ ჯანმრთელობას.

Vocabulary

როდესაც = როცა	*when*	აბარებ	*you entrust X to Y*
მასწავლებელი	*teacher*	საბავშვო	*children's* (adj.)
საბავშვო ბაღი	*kindergarten*	ართმევ	*you take X from Y*
აჩვენებ	*you show X to Y*	თუ	*if*
შიგ	*inside*	ტკბილეული	*sweet*
სულ	*completely*	იტოვებ	*you keep X for yourself*
უჯრა	*drawer*	მთელი	*whole*
ხმაური	*noise*	იშენებ	*you build X for yourself*

ნაგავი	*rubbish*	ყრი	*you throw* (something which is a plurality)
გარეთ	*outside*	ფრთხილად!	*Careful!*
აყრი	*you cast (a plurality) on X*		
საჭმელი	*food*	აფუჭებ	*you ruin X*
გემო	*taste*	ვაიმე!	*Alas!*
ძნელი	*difficult*	კონცენტრაცია	*concentration*
მაინც	*still, however*	იფუჭებ	*you ruin your X*
ჯანმრთელობა	*health*		

Grammar

Subjective version

We have already discussed the neutral version and its role in Series I and II tense forms of transitive verbs. In these tense forms if a transitive verb's direct object is affected by the verbal action and is part of the subject's body or belongs to the subject, or again if the subject is acting upon the object in his own interests, then in place of the neutral version Georgian employs the subjective version. The relevant exponent is the vowel **-i-**, which either replaces the neutral version's **a**-vowel or, for those verbs that do not take this **a**-vowel, occupies the slot immediately before the verbal root. Compare the following with the conjugations illustrated in Lesson 4 for the neutral versions of the verbs ჭრ-ი *you cut X* and ა-კეთ-ებ *you do X*:

ვ-ი-ჭრ-ი (ხელს)	*I cut (my hand)*
ი-ჭრ-ი (ხელს)	*you cut (your hand)*
ი-ჭრ-ი-ს (ხელს)	*X cuts (X's hand)*
ვ-ი-ჭრ-ი-თ (ხელებს)	*we cut (our hands)*
ი-ჭრ-ი-თ (ხელ(ებ)ს)	*you* (pl.) *cut (your hand(s))*
ი-ჭრ-ი-ან (ხელებს)	*they cut (their hands)*

ვ-ი-კეთ-ებ (ბუდეს)	*I make (my nest/a nest for myself)*
ი-კეთ-ებ (ბუდეს)	*you make (your nest/a nest for yourself)*
ი-კეთ-ებ-ს (ბუდეს)	*X makes (X's nest/a nest for X's self)*
ვ-ი-კეთ-ებ-თ (ბუდეს)	*we make (our nest/a nest for ourselves)*
ი-კეთ-ებ-თ (ბუდეს)	*you* (pl.) *make (your nest/a nest for yourselves)*
ი-კეთ-ებ-ენ (ბუდეს)	*they make (their nest/a nest for themselves)*

This mechanism allows one either to avoid having to select the appropriate possessive adjective for use with the direct object alone or to dispense with a phrase containing the postposition -თვის *for*. In other words, ვ-ი-კეთ-ებ ბუდეს is more natural Georgian than either

ვ-ა-კეთ-ებ ჩემს ბუდეს (lit. *I make my nest*) or ვ-ა-კეთ-ებ ბუდეს ჩემი თავის-თვის (lit. *I make a nest for myself*, where თავი = *head*).

When a part of the subject's body is the object affected by the verbal action, the subjective version is obligatory (e.g. პურს ტეხ *you break bread* vs ფეხს ი-ტეხ *you break your leg*; ძაღლს ბან *you wash a dog* vs თმას ი-ბან *you wash your hair*; ოთახს წმენდ *you clean the room* vs ცხვირს ი-წმენდ *you clean your nose*).

Some further examples of verbs affecting the subject's body are:

თავს ი-ფხან — *you scratch your head*
ყურს ი-ჩხრეკ — *you clean out your ear*
თმას ი-კრეჭ — *you cut your hair*
თმას ი-ღებ-ავ — *you dye your hair*
თმას ი-ვარცხნ-ი — *you comb your hair*
ცხვირს ი-ხოც-ავ — *you wipe your nose*
მკლავს ი-ღრძ-ობ — *you sprain your arm*
მუწუკს ი-წურ-ავ — *you squeeze a spot*
შუბლს ი-კრ-ავ — *you knit your brow* (where შუბლი is *forehead*)
წარბებს ი-ჭმუხნ-ი — *you frown* (where წარბი is *eyebrow*)
(წვერს) ი-პარს-ავ — *you shave (your beard (= წვერი)).*

Some other contrasts between neutral and subjective version forms are the following:

ღვინოს ა-სხ-ამ — *you pour some wine*
ღვინოს ი-სხ-ამ — *you pour yourself some wine*
წიგნს ა-ბრუნ-ებ — *you return the book*
წიგნს ი-ბრუნ-ებ — *you return for yourself the book* (i.e. get it back)
ყანას მკ-ი — *you reap the meadow*
ქარიშხალს ი-მკ-ი — *you reap the whirlwind* (i.e. about your head)
წერილს წერ — *you write a letter*
წერილს ი-წერ — *you write your own letter/a letter for yourself*
ბუტერბროტებს ა-მზად-ებ — *you prepare sandwiches*
ბუტერბროტებს ი-მზად-ებ — *you prepare your own sandwiches*
მატყლს წონ-ი — *you weigh wool*
მატყლს ი-წონ-ი — *you weigh your own wool*
რამდენ კილოს ი-წონ-ი? — *how many kilos do you weigh?*

With the pair ა-გ-ებ *you lose* (*a match*) vs ი-გ-ებ *you win* (*a match*) compare ლოგინს ა-გ-ებ *you make up a bed* vs ლოგინს ი-გ-ებ *you make up a bed for yourself/your own bed.*

Some verbs exist in the subjective version without possessing a corresponding neutral version form: ი-წყ-ებ *you begin X*; ი-თმ(-)ენ *you bear*

X patiently/show forbearance; ი-ტან *you endure X*; ი-სმ(-)ენ *you listen to X* (note that the subjective version is not found with other verbs of perception, e.g. ყურით ვ-ი-სმ(-)ენ-თ, თვალით ვ-ხედ-ავ-თ, ცხვირით ვ-ყნოს-ავ-თ, ენით ვ-გემოვნ-ებ-თ *we listen/hear with the ear, we see with the eye, we smell with the nose, we taste with the tongue,* where *tongue/language* = ენა); ი-მარჯვ-ებ *you gain a victory* which is used without a specified direct object, as are such others as ი-ძინ-ებ *you go to sleep*; ი-ღვიძ-ებ *you wake up*; ი-სვენ-ებ *you rest.*

The usual verb for putting on clothes is ი-ცვ-ამ *you put on X*, but this applies to clothing through which some part of the body has to pass. For putting on hats a different root, again in subjective version, is used, viz. ქუდს ი-ხურ-ავ *you put on your/a/the hat* (cf. ქუდს ბავშვს ა-ხურ-ავ *you put a/the/his hat on the child*). For clothing that is wrapped around the body, yet another root has to be selected: ნაბადს ი-სხ-ამ *you put on/wrap around yourself your/the/a shepherd's felt-cloak* (cf. ნაბადს მწყემსს ა-სხ-ამ *you wrap around the shepherd* (მწყემსი) *his/the/a felt-cloak* (ნაბადი)). Removal of one's own clothing again necessitates the subjective version with the root -ხდ-, as shown in Dialogue 1.

Indirect objects

Indirect objects (usually marked by *to* in English, as with *give/show/offer X to Y*) are almost always indicated by the dative case in Georgian – only in the IIIrd Series of transitive verbs are indirect objects treated differently (at least as far as finite verbs are concerned). Since, as we have seen, direct objects with transitive verbs in Series I forms are also marked by the dative case, the context determines which noun is the direct and which the indirect object in any such sentence containing two dative nouns. Just as verbs agree with the direct object, they also agree with the indirect object, as will be explained in Lesson 6. All examples of indirect objects in the present lesson require a zero marker on their verbs.

Readers will have noticed that some indirect objects can be associated with verbs without any special marker (other than the zero just mentioned) preceding the verb root, as in ხელთათმანს ბავშვს ხდ-ი *you remove the glove from the child* (cf. also the expression ნამუსს ქალს ხდ-ი *you rape the woman* (lit. *you strip shame* (ნამუს-ი) *from the woman* (ქალ-ი)), for which there is a regular transitive verb ა-უ(-)პატი(-)ურ-ებ). However, most of the examples given above with indirect objects present have exemplified an **a**-vowel immediately before the relevant verbal root (e.g. ფულს ქალს ა-ძლ(-)ევ *you give money to the woman*). This is the locative version vowel, to which we now turn.

Locative version

We have already met the postposition -ზე indicating *on* (e.g. კედელზე (სიტყვებს) წერ *you write* (*words* (სიტყვა)) *on the wall* (კედელი)). This postposition may be dispensed with if the locative version vowel is placed immediately before the verbal root (other than in IIIrd Series forms). This creates an indirect object for the verb out of what otherwise would be the postpositional object, so that the above example can be transformed into: კედელს (სიტყვებს) ა-წერ. Unlike the subjective and neutral versions, the locative version is found with intransitive verbs as well as with transitives (e.g. სკამზე ზი-ს → სკამს ა-ზი-ს *X is sitting on a/the chair*).

For verbs which have a zero marker of their neutral version, the contrast between neutral and locative versions is easily achieved by simply adding the **a**-vowel for the latter, as in: დამბაჩას დ-ებ *you put down the gun* compared with საფლავს ლოდს ა-დ-ებ *you put a tomb stone* (ლოდ-ი) *on top of the grave* (საფლავი). However, for verbs with neutral version marked by the **a**-vowel, it is almost impossible (and rare) to contrast the two versions (cf. სახლს ა-ნგრ-ევ *you knock down the house* and სახლს თავზე მფლობელს ა-ნგრ-ევ *you bring down the house upon the head of the owner* (მფლობელ-ი), where it is only the presence of the second dative noun in the latter that points to the presence in the verb of the locative version vowel). We shall therefore call an **a**-versioniser in a verb form the neutral version, if there is no indirect object present, whereas an **a**-versioniser in a verb form will be styled the locative version, if there **is** an indirect object present. This means that in an expression like სკოლაში ბავშვს ა-ბარ-ებ *you enroll the child at school* the **a**- is a neutral versioniser, since a postposition is governing the noun *school* and the verb thus has only a direct object. In the near parallel construction მასწავლებელს ბავშვს ა-ბარ-ებ *you entrust the child to the teacher* the locative versioniser is used because of the presence of *teacher* in the dative case representing the verb's indirect object.

We have seen how the verb *strip, remove clothing from someone else* takes a straight indirect object without any special versioniser. On the other hand, the three verbs for *putting clothes on someone else* presented above all require the locative versioniser, as already illustrated.

Indefinite pronouns and adverbs

Taking the basic interrogative pronouns რა? *what?*, ვინ? *who?* and რომელი? *which one?* we can form two series of indefinite pronouns by adding either the suffixes -მე or -ღაც. The resulting indefinites do not correspond exactly to the English forms in *anything/anyone* and *something/someone* respectively, even though this is how the forms have largely been glossed in the vocabularies above. The difference is rather that the former suffix shows that the identity of the person or thing concerned is totally unknown, whereas the latter shows that the identity *is* known to the speaker. In questions or in statements about the future, forms in -მე predominate, whilst -ღაც is commoner elsewhere. This, however, is something of an oversimplification; all definitions in the Georgian Academy Dictionary which require the presence of an indefinite pronoun have the forms in -მე, whereas in English the *some* form seems to be more appropriate (e.g. რისამე გაგების სურვილი *the wish* (სურვილი) *of learning* (გაგება) ***some**thing* is the definition offered for ინტერესი *interest*).

The following indefinites should be learned: რა(ი)მე *anything,* რაღაც(ა) *something,* ვინმე *anyone,* ვიღაც(ა) *someone,* რომელიმე *any (of a number),* რომელიღაც(ა) *some (of a number),* სადმე *anywhere,* სადღაც *somewhere,* საიდანმე *from anywhere,* საიდანღაც *from somewhere,* ოდესმე *anytime,* ოდესღაც *sometime,* როგორმე *anyhow,* როგორღაც *somehow,* რამენაირად *anyhow,* რაღაცნაირად *somehow,* რატომღაც *for some reason.* **Note:** there is no რატომმე.

The pronouns do, of course, decline. The case endings today are usually added after the indefinite suffixes (e.g. რა(ი)მეს აძლ(-)ევ? კი, რაღაცას ვაძლ(-)ევ *Are you giving X anything? Yes, I am giving X something*). Alternatively the suffix -მე may for most case forms be added to a declined stem (e.g. რა-ს-მე აძლ(-)ევ? კი, რა-ს-ღაც ვაძლ(-)ევ), which explains the genitive (რისამე) given above in the definition of *interest* – the end-declined genitive would be რა(ი)მე-ს (which could also be the dative, as the final **-e** is retained as in ტირე *dash*); cf. ვინმე-ს as the genitive or dative of ვინმე *anyone*. The corresponding indefinite possessives would be რა(ი)მე-ს-ი/ვინმე-ს-ი *anything's/anyone's*. In speech one often hears რამ for რამე. In the plural we have the nominative forms: რამე-ებ-ი, ვინმე-ებ-ი, რაღაცე-ებ-ი, ვიღაცე-ებ-ი.

When the pronouns are employed as adjectives, they remain unaltered, regardless of the case of the noun they accompany (e.g. ალბათ სადმე დამალულია რომელიმე უჯრაში *It's probably hidden somewhere (that I don't know exactly) in one of the drawers* (lit. *in some drawer that is unknown to me*); რაღაც პრობლემა აწუხებს *Some known-to-me problem is troubling X*).

Note the adjective რამ(ო)დენიმე *some, a few*, which, like all quantitatives, governs a singular noun. From this is derived რამ(ო)დენიმეჯერ *a few times* (alternatively რამდენჯერმე).

Note how რამე/ვინმე, when accompanied by ერთი *one*, are virtually indistinguishable from რაღაც/ვიღაც: ერთი ვინმე (= ვიღაც) აქ არის (*a certain*) *someone is here.*

Articles

It will be clear by now that Georgian does not possess either a definite (*the*) or indefinite (*a*) article. The context must determine which is the appropriate translation for any Georgian noun. If one wishes to stress that only *one* entity is involved, it is possible, naturally, to use the cardinal ერთი *one* with the relevant noun.

Dialogue 4

Note: The following is not a natural dialogue but rather an interchange of questions and answers between two men, Mindia and Dzhaba, designed to illustrate the differences in version described in this lesson.

მინდია: კარგად იცნობ ამ ქალს?
ჯაბა: დიახ, და მას ვაცნობ ჩემს ძმას.
მინდია: რას ისმენ?
ჯაბა: ვისმენ ბულბულის გალობას. ის კაცი რაიმეს გრეხს?
მინდია: კი, ულვაშებს იგრეხს.
ჯაბა: ქართველები რას აკეთებენ?
მინდია: სახელს იხვეჭენ.
ჯაბა: ქვით ქვას ხომ არ(ა) ტეხ?
მინდია: არა, ქვით ქვას არა ვტეხ, აფხაზურში ენას ვიტეხ. ძნელი ენაა, ამიტომ ღამეს ხშირად ვტეხ.
ჯაბა: მაგრამ მაინც სახელს არ იტეხ – მაგალითად, თუ თავს იტეხ, ხიდებს მაინც არ ტეხ.
მინდია: არა, და გარდა მაგისა ცოდნას ვიძენ.
ჯაბა: ბინას ვინ ვის აქირავებს?
მინდია: ბინას მფლობელი აქირავებს მდგმურს, ხოლო მდგმური იქირავებს მას.
ჯაბა: ბანკი რას ასესხებს კლიენტებს?
მინდია: ფულს ასესხებს მათ. სადმე დებ ამ სამკურნალო ბალახს?
ჯაბა: მას ვადებ ჭრილობას.
მინდია: როგორ კაზმავენ ცხენს?
ჯაბა: ჯერ უნაგირს ადგამენ მას. როცა შენ რაიმეს ჭრი, ოდესმე იჭრი თითს?
მინდია: როგორ არა!

Vocabulary

იცნობ	*you know* (someone)	აცნობ	*you introduce X to Y*
ისმენ	*you listen to X*	ბულბული	*nightingale*
გალობა	*singing*	გრეხ	*you twist X*
ულვაშები (pl.)	*moustache*	იგრეხ	*you twist something of your own*
სახელი	*name, reputation*	სახელს იხვეჭ	*you earn yourself a reputation*
ქვა	*stone*	ტეხ	*you break X*
აფხაზური	*Abkhaz(ian)* (thing)	აფხაზურში	*in Abkhaz (sc. the language)*
ენას იტეხ	*you break your tongue (practise pronunciation)*		
ღამე	*night*	ღამეს ტეხ	*you break the night (i.e. spend a sleepless night)*
ხშირად	*often*	მაინც	*even so, still, yet*
სახელს იტეხ	*you ruin your reputation (sc. shame yourself)*		
მაგალითად	*for example*	თავს იტეხ	*you break your head (rack your brains)*
ხიდი	*bridge*	ცოდნა	*knowledge*
იძენ	*you acquire X*	ბინა	*flat*
აქირავებ	*you let X to Y*	ხოლო	*whereas*
მდგმური	*tenant*	იქირავებ	*you rent X*
ბანკი	*bank*	ასესხებ	*you lend X to Y*
კლიენტი	*client*	სამკურნალო	*medicinal*
ადებ	*you put X on Y*	ჭრილობა	*wound*
კაზმავ	*you dress (horse)*	უნაგირი	*saddle*
ადგამ	*you place X on Y*	იჭრი	*you cut your own X*
თითი	*finger*	როგორ არა	*of course* (lit. *how not?)*

Exercises

1

Write out the present tenses of the neutral and subjective versional pairs:

write X	*write one's own X*
kill X	*kill one's own X*
warm X	*warm one's own X*

2

Fill in the gaps and translate:

(a) კ.ც.ბ. ს.დ.ე წა..დნ..?
(b) .რა, სა.ლ.. .აწვ.ე.
(c) თქ..ნ რ.(ი).ე. ხე..ვ.?
(d) დ.ა., .ა.აცა. ..ედა.(თ)
(e) .ოვი.ა ვ.ნ.ე?
(f) კ., .ილ.ც აქ .რ.(ს)
(g) რ.ტ.მ .ხდ.თ პ.ლ.ო.?
(h) დ.ბ. წ..ბ.ბს .ჭმ..ნი..

3

In each example work out the correct form of the two verbs *put on* and *take off*:

(a) თქვენ როდის —/— პალტოს?
(b) მდგუმურები —/— ხელთათმანებს
(c) ჩვენ კაბას —/— ბავშვს
(d) ბავშვი —/— კაბას
(e) შენ რატომ —/— მწყემსს ნაბადს?
(f) მშობლები ქუდებს —/— ბავშვებს
(g) ჩვენ ქუდებს —/—
(h) მწყემსები ნაბდებს —/—

4

Complete the correct form of the indefinite:

(a) ოდეს- იყავით თბილისში?
(b) წუხელ სად- წახვედით?
(c) რა-ს აკეთებთ?
(d) ვი-ები მოვიდნენ?
(e) დიახ, ვი-ები მოვიდნენ
(f) დედა რატომ- ადრე დაწვა
(g) სად- მივდივართ დღეს?
(h) რა-ები იყო ჩემს ჯიბეში

5

Translate into Georgian:

(a) Our son goes to bed at 7, goes to sleep at 8, and wakes up at 7.15
(b) We wake up our mother at 7.30. Then she gets dressed and combs her hair
(c) Are you doing anything? We sat down at 1 o'clock and are resting till 2
(d) They are removing their hats and signing many cheques
(e) Are you smelling something? Excuse me, I am wiping my nose
(f) How much do they weigh? They weigh approximately 100 kilos
(g) Are you entrusting your daughter to anyone? Yes, to the teacher
(h) We are taking sweets from the children and giving money to their parents

6

Translate into English:

(a) მე ოთახს ვწმენდ, შოთა კი ყურს იჩხრეკს
(b) სახელს როგორმე იხვეჭენ ეს ინგლისელები
(c) ხელს რატომ იბან? ვიღაც მოვიდა და რაღაცას ვჭამთ
(d) სკამს ვინ აზის და რას აკეთებს? ის ზურაბია და თავს იფხანს
(e) მათი ქალიშვილი დგება, პალტოს იცვამს, და ქუდს იხურავს; ალბათ სადმე მიდის
(f) ბავშვი თოჯინას კაბას აცვამს, ქუდს ახურავს და ეხლა მასთან ერთად წვება
(g) ასე ადრე რატომ ვიღვიძებ ხოლმე, როცა ავად არა ვარ?
(h) თუ შენ აქირავებ ბინას მდგმურს, შენ რატომ აძლევ მას ფულს?

Lesson 6

In this lesson you will learn about:

- Future of transitive verbs
- Object agreement affixes
- Reflexives
- Emphatics

Dialogue 1

The English visitor, Anne, discusses housework again with her Georgian hostess, Inga. Compare the following with Dialogue 1, Lesson 4

ანი: რა არი(ს) ჩვენი დღევანდელი გეგმა?

ინგა: დღეს შაბათია, ამიტომ პურს გამოვაცხობთ სამზარეულოში.

ანი: პურს როგორ აცხობთ?

ინგა: ასე – ჯერ დავაწყობ ყველაფერს მაგიდაზე: ჯამს, ფქვილს, თბილ წყალს, მარგარინს, მარილს, შაქარსა და საფუარს. ფქვილს საცრით გავცრი და სასწორზე ავწონი, მერე ჯამში მას ჩავყრი მარგარინს, საფუარს, ცოტა მარილსა და შაქართან ერთად, და ზედ წყალს დავასხამ. ცომს დიდხანს მოვზელ, მერე ჯამს დავფარავ და დავტოვებ.

ანი: საფუვრის როლი რა არი(ს)?

ინგა: საფუარი ცომს ააფუებს. საათ-ნახევრის (= ოთხმოცდაათი წუთის) შემდეგ კიდევ მოვზელ, და ცომს სამად დავჭრი. კიდევ ორმოცი წუთით დავტოვებ. მერე რამოდენიმე წუთით ადრე ავანთებ ღუმელს, და ტაფაზე ცომს შევდებ ღუმელში.

ანი: თქვენ აცხობთ ხოლმე ძალიან გემრიელ პურს.

ინგა: მადლობელი ვარ. ინგლისში გემრიელ პურს არ ყიდიან?

ანი: ინგლისში ჩვეულებრივი პური ბამბისნაირია!

Vocabulary

გა-მო-ა-ცხ-ობ	*you will bake X*	და-ა-წყ-ობ	*you will arrange X*
გა-ცრ-ი	*you will sieve X*	ა-წონ-ი	*you will weigh X*
ჩა-ყრ-ი	*you will throw them in*	და-ა-სხ-ამ	*you will pour X*
მო-ზელ	*you will knead X*	და-ფარ-ავ	*you will cover X*
და-ტოვ-ებ	*you will leave X*	ა-ა-ფუ-ებ	*you will cause X to rise*
შემდეგ (+ gen.)	*after*	და-ჭრ-ი	*you will cut X in pieces*
ა-ა-ნთ-ებ	*you will light X*	შე-დ-ებ	*you will put X in*
ყიდ-ი	*you sell X*	ჩვეულებრივი	*usual*
ბამბა	*cottonwool*	ბამბისნაირი	*cottonwool-like*

Dialogue 2

Gela and his father, Demna, prepare for an outing

დემნა: გავდივართ. პალტოს ჩაგაცვამ?
გელა: არა – მე თვითონ ჩავიცვამ.
დემნა: თმას დაგვარცხნი?
გელა: არა – მე თვითონ დავივარცხნი თმას. დედა სად არი(ს)?
დემნა: საძილეში აზის საყვარელ სკამს და თავს ილამაზებს სარკის წინ.
გელა: სხვათა შორის, სად მივდივართ?
დემნა: სოფელში. იქ სადილს ვჭამთ და მერე აგარაკში დავისვენებთ.
გელა: იქ რას ვჭამთ? ხომ ბუტერბროტებს ვჭამთ?
დემნა: კი, მაგრამ სად არის?
გელა: მზად არ არის. ვინ დაამზადებს მათ?
დემნა: მე ეხლა სწრაფად დავამზადებ.

Vocabulary

თვითონ	*self* (emphatic)	და-ვარცხნ-ი	*you will comb X for Y*
ა-ზი-ხარ	*you sit on X*	ი-ლამაზ-ებ	*you beautify your X*
სარკე	*mirror*	წინ	*in front of*
სოფელი	*village, countryside*	აგარაკი	*dacha*
და-ი-სვენ-ებ	*you will rest*	და-ა-მზად-ებ	*you will prepare them*
სწრაფად	*quickly*		

Dialogue 3

Bezhan asks his friend, Ambrosi, what he is doing. They use the polite form of address

ბეჟანი: რას აკეთებთ მანდ?
ამბროსი: წერილს ვწერ ჩემს ცოლს. სადღაც საზღვარგარეთ ისვენებს.
ბეჟანი: კიდევ როდის მისწერთ?
ამბროსი: იგი თუ მომწერს, კიდევ მივწერ იმ კვირაში.
ბეჟანი: ეხლა ხელს ხომ მოაწერთ ამ საბუთებს?
ამბროსი: როგორ არა! სად გა(ა)გზავნით მათ?
ბეჟანი: სხვადასხვა ქვეყნებში, საიდანაც პასუხებს უკან მალე გამო(ა)გზავნიან.
ამბროსი: ჩვენს ახალ მეზობელს იცნობთ?
ბეჟანი: დიახ, უფრო გვიან მას გაგაცნობთ. ამას წინათ იგი იჯდა ბაღში.
ამბროსი: გმადლობთ.

Vocabulary

მანდ	*there (by you)*	საზღვარგარეთ	*abroad*
კიდევ	*again*	მი-ს-წერ	*you will write X to Y*
იმ კვირაში	*next week*	ხელს მო-ა-წერ	*you will sign X*
საბუთი	*document*	გა-(ა-)გზავნ-ი	*you will send X*
სხვადასხვა	*different*	ქვეყანა	*country*
საიდანაც	*whence*	პასუხი	*answer*
მალე	*soon*	გა-მო-(ა-)გზავნ-ი	*you will send X here*
ი-ცნ-ობ	*you know* (a person)	უფრო გვიან	*later*
გა-ა-ცნ-ობ	*you will introduce X to Y*	ამას წინათ	*just now*

Grammar

The future indicative of transitive verbs

The normal pattern for the formation of the future indicative of transitive verbs is to add to the present indicative one of the language's stock of preverbs (discussed in Lesson 2). It is unfortunately hardly ever the case that one can predict with which of the preverbs any individual verb will be prefixed, but, once learnt, the relevant preverb will at least remain the one that is employed in all tense-mood forms outside the present sub-series (namely the present indicative, present subjunctive, and imperfect indicative).

The preverb, whether simple or complex, must stand first in the verbal complex (i.e. immediately preceding any agreement prefix that may be present), e.g. ლოგინს ვ-ა-გ-ებ/და-ვ-ა-გ-ებ *I make/shall make up a bed*; ლოგინს ვ-ი-გ-ებ/და-ვ-ი-გ-ებ *I make/shall make up a bed for myself*; პერანგს გ-ა-ცვ-ამ/ჩა-გ-ა-ცვ-ამ *I put/ shall put a shirt on you*; პერანგს ვ-ი-ცვ-ამ/ჩა-ვ-ი-ცვ-ამ *I put/shall put a shirt on*.

For the rest of the course all verbs will be given in the vocabularies with their appropriate preverb in brackets. By referring to the Georgian–English Dictionary at the back of the book readers will find the appropriate preverb for all the verb roots listed so far. Note that ალ- is the old form of the preverb ა-, retained as a relic by some verbs.

The following general rules apply:

(1) the same preverb will be used with a particular root regardless of which version (neutral, subjective, locative) is employed
(2) sometimes there is no difference between present and future indicatives
(3) sometimes distinctions emerge in the future, where the present is, out of context, simply ambiguous (e.g. ი-გ-ებ *you win* (*match*) compared with *you make up your* (*bed*), whereas the future allows no such confusion between მო-ი-გ-ებ *you will win* (*match*) compared with და-ი-გ-ებ *you will make your* (*bed*))
(4) where motion is involved, the appropriate preverb may be chosen for the direction concerned
(5) the preverb და- may replace the normal preverb of some roots if the direct object is plural.

Some verbs employ one root in the present sub-series and another in the future sub-series. This latter root is then usually carried over into Series II and III, but again there are exceptions. Some important examples of such root-suppletion are the following:

ხედ-ავ	*you see X*	ნახ-ავ	*you will see X*
სვ-ამ	*you drink X*	და-ლ-ევ	*you will drink X*
ამბ-ობ	*you say X*	ი-ტყვ-ი	*you will say X*
ა-ძლ(-)ევ	*you give X to Y*	მი-ს-ც-ემ	*you will give X to Y*

The verb *to give* outside the present sub-series demonstrates a complication that is shared by some other verbs in connection with the use of the preverb. მი- is used to characterise an action away from speaker or hearer, such as the action here of giving something to a third individual – if this third individual were standing by the speaker, this could be indicated by the use of the preverb მო- (e.g. მო-ს-ც-ემ), but this is exceptional. When the action of giving is directed towards speaker or hearer, მი- gives way to მო-, e.g.

მო-მ-ც-ემ	*you will give X to me*
მო-გ-ც-ემ	*I shall give X to you*
მი-ვ-ც-ემ	*I shall give X to Y*
მო-გვ-ც-ემ-ენ	*they will give X to us*

Sometimes even the present sub-series contains a preverb, in which case there is no difference between present and future indicatives (e.g. წარ-მო-თქვ-ამ *you (will) utter X out loud*; ეს რას აღ-ნიშნ-ავ-ს *what does this denote?*).

Object agreement affixes

The affixes which allow Georgian verbs to show agreement with both direct and indirect objects are set out below:

	Singular	*Plural*	
1st person	მ-	გვ-	
2nd person	გ-	გ-	-თ
3rd person	Ø(ს/ჰ)-	Ø(ს/ჰ)-	(-თ)

There are, however, certain differences in the way the language handles direct as opposed to indirect objects in its selection from this list of affixes, as is explained below. But let us examine the system operating in straightforward cases, noting that by far the commonest marker of a 3rd person object is zero. Readers may like to refer back to the subject agreement table in Lesson 3, p. 42, with which, of course, they should now be fully familiar:

მ-მალ-ავ	*you hide me*	მ-მალ-ავ-თ	*you* (pl.) *hide me*
გვ-მალ-ავ	*you hide us*	გვ-მალ-ავ-თ	*you* (pl.) *hide us*
გ-მალ-ავ-ენ	*they hide you*	გვ-მალ-ავ-ენ	*they hide us*
მალ-ავ	*you hide X*	მალ-ავ-ს	*X hides Y*
მალ-ავ-თ	*you* (pl.) *hide X*	მალ-ავ-ენ	*they hide X*
გვ-მალ-ავ-ს	*X hides us*	მ-მალ-ავ-ს	*X hides me*
გ-მალ-ავ-ს	*X hides you*		

In these examples we have at most one non-zero marker both before the root (as prefix) or at the end of the verb (as suffix). When, according to a comparison of the two tables of subject and object agreement affixes, we would naturally expect either two prefixes or two suffixes, sequences like this are avoided in the following ways.

Where a 1st person subject (either singular *I* or plural *we*) is linked with a 2nd person object (*you*), the impermissible prefixal sequence of ვ-გ- is avoided simply by dropping the ვ-:

გ-მალ-ავ *I hide you* გ-მალ-ავ-თ *we hide you/I hide you* (pl.)

The plurality of a 1st person subject is marked by final -თ, as is the plurality of a 2nd person object. And so, the equivalent of *we hide you* (pl.) ought to motivate a sequence of -თ-თ. But as this is impossible, only one of the two appears. This means that, in addition to the two meanings just assigned to it, the form გ-მალ-ავ-თ may also mean *we hide you* (pl.).

Where we have a 2nd person plural object coupled with (a) a 3rd person singular subject, the expected suffixal sequence is -ს-თ, and (b) a 3rd person plural subject, the expected suffixal sequence is -ენ-თ. These impermissible endings are resolved in different ways: (a) loses the 3rd person marker -ს-, whilst (b) loses the 2nd person pluraliser -თ. This results in a form like გ-მალ-ავ-თ having a fourth possible meaning, namely *he/she/it hides you* (pl.). On the other hand, გ-მალ-ავ-ენ means *they hide you/you* (pl.).

For 3rd person **direct** objects only the zero prefix is ever used. The plurality of 3rd person direct objects is never marked on the verb, although this latter provision is sometimes ignored, producing forms like (ეს) (მათ) ა-წუხ-ებ-თ *this upsets them*, in place of the more grammatically correct (ეს) (მათ) ა-წუხ-ებ-ს.

What extra difficulties does the marking of indirect objects introduce? In the case of 3rd person indirect objects, again the zero marker is the most widely used of the three variants – ს- appears if it is followed by any of the consonants: ც-, წ-, ძ-, ჩ-, ჭ-, ჯ-, თ-, ტ-, დ-. On the other hand, ჰ- is used if followed by ქ-, კ-, გ-, ყ-, პ-. In Modern Georgian both -ჰ- and -ს- disappear when preceded by the 1st person subject marker ვ-. Plurality of 3rd person indirect objects is not indicated in the sort of transitive verb-forms with which we have so far been concerned – we will see how the bracketed pluraliser -თ is used when we discuss IIIrd Series forms of transitive verbs in Lesson 15. This grammatical point is also covered in relation to indirect verbs (Lesson 13), and to the marking of indirect objects with intransitive verbs (Lesson 10).

მ-ხდ-ი	*you strip me of X*	გ-ხდ-ი	*I strip you of X*
გვ-ხდ-ი-ს	*X strips us of Y*	გ-ხდ-ი-ან	*they strip you/you* (pl.) *of Y*
ვ-ხდ-ი	*I strip X of Y*	ხდ-ი	*you strip X of Y*
გ-ხდ-ი-თ	*we strip you/you* (pl.)/ *I strip you* (pl.)/*X strips you* (pl.) *of Y*		
მ-წერ	*you write X to me*	მ-წერ-თ	*you* (pl.) *write X to me*
ს-წერ	*you write X to Y*	ს-წერ-თ	*you* (pl.) *write X to Y*
ვ-წერ	*I write X (to Y)*	ვ-წერ-თ	*we write X (to Y)*
გვ-წერ-ენ	*they write X to us*	გ-წერ	*I write X to you*
გ-წერ-ენ	*they write X to you/you* (pl.)		

Outside the present sub-series the verb *write to X* follows the same fluctuation between მი-/მო- as preverb that we described above for the future indicative of the verb t*o give*. The expression ხელს მო-ა-წერ *you will sign X*, however, always takes მო-. მი-ა-წერ also exists and means *you will ascribe X to Y*.

There is one final instance where the impermissible sequence of two agreement prefixes is avoided. With a verb like *give* we may have a sentence where the direct object is *me* and the indirect object is *you* (or vice versa). Such a coupling should lead to both an -მ- and a -გ- standing side by side. This impossibility is avoided by paraphrasing the **direct** object in such a way that it becomes 3rd person and thus takes a zero prefix. The transformation is achieved by using the noun თავ-ი *head* preceded by the appropriate possessive adjective, and it is usual to apply it also when a 1st or 2nd person direct object is coupled with a 3rd person indirect object. Thus:

შენს თავს მ-ა-ძლ(-)ევ-ენ	*they give you (your head) to me*
თქვენს თავს გვ-ა-ძლ(-)ევ-ენ	*they give you* (pl.) *to us*
ჩემს თავს ა-ძლ(-)ევ-ენ	*they give me to X*
ვის ა-ბარ-ებ-თ ჩვენს თავს?	*to whom are you* (pl.) *entrusting us?*
შენ გ-ა-ბარ-ებ-ენ ჩემს თავს?	*are they entrusting me to you?*
მე მ-ა-ბარ-ებ-თ მათ?	*are you* (pl.) *entrusting them to me?**
შენს თავს ა-ბარ-ებ-ს ოსს	*X is entrusting you to the/an Ossetian* (ოსი)

* Such an example is nevertheless sometimes met with the meaning *Are you entrusting me to them?*

Reflexives

Georgian has no special reflexive pronoun (*-self/selves*). Where necessary it employs the same paraphrase as that described above, namely the noun თავ-ი *head/self* preceded by the appropriate possessive adjective. The 3rd person singular possessive adjective is based on the genitive of this selfsame noun, namely თავ+ის-ი *X's own* (in the plural the adjective is თავიანთ-ი *their own*). Consider this definition from the *Georgian Academy Dictionary* of the 1st person singular pronoun მე *I/me:* ამ სიტყვით მოლაპარაკე აღნიშნავს თავის თავს *With this word the speaker* (მოლაპარაკე) *denotes himself* (= *his own head/self*).

Often when this reflexive paraphrase is used, the verb will stand in the subjective version, in which case no possessive adjective is permitted:

თავს მო-ვ-ი-კლ-ავ	*I shall kill myself*
თავს მო-ი-კლ-ავ	*you will kill yourself*

თავს მო-ი-კლ-ავ-ს	*X will kill himself/herself/itself*
თავს მო-ვ-ი-კლ-ავ-თ	*we shall kill ourselves*
თავს მო-ი-კლ-ავ-თ	*you* (pl.) *will kill yourselves*
თავს მო-ი-კლ-ავ-ენ	*they will kill themselves*

One way of saying *I shall sacrifice myself for X* is to use this same verbal root in the locative version (there is also a change in preverb), where we see that the locative version outranks the subjective:

(ჩემს) თავს შე-ვ-ა-კლ-ავ მამულს
I shall sacrifice myself for my land

An alternative verb without locative version is:

(თავიანთ) თავს შე-ს-წირ-ავ-ენ მამულს
they will sacrifice themselves for their land

Emphatic pronouns

Formally identical in English to the reflexive pronouns are the emphatic pronouns, though functionally they behave quite differently. Contrast *I saw myself in the mirror* (reflexive) with *I saw you in the mirror myself* (emphatic). In Georgian there is one word თვით(ონ), obviously again related to თავ-ი *head*, which serves as the invariant emphatic pronoun:

თვით(ონ)	გა-ვ-ა-კეთ-ებ	*I shall do it myself*
თვით(ონ)	გა-ა-კეთ-ებ-ენ	*they will do it themselves*

Dialogue 4

Zaza asks his father, Luk'a, about life in the army

ზაზა: რომელ საათზე დგებიან ჯარისკაცები?
ლუკა: ექვსზე. ჯერ ლოგინებს აილაგებენ, მერე ჩაიცვამენ, გაიპარსავენ, პირს დაიბანენ, საუზმისთვის რაიმეს წაიჭამენ, და აი! უკვე მზად არიან ბრძოლისთვის!
ზაზა: შენ ოდესმე იყავი ჯარისკაცი?
ლუკა: როგორ არა! ახალგაზრდობაში ვიყავი ჯარისკაცი

Vocabulary

ჯარისკაცი	*soldier*	ილაგებ (ა-)	*you tidy up your X*
იპარსავ (გა-)	*you shave*	პირი	*face, mouth*
იბან (და-)	*you wash your X*	საუზმე	*breakfast*

წაიჭამ	*you will quickly eat X*		
აი	*lo!*	ბრძოლა	*fight(ing), battle*
ახალგაზრდობა	*youth*	ჯარი	*army*

Exercises

1

Write out the present and future tense declension for the expressions *I* (etc.) *put on/shall put on a shirt*, *I* (etc.) *take/shall take the hat off the child*, and *I* (etc.) *take/shall take off my socks.*

2

Fill in the gaps and translate:

(a) თ..ენ რა. ..აძ.ევ. ჩვე.?
(b) ბევ. ფულ. .ა.ლევ. ..ვენ
(c) ის.ნ. ვი. მი.ც.მ.. კაბ..?
(d) მ. მ..ცემ.. მა.
(e) ამ ჩ.კ. .ვენ მო..წ.რ. ხელ.
(f) რატ.. მ.ცვ.მ. პალ.ო.?
(g) ...ტომ .ო. ც.ვ. გ..ეთ
(h) ჩ.ენ .ვით(.ნ) მ..კ.ავ. .ენ

3

Change the verbs in the following into their future form:

(a) დედა პურს აცხობს
(b) მე ფულს გაძლევთ
(c) რას ამბობენ?
(d) ბევრს ვსვამთ
(e) ქალიშვილს გაბარებენ ისინი
(f) წერილს ხომ გვწერენ?
(g) ოთახში ვის ხედავთ?
(h) ბიჭი ქუდს იხდის

4

How are the bracketed words conveyed in Georgian? Translate each example:

(a) მასწავლებელი (me) გაჩვენებს
(b) მოვიკლავთ (ourselves)
(c) სარკეში ხომ ხედავ (yourself)?
(d) შენ (yourself) მიდიხარ?
(e) მე (you (pl.)) გავაცნობ იმ ქალს
(f) ვინ მომცემს (you)?
(g) ქალი (herself) ამ ღვინოს დალევს
(h) ისინი (us) მათ მშობლებს აჩვენებენ

5

The following examples, each to be put into a single Georgian verb form, are designed to test your ability to combine the relevant agreement affixes for subjects and objects:

(a) they will see us
(b) I shall tire you
(c) you (pl.) will bath us
(d) X is sending you
(e) they will send you (pl.) here
(f) they lead us into error
(g) I shall lose you
(h) you (pl.) will drag us in here
(i) it will devour us
(j) we shall write to them
(k) you (pl.) are rearing us
(l) you will give it to me
(m) they will give it to X
(n) X will choke you (pl.)
(o) we shall put them (= hats) on you (pl.)
(p) they will take them (= coats) off us

6

Translate the following verb forms into English, noting any ambiguities:

(a) გაგ(ა)გზავნით
(b) მნახავთ
(c) ჩაგვაცვამენ
(d) გაგხდიან
(e) გიცნობ
(f) გვიცნობს
(g) გღლით
(h) მახრჩობ

7

Translate into Georgian:

(a) After lunch what will your parents say?
(b) The soldiers are giving the lad the money, and soon he will give it to us.
(c) Will you (pl.) send the soldiers to our village?
(d) Who will comb my hair? Your mother will comb your hair.
(e) No, mother is preparing the sandwiches. I shall wipe my nose, wash my hands and comb my hair myself.
(f) When will you introduce your pretty sister to us?
(g) To whom are you writing that letter and when will you write to me?
(h) Soon we are going to Tbilisi, and then I shall write to you from Georgia.

8

Translate into English:

(a) ჯარისკაცები რა(ი)მეს გამოგვართმევენ?
(b) რამ(ო)დენიმე მცენარეს დავრგავ და მერე ხელს დავიბან, ბავშვს გავაღვიძებ და წითელ კაბას ჩავაცვამ.
(c) პალტოს რატომ იცვამ? სადმე მიდიხარ? მეზობლებთან მივდივარ – რაღაცას დავიბრუნებ.
(d) რა დიდი ხანი ზიხარ მანდ! რაშია საქმე? უბრალოდ ვისვენებ. თუ დავიძინებ, ორამდე ხომ გამაღვიძებ? როგორ არა.
(e) რამდენს მასესხებ? რადგან ავადა ხარ, ათას მანეთს გასესხებ. გმადლობ.
(f) მშობლები ბავშვებს ხვალ მომაბარებენ. სკოლაში ბევრ საინტერესო რა(ი)მეს ვაჩვენებ მათ. მერე მათი მშობლები ბევრ ფულს ხომ მომცემენ?
(g) შვიდზე გაგაღვიძებთ. მერე თქვენ თვით(ონ) ხომ ჩაიცვამთ, პირს დაიბანთ და რა(ი)მეს წაიჭამთ?
(h) ხომ არ დაგვხვრეტენ? არა, ჩვენი მეგობრები მალე გაგვათავისუფლებენ. კარგი, თორემ თავს მოვიკლავ.

Lesson 7

In this lesson you will learn about:

- Objective version
- How to say *too, also*
- The emphatic interrogative particle meaning *what/where on earth!*
- Relative clauses
- The potential negative
- The vocative case
- Adjective agreement for the vocative

Dialogue 1

The boy, Dachi, asks his mother, Tsutsa, about her phone call to her sister, Ksenia

დაჩი: სად რეკავ, დედა (/დედიკო)?
ცუცა: ჩემს დას, ქსენიას, შენს დეიდას, ვურეკავ. მას შევატყობინებ ახალ ჭორებს.
დაჩი: კეთილი! მე აგიკრეფ ნომერს. ორი-სამი-ექვსი-ხუთი ხომ სწორია? აი ყურმილი – რეკავს.
ცუცა: ქსენიას გაუმარჯოს (/ქსენია, გამარჯობა)! მე, ცუცა, გაწუხებ. როგორა ხარ?
ქსენია: გაგიმარჯოს, ცუცა. ამ წუთში გავდივარ. ნახევარ საათში ახალ მაღაზიას გახსნიან. რა(ი)მეს გიყიდი? რა(ი)მეს მოგიტან?
ცუცა: ჩემს ქმარს ხომ ვერ უყიდი და მოუტან პატარა საჩუქარს? ხვალ მისი დაბადების დღეა.
ქსენია: კეთილი! უფრო გვიან გნახავ. დროებით!
ცუცა: ჯერჯერობით!
დაჩი: დედა (/დედიკო), როდის დაურეკავ მამიდა დიანას?

Vocabulary

რეკ-ავ (და-)	*you ring*	დედიკო	*mum*
დეიდა	*aunt* (mother's sister)	უ-რეკ-ავ (და-)	*you ring X*
ა-ტყ-ობ-ინ-ებ (შე-)	*you inform X of Y*	ჭორი	*rumour*
კეთილი	*fine, kind*	უ-კრეფ (ა-)	*you dial X for Y*
ნომერი	*number*	ყურმილი	*handset* (lit. *earpiece*)
გა-უ-მარჯ-ო-ს!	*Greetings to X!*	ნახევარ საათში	*in half an hour*
მაღაზია	*shop*	ხსნ-ი (გა-)	*you open X*
უ-ყიდ-ი	*you will buy X for Y*	მო-უ-ტან	*you will bring X* (inanimate) *for Y*
ქმარი	*husband*	ვერ	*not (possible)*
პატარა	*small*	საჩუქარი	*present*
უფრო გვიან	*later*	დროებით!	*So long!*
ჯერჯერობით!	*So long!*	მამიდა	*aunt* (father's sister)

Dialogue 2

Badri asks his son, K'oba, about school

ბადრი: კობა! სკოლაში რას გასწავლიან?

კობა: ყველაფერს გვასწავლიან, მამა – წერა-კითხვას, მათემატიკას, გრამატიკასა და თავაზიანობას.

ბადრი: როცა ინგლისურს (/ინგლისურ ენას) გასწავლიან, კარგად უგებთ ერთმანეთს თქვენ და თქვენი მასწავლებლები?

კობა: ძალიან კარგად ვუგებთ ერთმანეთს, ოღონდ ერთ რამეს მაინც ვერ ვახერხებ მე.

ბადრი: ეგ რა არი(ს), შვილო? ძალიან მაინტერესებს.

კობა: ვერ ვიჯერებ ყველაფერს, რასაც ამბობს სკოლის დირექტორი პოლიტიკის შესახებ (/პოლიტიკაზე).

ბადრი: არა უშავს, შვილო! პოლიტიკა ყველგან ერთნაირია – ერთი სიტყვით, ყარს!

Vocabulary

ა-სწავლ-ი	*you (will) teach X to Y*	წერა-კითხვა	*writing–reading*
მათემატიკა	*mathematics*	გრამატიკა	*grammar*
თავაზიანობა	*politeness*	ინგლისური	*English* (thing) (adj.)

უ-გ-ებ (გა-)	*you understand X* (someone)	ერთმანეთი	*each other*
ოღონდ	*only, except that*	მაინც	*however*
ი-ჯერ-ებ (და-)	*you believe X*	დირექტორი	*director*
პოლიტიკა	*politics*	შესახებ (+ gen)	*about*
არა უ-შავ-ს!	*never mind!*	ყველგან	*everywhere*
ერთნაირი	*uniform* (adj.)	ყარ-ს	*it stinks*

Dialogue 3

T'ogo and his wife, Zhuzhuna, discuss plans for an old painting

ტოგო: რას უპირებ იმ ძველ ნახატს, რომელსაც ხელოსანი გვიწმენდს თავის სახელოსნოში?

ჟუჟუნა: როცა მოგვიტანენ, შევფუთავ, ფოსტაში წავიღებ, და გავუგზავნი ჩემს ძმას, რომელიც ავსტრალიაში შარშან წავიდა.

ტოგო: ავსტრალიიდან როცა იგი მოგწერს, ხომ მომცემ კონვერტს, და მე მას გადავცემ ჩემს ბიძაშვილს, რომელიც მარკებს აგროვებს?

ჟუჟუნა: აუცილებლად მოგცემ ყველა კონვერტს, რომელსაც ავსტრალიიდან ძმა გამომიგზავნის. და თუ კონვერტებს მივიღებ სხვა ვინმესგან, მათაც შეგინახავ.

Vocabulary

უ-პირ-ებ (და-)	*you intend X for Y*	ნახატი	*picture*
ხელოსანი	*artisan*	უ-წმენდ (გა-)	*you clean X for Y*
სახელოსნო	*workshop*	ფუთ-ავ (შე-)	*you wrap X*
ფოსტა	*post office*	წა-ი-ღ-ებ	*you will take X*
უ-გზავნ-ი (გა-)	*you send X to Y*	ავსტრალია	*Australia*
შარშან	*last year*	კონვერტი	*envelope*
გადა-ს-ც-ემ	*you will hand X on to Y*	ბიძაშვილი	*cousin* (uncle's child)
მარკა	*stamp*	ა-გროვ-ებ (შე-)	*you collect X*
აუცილებლად	*certainly*	გა-მო-უ-გზავნ-ი	*you will send X hither to Y*
მი-ი-ღ-ებ	*you will receive X*	მათაც (= მათ+ც)	*them* (dat.) *too*
უ-ნახ-ავ (შე-)	*you keep X for Y*		

Grammar

Objective version

The fourth, and final, version that is essential to an understanding of the structure of transitive verbs in Series I and II is the objective version. This is a mechanism that creates indirect objects for a verb out of two sources: (a) postpositional phrases containing the postposition -თვის *for*, and (b) the possessor attached to the verb's direct object. Here are two examples. The sentence *I am writing a letter for/on behalf of my friend* could be translated into Georgian as:

წერილს ვ-წერ ჩემი მეგობრის(ა)თვის

Alternatively, we can employ the objective version, drop the benefactive postposition, and turn the noun *friend* into the verb's indirect object, thus:

წერილს ვ-უ-წერ ჩემს მეგობარს

Note that, as mentioned in the previous lesson, *I am writing a letter <u>to</u> my friend* would have the verb ვ-წერ in place of ვ-უ-წერ here. In a similar construction, we can express the straight equivalent of *I am painting my parents' house*, as:

ჩემი მშობლების სახლს ვ-ღებ-ავ

Here again the possessor in the genitive can be shifted to a dative indirect object if the objective version is utilised:

ჩემს მშობლებს სახლს ვ-უ-ღებ-ავ

Obviously there is no great difference in meaning even in English between the expressions *I am painting my parents' house* and *I am painting a/the house for my parents*, but, to the extent that there **is** a difference, the objective version has the same ambiguity in Georgian.

In future vocabularies verbs presented in their objective version forms will have 2nd person subject and 3rd person indirect object, thus: უ-გზავნ-ი (გა-) *you send X to Y*.

From a formal point of view, the objective version marker is the preradical vowel უ-, as long as the indirect object is 3rd person – standing before a vowel, the object agreement prefix for such 3rd person indirect objects is, of course, zero. However, if the indirect object is 1st or 2nd person, the objective version vowel is ი-, preceded by the appropriate object agreement prefix. Study these examples:

რას მ-ი-შენ-ებ?	*What are you building for me?*
ნალიას გ-ი-შენ-ებ	*I am building you a maize store*

რას მ-ი-შენ-ებ-თ?	*What are you* (pl.) *building for me?*
გარაჟს გ-ი-შენ-ებ-თ	*We are building you a garage*
რას და-გვ-ი-წერ-ენ?	*What will they write for us?*
ხუთიანს და-გვ-ი-წერ-ენ	*They will write us top marks (i.e. 5 out of 5)*
რას უ-კეთ-ებ-თ?	*What are you* (pl.) *making for X?**
კარადას (ვ-)უ-კეთ-ებ-თ	*We are making a bookcase for X*
ის რას გ-ი-კეთ-ებ-თ?	*What is X making for you* (pl.)*?*
(ის) განჯინას გვ-ი-კეთ-ებ-ს	*X is making us a cupboard*

* Since in speech the 1st person subject prefix ვ- is regularly dropped before a following -უ, this example could also mean *What are we making for X?*

Verbs which have no neutral version forms but basically exist in the subjective version can nevertheless substitute the objective version for their fundamental subjective version. Outside the present sub-series there are two roots for the notion *convey* (i.e. *bring/take*), namely -ტან (for inanimate objects) and -ყვან (for animate objects):

რას მო-ი-ტან?	*What will you bring?*
ვის მო-ი-ყვან?	*Whom will you bring?*

Here the versioniser denotes the subjective version. Now consider:

რას მო-უ-ტან?	*What will you bring X?*
რას მო-მ-ი-ტან?	*What will you bring me?*
ვის მო-გ-ი-ყვან-ს	*Whom will X bring you?*

Here we have the objective version. Such being the case, out of context a form like მო-მ-ი-ყვან-ს is ambiguous – in subjective version the meaning is *X will bring me (here)*, whereas in objective version the meaning is *X will bring animate Y to/for me.*

Just as some verbs exist basically in subjective versional forms, so other verbs basically exhibit the objective version. The normal expression for the blowing of the wind (ქარი) is a typical example:

მთაწმინდიდან უ-ბერ-ავ-ს ქარი
The wind blows from Mtac'minda
(The Holy Mountain, which overlooks Tbilisi)

In the above example there is no indication of any object; if such an object **is** required, it can easily be supplied as a dative indirect object:

მ-ი-ბერ-ავ-ს ქარი	*The wind is blowing* <u>*on me*</u>

In the example just described the preverb will be და-. But if it is a person who is doing the blowing onto something, then the preverb will be შე-:

ბიჭი შე-უ-ბერ-ავ-ს სამოვარს *The lad will blow on the samovar*

Note also that the usual function of this verb-root in neutral version is to indicate inflation with air[1], in which case the preverb will be გა-:

ბოლოკი ჩემ-ს მუცელს გა-ბერ-ავ-ს *The radish(es) will fill my stomach* (მუცელი) *with wind*

which example has the objective versional variant:

ბოლოკი მუცელს გა-მ-ი-ბერ-ავ-ს

As with the locative version, the objective version also has a role to play with intransitive verbs. Compare the following alternatives, where გვერდი means *side*:

(ჩემი) ცოლი ზი-ს/ჯდ-ებ-ა ჩემს გვერდზე
or
(ჩემი) ცოლი მ-ი-ზი-ს/მ-ი-ჯდ-ებ-ა გვერდზე

(My) wife is seated/sitting down at <u>my</u> side

where it is the *my* accompanying the postpositional phrase that becomes the verb's indirect object.

Expressions with too, also, as well

To link nouns or pronouns in a way equivalent to the English expression *also*, *too*, *as well* simply add the suffix -ც to the noun or pronoun concerned. For example: ქალი მი-დი-ს – კაციც *The woman is going – The man too*; ისინი გა-დი-ან – მეც *They are going out – Me too*. An example of this marker was given in Dialogue 1, Lesson 4.

Emphatic interrogative particle

The specific indefinite suffix -ღაც is composed of the particle just described and the element -ღა. This latter is used by itself in association with interrogatives as an equivalent to the English *pray, on earth!* (e.g. სადღა მი-დი-ხარ?! *Where on earth are you going?!*; რაღა ა-კეთ-ებ?! *What on earth are you doing?!*). With non interrogatives it is equivalent to მხოლოდ *only* (e.g. პრეზიდენტიღა და-ჯდ-ა *Only the president sat down*).

[1] The neutral version form is not unknown also in the sense of the wind blowing, but an example like თებერვალი ბერ-ავ-ს *February blows* is less common than the objective versional form given above.

Relative clauses

Georgian can build relative clauses in exactly the same way as English, i.e. by means of a relative pronoun standing, of course, in the appropriate case. These pronouns are based on the three interrogative pronouns: ვინ? *Who?*, რა? *What?*, რომელი? *Which one?*. To turn these into their relative counterparts, simply add the suffix -ც to give: ვინც *who*, რაც *which*, რომელიც *who, which*. The first two predominate in expressions like: ყველა ვინც *all who*, ყველაფერი რაც *everything which*, ის ვინც *the one who*, or ის რაც *that which*. However, in the plural, or when the pronoun is linked to a full noun, the third pronoun is used, as in: კაცი რომელიც *the man who*, გაზეთი რომელიც *the newspaper which*, ისინი რომლებიც *those who/which*.

Where the relative pronoun is governed by a postposition or stands in the genitive when linked to another noun in its clause, the suffix -ც either stands at the end of the entire phrase or may be omitted:

მო-გ-ც-ემ (იმ) წიგნს, რომელსაც მაგიდაზე ხედ-ავ
I shall give you the book which you see on the table

ნახ-ავ (იმ) ქალს, რომელიც გუშინ მო-ვიდ-ა
You will see the woman who came yesterday

(ის,) ვინც გა-ვიდ-ა, ჩემი მტერია
The one who went out is my enemy (მტერი)

(ის) ლამაზი ქალი, რომლისგან(ა-ც) ფულს ი-სესხ-ებ, მათი ქალიშვილია
The beautiful woman from whom you will borrow the money is their daughter

(ის) ქალი, რომლის ფანჯარას(ა-ც) გა-ვ-წმენდ, ჩვენი მეზობელია
or
(ის) ქალი, რომელსაც გა-(ვ-)უ-წმენდ ფანჯარას, ჩვენი მეზობელია
The woman for whom I shall clean the window is our neighbour

ყველაფერი, რასაც ვ-ხედ-ავ, ხომ ჩემია?
Everything I see is mine, isn't it?

ვინ არი(ს) ეგ ქალი, რომლის გვერდზე(და-ც) დგახარ?
or
ვინ არი(ს) ეგ ქალი, რომელსაც გვერდზე უდგახარ?
Who is that woman at whose side you are standing?

In similar fashion we can produce relatives from the following interrogative adjectives and adverbs: რამდენი? *how many?*, რამდენიც *as many*, სად? *where?*, სადაც *where*, როდის? *when?*, როდესაც/როცა *when*, როგორ? *how?*, როგორც *as*.

The potential negative

We have already met the negative adverb არ *not* (cf. არა *no*). This is only one of three negatives in the language. In order to negate the possibility of carrying out some action, the negative ვერ is used in conjunction with the verb indicating the action that cannot be achieved. Contrast the following:

არ მიდის	*X is not going*
ვერ მიდის	*X cannot go*
განა/ნუთუ არ მიდიან?	*Are they really* (განა/ნუთუ) *not going?*
განა/ნუთუ ვერ მიდიან?	*Can they really not go?*
მაგას არ გავაკეთებ	*I shall not do that*
მაგას ვერ გავაკეთებ	*I shan't be able to do that*

The vocative case

The vocative is the case used when addressing someone. It has rather marginal status. Proper names simply stand in their bare root, which means dropping the -ი of the nominative (unless, of course, this vowel is part of the root), e.g. ლევან! ელიზაბედ! გოგი! ირაკლი! ზაზა! ელისო!, which last is the name *Eliso*. Common nouns with consonant-final roots replace the nominative -ი with -ო, e.g. ბიჭო! *lad!*, კაცო! *mate!*, which, though the vocative of the noun for *man*, may be used when addressing females with whom the speaker (male or female) is on familiar terms. As for vowel-final roots, historically they simply added -ვ (apart from ი-final roots, which never altered) (e.g. საქართველოვ! მუდამ მენთანა ვარ *O Georgia! I am always with you*). However, today this -ვ has an archaic flavour, so that the vocative usually does not differ any longer from the nominative (e.g. დედა! *Mother!*).

The vocative forms of ბატონი *lord, master, sir, mister* and ქალბატონი *lady, mistress, madam, missus* are very common. Conversations conducted in the polite mode of address often contain the forms ბატონო!/ქალბატონო! as a reinforcement of this politeness, where in English we would not necessarily say anything.

Regardless of the sex of the addressee ბატონო! is used if one wishes to have something repeated, or when granting someone permission to speak.

Adjective agreement with the vocative

In the vocative, consonant-final adjectives replace the nominative -ი with -ო, whilst vowel-final adjectives do not alter (e.g. ჩემო კარგო და პატარა მეგობარო! *My good and little friend!*). When the 2nd person pronouns are used in association with the vocative, they lose their final -ნ (e.g. შე/თქვე დალოცვილო! *You* (sing. or pl.) *blessed one!*). Note the high style თქვენო აღმატებულებავ! *Your Excellency!*, with vocative in -ვ.

The customary way of referring to individuals is to use the relevant first name preceded by whichever of the two terms ბატონი/ქალბატონი is appropriate. For example: ბატონი აკაკი სად არი(ს)? *Where is Ak'ak'i?*; ქალბატონი ელენე შემოვიდა *Elene has come in*, whereas in English we would tend to use *Mr.* + Ak'ak'i's surname or *Mrs.* + Elene's surname. In the vocative these words show the expected ო-ending (e.g. ბატონო აკაკი! ქალბატონო ელენე!).

Dialogue 4

The teacher, Shalva, asks a favour of a male pupil, Ramaz

შალვა: რამაზ, თუ ჩემს თხოვნას შეასრულებ, ძალიან დამავალებ.
რამაზი: თქვენი თხოვნა რა არი(ს), ბატონო შალვა?
შალვა: შენ ხომ თარგმნი ფრანგულ წერილებს ქართულად? ამაღამ ხომ ვერ გადამითარგმნი ამ წერილს, რომელიც დღეს მოვიდა საფრანგეთიდან, და ხვალ დამიბრუნებ?
რამაზი: თხოვნას ვერ შეგისრულებთ, ბატონო, რადგან კინოში მივდივარ ამაღამ.
შალვა: არც ხვალ დილით ადრე მოასწრებ?
რამაზი: ბოდიში, მაგრამ ვერც ხვალ მოვიცლი, რადგან ღამეს შინ არ გავათევ და გვიან ვდგები ხოლმე.
შალვა: ვაიმე, რასლა ამბობ?! შენი საბაბები როგორ მღლის! კარგ შთაბეჭდილებას არ ახდენს ჩემზე.
რამაზი: თუ წინააღმდეგი არ ბრძანდებით, ჩემს დას ვუჩვენებ თქვენს წერილს, და იგი ალბათ გადაგითარგმნით.
შალვა: რა კაი (/კარგი) გამოსავალი! გმადლობ, რამაზ.
რამაზი: არაფრის, ბატონო.

Vocabulary

თხოვნა		*request*	ა-სრულ-ებ	(შე-)	*you fulfil X*
ა-ვალ-ებ	(და-)	*you oblige X*	ბატონო!		*sir!*

ფრანგული	*French* (thing) (adj.)	უ-თარგმნ-ი (გადა-)	*you translate X for Y*
საფრანგეთი	*France*	უ-ბრუნ-ებ (და-)	*you return X to Y*
უ-სრულ-ებ (შე-)	*you fulfil X for Y*	არც	*neither*
დილით ადრე	*early in the morning*	ა-სწრ-ებ (მო-)	*you do X in time*
ბოდიში	*sorry; apology*	ვერც	*neither* (possible)
ი-ცლ-ი (მო-)	*you find time*	შინ	*at home*
ა-თ(-)ევ (გა-)	*you spend (night)*	ვაიმე!	*Gracious!*
საბაბი	*excuse*	შთაბეჭდილება	*impression*
ა-ხდ(-)ენ (მო-)	*you effect X*	წინააღმდეგი	*opposing*
უ-ჩვენ-ებ	*you (will) show X to Y*	კაი (კარგი)	*good*
გამოსავალი	*way out*	არაფრის!	*Not at all!*

Exercises

1

Write out the future form for the verb in *I* (etc.) *shall write a letter*, then write out the equivalent form for the expression *I* (etc.) *shall write it for myself*. Now adapt this for *I* (etc.) *shall sign the cheque*, and again for *I* (etc.) *shall write to X*

Finally, translate the following:

I shall write it for you/you (pl.)
you will write it for me/us
X will write it for me/us/you/you (pl.)
we shall write it for you/you (pl.) */X/them*
you (pl.) *will write it for me/us/X/them*
they will write it for me/us/you/you (pl.) */X/them.*

2

Fill in the gaps and translate:

(a) .ენ ვი. .რეკ.ვ, დედ.?
(b) სა.უ.არ. გა..მ.გზავ..ა.?
(c) ფულ. რ.დი. .აგვ.ბრ.ნ.ბ.?
(d) ქ.რ. .ბერ.ვ.
(e) რა. ..იშენ.ბ?
(f) ამ.ს ვი. მ.ვ.ტან?
(g) მ.გა. მ. მ.მ.ტან
(h) .ხოვ.ა. მ.თ .ევ.სრ.ლ.ბ.

3

Complete (and translate) the following sentences with the correct form of the appropriate relative pronoun:

(a) (ის,) – ამბობენ, მართალი არ არი(ს)
(b) ის ქალები, -თვის(აც) მოხვედი, ჩემი დეიდები არიან
(c) (იმას,) – შემოვიდა, გაუმარჯოს!
(d) იმ კაცს, – მამა(ც) იმ სკამზე ზის, ხვალ ვნახავ
(e) ყველას, -გან(აც) მიიღებ საჩუქარს, შენ იცნობ
(f) იმ მასწავლებელს, – ამაღამ დაურეკავ, მე კარგად ვიცნობ
(g) ყველაფერი, – ხედავთ, ჩემია
(h) ყველას, – შენ გაუგზავნი წერილს, მეც მივწერ

4

Express the following using a single Georgian verb:

(a) I shall return it/them to you (pl.)
(b) you will build it for me
(c) X will write it on it
(d) they will clean X for Y
(e) X will bring (some person) to us
(f) they will send X to you
(g) you will fulfil it for us
(h) you (pl.) will translate X for us

5

Now translate the following verb-forms into English (noting any ambiguities):

(a) გავუგზავნით
(b) მივუტან
(c) მიმიყვანთ
(d) გვითარგმნით
(e) მოგვცემთ
(f) გიწერთ
(g) მოგიყვანენ
(h) გვაწევს

6

Translate into English:

(a) ბატონო ზურაბ, თხოვნებს რატომ არ გვისრულებთ ხოლმე?
(b) ვინ და ვინ არიან ის ბიჭები, რომლებსაც გვერდზე უსხედან შენი დები?
(c) თუ ვინმე რა(ი)მეს დააწერს კედელს, ხომ შემატყობინებთ, ქალბატონო?
(d) რას მიყიდი და მომიტან, მამა, იმ მაღაზიიდან, რომელსაც უფრო გვიან გახსნიან ქალაქში?
(e) ჩვენი მტრები რასლა გვიპირებენ? მშობლებს ნუთუ მოგვიკლავენ?

(f) თუ ყურმილს მომცემ და ნომერს ამიკრეფ, ძალიან დამავალებ, ბიჭო, რადგან მე მაგას ვერ ვახერხებ.
(g) შენი ბიძაშვილი საფრანგეთში მიდის. თუ მას მივწერ, ხომ წერილს გამომიგზავნის. წერილს ალბათ გამოგიგზავნიან იგი და მისი ქმარიც.
(h) თუ თქვენი მასწავლებელი დღეს ავადაა, არა უშავს – მე ქართულ გრამატიკასა და მათემატიკას გასწავლით ამ წიგნებიდან.

7

Translate the following into Georgian:

(a) We and our teachers understand each other very well. They will teach us many languages.
(b) I shall see you tomorrow. In half an hour I shall ring my mother and later take this book to her. I shall show it to her and return it to you next week.
(c) The village where my parents are going is very pretty. Some day I shall bring you a photo of it.
(d) Will you bring your brother to me? Will *you* (pl.) give me a sweet? Yes. Fine! I shall bring you my brother.
(e) You see the beds on which the sick people are lying, don't you?
(f) I shall take the letter which came today to Aunt Eliso, mother.
(g) The one who came in first will pour the wine for us.
(h) We are unable to go out, because outside it is cold and the wind is blowing from the Holy Mountain.

Lesson 8

In this lesson you will learn about:

- The syntax associated with transitive verbs in Series II
- The ergative case of nouns
- Adjective agreement with nouns in the ergative
- The conjugational patterns for transitive verbs in Series II

Dialogue 1

The English visitor, Anne, once again discusses housework with her Georgian hostess, Inga (Compare with Dialogues 1, Lesson 4 and Dialogue 1, Lesson 6)

ანი: რა იყო თქვენი გუშინდელი გეგმა?

ინგა: გუშინ შაბათი იყო, ამიტომ პური გამოვაცხვე სამზარეულოში.

ანი: პური როგორ გამოაცხვეთ?

ინგა: ასე – ჯერ დავაწყვე ყველაფერი მაგიდაზე: ჯამი, ფქვილი, თბილი წყალი, მარგარინი, მარილი, შაქარი და საფუარი. ფქვილი საცრით გავცერი და სასწორზე ავწონე, მერე ჯამში იგი ჩავყარე მარგარინს, საფუარს, ცოტა მარილსა და შაქართან ერთად, და ზედ წყალი დავასხი. ცომი დიდხანს მოვზილე, მერე ჯამი დავფარე და დავტოვე.

ანი: საფუვრის როლი რა იყო?

ინგა: საფუარმა ცომი ააფუა. საათ-ნახევრის (= ოთხმოცდაათი წუთის) შემდე კიდევ მოვზილე, და ცომი სამად დავჭერი. კიდევ ორმოცი წუთით დავტოვე. მერე რამოდენიმე წუთით ადრე ავანთე ღუმელი, და ტაფაზე ცომი შევდე ღუმელში.

ანი: თქვენ აცხობთ ხოლმე ძალიან გემრიელ პურს.

ინგა: მადლობელი ვარ. ინგლისში გემრიელ პურს არ ყიდიან?

ანი: ინგლისში ჩვეულებრივი პური ბამბისნაირია!

Vocabulary

გუშინდელი	*yesterday's*	გუშინ	*yesterday*

Dialogue 2

Misha tells Dato about his group's exciting adventure of the previous day

დათო: სად წახვედით გუშინ?
მიშა: გუშინ წავედით ექსკურსიაზე და საინტერესო რამ(ე) ვნახეთ.
დათო: რა ნახეთ?
მიშა: როცა შევედით ტყეში, ერთერთმა ჩემმა მეგობარმა დაინახა კაცი, რომელიც მიწაზე იწვა. როდესაც მივედით მასთან, გვითხრა, რომ მისი ფეხი მოტეხილი იყო. იმ წუთში ჩვენმა მასწავლებელმა აგვიხსნა ის, რაც გასაკეთებელი იყო. გაგვ(ა)გზავნა მე და ჩემი უფროსი ძმა ტყის ყარაულის სახლში, საიდანაც დავრეკეთ ადგილობრივ საავადმყოფოში და ექიმი გამოვიძახეთ. მალე მოვიდა სასწრაფო დახმარების მანქანა. ექიმმა ჯერ გაუსინჯა იმ კაცს მოტეხილი ფეხი და ნემსი გაუკეთა ტკივილისთვის. საკაცე გამოიტანეს, გაშალეს და მასში გადააწვინეს კაცი. საკაცე ასწიეს, კაცი შეიყვანეს მანქანაში და წაიყ-ვანეს საავადმყოფოში, სადაც შესაბამისი დახმარება გაუწიეს.
დათო: მართლა რა საინტერესო რამ(ე) ნახეთ! მერე როდის მოხვედით უკან?
მიშა: ტყეში კარგი დღე გავატარეთ და შვიდ საათზე უკან მოვედით.

Vocabulary

წახვედი *you went (away)* (cf. მიხვედი *you went (up to)*)

ექსკურსია	*excursion*	ტყე	*wood, forest*
ერთერთი	*one of*	დაინახავ	*you will notice X*
მიწა	*earth*	უთხარი	*you said X to Y*
რომ	*that*	მოტეხილი	*broken*
აუხსნი	*you will explain X to Y*	გასაკეთებელი	*to be done*
უფროსი	*older; boss*	ყარაული	*guard*
საიდანაც	*from where*	ადგილობრივი	*local*

ექიმი	*doctor*	იძახებ (გამო-)	*you call X out*
სასწრაფო	*emergency* (adj.)	დახმარება	*help*
მანქანა	*vehicle*	უსინჯავ (გა-)	*you examine X for Y*
ნემსი	*needle, injection*	ტკივილი	*pain*
გამოიტან	*you will bring it out*	საკაცე	*stretcher*
შლი (გა-)	*you unfold X*	აწვ(-)ენ (და-)	*you lay X down*
გადააწვ(-)ენ	*you will move X and lay X down elsewhere*	სწ(-)ევ (ა-)	*you lift X up* (NB the ს- is functionless)
შეიყვან	*you will take someone in*	წაიყვან	*you will take someone away*
შესაბამისი	*appropriate*	უწ(-)ევ (გა-)	*you afford X to Y*
უკან	*back*	ატარ-ებ (გა-)	*you spend* (time)

Dialogue 3

Nugzar questions his friend, Mamia, about the way he spent the day before yesterday

ნუგზარი: გუშინწინ როგორ გაატარე დღე?

მამია: რვა საათზე ავდექი, ახალი ტანსაცმელი ჩავიცვი, ხელ-პირი დავიბანე, თმა დავივარცხნე, რადიო ჩავრთე და საუზმე ვჭამე.

ნუგზარი: გახვედი თუ მთელი დღე შინ გაატარე? როცა დაგირეკე, პასუხი არ იყო.

მამია: დავამთავრე ის მოხსენება, რომელსაც უნივერსიტეტში ზეგ წავიკითხავ, მაგრამ თორმეტის ნახევარზე ქალიშვილს ჩავაცვი პალტო, ჩავსვი ჯიპში და წავიყვანე ქალაქში, სადაც სადილი ვჭამეთ. სადილის შემდეგ ახალი მულტ-ფილმი "მშვენიერი და მხეცი" ვნახეთ. ქალიშვილმა დაიწყო ტირილი, როცა პირველად დაინახა მხეცი! ოთხზე გამოვედით კინოდან, ჯიპში ჩავსხედით, ბენზინი ვიყიდეთ და სახლში მოვედით.

ნუგზარი: შენ მოუმზადე ქალიშვილს ვახშამი?

მამია: არა, ჩემმა მეუღლემ მოგვიმზადა გემრიელი ვახშამი. ჩვეულებისამებრ, მე გავრეცხე ჭუჭყიანი თეფშები, შვიდზე დავბანე ქალიშვილი, ზღაპარი წავუკითხე და დავაძინე.

ნუგზარი: მერე დაწექი შენც?

მამია: არა, ცოლის დამ დარეკა და მითხრა, რომ კარგი გადაცემა იყო ტელევიზორში. თორმეტზე გამოვთიშე ტელევიზორი და დავწექი.

Vocabulary

გუშინწინ	*day before yesterday*	ხელ-პირი	*hands and face*
რადიო	*radio*	რთავ (ჩა-)	*you switch X on*
საუზმე	*breakfast*	პასუხი	*answer*
ამთავრებ (და-)	*you finish X*	მოხსენება	*(academic) talk*
უნივერსიტეტი	*university*	ზეგ	*day after tomorrow*
წაიკითხავ	*you will read X*	სვამ (ჩა-)	*you seat X (inside)*
ჯიპი	*jeep*	მულტ-ფილმი	*cartoon film*
მშვენიერი	*beautiful (one)*	მხეცი	*beast*
იწყებ (და-)	*you begin X*	ტირილი	*crying*
პირველად	*for the first time*	ჩასხედით	*you* (pl.) *sat down and in something*
ბენზინი	*petrol*	იყიდი	*you will buy X*
ვახშამი	*dinner*	მეუღლე	*spouse*
ჩვეულებისამებრ	*as usual*	რეცხავ (გა-)	*you clean X*
ჭუჭყიანი	*dirty*	თეფში	*dish*
ზღაპარი	*fairy-tale*	გადაცემა	*(radio/TV) programme*
ტელევიზორი	*television*	თიშავ (გამო-)	*you switch X off*

Grammar

The syntax of Series II transitive verbs

In this lesson we shall look at the aorist indicative of transitive verbs. The aorist indicative and the aorist subjunctive together constitute the tenses of Series II, and transitive verbs in Series II require a different syntactic construction from the one we have so far been studying with the two Series I tenses (the present and future indicatives) already described. In Series II the subject stands in the ergative case, which has no other function in the language than to mark subjects of transitive verbs in this series; verb agreement is achieved by means of the subject agreement affixes (the appropriate 3rd person endings are given below). The direct object stands in the **nominative** case, the indirect object in the dative case, both continuing to be linked to the verb by means of the object agreement affixes:

კაც-მა ქალ-ი და-ი-ნახ-ა	*The man noticed the woman*
(მე) კაც-ი ვ-ნახ-ე	*I saw the man*
ქალ-მა (შენ) გ-ნახ-ა	*The woman saw you*
მამა-მ დედა-ს ბეჭედ-ი ა-ჩუქ-ა	*Father presented* (აჩუქებ) *mother with a ring* (ბეჭედი)

მოწაფე-ებ-მა მასწავლებელ-ს ვაშლ-ი მი-ს-ც-ეს — *The pupils* (მოწაფე) *gave an apple* (ვაშლი) *to the teacher*

The ergative case

Nouns with consonant-final roots form the ergative by adding -მა to the root, whereas vowel-final roots simply add -მ (e.g. კაც-მა, ქალ-ებ-მა, მოწაფე-მ, ირაკლი-მ, ბუ-მ, დრო-მ, დედა-მ).

The ergative case of the 1st/2nd person pronouns (singular and plural) is the same as the nominative and dative forms already encountered: მე, შენ, ჩვენ, თქვენ. The 3rd person demonstrative pronouns, on the other hand, have the forms: მან (მათ) *he/she/it* (*they*); ამან (ამათ) *this one* (*these ones*); მაგან (მაგათ) *that* (*by you*) *one* (*those ones*); იმან (იმათ) *that one (over there)* (*those ones*). The interrogative pronouns have the forms: ვინ *who?*; რა-მ *what?*; რომელ-მა (რომლ-ებ-მა) *which one?* (*which ones?*).

Adjective agreement for the ergative

Adjectives with consonant-final roots add the same -მა as do consonant-final nouns, whilst vowel-final roots remain unchanged: (e.g. დიდ-მა/მწვანე ხე-მ/ხე-ებ-მა *big/green tree/trees*).

Declension types and agreement patterns

Now that all the Georgian cases have been introduced, here are the declensions of nouns, pronouns and a whole noun phrase incorporating demonstrative+adjective (consonant- and vowel-final)+noun (sing. and pl.):

Nouns

Consonant-stem nouns

Nom	ქალ-ი	ქალ-ებ-ი	მსხალ-ი	მსხლ-ებ-ი
Voc	ქალ-ო	ქალ-ებ-ო	მსხალ-ო	მსხლ-ებ-ო
Dat	ქალ-ს	ქალ-ებ-ს	მსხალ-ს	მსხლ-ებ-ს
Erg	ქალ-მა	ქალ-ებ-მა	მსხალ-მა	მსხლ-ებ-მა
Gen	ქალ-ის	ქალ-ებ-ის	მსხლ-ის	მსხლ-ებ-ის
Instr	ქალ-ით	ქალ-ებ-ით	მსხლ-ით	მსხლ-ებ-ით
Adv	ქალ-ად	ქალ-ებ-ად	მსხლ-ად	მსხლ-ებ-ად
	woman	*women*	*pear*	*pears*

Vowel-stem nouns

Nom	ბრბო	ძუძუ	მამა	სილამაზე
Voc	ბრბო(-ვ)	ძუძუ(-ვ)	მამა(-ვ)	სილამაზე(-ვ)
Dat	ბრბო-ს	ძუძუ-ს	მამა-ს	სილამაზე-ს
Erg	ბრბო-მ	ძუძუ-მ	მამა-მ	სილამაზე-მ
Gen	ბრბო-ს	ძუძუ-ს	მამ-ის/მამა-ს	სილამაზ-ის
Instr	ბრბო-თი[1]	ძუძუ-თი[2]	მამ-ით	სილამაზ-ით
Adv	ბრბო-დ	ძუძუ-დ	მამ-ად	სილამაზე-დ
	crowd	*breast*	*father*	*beauty*
Nom (pl.)	ბრბო-ებ-ი	ძუძუ-ებ-ი	მამ-ებ-ი	(სილამაზე-ებ-ი)

Pronouns

	1st sing.	1st pl.	2nd sing.	2nd pl.
Nom/erg/dat	მე	ჩვენ	შენ	თქვენ
Genitive	ჩემ(ი[3])	ჩვენ(ი)	შენ(ი)	თქვენ(ი)

3rd person:	Sing.	Pl.
Nom	ის/იგი	ისინი/იგინი
Dat	(ი)მას	(ი)მათ
Erg	(ი)მან	(ი)მათ
Gen	(ი)მის(ი)	(ი)მათ(ი)
Instr	(ი)მით	(ი)მათით
Adv	(ი)მად	(ი)მათად

In the non-nominative cases the forms without the initial vowel are the so-called anaphoric pronouns (*he/she/it/him/her/it/they/them*), whilst those with the initial vowel are the demonstrative pronouns (*that one/those ones over there*). The other two demonstratives ეს/ამას (etc.)//ესენი/ამათ (etc.) *this one//these ones* and ეგ/მაგას (etc.) //ეგენი/მაგათ (etc.) *that one/those ones by you* follow the same pattern.

Interrogatives

	who?	*what?*	*which one?*
Nom	ვინ	რა	რომელი (pl. = რომლები etc.)
Dat	ვის	რას	რომელს
Erg	ვინ	რამ	რომელმა
Gen	ვის(ი)	რის(ი)	რომლის
Instr	[ვისით]	რით(ი)	რომლით
Adv	[ვისად]	რად	რომლად

Noun-phrases

Nom	ეს დიდ-ი მწვანე ხე/ხე-ებ-ი
Dat	ამ დიდ მწვანე ხე-ს/ხე-ებ-ს
Erg	ამ დიდ-მა მწვანე ხე-მ/ხე-ებ-მა
Gen	ამ დიდ-ი მწვანე ხ-ის/ხე-ებ-ის
Instr	ამ დიდ-ი მწვანე ხ-ით/ხე-ებ-ით
Adv	ამ დიდ მწვანე ხე-დ/ხე-ებ-ად
	This big green tree/These big green trees

The demonstrative adjectives ეგ/ის may replace ეს, just as მაგ/იმ may replace ამ for appropriate changes of meaning. To illustrate the vocative consider: შე, ჩემ-ო ლამაზ-ო ქალიშვილ-ო/მეუღლე(-ვ)! *you, my beautiful daughter/wife!*.

[1] Monosyllabic nouns in -ო may have the normal type of genitive and instrumental (ბრბო-ის/ბრბო-ით).

[2] Monosyllabic nouns in -უ have a normal vocative (ძუ-ო *owl*) and may have normal genitive and instrumental (ძუ-ის/ძუ-ით).

[3] These forms in -ი given under the genitive of the personal and interrogative pronouns are, of course, the possessive adjectives/pronouns (*my/mine*, *your/yours*, etc.).

The aorist indicative forms of transitive verbs

There are two basic conjugational patterns: the weak and strong aorists. The former is characterised by the suffixal vowel -ე when the subject is either 1st or 2nd person (sing. or pl.), whilst the strong aorist utilises the vowel -ი in these contexts. The 3rd person plural subject agreement affix is **always** -ეს, whilst a 3rd person singular subject will select either -ო or -ა from the subject agreement affixes, as will be explained in detail below.

Where the future indicative is built on a different root from the present (e.g. ხედ-ავ *you see X* vs ნახ-ავ *you will see X*), the aorist will follow the future indicative model (apart from in a few cases of suppletion). It retains the appropriate preverb (if the future itself takes one) – preverbless aorists do exist but are relatively rare. Shifting from Series I to Series II does not cause any alteration to the versional structure of the verb. As we shall see, such factors as the verb's thematic suffix, whether or not there is a vowel in the root, and the nature of the root's final consonant may be important in determining which conjugation type or sub-type is followed in the aorist. While a given aorist formation will be illustrated below, by taking one particular combination of preverb+version+root, the same conjugation type will be followed by the root in question even when used with other preverbs and/or versions. For example, under verbs in thematic suffix **-av** below the root -რთ- is illustrated in combination with the preverb და- in neutral version. However, exactly the same conjugation is followed by this root when coupled with the preverb შე- in subjective version (e.g. ცოლ-ად (შე-)ი-რთ-ავ *you (will) take X to yourself as wife = you (male) (will) marry X*).

Root Verbs

In root verbs the aorist is weak, 3rd person singular subject being marked by -ა. The following examples for changing subject with constant 3rd person direct object are of (და-)წერ *you (will) write X* and (მო-)ქსოვ *you (will) knit X*:

და-ვ-წერ-ე	*I wrote X*	მო-ვ-ქსოვ-ე	*I knitted X*
და-წერ-ე	*you wrote X*	მო-ქსოვ-ე	*you knitted X*
და-წერ-ა	*X wrote Y*	მო-ქსოვ-ა	*X knitted Y*
და-ვ-წერ-ე-თ	*we wrote X*	მო-ვ-ქსოვ-ე-თ	*we knitted X*
და-წერ-ე-თ	*you* (pl.) *wrote X*	მო-ქსოვ-ე-თ	*you* (pl.) *knitted X*
და-წერ-ეს	*they wrote X*	მო-ქსოვ-ეს	*they knitted X*

Some root verbs with the vowel -ე- in the root, change this radical -ე- to -ი- in the IInd Series. This applies to all verbs with the element (-)ენ, which should perhaps be regarded as part of the root in Modern Georgian. As for verbs with the parallel element (-)ევ, this vowel too changes to -ი- and the -ვ disappears. The examples are of the verbs (გა-)წმენდ *you (will) clean X*, (გადა-)წყვეტ *you (will) decide X*, (გადა-)ა-რჩ(-)ენ *you (will) save X*, and (და-)ა-ნგრ(-)ევ *you (will) ruin X*:

გა-ვ-წმინდ-ე	*I cleaned X*	გადა-ვ-წყვიტ-ე	*I decided X*
გა-წმინდ-ე	*you cleaned X*	გადა-წყვიტ-ე	*you decided X*
გა-წმინდ-ა	*X cleaned Y*	გადა-წყვიტ-ა	*X decided Y*
გა-ვ-წმინდ-ე-თ	*we cleaned X*	გადა-ვ-წყვიტ-ე-თ	*we decided X*
გა-წმინდ-ე-თ	*you* (pl.) *cleaned X*	გადა-წყვიტ-ე-თ	*you* (pl.) *decided X*
გა-წმინდ-ეს	*they cleaned X*	გადა-წყვიტ-ეს	*they decided X*

გადა-ვ-ა-რჩ(-)ინ-ე	*I saved X*	და-ვ-ა-ნგრ(-)ი-ე	*I ruined X*
გადა-ა-რჩ(-)ინ-ე	*you saved X*	და-ა-ნგრ(-)ი-ე	*you ruined X*
გადა-ა-რჩ(-)ინ-ა	*X saved Y*	და-ა-ნგრ(-)ი-ა	*X ruined Y*

გადა-ვ-ა-რჩ(-)ინ-ე-თ	*we saved X*	და-ვ-ა-ნგრ(-)ი-ე-თ	*we ruined X*
გადა-ა-რჩ(-)ინ-ე-თ	*you* (pl.) *saved X*	და-ა-ნგრ(-)ი-ე-თ	*you* (pl.) *ruined X*
გადა-ა-რჩ(-)ინ-ეს	*they saved X*	და-ა-ნგრ(-)ი-ეს	*they ruined X*

The verb *drink* belongs here (და-ლ(-)ი-ე *you drank X* ← და-ლ(-)ევ *you will drink X* ← სვ-ამ *you drink X*).

A small number of verbs in -ევ and whose root ends in -მ lose (what is in their case) this thematic suffix altogether, change the root-final -მ to -ვ and employ the strong endings. Consider for example the aorists of (წა-)ა-რთმ-ევ *you (will) snatch X from Y* and (და-)ა-რქმ-ევ *you (will) give the name X to Y*:

წა-ვ-ა-რთვ-ი	*I snatched X from Y*	და-ვ-ა-რქვ-ი	*I named X 'Y'*
წა-ა-რთვ-ი	*you snatched X from Y*	და-ა-რქვ-ი	*you named X 'Y'*
წა-ა-რთვ-ა	*X snatched Y from Z*	და-ა-რქვ-ა	*X named Y 'Z'*
წა-ვ-ა-რთვ-ი-თ	*we snatched X from Y*	და-ვ-ა-რქვ-ი-თ	*we named X 'Y'*
წა-ა-რთვ-ი-თ	*you(Pl.) snatched X from Y*	და-ა-რქვ-ი-თ	*you (pl.) named X 'Y'*
წა-ა-რთვ-ეს	*they snatched X from Y*	და-ა-რქვ-ეს	*they named X 'Y'*

Note also the anomalous aorist of ა-ჭმ-ევ *you feed/will feed X to Y*, where the -ევ has not become part of the root but retains its original causative function:

ვ-ა-ჭამ-ე	*I fed X to Y*	ვ-ა-ჭამ-ე-თ	*we fed X to Y*
ა-ჭამ-ე	*you fed X to Y*	ა-ჭამ-ე-თ	*you* (pl.) *fed X to Y*
ა-ჭამ-ა	*X fed Y to Z*	ა-ჭამ-ეს	*they fed X to Y*

Thematic Suffix -eb

The thematic suffix disappears in all cases. There are then three sub-groups as far as the formation of the aorist is concerned:

1 If there is a vowel in the root, the aorist is weak with 3rd person singular subject in -ა
2 Most vowelless roots also have weak aorists, though this time the 3rd person singular subject is in -ო
3 Some verbs of this type without root vowel and where the root ends

in -ლ/რ/ნ take a strong aorist (3rd person singular subject in -ო), though when the subject is either 1st or 2nd person (sing. or pl.) either an -ე- or, more rarely, an -ა- appears in the root

The verbs to illustrate these three sub-classes are: (მი-)ა-წოდ-ებ *you (will) pass X to Y*, (და-)ბად-ებ *you (will) give birth to X*, (მო-)ი-გ-ებ *you (will) win*, (ა-)ა-ნთ-ებ *you (will) light/switch on* (TV/light), (მი-)ა-გნ-ებ *you (will) locate X* (indirect object), (და-)ა-კლ-ებ *you (will) reduce X for Y*, (მო-)ა-სწრ-ებ *you (will) do X in time*:

მი-ვ-ა-წოდ-ე	*I passed X to Y*	და-ვ-ბად-ე	*I bore X*
მი-ა-წოდ-ე	*you passed X to Y*	და-ბად-ე	*you bore X*
მი-ა-წოდ-ა	*X passed Y to Z*	და-ბად-ა	*X bore Y*
მი-ვ-ა-წოდ-ე-თ	*we passed X to Y*	და-ვ-ბად-ე-თ	*we bore X*
მი-ა-წოდ-ე-თ	*you* (pl.) *passed X to Y*	და-ბად-ე-თ	*you* (pl.) *bore X*
მი-ა-წოდ-ეს	*they passed X to Y*	და-ბად-ეს	*they bore X*

მო-ვ-ი-გ-ე	*I won* (match)	ა-ვ-ა-ნთ-ე	*I switched on X*
მო-ი-გ-ე	*you won*	ა-ა-ნთ-ე	*you switched on X*
მო-ი-გ-ო	*X won*	ა-ა-ნთ-ო	*X switched on Y*
მო-ვ-ი-გ-ე-თ	*we won*	ა-ვ-ა-ნთ-ე-თ	*we switched on X*
მო-ი-გ-ე-თ	*you* (pl.) *won*	ა-ა-ნთ-ე-თ	*you* (pl.) *switched on X*
მო-ი-გ-ეს	*they won*	ა-ა-ნთ-ეს	*they switched on X*

მი-ვ-ა-გენ-ი	*I found X* (dat.)	და-ვ-ა-კელ-ი	*I reduced X for Y*
მი-ა-გენ-ი	*you found X*	და-ა-კელ-ი	*you reduced X for Y*
მი-ა-გნ-ო	*X found Y*	და-ა-კლ-ო	*X reduced Y for Z*
მი-ვ-ა-გენ-ი-თ	*we found X*	და-ვ-ა-კელ-ი-თ	*we reduced X for Y*
მი-ა-გენ-ი-თ	*you* (pl.) *found X*	და-ა-კელ-ი-თ	*you* (pl.) *reduced X for Y*
მი-ა-გნ-ეს	*they found X*	და-ა-კლ-ეს	*they reduced X for Y*

მო-ვ-ა-სწარ-ი	*I did X in time*	მო-ვ-ა-სწარ-ი-თ	*we did X in time*
მო-ა-სწარ-ი	*you did X in time*	მო-ა-სწარ-ი-თ	*you* (pl.) *did X in time*
მო-ა-სწრ-ო	*X did Y in time*	მო-ა-სწრ-ეს	*they did X in time*

Note the following two oddities: (და-)დ-ებ *you (will) put X down*, (გა-)უ-შვ-ებ *you (will) release X*. The former has two possible aorists:

და-ვ-დ-ე	და-ვ-დევ-ი	*I put X down*
და-დ-ე	და-დევ-ი	*you put X down*
და-დ-ო	და-დვ-ა	*X put Y down*
და-ვ-დ-ე-თ	და-ვ-დევ-ი-თ	*we put X down*
და-დ-ე-თ	და-დევ-ი-თ	*you* (pl.) *put X down*
და-დ-ეს	და-დვ-ეს	*they put X down*

გა-ვ-უ-შვ-ი	*I released X*	გა-ვ-უ-შვ-ი-თ	*we released X*
გა-უ-შვ-ი	*you released X*	გა-უ-შვ-ი-თ	*you* (pl.) *released X*
გა-უ-შვ-ა	*X released Y*	გა-უ-შვ-ეს	*they released X*

Another peculiarity of this verb is that the objective version vowel is determined not by an indirect object but by the direct object: e.g. ქალ-ი გა-უ-შვ-ეს *they released the woman* (nom.) სარდალ-მა მძევლ-ებ-ი გა-გვ-ი-შვ-ა *the general* (erg) (სარდალი) *released us hostages* (nom.) (მძევალი).

Thematic Suffix -av

The thematic suffix disappears. There are again three sub-types:

1 if there is a vowel in the root, the aorist is weak (3rd person singular subject in -ა)
2 some of those without a root vowel are simply strong in the aorist (3rd person singular subject in -ა)
3 roots lacking a vowel but ending in -ლ/რ/ნ are again strong in the aorist (3rd person singular subject in -ა) but incorporate an -ა- within the root when the subject is 1st or 2nd person (sing. or pl.).

Note that (და-)რგ-ავ *you (will) plant X* and (მო-)რწყ-ავ *you (will) water X* follow either the weak or strong paradigms. The verbs illustrated below are: (და-)მალ-ავ *you (will) hide X*, (და-)წვ-ავ *you (will) burn X*, (მო-)კლ-ავ *you (will) kill X*, ჰ-კრ-ავ *you strike/will strike X against Y*, (მო-)ხნ-ავ *you (will) plough X*:

და-ვ-მალ-ე	*I hid X*	და-ვ-წვ-ი	*I burnt X*
და-მალ-ე	*you hid X*	და-წვ-ი	*you burnt X*
და-მალ-ა	*X hid Y*	და-წვ-ა	*X burnt Y*
და-ვ-მალ-ე-თ	*we hid X*	და-ვ-წვ-ი-თ	*we burnt X*
და-მალ-ე-თ	*you* (pl.) *hid X*	და-წვ-ი-თ	*you* (pl.) *burnt X*
და-მალ-ეს	*they hid X*	და-წვ-ეს	*they burnt X*
მო-ვ-კალ-ი	*I killed X*	ვ-კარ-ი	*I hit X with Y*
მო-კალ-ი	*you killed X*	ჰ-კარ-ი	*you hit X with Y*
მო-კლ-ა	*X killed Y*	ჰ-კრ-ა	*X hit Y with Z*
მო-ვ-კალ-ი-თ	*we killed X*	ვ-კარ-ი-თ	*we hit X with Y*
მო-კალ-ი-თ	*you* (pl.) *killed X*	ჰ-კარ-ი-თ	*you* (pl.) *hit X with Y*
მო-კლ-ეს	*they killed X*	ჰ-კრ-ეს	*they hit X with Y*
მო-ვ-ხან-ი	*I ploughed X*	მო-ვ-ხან-ი-თ	*we ploughed X*
მო-ხან-ი	*you ploughed X*	მო-ხან-ი-თ	*you* (pl.) *ploughed X*
მო-ხნ-ა	*X ploughed Y*	მო-ხნ-ეს	*they ploughed X*

Consider, however, the verbs (და-)ი-ც-ავ *you (will) defend X* and

(და-)რთ-ავ *you (will) join X to Y*, which may also mean *you (will) spin X*, though this latter sense is more usually conveyed by the form (და-)ა-რთ-ავ:

და-ვ-ი-ცავ-ი	*I defended X*	და-ვ-(ა-)რთ-ე	*I spun X/added X to Y*
და-ი-ცავ-ი	*you defended X*	და-(ა-)რთ-ე	*you spun (etc.) X*
და-ი-ცვ-ა	*X defended Y*	და-(ა-)რთ-ო [sic!]	*X spun (etc.) Y*
და-ვ-ი-ცავ-ი-თ	*we defended X*	და-ვ-(ა-)რთ-ე-თ	*we spun (etc.) X*
და-ი-ცავ-ი-თ	*you* (pl.) *defended X*	და-(ა-)რთ-ეთ	*you* (pl.) *spun (etc.) X*
და-ი-ცვ-ეს	*they defended X*	და-(ა-)რთ-ეს	*they spun (etc.) X*

ზღ-ავ *you (will) pay X in recompense* behaves in the same way as *spin*. Also weak in the aorist is (შე-)თხზ-ავ *you (will) compose X*, though the 3rd person singular subject selects -ა.

Thematic Suffix -i

The thematic suffix disappears. There are then once again three sub-types to consider:

1. if there is a vowel in the root, the aorist is weak (with 3rd person singular subject in -ა) – (მო-)მკ-ი *you (will) reap X* also follows this pattern
2. some of those roots with no vowel will insert an -ა- immediately before the final consonant of the root (but note the illustrated verb) in all aorist forms and then follow the weak paradigm (3rd person singular subject is in -ა)
3. some roots with no vowel and ending in -ნ/რ are strong in the aorist (with 3rd person singular subject in -ა), adding within the root the vowel -ე- when the subject is 1st or 2nd person (singular or plural).

The declensions are illustrated by the following verbs: (გა-)(ა-)გზავნ-ი *you (will) send X*, (გა-)ზრდ-ი *you (will) rear X*, (გადა-)ღრღნ-ი *you (will) gnaw through X*, (გა-)ჭრ-ი *you (will) cut X in two*:

გა-ვ-(ა-)გზავნ-ე	*I sent X*	გა-ვ-ზარდ-ე	*I reared X*
გა-(ა-)გზავნ-ე	*you sent X*	გა-ზარდ-ე	*you reared X*
გა-(ა-)გზავნ-ა	*X sent Y*	გა-ზარდ-ა	*X reared Y*
გა-ვ-(ა-)გზავნ-ე-თ	*we sent X*	გა-ვ-ზარდ-ე-თ	*we reared X*
გა-(ა-)გზავნ-ე-თ	*you* (pl.) *sent X*	გა-ზარდ-ე-თ	*you* (pl.) *reared X*
გა-(ა-)გზავნ-ეს	*they sent X*	გა-ზარდ-ეს	*they reared X*

გადა-ვ-ღრღენ-ი	*I gnawed through X*	გა-ვ-ჭერ-ი	*I cut X*
გადა-ღრღენ-ი	*you gnawed through X*	გა-ჭერ-ი	*you cut X*
გადა-ღრღნ-ა	*X gnawed through Y*	გა-ჭრ-ა	*X cut Y*
გადა-ვ-ღრღენ-ი-თ	*we gnawed through X*	გა-ვ-ჭერ-ი-თ	*we cut X*
გადა-ღრღენ-ი-თ	*you* (pl.) *gnawed through X*	გა-ჭერ-ი-თ	*you* (pl.) *cut X*
გადა-ღრღნ-ეს	*they gnawed through X*	გა-ჭრ-ეს	*they cut X*

Some verbs which follow pattern 2 are: (და-)გვ-ი *you (will) sweep X*, (და-)თვლ-ი *you (will) count X*, (გა-)თხრ-ი *you (will) dig X*, (და-)ღვრ-ი *you (will) shed (blood)*, (და-)ღლ-ი *you (will) tire X*, (და-)ხრ-ი *you (will) lower X*, (გა-)შლ-ი *you (will) unfurl X*, (და-)ყრ-ი *you (will) throw them down*, (გა-)სვრ-ი *you (will) make X filthy*, (შე-)ცვლ-ი *you (will) alter X*, (მო-)ი-ცდ-ი *you (will) wait*, (ჩა-)ს-ჩრ-ი *you (will) stuff X somewhere for Y*, (გა-)ხდ-ი *you (will) remove clothing from X*, (და-)ცლ-ი *you (will) empty X*, (და-)სჯ-ი *you (will) punish X*.

Some verbs which follow pattern 3 are: (გა-)რყვნ-ი *you (will) corrupt X*, (და-)ა-სკვნ-ი *you (will) conclude X*, (და-)ფშვნ-ი *you (will) crumble up X*, (ა-მო-)ფხვრ-ი *you (will) uproot X*, (შე-)ქმნ-ი *you (will) create X*, ქენ-ი *you did X* (the suppletive aorist of the future ი-ზამ *you will do X*), (მო-)ქნ-ი *you (will) make X elastic*, (გა-)წვრთნ-ი *you (will) train X*, (გა-)ხსნ-ი *you (will) open X*, (გა-)ხრწნ-ი *you (will) corrupt X*.

Thematic suffix -ob

The thematic suffix disappears. There are two declensions:

1 Most verbs are weak in the aorist, with 3rd person singular subject taking -ო. Sometimes a root ends in -ვ, which is effaced by the -ო of the thematic suffix. In such cases this root-final -ვ reappears when not followed by an o-vowel, and occasionally this -ვ slots itself inside the root
2 Some verbs, lacking a root vowel, are strong in the aorist indicative (with 3rd person singular subjects in -ო), though either an -ე- or an -ა- is inserted inside the root when the subject is 1st or 2nd person (singular or plural)

The illustrated verbs are: (გა-)ა-თბ-ობ *you (will) warm X*, (და-)ა-ხრჩ-ობ *you (will) strangle X*, (და-)ა-თრ-ობ *you (will) make X drunk*, (გა-)ა-შრ-ობ *you (will) dry X*, (და-)ი-პყრ-ობ *you (will) seize/take control of X*, (მი-)ა-ყრდნ-ობ *you (will) lean X against Y*:

გა-ვ-ა-თბ-ე	*I warmed X*	და-ვ-ა-ხრჩვ-ე	*I strangled X*
გა-ა-თბ-ე	*you warmed X*	და-ა-ხრჩვ-ე	*you strangled X*
გა-ა-თბ-ო	*X warmed Y*	და-ა-ხრჩ-ო	*X strangled Y*

გა-ვ-ა-თბ-ე-თ	*we warmed X*	და-ვ-ა-ხრჩ-ე-თ	*we strangled X*
გა-ა-თბ-ე-თ	*you* (pl.) *warmed X*	და-ა-ხრჩ-ე-თ	*you* (pl.) *strangled X*
გა-ა-თბ-ეს	*they warmed X*	და-ა-ხრჩ-ეს	*they strangled X*
და-ვ-ა-თვრ-ე	*I intoxicated X*	გა-ვ-ა-შ(ვ)რ-ე	*I dried X*
და-ა-თვრ-ე	*you intoxicated X*	გა-ა-შ(ვ)რ-ე	*you dried X*
და-ა-თრ-ო	*X intoxicated Y*	გა-ა-შრ-ო	*X dried Y*
და-ვ-ა-თვრ-ე-თ	*we intoxicated X*	გა-ვ-ა-შ(ვ)რ-ე-თ	*we dried X*
და-ა-თვრ-ე-თ	*you* (pl.) *intoxicated X*	გა-ა-შ(ვ)რ-ე-თ	*you* (pl.) *dried X*
და-ა-თვრ-ეს	*they intoxicated X*	გა-ა-შ(ვ)რ-ეს	*they dried X*
და-ვ-ი-პყარ-ი	*I seized X*	მი-ვ-ა-ყრდენ-ი	*I leant X against Y*
და-ი-პყარ-ი	*you seized X*	მი-ა-ყრდენ-ი	*you leant X against Y*
და-ი-პყრ-ო	*X seized Y*	მი-ა-ყრდნ-ო	*X leant Y against Z*
და-ვ-ი-პყარ-ი-თ	*we seized X*	მი-ვ-ა-ყრდენ-ი-თ	*we leant X against Y*
და-ი-პყარ-ი-თ	*you* (pl.) *seized X*	მი-ა-ყრდენ-ი-თ	*you* (pl.) *leant X against Y*
და-ი-პყრ-ეს	*they seized X*	მი-ა-ყრდნ-ეს	*they leant X against Y*

Some other verbs with -ვ reappearing at the end of the root are: (გა-მო-) ა-ცხ-ობ *you (will) bake X*, (და-)ა-ნდ-ობ *you (will) confide X to Y* (where the -ვ is optional), (გა-)ა-ლხ-ობ or (გა-)ა-ლღ-ობ *you (will) smelt (metal)*, (და-)ა-მხ-ობ *you (will) hurl/bring X down*, (გა-)ა-რთ-ობ *you (will) amuse X* (where the -ვ is optional), (შე-)ა-ტყ-ობ *you (will) notice X (about Y)* (where the -ვ is optional), (მო-)ა-წყ-ობ *you (will) arrange X*, (და-)ა-ს-ობ or (და-)ა-რჭ-ობ *you (will) plunge X in Y*, (და-)ი-ც-ობ *you (will) stuff your X with Y/X into your Y* (where, in addition to და-ი-ცვ-ე, და-ი-ცავ-ი and და-ი-ცვ-ი are also given in Tschenkéli's Georgian–German Dictionary). Some verbs with re-emerging root-internal -ვ- are: (წა-)ა-ძრ-ობ *you (will) pluck* (ring, etc.) *off X*, ა-წრთ-ობ *you (will) temper* (metal) (→ aorist ა-წვრთ-ე). The verb (გა-)ა-ცნ-ობ *you (will) introduce X to Y* patterns like *seize* in the aorist (note the form of the root with 3rd person plural subject = გა-ა-ცვნ-ეს *they introduced X to Y*). (და-)ა-მყნ-ობ *you graft X onto Y* (variant for (და-)ა-მყნ-ი) is either normal (და-ა-მყნ-ე) or follows the pattern of *lean* (და-ა-მყენ-ი).

Also to be included here is the aorist for *tell X to Y*, which has suppletive different forms in both the present and future sub-series to be introduced later. The indirect object obviously correlates with the verb's objective version vowel. Note the 3rd person singular subject form:

ვ-უ-თხარ-ი	*I said X to Y*	ვ-უ-თხარ-ი-თ	*we said X to Y*
უ-თხარ-ი	*you said X to Y*	უ-თხარ-ი-თ	*you* (pl.) *said X to Y*
უ-თხრ-ა	*X said Y to Z*	უ-თხრ-ეს	*they said X to Y*

Thematic Suffix -am

The thematic suffix disappears. The aorist is strong (with 3rd person singular selecting -ა). The illustrated verbs are: (ჩა-)ი-ცვ-ამ *you (will) don X* and the suppletive aorist of ამბ-ობ *you say X*, which is თქვ-ი *you said X*:

ჩა-ვ-ი-ცვ-ი	*I put on X*	ვ-თქვ-ი	*I said X*
ჩა-ი-ცვ-ი	*you put on X*	თქვ-ი	*you said X*
ჩა-ი-ცვ-ა	*X put on Y*	თქვ-ა	*X said Y*
ჩა-ვ-ი-ცვ-ი-თ	*we put on X*	ვ-თქვ-ი-თ	*we said X*
ჩა-ი-ცვ-ი-თ	*you* (pl.) *put on X*	თქვ-ი-თ	*you* (pl.) *said X*
ჩა-ი-ცვ-ეს	*they put on X*	თქვ-ეს	*they said X*

The aorist of the verb (გა-)ყ-ოფ *you (will) split X in two* is:

გა-ვ-ყავ-ი	*I divided X*	გა-ვ-ყავ-ი-თ	*we divided X*
გა-ყავ-ი	*you divided X*	გა-ყავ-ი-თ	*you* (pl.) *divided X*
გა-ყ(-)ო	*X divided Y*	გა-ყვ-ეს	*they divided X*

Obviously the same pattern is followed in the aorist for (და-)ყ-ოფ *you (will) divide X into more than two*; it also characterises the aorist of the homonym და-ყ-ოფ *you will remain.* And thirdly the pattern is repeated with უ-ყავ-ი *you did X to/for Y*, which is the suppletive aorist of the future უ-ზამ. Note the construction with this verb: (თქვენ) რა უ-ყავ-ი-თ თქვენ-ს ძმა-ს? *What* (nom) *did you* (erg) *do to your brother* (dat)?. However, if the implication of *doing something to X* is rather *taking/putting X somewhere*, then *X* will stand not in the dative but the nominative (e.g. რა უ-ყავ-ი წინდ-ებ-ი? *What* (nom) *have you done with the socks* (nom)?, where we note the retention of the objective version vowel despite the fact that there is no longer a 3rd person dative present).

The verb *give X to Y* in the aorist is peculiar insofar as, when the subject is either 1st or 2nd person (sing. or pl.), an e-vowel appears before the root, as will now be illustrated. Recall that the preverb alters according to whether the indirect object is 1st/2nd person, on the one hand, or 3rd person, on the other:

მი-ვ-ე-ც-ი	*I gave X to Y*	მო-მ-ც-ა	*X gave Y to me*
მი-ე-ც-ი	*you gave X to Y*	მო-გ-ც-ა	*X gave Y to you*
მი-ს-ც-ა	*X gave Y to Z*	მო-გვ-ე-ც-ი	*you gave X to us*
მი-ვ-ე-ც-ი-თ	*we gave X to Y*	მო-გვ-ც-ა	*X gave Y to us*

მი-ე-ც-ი-თ	*you* (pl.) *gave X to Y*	მო-გ-ც-ა-თ	*X gave Y to you* (pl.)
მი-ს-ც-ეს	*they gave X to Y*	მო-გ-ე-ც-ი	*I gave X to you*

The future *you will give X to Y* is, of course, მი-ს-ც-ემ. This is not to be confused with the root verb ს-ცემ *you (will) hit X*, which takes subject and indirect object, though in colloquial speech this is often treated as a **direct** object (thus standing in the nominative rather than the expected dative in Series II). The aorist indicative of this latter is regular for a root verb, namely ს-ცემ-ე *you hit X*.

Dialogue 4

Husband and wife, Roin and Imeda, discuss the whereabouts of some tools

როინი: იმ მეწყალსადენემ, რომელიც გასულ კვირაში გამოვიძახეთ, სად დამიმალა ჩაქუჩი და სატეხი?
იმედა: ვაიმე, რა ვქენი?!
როინი: რა თქვი? რა უყავი ისინი? მოგკლავ, თუ დამიკარგე!
იმედა: წუხელ მეზობელმა მთხოვა ისინი, და ამიტომ ვათხოვე.
როინი: მაშ რა არი(ს) პრობლემა? მივდივარ მასთან და უკან დავიბრუნებ მათ.
იმედა: სამწუხაროდ დროებით ვერ დაიბრუნებ, რადგან მეზობლები უკვე წავიდნენ საფრანგეთში ორი კვირით!
როინი: არა უშავს, მარშან ხომ მოგვცეს სახლის გასაღები, რომლითაც გავაღებ კარს და მოვნახავ ჩემს ხელსაწყოებს.
[გადის როინი და მერე სახლში კიდევ შემოდის]
იმედა: ხელსაწყოები მონახე?
როინი: მთელი სახლი გულდასმით დავათვალიერე მაგრამ ვერ მივაგენი მათ. ალბათ მან დატოვა ისინი სათბურში, რომელიც დაკეტილია. რას ვიზამთ?
იმედა: სამსახურში ხელფასი ამიმაღლეს. მაღაზიაში ახალ ხელსაწყოებს გიყიდი.
როინი: გმადლობ, მაგრამ არ არი(ს) საჭირო. ქუჩაში პოლიციელებმა მითხრეს, რომ ქურდი ამ რაიონში დაიჭირეს და პოლიციაში დამიბარეს.
იმედა: შენ რა შუაში ხარ, კაცო?! ქურდმა რა მოიპარა? ვისი სახლი გაძარცვა მან?
როინი: ამ რაიონში ყველა ხომ კარგად მიცნობს – ალბათ ამიტომ დამიბარეს. ყველაფერს ზუსტად გაგიგებ პოლიციაში. მალე გნახავ.

Vocabulary

მეწყალსადენე	*plumber*	გასული	*past* (of time)
გასულ კვირაში	*last week*	უმალავ (და-)	*you hide X for Y*
სატეხი	*chisel*	ქენი	*you did X*
თქვი	*you said X*	უყავი	*you did X to/with Y*
უკარგავ (და-)	*you lose X for Y*	სთხოვ	*you will ask X for Y*
ათხოვებ	*you (will) lend X to Y*	მაშ	*in that case*
სამწუხაროდ	*unfortunately*	დროებით	*for the time being*
უკვე	*already*	შარშან	*last year*
მოგვცეს	*they gave X to us*	გასაღები	*key*
აღებ (გა-)	*you open X*	მონახავ	*you will find X*
ხელსაწყო	*tool*	გულდასმით	*attentively*
ათვალიერებ (და-)	*you look over X*	აგნებ (მი-)	*you find X* (dat.)
დაკეტილი	*locked*	იზამ	*you will do X*
სამსახური	*work*	ხელფასი	*wage/salary*
უმაღლებ (ა-)	*you raise X for Y*	საჭირო	*necessary*
პოლიციელი	*police*	ქურდი	*thief*
რაიონი	*district*	იჭერ (და-)	*you arrest X*
პოლიცია	*police(-station)*	იბარებ (და-)	*you summon X*
რა შუაში ხარ?	*what's it got to do with you?*	იპარავ (მო-)	*you steal X*
ძარცვავ (გა-)	*you burgle X*	გაიგებ	*you will find X out*

Exercises

1

Write out the aorist indicative paradigms, with the verb changing only for its subject, of:

(a) *I did X with Y* (as in the expression *what did I do with X?*)
(b) *I shed (blood)*
(c) *I introduced X to Y*
(d) *I pruned X*
(e) *I brought X down*

2

Fill in the gaps and translate:

(a) თქ..ნ ს.დ დ.მალ.. რ.დ.ო?
(b) ქ.რდ.ბ. დ.ვ.ჭ.რ.თ
(e) ჩ..ნ პ.რ. ო.ად .ა.ჭ.რ.თ
(f) ფ.ლ. გუ..ნ მ.გ.ც. შ.ნ

(c) მ..ბლ.ბ.ა ბ.ვ.ვ. .ა.წვ.ნე.
(d) .ატო. დ.მ.თ.რ. მ.გ ღვ.ნ.თ?
(g) თქ.ე.ს ბ.ვ.ვ. რა .ა.რქვ..?
(h) ჩ.მ.ა და. ფ.ნ.ა.ა .ა.ღ.

3

Put the correct case endings on the nouns in the following, assuming that the subject precedes any other nouns:

(a) ვი- წაართვა ბავშვ- ფულ-?
(b) ქალ- რა- აძლევს ამ კაც-?
(c) დედა- სად დადო თეფშ-?
(d) ძმა- სურათ- უჩვენა შოთა-
(e) დედა- დავუმალე ჯამ-
(f) ირაკლი- და- ტანსაცმელ- გახადა
(g) ქალ- რა მისცა ამ კაც-?
(h) მოწაფე- მასწავლებელ- ვაშლ- აჩუქა

4

Work out the correct form of the verb in the following:

(a) შენ რა (say to) იმ ქალს?
(b) კაცებმა ქალს წიგნი (give)
(c) ჩვენ კედელს სკამი (lean against)
(d) დედამ კაბა (wash) და (dry)
(e) ეს წერილი მე ვინ (send to)
(f) დებმა ავადმყოფს ექიმი (bring for)
(g) მე ქუდი (take off) და ხელთათმანი (put on)
(h) ჩვენ ბევრი ღვინო (drink)

5

Convert the following verb forms into their aorist indicative equivalents:

(a) უგზავნით
(b) ვზრდით
(c) იჭერენ
(d) მსვამთ
(e) მაძლევთ
(f) გიწერთ
(g) გკლავთ
(h) ვიზამ
(i) ხნავთ
(j) აცდენენ
(k) ვაჭმევთ
(l) იტყვიან

6

Express the following, each in a single Georgian verb form:

(a) we saw you
(b) they reared us
(c) I wrote to you
(d) you (pl.) let me go
(e) you (pl.) hit (aorist) X
(f) I tired you (pl.)
(g) they counted X
(h) you said X to me
(i) I gave X to you
(j) I corrupted you
(k) you gave X to Y
(l) we ate it

7

Translate into Georgian:

(a) Did the soldiers take anything away from you?
(b) I planted a few plants and then I washed my hand(s), woke up the baby and put the green dress on her
(c) Why did you put your coat on? Did you go somewhere? I went to the neighbours' – I got something back
(d) What did your mother do the day before yesterday? She got up at 8, got dressed and read the newspapers
(e) How much did you lend me? Since you were ill, I lent you 1,000 roubles. By the way, you have already returned to me that book which I lent you
(f) The parents entrusted the children to me yesterday. At school I showed them many interesting things. Then their parents gave me a lot of money
(g) My wife went to bed at 11.30. At 2 the baby began crying and woke us up
(h) Did the soldiers execute our friends? No, our friends killed themselves

8

Translate the following into English:

(a) თმა ვინ მოგკრიჭა? მე თვით(ონ) მოვიკრიჭე. ხომ კარგია? როგორ არა.
(b) შარშან ხომ გაგაცანით შენ და შენს ქმარს ჩემი ახალი ცოლი?
(c) ყარაულმა მითხრა, რომ შენ ავადა ხარ. სწორედ ამიტომ მოვედი და მოგიტანე ეს ვაშლები.
(d) ის პერანგი, რომელიც გუშინ ჩავიცვი, სკოლაში გავსვარე. ამიტომ დედამ მცემა, მაგრამ მერე გამირეცხა. დაიწყე ტირილი?
(e) რა გასწავლათ დღეს მასწავლებელმა, ბიჭებო? დღეს მხოლოდ ფრანგული გვასწავლა მან.
(f) ყველაფერი ხომ კარგად აუხსენით ბავშვებს, როცა ის წერილი ქართულად ვერ გადათარგმნეს? ავუხსენი ყველაფერი, რაც ძნელი იყო.
(g) ზურაბმა რატომ გამოთიშა ტელევიზორი? მეზობლებმა დაგვირეკეს. მათი ბავშვი ავად არი(ს), და ზურაბი მანქანით მოუყვანს ექიმს.
(h) პოლიციელებმა სად დაიჭირეს ქურდი? მან გაძარცვა შენი მეგობრის სახლი. როცა სახლიდან გომოვიდა, დაინახეს იგი, დაიჭირეს და პოლიციაში წაიყვანეს.

Lesson 9

In this lesson you will learn about:

- Colloquial relative clauses
- Temporal clauses meaning *when*
- Temporal clauses meaning *while*
- Manner clauses meaning *as, like*
- Temporal clauses meaning *as soon as*
- Temporal clauses meaning *after*
- Noun clauses introduced by *that*
- Causal clauses meaning *because, as, since*
- Simple conditional clauses
- The present indicative of the verb *know*

Dialogue 1

A father and child (შვილი) *discuss the whereabouts of a new pen*

მამა: გუშინ რო(მ) გიყიდე, ის კალამი რატომ დატოვე სკოლაში?

შვილი: რატომ და, იმიტომ რო(მ) ჩემს მეგობარს ხულიგნებმა მოჰპარეს პიჯაკი, და ამიტომ ვათხოვე მას ჩემი ახალი კალამი.

მამა: ეგ მეგობარი რომელია? გვერდზე რო(მ) გიზის, ისაა, თუ მასთან ერთად რო(მ) სკოლაში დადიხარ?

შვილი: მისმა მშობლებმა რო(მ) იყიდეს მერის ყოფილი სახლი, ის ბიჭი ეხლა ჩემი ყველაზე ახლობელი მეგობარია.

მამა: ეტყობა, მისი ოჯახი მდიდარია!

შვილი: სწორედ მაგიტომაა, რო(მ) მას მოჰპარეს პიჯაკი.

მამა: კეთილი, მაგრამ იგი როდის დაგიბრუნებს კალამს?

შვილი: ზუსტად არ ვიცი, მაგრამ ხვალ რო(მ) სკოლაში ვნახავთ ერთმანეთს, ალბათ მაშინ დამიბრუნებს.

Vocabulary

კალამი	*pen*	ხულიგანი	*hooligan*
ჰპარავ (მო-)	*you steal X from Y*	პიჯაკი	*jacket*
მერი	*mayor*	ყოფილი	*former, ex-*
ახლობელი	*close*	ეტყობა	*apparently; it would appear*
ოჯახი	*family*	სწორედ	*precisely*
მაგიტომ	*for that reason*	იცი	*you know it*
მაშინ	*then*		

Dialogue 2

An art-loving child discusses with his father a coming visit to an exhibition

შვილი: ხვალ რო(მ) გამოფენაზე წამიყვან, რამდენ ქანდაკებას მიჩვენებ?

მამა: იმდენს გიჩვენებ, რამდენიც გიჩვენე ბოლო დროს, რაკი ძირითადად იგივე გამოფენაა, როგორც ბოლო დროს.

შვილი: როგორ იგივე? რეკლამის მიხედვით ადგილობრივი საბჭო მოაწყობს სხვა ხელოვანის გამოფენას.

მამა: დღეს რო(მ) გაზეთი ვიყიდე, იმის მიხედვით საბჭო იმეორებს უფრო ადრინდელ გამოფენას, რადგან(აც) ძალიან პოპულარული იყო და თანაც, შენ რო(მ) მოიხსენიე, იმ ხელოვანის შედევრები ჯერ არ არი(ს) მზად. ამბობენ, რო(მ), ვიდრე გამოფენა იყო ვენაში, ყველაფერი მიჰყიდა თვით ხელოვანმა ვინმე მდიდარ ავსტრიელს. ამიტომაა, რო(მ) სულ ახალ შედევრებს ამზადებს ჩვენი ქალაქისთვის!

შვილი: მაგ გამოფენას გახსნიან თუ არა, ხომ წამიყვან? ფულს შევინახავ. როგორ ფირქრობ? – რაიმეს მოგვყიდის ჩვენც?

Vocabulary

გამოფენა	*exhibition*	ქანდაკება	*sculpture*
იმდენი	*so many*	ბოლო	*last*
რაკი	*since*	ძირითადი	*basic*
იგივე	*same*	რეკლამა	*advertisement*
მიხედვით	*according to* (+gen.)	საბჭო	*council*
ხელოვანი	*artist*	გაზეთი	*newspaper*
იმეორებ (გა-)	*you repeat X*	ადრინდელი	*early* (adj.)

პოპულარული	*popular*	თანაც	*at the same time*
იხსენიებ (მო-)	*you mention X*	შედევრი	*work*
ჯერ არ	*not yet*	ვიდრე	*while*
ვენა	*Vienna*	მიჰყიდი	*you will sell X to Y*
მდიდარი	*rich*	ავსტრიელი	*Austrian* (person)
თუ არა	*as soon as; or not?*	ფიქრობ	*you think X*
მოგვყიდი	*you will sell X to us*		

Dialogue 3

Aza and her friend Leila discuss Aza's mother's visit to the hospital

აზა: დედა შემოვიდა თუ არა, ტანსაცმელი გაიხადა, დაწვა და იმ წუთში დაიძინა.

ლეილა: ეტყობა, ძალიან დაღლილი იყო. რატომ ნეტავ?

აზა: იმიტომ რო(მ) მთელი ღამე გაათია საავადმყოფოში.

ლეილა: იმედია, თვითონ არ არი(ს) ავად. რაშია საქმე?

აზა: წუხელ რო(მ) შინ მოვედით ქალაქიდან, დაგვირეკეს საავადმყოფოდან და გვითხრეს, რო(მ) დედას რომელიღაც ნათესავი იქ იწვა. როგორც კი გაიგო ეს ამბავი, დედა იქ წავიდა.

ლეილა: შარშან რო(მ) (მას) ცალი თირკმელი ამოუღეს, იმ ნათესავზე ხომ არ ლაპარაკობ?

აზა: დიახ, სწორედ მაგაზე. დედამ რო(მ) საავადმყოფოს (/საავადმყოფომდე) მიაღწია, ყველაფერი ზედმიწევნით აუხსნეს, და, სანამ იქ იყო, ახალი ოპერაცია გაუკეთეს მის ნათესავს.

ლეილა: საწყალი დედა-შენი! როცა გაიღვიძებს, ხომ გადასცემ მას ჩემგან დიდ მოკითხვას?

აზა: აუცილებლად. გმოდლობ.

Vocabulary

დაღლილი	*tired*	ნეტავ	*pray!*
იმედი	*hope*	რაშია საქმე	*what's it all about?* (lit: in what is the business?)
ნათესავი	*relation (kin)*	როგორც კი	*as soon as*
ამბავი (ამბის)	*news*	(cf. რა ამბავია?	*what's going on?*)
თირკმელი	*kidney*	ცალი	*one* (of pair)
უღებ (ამო-)	*you remove X from out of Y*	ლაპარაკობ	*you talk*

აღწ(-)ევ (მი-/მო-)	*you reach X* (= dat./-მდე)	ზედმიწევნით	*in detail*
სანამ	*while*	ოპერაცია	*operation*
საწყალი	*poor, wretched*	მოკითხვა	*regards, greetings*

Grammar

The formation of colloquial relative clauses

We have already seen how relative expressions can be produced exactly as they are in English. Colloquially, however, Georgian regularly employs a variant construction. The relative clause will not contain the relative pronoun standing in the appropriate case. Rather the clause will be marked by the invariant particle რო(მ), which, being a general indicator of subordination, may be used to mark most (though not all) types of subordinate clause, the context determining which meaning is to be assigned to any given occurrence of it. In speech it is regularly pronounced without the final -მ.

The subordinator რო(მ) does not introduce its clause but is placed somewhere before the verb, and the clause as a whole tends to precede the noun it is qualifying, e.g.:

გუშინ რო(მ) მოვიდა, ის კაცი ჩვენი ახალი მეზობელია.
The man who came yesterday is our new neighbour

ხვალ რო(მ) ნახავთ, ის ქალი ჩვენი ახალი მეზობელია
The woman (whom) you will see tomorrow is our new neighbour

In such cases, if the relativised noun is not the subject of the relative clause (as in the first example above) or the direct object of that clause (as in the second example above), then its role within the relative clause is usually indicated by the presence of a simple pronoun, e.g.:

ტორტი რო(მ) (მას) მივეცი, ის ქალი დედა-ჩემია
That/The woman to whom I gave the/a cake (ტორტი) *is my mother*

პური რო(მ) მით დაჭერი, ის დანა ჩლუნგია
That/The knife (დანა) *with which you sliced the bread is blunt* (ჩლუნგი)

კატამ რო(მ) მის ქვეშ თაგვი დატოვა, ის ლოგინი თქვენია
That/The bed underneath which the cat left a/the mouse (თაგვი) *is yours* (pl.)

გუშინ რო(მ) მასთან ერთად მოხვედი, ის გოგო ჩემი ქალიშვილია
That/The girl (გოგო) *with whom you came yesterday is my daughter*

ნარკოტიკა რო(მ) მის ჯიბეში ჩამალეს ხულიგნებმა, ის ბიჭი ჩვენი მეგობარია
That/The lad in whose pocket (ჯიბე) *hooligans hid the narcotics is our friend*

The noun which is being qualified by such clauses may actually stand **within** the clause, leaving behind a pronoun within the main clause. Compare the following with the above examples:

კაცი რო(მ) გუშინ მოვიდა, ის ჩვენი ახალი მეზობელია
ქალს რო(მ) ხვალ ნახავთ, ის ჩვენი ახალი მეზობელია
ტორტი რო(მ) ქალს მივეცი, ის დედა-ჩემია
პური რო(მ) დანით დაჭერი, ის ჩლუნგია
გუშინ რო(მ) გოგოსთან ერთად მოხვედი, ის ჩემი ქალიშვილია
ნარკოტიკა რო(მ) ბიჭის ჯიბეში ჩამალეს ხულიგნებმა, ის ჩვენი მეგობარია

One of the first batch of examples is not included here. The reason is that, if we take the sentence

კატამ რო(მ) ლოგინის ქვეშ თაგვი დატოვა, ის თქვენია

it could mean three things: (1) *The cat which left the mouse under the bed is yours*; (2) *The mouse which the cat left under the bed is yours*; (3) *The bed under which the cat left the mouse is yours*. If we wish to keep the relative clause as we have it here, then meaning (3) can be secured as follows:

კატამ რო(მ) ლოგინის ქვეშ თაგვი დატოვა, ის ლოგინი თქვენია

Because this last construction can lead to such ambiguity, it is likely to be avoided when the meaning of the sentence is not immediately clear.

Temporal clauses meaning when

Subordinate clauses of time *when* are introduced by either of the conjunctions როდესაც or როცა. Care should be taken not to confuse them with the question form როდის? *when?*. There is no strict ordering of main and subordinate clauses. The verb of the clause will stand in the appropriate tense of the indicative mood. In English, when reference is to the future, we use the present indicative after *when* (e.g. *When we get to know Zaza, we shall explain everything to him*). In such circumstances, however, Georgian requires the future indicative, so that the above example will translate as:

როდესაც/როცა ზაზას გავიცნობთ, ყველაფერს ავუხსნით
or
ყველაფერს ავუხსნით ზაზას, როდესაც/როცა (მას) გავიც-ნობთ

Compare the past tense:

როდესაც/როცა ზაზა გავიცანით, ყველაფერი ავუხსენით
When we got to know Zaza, we explained everything to him

ყველა ადგა, როდესაც/როცა რუსეთის ელჩი შემოვიდა
Everybody stood up, when the ambassador (ელჩი) *of Russia came in*

რას აკეთებთ, როცა/როდესაც ავადა ხართ?
What do you do, when you are ill?

As stated earlier, the element რო(მ) can be used to mark various types of subordinate clause, and temporal clauses meaning *when* fall into this category. As with relative clauses fashioned this way, the subordinator prefers to stand somewhere inside its clause. The previous five examples can, thus, be transformed into:

ზაზას რო(მ) გავიცნობთ, ყველაფერს ავუხსნით
ყველაფერს ავუხსნით ზაზას, მას რო(მ) გავიცნობთ
ზაზა რო(მ) გავიცანით, ყველაფერი ავუხსენით
ყველა ადგა, რუსეთის ელჩი რო(მ) შემოვიდა
რას აკეთებთ, ავად რო(მ) ხართ?

Temporal clauses meaning while

When the verb in a temporal clause indicates ongoing activity, English can substitute the conjunction *while* for *when*. Georgian similarly can replace როდესაც/როცა with სანამ/ვიდრე. These conjunctions have other meanings, but, when they are found with the present indicative (as well as the imperfect indicative, to be introduced in Lesson 14), they signify *while*. The ordering of main and subordinate clauses is free, e.g.:

როდესაც/როცა//სანამ/ვიდრე ვიდეოს უყურებ, ლუდს ოდესმე სვამ?
When//while you are watching (უყურებ) *a video, do you ever drink beer* (ლუდი)*?*

სანამ/ვიდრე ცხელია, ხაჭაპურს ხომ ჭამთ?
While it is hot (ცხელი)*, you are going to eat the cheese-bread* (ხაჭაპური)*, aren't you?*

ვერ დალიეთ წითელი ღვინო, სანამ/ვიდრე ცივი იყო?
Couldn't you drink the red wine while it was cold (ცივი)*?*

Note: since the verb *to be* and a few other verbs have no imperfect indicative, the aorist indicative may be substituted.

Manner clauses meaning as, like

The clause is introduced by როგორც *as, like* (not to be confused with როგორ? *how?*). The main clause will often contain ისე(ვე) *(just) so*. The ordering of main and subordinate clauses is free, e.g.:

სახლს ისე(ვე) (ლამაზად) შეგიღებავთ, როგორც შენს დას შევუღებეთ სახლი
or
როგორც შენი დის სახლი შევღებეთ, ისე(ვე) (ლამაზად) შევღებავთ შენს სახლს
We shall paint your house (just) (as beautifully) as we painted your sister's house

As with its English counterpart, როგორც may stand before just a noun (or pronoun) which is qualifying some other (pro)noun in the sentence and thus stands in the same case as the (pro)noun qualified, the sense being *as, like, in the capacity of*, e.g.:

მე, როგორც მისი მშობელი, გაბარებ ამ ბავშვს
I, as his parent, entrust this child to you

მე, როგორც მისმა მშობელმა, მოგაბარე ეს ბავშვი
I, as his parent, entrusted this child to you

ეს ჩემი საიდუმლო გითხარი შენ, როგორც ჩემს ახლობელ მეგობარს
I told you, as my close (ახლობელი) *friend, this secret* (საიდუმლო) *of mine*

Temporal clauses meaning as soon as

There are two strategies available: (1) the relevant clause is introduced by the words როგორც კი and the ordering of main and subordinate clauses is free; (2) the subordinate clause takes the form of an alternative question, which is produced by the words თუ არა *or not* placed after the verb. When this strategy is employed, the subordinate must precede the main clause. As with clauses meaning *when*, English uses the present indicative even when reference is to the future; Georgian requires the future indicative in such cases, e.g.:

როგორც კი მასწავლებელი გავიდა ოთახიდან, მოწაფეებმა დაიწყეს ცელქობა
or
მოწაფეებმა დაიწყეს ცელქობა, როგორც კი მასწავლებელი გავიდა ოთახიდან
or
მასწავლებელი გავიდა თუ არა ოთახიდან, მოწაფეებმა დაიწყეს ცელქობა
As soon as the teacher went out of the room the pupils began to be naughty (ცელქობა)

როგორც კი ამანათს მიიღებ, ხომ მომწერ?
or
ხომ მომწერ, როგორც კი ამანათს მიიღებ?
or
ამანათს მიიღებ თუ არა, ხომ მომწერ?
As soon as you receive the parcel (ამანათი), *you will write to me, won't you?*

If რო(მ) is used in the subordinate clause, the nuance *as soon as* can be conveyed by adding მაშინვე *right then* to the main clause, e.g.:

ამანათს რო(მ) მიიღებ, მაშინვე ხომ მომწერ?

Temporal clauses meaning after

The clause is introduced by the sequence მას შემდეგ, რაც... (lit. *it* (dat.) *after, which ...*, even though შემდეგ *after* usually takes the genitive case). Where English in actual reference to the future employs the present indicative in such clauses, Georgian requires the future indicative. The ordering of main and subordinate clauses is free, e.g.:

პურს გამოაცხობ მას შემდეგ, რაც სახლს გაწმენდ?
Will you bake the bread after you clean the house?

მას შემდეგ, რაც სახლი გავწმინდე, პური გამოვაცხვე
After I cleaned the house, I baked the bread

შინ წაგიყვან მას შემდეგ, რაც ამ ჩაროზს დავამთავრებ
I'll take you home after I finish this dessert (ჩაროზი)

Noun clauses

When clauses function as nouns, they are called noun clauses and in Georgian are introduced by რო(მ) *that,* which this time usually occupies first position in its clause. Where appropriate, the main clause may contain ის ფაქტი *that* (= the) *fact* or ის გარემოება *that* (= the) *circumstance* in the appropriate case. The ordering of main and subordinate clauses is free, e.g.:

> (ის ფაქტი,) რო(მ) აქა ხარ, მაკვირვებს
> *(The fact) that you are here surprises* (მაკვირვებს) *me*
>
> ვხედავ, რო(მ) აქა ხარ
> *I see that you are here*
>
> დაგვაფიქრა იმ გარემოებამ, რო(მ) არავინ ადგა, როცა ოთახში შევედით
> *The fact that no-one* (არავინ) *stood up when we went into the room set us thinking* (დაგვაფიქრა)
>
> უკვე აგიხსენი, რო(მ) ასეთი საქციელი აკრძალულია
> *I have already explained to you that such behaviour* (საქციელი) *is forbidden* (აკრძალული)*!*
>
> ხომ ამიხსნი იმ გარემოების მიზეზს, რო(მ) ეს ოთახი ცარიელია?
> *You will explain to me, won't you, the reason* (მიზეზი) *that this room is empty* (ცარიელი)*?*

Causal clauses **because, since, as**

Such clauses can be constructed in a variety of ways. The most colloquial conjunctions are რადგან(აც) and რაკი *because*, whilst ვინაიდან is more literary. Answers to questions containing the word რატომ? *why?* usually begin with იმიტომ რო(მ) *for the reason that* (= because). When not in answer to the question *why?*, the expression *for the reason that* (= because) will be conveyed by the words იმის გამო (...), რო(მ) *because of* (გამო) *that* (იმის) *namely that* (რო(მ)), e.g.:

> რადგან(აც)/რაკი ვრცელი წერილი გამომიგზავნა ბიძამ, ვრცელ პასუხს მას გავუგზავნი
> *Since uncle* (ბიძა) *sent me a long* (ვრცელი) *letter, I shall send him a long reply*
>
> ძალიან გაბრაზებული აქ ვზივარ იმის გამო, რო(მ) ამაღამ ოფიციანტები არ მაქცევენ ყურადღებას
> *I am sitting here in a very angry* (გაბრაზებული) *mood for the reason that tonight the waiters* (ოფიციანტი) *are not paying me attention* (lit. *turn to me* (მაქც(-)ევენ) *attention* (ყურადღება))

რატომ მიდიხარ? რატომ და, იმიტომ რომ(მ) ყურადღებას არ მაქცევენ!
Why are you leaving? Why? – Because they are not paying me attention!

It is worth noting that after such 'question word' questions, the answer is often constructed colloquially by repeating the question word followed by და.

A clause with the general subordinator რომ(მ) tucked inside the clause somewhere before the verb may be interpreted as one of cause, just as such a clause can be interpreted as one of time. The context clarifies the correct interpretation, e.g.:

შენ რომ(მ) ჩემთან ახლოსა ხარ, შიშით შეპყრობილი არა ვარ
When you are near (-თან ახლოს) *me, I am not gripped* (შეპყრობილი) *with fear* (შიში) **or** *Since you are near me, I am not gripped with fear*

Simple conditional* (if) *clauses

Though we cannot yet examine the full range of conditional clauses (because we have yet to learn all of the relevant tense-mood forms), some of these can be discussed now. When a clause introduced in English by *if* refers to a simple activity that is ongoing at the moment of speech, then Georgian will render this by using the conjunction თუ, usually at the beginning of the clause, in association with the present indicative, e.g.:

თუ წერილს წერ, ვერ გამიწმენდ სახლს
If you are (at this moment) *writing a letter, you will not be able to clean the house for me*

თუ მამა-შენი ბაღშია, ალბათ თესლებს თესავს
I*f your father is in the garden, he is probably sowing seeds*

But when reference is to a simple action/event yet to happen, even though English still uses the present indicative, Georgian uses either the future or the aorist [sic!] indicative, e.g.:

თუ წერილს ჩამიგდებ (საფოსტო) ყუთში, დამავალებ
or
თუ წერილი ჩამიგდე (საფოსტო) ყუთში, დამავალებ
If you drop the letter (ჩააგდებ) *in the (post-)box for me* (-მ-ი-), *I'll be obliged* (lit: *you will lay an obligation* (ვალი) *on me*)

თუ მტერი გაიმარჯვებს, ჩვენ თავს მოვიკლავთ
or
თუ მტერმა გაიმარჯვა, ჩვენ თავს მოვიკლავთ
If the enemy is victorious, we shall kill ourselves

თუ მტერი უკან არ დაიხევს, ჩვენ მათ დავხოცავთ
or
თუ მტერმა უკან არ დაიხია, ჩვენ მათ დავხოცავთ
If the enemy doesn't retreat (დაიხ(-)ევს), *we shall slaughter them* (დავხოცავთ)

The verb know *in the present indicative*

There are two verbs which require an ergative subject and nominative direct object with the **present** indicative (and generally throughout the present sub-series), and this is because these forms historically belonged to Series II. Both verbs mean *know*; the following is the usual form:

ვ-ი-ც-ი	*I know* (something)	ვ-ი-ც-ი-თ	*we know*
ი-ც-ი	*you know*	ი-ც-ი-თ	*you* (pl.) *know*
ი-ც-ი-ს	*X knows*	ი-ც-ი-ან	*they know*

The other verb is rather restricted, tending to be limited to the expression ღმერთმა უწყ-ი-ს (or ი-ც-ი-ს)! *God knows!*. Be careful to distinguish between ი-ც-ი *you know* (some fact) and ი-ცნ-ობ *you know/are acquainted with X*. Although ი-ც-ი/უწყ-ი in the present indicative (and ი-ტყვ-ი *you will say (X)* in the future indicative) behave like verbs with thematic suffix -ი, the -ი in their case is **not** this thematic suffix, as will be clear when we examine the imperfect indicative of ი-ც-ი/უწყ-ი (and the conditional of ი-ტყვ-ი). Study these examples:

მამა-შენმა იცის, რო(მ) შენ აქა ხარ?
Does you father know that you are here?

მშობლებმა ყოველთვის იციან, სადა ვარ
(My) parents always (ყოველთვის) *know where I am*

რამდენ შეცდომას დაუშვებს ეს მთავრობა? რა ვიცი მე?!
How many mistakes (შეცდომა) *will this government* (მთავრობა) *make* (lit. *let out* (დაუშვებს))? *How should I know* (lit. *what do I know*)*?!*

Dialogue 4

A mother and child discuss how they will acknowledge a relative's Christmas present

დედა: ბიცოლასგან რო(მ) ფული მიიღე საშობ(ა)ო საჩუქრად, როდის გაუგზავნი მას მადლობას?
შვილი: როგორც კი დავამთავრებ ხვალინდელ გაკვეთილს, ბიცოლას მივწერ.

დედა: ყოველ წელს გიგზავნიან ფულს ნათესავები, და ყოველ წელს მათ გვიან უგზავნი პასუხს (/უგვიანებ პასუხს).
შვილი: რო(მ) ვუგზავნი პასუხს მხოლოდ მას შემდეგ, რაც შენ მახსენებ, არ ნიშნავს, რო(მ) მადლობელი არა ვარ, და ყველა ნათესავმა იცის ეს ფაქტი!
დედა: რასაკვირველია, მადლობელი ხარ, მაგრამ განა არ გაწუხებს, რო(მ) ყველა ალბათ ჩაგთვლის ზარმაცად?
შვილი: რა თქმა უნდა, არ მაწუხებს, რო(მ) ზარმაცად მთვლიან, რადგან(აც) საჯაროდ ვაღიარებ, რო(მ) მართლა ზარმაცი ვარ!

Vocabulary

ბიცოლა (-ა-)	*uncle's wife*	საშობ(ა)ო	*Christmas* (adj.)
ხვალინდელი	*tomorrow's* (adj.)	ყოველი	*each*
გვიან	*late*	(cf. უგვიანებ (და-)	*you delay X for Y*)
მას შემდეგ რაც	*after*	ახსენებ (შე-)	*you remind X of Y*
ნიშნავს	*it means*	რასაკვირველია	*of course*
ზარმაცი	*lazy*	რა თქმა უნდა	*of course*
საჯაროდ	*openly, publicly*	აღიარებ	*you (will) confess X*
მართლა	*indeed*		

Exercises

1

Write out the present tense forms of the verbs *I* (etc.) *know* (a fact) and *I* (etc.) *know* (am acquainted with someone). Add the aorist paradigm for the verb meaning *I* (etc.) *introduced X to Y* (changing this last verb only for the person and number of the subject). In each case include the relevant personal pronouns.

2

Fill in the gaps and translate:

(a) მ. რ. .ი.ი?
(b) .მა. ვი. მ.მყ.დი.?
(c) ..ობლებ.. გ.ნ. .ცი..?!
(d) კ.ლ.მ. მა. მ..პარ. პუ..გან..
(e) .ე. ყ.ე.ა.ერ. ხო. .მ.ხს.ნ.?
(f) რ.ტ.. .ვ.წმ..დ ს.ხლ.?
(g) დ.და. ი. გ.შ.ნ .აწმ..დ.
(h) რ. სა..ალ.ა მ.მ.-.ქ.ენ.!

3

Transpose the relative expressions below into more colloquial forms – at least two alternatives in each case are possible:

(a) კარგად იცნობ იმ ბიჭს, რომელიც გუშინ ვნახეთ?
(b) ხომ ხედავ იმ მასწავლებელს, რომელსაც საჩუქარი მივეცით?
(c) მოგიტანთ იმ დანას, რომლითაც პური დავჭერი.
(d) ის, ვისაც ფული მოჰპარეს, აქ დარჩება.
(e) გავაცნობ იმ ქალებს, რომლებთან(აც) ერთად ზღვაზე წავედით.
(f) ვინ არი(ს) ის კაცი, რომელმაც აქ მოგიყვანა?
(g) იქ არიან ის მოწაფეები, რომლებისგან(აც) მივიღეთ ტორტი.
(h) ის ქალი, რომლის თორნეში((დ)აც) დედამ ეს ლავაში გამოაცხო, ჩვენი მეზობელია.

4

Transpose the following colloquial relatives into more formal equivalents:

(a) გვერდზე რო(მ) ქალი გიზის, ის/იგი ვინაა/ვინ არი(ს)?
(b) თავისი შედევრი რო(მ) მოგყიდათ, იმ ხელოვანს მეც ვიცნობ.
(c) დედა-შენს რო(მ) მასში ოპერაცია გაუკეთეს, ის საავადმყოფო სადაა/სად არი(ს)?
(d) ავსტრიელს რო(მ) ფული მიეცი, ის/იგი რომელი მატარებლით ჩამოვიდა?
(e) მისთვის რო(მ) სახლს ღებავთ, ის გოგო თქვენი მეგობარია?
(f) ბიჭს რო(მ) წიგნი ვათხოვე, (ის/იგი) ქართველია.
(g) გუშინ რო(მ) მით ჩამოვედით, იმ მატარებელს ეხლა ვხედავ სადგურზე.
(h) ჩემს მეგობარს რო(მ) ფული მოჰპარეს ჰულიგნებმა, ის/იგი მას დაუბრუნეს პოლიციელებმა.

5

Translate the following conditionals into Georgian:

(a) If I see you tomorrow, I shall return the book to you
(b) If you say that, they will kill you
(c) If they are sitting in the guest room, they are probably listening to the radio
(d) If I give you this apple, will you pour the wine for me?
(e) If your daughter is well, what is upsetting you?

6

Transpose the following subordinate clauses into more colloquial forms:

(a) სანამ/ვიდრე ცხელია, ამ ყავას ვსვამ
(b) რადგან(აც)/რაკი/ვინაიდან ეს ყავა ცივია, ვაბრუნებ
(c) როდესაც/როცა ამ წერილს მიიღებ, ხომ დამირეკავ?
(d) როგორც კი შეგატყობინებენ/შეგატყობინებენ თუ არა, მეც ხომ შემატყობინებ?
(e) როდესაც/როცა ქალი ადგა, ყველა ავდექით

7

Translate into English:

(a) მას შემდეგ, რაც მაგ წერილს დაწერ, სადილს ხომ მოგვიმზადებ?
(b) მე, როგორც მათმა მასწავლებელმა, ბავშვებს ტკბილეულები გამოვართვი
(c) ყველამ ვიცით, რო(მ), პოლიციელები რა(ი)მეს გაიგებენ თუ არა, შეგვატყობინებენ
(d) ქართველი რო(მ) წუხელ შინ მოიყვანე, მას რა უთხარი ინგლისის შესახებ?
(e) როგორც მასწავლებლები ყურადღებას ჩვენ გვაქცევენ ხოლმე, ისე(ვე) ჩვენ ეხლა ვაქცევთ ყურადღებას მათ
(f) თუ მასწავლებელმა ხუთიანი დაგიწერათ, ის ხომ არ შეგაწუხებთ, ბიჭებო?
(g) გუშინ რო(მ) დამირეკა, ის გოგო კინოში გავიცანი
(h) (ის,) რო(მ) გუშინ დამირეკა გოგომ, ძალიან მაკვირვებს

8

Translate into Georgian:

(a) They all know that if they do this, we shall punish them
(b) Since they went to Georgia yesterday, how shall we see one another on Thursday?
(c) Do you know this man? If you do not know him, I shall arrest him
(d) I shall give you the book I bought for you today at the shop when I see you tomorrow
(e) When they arrest me, I shall not hide this from the policemen
(f) Do you know that everyone who is sitting in this room is gripped by fear?
(g) When I was in Tbilisi my friend showed me the exhibition of the artist who sold your father a painting
(h) The girl from whom we took away the radio knows that we shall return it to her

Lesson 10

In this lesson you will learn about:

- The present and future indicative forms of intransitive verbs
- The meaning of this type of intransitive verb
- The syntax of intransitives
- How to associate indirect objects with intransitive verbs
- The future forms of the verbs *be, come/go, run, be sitting/standing/lying, sit down, stand up, lie down*

Note: intransitive verbs will often be quoted in subsequent vocabulary lists with 3rd person subject, since many do not naturally occur with 2nd (or 1st) person subject.

Dialogue 1

Nora and her friend Laura return home to find the children missing

ნორა: არ ვიცი, რა ხდება ამ სახლში, ჩვენ რო(მ) აქ არა ვართ!

ლაურა: რატომ წუხდები? ყველაფერი რიგზეა. არავინ (არ) იხედება.

ნორა: სწორედ ეგ არი(ს) პრობლემა. ბავშვები სად არიან? სად წავიდნენ?

ლაურა: სადმე ხომ არ იმალებიან?

ნორა: ღმერთმა იცის, მემალებიან თუ არა! მათ რო(მ) მოვნახავ, როგორ ვაჩვენებ სეირს!

ლაურა: კეთილი. შენ თუ მათ დაუწყებ ძებნას ქვევით, მე ზევით ავირბენ და საძილეებს გავჩხრეკ.

(ძებნას იწყებენ)

ლაურა: დაგიჭირეთ! ნორა, გამოვჩხრიკე! რას შვრებით, ბავშვებო, მანდ გარდერობში? რატომ იმალებით?

ბიჭები: ხუმრობისთვის ვემალებით დედას. შინ რო(მ) მარტო ვართ, კარგად ვიქცევით ხოლმე, მაგრამ მოსაწყენია, როცა ზიხარ და სულ უყურებ ტელევიზორს. ამიტომ კეკემალულობის იდეა მოგვივიდა თავში.

ნორა: სადა ხართ, თქვე ეშმაკებო?!

ბიჭები: რას გვერჩი, დედიკო? ზიანს არავის და არაფერს (არ) ვაყენებთ.

Vocabulary

ხდება (მო-)	*it happens*	წუხდები (შე-) (cf. ვწუხვარ/წუხხარ/წუხს)	*you become upset* (cf. *I am/you are/X is upset*)
რიგი	*order, row*	რიგზეა	*it is in order*
იხედება	*X can be seen*	იმალები (და-)	*you are hiding*
ემალები (და-)	*you are hiding from X*	სეირი	*sight*
სეირს აჩვენებ	*you (will) show X what for!*	უწყებ (და-)	*you begin X for Y*
ძებნა	*search*	ქვევით	*downstairs*
ზევით	*upstairs*	აირბ(-)ენ	*you will run up*
ჩხრეკ (გა-)	*you search X*	ჩხრეკ (გამო-)	*you search X out*
შვრები	*you are doing X*	მანდ	*there (by you)*
გარდერობი	*wardrobe*	ხუმრობა	*joke*
მარტო	*alone*	იქც(-)ევი (მო-)	*you are behaving*
მოსაწყენი	*boring*	უყურებ	*you (will) look at X*
კეკემალულობა	*hide-and-seek*	იდეა	*idea*
მოგვივიდა	*it came to us*	ეშმაკი	*devil*
ერჩი	*you are beastly towards X*	რას გვერჩი?	*why are you being beastly to us?*
დედიკო	*oh mother dear!*	ზიანი	*harm, damage*
აყენებ (მი-/მო-)	*you apply X to Y*		

Dialogue 2

While the master is away, his workman Ucha and a friend Mindia get up to mischief!

მინდია: გავსინჯავთ თქვენი უფროსის ღვინოს, სანამ იგი შინ არ არი(ს)?

უჩა: არ ვიცი. რას ვიზამთ, თუ იგი მოულოდნელად დაბრუნდება?

მინდია: თუ შემოვა, მაშინ გადავწყვეტთ, რას ვიზამთ! ეხლა სად ინახება მისი ღვინო?
უჩა: მარანში ინახება, სადაც გრილა და ბნელა. არ ვარგა, როცა ღვინო ინახება მზეზე. კიბეზე თუ ჩამომყვებით, გიჩვენებთ.
მინდია: რა კა(რგ)ი ადგილი! რა ბევრი რამ დაეკარგება თქვენს უფროსს, თუ, მაგალითად, ცეცხლი მოეკიდება ამ სახლს. კაცს რამდენად უჯდება ამნაირი სახლი?
უჩა: ზუსტად არ ვიცი – ვერ გეტყვი, მაგრამ ბევრი იქნება. აი აგერ მოვნახე რამდენიმე ბოთლი, რომლებიც ადვილად იღება. ჯერ გავსინჯავთ სტალინის საყვარელ ქინძმარაულს (თუ მისი საყვარელი არ იყო ხვანჭკარა).
მინდია: თუ არ ვცდები, მეტად მუქი ფერისაა. განა ისმება, თუ ნალექია შიგ? ჯერ სხვას გავსინჯავთ, და, მერე ნალექი რო(მ) ძირს ჩაჯდება, ეს ქინძმარაული უფრო დაილევა ალბათ.
უჩა: ის რა არი(ს)? ვინმე შემოვიდა? ვაიმე რა ვქენით, აქ რო(მ) ჩამოვედით?! თუ თქვენ დარჩებით აქ და ჩუმად იქნებით, მე ავალ და გავიგებ, რაშია საქმე. ასე ჯობია. ცუდი იქნება, თუ აქ მარანში ვინმე შემოგვეპარება.

Vocabulary

სინჯავ (გა-)	*you test X*	მოულოდნელად	*unexpectedly*
ბრუნდები (და-)	*you are returning*	შემოვა	*X will come in*
ინახება (შე-)	*it is kept*	მარანი	*wine-cellar*
გრილა	*it is cool*	ბნელა	*it is dark*
არ ვარგა	*it is no good*	კიბე	*stairs*
ჰყვები (ჩა-)	*you follow X (down)*	ადგილი	*place*
ეკარგება (და-)	*X is lost to Y*	მაგალითი	*example*
ცეცხლი	*fire*	ეკიდება (მო-)	*X fastens on Y*
ცეცხლი ეკიდება სახლს	*the house catches fire*	უჯდება (და-)	*X costs Y (so much* = adverbial)
ამნაირი	*of this sort*	ეტყვი	*you will say X to Y*
იქნება	*it will be*	აი, აგერ!	*look, over here!*
ბოთლი	*bottle*	იღება (გა-)	*it can be opened*
ქინძმარაული/ ხვანჭკარა	*Kinjmarauli/Khvanch'k'ara* (types of red wine from K'akheti/Rach'a)	ცდები (შე-)	*you go wrong*
მეტად	*too*	მუქი	*dark (*of colour*)*
ფერი	*colour*	ისმება	*it is drinkable*

ნალექი	*dregs*	შიგ	*inside*
ძირს	*at/to the bottom*	ჯდება (ჩა-)	*X sinks down in*
დაილ(-)ევა	*it will be drinkable*	რჩები (და-)	*you are staying*
ჩუმად	*in silence*	ავალ	*I shall go up*
ჯობია	*it is better*	ეპარები (შე(მო)-)	*you sneak in upon X*

Dialogue 3

Father P'ant'e and daughter Ek'a visit a clothes shop

პანტე: ხომ გაუფრთხილდები მაგ ქვედატანს? თუ რაიმე დაემართება, მე გადამხდება!

ეკა: რას მეუბნები? – რო(მ) მეტად მსუქანი ვარ? ჩავიცვამ და მერე ვნახავთ, მერგება თუ არა.

პანტე: ოხ, რა ლამაზად გამოიყურები! მართლა გიხდება.

ეკა: ესე იგი, თურმე მეთანხმები, რო(მ), თუ კიდევ გავხდები და წონაში მოვიკლებ, სულ გავქრები!

პანტე: არც მეტად მსუქანი არც მეტად გამხდარი (არა) ხარ. როცა გაიზრდები, უფრო გასაგები იქნება შენთვის, რო(მ) ყველაფერი იჭმება და ისმება, ოღონდ ზომიერად. რეჟიმები ყოველთვის არ გეხმარება – ხანდახან ნამდვილ ზიანს გაყენებს.

ეკა: კარგი, მაგრამ ეს კაბა ხომ არ არი(ს) მეტად ძვირი შენთვის?

პანტე: თუ ბევრად დამიჯდება, ცოტა ხანს მოვიკლებთ მე და დედა-შენი.

ეკა: რა ბედნიერი გოგო ვარ! მშობლები მცირეს დასჯერდებიან (/ცოტათი დაკმაყოფილდებიან), მე კი მიყიდიან ყველაფერს, რასაც მოვინდომებ!

Vocabulary

უფრთხილდები (გა-)	*you treat X with care*	ქვედატანი	*skirt*
ემართება (და-)	*X happens to Y*	გხდება (გადა-)	*responsibility (for restitution) devolves on you*
ეუბნები	*you are saying X to Y*	მსუქანი	*fat*
ერგება (მო-)	*it fits X*	ოხ	*oh*
გამოიყურები	*you look*	გიხდება (მო-)	*it suits you*
ეთანხმები (და-)	*you agree with X*	ხდები (გა-)	*you are getting thin*
წონა	*weight*	იკლებ (მო-)	*you reduce*
სულ	*altogether*	ქრები (გა-)	*you are disappearing*

გამხდარი	*thin*	იზრდები (გა-)	*you are growing*
გასაგები	*understandable*	იჭმება	*X is edible*
ოლონდ	*except only*	ზომიერად	*measuredly*
რეჟიმი	*diet*	ეხმარები (და-)	*you help X*
ხანდახან	*sometimes*	ნამდვილი	*real*
ძვირი	*expensive*	ცოტა ხანს	*for a while*
იკლებ (მო-)	*you make do with a little*	ბედნიერი	*lucky*
		სჯერდები (და-)	*you make do with X*
მცირე	*little*	ინდ(-)ომებ (მო-)	*you conceive a desire for X*
კმაყოფილდები (და-)	*you are satisfied*		

Grammar

The formation of the present and future indicatives of intransitive verbs

The transitive verbs which we have been examining so far represent the so-called Class 1 type of conjugation. The intransitive verbs we are about to examine follow the so-called Class 2 pattern. Many Class 2 intransitives function as the passive equivalents to their active Class 1 forms, but not all Class 2 verbs possess a Class 1 equivalent, and the meaning relation is not always simply that of passive-to-active (see grammar section that follows).

The usual way of forming the future indicative for a Class 1 transitive verb is to add the appropriate preverb to the present indicative and the same construction is used for creating the future indicative from the present indicative of Class 2 intransitives. For those intransitives which correspond to Class 1 transitives, the same preverb(s) will be used as for the transitive form.

There are three types of formation: (a) prefixal; (b) suffixal; (c) markerless. The present and future indicatives are similar in that in all three types a 3rd person plural subject selects the ending -ან, preceded by a formant -ი-. This formant is present throughout the conjugation except when the subject is 3rd person singular, marked by the subject agreement suffix -ა; any version vowel associated with the relevant root in its transitive form will disappear. In all but some sub-types of the prefixal intransitive the thematic suffix -ებ- precedes the suffixal elements just mentioned. Whilst these features alone characterise the markerless type, the suffixal intransitive differs by adding a -დ- before the thematic suffix -ებ-, whereas the prefixal adds no such suffix but places the vowel ი- immediately before the root. The conjugations are illustrated with the present indicatives of *be cut open*, *redden/blush*, *warm up* respectively:

Prefixal	*Suffixal*	*Markerless*
ვ-ი-კვეთ-ებ-ი	ვ-წითლ-დ-ებ-ი	ვ-თბ-ებ-ი
ი-კვეთ-ებ-ი	წითლ-დ-ებ-ი	თბ-ებ-ი
ი-კვეთ-ებ-ა	წითლ-დ-ებ-ა	თბ-ებ-ა
ვ-ი-კვეთ-ებ-ი-თ	ვ-წითლ-დ-ებ-ი-თ	ვ-თბ-ებ-ი-თ
ი-კვეთ-ებ-ი-თ	წითლ-დ-ებ-ი-თ	თბ-ებ-ი-თ
ი-კვეთ-ებ-ი-ან	წითლ-დ-ებ-ი-ან	თბ-ებ-ი-ან

(If readers refer back to Lesson 2, they will see that the verbs for *sit down*, *stand up* and *lie down* presented there are of the markerless intransitive type.)

By adding the appropriate preverb here (გა- in all three cases) the future indicatives will be produced.

The occurrence of these three patterns will now be explained according to the different types of verb.

Root verbs

Though there are some exceptions, the norm is for root verbs to be of the prefixal type, as illustrated above for *cut open*. Those root verbs which change the radical -ე- to -ი- in the transitive aorist indicative, as explained in Lesson 8, undergo this same change in **all** intransitive tense-mood forms throughout Series I and II. This is shown by the verb *squash* (cf. (გა-)სრეს *you (will) squash X*):

(გა-)ვ-ი-სრის-ებ-ი	(გა-)ვ-ი-სრის-ებ-ი-თ
(გა-)ი-სრის-ებ-ი	(გა-)ი-სრის-ებ-ი-თ
(გა-)ი-სრის-ებ-ა	(გა-)ი-სრის-ებ-ი-ან

Note: the radical -ა- in ჭამ *you eat X* disappears in the intransitive to give ი-ჭმ-ებ-ა *X is edible.*

Those verbs in (-)ენ which follow the prefixal pattern also change this internal -ე- to -ი- (e.g. (გამო-)ა-ფ(-)ენ *you (will) exhibit X* gives (გამო-)ი-ფ(-)ინ-ებ-ა *X is being (will be) put on exhibition*).

Verbs in (-)ევ retain this element but do not then take the thematic suffix -ებ-. Consider the intransitive forms of (წა-)ა-ქც(-)ევ *you (will) knock X down*:

(წა-)ვ-ი-ქც(-)ევ-ი	*I (shall) fall over*	(წა-)ვ-ი-ქც(-)ევ-ი-თ
(წა-)ი-ქც(-)ევ-ი		(წა-)ი-ქც(-)ევ-ი-თ
(წა-)ი-ქც(-)ევ-ა		(წა-)ი-ქც(-)ევ-ი-ან

The verbs (გა-)ტეხ *you (will) break X* and (გადა-)წყვეტ *you (will) decide X* have suppletive intransitives of the markerless variety ((გა-)ტყდ-ებ-ა *X breaks (will break)*, (გადა-)წყდ-ებ-ა *X is being (will be) decided*). Verbs in **(-)**ენ that are not of the prefixal type drop the **(-)**ენ

and follow the markerless pattern; (და-)ა-რჩ(-)ენ *you (will) sustain/leave X* and (შე-)ა-ცდ(-)ენ *you (will) lead X into error* are constructed as follows:

(და-)ვ-რჩ-ებ-ი	*I (shall) stay/remain*	(შე-)ვ-ცდ-ებ-ი	*I (shall) go wrong*
(და-)რჩ-ებ-ი		(შე-)ცდ-ებ-ი	
(და-)რჩ-ებ-ა		(შე-)ცდ-ებ-ა	
(და-)ვ-რჩ-ებ-ი-თ		(შე-)ვ-ცდ-ებ-ი-თ	
(და-)რჩ-ებ-ი-თ		(შე-)ცდ-ებ-ი-თ	
(და-)რჩ-ებ-ი-ან		(შე-)ცდ-ებ-ი-ან	

The verb (მო-)ა-ხდ(-)ენ *you (will) effect/arrange/do X* can be regarded as the transitive equivalent of the very useful markerless intransitive (მო-)ხდ-ებ-ა *it is happening (will happen)*. The same is true of the pair: (წა-)ა-ხდ(-)ენ *you (will) render X useless* and (წა-)ხდ-ებ-ა *X becomes (will become) useless.*

Thematic Suffix -eb

Most verbs of this type that either (a) have no vowel in the root, or (b) do not employ the neutral version vowel -ა- in their transitive forms follow the prefixal pattern e.g.:

(და-)ა-ნთ-ებ	*you (will) light X* →	(და-)ი-ნთ-ებ-ა *it catches (will catch) light*
(გა-)ა-ღ-ებ	*you (will) open X* →	(გა-)ი-ღ-ებ-ა *it opens (will open)*
(და-)ბად-ებ	*you (will) give birth to X* →	(და-)ი-ბად-ებ-ა *X is being (will be) born*
(ჩამო-)კიდ-ებ	*you (will) hang X* →	(ჩამო-)ი-კიდ-ებ-ა *X is being (will be) hung/hanged*)

The majority of verbs in -ებ, however, use the suffixal formation e.g.:

(გა-)ა-კეთ-ებ	*you (will) do X* →	(გა-)კეთ-დ-ებ-ა *X is being (will be) done*
(ა-)ა-შენ-ებ	*you (will) build X* →	(ა-)შენ-დ-ებ-ა *X is being (will be) built*
(გა-)ა-დიდ-ებ	*you (will) enlarge X* →	(გა-)დიდ-დ-ებ-ა *X is getting (will get) big* (from დიდ-ი *big*)
(გა-)ა-თეთრ-ებ	*you (will) whiten X* →	(გა-)თეთრ-დ-ებ-ა *X is turning (will turn) white* (from თეთრ-ი *white*)

(გა-)ა-მეფ-ებ *you (will) make X sovereign* → (გა-)მეფ-დ-ებ-ა *X becomes (will become) sovereign* (from მეფე *sovereign*)

Many verbs of this type, like the last three above, are formed on noun or adjective roots. In such cases, the force of the intransitive is that of *becoming* (noun/adj.); a further example is (და-)ორსულ-დ-ებ-ა *X gets pregnant* from ორსულ-ი *pregnant* (lit. *two-souled*), for which the word ფეხმძიმე (lit. *foot-heavy*) also exists (cf. ორსულ-ი-ა/ორსულ-ადა-ა/ფეხმძიმე-ა/ფეხმძიმე-და-ა *X is pregnant*). If the noun or adjective ends in -უ or -ო, a -ვ- is inserted between the root and the დ-suffix (e.g. (გა-)ფართო-ვ-დ-ებ-ა *it widens (will widen)* from ფართო *wide*).

Thematic suffix -av

The prefixal pattern applies in all cases. For verbs with a vowel in the root, the thematic suffix disappears altogether (e.g. (და-)მალ-ავ *you (will) hide X* → (და-)ი-მალ-ებ-ა *X is hiding (will hide)*, (და-)ხატ-ავ *you (will) paint X* → (და-)ი-ხატ-ებ-ა *X is being (will be) painted*). For verbs without a root vowel the thematic suffix is retained, but reduces to -ვ- (e.g. (და-)ა-რთ-ავ *you (will) spin X* → (და-)ი-რთ-ვ-ებ-ა *X is being (will be) spun*). If the root itself ends in -ვ, then the expected remnant of the thematic suffix also is lost (e.g. (და-)წვ-ავ *you (will) burn X* → (და-)ი-წვ-ებ-ა *X is burning (will burn)*). If a vowelless root ends in -ლ/ნ/რ, then the ვ-remnant of the thematic suffix slots inside the root (e.g. (მო-)კლ-ავ *you (will) kill X* → (მო-)ი-კვლ-ებ-ა *X is being (will be) killed*, (მო-)ხნ-ავ *you (will) plough X* → (მო-)ი-ხვნ-ებ-ა *X is being (will be) ploughed*, (შე-)კრ-ავ *you (will) tie X up* → (შე-)ი-კვრ-ებ-ა *X is being (will be) tied up*).

Thematic suffix -i

The prefixal pattern is employed (e.g. (გა-)ზრდ-ი *you (will) rear X* → (გა-)ი-ზრდ-ებ-ა *X is growing (will grow) up*, (და-)სჯ-ი *you (will) punish X* → (და-)ი-სჯ-ებ-ა *X is being (will be) punished*, (გა(მო)-)(ა-)გზავნ-ი *you (will) send X* → (გა(მო)-)ი-გზავნ-ებ-ა *X is being (will be) sent*, (გა-)ჭრ-ი *you (will) cut X in two* → (გა-)ი-ჭრ-ებ-ა *X is (will be) splittable/is being (will be) split*).

One oddity is the verb (გა-)ხდ-ი *you (will) make X become (something)*; it has the markerless intransitive (გა-)ხდ-ებ-ა *X becomes (will become) (something)*. This contrasts with the verb (ა-)ხდ-ი *you (will) remove X from the top (of Y)*, which has a regular intransitive ((ა-)ი-ხდ-ებ-ა *X is being (will be) removed/is (will be) removable*).

Thematic Suffix -ob

Some verbs of this type employ the prefixal pattern, others the markerless. Those that are prefixal retain the thematic suffix -ობ and do not add -ებ- (e.g. (და-)გმ-ობ *you (will) censure X* → (და-)ი-გმ-ობ-ა *X is being (will be) censured*, (გა-)ა-რთ-ობ *you (will) amuse X* → (გა-)ი-რთ-ობ-ა *X is being (will be) amused*, (და-)ა-ხრჩ-ობ *you (will) suffocate X* → (და-)ი-ხრჩ-ობ-ა *X is suffocating/drowning*). Of those that follow the markerless paradigm, since the root is no longer followed by an ო-vowel, any root-final -ვ effaced by the ო-vowel of the normal thematic suffix will reappear, slotting inside the root for those verbs that have this pattern in the transitive aorist indicative, as explained in Lesson 8, (e.g. (გა-)ა-თბ-ობ *you (will) warm X* → (გა-)თბ-ებ-ა *X is warming (will warm) up*, (და-)ა-თრ-ობ *you (will) intoxicate X* → (და-)თვრ-ებ-ა *X is getting (will get) drunk*). Sometimes verbs of this type possess both a prefixal and a markerless intransitive; in such cases, the prefixal will be more a true passive, whilst the markerless will have the force of a simple intransitive (e.g. (გამო-)ა-ცხ-ობ *you (will) bake X* → (გამო-)ცხვ-ებ-ა *X is baking (will bake)* compared with (გამო-)ი-ცხ-ობ-ა *X is being (will be) baked*).

Thematic Suffix -am

The prefixal pattern is followed. The thematic suffix is retained but reduced to -მ; if the root ends in -ვ, this disappears because of the following მ-remnant (e.g. (და-)ა-ბ-ამ *you (will) bind X (to Y)* → (და-)ი-ბ-მ-ებ-ა *X is being (will be) bound/is (will be) bindable*, სვ-ამ *you are drinking X* → ი-ს-მ-ებ-ა *X is drinkable*; for the root of ი-თქ-მ-ებ-ა *it may be said* see the transitive aorist indicative თქვ-ი *you said X*).

Thematic Suffix -op

The prefixal pattern applies with -ოფ being retained and without the extra thematic suffix -ებ- (e.g. (გა-)ყ-ოფ *you (will) split X in two* → (გა-)ი-ყ-ოფ-ა *X is being (will be) split/is (will be) splittable*).

Other constructions

Not all Class 2 verbs are the intransitive equivalents of Class 1 transitives. For example, the verb *die* is a Class 2 verb of the markerless type without any corresponding Class 1 form ((მო-)კვდ-ებ-ა *X is dying (will die)*, cf. სიკვდილი *death*). When the subject of *die* is plural, according to prescriptive grammarians the verb just quoted yields to a suppletive root of the prefixal type ((და-)ი-ხოც-ებ-ი-ან *they are dying (will die)*, cf. (და-)ხოც-ავ *you (will) kill* ***them*** as against (მო-)კლ-ავ *you (will) kill X*).

Similarly suppletive for the number of the subject are the roots signifying *fall*, the singular root being markerless, the plural being suffixal (ფოთოლი (და-)ვარდ-ებ-ა *a leaf* (ფოთოლი) *is falling (will fall)* as against ფოთლები (და-)ცვივ-დ-ებ-ა *leaves are falling (will fall*).

We have already discussed (მო-)ხდ-ებ-ა *it is happening (will happen)* and (გა-)ხდ-ებ-ა *X is becoming (will become) (something)*; the latter form has an exact homonym (გა-)ხდ-ებ-ა meaning *X is growing (will grow) thin*, for which there is no Class 1 equivalent. When accompanied by the preverb ა-, the intransitive form of this root also lacks any Class 1 equivalent (ა-ხდ-ებ-ა (*some dream/wish) will be realised*).

Meaning and syntax of Class 2 intransitive verbs

As we have seen, some of the intransitive verbs above have been translated as passives, as in ი-გზავნ-ებ-ა *X is being sent*. In such cases the agent may be expressed by use of the free-standing postposition მიერ (some verbs also allowing the non-free-standing -გან) *by* + the genitive case. The subject of Class 2 verbs in **all** tense-mood forms will be nominative, e.g.:

ეს ამანათი მოსკოვში გა-ი-გზავნ-ებ-ა მდივნის მიერ
This parcel (ამანათი) *will be sent to Moscow by the secretary* (= მდივანი)

It is possible to find examples of all three sub-types of Class 2 intransitives used passively in association with an agent, e.g.:

მათი ნამუშევარი დადებითად ფას-დ-ებ-ა კოლექტივის მიერ
Their work (ნამუშევარი) *is (being)/gets positively* (დადებითად) *evaluated* ((და-)ა-ფას-ებ) *by the collective*

And, for a markerless intransitive, we can adapt St. John 3:17 (from the 1982 New Testament published in Sweden) to give:

ქვეყნიერება გადა-რჩ-ებ-ა იესოს მიერ
The world will be saved by Jesus

However, Georgians seem to prefer to avoid Class 2 intransitives in a passive sense, utilising instead the appropriate transitive form, with an unspecified 3rd person plural subject, in circumstances where the agent does not have to be specifically mentioned (e.g. მათ ნამუშევარს დადებითად ა-ფას-ებ-ენ *They/People positively evaluate their work = Their work is (being) positively evaluated*).

The force of the Class 2 formation for many verbs is simply that of an intransitive activity (with no implication of there being an agent and certainly no possibility of stating one), e.g.:

კარი ი-ღ-ებ-ა	*The door is opening*
გოგოები ი-მალ-ებ-ი-ან	*The girls are hiding*
თოვლი დნ-ებ-ა	*The snow* (თოვლი) *is melting* (დნ-ებ-ა)
ადვილად ვ-ბრაზ-დ-ებ-ი	*I get angry* (ვ-ბრაზ-დ-ებ-ი) *easily*
ი-კრიჭ-ებ-ა/ი-ღრიჭ-ებ-ა	*X is smirking*[1] (the preverb is გა-)
ი-კბ(-)ინ-ებ-ა	*X bites/is biting* (only in the present sub-series, cf. ჰ-კბ(-)ენ *you bite X*, უ-კბ(-)ენ *you will bite X*, უ-კბ(-)ინ-ე *you bit X*)

[1] The first alternative may also mean *X is being cut/is cuttable.*

Perhaps the commonest sense in which prefixal intransitives are used is that of indicating that the nominative subject is potentially capable of undergoing the verbal activity (e.g. ი-თარგმნ-ებ-ა *it can be translated*, ი-კუმშ-ებ-ა *it can be reduced in size* ← (მო-/შე-)კუმშ-ავ *you (will) reduce X in size*, ი-წონ-ებ-ა *it can be weighed*).

As indicated in the translations given for some of the earlier examples, some Class 2 intransitives may have more than one of these senses. One simply has to learn which is/are appropriate to any given verb. One further example of this ambiguity is ი-ხედ-ებ-ა, formally the intransitive to ხედ-ავ *you see X*, and like its transitive counterpart it is only found in the present sub-series. It may be used in the sense *X can be seen/is visible*, or it may be used as a simple intransitive *X is looking* (in some direction), in which sense it has the synonyms ი-ცქირ-ებ-ა, ი-ყურ-ებ-ა, ი-მზირ-ებ-ა (also, only in the present sub-series, the Class 1 forms with indirect object გა-ს-ცქერ-ი or გა-ჰ-ყურ-ებ *you look out* (გა-) ***upon X***).

The next section will describe how indirect objects can be marked with Class 2 formations. An indirect object of a Class 2 verb in **any** tense-mood form will always stand in the dative case.

The marking of intransitive verbs with indirect objects

For prefixal intransitives an indirect object may only be expressed in one way, namely by changing the prefix ი- to ე-, in front of which the relevant object agreement affix is placed. If the indirect object is 3rd person plural and animate, then this plurality may optionally be marked by use of the suffix -თ (i.e. the bracketed element from the table in Lesson 6) **as long as the subject is not 1st or 2nd person** (e.g. ბავშვი მშობლებს ემალება(თ) *the child is hiding from the parents* but only მშობლებს ვემალები/

ემალები *I am/you are hiding from the parents*). These bipersonal intransitives correspond in meaning to any of the equivalent transitive forms with indirect object. If we take the verb *write*, we can produce three transitive forms with indirect object, namely: (და-)უ-წერ *you (will) write X* ***for*** *Y*, (და-)ა-წერ *you (will) write X* **on** *Y*, (მი-)ს-წერ *you (will) write (X)* ***to*** *Y*. And so the corresponding bipersonal intransitive, in this case, is ambiguous, at least in the present sub-series (e.g. გვ-ე-წერ-ებ-ა *it is being written for/on/to us*, კაცებს ე-წერ-ებ-ა(-თ) *it is being written for/on/to the men*; in tense-mood forms taking a preverb the meaning *to* will be indicated by use of მი-/მო-, whilst the other two senses will require და-).

The potential force may also characterise these bi-personal forms, where the indirect object will indicate who has the capacity to carry out the verbal action. So, the above forms have a fourth meaning (*we/the men can write X*). Such forms, where the dative indirect object might be felt to be almost the subject itself, come close to the indirect (Class 4) verbs, to be discussed in Lesson 13. Study the following:

მ-ე-ვს-ებ-ა/გ-ე-ვს-ებ-ა/ე-ვს-ებ-ა მოთმინების ფიალა
My/Your/X's cup (ფიალა) *of patience* (მოთმინება) *is being filled up* ((ა-)ა-ვს-ებ) = *I am/You are/X is losing patience*

გამო-გ-ე-გზავნ-ებ-ა ფული
Money will be sent to you

გვ-ე-ძლ(-)ევ-ა ჯილდო
A prize is being given to us

The transitive future of *give* contains the thematic suffix -ემ. The intransitive future is prefixal with this -ემ retained and no extra -ებ-; the same interplay between the preverbs მი- and მო- occurs as with the transitive forms, e.g.:

მო-მ-ე-ც-ემ-ა	*it will be given to me*
მო-გ-ე-ც-ემ-ა-თ	*it will be given to you* (pl.)
მო-გვ-ე-ც-ემ-ი-თ	*you* (pl.) *will be given to us*
მი-ე-ც-ემ-ა-თ	*it will be given to them*
მო-გ-ე-ც-ემ-ი	*I shall be given to you*
მი-ვ-ე-ც-ემ-ი-თ	*we shall be given to X*
მი-ე-ც-ემ-ი-თ	*you* (pl.) *will be given to X*

Some prefixal intransitives exist only as bipersonals (with or without a corresponding transitive form), a feature that is common to some suffixal and markerless intransitives below:

(და-)ე-ლოდ-ებ-ი *you are waiting (will wait) for X* (no transitive form)
ე-ნდ-ობ-ი *you (will) trust X* (cf. (გა-)ა-ნდ-ობ *you (will) reveal X to Y*, and (მი-)ა-ნდ-ობ *you (will) entrust X to Y*)

(მო-)ე-სწრ-ებ-ი *you (will) live long enough to experience X* (cf. (მო-) ა-სწრ-ებ *you (will) do X in time*)
(შე(მო)-)ე-ს(-)ევ-ი *you (will) attack X* (cf. (შე(მო)-)უ-ს(-)ევ *you (will) send X to attack Y*)
(მი/შე-)ე-ჩვ(-)ევ-ი *you (will) grow accustomed to X* (cf. (მი/შე-)ა-ჩვ(-)ევ *you (will) accustom X to Y*)
(მი-/მო-)ე-სალმ-ებ-ი *you (will) greet X* (cf. (მი-/მო-)ა-სალმ-ებ *you (will) get X to greet Y*)
(შე-)ე-ხ-ებ-ი *you (will) touch X* (cf. (შე-)ა-ხ-ებ *you (will) bring X into light contact with Y*)
(შე(მო)-)ე-პარ-ებ-ი *you (will) sneak in upon X* (cf. (შე-)ა-პარ-ებ *you (will) sneak X in (to Y)*)
(გა-)ე-ცნ-ობ-ი *you (will) introduce yourself to X/familiarise yourself with X* (cf. (გა-)ი-ცნ-ობ *you (will) get to know X*)

Although some verbs exist in all three forms (transitive, monopersonal intransitive, and bi-personal intransitive), the meaning relation might not be wholly straightforward. Take the expression ამაში შენს მეგობარს (და-)ა-რწმ(-)უნ-ებ *you (will) convince your friend of the truth of this* (lit. *in this*). The bipersonal intransitive is შენს მეგობარს (და-)ე-რწმ(-)უნ-ებ-ი *you (will) believe/trust your friend*. The mono-personal intransitive ი-რწმ(-)უნ-ებ-ი means *you are seeking to affirm*; it is used only in the present sub-series and is often followed by a noun clause introduced by რო(მ), such as

ავადმყოფი ი-რწმ(-)უნ-ებ-ა, რო(მ) კარგადაა
The sick man is trying to make a convincing statement to the effect that he is well

Sometimes a verb which is formally bi-personal of the prefixal type has no easily identifiable indirect object:

გა-ე-მართ-ებ-ა (also გა-ე-მგზავრ-ებ-ა) *X is setting (will set) out*
(მი-)ე-გდ-ებ-ა *X collapses/flops down (will collapse/flop down)*

compared with

(მი-)ე-ყრ-ებ-ი-ან *they (will) collapse/flop down* with plural subject
(გა-)ე-შურ-ებ-ა *X is setting (will set) out hurriedly*
(მო-)ე-შვ-ებ-ა *X slackens (will slacken)*

For suffixal and markerless intransitives there are three ways of associating an indirect object with the verb, depending on the meaning and/or the verb:

1 The appropriate agreement affix is simply placed immediately before the root, e.g.:

(და-)მ-შორ-დ-ებ-ი *you (will) distance yourself/separate from me*
(და-)გვ-ნებ-დ-ებ-ი-ან *they (will) surrender to us*
(და-)გ-ხვდ-ებ-ი *I (shall) meet (be somewhere to welcome) you* compared with
(შე-)გ-ხვდ-ებ-ი *I (shall) meet you*
(მი-)ჰ-ყვ-ებ-ი *you (will) follow X* (cf. მო-მ-ყვ-ებ-ი *you will follow me*)

With the preverb გა- (გამო- if the dative noun is 1st or 2nd person) this verb is a way of saying *get married to* for a woman, e.g.:

მე, ლიანა, ზაზას ცოლად გა-ვ-ყვ-ებ-ი
I, Liana, shall marry Zaza (lit. *follow out Zaza as wife*)

If there is no specification of the object, then the expression is (გა-)თხოვ-დ-ებ-ა *she is getting (will get) married* (cf. ზაზაზე ქალიშვილს (გა-)ა-თხოვ-ებ *you (will) marry your daughter to Zaza*). The equivalent expressions for male subjects are: ცოლად (შე-)ი-რთ-ავ *you (will) take X to/as wife,* and, without specification of the object, ცოლს (შე-)ი-რთ-ავ *you (will) take a wife* (cf. მეფემ ცოლი შე-რთ-ო ვაჟიშვილს *the king married off his son*, მეფემ ცოლად შე-რთ-ო ვაჟიშვილს ლიანა *the king married Liana to his son*).

We have already encountered a number of intransitive usages for the root -ხდ-. Another one relates to the verb (გადა-)ი-ხდ-ი *you (will) pay (X)*. The bipersonal intransitive means *it* (i.e. responsibility for repayment) *devolves upon X*:

თუ რამე გატყდება, ჩვენ მშობლებს გადა-გვ-ხდ-ებ-ა
If anything gets broken, we the parents shall have to make good the loss

2 The locative version vowel -ა- stands between agreement prefix and root, and such examples can usually be linked to the notion *on* implied by this version, e.g.:

(შე-)ა-შრ-ებ-ა *it dries (will dry) on X*
(და-)ა-კვდ-ებ-ა *X dies (will*[2] *die) on top of/along with Y*
(ჩა-)ა-ცივ-დ-ებ-ა *X pesters (will pester) Y* (the transitive (ჩა-)ა-ცივ-ებ means *you (will) put X in cold water)*
(და/მო-)ა-კლ-დ-ებ-ა *it is (will be) reduced to X* (the antonym is (მო-)ე-მატ-ებ-ა *it is (will be) added to X*. N.B. Although (და/მო-)ა-კლ-ებ *you (will) reduce X for Y* is an ებ-verb without root vowel, the intransitive is suffixal)

[2] Note the preverb here!

3 The objective version vowel -ი/უ- stands between agreement prefix and root and usually signifies the same sense of possession or benefaction we saw with transitive verbs, e.g.:

(მო-)მ-ი-კვდ-ებ-ა *My X is dying (will die)*
(ა-)გ-ი-შენ-დ-ებ-ა *Your X is being (will be) built/X is being (will be) built for you*
(გა-)უ-თბ-ებ-ა *X is warming (will warm) up for Y*
(გა-)გვ-ი-ფუჭ-დ-ებ-ა *Our X is breaking (will break) down*
(გა-)გ-ი-წყრ-ებ-ა-თ *X grows (will grow) angry with you* (pl.)
(გა-)უ-ბრაზ-დ-ებ-ა(-თ) *X loses (will lose) X's temper with them*

Another example for the root -ხდ- is (მო-)უ-ხდ-ებ-ა *it* (clothing) *suits (will suit) X.*

Some anomalies among the intransitives

Intransitive verbs, by definition, should not take direct objects. However, some Class 2 verbs are combined with two dative nouns, one of which is clearly the indirect object, whilst the other appears to function as a direct object. The verb ე-უბნ-ებ-ი *you tell X to Y* is one such of the prefixal type; in the future it has the suppletive form ე-ტყვ-ი, e.g.:

ბავშვები ტყუილებს მშობლებს ე-უბნ-ებ-ი-ან/ე-ტყვ-ი-ან
Children tell/will tell fibs (ტყუილი) *to their parents*

სიმართლეს ვ-ე-უბნ-ებ-ი/ვ-ე-ტყვ-ი ჩემს ცოლს
I tell/will tell the truth (სიმართლე) *to my wife*

რას გვ-ე-უბნ-ებ-ი-თ/გვ-ე-ტყვ-ი-თ?
What are you (pl.) *saying/will you* (pl.) *say to us?*

A parallel of the suffixal type is (და-/შე-)ჰ-პირ-დ-ებ-ი *you (will) promise X to Y*:

კაცები ქალებს ყველაფერს (და-/შე-)ჰ-პირ-დ-ებ-ი-ან
Men (will) promise everything to women

რას (და-/შე-)მ-პირ-დ-ებ-ი-თ?
What are you (pl.) *promising (will promise) me?*

Some similar verbs are combined with just one dative noun; one is for example the verb whose suppletive but **transitive** future indicative we have already met, namely ი-ზამ *you will do X*, which in the present is შვრ-ებ-ი *you are doing X*:

მუშაკები რას შვრ-ებ-ი-ან ჩემს ოთახში? არაფერს.
What are the workmen (მუშაკა) *doing in my room? Nothing*

This verb can, however, be given an indirect object by incorporating the objective version:

> არაფერ ცუდს (/ცუდს არაფერს) გვ-ი-შვრ-ებ-ი-ან
> *They are doing nothing bad to us*

> რას უ-შვრ-ებ-ი-თ?
> *What are you* (pl.) *doing to X?*

Similarly the verb *sense/understand X* may be associated with either two or three arguments:

> სიმართლეს (მი-)ვ-ხვდ-ებ-ი/(მი-)ხვდ-ებ-ი/(მი-)ხვდ-ებ-ა
> *I/You/X (will) realise the truth*

> (მი-)გ-ი-ხვდ-ებ-ი გულის წადილს
> *I (shall) sense your* (გ-ი-) *heart's* (გული) *desire* (წადილი)'

In the present sub-series alone the intransitive form of *write* can be used with such a problem-dative as a virtual alternative to the transitive expression (e.g. რას ი-წერ-ებ-ი? = რას წერ? *What are you writing?*).

When *give* is used in the present sub-series without a specified indirect object, the formal intransitive is obligatory with a problem-dative (?)direct object, e.g.:

> რჩევას ი-ძლ(-)ევ-ი-ან *They are giving advice* (რჩევა)
> მაგალითს ვ-ი-ძლ(-)ევ-ი *I am giving an example*

Some irregular future indicatives

The futures are presented in the order: *be*, which is derived from a root meaning *make* (i.e. that which is being made now will be/exist in the future); the root of motion, which with the preverb მო- means *come*; the root for *run*, which with the preverb მო- means *run hither*; *be sitting*; *be standing*; *be lying*; *sit down*; *stand up*; *lie down:*

ვ-ი-ქნ-ებ-ი	მო-[ვ-]ვალ	მო-ვ-ი-რბ(-)ენ	ვ-ი-ჯდ-ებ-ი
ი-ქნ-ებ-ი	მო-ხ-ვალ	მო-ი-რბ(-)ენ	ი-ჯდ-ებ-ი
ი-ქნ-ებ-ა	მო-ვა	მო-ი-რბ(-)ენ-ს	ი-ჯდ-ებ-ა
ვ-ი-ქნ-ებ-ი-თ	მო-[ვ-]ვალ-თ	მო-ვ-ი-რბ(-)ენ-თ	ვ-ი-სხდ-ებ-ი-თ
ი-ქნ-ებ-ი-თ	მო-ხ-ვალ-თ	მო-ი-რბ(-)ენ-თ	ი-სხდ-ებ-ი-თ
ი-ქნ-ებ-ი-ან	მო-ვლ-ენ	მო-ი-რბ(-)ენ-ენ	ი-სხდ-ებ-ი-ან

ვ-ი-დგ-ებ-ი	ვ-ი-წვ-ებ-ი	და-ვ-ჯდ-ებ-ი	ა-ვ-დგ-ებ-ი
ი-დგ-ებ-ი	ი-წვ-ებ-ი	და-ჯდ-ებ-ი	ა-დგ-ებ-ი
ი-დგ-ებ-ა	ი-წვ-ებ-ა	და-ჯდ-ებ-ა	ა-დგ-ებ-ა
ვ-ი-დგ-ებ-ი-თ	ვ-ი-წვ-ებ-ი-თ	და-ვ-სხდ-ებ-ი-თ	ა-ვ-დგ-ებ-ი-თ

ი-დგ-ებ-ი-თ	ი-წვ-ებ-ი-თ	და-სხდ-ებ-ი-თ	ა-დგ-ებ-ი-თ
ი-დგ-ებ-ი-ან	ი-წვ-ებ-ი-ან	და-სხდ-ებ-ი-ან	ა-დგ-ებ-ი-ან
	და-ვ-წვ-ებ-ი	და-ვ-წვ-ებ-ი-თ	
	და-წვ-ებ-ი	და-წვ-ებ-ი-თ	
	და-წვ-ებ-ა	და-წვ-ებ-ი-ან	

Note that bipersonal forms of the verb of motion also exist. In the present (sub-series) the object agreement affixes usually just stand before the root (though the objective version is also possible), whereas in the future (sub-series) the objective version is essential. Examples are of the form meaning *come*:

სურდო მო-მ-დი-ს/მო-მ-ი-ვა *I am catching/shall catch a cold* (სურდო)
ფული მო-გ-დი-თ/მო-გ-ი-ვა-თ *Money is coming/will come to you* (pl.)(= *You* (pl.) *are receiving/will receive money*)

Compare the same form but with a different preverb:

ბოლი ა-ს-დი-თ/ა-უ-ვა-თ *Smoke* (ბოლი) *is rising/will rise from them*

Dialogue 4

Scholars Lasha and K'ot'e talk on the phone about a conference and politics

ლაშა: როდის ჩატარდება თქვენი კონფერენცია?
კოტე: ზამთარში გაიმართება ან ამ წლის მიწურულს (/დამლევს) ან ახალი წლის დემდეგს. ხომ დაესწრებით?
ლაშა: თუ მომეცემა საშუალება. პრობლემა ისაა, რო(მ) ჩემს ცოლს უკვდება მამა. თუ იგი მალე გარდაიცვლება, ალბათ მოვიცლი, მაგრამ ვერ გპირდებით მოხსენებას.
კოტე: რა სავალალო ამბავი! კარგი კაცი და მეცნიერი იყო ბატონი არნოლდი. გავიცანი იგი ათი წლის წინ ჩიკაგოში.
ლაშა: დიახ, ხელიდან სწრაფად გვეცლებიან განთქმული მეცნიერები, მათი თაობის აღარავინ მალე დაგვრჩება.
კოტე: მომავალი უკვე ჩვენს ხელშია. მაგრამ რას ვიზამთ, თუ პოლიტიკური მდგომარეობა არ შეიცვლება – თუ ის არ გაუმჯობესდება?
ლაშა: ჩვენი მეთაურები რო(მ) ხალხს მიუხვდებიან წადილს, დაიწყება გარდაქმნისა და საჯაროობის პროცესი, მერე ხალხს აუსრულდება (/აუხდება) ყველა ოცნება.
კოტე: ეგ ვისლა დაეჯერება?! მომავალ შეხვედრამდე!

Vocabulary

ტარდება (ჩა-)	*it is taking place*	კონფერენცია	*conference*
ზამთარი	*winter*	იმართება (გა-)	*it is taking place*
მიწურულს/ დამლევს	*at the end*	დამდეგს	*at the start*
		შესაძლებლობა	*possibility*
ესწრები (და-)	*you are attending X*	გარდაიცვლები	*you will pass away*
გიკვდება (მო-)	*your X is dying*	ჰპირდები (შე-/და-)	*you promise X to Y*
იცლი (მო-)	*you make time*		
მოხსენება	*talk, paper*	სავალალო	*sad*
ამბავი (ამბის)	*news, report*	მეცნიერი	*scholar, scientist*
წინ	*ago* (+ gen.)	ჩიკაგო	*Chicago*
ხელიდან ეცლები (გამო-)	*you are passing away from X*	განთქმული	*famous*
		აღარავინ	*no one any longer*
თაობა	*generation*	მომავალი	*future* (noun or adj.)
გვრჩები (და-)	*you remain to us*	მდგომარეობა	*situation*
პოლიტიკური	*political*	უმჯობესდება (გა-)	*it is getting better*
იცვლება (შე-)	*X is changing*		
მეთაური	*leader*	ხალხი	*people*
უხვდები (მი-)	*you understand X for Y (= Y's X)*	წადილი	*yearning*
		გარდაქმნა	*perestroika*
		პროცესი	*process*
იწყება (და-)	*it is beginning*	ოცნება	*dream*
საჯაროობა	*glasnost*	შეხვედრა	*meeting*
უსრულდება (ა-)/უხდება (ა-)	*X is fulfilled for Y*	ეჯერება (და-)	*X is believable to Y*
		მომავალ შეხვედრამდე	*till we meet again*

Exercises

1

Write out the present and future indicative for *I* (etc.) *(shall) hide from X* and *I* (etc.) *(shall) promise X to Y*, changing both verbs for their subjects only. Then write out the present and future indicative for *X becomes/will become angry with me* (etc.) and *they (will) surrender to me* (etc.), changing these verbs for the dative indirect object only (i.e. *me, you, X, us, you* (pl.), *them*).

2

Fill in the gaps and translate:

(a) .ქვე. რა. შ.რ.ბი.?
(b) დ.და-.ენ. ხო. ა. .ტყვ. მ.გა.?
(c) .გ კ.ბ. ძ..იან გ.ხდ.ბ.
(d) ეს .ვინ. გ.ნა .ს.ებ.?
(e) ვა..ე, ეს.ნ. რ.გ.რ .ზრ.ე.ი.ნ!
(f) ..ენ ად..ლა. .თ.რებ..
(g) დ.ხ., კ.რ.ბ. .ლ.ბ.!
(h) თ. მ.ნდ.ბი., ხო. მ..ყვე.ი.?

3

Wrap the appropriate agreement markers around the verbs in the following:

(a) თქვენ ხვალ მო..ცემ.. ფული
(b) ჩვენ მაგას არ მო..სწრებ..
(c) სურდო მო.დი. თქვენ?
(d) მამა მათ .კვდებ.(.)
(e) თქვენ ალბათ გა..ფუჭდებ.. რადიო
(f) ეს კაბა მას რამდენად და.ჯდებ.?
(g) ცოლები გვერდზე და...წვებ... ჩვენ
(h) ჩვენ შენ და.შორდებ..

4

What is the meaning of the following verb-forms?

(a) გამოიგზავნება
(b) ვიძლევით
(c) შეეხებით
(d) გადაწყდება
(e) გვეტყვით
(f) გიშვრებით
(g) მიეყრებიან
(h) მიკბენთ
(i) შეცდებიან
(j) უთბება(თ)
(k) ვენდობით
(l) იმალებით
(m) გადაითარგმნება
(n) მოუვა(თ)
(o) გავშეფდები
(p) დაერწმუნებით

5

In the following examples change over the roles of each verb's subject and indirect object, making the verbs future instead of present. Follow the pattern of: შვილები დედას ემალებიან → დედა შვილებს დაემალება(თ):

(a) მე შვილს ვუკვდები
(b) შენ მე ცოლად მყვები
(c) შენ მეგობრებს ამას ჰპირდები
(d) ბიჭი მე რას მიშვრება?
(e) მე შენ ამას გეუბნები
(f) მტერი ჩვენ გვესევა
(g) მე მეზობლებს ვესალმები
(h) მე თქვენ გეძლევით

6

Translate into Georgian:

(a) Is this wine drinkable? Is this cake eatable? No, if we drink the wine and eat the cake, we shall become ill
(b) My parents' patience is running out. What is upsetting them? It is not yet late. Everyone will be here on time (i.e. before nine)
(c) What will happen tomorrow, if the workmen do not wake up early, get up at six, get dressed, get shaved, run down here and get sat down in the train? Their boss will get angry with them
(d) If I am not mistaken, we shall return to school at eleven and shall stay inside. When the president comes in, we shall all stand up and greet him
(e) What are those men over there doing? They are drinking bad wine. When they get drunk, they will fall down, and policemen will come and arrest them. They will spend the night at the police-station
(f) When I am in Georgia, shall I ever get accustomed to the local wine? Everything will be in order, because the Georgians will get you accustomed to it. All their wines are drinkable
(g) If ever you lose your son in town, what will you do? As soon as I lose him I shall start to look for him
(h) Who will meet your parents? If I set out now, I shall be at the station when they come. And so I shall meet them myself

7

Translate into English:

(a) შენს ცოლს რო(მ) შეხვდები, რას ეტყვი იმის შესახებ, რაც ხვალ მოხდება თბილისში?
(b) თქვენი მეგობრები ძალიან ცდებიან, თუ ფიქრობენ, რო(მ) მტერი არ შემოგვესევა და დღეს დაგვნებდება
(c) ვის ელოდება დედა-შენი? ჩემს ძმას ელოდება. მას შემდეგ, რაც ის/იგი მოვა, დედა წაგვიყვანს ქალაქში, სადაც ექიმთან მიგვიყვანს. ის/იგი თმას გაგვისინჯავს
(d) რა ამბავია, კაცო?! ასე ცუდად რატომ იქცევით ყველა? თუ მასწავლებელი მოულოდნელად შემოგვეპარება, ყველას მიგვიყვანს სკოლის დირექტორთან, და ის/იგი სეირს გვაჩვენებს!
(e) თუ ცეცხლი მოეკიდება ამ სახლს, ჩვენი წიგნები დაიწვება, სახლიც თვით(ონ) სულ დაინგრევა, და ყველაფერი დაგვეკარგება. მერე სად ვიქნებით?
(f) რასაც გეუბნები/მე რო(მ) გეუბნები, ის ხომ გასაგებია შენთვის? თუ აქ ცოტა ხანს დარჩები, კარგად დაისვენებ

და მერე ყველაფერს დროზე მოასწრებ. ხომ ასე ჯობია?

(g) რას იზამენ შენი ნათესავები, თუ მეხუთე ქალიშვილი დაებადება(თ)? ფიქრობენ, რო(მ) ამ დროს ვაჟი(შვილი) დაებადება(თ).

(h) რამდენი წერილი მოგდის ხოლმე შენ! ეხლა რას იწერება დედა-შენი? არ ვიცი რატომ, მაგრამ ის/იგი იწერება, რო(მ) კაცს ცოტა მოაკლდება, ცოტა მოემატება. მართალია. დედა-შენს რო(მ) მისწერ, ჩემგან დიდ მოკითხვას ხომ გადასცემ?

Lesson 11

In this lesson you will learn about:

- The formation of the aorist Indicative for intransitive verbs
- The syntax of aorist intransitives
- The present, future and aorist indicative formations of the medial verbs
- The syntax of medial verbs in Series I and II (present, future, and aorist indicatives)
- Verbs whose tenses can be altered through use of a version vowel

Dialogue 1

A child explains to his mother how one lesson came to be wasted that day

შვილი: ერთი გაკვეთილი დღეს სულ დაგვეკარგა, დედიკო.

დედა: როგორ დაგეკარგათ, შვილო? შენი მასწავლებელი ავად ხომ არ გახდა, თუ სხვა რამე მოუვიდა მას? რა მოხდა?

შვილი: რა და, მთელი საათი იგი უბრალოდ გველაპარაკა იმ უბედურებაზე, რომელიც გუშინ თურმე შეემთხვა ერთერთ მის მეზობელს.

დედა: გაგიჟდა შენი მასწავლებელი, თუ რაშია საქმე? შენს კლასს ზუსტად რას მოუყვა იგი?

შვილი: ყურს თუ დამიგდებ, ყველაფერს გეტყვი და გაგიმეორებ მასწავლებლის სიტყვებს: წუხელ ის-ის იყო ვივახშმეთ მე და ჩემმა ქმარმა, როცა ქუჩიდან მოისმა რაღაც რახუნი. მე და ჩემი ქმარი ავხტით და მივეშურეთ ფანჯრისკენ. შეშინებულმა გავიხედეთ, და რა საზარელი სანახაობა გადაგვეშალა თვალწინ! ქმარი გადაირია, ხოლო მე ავტირდი. ორივემ ჩავირბინეთ კიბეზე და გავცვივდით გარეთ. იმავე დროს სახლიდან გამოვარდა ჩვენი მეზობელიც. იგი მიაშტერდა

თავის დანგრეულ მანქანას და მიხვდა, რომ მანქანაში დაეხოცნენ ვაჟიშვილი (სანდრო) და სარძლოც. როგორც მერე შევიტყვეთ, სანდრომ უფრო ადრე იქეიფა. ღვინო მოეკიდა და შეზარხოშდა (ვინ იცის, ალბათ სულ დათვრა კიდეც). გული აერია, სუფრა მობეზრდა მას და გაქრა. თანამესუფრეებმა იფიქრეს, რომ უბრალოდ იჯდა სადმე გარეთ, მაგრამ გამოირკვა, რომ ჩაჯდა მამის მანქანაში და ეწვია (/ესტუმრა) თავის საცოლეს. უკანა მგზავრობა თითქმის დაუმთავრდათ, როცა ვინ იცის რა დაემართათ — თავბრუ დაესხა (/დაეხვია) სანდროს, გული წაუვიდა, ძილი მოერია მას, თუ საბურავი გასკდა? ასე თუ ისე სანდროს თურმე გაუსრიალდა ხელიდან საჭე, მანქანა დაეჯახა ხეს, და იმ წამსვე დაიღუპნენ ის ძვირფასი ახალგაზრდები.

დედა: რა ბედკრული არიან შენი მასწავლებლის მეზობელი და მისი ცოლი! შარშანწინ ხომ მოუკვდათ ქალიშვილი ან კიბოთი ან ჭლექით? როგორ გადა(უ)რჩებიან ამ ახალ ტრაგედიას? ხვალ მივალთ და (მი)ვუსამძიმრებთ. მადლობა ღმერთს, რომ ჩვენი ოჯახი ჯერ კარგადაა! ჯვარი აქაურობას!

Vocabulary

გაკვეთილი	*lesson*
ელაპარაკები	*you (will) talk to Y*
თურმე	*apparently*
ერთერთი	*one of*
კლასი	*class*
ყურს უგდებ (და-)	*you listen* (lit. *cast ear*) *to X*
ის-ის იყო	*had just*
ისმის[1] (მო-)	*X is heard*
ხტები (ა-)	*you jump up*
შეშინებული	*afraid*
საზარელი	*horrible*
ეშლება (გადა-)	*X unfolds to Y*
ირ(-)ევი (გადა-)	*you lose your mind*
ორივე	*both*
იგივე (იმავე)	*same*
აშტერდები (მი-)	*you gaze intently at X*
მოუვიდა	*X came to/over Y*
უბედურება	*misfortune*
ემთხვ(-)ევა (შე-)	*X happens to Y*
გიჟდები (გა-)	*you go mad*
უყვები (მო-)	*you relate X to Y*
უმეორებ (გა-)	*you repeat X to Y*
ვახშმობ (ი- -ებ)	*you dine*
რახუნი	*loud bang/crash*
ეშურები (მი-) . . . -კენ	*you rush there . . . towards* (+ gen.)
იხედავ (გა-)	*you look out*
სანახაობა	*sight*
თვალწინ	*before the eye*
ტირდები (ა-)	*you start crying*
ცვივდებით (გა-)	*you* (pl.) *rush out*
ვარდები (გამო-)	*you rush out here*
დანგრეული	*ruined*
ეხოცებით (და-)	*you* (pl.) *die for X*

სარძლო	*future daughter-in-law*
ქეიფობ (ი- -ებ)	*you feast*
ზარხოშდები (შე-)	*you get tipsy*
გული ერ(-)ევა (ა-)	*X feels sick*
ბეზრდება (მო-)	*X becomes a bore to Y*
თანამესუფრე	*fellow feaster*
ირკვ(-)ევა (გამო-)	*it is revealed*
საცოლე	*fiancée*
მგზავრობა	*journey*
უმთავრდება (და-)	*it finishes for X*
გული წაუვა	*X will faint*
საბურავი	*tyre*
ასე თუ ისე	*one way or another*
საჭე	*steering wheel*
ხე	*tree*
იღუპება (და-)	*X perishes*
ძვირფასი	*dear*
ბედკრული	*cursed by fate*
კიბო	*cancer*
(უ)რჩები (გადა-)	*you survive X*
უსამძიმრებ (მი-)	*you offer condolences to X*
ჯვარი აქაურობას!	*Touch wood!* (lit. *the cross to hereabouts)*
იტყობ (შე-)	*you learn X*
ღვინო ეკიდება (მო-)	*wine gets the better of X*
კიდეც	*to boot*
სუფრა	*table/spread*
ქრები (გა-)	*you disappear*
ფიქრობ (ი- -ებ)	*you think*
ეწვ(-)ევი/ესტუმრები	*you (will) visit Y*
უკანა	*return* (adj.)
თითქმის	*almost*
თავბრუ ესხმება (და-)/ეხვ(-)ევა (და-)	*dizziness comes over X*
ძილი ერ(-)ევა (მო-)	*sleep overcomes X*
სკდება (გა-)	*X bursts*
უსრიალდება (გა-)	*X slips out for X*
ეჯახება (და-)	*X crashes into Y*
იმ წამსვე	*at that very (-ვე) second (წამი)*
ახალგაზრდა	*young person*
შარშანწინ	*the year before last*
ჭლექი	*tuberculosis*
ტრაგედია	*tragedy*
მადლობა ღმერთს!	*Thank God!*

[1] The older ending -ი-ს in place of -ებ-ა is retained for this verb in the present and future indicative.

Dialogue 2

A teacher explains to her pupils the names of some domesticated animals, the sounds they make and what some produce

მასწავლებელი: დღეს, ბავშვებო, ვისწავლით რამ(ო)დენიმე შინაური ცხოველის სახელებს, და მერე თქვენ დამიწერთ პატარა მოთხრობას მათ შესახებ. **1** კაცების საუკეთესო

მეგობარი ძაღლი გახლავთ. ძაღლი ყეფს და იღრინება. პატარა ძაღლს ეწოდება ლეკვი. ავი ძაღლი ხშირად იკბინება. ძაღლის საალერსო სახელებია ცუგა ან მურია. **2** კატა კნავის ან კრუტუნებს, ხოლო ზოგი კატა ჩხავის. არსებობს ანდაზა: მჩხავანა კატა თაგვს ვერ დაიჭერს. კატა ბრჭყალებით იკაწრება. პატარა კატას ეწოდება კნუტი. კატას საალერსოდ ფისოს ან ფისუნიას ვეძახით. ძაღლსა და კატას ზაფხულობით ბეწვი (/ბალანი) სცვივათ. **3** ღორი ღრუტუნებს (/ღრუჩუნებს) და იძლევა ჯაგარს, რომლისგან(აც) აკეთებენ ბაწრებს, თოკებსა და ჯაგრისებს. ღორი იძლევა აგრეთვე ხორცსა და ქონს. პატარა ღორს გოჭი ეწოდება. გოჭები ჭყივიან. მეტიჩარა კაცს მეცამეტე გოჭს ეძახიან. აი ხომ ხედავთ ქუჩაში დედა-ღორი როგორ მოღრუტუნებს? ეხლა დედა და გოჭები ბალახზე ეყრებიან და დედა თვალდახუჭული დახარის და დაღრუჩუნებს შვილებს. **4** ცხვარი ბღავის. პატარა ცხვარს ბატკანი ეწოდება. ცხვარი იძლევა მატყლს, ხორცსა და რძეს, რომლისგან(აც) აკეთებენ მაწონს, ყველსა და კარაქს. ცხვარი უწყინარი ცხოველია. ქართულში არსებობს ანდაზა: ცხვარი ცხვარია, მაგრამ თუ გაცხარდა, ცხარეა. ბევრ ცხვარს ერთად ფარა ეწოდება, ხოლო ბევრ ღორს ერთად – კოლტი. **5** თხა კიკინებს. თხაც იძლევა რძესა და ხორცს. **6** ძროხა ზმუის. ძროხისთვის დამახასიათებელია რქები, გრძელი კუდი და ჯიქანი (/ცური). ძროხა დედალია, ხოლო ხარი – მამალი. მათ შვილს ხბო ეწოდება. ხარი და კამეჩი მუშა საქონელია. **7** კამეჩი ზანტი ცხოველია. **8** ცხენი ჭიხვინებს ან ფრუტუნებს. პატარა ცხენს კვიცი ეწოდება. **9** ვირი ყროყინებს. პატარა ვირს ჩოჩორი ეწოდება. ჯიუტ კაცზე იტყვიან, რომ ჯორზე შეჯდა. ცხენის, ჯორისა და ვირის კისერზე ფაფარია. ძროხა, ხარი, კამეჩი, ცხენი დ.ა.შ. მსხვილფეხა საქონელია, ხოლო ღორი, ცხვარი და თხა – წვრილფეხა. ცხოველს სხვანაირად პირუტყვს ეძახიან. არც თაგვი არც ვირთხა არ არი(ს) შინაური ცხოველები!

Vocabulary

სწავლობ (ისწავლი)	*you (will) learn X*	შინაური	*domestic(ated)*
ცხოველი	*animal*	სახელი	*(first) name*
მოთხრობა	*story*	ძაღლი	*dog*
ყეფ (ი- -ებ)	*you bark*	იღრინები	*you growl*

ეწოდება	*X is given as name to Y*	ლეკვი	*puppy, whelp*
ავი	*evil, fierce*	იკბინები	*you bite*
საალერსო	*affectionate*	ცუგა/მურია	*Fido*
კნავი (იკნავლებ)	*you (will) mew*	კრუტუნებ (ი- -ებ)	*you purr*
ზოგი	*some*	ჩხავი (იჩხავლებ)	*you caw*
არსებობ (ი- -ებ)	*you exist*	ანდაზა	*proverb*
მჩხავანა (-ა-)	*cawing*	ბრჭყალი	*claw*
იკაწრები	*you scratch*	კნუტი	*kitten*
ფისო/ფისუნია (-ა-)	*pussy*	ეძახი	*you call X 'Y'*
ზაფხულობით	*of a summer*	ბეწვი/ბალანი	*fur*
სცვივა (გასცვივდება)	*plurality falls (will fall) out for X*	ღორი	*pig*
ღრუტუნებ/ღრუჩუნებ (ი- -ებ)	*you honk*	ჯაგარი	*bristle*
ბაწარი	*rope*	თოკი	*string*
ჯაგრისი	*brush*	ხორცი	*meat*
ქონი	*fat*	გოჭი	*piglet*
ჭყივი (იჭყივლებ)	*you squeal*	მეტიჩარა	*show(ing) off*
აი	*look!*	მოღრუტუნებ	*you come honking*
თვალდახუჭული	*with eyes shut*	დახარი	*you gaze joyfully upon X*
დაღრუჩუნებ	*you honk over X*	ცხვარი	*sheep*
ბღავი (იბღავლებ)	*you (will) bleat*	ბატკანი	*lamb*
მატყლი	*wool*	მაწონი (-ვ-)	*yoghurt*
ყველი	*cheese*	კარაქი	*butter*
უწყინარი	*inoffensive*	ცხარდები (გა-)	*you become bitter*
ცხარე	*bitter, sharp*	ფარა	*flock*
კოლტი	*herd* (of pigs)	თხა	*goat*
კიკინებ (ი- -ებ)	*you bleat*	ძროხა	*cow*
ზმუი (იზმუვლებ)	*you (will) moo*	დამახასიათებელი	*characteristic*
რქა	*horn*	კუდი	*tail*
ჯიქანი/ცური	*udder*	დედალი	*female*
ხარი	*bull*	მამალი	*male; cockerel*
ხბო	*calf*	კამეჩი	*water buffalo*
მუშა	*working* (adj.)	საქონელი	*livestock*
ზანტი	*sluggish*	ჭიხვინებ (ი- -ებ)	*you neigh*
ფრუტუნებ (ი--ებ)	*you snort*	კვიცი	*foal*
ვირი	*donkey*	ყროყინებ (ი- -ებ)	*you hee-haw*

ჩოჩორი	*donkey foal*	ჯიუტი	*obstinate*
ჯორი	*mule*	შეჯდები	*you will sit on*
კისერი	*neck*	ფაფარი	*mane*
დ.ა.შ. = და ასე შემდეგ	*etc.*	მსხვილფეხა	*broad-footed*
წვრილფეხა ჭირუტყვი	*narrow-footed creature*	სხვანაირად	*differently*
		ვირთხა	*rat*

Grammar

The formation of the aorist indicative of intransitive verbs

In Lesson 10 we saw that intransitive verbs belong to one of three types: the prefixal, the suffixal, and the markerless. We now have to examine the changes that occur when we move from the two Series I forms (i.e. the present and future indicatives) presented in that lesson to the Series II aorist indicative. We shall begin with the suffixal and markerless types of intransitive.

As with transitive aorists, those roots that require a preverb in their future forms will normally take the relevant preverb in the aorist. The thematic suffix -ებ- disappears; the characteristic vowel of the aorist indicative, which appears when the subject is either 1st or 2nd person, is -ი; the 3rd person subject is marked by -ა when singular, but by -ნენ when plural. This pattern can be illustrated for suffixal intransitives with the verb (გა-)ვ-წითლ-დ-ებ-ი, *I (shall) blush* and for markerless intransitives with the verb (გა-)ვ-თბ-ებ-ი *I (shall) get warm*:

გა-ვ-წითლ-დ-ი	*I blushed*	გა-ვ-თბ-ი	*I got warm*
გა-წითლ-დ-ი	*you blushed*	გა-თბ-ი	*you got warm*
გა-წითლ-დ-ა	*X blushed*	გა-თბ-ა	*X got warm*
გა-ვ-წითლ-დ-ი-თ	*we blushed*	გა-ვ-თბ-ი-თ	*we got warm*
გა-წითლ-დ-ი-თ	*you* (pl.) *blushed*	გა-თბ-ი-თ	*you* (pl.) *got warm*
გა-წითლ-დ-ნენ	*they blushed*	გა-თბ-ნენ	*they got warm*

This pattern applies **almost** without exception to suffixal and markerless intransitives, as further shown by the aorist indicatives of: (და-)ვ-რჩ-ებ-ი *I (shall) stay*, (შე-)ვ-ცდ-ებ-ი *I (shall) go wrong*, (გა-)ვ-ხდ-ებ-ი *I (shall) become (something)/grow thin*, (გამო-)ვ-კეთ-დ-ებ-ი *I (shall) get well*:

და-ვ-რჩ-ი	შე-ვ-ცდ-ი	გა-ვ-ხდ-ი	გამო-ვ-კეთ-დ-ი
და-რჩ-ი	შე-ცდ-ი	გა-ხდ-ი	გამო-კეთ-დ-ი
და-რჩ-ა	შე-ცდ-ა	გა-ხდ-ა	გამო-კეთ-დ-ა

და-ვ-რჩ-ი-თ	შე-ვ-ცდ-ი-თ	გა-ვ-ხდ-ი-თ	გამო-ვ-კეთ-დ-ი-თ
და-რჩ-ი-თ	შე-ცდ-ი-თ	გა-ხდ-ი-თ	გამო-კეთ-დ-ი-თ
და-რჩ-ნენ	შე-ცდ-ნენ	გა-ხდ-ნენ	გამო-კეთ-დ-ნენ

There are a very few markerless intransitives which extend their roots in the aorist indicative by inserting the vowel -ე- when the subject is 1st or 2nd person. Consider the aorist indicatives of the verbs: (და-)ვ-თვრ-ებ-ი *I (shall) get drunk*, (გა-)ვ-ძვრ-ებ-ი *I (shall) creep out*, (გა-)ვ-ძღ-ებ-ი *I (shall) stuff myself*, (მი-)ვ-ყვ-ებ-ი *I (shall) follow X*:

და-ვ-თვერ-ი	*I got drunk*	გა-ვ-ძვერ-ი	*I crept out*
და-თვერ-ი	*you got drunk*	გა-ძვერ-ი	*you crept out*
და-თვრ-ა	*X got drunk*	გა-ძვრ-ა	*X crept out*
და-ვ-თვერ-ი-თ	*we got drunk*	გა-ვ-ძვერ-ი-თ	*we crept out*
და-თვერ-ი-თ	*you* (pl.) *got drunk*	გა-ძვერ-ი-თ	*you* (pl.) *crept out*
და-თვრ-ნენ	*they got drunk*	გა-ძვრ-ნენ	*they crept out*
გა-ვ-ძეხ-ი	*I ate my fill*	მი-ვ-ყევ-ი	*I followed X*
გა-ძეხ-ი	*you ate your fill*	მი-ჰ-ყევ-ი	*you followed X*
გა-ძღ-ა	*X ate his fill*	მი-ჰ-ყვ-ა	*X followed Y*
გა-ვ-ძეხ-ი-თ	*we ate our fill*	მი-ვ-ყევ-ი-თ	*we followed X*
გა-ძეხ-ი-თ	*you* (pl.) *ate your fill*	მი-ჰ-ყევ-ი-თ	*you* (pl.) *followed X*
გა-ძღ-ნენ	*they ate their fill*	მი-ჰ-ყვ-ნენ	*they followed X*

where we also note that after the vowel -ე- the verb *eat one's fill* changes the root-final -ღ- to -ხ-. As the fourth verb in this last group illustrates with its 3rd person indirect object marker -ჰ-, indirect objects are marked in the aorist indicative in the same way as throughout Series I (by (1) attachment immediately before the root of the object affix; (2) object affix plus objective version vowel; (3) object affix plus locative version vowel). Here are some more examples of indirect objects with the aorist indicative:

ლოყები გა-უ-წითლ-დ-ა(-თ)	*Their cheeks* (ლოყა) *turned red*
სახე გა-გ-ი-თეთრ-დ-ა	*Your face* (სახე) *turned white*
რატომ მო-გვ-ყევ-ი-თ?	*Why did you* (pl.) *follow us here?*
შენი და ვის გა-ჰ-ყვ-ა ცოლად?	*Whom did your sister marry* (lit. *follow as wife)?*
ღიმილი ზაზას შე-ა-შრ-ა ბაგეზე	*The smile* (ღიმილი) *dried on Zaza's lip* (ბაგე) (lit. *on Zaza on the lip*)
რატომ ჩა-მ-ა-ცივ-დ-ნენ?	*Why did they pester me?*
ვაჟიშვილი მო-მ-ი-კვდ-ა	*My son died*

The formation of the aorist indicative with prefixal intransitives is not quite so straightforward. If suffixal and markerless intransitives take only the strong conjugation in the aorist indicative (by virtue of permitting only the ი-vowel when the subject is either 1st or 2nd person), prefixal intransitives allow both strong and weak conjugations. The general rule is that, apart from verbs in (-)ევ, the formation of the aorist indicative of prefixal intransitives will resemble the patterns given in Lesson 8 for the equivalent transitive forms, except that the 3rd person plural subject will be marked by the ending -ნენ and before the root there will of course appear either the vowel -ი-, if the verb has no indirect object, or the vowel -ე-, if there is such an indirect object. Any thematic suffix attested in Series I forms (namely either -ებ, combined or not with remnants of -ავ and -ამ, or occasionally -ობ) is not carried over into Series II. The following examples are given in the normal order of thematic suffixes, except that verbs in (-)ევ will be left until last.

Root verbs

Root verbs that take a prefixal intransitive follow their transitive counterparts in being weak in the aorist indicative; if the root has a vowel -ე- that alters to -ი- in the transitive aorist indicative (and in Series I forms for the intransitive conjugation), this change also occurs in the intransitive aorist indicative. The illustrated verbs are (ჩა-)წერ *you (will) register X* and (გა-)სრეს *you (will) squash X*:

ჩა-ვ-ე-წერ-ე[2]	*I registered*	გა-ვ-ი-სრის-ე	I *was squashed*
ჩა-ე-წერ-ე	*you registered*	გა-ი-სრის-ე	*you were squashed*
ჩა-ე-წერ-ა	*X registered*	გა-ი-სრის-ა	*X was squashed*
ჩა-ვ-ე-წერ-ე-თ	*we registered*	გა-ვ-ი-სრის-ე-თ	*we were squashed*
ჩა-ე-წერ-ე-თ	*you* (pl.) *registered*	გა-ი-სრის-ე-თ	*you* (pl.) *were squashed*
ჩა-ე-წერ-ნენ	*they registered*	გა-ი-სრის-ნენ	*they were squashed*

[2] **Note**: the presence of the version vowel -ე-.

The small number of verbs in (-)ევ which have a strong transitive aorist Indicative, losing the (-)ევ altogether and changing their root-final -მ to -ვ, have strong intransitive aorist indicatives too, e.g.:

წა-ვ-ე-რთვ-ი	*I was snatched from Y*
და-ე-რქვ-ა	*'X' was given as name to Y*

Thematic suffix -eb

Those verbs with this thematic suffix which take a prefixal intransitive (i.e. those which possess intransitive forms that are not produced suffixally) follow the corresponding transitive conjugation (with 3rd person singular subject marked appropriately by either -ა or -ო). They have 3rd person plural in -ნენ. The verbs illustrated are: (და-)ბად-ებ *you (will) give birth to X*, (ა-)ა-ნთ-ებ *you (will) set X alight* (the intransitive form of which can have the meaning *you are set alight* **emotionally**), (მო-)ა-სწრ-ებ *you (will) do X in time* (the intransitive form of which only exists with an indirect object and means *you live long enough to witness X*):

და-ვ-ი-ბად-ე	*I was born*	ა-ვ-ი-ნთ-ე	*I was set alight*
და-ი-ბად-ე	*you were born*	ა-ი-ნთ-ე	*you were set alight*
და-ი-ბად-ა	*X was born*	ა-ი-ნთ-ო	*X was set alight*
და-ვ-ი-ბად-ე-თ	*we were born*	ა-ვ-ი-ნთ-ე-თ	*we were set alight*
და-ი-ბად-ე-თ	*you* (pl.) *were born*	ა-ი-ნთ-ე-თ	*you* (pl.) *were set alight*
და-ი-ბად-ნენ	*they were born*	ა-ი-ნთ-ნენ	*they were set alight*

მო-ვ-ე-სწარ-ი	*I lived long enough to witness X*
მო-ე-სწარ-ი	*you lived long enough to witness X*
მო-ე-სწრ-ო	*X lived long enough to witness Y*
მო-ვ-ე-სწარ-ი-თ	*we lived long enough to witness X*
მო-ე-სწარ-ი-თ	*you* (pl.) *lived long enough to witness X*
მო-ე-სწრ-ნენ	*they lived long enough to witness X*

Thematic suffix -av

As in the equivalent transitive aorist indicative there are three sub-types: weak, strong without change to the root, and strong with root expansion when the subject is 1st or 2nd person. The verbs illustrated are: (და-)მალ-ავ *you (will) hide X*, (და-)წვ-ავ *you (will) burn X*, (მო-)კლ-ავ *you (will) kill X*:

და-ვ-ი-მალ-ე	*I hid*	და-ვ-ი-წვ-ი	*I was burned*
და-ი-მალ-ე	*you hid*	და-ი-წვ-ი	*you were burned*
და-ი-მალ-ა	*X hid*	და-ი-წვ-ა	*X was burned*
და-ვ-ი-მალ-ე-თ	*we hid*	და-ვ-ი-წვ-ი-თ	*we were burned*
და-ი-მალ-ე-თ	*you* (pl.) *hid*	და-ი-წვ-ი-თ	*you* (pl.) *were burned*
და-ი-მალ-ნენ	*they hid*	და-ი-წვ-ნენ	*they were burned*

მო-ვ-ი-კალ-ი	*I was killed*	მო-ვ-ი-კალ-ი-თ	*we were killed*
მო-ი-კალ-ი	*you were killed*	მო-ი-კალ-ი-თ	*you* (pl.) *were killed*
მო-ი-კლ-ა	*X was killed*	მო-ი-კლ-ნენ	*they were killed*

Thematic suffix -i

The same three sub-groups exist as in the transitive aorist indicative: weak for roots containing a vowel, weak with root extension in -ა- for all three persons, and strong with root extension in -ე- when the subject is 1st or 2nd person. The illustrated verbs are: (გა-)(ა-)გზავნ-ი *you (will) send X*, (გა-)ზრდ-ი *you (will) rear X*, (და-)ჭრ-ი *you (will) cut/wound X*:

გა-ვ-ი-გზავნ-ე	*I was sent*	გა-ვ-ი-ზარდ-ე	*I grew up*
გა-ი-გზავნ-ე	*you were sent*	გა-ი-ზარდ-ე	*you grew up*
გა-ი-გზავნ-ა	*X was sent*	გა-ი-ზარდ-ა	*X grew up*
გა-ვ-ი-გზავნ-ე-თ	*we were sent*	გა-ვ-ი-ზარდ-ე-თ	*we grew up*
გა-ი-გზავნ-ე-თ	*you* (pl.) *were sent*	გა-ი-ზარდ-ე-თ	*you* (pl.) *grew up*
გა-ი-გზავნ-ნენ	*they were sent*	გა-ი-ზარდ-ნენ	*they grew up*
და-ვ-ი-ჭერ-ი	*I was wounded*	და-ვ-ი-ჭერ-ი-თ	*we were wounded*
და-ი-ჭერ-ი	*you were wounded*	და-ი-ჭერ-ი-თ	*you* (pl.) *were wounded*
და-ი-ჭრ-ა	*X was wounded*	და-ი-ჭრ-ნენ	*they were wounded*

Note: the intransitive to ქნ-ა *X did Y* is the regular ი-ქნ-ა *it was done.*

Thematic suffix -ob

Verbs in -ობ which take a prefixal intransitive formation exhibit the same division as their transitive counterparts between the weak and strong conjugations. Where a root-final -ვ is restored in the transitive form of weak aorist indicatives, it will also be restored in the intransitive aorist indicatives. Strong intransitives will have the same root extensions for 1st and 2nd person subjects as in the transitive counterparts. The illustrated verbs are: (და-)ა-ხრჩ-ობ *you (will) suffocate X*, (მო-)ა-პყრ-ობ *you (will) turn* (e.g. *attention*) *to X*, (მი-)ა-ყრდნ-ობ *you (will) lean X against Y*, the latter two being possible as intransitives only when associated with an indirect object and thus containing the ე-prefix:

და-ვ-ი-ხრჩვ-ე	*I drowned*	მო-ვ-ე-პყარ-ი	*I behaved to X*
და-ი-ხრჩვ-ე	*you drowned*	მო-ე-პყარ-ი	*you behaved to X*
და-ი-ხრჩ-ო	*X drowned*	მო-ე-პყრ-ო	*X behaved to Y*
და-ვ-ი-ხრჩვ-ე-თ	*we drowned*	მო-ვ-ე-პყარ-ი-თ	*we behaved to X*
და-ი-ხრჩვ-ე-თ	*you* (pl.) *drowned*	მო-ე-პყარ-ი-თ	*you* (pl.) *behaved to X*
და-ი-ხრჩვ-ნენ	*they drowned*	მო-ე-პყრ-ნენ	*they behaved to X*
მი-ვ-ე-ყრდენ-ი	*I leaned against X*	მი-ვ-ე-ყრდენ-ი-თ	*we leaned against X*
მი-ე-ყრდენ-ი	*you leaned against X*	მი-ე-ყრდენ-ი-თ	*you* (pl.) *leaned against X*

მი-ე-ყრდნ-ო	*X leaned against Y*	მი-ე-ყრდნ-ნენ	*they leaned against X*

Thematic suffix -am

The intransitive aorist indicative is strong, like its transitive counterpart. The illustrated verb is (და-)ა-ბ-ამ *you (will) bind X (to Y)*:

და-ვ-ი-ბ-ი	*I was bound*	და-ვ-ი-ბ-ი-თ	*we were bound*
და-ი-ბ-ი	*you were bound*	და-ი-ბ-ი-თ	*you* (pl.) *were bound*
და-ი-ბ-ა	*X was bound*	და-ი-ბ-ნენ	*they were bound*

Note: *it was said* will be the expected ი-თქვ-ა.

The intransitive aorist indicative of (გა-)ყ-ოფ *you (will) split X in two* is the expected:

გა-ვ-ი-ყავ-ი	*I was split in two*	გა-ვ-ი-ყავ-ი-თ	*we were split in two*
გა-ი-ყავ-ი	*you were split in two*	გა-ი-ყავ-ი-თ	*you* (pl.) *were split in two*
გა-ი-ყ-ო	*X was split in two*	გა-ი-ყვ-ნენ	*they were split in two*

The verb *give to*, when intransitive, will almost always have a 3rd person subject. In the aorist there will always be the indirect object marking prefix ე-. And so, the regularly recurring forms will be of the type:

საშუალება მო-მ-ე-ც-ა	*The means* (საშუალება) *was given to me*
საშუალება მო-გვ-ე-ც-ა	*The means was given to us*
საშუალება მო-გ-ე-ც-ა-თ	*The means was given to you* (pl.)
საშუალება მი-ე-ც-ა	*The means was given to X*
საშუალება მი-ე-ც-ა(-თ)	*The means was given to them*
ტკბილ ძილს მი-ე-ც-ნენ	*They gave themselves up to sweet* (ტკბილი) *sleep* (ძილი)

With a different preverb this form is found regularly in all three persons (see (და-)ე-ც-ემ-ი *you (will) fall down)*:

და-ვ-ე-ც-ი	*I fell down*	და-ვ-ე-ც-ი-თ	*we fell down*
და-ე-ც-ი	*you fell down*	და-ე-ც-ი-თ	*you* (pl.) *fell down*
და-ე-ც-ა	*X fell down*	და-ე-ც-ნენ	*they fell down*

Compare the synonyms წა-ი-ქეც-ი (see below) and და-ვარდ-ი *you fell down.*

(Thematic) suffix (-)ev

There are three sub-types which are distinguished thus:

Sub-type 1

This pattern closely resembles the conjugation followed by transitive aorist indicatives for verbs with this (thematic) suffix, whereby the weak endings are used, together with an ი-remnant of the thematic suffix throughout. The intransitive aorist indicative adds the vowel prefix, takes the ending -ნენ for a 3rd person plural subject, and retains the -ვ- of the (thematic) suffix before this -ნენ. The illustrated verbs are: (გადა-)რ(-)ევ *you (will) madden X* and (ჩა-)რ(-)ევ *you (will) involve X in Y* (-ში), which latter takes the indirect object marking ე-vowel in its intransitive forms:

გადა-ვ-ი-რ(-)ი-ე	*I went mad*	ჩა-ვ-ე-რ(-)ი-ე	*I got involved in X*
გადა-ი-რ(-)ი-ე	*you went mad*	ჩა-ე-რ(-)ი-ე	*you got involved in X*
გადა-ი-რ(-)ი-ა	*X went mad*	ჩა-ე-რ(-)ი-ა	*X got involved in Y*
გადა-ვ-ი-რ(-)ი-ე-თ	*we went mad*	ჩა-ვ-ე-რ(-)ი-ე-თ	*we got involved in X*
გადა-ი-რ(-)ი-ე-თ	*you* (pl.) *went mad*	ჩა-ე-რ(-)ი-ე-თ	*you* (pl.) *got involved in X*
გადა-ი-რ(-)ივ-ნენ	*they went mad*	ჩა-ე-რ(-)ივ-ნენ	*they got involved in X*

So also და-ი-ლ(-)ი-ა *it was drunk*, გა-ე-ხვ(-)ი-ა *X became enveloped in* (-ში), გადა-ე-ხვ(-)ი-ა *X embraced Y*, და-ე-ტ(-)ი-ა *X managed to fit in* (-ში), გადა-ი-წ(-)ი-ა *X budged up*, გა-ე-თრ(-)ი-ა *X dragged himself out* (derogatory) (the older გა-ე-თრ-ა and plural გა-ე-თრ-ნენ are also still found, since this verb originally was of type (3)).

Sub-type 2

Most verbs in (-)ევ belong to the second pattern which differs from the above in that (a) when the subject is 3rd person singular, the ი-remnant of the (thematic) suffix disappears, and, (b), the 3rd person plural seems to fluctuate between the older form in (-)ივ-ნენ and the newer -ნენ – in a sense this latter problem is academic insofar as most of these verbs are usually found only with 3rd person singular subject. The illustrated verbs are: (და-)ა-ნგრ(-)ევ *you (will) destroy X* and (და-)ხ(-)ევ *you (will) tear X to shreds:*

და-ვ-ი-ნგრ(-)ი-ე	*I was destroyed*	და-ვ-ი-ხ(-)ი-ე *I was torn up*
და-ი-ნგრ(-)ი-ე	*you were destroyed*	და-ი-ხ(-)ი-ე *you were torn up*
და-ი-ნგრ-ა	*X was destroyed*	და-ი-ხ-ა *X was torn up*
და-ვ-ი-ნგრ(-)ი-ე-თ	*we were destroyed*	და-ვ-ი-ხ(-)ი-ე-თ *we were torn up*
და-ი-ნგრ(-)ი-ე-თ	*you* (pl.) *were destroyed*	და-ი-ხ(-)ი-ე-თ *you* (pl.) *were torn up*
და-ი-ნგრ-ნენ/და-ი-ნგრ(-)ივ-ნენ	*they were destroyed*	და-ი-ხ-ნენ/და-ი-ხ(-)ივ-ნენ *they were torn up*

So also და-ი-მტვრ-ა/და-ი-მსხვრ-ა *X was shattered*, გამო-ი-რკვ-ა *it was revealed by investigation/transpired*, და-ი-რღვ-ა *it was transgressed*, და-ი-რწ-ა *it was rocked to and fro.*

Sub-type 3

This group follows the normal strong conjugation without any retention of part of the (thematic) suffix. In addition the root is expanded by the vowel -ე- when the subject is 1st or 2nd person. Specimen verbs are (წა-)ა-ქც(-)ევ *you (will) knock X down* and (და-)ა-ბნ(-)ევ *you (will) throw X into confusion*:

წა-ვ-ი-ქეც-ი	*I fell down*	და-ვ-ი-ბენ-ი	*I got confused*
წა-ი-ქეც-ი	*you fell down*	და-ი-ბენ-ი	*you got confused*
წა-ი-ქც-ა	*X fell down*	და-ი-ბნ-ა	*X got confused*
წა-ვ-ი-ქეც-ი-თ	*we fell down*	და-ვ-ი-ბენ-ი-თ	*we got confused*
წა-ი-ქეც-ი-თ	*you* (pl.) *fell down*	და-ი-ბენ-ი-თ	*you* (pl.) *got confused*
წა-ი-ქც-ნენ	*they fell down*	და-ი-ბნ-ნენ	*they got confused*

See also გადა-ი-ქც-ა *X was transformed (into Y)*, გა-ი-ნძრ-ა *X was set/set itself in motion.*

The syntax required by intransitive verbs in Series II

The simple rule, already stated, is that, regardless of series, an intransitive verb takes a nominative subject and, if present, a dative indirect object, e.g.:

ქალს გარდა-ე-ცვალ-ა და *The woman's sister passed away*
ბავშვები დედას და-ე-მალ-ნენ *The children hid from their mother*
ყველას გზა და-გვ-ე-ბნ-ა *We all lost our way*
მეზობლები ჩვენს საქმეში ჩა-ე-რ(-)ივ-ნენ *The neighbours interfered in our business*
მასწავლებლებს ყველაფერი შე-ე-შალ-ა(-თ) *The teachers got everything muddled up* (cf. (შე-)შლ-ი *you (will) confuse X*)
მუხლები მეკარეს მო-ე-კვეთ-ა/მო-ე-კეც-ა *The goalkeeper's* (მეკარე) *knees* (მუხლი) *buckled* (cf. (მო-)ჰ-კვეთ *you (will) cut X off Y*, (მო-)კეც-ავ *you (will) fold X*)
მასპინძელი სტუმრებს მი-ე-გებ-ა(-თ) *The host went forward to meet the guests* (cf. (მი-)ა-გებ-ებ *you (will) send X to meet Y*)
მსოფლიო წამო-ე-გ-ო გიორგის ანკესზე *The world* (მსოფლიო) *got caught on Giorgi's hook* (ანკესი) (= *fell for Giorgi's trick*) (cf. (წამო-)ა-გ-ებ *you (will) thread X on Y*)
მიშას რო(მ) ერთი კარი და-ე-კეტ-ა, მეორე გა-ე-ღ-ო *When one door closed for Misha, another opened for him* (cf. (და-)კეტ-ავ *you (will) close X*)
გმირები მი-ე-პარ-ნენ დევს *The heroes* (გმირი) *crept up on the dev (ogre)* (cf. მი-ა-პარ-ებ *you sneak X thither*)

In Lesson 10 we saw that some intransitive verbs can be construed with what would appear to be more a direct than an indirect object. Strictly speaking, in Series II these verbs should still take nominative subject and dative object(s), e.g.:

უცხოელი ფსევდო-მეცნიერებს მი-უ-ხვდ-ა(-თ) სისულელეს
The foreigner (უცხოელი) *realised the silliness* (სისულელე) *of the pseudo-scholars* (ვაი-მეცნიერი)

პავლე ზაზას ბევრ ფულს შე/და-ჰ-პირ-დ-ა
P'avle promised Zaza a lot of money

დედა ბავშვს საინტერესო ზღაპარს მო-უ-ყვ-ა
The mother told the child an interesting tale (ზღაპარი)

In colloquial speech, however, such expressions (particularly those with two objects) are often interpreted as containing a transitive verb and the subject is put in the ergative and the apparent direct object in the nominative. Learners should therefore be aware that the following variants may be heard but they should not produce them themselves:

უცხოელმა ვაი-მეცნიერებს მი-უ-ხვდ-ა(-თ) სისულელე
პავლემ ზაზას ბევრი ფული შე/და-ჰ-პირ-დ-ა
დედამ ბავშვს საინტერესო ზღაპარი მო-უ-ყვ-ა

The medial verbs in the present, future and aorist indicatives

We come now to a class of verbs which may take a variety of forms in the present sub-series but which in almost all cases take a single (and simple) formation in the future sub-series and consequently in Series II as well. Consider the following present and future indicative pairs, given with 3rd person singular subject, since some medials only accommodate such subjects:

დუღ-ს	*it boils*	ი-დუღ-ებ-ს	*it will boil*
ცეკვ-ავ-ს	*X dances*	ი-ცეკვ-ებ-ს	*X will dance*
ქადაგ-ებ-ს	*X preaches*	ი-ქადაგ-ებ-ს	*X will preach*
ტირ-ი-ს	*X cries*	ი-ტირ-ებ-ს	*X will cry*
ლაპარაკ-ობ-ს	*X talks*	ი-ლაპარაკ-ებ-ს	*X will talk*

Regardless of whether the present indicative has the form of a root verb or takes one of a range of thematic suffixes, the future indicative is formed by use of the ი-prefix in association with the thematic suffix -ებ; the aorist Indicative is formed from the future in an entirely normal way for a verb with thematic suffix -ებ, which means that the thematic suffix disappears and the weak aorist conjugation applies. This is illustrated by the verb *cry*:

ვ-ი-ტირ-ე	*I cried*	ვ-ი-ტირ-ე-თ	*we cried*
ი-ტირ-ე	*you cried*	ი-ტირ-ე-თ	*you* (pl.) *cried*
ი-ტირ-ა	*X cried*	ი-ტირ-ეს	*they cried*

In the present tense each verb conjugates normally for one of its type. The only problematical case is that verbs like *cry*, while they may appear in the present to contain the thematic suffix -ი, actually do not, for this -ი should rather be thought of as equivalent to the -ი of ი-ც-ი *you know X* and ი-ტყვ-ი *you will say X*, bearing in mind the formation of the remaining parts of Series I to be described in Lesson 14. And colloquially the copula '*be*' is often added to such medials in the present indicative when the subject is 1st or 2nd person, e.g.:

ვ-ტირ-ი(-ვარ)	*I cry*	ვ-ტირ-ი(-ვარ)-თ	*we cry*
ტირ-ი(-ხარ)	*you cry*	ტირ-ი(-ხარ)-თ	*you* (pl.) *cry*
ტირ-ი-ს	*X cries*	ტირ-ი-ან	*they cry*

The medial class contains some very common and some very rare verbs. In general verbs expressing movement and sound plus verbs describing the weather are likely to belong here. One productive type utilises the thematic suffix -ობ added (a) to a noun as verbal root, such that the medial conveys the meaning *work as* ***noun***, or (b) to a noun or adjective as verbal root, such that the medial conveys the meaning *behave like* ***noun/adjective*** (e.g. მეფე *sovereign* → მეფ-ობ *you reign*; კაპასი *bitchy* → კაპას-ობ *you are behaving like a bitch*). Here are the present and future indicatives of some of the most common and useful of the medials – the aorists can be produced straightforwardly from the future indicatives:

ყეფ-ს	*X barks*	ი-ყეფ-ებ-ს	*X will bark*
წვიმ-ს	*it rains*	ი-წვიმ-ებ-ს	*it will rain*
ქუხ-ს	*it thunders*	ი-ქუხ-ებ-ს	*it will thunder*
თოვ-ს	*it snows*	ი-თოვ-ებ-ს	*it will snow*
ელ-ავ-ს	*it lightens*	ი-ელ(-ვ)-ებ-ს	*it will lighten*
ქრ-ი-ს	*it blows*	ი-ქრ(-)ოლ-ებ-ს	*it will blow*
ჩივ-ი-ს	*X complains*	ი-ჩივ(-)ლ-ებ-ს	*X will complain*
(ი-)მღერ-ი-ს	*X sings*	ი-მღერ-ებ-ს	*X will sing*
ი-ცინ-ი-ს	*X laughs*	ი-ცინ-ებ-ს	*X will laugh*
ი-ბრძვ-ი-ს	*X fights*	ი-ბრძ(-)ოლ-ებ-ს	*X will fight*
ი-სვრ-ი-ს	*X throws*	ი-სრ(-)ოლ-ებ-ს	*X will throw*
ყვირ-ი-ს	*X yells*	ი-ყვირ-ებ-ს	*X will yell*
ი-ღვწ-ი-ს	*X toils*	ი-ღვაწ-ებ-ს	*X will toil*
ზმუ-ი-ს	*X moos*	ი-ზმუვ(-)ლ-ებ-ს	*X will moo*
ზრუნ-ავ-ს	*X cares*	ი-ზრუნ-ებ-ს	*X will care*
ცურ-ავ-ს	*X swims*	ი-ცურ(-ავ)-ებ-ს	*X will swim*
სრიალ-ებ-ს	*X slips*	ი-სრიალ-ებ-ს	*X will slip*
ბზრიალ-ებ-ს	*X spins round*	ი-ბზრიალ-ებ-ს	*X will spin*
ნადირ-ობ-ს	*X hunts*	ი-ნადირ-ებ-ს	*X will hunt*
ყარაულ-ობ-ს	*X is on guard*	ი-ყარაულ-ებ-ს	*X will be on guard*
პასუხ-ობ-ს	*X answers*	ი-პასუხ-ებ-ს	*X will answer*
ცხოვრ-ობ-ს	*X lives*	ი-ცხოვრ-ებ-ს	*X will live*
ფიქრ-ობ-ს	*X thinks*	ი-ფიქრ-ებ-ს	*X will think*
თამაშ-ობ-ს	*X plays*	ი-თამაშ-ებ-ს	*X will play*
მეცადინე-ობ-ს	*X studies*	ი-მეცადინ-ებ-ს	*X will study*
მუშა-ობ-ს	*X works*	ი-მუშა-ვ-ებ-ს	*X will work*
ხუმრ-ობ-ს	*X jokes*	ი-ხუმრ-ებ-ს	*X will joke*
გულისხმ-ობ-ს	*X means/implies*	ი-გულისხმ-ებ-ს	*X will mean/ imply*
საუზმ-ობ-ს	*X breakfasts*	ი-საუზმ-ებ-ს	*X will breakfast*
სადილ-ობ-ს	*X lunches*	ი-სადილ-ებ-ს	*X will lunch*
ვახშმ-ობ-ს	*X dines*	ი-ვახშმ-ებ-ს	*X will dine*

Clearly there are certain modifications to the root in some verbs, and these will need to be learned, but in the main the pattern for forming the future is simple. Some verbs, however, lack the thematic suffix -ებ in the future. Note how in the first three verbs below we have the suffix (-)ენ, the vowel of which in Series II becomes -ი-:

სტვ(-)ენ *you whistle* (future = ი-სტვ(-)ენ, aorist = ი-სტვ(-)ინ-ე)
მო-რბ-ი-ხარ *you run hither* (future = მო-ი-რბ(-)ენ, aorist = მო-ი-რბ(-)ინ-ე)
ფრ(-)ენ *you fly* (future = ი-ფრ(-)ენ, aorist = ი-ფრ(-)ინ-ე)
სწავლ-ობ *you learn (X)* (future = ი-სწავლ-ი, aorist = ი-სწავლ-ე)

In the case of the verb for *feel* the aorist pattern too is odd; the verb is გრძნ-ობ *you feel (X)* (future = ი-გრძნ-ობ[*sic*]), but the aorist conjugates thus:

ვ-ი-გრძენ-ი	*I felt (X)*	ვ-ი-გრძენ-ი-თ	*we felt (X)*
ი-გრძენ-ი	*you felt (X)*	ი-გრძენ-ი-თ	*you* (pl.) *felt (X)*
ი-გრძნ-ო	*X felt (Y)*	ი-გრძნ-ეს	*they felt (X)*

In vocabularies the future formation for ordinary medials will be indicated as: ტირ-ი (ი- -ებ) *you cry*. Otherwise any deviant future will be given in full in brackets.

When an indirect object is required by a medial, how it is accommodated depends on the root in question. Sometimes the objective version will be employed, as in:

გა-უ-რბ-ი-ს *X runs away from/past Y* (future = გა-უ-რბ(-)ენ-ს, aorist = გა-უ-რბ(-)ინ-ა)

sometimes the root will be transformed into an intransitive verb with indirect object marking prefix ე-, as in:

ე-ლაპარაკ-ებ-ა *X talks/will talk to Y* (aorist = ე-ლაპარაკ-ა)

sometimes the object affixes will attach directly to the medial in the present sub-series, though such verbs employ the objective version in the future sub-series and Series II, as in:

ჰ-პასუხ-ობ *you reply to X* (future = უ-პასუხ-ებ, aorist = უ-პასუხ-ე)

Note: also ს-დარაჯ-ობ *you stand guard over X* (future = უ-დარაჯ-ებ, aorist = უ-დარაჯ-ე); მ-შველ-ი *you aid me* (future = მ-ი-შველ-ი [*sic*], aorist = მ-ი-შველ-ე).

From medial roots it is usually possible to form a suffixal intransitive to produce a verb indicating the start of the verbal action concerned – such intransitives are called inceptives or inchoatives. They are rare in the present sub-series, and their usual preverb elsewhere is ა-. Indirect objects are accommodated in the normal way for suffixal intransitives, e.g.:

მღერ-ი-ს *X sings* → მღერ-დ-ებ-ა *X begins to sing* (future = ა-მღერ-დ-ებ-ა, aorist = ა-მღერ-დ-ა)
კანკალ-ებ-ს *X shakes* → კანკალ-დ-ებ-ა *X starts to shake* (future = ა-კანკალ-დ-ებ-ა, aorist = ა-კანკალ-დ-ა), cf. ხელები ა-მ-ი-კანკალ-დ-ა *My hands began shaking*

As we have seen, medials do not employ preverbs in the future and aorist indicatives in the way we have come to expect from studying regular transitives and intransitives. This is not to say that preverbs are absolutely impossible in conjunction with medials. At least three cases can be distinguished:

(a) Outside the present sub-series a preverb will indicate the one-off, momentary nature of the verbal action, e.g.:

ძაღლმა დიდხანს ი-ყეფ-ა *The dog barked for a long time*
ძაღლმა და-ი-ყეფ-ა *The dog let out a bark*

ბავშვმა დიდხანს ი-ყვირ-ა *The child yelled for a long time*
ბავშვმა და-ი-ყვირ-ა *The child let out a yell*

(b) The preverb წა- outside the present sub-series indicates that the verbal action is performed only for a short time, e.g.:

ი-მღერ-ებ-ს *X will sing*
წა-ი-მღერ-ებ-ს *X will do a bit of singing*
ი-საუზმ-ებ-ს *X will breakfast*
წა-ი-საუზმ-ებ-ს *X will have a bite of breakfast*

This role of this preverb is not, however, limited to medial roots, though, where it is used in this way, it is accompanied in Series I and II by the subjective version (cf. წა-ი-ჭამ-ს or წა-ი-ხემს-ებ-ს *X will snatch a bite to eat*);

(c) Medials expressing motion or sound-production can be combined **in the present sub-series only** with მო-, მი- and და- to indicate the direction in which the motion or sound production is occurring i.e. here, there, about:

მო-ყვირ-ი-ს *X is coming yelling*; მი-ყვირ-ი-ს *X is going yelling*; და-ყვირ-ი-ს *X is wandering about yelling*

მო-ხოხ-ავ-ს *X is coming crawling*; მი-ხოხ-ავ-ს *X is going crawling*; და-ხოხ-ავ-ს *X is crawling about*

The syntax of medial verbs

As must be clear from their meaning, medials in general do not take direct objects. Some, however, can accommodate them, e.g.:

ბავშვები თამაშ-ობ-ენ (ნარდს, ფეხბურთს, ბანქოს)
The children are playing (*backgammon* (ნარდი), *football* (ფეხბურთი), *cards* (ბანქო))

Regardless of whether they are combined with a direct object or not, all medials require their subjects to stand in the **ergative** case in Series II – if there is a direct object present, it will naturally go into the dative alongside a Series I verb-form, but the nominative alongside a Series II verb-form; any indirect object will be dative in both Series I and II, e.g.:

ქარმა ი-ქრ(-)ოლ-ა *The wind blew*
მამალმა ი-ყივ(-)ლ-ა *The cock* (მამალი) *crowed* (ყივ-ი-ს)
მომღერლები სტუმრებს ლამაზ სიმღერას უ-მღერ-ებ-ენ *The singers* (მომღერალი) *will sing a lovely song* (სიმღერა) *to the guests* (სტუმარი)
მომღერლებმა სტუმრებს ლამაზი სიმღერა უ-მღერ-ეს *The singers sang a lovely song to the guests*

Version as a change of tense marker

We have seen above with both the plain medials and some of those that take indirect objects a number of examples of how the version system is employed to indicate nonpresent sub-series. The ი-prefix of the medials in the future and aorist is nothing other than the subjective version. The verbs listed below also employ a particular version as main marker of non present sub-series status:

კითხ-ულ-ობ *you read X/enquire* (future = ი-კითხ-ავ, aorist = ი-კითხ-ე[1])
ყიდ-ულ-ობ *you buy X* (future = ი-ყიდ-ი, aorist = ი-ყიდ-ე)
სესხ-ულ-ობ *you borrow X* (future = ი-სესხ-ებ, aorist = ი-სესხ-ე)
თხო-ულ-ობ *you ask for X* (future = ი-თხოვ, aorist = ი-თხოვ-ე)
შო-ულ-ობ *you acquire/find X* (intentionally) (future = ი-შოვ(-ნ)-ი, aorist = ი-შოვ(-ნ)-ე)
პო-ულ-ობ *you acquire/find X* (accidentally) (future = ი-პოვ(-ნ)-ი, aorist = ი-პოვ(-ნ)-ე)
მატ-ულ-ობ *you put on weight/get larger* (future = ი-მატ-ებ, aorist = ი-მატ-ე)
კლ-ებ-ულ-ობ *you lose weight/get smaller* (future = ი-კლ-ებ, aorist = ი-კელ-ი)
ღ-ებ-ულ-ობ *you receive X* (regularly); ი-ღ-ებ *you receive X* (once) (future = მი-ი-ღ-ებ, aorist = მი-ი-ღ-ე)
ვნ-ებ *you harm X* (future = ა-ვნ-ებ, aorist = ა-ვნ-ე (plus dative object))
ჰ-კბ(-)ენ *you bite X* (future = უ-კბ(-)ენ, aorist = უ-კბ(-)ინ-ე)
პწკ(-)ენ *you pinch X* (future = უ-პწკ(-)ენ, aorist = უ-პწკ(-)ინ-ე)
რგ-ებ *you bring advantage to X* (dat) (future = ა-რგ-ებ, aorist = ა-რგ-ე)
და-დი-ხარ *you go* (regularly) (future = ი-ვლ-ი, aorist = ი-ა(-)რ-ე[2])

[1] For the meaning *read* the preverb წა- may be used outside the present sub-series.
[2] Cf. უ-ვლ-ი *you look after X* (dat.) → future მო-უ-ვლ-ი → aorist მო-უ-არ-ე vs უ-ვლ-ი *you encircle X* (dat.) → future შემო-უ-ვლ-ი → aorist შემო-მო-უ-არ-ე.

Note: All the above-verbs take an ergative subject in Series II.

The verb 'try' is transitive in the present sub-series but intransitive elsewhere (ცდ(-)ილ-ობ *you try* vs (შე-)ე-ცდ-ებ-ი *you will try* vs (შე-)ე-ცად-ე *you tried*). Also used, especially in Series II (and III), is a transitive equivalent ს-ცად-ე *you* (Ergative) *tried*, which strictly belongs with the present/future ს-ცდ-ი.

Dialogue 3

This is the story the children were asked to write in Dialogue 2

მოწაფეები: ეხლა წაგიკითხავთ ჩვენს მოთხრობას.

წუხელ დიდხანს კოკისპირულად იწვიმა, იქუხა და იელვა. მურიამ რომ პირველად მოისმინა ქუხილი, დაიყეფა, მერე დაწყნარდა და დაიძინა, ხოლო გარეთ რო(მ) იყვნენ, იმ ძაღლებმა მთელი ღამე იყეფეს. ისეთი წვიმა იყო, გარეთ ვერ გავუშვით კატები. ერთი მათგანი საძილეში შემოგვეპარა და საბნის ქვეშ დაიმალა. ბეღელში დიდი ჩოჩქოლი (/აურზაური) ატყდა. როცა თაგვებმა ჭუჭრუტანებიდან გამოირბინეს, შეკრთნენ, როგორც კი სათაგური დაინახეს. ყველაზე გამბედავი რო(მ) იყო მათ შორის, ის თაგვი პირდაპირ მიცუნცულდა, შემოუარა რამდენჯერმე გარშემო, და ბოლოსდაბოლოს შეხოხდა – ლებნის სუნი ისე მიმზიდველი გახლდათ! ლებანს რომ მიუახლოვდა, ოდნავ მოავლო კბილი, სრულიად დამშვიდდა და მერე მაგრად მოსწია ლებანი, მაგრამ იმ წუთშივე იგრძნო თავისი შეცდომა, რადგან სათაგური დასხლტა. გამბედავმა თაგვმა დაიწრუწუნა, ხოლო სხვები გაიქცნენ, დაიმალნენ და არ მიესშველნენ მას. გამბედავი შეახტა სათაგურის ჭერს, მიაწყდა-მოაწყდა იქით-აქეთ კედლებს, მაგრამ ამაო იყო ყოველივე მისი ცდა. მთელი ღამე იწრუწუნა, მეზობელ გომში კი ძროხებმა იზმუვლეს.

როცა გათენდა, გავედით და ფისო გაექანა ბეღლისკენ. ჩვენ მას მივყევით უკან. თაგვი გამოვიყვანეთ და ფისოს მივუგდეთ. ფისო ჯერ მას ცოტა ხანი ეთამაშა,

მერე დაიღალა და დაეხსნა (/თავი დაანება) თავს, რომელიც უცებ ეცა ბეღლის ქვეშ თავის ორმოში. დასასრული.

Vocabulary

უკითხავ (წა-)	*you read X to Y*
ქუხილი	*thunder*
წყნარდები (და-)	*you quieten down*
საბა̱ნი	*blanket*
ჩოჩქოლი/ აურზაური	*commotion*
ჭუჭრუტანა	*crevice*
სათაგური	*cage* (to catch mice)
გამბედავი	*daring* (adj.)
ცუნცულდები (მი-)	*you scamper up to*
ხოხდები (შე-)	*you crawl in*
სუნი	*smell*
უახლოვდები (მი-/მო-)	*you approach X*
ავლებ (მო-)	*you run X over Y*
სრულიად	*completely*
მაგა̱რი	*strong*
სხლტება (და-)	*it goes off*
იქც(-)ევი (გა-)	*you disappear*
ახტები (შე-)	*you jump up on X*
აწყდები (მი-/ მო-)	*you fling yourself against X there/ here*
ამაო	*in vain*
ცდა	*attempt*
მეზობელი	*neighbouring*
თენდება (გა-)	*it dawns*
უგდებ (მი-)	*you toss X to Y*
იღლები (და-)	*you tire*
თავს ანებებ (და-)	*you leave X alone*
ეცემი	*you (will) dash down*
ორმო	*hole*
კოკისპირულად	*cats and dogs* (of rain)
დაიყეფებ	*you will let out a bark*
წვიმა	*rain*
ბეღე̄ლი	*barn* (for grain)
ტყდება (ა-)	*it breaks out*
კრთები (შე-)	*you shudder in fear*
დაინახავ	*you will notice X*
პირდაპირ	*direct(ly)*
შემოუვლი	*you will skirt X*
გარშემო	*all around*
ბოლოსდაბოლოს	*at long last*
ლება̱ნი	*half-kernel of nut*
მიმზიდველი	*alluring*
ოდნავ	*lightly*
კბილი	*tooth*
მშვიდდები (და-)	*you calm down*
სწ(-)ევ (მო-)	*you pull X*
დაიწრუწუნებ	*you will let out a squeak*
ეშველები (მი-)	*you go to aid X*
ჭერი	*ceiling, top*
იქით-აქეთ	*hither and thither, here and there*
ყოველივე	*each and every*
წრუწუნებ (ი- -ებ)	*you squeak*
გომი	*barn* (for animals)
ექანები (გა-)	*you dash off*
ეთამაშები	*you (will) play with X*
ეხსნები (და-)	*you leave X alone*
უცებ	*at once*
ქვეშ	*below* (+ gen.)
დასასრული	*end*

Exercises

1

Write out the aorist indicative paradigms for the pairs: *I* (etc.) *intoxicated X*, *I* (etc.) *got drunk*, *I* (etc.) *hid X from Y*, *I* (etc.) *hid from X*, *I* (etc.) *knocked X down*, *I* (etc.) *fell down*

2

Fill in the gaps and translate:

(a) კ.რ.ბ. მ.ვ.ყრდ.ნ.თ
(b) ძ.ღლ.ბ.. .ყ.ფ..
(c) სა..ალებ. მ..ვ.ცა
(d) ვ.ჟ.შვ.ლ. რ.დ.ს და..ბად..?
(e) კ.ცებ.. ნ.რდ. .თამ.შ..
(f) ძ.ღლ.. თ.ვე.ც ..კბ.ნა.?
(g) ამ.მ. რ.ტ.მ .ა.რ.ვ.ე. ის.ნ.?
(h) მ. .ენ .უმ.ნ რა. მ.გ.ყ.ვ.?

3

Wrap the correct agreement markers around the following verbs:

(a) შვილი რო მო.კვდ., ქალი გადა.რი.
(b) ჩვენ წამო..გ.. მის ანკესზე
(c) ის გუშინ მე გამო..გზავნ.
(d) სტუმრები დღეს ჩვენ მო...ვიდ...
(e) თქვენ მე ხვალ ..ლაპარაკებ..?
(f) ბავშვები რატომ ატირდ...?
(g) ამას ვინ .დარაჯობ.?
(h) ხელები ქალებს ა.კანკალდ.(.)

4

Work out the meaning of the following verb-forms:

(a) ვივახშმეთ
(b) გადავვეთარგმნა
(c) იმატეს
(d) დაგეკარგნენ
(e) ითხოვთ
(f) მოტირიან
(g) მომყევით
(h) გაგიწითლდათ
(i) გაინძერით
(j) დამხვდნენ
(k) ვისწავლით
(l) იკელით
(m) (შე)ვეცადე
(n) გვიპწკინეთ
(o) იკითხავენ
(p) გავირბინეთ

5

Change the following into (a) their future and (b) aorist indicative equivalents:

(a) მამალი ყივის
(b) მოწაფე მასწავლებელს ჰპასუხობს
(c) მდგუმური ფულს სესხულობს
(d) ვმღერდები
(e) და ძმას ელაპარაკება
(f) დედა კარგად გრძნობს თავს
(g) ქურდები მეპარებიან
(h) ის მას გაურბის

6

In the following examples switch the roles of each verb's subject and indirect object, making the verbs aorist instead of present, following the pattern of შვილები დედას ემალებიან → დედა შვილებს დაემალა(თ):

(a) მე ქმარს ვუკვდები/ვეცვლები
(b) შენ მე ცოლად მყვები
(c) შენ მეგობრებს ამას ჰპირდები
(d) ბიჭი მე რას მიყვება?
(e) ის შენ გელაპარაკება
(f) ჩვენ მტრებს ვესევით
(g) შენ მეზობლებს ესალმები
(h) მე თქვენ გეძლევით

7

Translate into English:

(a) გუშინ რო(მ) ათი საათიდან ხუთამდე იწვიმა, ჩვენ შინ დავრჩით. ამიტომ არ ვიცით და ვერ გეტყვით, რა მოხდა ქალაქში, მაგრამ ვიცით, რო(მ) ოთხზე სტუმრები გვეწვივნენ
(b) რა დაგემართათ? ავად ხომ არა ხართ? ცუდად ვგრძნობ თავს – გული მერევა. ღმერთმა იცის, როგორ გადავრჩით მე და ჩემი ცოლი. ვაიმე, რა მოგივიდათ?
(c) გეტყვით ყველაფერს, რაც დაგვემართა. ეს მანქანა სულ არ ვარგა (= is no good) – გაგვიფუჭდა. საბურავი რო(მ) გასკდა, ცოლს სული წაუვიდა, ხოლო მე თავბრუ დამესხა/დამეხვია. საჭე ხელიდან გამისრიალდა და ხეს დავეჯახეთ
(d) უფრო ადრე რო(მ) ჩაგაცივდნენ, ის ჰულიგნები დაიჭირეს თუ არა პოლიციელებმა?
(e) რა ვიცი მე? უბრალოდ კაია/კარგია, რო(მ), როგორც კი

პოლიციელები მოგვიახლოვდნენ, ის ჰულიგნები დამეხსნნენ/ იმ ჰულიგნებმა თავი დამანებეს

(f) რატომ მოგბეზრდათ ჩვენი სუფრა? ძალიან ცდებით, ბატონო – უბრალოდ ძილი მომერია. უკაცრავად!

(g) როგორ ფიქრობ? ხვალ ითოვებს ისე(ვე), როგორც გუშინ ითოვა? წუხელ როგორ იყეფეს ჩვენმა ძაღლებმა!

(h) კარგად მეცადინეობს თქვენი ვიქი? ახალ მასწავლებელს რო(მ) მივაბარებთ, ალბათ უკეთესად იმეცადინებს და ყველა გაკვეთილს კარგად ისწავლის.

8

Translate into Georgian:

(a) What do we call a lot of pigs together? I don't know, but a lot of sheep together are called a flock

(b) Did you attend the conference last year? Yes, and when it ended, we all had a good feast. How the wine got the better of us all!

(c) What happened to the kitten I gave you as a present on your birthday? When it rained cats and dogs, it drowned

(d) How did I get caught on those pseudo-scholars' hook?!

(e) As soon as our guests came in, we embraced one another

(f) It transpired that the plates were shattered, the books burned and the house destroyed

(g) Did you lean against the door yesterday? No, but we shall lean against the wall tomorrow

(h)The younger soldiers were sent where the older soldiers fought well and gained a victory

Lesson 12

In this lesson you will learn about:

- The formation of the aorist subjunctive for transitive, intransitive and medial verbs
- Some uses of the aorist subjunctive
- How to issue an instruction in the imperative
- Constructing expressions of prohibition

Dialogue 1

T'ariel and Irak'li debate what they should do after a game of backgammon

ტარიელი: ორი საათი რო(მ) უკვე ნარდი ვითამაშეთ, რა ვქნათ? გავაგრძელოთ თამაში თუ სახლში შევიდეთ და ტელევიზორს ვუყუროთ, თუ სხვა რამე გავაკეთოთ?

ირაკლი: დავიღალე და მომბეზრდა თამაში.

ტარიელი: მაშ ეხლა მოვისვენოთ და მერე გადავწყვიტოთ რას ვიზამთ ამაღამ, თუკი დედა-შენი შინ არ დაგიბარებს.

ირაკლი: კეთილი, ოღონდ შენ ცოტა ხანი აქ დარჩი მარტო, რაკი მე ვიღაცას უნდა დავუკავშირდე სამეზობლოში. მალე მოვალ.

ტარიელი: აქ რატომ უნდა დავრჩე მე? არ შეიძლება მეც წამოვიდე შენთან ერთად? მაღაზიაში უნდა ვიყიდო გაზეთი, და თანაც შეიძლება დაგეხმარო რაიმეში გზაზე.

ირაკლი: არა, აქ სახლში უფრო დამეხმარები – სტუმრები მალე უნდა გვეწვიონ (/გვესტუმრონ), და აქ ვინმე უნდა დახვდეს/დახვდეთ მათ. მე თუ აქ არ ვიქნები, შენ უნდა შემოუშვა ისინი, გამოართვა პალტოები და მიართვა მათ ყავა ან ჩაი. ერთი სიტყვით,

კარგად უნდა მოუარო მათ.
ტარიელი: ოხ, დიდი მადლობა! შენ თვით(ონ) მიხედე შენს საკუთარ საქმეს და ნუ დამაძალებ მე დავალებას, რომელიც შენ უნდა შეასრულო!
ირაკლი: ნუ ჯიუტობ! შეიძლება იწვიმოს და დროზე ვერ მოვიდნენ. მენდე, არ დავიგვიანებ. არაფერი არ უნდა დაგაკლდეს, თუ აქ დარჩები.
ტარიელი: კაი, წადი, არ გამიბრაზდე, გთხოვ.

Vocabulary

ა-გრძელ-ებ (გა-)	*extend*	თამაში	*game*
უ-ყურ-ებ	*you (will) watch X*	ი-სვენ-ებ (მო-)	*you take short rest*
თუკი	*if indeed*	მარტო	*alone*
უ-კავშირ-დ-ებ-ი (და-)	*you contact X*	სამეზობლო	*neighbourhood*
		გაზეთი	*newspaper*
შეიძლება	*X is possible*	ა-რთმ(-)ევ (მი/მო-)	*you offer X to Y*
ე-ხმარ-ებ-ი (და-)	*you help X*		
ჩაი	*tea*	მო-უ-ვლ-ი	*you will look after X*
მი-ხედ-ავ	*you will look to X*	საკუთარი	*own*
ნუ	*not* (prohibition)	ა-ძალ-ებ (და-)	*you force X on Y*
დავალება	*instruction, commission*	ჯიუტ-ობ (ი- -ებ)	*you behave obstinately*
ი-გვიან-ებ (და-)	*you are late*	სთხოვ	*you ask X of Y*

Dialogue 2

A Georgian helps an Englishman to send a postcard to England

ინგლისელი: უკაცრავად, გთხოვთ ამიხსნათ, როგორ უნდა გავაგზავნო ღია ბარათი საქართველოდან ინგლისში.
ქართველი: უკვე ხომ იყიდეთ ბარათები?
ინგლისელი: არა, რადგან არ ვიცი, სად იყიდება ბარათები აქ თბილისში. გთხოვთ ეს უვიცობა არ ჩამითვალოთ სისულელედ!
ქართველი: რას ლაპარაკობთ?! ჯერ ვიყიდოთ თქვენი ბარათები მთავარ ქუჩაში ნებისმიერ წვრილ მოვაჭრესთან, მერე მე უნდა წაგიყვანოთ ფოსტაში.
ინგლისელი: გთხოვთ არ შესწუხდეთ (/ნუ შესწუხდებით) ჩემი გულისთვის.

ქართველი: შეწუხება არაფერ შუაშია. ქართველები ხომ უნდა დავეხმაროთ ჩვენი ქვეყნის სტუმრებს?! ხომ იცით ჩვენი ანდაზა: სტუმარი ღვთისაა?!

ინგლისელი: ჩემი აზრით, ყველა მოდგმის კავკასიელები ერთნაირად ექცევიან სტუმრებს.

ქართველი: რა ეშმაკი ბრძანდებით! ქართველებს უკვე მივვიხვდით ტრაბახობას თქვენ(ა)! უცხოელებმა მართლა არ უნდა დაიჯეროთ ყველაფერი, რასაც ჩვენ ქართველები გეუბნებით! აი აგერ იყიდეთ ბარათები, და მერე ფოსტაში გადავიდეთ . . . ეხლა ქუჩა გადავჭრათ და ფოსტაში ვიქნებით.

ინგლისელი: რომელ რიგში დავდგე?

ქართველი: მანდ ნუ დადგებით! ყველაზე გრძელი რო(მ) არი(ს), იმაში დადექით. შეიძლება უბრალოდ გაიგზავნოს თქვენი ბარათი, მაგრამ უკეთესი იქნება, თუ დაზღვეულად გაიგზავნა. ჯერ უნდა აიწონოს მერე გეტყვიან, რამდენი უნდა გადაიხ-ადოთ.

ინგლისელი: ხომ მომცემენ ქვითარს?

ქართველი: უნდა მოგეცეთ ქვითარი.

ინგლისელი: და თუ არ მომეცა?

ქართველი: აუცილებლად უნდა იჩივლოთ ფოსტის უფროსთან.

Vocabulary

უნდა	*it is necessary*	ღია ბარათი	*open* (post)card
ი-ყიდ-ებ-ა (გა-)	*X is sold*	უვიცობა	*ignorance*
უ-თვლ-ი (ჩა-)	*you judge X for Y*	მთავარი	*main*
ქუჩა	*street*	ნებისმიერი	*any*
წვრილი მოვაჭრე	*small trader*	ფოსტა	*post office*
ს-წუხ-დ-ებ-ი (შე-)	*you trouble yourself*	ჩემი გულისთვის	*for my heart (=sake)*
შეწუხება	*trouble*	არაფერ შუაშია	*X has nothing to do with it*
ღმერთი (ღვთის)	*God* (of God)	მოდგმა	*tribe*
კავკასიელი	*Caucasian person*	ერთნაირად	*in the same way*
ე-ქც(-)ევ-ი (მო-)	*you treat X* (dat.)	ეშმაკი	*devil*
ტრაბახობა	*boasting*	მართლა	*in truth*
აგერ	*over here*	ჭრ-ი (გადა-)	*you cut across X*
რიგი	*queue*	დგ-ებ-ი (და-)	*you stand somewhere*
დაზღვეულად	*registered*	ი-წონ-ებ-ა (ა-)	*X is weighed*
ი-ხდ-ი (გადა-)	*you pay X*	ქვითარი	*receipt*
აუცილებლად	*certainly*		

Grammar

The formation of the aorist subjunctive for transitives, intransitives and medials

The verb forms we have learnt so far have enabled us to place factual events in the past, present and future. In other words, we have been discussing the formation and use of the present, future and aorist *tenses* (i.e. verb forms which place events in time). It is now time to step back from actuality and deal with the subjunctive mood, and we begin with a consideration of the formation of the aorist subjunctive, which together with the aorist indicative constitutes Series II for the Georgian verb. Out of context the aorist subjunctive will be translated as *X may verb*.

The subjunctive mood in Georgian is marked by the use of one of three suffixal vowels: -ო, -ა, and -ე.

Transitive verbs

All transitive verbs except one (the verb *to give*) employ either -ო or -ა in their aorist subjunctives; a 3rd person singular subject selects the agreement affix -ს, whilst a 3rd person plural subject requires -ნ. The general patterns can be illustrated by taking the verbs (და-)წერ *you (will) write (X)* and (და-)დგ-ამ *you (will) place X upright*:

და-ვ-წერ-ო	და-ვ-წერ-ო-თ	და-ვ-დგ-ა	და-ვ-დგ-ა-თ
და-წერ-ო	და-წერ-ო-თ	და-დგ-ა	და-დგ-ა-თ
და-წერ-ო-ს	და-წერ-ო-ნ	და-დგ-ა-ს	და-დგ-ა-ნ

The root of a verb in the aorist subjunctive will take the same form throughout that it possesses in the aorist indicative **with 3rd person singular subject**. This means that we do not have to worry about those root expansions (by internal vowel or, for some verbs in -ობ, suffixal -ვ) that occur only when the subject is 1st or 2nd person in the aorist indicative (or, in the case of those verbs in -ობ whose root ends in -ვ, when the subject is 3rd person plural as well). As an illustration, let us examine the aorist subjunctive of the verb (მო-)კლ-ავ *you (will) kill X* in relation to its aorist indicative:

Aorist indicative		*Aorist subjunctive*	
მო-ვ-კალ-ი	მო-ვ-კალ-ი-თ	მო-ვ-კლ-ა	მო-ვ-კლ-ა-თ
მო-კალ-ი	მო-კალ-ი-თ	მო-კლ-ა	მო-კლ-ა-თ
მო-კლ-ა	მო-კლ-ეს	მო-კლ-ა-ს	მო-კლ-ა-ნ

We now have to see which type of verb requires which vowel.

Root verbs

All root verbs with a weak aorist indicative have their aorist subjunctive in -ო. If the root vowel changes from -ე- to -ი- in the indicative, it does so in the subjunctive too, including all verbs in (-)ენ, whilst the ი-remant of verbs in (-)ევ is also retained in the subjunctive:

მო-ქსოვ-ო	*you may knit X*	გადა-ა-რჩ(-)ინ-ო	*you may save X*
გა-წმინდ-ო	*you may clean X*	და-ა-ნგრ(-)ი-ო	*you may ruin X*
გადა-წყვიტ-ო	*you may decide X*	N.B. ა-ჭამ-ო	*you may feed X to Y*

That small number of verbs in (-)ევ which have a strong aorist indicative (losing (-)ევ altogether and changing root-final -მ to -ვ) have their aorist subjunctives in -ა, e.g.:

წა-ა-რთვ-ა	*you may snatch X from Y*	და-ა-რქვ-ა	*you may name X 'Y'*

Thematic suffix -eb

Apart from two problem roots, all verbs in -ებ have their aorist subjunctive in -ო, e.g.:

მი-ა-წოდ-ო	*you may pass X to Y*	მი-ა-გნ-ო	*you may locate X*
და-ბად-ო	*you may give birth to X*	და-ა-კლ-ო	*you may reduce X for Y*
მო-ი-გ-ო	*you may win X*	მო-ა-სწრ-ო	*you may do X in time*
ა-ა-ნთ-ო	*you may switch X on*	და-დ-ო	*you may put X down*

The two problem roots are -დ- and -შვ-. You will remember that the verb (და-)დ-ებ *you (will) put X down* has two aorist indicative forms (weak with root in -დ- and strong with root in -დ[ე]ვ-). The subjunctive in -ო given above corresponds to the former, whilst the latter (rarer) form has an equivalent subjunctive in -ა (და-დვ-ა *you may put X down*). The root -შვ-, regardless of which preverb it takes, has a strong aorist indicative and takes its subjunctive in -ა, e.g.:

გა-უ-შვ-ა	*you may release X*	შე-უ-შვ-ა	*you may let X in*
და-უ-შვ-ა	*you may allow/assume X*		

Thematic suffix -av

Verbs with a weak aorist indicative take their subjunctive in -ო, whilst those with a strong aorist indicative take theirs in -ა, e.g.:

და-მალ-ო	*you may hide X*	და-წვ-ა	*you may burn X*
მო-კლ-ა	*you may kill X*	ჰ-კრ-ა	*you may hit X*
მო-ხნ-ა	*you may plough X*	და-ი-ცვ-ა	*you may defend X*
და-ა-რთ-ო	*you may spin X*	და-რთ-ო	*you may join X to Y*
და-რგ-ო/და-რგ-ა	*you may plant X*	მო-რწყ-ო/მო-რწყ-ა	*you may water X*

Thematic suffix -i

Verbs of this type with a weak aorist indicative have their subjunctive in -ო, whilst those with a strong aorist indicative have theirs in -ა, e.g.:

გა-(ა-)გზავნ-ო	*you may send X*	გა-ჭრ-ა	*you may cut X in two*
გა-ზარდ-ო	*you may rear X*	და-თვალ-ო	*you may count X*
გადა-ღრღნ-ა	*you may gnaw through X*	ქნ-ა	*you may do X*

Thematic suffix -ob

With one exception, all verbs in -ობ have their aorist subjunctive marked by -ო:

გა-ა-თბ-ო	*you may warm X*	გა-ა-შრ-ო	*you may dry X*
და-ა-ხრჩ-ო	*you may suffocate X*	მო-ა-წყ-ო	*you may arrange X*
და-ა-თრ-ო	*you may intoxicate X*	და-ი-პყრ-ო	*you may seize control of X*
მი-ა-ყრდნ-ო	*you may lean X against Y*		

The one exception is უ-თხრ-ა *you may say X to Y*, the suppletive Series II form for the common ე-უბნ-ებ-ი/ე-ტყვ-ი *you say/will say X to Y* which strictly belongs to უ-თხრ-ობ *you tell X to Y*.

Thematic suffix -am

All such verbs have their aorist subjunctive in -ა, e.g.:

ჩა-ი-ცვ-ა	*you may put on X*	თქვ-ა	*you may say X*
და-ა-ბ-ა	*you may bind X*		

The aorist subjunctive of (გა-)ყ-ოფ *you (will) divide X* is in -ო (გა-ყ-ო *you may divide X*).

This leaves the one transitive verb whose aorist subjunctive is in -ე, namely:

მი-ვ-ც-ე	*I may give X to Y*	მი-ვ-ც-ე-თ	*we may give X to Y*
მი-ს-ც-ე	*you may give X to Y*	მი-ს-ც-ე-თ	*you* (pl.) *may give X to Y*
მი-ს-ც-ე-ს	*X may give Y to Z*	მი-ს-ც-ე-ნ	*they may give X to Y*

მო-გ-ც-ე *I may give X to you*, მო-გვ-ც-ე-ნ *they may give X to us*, etc. Again, do not confuse this word with the root verb ს-ცემ-ო *you may hit X*.

Readers may have noticed that a weak aorist indicative always corresponds to an aorist subjunctive in -ო, whilst a strong aorist indicative usually corresponds to one in -ა, though sadly the latter correspondence is not perfect.

Intransitive verbs

The same three subjunctive-marking vowels are employed here as in the case of the transitive verbs. The difference is that the vowel -ე is more widespread; it is used for the aorist subjunctive of **all** suffixal and **all** markerless intransitive verbs without exception. A 3rd person singular subject again selects the agreement suffix -ს, whilst a 3rd person plural subject requires -ნენ (if such a subject is animate; if it is inanimate, its plurality will not be marked on the verb). The verbs, illustrated for both aorist indicative and subjunctive, are (გა-)წითლ-დ-ებ-ი *you (will) blush* and (გა-)თბ-ებ-ი *you (will) get warm*:

Aorist indicative		*Aorist subjunctive*	
გა-ვ-წითლ-დ-ი	გა-ვ-თბ-ი	გა-ვ-წითლ-დ-ე	გა-ვ-თბ-ე
გა-წითლ-დ-ი	გა-თბ-ი	გა-წითლ-დ-ე	გა-თბ-ე
გა-წითლ-დ-ა	გა-თბ-ა	გა-წითლ-დ-ე-ს	გა-თბ-ე-ს
გა-ვ-წითლ-დ-ი-თ	გა-ვ-თბ-ი-თ	გა-ვ-წითლ-დ-ე-თ	გა-ვ-თბ-ე-თ
გა-წითლ-დ-ი-თ	გა-თბ-ი-თ	გა-წითლ-დ-ე-თ	გა-თბ-ე-თ
გა-წითლ-დ-ნენ	გა-თბ-ნენ	გა-წითლ-დ-ნენ	გა-თბ-ნენ

(The 3rd person plural forms do not distinguish between indicative and subjunctive.)

This same ე-subjunctive is also used for the root -ც- meaning either *give* or *fall down*:

მო-მ-ე-ც-ე-ს	*X may be given to me*	და-ვ-ე-ც-ე	*I may fall down*
მო-გ-ე-ც-ე-ს	*X may be given to you*	და-ე-ც-ე	*you may fall down*
მი-ე-ც-ე-ს	*X may be given to Y*	და-ე-ც-ე-ს	*X may fall down*
მი-ე-ც-ე-თ	*X may be given to them*	და-ვ-ე-ც-ე-თ	*we may fall down*
მო-გვ-ე-ც-ე-ს	*X may be given to us*	და-ე-ც-ე-თ	*you* (pl.) *may fall down*
მო-გ-ე-ც-ნენ	*they may be given to you/you* (pl.)	და-ე-ც-ნენ	*they may fall down*

In addition, the ე-subjunctive is employed to mark the intransitive aorist subjunctive of two of the sub-types of verbs in (-)ევ, namely those two sub-types whose aorist indicative with 3rd person singular subject ends in

-ა (rather than (-)ი-ა). The verbs whose aorist indicative is contrasted with the aorist subjunctive are: (და-)ი-ხ(-)ევ-ი *you are being (will be) torn up*, (წა-)ი-ქც(-)ევ-ი *you (will) fall down*:

Aorist indicative		*Aorist subjunctive*	
და-ვ-ი-ხ(-)ი-ე	წა-ვ-ი-ქეც-ი	და-ვ-ი-ხ-ე	წა-ვ-ი-ქც-ე
და-ი-ხ(-)ი-ე	წა-ი-ქეც-ი	და-ი-ხ-ე	წა-ი-ქც-ე
და-ი-ხ-ა	წა-ი-ქც-ა	და-ი-ხ-ე-ს	წა-ი-ქც-ე-ს
და-ვ-ი-ხ(-)ი-ე-თ	წა-ვ-ი-ქეც-ი-თ	და-ვ-ი-ხ-ე-თ	წა-ვ-ი-ქც-ე-თ
და-ი-ხ(-)ი-ე-თ	წა-ი-ქეც-ი-თ	და-ი-ხ-ე-თ	წა-ი-ქც-ე-თ
და-ი-ხ-ნენ (/და-ი-ხ(-)ივ-ნენ)	წა-ი-ქც-ნენ	და-ი-ხ-ნენ	წა-ი-ქც-ნენ

There are seven irregular verbs whose aorist indicatives are given in the grammar section of Lesson 3 which form their aorist subjunctive by means of -ე (being either now or historically markerless intransitives). The verb of motion is illustrated with the preverb მო-, which gives the overall verb the meaning *come*, though a change of preverb would change the direction of motion accordingly:

X may be sitting	*X may be standing*	*X may be prostrate*
ვ-ი-ჯდ-ე	ვ-ი-დგ-ე	ვ-ი-წვ-ე
ი-ჯდ-ე	ი-დგ-ე	ი-წვ-ე
ი-ჯდ-ე-ს	ი-დგ-ე-ს	ი-წვ-ე-ს
ვ-ი-სხდ-ე-თ	ვ-ი-დგ-ე-თ	ვ-ი-წვ-ე-თ
ი-სხდ-ე-თ	ი-დგ-ე-თ	ი-წვ-ე-თ
ი-სხდ-ნენ	ი-დგ-ნენ	ი-წვ-ნენ

X may sit down	*X may stand up*	*X may lie down*
და-ვ-ჯდ-ე	ა-ვ-დგ-ე	და-ვ-წვ-ე
და-ჯდ-ე	ა-დგ-ე	და-წვ-ე
და-ჯდ-ე-ს	ა-დგ-ე-ს	და-წვ-ე-ს
და-ვ-სხდ-ე-თ	ა-ვ-დგ-ე-თ	და-ვ-წვ-ე-თ
და-სხდ-ე-თ	ა-დგ-ე-თ	და-წვ-ე-თ
და-სხდ-ნენ	ა-დგ-ნენ	და-წვ-ნენ

მო-[ვ-]ვიდ-ე	*I may come*
მო-ხ-ვიდ-ე	*you may come*
მო-ვიდ-ე-ს	*X may come*
მო-[ვ-]ვიდ-ე-თ	*we may come*
მო-ხ-ვიდ-ე-თ	*you* (pl.) *may come*
მო-ვიდ-ნენ	*they may come*

Prefixal intransitives will have their aorist subjunctive either in -ო or -ა; 3rd person singular subject is marked by -ს, and 3rd person plural by -ნ, after the patterns of:

ჩა-ვ-ე-წერ-ო	*I may register*	მო-ვ-ი-კლ-ა	*I may be killed*
ჩა-ე-წერ-ო	*you may register*	მო-ი-კლ-ა	*you may be killed*
ჩა-ე-წერ-ო-ს	*X may register*	მო-ი-კლ-ა-ს	*X may be killed*
ჩა-ვ-ე-წერ-ო-თ	*we may register*	მო-ვ-ი-კლ-ა-თ	*we may be killed*
ჩა-ე-წერ-ო-თ	*you* (pl.) *may register*	მო-ი-კლ-ა-თ	*you* (pl.) *may be killed*
ჩა-ე-წერ-ო-ნ	*they may register*	მო-ი-კლ-ა-ნ	*they may be killed*

The distribution is as follows:

Root verbs

Root verbs of the prefixal intransitive type have their aorist subjunctive in -ო (any change of radical -ე- to -ი- elsewhere in Series II will also occur here, including those in (-)ევ whose 3rd person intransitive aorist indicative is in (-)ი-ა):

გა-ი-სრის-ო-ს *X may be squashed*
გამო-ი-ფ(-)ინ-ო-ს *X may be exhibited*
გადა-ი-რ(-)ი-ო-ს *X may go mad*

That small number of verbs in (-)ევ which have a strong aorist transitive and intransitive indicative (losing (-)ევ altogether and changing root-final -მ to -ვ) have their intransitive aorist subjunctives in -ა, e.g.:

წა-ე-რთვ-ა-ს *X may be snatched from Y*
და-ე-რქვ-ა-ს *'X' may be given as a name to Y*

Thematic suffix -eb

Prefixal intransitives of this type, with the exception of the two problem roots mentioned above, all take aorist subjunctive in -ო:

და-ი-ბად-ო-ს *X may be born* მო-ე-სწრ-ო-ს *X may live to see Y*
ა-ი-ნთ-ო-ს *X may be set alight* და-ი-დ-ო-ს *X may be placed*

The latter has the rarer alternative in -ა if the root has the shape -დვ-, just as the root -მვ- also requires -ა:

და-ი-დვ-ა-ს *X may be placed* მო-ე-მვ-ა-ს *X may slacken (for Y)*

Thematic suffix -av

Verbs with a weak aorist indicative take their subjunctive in -ო, whilst those with a strong aorist indicative take theirs in -ა, e.g.:

და-ი-მალ-ო-ს	*X may hide*	მო-ი-ხნ-ა-ს	*X may be ploughed*
და-ი-წვ-ა-ს	*X may be burnt*	და-ე-რთ-ო-ს	*X may be joined to Y*
მო-ი-კლ-ა-ს	*X may be killed*	და-ი-რგ-ო-ს	*X may be planted*
მი-ე-კრ-ა-ს	*X may stick to Y*	მო-ი-რწყ-ო-ს	*X may be watered*

Thematic suffix -i

Verbs of this type with a weak aorist indicative have their subjunctive in -ო, whilst those with a strong aorist indicative have theirs in -ა (possibly -ე), e.g.:

გა-ი-გზავნ-ო-ს	*X may be sent*	გა-ი-ჭრ-ა/ე-ს	*X may be cut*
გა-ი-ზარდ-ო-ს	*X may be reared*	ი-ქნ-ა/ე-ს	*X may be done*
გადა-ი-ღრღნ-ა/ე-ს	*X may be gnawed through*		
და-ი-თვალ-ო-ს	*X may be counted*		

Thematic suffix -ob

Prefixal intransitive verbs of this type have their aorist subjunctive marked by -ო:

და-ი-ხრჩ-ო-ს	*X may be suffocated*
მი-ე-ყრდნ-ო-ს	*X may lean against Y*
მო-ე-პყრ-ო-ს	*X may treat Y*
მო-ე-წყ-ო-ს	*X may sort himself out*

Thematic suffix -am

The intransitive aorist subjunctive is always in -ა:

და-ი-ბ-ა-ს	*X may be bound*	ი-თქვ-ა-ს	*X may be said*

The intransitive aorist subjunctive of (გა-)ი-ყ-ოფ-ა *X is being (will be) divided* is გა-ი-ყ-ო-ს *X may be divided*.

And *to be* has the aorist subjunctive;

ვ-ი-ყ-ო	*I may be*	ვ-ი-ყ-ო-თ	*we may be*
ი-ყ-ო	*you may be*	ი-ყ-ო-თ	*you* (pl.) *may be*
ი-ყ-ო-ს	*X may be*	ი-ყ-ო-ნ	*they may be*

Medials

All medials have their aorist subjunctive in -ო. Just as the aorist indicative follows the root structure of the future indicative for medials, so too does the aorist subjunctive, though a -ვ- inserted to separate vowels in the future and aorist indicatives will be dropped before the subjunctive -ო, e.g.:

ი-ყეფ-ო-ს	*X may bark*	ი-წვიმ-ო-ს	*it may rain*
ი-ჩივ(-)ლ-ო-ს	*X may complain*	ი-ბრძ(-)ოლ-ო-ს	*X may fight*
ი-მუშა-ო-ს	*X may work*	(მო-)ი-რბ(-)ინ-ო-ს	*X may run (here)*
ი-სწავლ-ო-ს	*X may learn Y*	ი-გრძნ-ო-ს	*X may feel Y*

Some uses of the aorist subjunctive

1

The unchanging particle უნდა *it is necessary/it must* immediately precedes the aorist subjunctive to indicate an event that must take place at some time in the future. No other word should ever stand between this particle and the subjunctive governed by it:

უნდა წავიდე/წახვიდე/წავიდეს	*I/you/X must go*
ფული უნდა მოგცე	*I must give you the money*
დედა ლოგინზე უნდა დაწვეს	*Mother must lie down on the bed*
ეს როგორ უნდა ითქვას?	*How should this be said?*

ბავშვობაში არავინ უნდა მოკვდეს
No one should die in childhood (ბავშვობა)

სტუმრებს კარგად უნდა მოვეპყროთ
We must treat the guests well

ბავშვს ნაყინი არ უნდა მისცე
You must not give the child an ice-cream (ნაყინი)

ეს ჩანთა სად უნდა დადოს კაცმა?
Where should the man put this bag (ჩანთა)*?*

ჯერ არ უნდა დასხდნენ ბავშვები
The children should not yet sit down

2

The verb შეიძლება *it is possible* may similarly govern the subjunctive, though this time other words may intervene between it and the verb, e.g.:

როგორ შეიძლება კაცმა ასე ილაპარაკოს?!
How can a man speak like this?

აქ შეიძლება მანქანა გავაჩეროთ?
Is it possible for us to stop the car here?

მეტი რა შეიძლება მოხდეს?
What more (მეტი) *can happen?*

განა შეიძლება ბავშვი ეგრე ელაპარაკოს მასწავლებელს?
Is it really possible for a child to talk like that (by you = ეგრე) to a teacher?

ხვალამდე შეიძლება ვერ მოვასწროთ
It is possible we may not manage to do it by tomorrow

არ შეიძლება იწვიმოს ზაფხულში?
Isn't it possible for it to rain in summer (ზაფხული)?

Note: the expression *as ADJECTIVE/ADVERB as possible* is formed by placing the words რაც შეიძლება before the relevant adjective or adverb (e.g. რაც შეიძლება დიდი/ბევრი/სწრაფად *as big/many/quickly as possible*).

3

With 1st or 3rd person subject, an aorist subjunctive produces a deliberative question, e.g.:

ეხლა შემოვიდეთ? *Are we to come in now?*
ავდგე? *Am I to stand up?*
ბავშვი რვაზე დაწვეს? *Is the child to go to bed at 8?*

ბავშვებს ეხლა მისცენ საჩუქრები სტუმრებმა?
Are the guests to give the children the presents now?

4

The aorist subjunctive may be used to express a wish (or give vent to a curse!), e.g.:

მშვიდობა დამყარდეს მსოფლიოში!
May peace (მშვიდობა) *be established* ((და)მყარდება) *in the world* (მსოფლიო)*!*

ჯანმრთელი ბავშვი შეგეძინოს!
May you have a healthy (ჯანმრთელი) *child* (= *may it be acquired unto you* = (შე)გეძინება)*!*

გადავ(უ)რჩეთ ბარემ ამ ომს!
Just (ბარემ) *let us survive this war!*

არასოდეს დავკარგოთ დღევანდელი სიყვარული! *May we never* (არასოდეს) *lose the love* (სიყვარული) *we have today* (= *may today's* (დღევანდელი) *love never be lost to us)!*

ბავშვი მოგიკვდეს!
May your child perish!

კიდევ არასოდეს გნახოთ!
May we never see you/you (pl.) *again!/May I never see you* (pl.) *again!*

How to give an instruction in the imperative

For all verbs except one the imperative is identical to the aorist indicative with 2nd person subject. The one exception is the verb of motion, whose imperative has the forms preverb-დი (sing.) or preverb-დი-თ (pl.), the preverb giving the relevant direction of movement (e.g. მო-დი(-თ) *Come!*, შე-მო-დი(-თ) *Come in!*, გა-მო-დი(-თ) *Come out!*, შე-დი(-თ) *Go in!*, ჩა-დი(-თ) *Go down into!*, etc.). Study these examples:

გაჩუმდი (/ხმა გაკმინდე)! მამა-შენი ლაპარაკობს
Shut up ((გა-)ჩუმ-დ-ებ-ი/ხმას (გა-)კმენდ)*! Your father is speaking*

როცა ვინმე შემოვა, ადექით, ბავშვებო!
When anyone comes in, stand up, kids!

როცა ვინმე დააკაკუნებს კარზე, შეიძლება კაცმა თქვას 'მოდით!', მაგრამ უფრო თავაზიანია სიტყვა 'მობრძანდით!'
When someone knocks ((და)აკაკუნებ) *on the door, it is possible for a person to say* 'მოდით!' (*Come!*), *but the word* 'მობრძანდით!' (*do please come*) *is more polite* (თავაზიანი)

დაბრძანდით, ყავა დალიეთ და ამიხსენით ყველაფერი, რაც მოხდა
Do please be seated ((და)ბრძანდები), *drink some coffee and explain to me everything that happened*

ხელ-პირი დაიბანე, ჭუჭყიანი ტანსაცმელი გაიხადე, სუფთა რამ ჩაიცვი, კიბეზე ჩამოირბინე, მაგიდას მიუჯექი და ჭამე ეს გემრიელი საჭმელი!
Wash your hands and face, take off your dirty (ჭუჭყიანი) *clothing, put on something clean* (სუფთა), *come running downstairs, sit down at* ((მი)უჯდები) *the table and eat this delicious food!*

რატომ აჭიანურებ/ჭიმავ ყველაფერს? ბარემ თქვი!
Why do you spin out ((გა)აჭიანურებ/(გა)ჭიმავ) *everything? Just* (ბარემ) *say it!*

წერილი დაწერე, კონვერტში ჩადე, და კონვერტს დააკარი (= კონვერტზე დააწებე) ერთმანეთიანი მარკა!
Write the letter, put it in ((ჩა)დებ) *an envelope* (კონვერტი) *and stick on* ((და)აკრავ/(და)აწებებ) *the envelope a one-rouble* (ერთმანეთიანი) *stamp* (მარკა)*!*

ჯვარს აცვით იგი! *Crucify him* (lit. *dress* (აცვამ) *him on a cross* (ჯვარი))!

Colloquially some imperatives take a short form. In place of მო-ი-ცად-ე(-თ)! *Wait!* one regularly hears მო-ი-ცა! For და-ხედ-ე(-თ)! *Look at it!* და-ხე! is common. For ა-დექ-ი(-თ)! *Get/Stand up!* one may hear ა-დე! In the case of წამო-დი(-თ)! *Come on away* (*with me*)*!* the preverb წამო! may be used alone.

Georgian has no word for *please*, so the imperative on its own has no overtones of imperiousness. However, the colloquial addition of რა adds a sort of softening, pleading tone. Compare

ეს გამიკეთეთ! *Do this for me!*
with ეს გამიკეთეთ რა! *Go on, do this for me!*

It is also possible to add the full verb form გ-თხოვ(-თ) *I urge/beg of you.* Another alternative construction is to use an aorist subjunctive dependent upon this (now) main verb in place of the imperative. If your bus is crowded and you want to get off, you can say to those blocking your exit: გამატარეთ! *Let me pass!* (← (გა)ატარებ), as compared to გამატარეთ რა! *Go on, let me pass!*, or გამატარეთ, გთხოვთ! *Let me pass, I beg of you!* or even გთხოვთ გამატაროთ! *I beg you to let me pass!*

An instruction to be carried out by either some 3rd person(s) alone or a group including the speaker is given by using the aorist subjunctive with either 3rd person or 1st person plural subject respectively, e.g.:

პრეზიდენტი ჩვენს წინაშე გამოცხადდეს ხვალ ცხრა საათზე!
The president is to present himself ((გამო-)ცხად-დ-ებ-ი) *before* (წინაშე) *us at 9 o'clock tomorrow!*

ცოდვები შეგენდოს/გეპატიოს/მოგეტევოს!
Let your sins be forgiven!

ქალაქში წავიდეთ და ახალი ტელევიზორი ვიყიდოთ!
Let's go to town and buy a new television!

არავინ შემოვიდეს! *No-one is to come in!*
ხალხმა ნამცხვრები ჭამოს! *Let the people eat cakes!*
ქუჩა სწრაფად გადავჭრათ! *Let's quickly cut across the street!*
მოვიცადოთ და ვნახოთ! *Let's wait* ((მო)იცდი) *and see!*

How to construct expressions of prohibition

We have already dealt with two ways of negating a verb: ვერ indicates lack of ability to perform the verbal action, whilst არ is the simple negative. We now come to a third. This is ნუ, and it is used specifically for saying 'Don't . . .!'. It is used in conjunction **not** with the imperative, as might have been expected, but with the future indicative (or with the present indicative for an ongoing activity). An alternative construction, which is more of a negative request than a strict prohibition, is to use არ in conjunction with the aorist subjunctive. The same alternatives apply when the verb has 1st or 3rd person subject. Examples:

ნუ წახვალ(თ)! or არ წახვიდე(თ)
Don't go!

ნუ გააღებ(თ) მაგ კარს! or არ გააღო(თ) ეგ კარი!
Don't open that door!

ამ ეზოში ნუ ითამაშებ(თ) ბურთს! or არ ითამაშო(თ) ბურთი!
Don't play ball (ბურთი) *in this yard!*

მშობლებს ნუ ეტყვი(თ) ტყუილებს! or მშობლებს არ უთხრა(თ) ტყუილები!
Don't tell lies to your parents!

ბევრ მარილს ნუ დააყრი(თ) საჭმელს! or ბევრი მარილი არ დააყარო(თ) საჭმელს!
Don't put a lot of salt on your food!

ნუ გავაღებთ კარს, ნუ შემოვლენ! არ გავაღოთ კარი, არ შემოვიდნენ!
Let's not open the door, let them not come in!

სევდიანი ნუ ხარ!
Don't be (go on being) sad (სევდიანი)*!*

Dialogue 3

A mother gives her child a maths test

დედა: მანდ რას კითხულობ, შვილო? რატომ მიმალავ მაგ წიგნს?
შვილი: მნიშვნელოვანი არაფერია.
დედა: თუ აბდა-უბდას იკითხავ, არაფერს ისწავლი. უმნიშვნელო წიგნი არაფერში გამოგადგება. მოდი, ვისწავლოთ არითმეტიკა.
შვილი: რატომ უნდა ვისწავლო მათემატიკა, როცა გამოცდების დროს შეიძლება ვიხმაროთ (/გამოვიყენოთ) ჯიბის მრიცხველი?
დედა: ნუ სულელობ, გეხვეწები! განა სკოლაში არ გასწავლიან, რო(მ) სამყარო არ შეიძლება გამოცდებით განისაზღვროს? დავუშვათ, რო(მ) ერთ

დღეს გაგიფუჭდება ეგ ყოვლისშემძლე მრიცხველი ან შინ დაგრჩება, მაშინ რას იზამ სალაროსთან, როცა მოლარე მოგატყუებს და ზედმეტ ფულს გამოგტყუებს?

შვილი: კეთილი – გამომცადე, როგორც მასწავლებელმა მოწაფე.

დედა: პირველი კითხვა: ცამეტს მივუმატოთ რვა, რამდენი იქნება?

შვილი: ცამეტს თუ მივუმატებთ რვას, იქნება ოცდაერთი.

დედა: მართალია. მეორე კითხვა: ოცდახუთს გამოვაკლოთ თერთმეტი, რამდენია?

შვილი: ოცდახუთს თუ გამოვაკლებთ თერთმეტს, თექვსმეტი იქნება.

დედა: არა, შეცდი. კიდევ (შე)ეცადე. ოცდახუთს გამოაკელი თერთმეტი (და არა ცხრა).

შვილი: მოიცა – ოცდახუთს თუ გამოვაკელი თერთმეტი, თოთხმეტი უნდა იყოს.

დედა: ეხლა მესამე კითხვა: ოცდაშვიდი გავყოთ სამზე, რამდენია?

შვილი: ერთი წუთით, შემახსენე შესაბამისი ტერმინები მაგ რიცხვებისთვის.

დედა: ოცდაშვიდი გასაყოფია, ხოლო სამი გამყოფი. ეხლა გასაყოფი გაყავი გამყოფზე.

შვილი: თუ ოცდაშვიდს გავყოფ სამზე, განაყოფი იქნება ცხრა.

დედა: უკანასკნელი კითხვა: შვიდი გავამრავლოთ რვაზე (ანდა რვაჯერ შვიდი), რამდენი იქნება?

შვილი: აქ შვიდი სამრავლია, ხოლო რვა მამრავლი. თუ შვიდს გავამრავლებთრვაზე, ნამრავლი ორმოცდათექვსმეტია.

დედა: ხომ იცი, რას ვუწოდებთ რიცხვებს, რომლებიც იყოფა ორზე?

შვილი: მათ ვუწოდებთ ლუწს.

დედა: და მაგის საპირისპირო?

შვილი: ლუწის საპირისპირო კენტი გახლავთ.

დედა: ძალიან კარგი, შვილო!

შვილი: ალბათ მათემატიკის პროფესორი უნდა გავხდე, როცა გავიზრდები!

Vocabulary

მნიშვნელოვანი	*important*	აბდა-უბდა	*nonsense*
უმნიშვნელო	*unimportant*	ა-დგ-ებ-ა (გამო-)	*X is advantageous to Y*
ხმარობ (ი- -ებ)	*you use X*	ი-ყენ-ებ (გამო-)	*you use X*
მრიცხველი	*calculator, meter*	სულელ-ობ (ი- -ებ)	*you behave foolishly*
ე-ხვეწ-ებ-ი (+/- შე-)	*you (will) beg X*	სამყარო	*world*

საზღვრ-ავ (გან-)	*you define X*	ყოვლისშემძლე	*almighty*
რჩ-ებ-ა (და-) მას	*X remains for Y*	მაშინ	*then*
სალარო	*pay-point*	მოლარე	*cashier*
ა-ტყუ-ებ (მო-)	*you deceive X*	ზედმეტი	*excessive*
ს-ტყუ-ებ (გამო-)	*you wangle X out of Y*	ს-ცდ-ი (გამო-)	*you test X*
უ-მატ-ებ (მი-)	*you add X to Y*	ა-კლ-ებ (გამო-)	*you subtract X from Y*
მო-ი-ცა!	*hold on!*	ერთი წუთით!	*just a minute!*
ა-ხსენ-ებ (შე-)	*you remind X of Y*	შესაბამისი	*relevant*
ტერმინი	*term*	რიცხვი	*number*
გასაყოფი	*dividend*	გამყოფი	*divisor*
განაყოფი	*quotient*	უკანასკნელი	*last*
ა-მრავლ-ებ (გა-)	*you multiply X*	სამრავლი	*multiplicand*
მამრავლი	*multiplier*	ნამრავლი	*product*
უ-წოდ-ებ	*you (will) call X 'Y'*	ლუწი	*even*
საპირისპირო	*opposite*	კენტი	*odd*

Exercises

1

Write out the aorist subjunctive paradigms of the pairs: *I* (etc.) *may knock X down*, *I* (etc.) *may fall over*, *I* (etc.) *may warm X*, *I* (etc.) *may get warm*, *I* (etc.) *may whiten X*, *I* (etc.) *may turn white.*

2

Fill in the gaps and translate:

(a) .ალ .ნდ. წ.ვიდ.. ჩ.ენ?
(b) .ანდ ნ. დ.დ.ბ. მ.გ.ს!
(c) სამ. მ.ვ.მატ.თ .რი
(d) თ.ვ.ნ ა.რე უ..ა .აწვ..
(e) .გ .რ დ.მ.კ.რგ.., გ.ხოვ.
(f) შ.ი.ლ.ბ. ა. ე.ოშ. ვ.თამ.შ..?
(g) გ.ჩ.მ.ი. და დ.ს.ედი.!
(h) .რ .ე.ძ.ე.ა .ან ფ.ნ.ა.ა .ა.ლ.ს?

3

Rewrite the following prohibitions in their more polite forms:

(a) კარებს ნუ მიეყრდნობით!
(b) ნუ დავთვრებით
(c) ჯარისკაცები იქ ნუ გაიგზავნებიან
(d) ლოყები ნუ გაგიწითლდებათ
(e) თეფშები ნუ დაიმტვრევა
(f) ტყუილს ნუ ეტყვი დედას!
(g) შვილი ნუ წაიკითხავს ამ წიგნს
(h) ნუ გავუბრაზდებით იმას

4

Now put the following polite prohibitions into their stronger forms:

(a) არ გადამრიოთ!
(b) მან არ დაუშვას ეს შეცდომა
(c) არ მომიკვდე!
(d) ბავშვებმა არ ილაპარაკონ
(e) ჯერ არ დაწვე!
(f) უცხოელები არ დაიბნნენ
(g) ფული არ წაერთვას ამ ბავშვს
(h) ისინი არ ენდონ იმ კაცს

5

Rephrase the following sentences of the type *X . . . ed* into an expression of the type *X should not . . .* after the pattern of: გოგომ ვაშლი ჭამა *the girl ate the/an apple* → გოგომ ვაშლი არ უნდა ჭამოს *the girl should not eat the/an apple*:

(a) ქართველები უცხოელს ესტუმრნენ
(b) სკოლა დაინგრა
(c) ბავშვებმა ფეხბურთი ითამაშეს
(d) ქალები გადაირივნენ
(e) ბავშვი დედას დაემალა
(f) ახალი სკოლა აშენდა
(g) კაცი მაგიდას მიუჯდა
(h) პოლიციელებმა ქურდი გაუშვეს

6

Answer each of the following questions in (a) an affirmative, and (b) a negative way after the pattern of: შეიძლება ხელი დავიბანოთ? *Is it possible for us to wash our hand(s)?* → დიახ, დაიბანეთ/არა, ნუ დაიბანთ! *Yes, wash them/No, don't wash them!*:

(a) შეიძლება თმა აქ დავივარცხნოთ?
(b) შეიძლება დავსხდეთ?
(c) შეიძლება ყველაფერი აგიხსნათ?
(d) შეიძლება ამას გამოვაკლო ასი?
(e) შეიძლება ვიმღეროთ?
(f) შეიძლება დავიწყო ძებნა?
(g) შეიძლება ასე მოვიქცეთ?
(h) შეიძლება გავსხლა ეს მცენარე?

7

Translate into English:

(a) თუ არ შეიძლება კარი გავაღოთ და სახლში შევიდეთ, რა ვქნათ?
(b) უცხოელებს რატომ უნდა დავაძალოთ ღვინო? შეიძლება ჩვენ ქართველებს ეს ჩაგვეთვალოს ცუდ საქციელად
(c) მაგიდას მიუჯექი. მე რაღაც უნდა მოვიტანო მაღაზიიდან. თუ შეიძლება, გთხოვ დაუსხა ღვინო სხვა სტუმრებს. მალე მოვალ
(d) ხომ გადაგითარგმნეთ ის სიტყვები (ე.ი. კარებს ნუ მიეყრდნობით), რომლებსაც კარზე ხედავთ? მაშ რატომ მიეყრდენით?
(e) ფოსტაში აგიხსნიან, როგორ უნდა გაიგზავნოს ღია ბარათი ინგლისში. შეიძლება დიდი რიგი იყოს, მაგრამ იქ უნდა დადგე და მოიცადო
(f) დედიკო, სადგურზე უნდა ვიყო თერთმეტზე. შეიძლება ვინმე დამხვდეს? მამა აუცილებლად დაგხვდება. ნუ დაიგვიანებ/არ დაიგვიანო! ეხლა ყურმილი უნდა დავდო
(g) ვინმემ აგვიხსნას ზუსტად რა დაემართა(თ) ჩვენს მეგობრებს, მერე უნდა წავიდეთ და დავეხმაროთ მათ
(h) ხელიდან არ გაგისრიალდეს საჭე, თორემ შეიძლება რა(ი)მეს დაეჯახო. ისიც უნდა შეგახსენო, რო(მ) არაფერი (არ) დაგაკლდება, თუ ერთი საათით დაიგვიანებ, ოღონდ გზაზე უბედურება არ შეგემთხვეს!

8

Translate into Georgian:

(a) Why should I be given money, when I am unable to go out and have to stay at home?
(b) When I come to Tbilisi, someone must meet me at the station, otherwise it is possible I'll lose my way
(c) Come tomorrow at three. Bring your sister, but don't bring your brother
(d) It is possible for 27 to be divided by nine. Since it is not divisible by two, we call it an odd number
(e) It's possible you'll give birth to a son, but it's not possible for him to be named George, since you named your first son George
(f) The enemy have to treat you well. Otherwise, after we gain victory, we shall treat them badly, and they are well aware of this fact
(g) This should soon be decided, and, as soon as it is decided, they should tell you
(h) Don't go on being so obstinate! Get up at six tomorrow and take your sister to the station. What should you lose by this?

Lesson 13

In this lesson you will learn about:

- The essentials of the stative verbs
- The formation, agreement patterns and syntax of the indirect verbs in the present, future and, where relevant, aorist indicatives (plus aorist subjunctive)
- Saying *X wants to . . .* and *X can . . .*
- Expressing the notion *convey* in the present sub-series
- Forming the future indicative of the verb *know*
- The more important stative verbs

Dialogue 1

Misha has a proposal for his girlfriend, Duda

მიშა: დუდა, დაჯექი. ჩვენს გარდა აქ არავინ (არ) არი(ს). გაუმეორებელი შესაძლებლობა ეხლა მომეცა, და არ შემიძლია მით არ ვისარგებლო. რაღაც მინდა გითხრა.

დუდა: რა მოგივიდა, მიშა? რატომღაც მეჩვენება, თითქოს დღეს გეუხერხულება ჩემთან ლაპარკი.

მიშა: ალბათ მიმიხვდები ნერვიულობის მიზეზს, როცა გაიგებ იმას, რაც მინდა გითხრა.

დუდა: მაშ გისმენ!

მიშა: ხომ გახსოვს ის საღამო, როცა გავეცანით ერთმანეთს? ჰოდა, იმ წუთში შემიპყრო ისეთმა გრძნობებმა, რო(მ) უნდა დავასკვნა, რო(მ) იმ საღამოსვე შემიყვარდი. უკვე ექვსი თვეა, რაც ერთმანეთს ვიცნობთ, და გულახდილად შემიძლია გითხრა, რო(მ), რაც დრო გადის, მით უფრო მიყვარხარ. არ იფიქრო, რო(მ) ცოლის თხოვნას ვეჩქარები, მაგრამ უკვე ოცდაათი წლისა ვარ და უშენოდ აღარ შემიძლია ვიცხოვრო. ამიტომ მინდა ცოლად შეგირთო, თუკი შენც გინდა

ცოლად გამომყვე. არ მინდა, რო(მ) ეხლა უცებ გამცე პასუხი, მაგრამ მაინტერესებს რა გრძნობები გაქვს ჩემს მიმართ.

დუდა: მიშა, გენაცვალე, როგორ გამიკვირდა შენი ნერვიულობა, მაგრამ ეხლა სრულიად მესმის ყველაფერი! ნუ ნერვიულობ, რაკი მეც შემიძლია გამოგიტყდე, რო(მ) დიდი ხანია ისეთი მხურვალე გრძნობები მაქვს შენს მიმართ, რო(მ) ალბათ ტყუილი არ იქნება, თუ ვიტყვით – მართლა გვიყვარს ერთმანეთი. როცა შენ წახვედი ქუთაისში გასულ კვირაში, ძალიან მომენატრე. რა თქმა უნდა, ცოლად გამოგყვები!

მიშა: შენი ჭირიმე, მოდი, გაკოცო!

დუდა: ისე მიხარია, რო(მ) აღარ ვიცი, ეხლა რა ვქნათ!

მიშა: მშობლებს უნდა დავურეკოთ. როგორ გაუხარდებათ, როცა გაიგებენ, რო(მ) მალე ეყოლებათ ახალი სიძე-რძალი! შეეძლებათ გადაგვიხადონ დიდი ქორწილი!

Vocabulary

გაუმეორებელი *unrepeatable*
შე-უ-ძლ-ი-ა *X can*
სარგებლ-ობ (ი- -ებ) *you take advantage of X* (= instr.)
თითქოს *as if*
ლაპარაკი *talking*
უ-სმ(-)ენ (მო-) *you listen to X*
საღამო *evening*
გ-ი-პყრ-ობ-ს (შე-) *feeling grips you*
გრძნობა *feeling*
გ-ი-ყვარ-დ-ებ-ა (შე-) *you fall in love with X*
რაც (უფრო) . . . მით უფრო *the more . . . the more*
თხოვნა *seeking*
უშენოდ *without you*
გ-ა-ინტერეს-ებ-ს (და-) *X interests you*
მიმართ *towards* (+ gen.)
გა-გ-ი-კვირ-დ-ებ-ა *it will surprise you*
სრულიად *entirely*

შესაძლებლობა *possibility*
გ-ი-ნდ-ა *you want X*
გ-ე-ჩვენ-ებ-ა *it seems to you*
გ-ე-უხერხულ-ებ-ა *you consider X embarrassing*
ნერვიულობა *nervousness*
გ-ა-ხსოვ-ს *you recall X*
პოდა *well*
ისეთი *such (a)*
ა-სკვნ-ი (და-) *you conclude X*
გულახდილად *honestly*
გ-ი-ყვარ-ს *you love X*
ე-ჩქარ-ებ-ი *you are hastening to X*
გა-მ-ც-ემ პასუხს *you will answer me*
გ-ა-ქვ-ს *you have* (thing)
გენაცვალე! *darling!*
ნერვიულ-ობ (ი- -ებ) *you behave nervously*
გ-ე-სმ-ი-ს *you understand X*

უ-ტყდ-ებ-ი (გამო-)	*you reveal X to Y*	მხურვალე	*warm*
გასული (კვირა)	*last (week)*	გ-ე-ნატრ-ებ-ა (მო-)	*you miss X*
შენი ჭირიმე!	*darling!*	კოცნ-ი (ა-კოც-ებ)	*you (will) kiss X*
გ-ი-ხარ-ი-ა	*you are glad*	გა-გ-ი-ხარ-დ-ებ-ა/ გა-გ-ე-ხარ-დ-ებ-ა	*you will be gladdened*
გ-ე-ყოლ-ებ-ა	*you will have* (person)	სიძე-რძალი	*son-(and)-daughter-in-law*
უ-ხდ-ი (გადა-)	*you put on X for Y*	ქორწილი	*wedding*

Dialogue 2

P'aat'a offers an acquaintance, Nodar, a lift in his car

პაატა: ნოდარ, სად (/საით) მიგაქვთ ეგ წიგნები? რატომ გეჩქარებათ?

ნოდარი: ბოდიში, რომელი ბრძანდებით? ვაიმე, პაატა, თქვენა ხართ? მეჩქარება წიგნთსაცავისკენ, სადაც უნდა დავაბრუნო ეს წიგნები ხუთ საათამდე. ხომ არ შეგიძლიათ დამეხმაროთ?

პაატა: რასაკვირველია. მანქანა მიმყავს მისი წლიური შემოწმებისათვის. გარაჟში უნდა ჩავბარდეს ხუთზე. ჩამოსხედით და მიგიყვანთ. თუ გცხელათ, ფანჯარა უნდა გააღოთ.

ნოდარი: რანაირი პერანგი გაცვიათ და რა აწერია მას?

პაატა: რა ვიცი მე, ამ პერანგს რა ჰქვია? – ძმამ ჩამომიტანა საზღვარგარეთიდან. ალბათ ფირმის სახელი აწერია, მაგრამ სიტყვებს ვერ ვკითხულობ და, მართალი რო(მ) გითხრათ, ფეხებზე მკიდია, ოღონდ უცხოური იყოს — უხცოური რამ მირჩევნია აქაურ გამოშვებას, როგორც ჩვენ ქართველებს გვჩვევია.

ნოდარი: შენს ძმას რა ჩამოაქვს ხოლმე საზღვარგარეთიდან?

პაატა: სპეკულანტი ნუ გგონიათ (/არ გეგონოთ) იგი, მაგრამ ყველამ ხომ უნდა ვიცხოვროთ?!

ნოდარი: ნუ გეშინიათ. მაგას არ ჰქვია ხალტურობა – ბიზნესს უფრო ჰგავს (თანამედროვე ნორმების მიხედვით)! მერწმუნეთ, რო(მ) არავის (არ) გავუმხელ თქვენს საიდუმლოს. არ მინდა გამცეთ პასუხი კითხვებზე, თუ გრცხვენიათ.

პაატა: როგორ გეკადრებათ?! არ მრცხვენია პასუხის გაცემისა. უბრალოდ მინდა ვილაპარაკო ჩემს თავზე და არა

ჩემი ძმის შესახებ. ხომ გესმით ჩემი პოზიცია?
ნოდარი: ძალიან კარგად მესმის. მაპატიეთ! სხვათა შორის, როცა ეს-ეს არის გააჩერეთ მანქანა, უცებ ვერ გიცანით. ეხლა მივხვდი რატომ. ბოლო დროს რო(მ) შევხვდით ერთმანეთს, თუ არ ვცდები, არ გეკეთათ სათვალე. ეხლა გიკეთიათ. რა მოხდა?
პაატა: ისეთი არაფერი. ექიმმა რო(მ) თვალები გამისინჯა, მითხრა, რო(მ) დროებით მჭირდება სათვალე, როცა საჭესთან ვზივარ.
ნოდარი: დროებით თუ გჭირდებათ, ალბათ აღარ დაგჭირდებათ რამ(ო)დენიმე თვის შემდეგ.
[ნოდარს ცხვირს აცემინებს/ნოდარი აცხიკვებს]
პაატა: სიცოცხლე! თუ გცივათ, ფანჯარა დახურეთ.
ნოდარი: არ მცივა, მაგრამ თუ შემცივდება, დავხურავ.
პაატა: და ნუ გრცხვენიათ. შეიძლება მე დამავიწყდეს და კიდევ არ შეგახსენოთ.
ნოდარი: მაინც ხომ გახსოვთ, სად მივდივართ?
პაატა: ვაიმე, რა დამემართა? სად მიმყავხართ? ეს სულ არ არი(ს) გზა წიგნთსაცავისკენ!

Vocabulary

საით?	*where (to)?*	მი-გ-ა-ქვ-ს	*you take* (thing)
გ-ე-ჩქარ-ებ-ა	*you are in hurry*	წიგნთსაცავი	*library*
რასაკვირველია	*of course*	მი-გ-ყავ-ს	*you take (person/car)*
წლიური	*annual*	შემოწმება	*examination*
გარაჟი	*garage*	გ-ცხელ-ა	*you are hot*
რანაირი?	*what sort of?*	პერანგი	*shirt*
გ-ა-ცვ-ი-ა	*you wear X*	გ-ა-წერ-ი-ა	*X is written on you*
გ-ქვ-ი-ა	*you are called X*	საზღვარგარეთ	*abroad*
ფირმა	*firm*	მართალი რო(მ) გითხრა	*to tell you the truth*
ფეხებზე გ-კიდ-ი-ა	*you don't give a damn*	უცხოური	*foreign* (of things)
გ-ი-რჩევნ-ი-ა	*you prefer X*	აქაური	*of here*
გამოშვება	*product*	გ-ჩვევ-ი-ა	*you have X as a habit*
ჩამო-გ-ა-ქვ-ს	*you bring thing*	სპეკულანტი	*speculator*
გ-გონ-ი-ა	*you think X*	ცხოვრ-ობ (ი- -ებ)	*you live*
გ-ე-შინ-ი-ა	*you are afraid*	ხალტურობა	*being on the make*
ბიზნესი	*business*	ჰ-გავ-ხარ	*you resemble X*
ნორმა	*norm*	თანამედროვე	*contemporary*
უ-მხელ (გა-)	*you reveal X to Y*	საიდუმლო	*secret*
კითხვა	*question*	გ-რცხვენ-ი-ა	*you are ashamed (of X* = gen.)

როგორ გ-ე-კადრ-ებ-ა!	*Not at all!/What a thing to say!*	გაცემა	*giving*
პოზიცია	*position*	ა-პატი-ებ	*you (will) forgive X Y*
ეს-ეს არის	*(has/have) just*	ი-ცნ-ობ	*you (will) recognise X*
ბოლო	*last; end*	გ-ი-კეთ-ი-ა	*you wear* (e.g. glasses)
სათვალე	*glasses*	გ-ჭირ-დ-ებ-ა (და-)	*you need X*
ცხვირს (და-)გ-ა-ცემ-ინ-ებ-ს (= (და-)ა-ცხიკვ-ებ)	*you sneeze*	სიცოცხლე!	*Bless you!* (lit. = *life!*)
გ-ცივ-ა	*you are cold*	შე-გ-ცივ-დ-ებ-ა	*you will grow cold*
გ-ა-ვიწყ-დ-ებ-ა (და-)	*you forget X*	ხურ-ავ (და-)	*you close X*

Grammar

Stative verbs

Georgian has a number of verb forms called statives, that indicate that their nominative subject is in some particular state. They are peculiar in that, whether there is a dative indirect object present or not, the verb implies by its very shape that such an indirect object **is** present. Regardless of their form in the present sub-series (and in this sub-series most of them only exist in the present indicative anyway), in the future sub-series and in Series II they follow the pattern of prefixal intransitives with obligatory ე-prefix (and no preverb). Most of these verbs will only ever be found with a 3rd person singular subject and will thus mostly end in the present indicative in -ი-ა (a few end in -ავ-ს). If 1st/2nd person subjects are possible, the agreement patterns will be as illustrated for the verb *be suspended* in the expression ჰაერში ჰ-კიდ-ი-ა *X is suspended in (mid) air* (ჰაერი) (note the indirect object marking ჰ-):

Present indicative	*Future indicative*	*Aorist indicative*	*Aorist subjunctive*
ვ-კიდ-ი-ვარ	ვ-ე-კიდ-ებ-ი	ვ-ე-კიდ-ე	ვ-ე-კიდ-ო
ჰ-კიდ-ი-ხარ	ე-კიდ-ებ-ი	ე-კიდ-ე	ე-კიდ-ო
ჰ-კიდ-ი-ა	ე-კიდ-ებ-ა	ე-კიდ-ა	ე-კიდ-ო-ს
ვ-კიდ-ი-ვარ-თ	ვ-ე-კიდ-ებ-ი-თ	ვ-ე-კიდ-ე-თ	ვ-ე-კიდ-ო-თ
ჰ-კიდ-ი-ხარ-თ	ე-კიდ-ებ-ი-თ	ე-კიდ-ე-თ	ე-კიდ-ო-თ
ჰ-კიდ-ი-ან	ე-კიდ-ებ-ი-ან	ე-კიდ-ნენ	ე-კიდ-ო-ნ

The form of the root in Series II and whether the subjunctive is in -ო or -ა will be determined by the verb type, according to the rules presented in earlier lessons. For example, ყრ-ი-ა *(objects) lie scattered about* from ყრ-ი *you throw them* has the aorist indicative and subjunctive ე-ყარ-ა/ე-ყარ-ო-ს respectively, because the basic transitive verb has the corresponding forms და-ყარ-ა *X threw them* vs და-ყარ-ო-ს *X may throw them*. Statives may be combined with indirect objects, which, according to the verb in question and/or the meaning, will be marked on the verb **in the present sub-series only** by the appropriate object affix

1 directly preceding the root (e.g. ფეხებზე მ-კიდ-ი-ა/მ-ე-კიდ-ებ-ა/მ-ე-კიდ-ა *I don't/won't/didn't give a damn* (lit. *it is suspended on my feet*)
2 in conjunction with the objective version (e.g. ლოგინის თავთან მ-ი-კიდ-ი-ა/მ-ე-კიდ-ებ-ა/მ-ე-კიდ-ა თქვენი სურათი *I have/shall have/had your picture hanging by the head of the bed*)
3 in conjunction with the locative version (e.g. ბაღი სახლს ა-კრ-ავ-ს/ე-კვრ-ებ-ა/ე-კრ-ა/ე-კრ-ა-ს *A garden is/will be/was/may be attached to the house*).

As we see, in the future sub-series and Series II the ე-prefix is obligatory whether there is actually an indirect object present or not.

Particularly with those statives which are obligatorily construed with an indirect object one has the feeling, perhaps conditioned by the way they are most naturally translated into English, that one is making more of a statement about the dative nominal than about the nominative nominal; in other words, there is more of a feeling that the dative is the subject with these verbs rather than the nominative. Consider, for example:

შენ როგორ გ-გონ-ი(-ა), თეთრი სახლი უფრო ლამაზია თუ შავი? მე მ-გონ-ი(-ა), რო(მ) თეთრი უფრო ლამაზია
What is your opinion? (lit. *How think you*) *– is the white house or the black one prettier? I think the white one is prettier*

ვინ გ-გონ-ი-ვარ-თ მე? ჩვენ გვ-გონ-ი-ხარ ჩვენი მხსნელი
Who do you think I am? We think you are our saviour (მხსნელი)

შენ რა გ-ქვ-ი-ა? მე მ-ქვ-ი-ა ჯორჯი
What is your name? My name is George

რა ა-ცვ-ი-ა-თ იმ ბავშვებს? მათ ა-ცვ-ი-ა-თ სკოლის ფორმა
What are those children wearing? They are wearing school-uniform (ფორმა)

ხელში რა გ-ი-კავ-ი-ა-თ? ახალი წესდება გვ-ი-კავ-ი-ა
What are you holding in your hands? We are holding the new constitution (წესდება)

Stative verbs have somewhat marginal status in Georgian, although some of them are clearly going to occur quite frequently. The principal parts of some of the more important, including the four roots just illustrated, are given later in this lesson. But the reason for their discussion at this stage was by way of introduction to a group of verbs whose subject is definitely and always its dative nominal.

The indirect verbs

In previous lessons all the verb-types examined have taken nominative subjects in Series I, whilst any direct object with Series I transitives and medials has gone into the dative case. We have also discussed the alternative patterning that comes into play in Series II for transitives and medials, whereby the subject stands in the ergative and the direct object in the nominative.

We now come to the indirect verbs, which take their name from the fact that, **regardless of series**, their logical subject stands in the **dative** case, whilst their logical direct object stands in the **nominative**. As for noun–verb agreement, the dative nominal selects those agreement affixes which up until now have been used to mark a verb's object, whereas the nominative nominal selects those affixes which up until now have been used to mark a verb's subject. This sudden reversal of established patterns for indicating the relationship between verbs and their nouns usually causes the learner some difficulty, so do not be surprised if what we are about to describe takes some time to sink in!

Indirect verbs and statives

Indirect verbs share a number of features with the statives: in the present sub-series some roots are preceded only by an agreement affix, some require the objective version, some the locative version, and others take the ე-prefix; in the future sub-series many have the form of a prefixal intransitive with obligatory ე-prefix. Many indirect verbs only exist in association with a dative nominal, and often, although the verb must of necessity carry an agreement affix also for a putative nominative nominal, none such may actually appear in the sentence. When the nominative nominal is 1st or 2nd person, it is marked on the verb by means of the copula in the present indicative. A 3rd person nominative nominal, whether singular or plural, is marked in the present indicative by either -ს or -ა – as the nominative nominal is the direct object, 3rd person plurality is **never** indicated, even if it refers to human beings. Unlike statives, whose past tense form is almost always formally the aorist indicative, indirect verbs often have no aorist indicative (or Series II in general) and have as their past tense a formal imperfect indicative (see Lesson 14).

Conjugations of indirect verbs

Let us look at the conjugations of some of the indirect verbs to get a feel for how they work:

მ-ი-ყვარ-ს	*I love X* (sing./pl.)	გვ-ი-ყვარ-ს	*we love X* (sing./pl.)
გ-ი-ყვარ-ს	*you love X* (sing./pl.)	გ-ი-ყვარ-თ	*you* (pl.) *love X* (Sg./Pl.)
უ-ყვარ-ს	*X loves Y* (sing./pl.)	უ-ყვარ-თ	*they love X* (Sg./Pl.)

We have here been changing the person of the dative subject and keeping the object constant as a 3rd person entity. We note that the 3rd person plural dative, being the verb's subject, has its plurality marked on the verb by the suffixal -თ, which causes the -ს- agreeing with the nominative nominal to drop (cf. the same -თ on ა-ცვ-ი-ა-თ *they are wearing X* above). If the direct object is 1st or 2nd person, then the 3rd person subject's plurality may **not** be marked on the verb, for a -თ in association with whatever the marker of the 1st or 2nd person nominative nominal happens to be may indicate the plurality of the direct object only. Study the following examples, where various combinations of subject and object are offered:

მ-ი-ყვარ-ხარ	*I love you*	მ-ი-ყვარ-ხარ-თ	*I love you* (pl.)
გ-ი-ყვარ-ვარ	*you love me*	გ-ი-ყვარ-ვარ-თ	*you love us/you* (pl.) *love me/you* (pl.) *love us*

უ-ყვარ-ხარ	*X* (sing./pl.) *love(s) you*
უ-ყვარ-ხარ-თ	*X* (sing./pl.) *love(s) you* (pl.)
ვ-უ-ყვარ-ვარ	*X* (sing./pl.) *love(s) me*
ვ-უ-ყვარ-ვარ-თ	*X* (sing./pl.) *love(s) us*

გვ-ი-ყვარ-ხარ	*we love you*	გვ-ი-ყვარ-ხარ-თ	*we love you* (pl.)

Some examples to illustrate this verb in full sentences are:

ვის ვუყვარვარ? შენ ყველას უყვარხარ
Who loves me? Everyone loves you

შინაბერებს უყვართ ზვიადი
Spinsters (შინაბერა (-ა-)) *love Zviad*

შინაბერებს არ უყვარხარ შენ
Spinsters don't love you

დედებს უყვართ თავიანთი ბავშვები
Mothers love their own children

ამ ბავშვს უყვარს თავისი მშობლები
This child loves his own parents

We have seen that the root *love* requires the objective version in the present sub-series. In the future indicative the equivalents to the above forms will be:

მ-ე-ყვარ-ებ-ა	*I'll love X* (sing./pl.)
გ-ე-ყვარ-ებ-ა	*you'll love X* (sing./pl.)
ე-ყვარ-ებ-ა	*X'll love Y* (sing./pl.)
მ-ე-ყვარ-ებ-ი	*I'll love you*
გ-ე-ყვარ-ებ-ი	*you'll love me*
გვ-ე-ყვარ-ებ-ა	*we'll love X* (sing./pl.)
გ-ე-ყვარ-ებ-ა-თ	*you* (pl.) *will love X* (sing./pl.)
ე-ყვარ-ებ-ა-თ	*they'll love X* (sing./pl.)
მ-ე-ყვარ-ებ-ი-თ	*I'll love you* (pl.)
გ-ე-ყვარ-ებ-ი-თ	*you'll love us/you* (pl.) *will love me/ you* (pl.) *will love us*
ე-ყვარ-ებ-ი	*X* (sing./pl.) *will love you*
ე-ყვარ-ებ-ი-თ	*X* (sing./pl.) *will love you* (pl.)
ვ-ე-ყვარ-ებ-ი	*X* (sing./pl.) *will love me*
ვ-ე-ყვარ-ებ-ი-თ	*X* (sing./pl.) *will love us*
გვ-ე-ყვარ-ებ-ი	*we'll love you*
გვ-ე-ყვარ-ებ-ი-თ	*we'll love you* (pl.)

The expression *fall in love with* behaves like an inceptive, i.e. a verb denoting the beginning of an action. It is uncommon in the present sub-series, has the form of a suffixal intransitive elsewhere, takes the preverb შე-, and the dative logical subject is marked on the verb with the help of the objective version. The aorist indicative is, of course, strong and the subjunctive is in -ე e.g.:

შე-მ-ი-ყვარ-დ-ებ-ი	*I'll fall in love with you*
შე-ვ-უ-ყვარ-დ-ებ-ი	*X* (sing./pl.) *will fall in love with me*
შე-უ-ყვარ-დ-ებ-ი-თ	*X* (sing./pl.) *will fall in love with you* (pl.)
შე-მ-ი-ყვარ-დ-ი	*I fell in love with you*
შე-ვ-უ-ყვარ-დ-ი	*X* (sing./pl.) *fell in love with me*
შე-უ-ყვარ-დ-ი-თ	*X* (sing./pl.) *fell in love with you* (pl.)

Note: since in speech ვ- before -უ is often not pronounced, this last form may also mean *X* (sing./pl.) *fell in love with* ***us***. Similar cases will not be noted elsewhere.

შე-მ-ი-ყვარ-დ-ე	*I may fall in love with you*
შე-ვ-უ-ყვარ-დ-ე	*X* (sing./pl.) *may fall in love with me*
შე-უ-ყვარ-დ-ე-თ	*X* (sing./pl.) *may fall in love with you* (pl.)

The meaning *conceive a love for* is conveyed by a normal transitive verb in -ებ, e.g.:

შე-ვ-ი-ყვარ-ებ	*I'll conceive a love for X*
შე-ვ-ი-ყვარ-ე	*I conceived a love for X*
შე-ვ-ი-ყვარ-ო	*I may conceive a love for X*

The root *have* (of animate objects) is one that takes no version vowel in the present sub-series, e.g.:

მ-ყავ-ს	*I have X* (sing./pl.)	გვ-ყავ-ს	*we have X* (sing./pl.)
გ-ყავ-ს	*you have X* (sing./pl.)	გ-ყავ-თ	*you* (pl.) *have X* (sing./pl.)
ჰ-ყავ-ს	*X has Y* (sing./pl.)	ჰ-ყავ-თ	*they have X* (sing./pl.)

მ-ყავ-ხარ	*I have you*	გ-ყავ-ვარ	*you have me*
ჰ-ყავ-ხარ	*X* (sing./pl.) *has/have you*		
ვ-ყავ-ვარ	*X* (sing./pl.) *has/have me*		
ვ-ყავ-ვარ-თ	*X* (sing./pl.) *has/have us*		
გ-ყავ-ვარ-თ	*you have us/you* (pl.) *have me/you* (pl.) *have us*		

The equivalent future indicative forms, where the root is -ყოლ-, will be:

მ-ე-ყოლ-ებ-ა	*I'll have X* (sing./pl.)	გვ-ე-ყოლ-ებ-ა	*we'll have X* (sing./pl.)
გ-ე-ყოლ-ებ-ა	*you'll have X* (sing./pl.)	გ-ე-ყოლ-ებ-ა-თ	*you* (pl.)*'ll have X* (sing./pl.)
ე-ყოლ-ებ-ა	*X'll have Y* (sing./pl.)	ე-ყოლ-ებ-ა-თ	*they'll have X* (sing./pl.)
მ-ე-ყოლ-ებ-ი	*I'll have you*	გ-ე-ყოლ-ებ-ი	*you'll have me*

ე-ყოლ-ებ-ი	*X* (sing./pl.) *will have you*
ვ-ე-ყოლ-ებ-ი	*X* (sing./pl.) *will have me*
ვ-ე-ყოლ-ებ-ი-თ	*X* (sing./pl.) *will have us*

გ-ე-ყოლ-ებ-ი-თ *you'll have us/you* (pl.) *will have me/you* (pl.) *will have us*

A different root exists for the meaning *have* (an inanimate object) – in the present indicative it is -ქვ-, and in the future sub-series it is -ქნ-. Note the colloquial present given in brackets below:

მ-ა-ქვ-ს (მ-ა-ქ)	*I have it/them*
გ-ა-ქვ-ს (გ-ა-ქ)	*you have it/them*
ა-ქვ-ს (ა-ქ)	*X has it/them*
გვ-ა-ქვ-ს (გვ-ა-ქ)	*we have it/them*
გ-ა-ქვ-თ (გ-ა-ქ-თ)	*you* (pl.) *have it/them*
ა-ქვ-თ (ა-ქ-თ)	*they have it/them*

ე-ქნ-ებ-ა-თ	*they will have it/them*
გვ-ე-ქნ-ებ-ა	*we shall have it/them*

This future is nothing other than ი-ქნ-ებ-ა *it will be* (older *it is being made*) with an associated indirect object shown by the ე-prefix!

The root -ხს(-)ოვ- *remember* is one that takes the locative version in the present sub-series, e.g.:

მ-ა-ხსოვ-ს	*I recall X* (sing./pl.)
გ-ა-ხსოვ-ს	*you recall X* (sing./pl.)
ა-ხსოვ-ს	*X recalls Y* (sing./pl.)
გვ-ა-ხსოვ-ს	*we recall X* (sing./pl.)
გ-ა-ხსოვ-თ	*you* (pl.) *recall X* (sing./pl.)
ა-ხსოვ-თ	*they recall X* (sing./pl.)
მ-ა-ხსოვ-ხარ	*I recall you*
ვ-ა-ხსოვ-ვარ	*X* (sing./pl.) *recall(s) me*
გ-ა-ხსოვ-ვარ	*you recall me*
ა-ხსოვ-ხარ-თ	*X* (sing./pl.) *recall(s) you* (pl.)

The equivalent future indicative forms, where the root is now -ხს(-)ომ-, are:

მ-ე-ხსომ-ებ-ა	*I'll recall X* (sing./pl.)
გ-ე-ხსომ-ებ-ა	*you'll recall X* (sing./pl.)
ე-ხსომ-ებ-ა	*X'll recalls Y* (sing./pl.)
გვ-ე-ხსომ-ებ-ა	*we'll recall X* (sing./pl.)
გ-ე-ხსომ-ებ-ა-თ	*you* (pl.)*'ll recall X* (sing./pl.)
ე-ხსომ-ებ-ა-თ	*they'll recall X* (sing./pl.)
მ-ე-ხსომ-ებ-ი	*I'll recall you*
ვ-ე-ხსომ-ებ-ი	*X* (sing./pl.) *will recall me*
გ-ე-ხსომ-ებ-ი	*you'll recall me*
ე-ხსომ-ებ-ი-თ	*X* (sing./pl.)*'ll recall you* (pl.)

The verb meaning *hear; understand*, used only with 3rd person direct object, has the ე-prefix in the present sub-series – note that the older ending -ი-ს for modern -ებ-ა is again employed as in ი-სმ-ი-ს *X is heard*:

მ-ე-სმ-ი-ს	*I hear/understand X*
გ-ე-სმ-ი-ს	*you hear/understand X*
ე-სმ-ი-ს	*X hears/understands Y*
გვ-ე-სმ-ი-ს	*we hear/understand X*
გ-ე-სმ-ი-თ	*you* (pl.) *hear/understand X*
ე-სმ-ი-თ	*they hear/understand X*

The future indicative for *X will hear* (i.e. some sound will impinge upon X's hearing) adds a preverb (მო-ე-სმ-ებ-ა), which is carried over to produce an aorist indicative (მო-ე-სმ-ა).

The root *want* is slightly odd in that, when the object is 1st or 2nd person, an -ი- appears between root and *to be*-suffix, e.g.:

მ-ი-ნდ-ა	*I want X*	მ-ი-ნდ-ი-ხარ	*I want you*
გ-ი-ნდ-ა	*you want X*	გ-ი-ნდ-ი-ვარ	*you want me*
უ-ნდ-ა	*X wants Y*	ვ-უ-ნდ-ი-ვარ	*X* (sing./pl.) *want(s) me*

(A very polite equivalent only used when the subject is 2nd person is გ-ნებ-ავ-თ *you* (pl.) *want X*, as in რა გ-ნებ-ავ-თ? *What is your desire?*.) In the future indicative the root becomes -ნდ(-)ომ-, e.g.:

მ-ე-ნდომ-ებ-ა	*I'll want X*	მ-ე-ნდომ-ებ-ი	*I'll want you*
გ-ე-ნდომ-ებ-ა	*you'll want X*	გ-ე-ნდომ-ებ-ი	*you'll want me*
ე-ნდომ-ებ-ა	*X'll want Y*	ვ-ე-ნდომ-ებ-ი	*X* (sing./pl.) *will want me*

In English *X will want Y* is, of course, ambiguous; it can mean that (a) X will be in a state of feeling a want for Y; (b) X will feel a sudden want for Y, or (c) X will make up his mind that he wants Y. In Georgian each of these senses has its own representation. The future just quoted corresponds to sense (a). Sense (b) is conveyed by:

მო-მ-ი-ნდ-ებ-ა	*I'll want X*	მო-მ-ი-ნდ-ებ-ი	*I'll want you*
მო-გ-ი-ნდ-ებ-ა	*you'll want X*	მო-გ-ი-ნდ-ებ-ი	*you'll want me*
მო-უ-ნდ-ებ-ა	*X'll want Y*	მო-ვ-უ-ნდ-ებ-ი	*X* (sing./pl.) *will want me*

Sense (c) is conveyed by a normal transitive verb with subjective version:

მო-ვ-ი-ნდომ-ებ	*I'll want X*	მო-გ-ი-ნდომ-ებ	*I'll want you*
მო-ი-ნდომ-ებ	*you'll want X*	მო-მ-ი-ნდომ-ებ	*you'll want me*
მო-ი-ნდომ-ებ-ს	*X'll want Y*	მო-მ-ი-ნდომ-ებ-ს	*X will want me* vs
		მო-მ-ი-ნდომ-ებ-ენ	*they will want me*

Both these last two forms, indicating momentary activities, possess Series II forms. The second of the two behaves like any transitive verb in -ებ with a vowel in the root, having a weak aorist indicative and subjunctive in -ო (e.g. მო-ვ-ი-ნდომ-ე *I conceived a want for X*, მო-ვ-ი-ნდომ-ო *I may conceive a want for X*); the former behaves like a markerless intransitive with strong aorist indicative and subjunctive in -ე (მო-მ-ი-ნდ-ი *I felt a want for you*, მო-მ-ი-ნდ-ე *I may feel a want for you*).

The verb *like* never occurs without a preverb and thus possesses Series II forms meaning *take a liking to*. The aorist indicative is weak and the subjunctive is in -ო:

მო-მ-წონ-ს	*I like X* (sing./pl.)	მო-მ-წონ-ხარ	*I like you*
მო-ს-წონ-ს	*X likes Y* (sing./pl.)	მო-ვ-წონ-ვარ	*X* (sing./pl.) *like(s) me*

მო-მ-ე-წონ-ებ-ა	*I'll like X* (sing./pl.)	მო-მ-ე-წონ-ებ-ი	*I'll like you*
მო-ე-წონ-ებ-ა	*X'll like Y* (sing./pl.)	მო-ვ-ე-წონ-ებ-ი	*X* (sing./pl.) *will like me*
მო-მ-ე-წონ-ა	*I liked X* (sing./pl.)	მო-მ-ე-წონ-ე	*I liked you*
მო-ე-წონ-ა	*X liked Y* (sing./pl.)	მო-ვ-ე-წონ-ე	*X* (sing./pl.) *liked me*
მო-მ-ე-წონ-ო-ს	*I may like X* (sing./pl.)	მო-მ-ე-წონ-ო	*I may like you*
მო-ე-წონ-ო-ს	*X may like X* (sing./pl.)	მო-ვ-ე-წონ-ო	*X* (sing./pl.) *may like me*

The main indirect verbs

If no aorist indicative is offered, this means that the verb in question has no Series II forms, except that inceptives all have the normal type of Series II for suffixal intransitives. All forms are presented with 3rd person subject and object:

- ს-ტკივ-ა *X has a pain in Y* (future = ე-ტკინ-ებ-ა [sic]; cf. the inceptive ა-ს-ტკივ-დ-ებ-ა *X will start to feel pain in Y*); note გულ-შე-მა-ტკივ-არ-ი fan (e.g. ფეხბურთის გულ-შე-მა-ტკივ-არ-ი *football fan*)
- ს-ცივ-ა *X is cold* (future = შე-ს-ცივ-ა, cf. the inceptive ქალს შე-ს-ცივ-დ-ებ-ა/შე-ს-ცივ-დ-ა *the woman will start/started to feel the cold*, which contrasts with the ordinary suffixal intransitive წყალი/ქალი გა-ცივ-დ-ებ-ა *the water will turn/the woman will catch cold*; cf. ცივ-ა *it* (not referring to anything) *is cold* vs future სიცივე იქნება *there will be coldness = it will be cold* or ა-ცივ-დ-ებ-ა *it will get cold*)
- ში-ა *X is hungry* (future = ე-ში-ებ-ა/მო-შივ-ა; cf. the inceptive მო-შივ-დ-ებ-ა *X will grow hungry*)
- ს-წყურ-ი-ა *X is thirsty* (future = ე-წყურ-ებ-ა; cf. the inceptive მო-ს-წყურ-დ-ებ-ა *X will start to feel thirsty*)
- ს-ჭირ-დ-ებ-ა *X needs Y* (which only has a formal inceptive in the future, და-ს-ჭირ-დ-ებ-ა, and Series II: aorist indicative = და-ს-ჭირ-დ-ა *X needed Y* vs subjunctive და-ს-ჭირ-დ-ე-ს *X may need Y*)
- ს-ძინ-ავ-ს *X is asleep* (future = ე-ძინ-ებ-ა, aorist = ე-ძინ-ა, subjunctive = ე-ძინ-ო-ს)
- პ-ღვიძ-ავ-ს *X is awake* (future = ე-ღვიძ-ებ-ა, aorist = ე-ღვიძ-ა, subjunctive = ე-ღვიძ-ო-ს)
- შე-უ-ძლ-ი-ა *X can Y* (future = შე-ე-ძლ-ებ-ა, aorist = შე-ე-ძლ-ო, subjunctive = შე-ე-ძლ-ო-ს)
- ა-კლ-ი-ა *X lacks Y* (future = ე-კლ-ებ-ა; cf. the inceptive და-ა-კლ-დ-ებ-ა *X will be deprived of Y*)

ა-ვიწყ-დ-ებ-ა *X forgets Y* (future = და-ა-ვიწყ-დ-ებ-ა, aorist = და-ა-ვიწყ-დ-ა, subjunctive = და-ა-ვიწყ-დ-ე-ს; cf. the transitive (და-) ი-ვიწყ-ებ-ს *X deliberately puts (will put) Y out of his mind*)

ე-შინ-ი-ა *X is afraid (of Y)*, where *Y* stands in the (long form of the) genitive, as in English, e.g. მ-ე-შინ-ი-ა თაგვ-ებ-ისა *I am afraid of mice*. Outside the present sub-series two types of inceptive exist: one is a normal suffixal intransitive with nominative subject (e.g. არ შე-შინ-დ-ე! *Don't be afraid!*), whilst the other is abnormal in combining a suffixal -დ- with the ე-prefix, which latter indicates the presence of a dative subject (e.g. არ შე-გ-ე-შინ-დ-ე-ს! *Don't be afraid!*)

ს-ცხელ-ა *X is hot* (cf. ცხელ-ა *it's hot* and სიცხე იქნება = ეცხელება *it will be hot*; cf. the momentary future და-ს-ცხ-ებ-ა *X will become hot* and aorist და-ს-ცხ-ა, subjunctive და-ს-ცხ-ე-ს)

ს-ძულ-ს *X hates Y* (future = ე-ძულ-ებ-ა; cf. the inceptive შე-ს-ძულ-დ-ებ-ა *X will feel hatred for Y*, aorist = შე-ს-ძულ-დ-ა, subjunctive = შე-ს-ძულ-დ-ე-ს)

ე-ნატრ-ებ-ა *X misses Y* (მო-ე-ნატრ-ებ-ა *X will come to miss Y*, aorist = მო-ე-ნატრ-ა, subjunctive = მო-ე-ნატრ-ო-ს)

ე-ცოდ-ებ-ა *X pities Y* (შე-ე-ცოდ-ებ-ა *X will come to pity Y*, aorist = შე-ე-ცოდ-ა, subjunctive = შე-ე-ცოდ-ო-ს)

მ-რცხვ(-)ენ-ი-ა *I am ashamed of Y* (= gen.) (future = შე-მ-რცხვ-ებ-ა, aorist = შე-მ-რცხვ-ა, subjunctive = შე-მ-რცხვ-ე-ს)

Special indirect verbs with the ე-prefix can be formed from a number of roots and largely exist only in the present sub-series with the meaning *X has a hankering to . . .* (e.g. მ-ე-ტირ-ებ-ა *I feel like crying*, მ-ე-მღერ-ებ-ა *I feel like singing*, მ-ე-მთქნარ-ებ-ა *I feel like yawning*).

Similar formations often indicate that the action occurs without the intention of the individual concerned; these are not limited to the present sub-series, e.g.:

ე-ცინ-ებ-ა (გა-ე-ცინ-ებ-ა, გა-ე-ცინ-ა)
X bursts/will burst/burst out laughing

ე-ღიმ-ებ-ა (გა-ე-ღიმ-ებ-ა, გა-ე-ღიმ-ა)
X breaks/will break/broke into a smile

Note also the following interesting pairs of transitives, where the unintending agent is actually the **indirect** object of an essentially subjectless verb:

მ-ა-ხველ-ებ-ს (და-მ-ა-ხველ-ებ-ს, და-მ-ა-ხველ-ა) *I cough/will cough/coughed unintentionally* vs ვ-ა-ხველ-ებ (და-ვ-ა-ხველ-ებ, და-ვ-ა-ხველ-ე) *I cough/will cough/coughed deliberately*

მ-ა-მთქნარ-ებ-ს (და-მ-ა-მთქნარ-ებ-ს, და-მ-ა-მთქნარ-ა) *I yawn/ will yawn/ yawned unintentionally* vs ვ-ა-მთქნარ-ებ (და-ვ-ა-მთქ-ნარ-ებ, და-ვ-ა-მთქნარ-ე) *I yawn/will yawn/yawned intentionally*
მ-ა-ბოყინ-ებ-ს (და-მ-ა-ბოყინ-ებ-ს, და-მ-ა-ბოყინ-ა) *I belch/will belch/belched unintentionally*

In the case of *sneeze* (ცხვირს (და-)მ-ა-ცემ-ინ-ებ-ს *I (shall) sneeze*) the precise analysis of the construction is difficult, because there are two objects, the sneezer and *nose*, joined to a verb meaning *cause to strike*, and yet in the one example in the *Academy Dictionary*, **both** these objects stand in the **dative** even with the aorist indicative:

პაპა-ს ცხვირ-ს და-ა-ცემ-ინ-ა *The priest sneezed*

Indirect verbs possessing the ე-prefix, with additional Series II forms, but without a preverb, can be formed from adjectives to express the idea *X judges Y to be* . . . ADJECTIVE, e.g.:

მ-ე-ადვილ-ებ-ა (მ-ე-ადვილ-ა) *I judge(d) X easy* (cf. ადვილი *easy*)
მ-ე-უხერხულ-ებ-ა (მ-ე-უხერხულ-ა) *I judge(d) X embarrassing* (cf. უხერხული *embarrassing*)
მ-ე-ცოტა-ვ-ებ-ა (მ-ე-ცოტა-ვ-ა) *I judge(d) X too few* (cf. ცოტა *a little/few*)
მ-ე-ცხელ-ებ-ა (მ-ე-ცხელ-ა) *I judge(d) X hot* (cf. ცხელი *hot*)

How to say X wants to (verb) and X can (verb)

The appropriate forms of the indirect verbs მ-ი-ნდ-ა *I want X* and შე-მ-ი-ძლ-ი-ა *I can X* are used in association with the aorist subjunctive of the dependent verb, which will either have the same subject as the introductory verbs or, in the case of examples like *X wants Y to* . . ., a different subject in the appropriate person and case, e.g.:

გინდა წავიდე? *Do you want me to go* (lit. *that I go*)*?*
გინდათ ამ საცოდავ ქალს მოუკვდეს ბავშვი? *Do you* (pl.) *want this poor* (საცოდავი) *woman's child to die?*
სარდლებს რა უნდათ ჩვენ გავაკეთოთ? *What do the generals* (სარდალი) *want us to do* (lit. *that we do*)*?*
მინდა დავჯდე და ვიტირო *I want to sit down and cry*
განა გინდა მთელმა მსოფლიომ გაიგოს შენი მოღალატეობა? *Do you really want the whole* (მთელი) *world to learn of your treachery* (მოღალატეობა)*?*
რა შეგიძლია გააკეთო, რაც მე არ შემიძლია გავაკეთო? *What can you do that I cannot do?*

თუ შეუძლიათ აქ დარჩნენ, დარჩნენ აქ(ა)! *If they can remain here, let them remain here!*

თუ შეგიძლია ასი მანეთი მასესხო, მასესხე რა! *If you can lend me 100 roubles* (მანეთი), *go on and lend them to me!*

How to express the notion convey

Now that we have learned the verbs for *have*, we can see how the notion *convey* is expressed in the present sub-series. Quite simply select the appropriate form of *have* depending on whether the object being conveyed is animate or inanimate and add the preverb that indicates the direction in which the object is being conveyed, e.g.:

მ-ა-ქვ-ს *I have inanimate X* → მო-მ-ა-ქვ-ს *I am bringing X*, მი-მ-ა-ქვ-ს *I am taking X*, გადა-მ-ა-ქვ-ს *I am taking X across*, შე-მ-ა-ქვ-ს *I am taking X in*, შე-მო-მ-ა-ქვ-ს *I am bringing X in*, და-მ-ა-ქვ-ს *I take X around (regularly)*, etc.

გ-ყავ-ვარ *you have me* → მო-გ-ყავ-ვარ *you are bringing me*, მი-გ-ყავ-ვარ *you are taking me*, გა-გ-ყავ-ვარ *you are taking me out*, ა-მო-გ-ყავ-ვარ *you are fetching me up*, და-გ-ყავ-ვარ *you convey me around (regularly)*, etc.

(As with the verb of motion, only the preverb მი- may be used in the present sub-series to indicate *away*; elsewhere მი- implies reaching the destination, whereas წა- is used just to indicate away-motion).

Outside the present sub-series Georgian, as already indicated, reverts to the normal transitive roots -ტან- for inanimate objects and -ყვან- for animate objects, both used basically with the subjective version (though this may give way to the objective version, if required to do so) and both having weak aorist indicatives with subjunctives in -ო. Note, though, that წა-ი-ღ-ებ *you will take* (inanimate) *X* is commoner than წა-ი-ტან. Where და- is used in the present sub-series, regardless of whether the object is animate or not, the future will be და-ა-ტარ-ებ *you will convey X about.*

მო-ვ-ი-ტან *I will fetch* (inanimate) *X*, წა-ვ-ი-ღ-ებ/მი-ვ-ი-ტან *I'll take X away/up to somewhere*, გადა-ვ-ი-ტან *I'll take X across*, შე-ვ-ი-ტან *I'll take X in*, შე-მო-ვ-ი-ტან *I'll fetch X in*, და-ვ-ა-ტარ-ებ *I'll convey X about*, etc.

მო-მ-ი-ყვან *you'll fetch me*, წა-მ-ი-ყვან/მი-მ-ი-ყვან *you'll take me away/up to somewhere*, გა-მ-ი-ყვან *you'll take me out*, ა-მო-მ-ი-ყვან *you'll fetch me up*, და-მ-ა-ტარ-ებ *you'll convey me about*, etc.

How to say **know** in the future indicative

The verb *know* was exceptional in the present sub-series by virtue of having an ergative subject and nominative direct object. In the future sub-series the root takes the form of an indirect verb with dative subject and nominative direct object. Since the verb can only be used with a 3rd person object, it conjugates as follows with the future root -ცოდ(-)ინ-:

მ-ე-ცოდინ-ებ-ა	*I shall know X*	გვ-ე-ცოდინ-ებ-ა	*we shall know X*
გ-ე-ცოდინ-ებ-ა	*you will know X*	გ-ე-ცოდინ-ებ-ა-თ	*you* (pl.) *will know X*
ე-ცოდინ-ებ-ა	*X will know Y*	ე-ცოდინ-ებ-ა-თ	*they will know X*

Study these examples:

სტუდენტებს არ ეცოდინებათ ინგლისური, როცა ჩამოვლენ
The students will not know English when they get here

რამდენი ლექსი გეცოდინებათ ხვალ? სამი გვეცოდინება
How many poems (ლექსი) *will you know tomorrow? We shall know three*

Forms of the more important stative verbs

ა-ბ-ი-ა *X is tied up* and მ-ი-ბ-ი-ა *I have X tied up* (future = ე-ბ-მ-ებ-ა, aorist = ე-ბ-ა, subjunctive = ე-ბ-ა-ს)
ჰ-გონ-ი-ა *X thinks (Y)* (future = ე-გონ-ებ-ა, aorist = ე-გონ-ა, subjunctive = ე-გონ-ო-ს)
უ-კეთ-ი-ა *X is wearing Y* (ring, glasses, necklace) (future = ე-კეთ-ებ-ა, aorist = ე-კეთ-ა, subjunctive = ე-კეთ-ო-ს)
ა-ლაგ-ი-ა *X is sorted/set out on* and მ-ი-ლაგ-ი-ა *I have X set out* (future = ე-ლაგ-ებ-ა, aorist = ე-ლაგ-ა, subjunctive = ე-ლაგ-ო-ს)
ა-წყვ-ი-ა *X is stored* and მ-ი-წყვ-ი-ა *I have X stored* (future = ე-წყ-ობ-ა, aorist = ე-წყ-ო, subjunctive = ე-წყ-ო-ს)
ა-ნთ-ი-ა *X (fire) is lit* and მ-ი-ნთ-ი-ა *I have X lit* (future = ე-ნთ-ებ-ა, aorist = ე-ნთ-ო, subjunctive = ე-ნთ-ო-ს)
უ-პყრ-ი-ა *X is holding Y* (future = ე-პყრ-ობ-ა, aorist = ე-პყრ-ა [sic], subjunctive = ე-პყრ-ა-ს [sic])
უ-ჭირ-ავ-ს *X is holding Y* (future = ე-ჭირ-ებ-ა, aorist = ე-ჭირ-ა, subjunctive = ე-ჭირ-ო-ს)
უ-კავ-ი-ა *X is holding Y* (future = ე-კავ-ებ-ა, aorist = ე-კავ-ა, subjunctive = ე-კავ-ო-ს)
უ-რ(-)ევ-ი-ა *X is mixed up in* (future = ე-რ(-)ევ-ა, aorist = ე-რ(-)ი-ა, subjunctive = ე-რ(-)ი-ო-ს)

უ-რჩევნ-ი-ა *X prefers Y* (*to Z* = dat.) (future = ე-რჩივნ-ებ-ა, aorist = ე-რჩივ(ნ)-ა, subjunctive = ე-რჩივ(ნ)-ო-ს)
ჰ-ქვ-ი-ა *X is called Y* (future = ე-რქმ-ევ-ა, aorist = ე-რქვ-ა, subjunctive = ე-რქვ-ა-ს)
ს-ჩვ(-)ევ-ი-ა *X has Y as a habit* (only in the present sub-series)
ა-ცვ-ი-ა *X is wearing Y* (future = ე-ცმ-ევ-ა, aorist = ე-ცვ-ა, subjunctive = ე-ცვ-ა-ს)
ს-წერ-ი-ა *X is written* and მ-ი-წერ-ი-ა *I have X written* and ა-წერ-ი-ა *X is written on Y* (future = ე-წერ-ებ-ა, aorist = ე-წერ-ა, subjunctive = ე-წერ-ო-ს)
ა-ხურ-ავ-ს *X is wearing Y* (headgear) (future = ე-ხურ-ებ-ა, aorist = ე-ხურ-ა, subjunctive = ე-ხურ-ო-ს)
დ(-)ევ-ს *X lies* and მ-ი-დ(-)ევ-ს *I have X lying* and მ-ა-დ(-)ევ-ს *X lies on me* (future = ე-დ-ებ-ა, aorist = ე-დ-ო, subjunctive = ე-დ-ო-ს)

Dialogue 3

The host (მასპინძელი) *at a hotel chats with some guests at breakfast*

მასპინძელი: დილა მშვიდობისა! როგორ გეძინათ? ხომ კარგად?

სტუმარი: გუშინ ძალიან დავიღალეთ, და, როგორც კი თავების ქვეშ ბალიში ვიგრძენით, ჩაგვეძინა და გამოგვეღვიძა მხოლოდ როცა მეორე ოთახიდან ხმა მოგვესმა.

მასპინძელი: რას მიირთმევთ საუზმისთვის?

სტუმარი: ძალიან მოგვეწონა გუშინდელი საუზმე. თუ შეიძლება, იგივე მოგვიტანეთ.

მასპინძელი: როგორც გნებავთ.

სტუმარი: რა მშვენიერ სასტუმროს წავაწყდით. როგორ მიხარია, როცა მასპინძელი წესიერად და ასე გულთბილად გვემსახურება. აი, უკვე მოაქვს ჩვენი საუზმე.

მასპინძელი: მიირთვით, სანამ ცხელია.

სტუმარი: ნუ გეშინიათ, მადიანად შევექცევით! სხვათა შორის, შეგვიძლია თუ არა აქ დავრჩეთ კვირის ბოლომდე?

მასპინძელი: დარჩით რამდენ ხანს მოინდომებთ. როცა ზუსტად გეცოდინებათ, უბრალოდ შემატყობინეთ, თუ შეიძლება.

სტუმარი: ხომ გახსოვთ – გითხარით, რო(მ) გვინდა ავიდეთ უშგულში. ამბობენ, რო(მ) სვანეთში არ შეგიძლია იმგზავრო, ისე რო(მ) არ ინახულო უშგული. იქ სად შეგვეძლება დავრჩეთ?

მასპინძელი: ვაიმე, რამდენადაც მე ვიცე, უშგულს არა აქვს სასტუმრო. იქ თუ არ(ა) გყავთ ნაცნობი, რას იზამთ?

სტუმარი: რა გაეწყობა, თუ ვიშოვეთ სადმე ადგილი, კეთილი; თუ არა და, შინ გავუდგებით გზას რაჭას გავლით.

Vocabulary

ბალიში	*pillow*	ჩა-გ-ე-ძინ-ებ-ა	*you will fall asleep*
გამო-გ-ე-ღვიძ-ებ-ა	*you will awake*	ი-რთმ-ევ (მი-)	*you take*
იგივე	*same*	სასტუმრო	*hotel*
ა-წყდ-ებ-ი (წა-)	*you come across X*	წესიერად	*properly*
გულთბილად	*warm heartedly*	ე-მსახურ-ებ-ი (მო-)	*you serve X*
მადიანად	*with appetite*	ე-ქც(-)ევ-ი (შე-)	*you tuck into X*
უშგული	*Ushguli*	სვანეთი	*Svaneti(a)*
მგზავრ-ობ (ი- -ებ)	*you travel*	ისე რო(მ) არ (+ subj.)	*without . . .ing*
ნახულ-ობ (ი- -ებ)	*you view X*	რამდენადაც	*as far as*
ნაცნობი	*acquaintance*	რა გა-ე-წყ-ობ-ა?	*what else is there for it?*
ადგილი	*place*	უ-დგ-ებ-ი (გა-) გზას	*you set out* (on the road)
რაჭა	*Rach'a*	გავლით	*via*

Exercises

1

Write out the paradigms of the three pairs:

> *X has me* (etc.), *X will have me* (etc.),
> *X loves me* (etc.), *I* (etc.) *fell in love with X*,
> *I* (etc.) *want X*, *X felt a desire for me* (etc.)

2

Fill in the gaps and translate:

(a) ვი. .ძ.ლხ.რ შ.ნ?
(b) ყ·ე·ა. ·უყვ·რ.ა. მ.
(c) .ა .ქ.ი. მ.ნ. და.?
(d) მოთა. ..ტომ .რ ·კ.თი. .ათვ.ლ.?
(e) ეს ნ. .ა.ავიწყ.ებ.. ..ვენ!
(f) ც·ვ·რ. ..ა.ემ.ნ.ბ. ·ვენ
(g) ბ.ვ·ვ.ბ. .ა ·ცვ·ა.?
(h) ნ. ..მინ.ა., ყვ.ლ.ფ.რ. .ო.ვ·ქვ.!

3

Put the following present indicative verb-forms into the future indicative, reversing the roles of the subject and object in the process after the pattern of: (მე შენ) მყავხარ *I have you* → (შენ მე) გეყოლები *you will have me*. In two of the examples, two future forms will be necessary for a complete answer:

(a) (მე ის/ისინი) მიყვარს
(b) (მას/მათ ჩვენ) მოვყავვართ
(c) (შენ მე) გენატრები
(d) (ჩვენ ის/ისინი) მოგვწონს
(e) (მე შენ) მახსოვხარ
(f) (მათ ის/ისინი) უყვარდებათ
(g) (თქვენ ჩვენ) გეცოდებით
(h) (მას ის/ისინი) უნდა

4

Transpose the following present indicative verb-forms into their aorist subjunctive equivalents, as would be necessary after the words არ უნდა *it is not necessary*:

(a) უკეთიათ (მათ სათვალე)
(b) გვძინავს (ჩვენ)
(c) გგონიათ (თქვენ)
(d) მახურავს (მე ქუდი)
(e) გამთქნარებს (შენ)
(f) რცხვენიათ (მათ)
(g) გეუხერხულებათ (თქვენ ის)
(h) მიყვარდები (მე შენ)

5

Transpose the following aorist indicative verb-forms into their present indicative equivalents:

(a) ებათ (მათ ცხენი)
(b) გეღვიძათ (თქვენ)
(c) დავგვჭირდა (ჩვენ ის/ისინი)
(d) მოესმათ (მათ ის/ისინი)
(e) წაგიყვანე (მე შენ)
(f) შეგეძლო (შენ ის)
(g) ეჭირათ (მათ ის/ისინი)
(h) მოიტანეთ (თქვენ ის/ისინი)

6

What are the meanings of these verb forms?

(a) შეეშინდათ
(b) ვეყოლები
(c) მოუნდებათ
(d) გვახსოვხართ
(e) ეგონათ
(f) გირჩევნიათ
(g) მოეწონებათ
(h) გვიდევს

7

Translate into English:

(a) იმ ქალს ვინ ვგონივარ მე? გადაირია იგი, თუ რაშია საქმე?
(b) პასუხი როდის გეცოდინებათ? ნუ გეშინიათ, როგორც კი გავიგებ, დაგირეკავთ და შეგატყობინებთ
(c) ნუ შესწუხდებით, გთხოვთ. მალე უნდა წავიდეთ – გვეჩქარება – და ყავა არ გვინდა
(d) შეგეძლება ჩააცვა ამ ბავშვს პერანგი? თუ არ ეცმევა, როცა/როდესაცე დედა-მისი ქალაქიდან დაბრუნდება (/დედა-მისი რო(მ) ქალაქიდან დაბრუნდება), იგი ძალიან გაბრაზდება ჩემზე
(e) რომელ ენაზე გინდა ვილაპარაკოთ? ქართულად თუ ინგლისურად? მე ქართული მირჩევნია ინგლისურს
(f) დედას უნდა (რო(მ)) ჩვენ ვაშლები ვიყიდოთ ქალაქში. მაშ შეგვიძლია აქ დავრჩეთ, რადგან(აც)/რაკი/ვინაიდან მამას უკვე მოაქვს – დახე!
(g) სად დავდე/დავდევი ჩემი კალამი? განა დაგავიწყდა, რო(მ) მაგიდაზე გიდევს? უნდა დადო/დადვა ისეთ ადგილზე, რომელიც არ დაგავიწყდება!
(h) მე მგონი(ა), (რო(მ)) ნანა შემიყვარდა, და მინდა ცოლად შევირთო. კეთილი, მარა (= მაგრამ) ნანას რა გრძნობები აქ(ვს) შენს მიმართ? თუ არ ვცდები, ვუყვარვარ. და თუ ცდები, როგორ ფიქრობ? მალე შეუყვარდები?

8

Translate into Georgian:

(a) What are you holding in your hand? Show me! I'm holding nothing. In that case what have you got in your pocket? Today I have five roubles, but tomorrow I'll have 10
(b) Why is Ek'a wearing the same dress today she wore yesterday? Can't she put on something new? She should (be) wear(ing) her new dress for our guests

(c) My head has started to ache – I must lie down. You can't help me, can you? Come on, I'll help you
(d) We have to get off [= ɓɔ-] here, let us off, let us off! Why are you in a hurry? Because it's possible we'll be late at the station, where we must meet someone
(e) Let's go into the house where they have a fire burning. There's a very big fire burning in that one. It's not possible that the house will catch fire, is it? I'm afraid
(f) What do you desire, gentlemen? We want you to let us into this school. I'm sorry, I am unable to let in here anyone I do not know.
(g) Why did you take off your coat? It's cold here in the cinema. I found it hot when we came in. If I start to feel cold, I'll put it on again. Don't catch cold, otherwise your mother will have a fit [= go crazy]!
(h) Are you hungry? What will you have to eat? Should I prepare you a sandwich? Sit down and let's talk. Don't go to any trouble. If I get hungry, I'll tell you

Lesson 14

In this lesson you will learn about:

- The formation of the remaining verb-forms of Series I (imperfect indicative, present subjunctive, conditional, future subjunctive)
- Producing expressions of the type *If X were to (be) VERB(ing), Y would . . .*
- Issuing instructions using verbs without an aorist indicative
- Producing expressions of the type *X ought to be VERBing*
- Expressing the intention of carrying out an action in the future
- Other contexts in which the aorist subjunctive is found

Dialogue 1

A teacher asks a pupil about a typical day in his life

მასწავლებელი: როცა ახალგაზრდა იყავი, რას შვრებოდი ჩვეულებრივი დღის განმავლობაში?

მოწაფე: ვდგებოდი რვის ოცდახუთ წუთზე. საძილეში სწრაფად ვიცვამდი, რადგან იქ არასოდეს (არ) გვენთო ცეცხლი, და ხელ-პირს ვიბანდი. სანამ ვსაუზმობდი, ვუსმენდი ან რადიოს ან ჩემს მუსიკას – ელვის პრესლი მიყვარდა (და დღესაც მიყვარს). იმ დროს ტელევიზორი გვქონდა, მაგრამ დღისით ხომ არაფერს (არ) აჩვენებდნენ. სკოლაში დავდიოდი ან ველოსიპედით ან ფეხით. სკოლის ეზოში ვლაპარაკობდით წინა ღამის დავალებაზე. სხვადასხვა საგნებს ვსწავლობდი, მაგრამ ჩემი საყვარელი გახლდათ კლასიკური ენები, რომლებშიაც ყოველთვის ვისაკუთრებდი პირველ ადგილს გამოცდების დროს. შუადღისას ყოველდღე სახლში ვჭამდი, რადგან ჩემს

სკოლებთან შედარებით ახლოს ვცხოვრობდით და არ მინდოდა სასკოლო სადილები. ჩემი მეგობრები მათ ჭამდნენ და მეუბნებოდნენ, რო(მ) არ მოსწონდათ. სკოლის შემდეგ მე და რამ(ო)დენიმე ახლობელი ვიკრიბებოდით და ერთად შინ ვბრუნდებოდით. საღამოთი არსად (არ) გავდიოდი.

მასწავლებელი: რით(ი) ერთობოდი შაბათ-კვირაობით?

მოწაფე: შაბათობით სკოლაში დავდიოდი, სადაც გაკვეთილები გვქონდა მხოლოდ თორმეტ საათამდე. მერე რუგბის ვთამაშობდი სკოლისთვის, რაც მძულდა, რადგან ჩემს საყვარელ სპორტს ვერ ვუყურებდი ტელევიზორში. კვირაობით ლოგინში ვრჩებოდი სადილის დრომდე, ხოლო სადილის შემდეგ ბევრ სასიამოვნო საათს ვატარებდი ჩემს სათბურში, სადაც იზრდებოდა ჩემი მცენარეები. ერთი სიტყვით, სრულყოფილი შვილი და მოწაფე გახლდით (თუნდაც განებივრებულიც!) – არ დაგავიწყდეთ, რო(მ) და-ძმა არ მყავდა.

Vocabulary

ჩვეულებრივი	*normal*	განმავლობაში	*during* (+ gen.)
არასოდეს	*never*	მუსიკა	*music*
დღისით	*during the day*	ველოსიპედი	*bicycle*
წინა	*previous*	დავალება	*homework*
საგანი	*subject*	გ-ა-ხლ-დ-ა(-თ)	*it was* (polite)
კლასიკური	*classical*	ყოველთვის	*always*
ი-საკუთრ-ებ (და-)	*you make X your own*	გამოცდა	*exam*
		ყოველდღე	*everyday*
შუადღისას	*at midday*	ახლოს (-თან)	*near (to X)*
შედარებით	*relatively*	ახლობელი	*close person*
სასკოლო	*school* (adj.)	ი-კრიბ-ებ-ი-თ (შე-)	*you* (pl.) *gather*
საღამოთი	*of an evening*		
არსად	*nowhere*	ე-რთ-ობ-ი (გა-)	*you amuse yourself*
შაბათ-კვირაობით	*at weekends*	შაბათობით	*on Saturdays*
რუგბი	*rugby*	სპორტი	*sport*
კვირაობით	*on Sundays*	ერთი სიტყვით	*in a word*
სრულყოფილი	*perfect*	თუნდაც	*albeit*
განებივრებული	*spoiled*		

Dialogue 2

Imeda asks an acquaintance, Lali, what she would do if offered her job

იმედა: ჩემი თანამდებობა რო(მ) თქვენ გქონდეთ, რას იზამდით? სხვანაირად როგორ მოიქცეოდით?

ლალი: თქვენი თანამდებობა რო(მ) მე მქონდეს, გავგიჟდებოდი, იცოდეთ!

იმედა: რას ლაპარაკობთ? ხომ არ გინდათ მე დავიჯერო, რო(მ) თქვენ მართლა გადაირეოდით, აქ რო(მ) მუშაობდეთ?!

ლალი: ნაღდად!

იმედა: მაგრამ თქვენ უმუშევარი ბრძანდებით. ჩემი უფროსი რო(მ) ამ წუთში შემოვიდოდეს და შემოგთავაზებდეთ ადგილს, როგორ უპასუხებდით?

ლალი: ვეტყოდი ამას: ხელფასად რო(მ) მილიონს მომცემდეთ, აქ ვერ დავიწყებდი მუშაობას. და მიზეზს რო(მ) შემეკითხებოდეს (მკითხავდეს), მას გავცემდი ამნაირ პასუხს: მე ძლიერ ვეწინააღმდეგები ომს, თქვენი ქარხანა კი უშვებს იარაღებს. ამიტომ ვერასოდეს (ვერ) შევეგუებოდი აქ მუშაობას.

იმედა: მე მესმის თქვენი სიძნელე, მაგრამ პრინციპებით კაცს არ შეუძლია ირჩინოს თავი/კაცი ვერ ირჩენს თავს.

ლალი: კარგი იქნებოდა, თქვენი ქარხნის იარაღებს (სახელდობრ ხმლებს) ჩვენ რო(მ) გადავაქცევდეთ გუთნებად. მაგრამ არ შეგვიძლია, ამიტომ უაზროა ასეთი ლაპარაკი.

იმედა: კეთილი. ერთი მითხარით, რამდენი ფული გაქ(ვ)თ ჯიბეში?

ლალი: ჯიბეში რო(მ) ფული მქონდეს ამ წუთში, ბედნიერ ქალად თავს ჩავთვლიდი!

იმედა: ას გირვანქას რო(მ) გასესხებდეთ, იმით რას იყიდ(ი)დით?

ლალი: ჯერ უნდა გითხრათ, რო(მ) არასოდეს გეცოდინებოდათ, თუ ეგ თანხა ოდესმე დაგიბრუნდებოდათ!

იმედა: დამიბრუნებდით, რო(მ) შეგეძლებოდეთ – ეს ვიცი. აბა, რას იყიდ(ი)დით?

ლალი: ჯერ ვუყიდ(ი)დი თქვენს უფროსს წიგნს ომის სიბოროტის შესახებ.

იმედა: მაგნაირ წიგნს იგი არ წაიკითხავდა, იცოდეთ!

ლალი: სინდისი არა აქ(ვს) თქვენს უფროსს.

იმედა: განა ფიქრობთ, მას უცებ განუვითარდებოდა სინდისი, მაგნაირ წიგნს რო(მ) წაიკითხავდეს?! მე მგონი(ა), წიგნს რომც დააძალებდეთ მას, წარმატებებით მაინც

არ დაგიმთავრდებოდათ ექსპერიმენტი. ცხადია, რო(მ) გულკეთილი ადამიანი ბრძანდებით. აი ასი გირვანქა! (შე)ეცადეთ სასარგებლო რამ იყიდოთ. დამიბრუნეთ ფული, როცა შეგეძლებათ – საჩქარო არ არი(ს).

Vocabulary

თანამდებობა	*post*	ი-ც-ოდ-ე(-თ)!	*know it!*
ნამდვილად	*really, truly*	უმუშევარი	*unemployed*
ს-თავაზ-ობ (შე-/შემო- -ებ))	*you offer X to Y*	ხელფასი	*wage*
		ე-კითხ-ებ-ი/ჰ-კითხ-ავ → future შე-ე-კითხ-ებ-ი/ჰ-კითხავ	*you ask X (Y) → you will ask X (Y)*
მუშაობა	*work*		
ამნაირი	*of this type*		
ძლიერ	*strongly*		
ე-წინააღმდეგ-ებ-ი	*you (will) oppose X*	ომი	*war*
		იარაღი	*weapon*
უ-შვ-ებ (გამო-)	*you produce X*	ე-გუ-ებ-ი (შე-)	*you adapt yourself to X*
ვერასოდეს	*never* (potential)		
სიძნელე	*difficulty*	პრინციპი	*principle*
თავს ი-რჩ(-)ენ	*you (will) support yourself*	სახელდობრ	*in particular*
ხმალი	*sword*	გუთანი	*plough*
უაზრო	*senseless*	ასეთი	*such as this*
გირვანქა	*pound*	თანხა	*sum*
აბა	*well then; come on*	სიბოროტე	*evil*
მაგნაირი	*of that (by you) type*	სინდისი	*conscience*
უცებ	*suddenly*	უ-ვითარ-დ-ებ-ა (გან-)	*it develops for X*
რომც	*even if*	წარმატება	*success*
ექსპერიმენტი	*experiment*	ცხადი	*clear, evident*
გულკეთილი	*kind hearted*	სასარგებლო	*advantageous*
საჩქარო	*urgent*		

Grammar

Formation of the imperfect indicative, present subjunctive, conditional and future subjunctive

The **imperfect indicative** is used to refer to ongoing or repeated actions in the past and corresponds in meaning to English expressions like: *I was* *reading/used to read, you were singing/used to sing, we were afraid, they looked so well*, etc. It is formed according to the patterns given below, where no special attention will be paid to the marking of the indirect object, since these are indicated within each sort of verb according to the general principles already explained:

Transitive verbs

The universal marker is the suffix -დ-. This is added directly to the root of the root verbs and to the thematic suffix of other transitives. This element is then followed by the vowel -ი when the subject is 1st or 2nd person; a 3rd person singular subject selects the ending -ა, whilst the 3rd person plural takes -ნენ. Any version vowel found in the present indicative will be carried over, and there will be no preverb (unless one is dealing with one of those relatively rare cases when a preverb is used even in the present indicative). This produces the following patterns:

Root verbs

ვ-წერ-დ-ი	*I was writing (X)*	ვ-წერ-დ-ი-თ	*we were writing (X)*
წერ-დ-ი	*you were writing (X)*	წერ-დ-ი-თ	*you* (pl.) *were writing (X)*
წერ-დ-ა	*X was writing (Y)*	წერ-დ-ნენ	*they were writing (X)*

Thematic suffix -eb

ვ-ა-ღ-ებ-დ-ი *I* (etc.) *was opening X*
ვ-დ-ებ-დ-ი *I* (etc.) *was putting X*

Thematic Suffix -av

ვ-მალ-ავ-დ-ი *I* (etc.) *was hiding X*
ვ-კლ-ავ-დ-ი *I* (etc.) *was killing X*

Thematic Suffix -i

ვ-(ა-)გზავნ-ი-დ-ი *I* (etc.) *was sending X*
ვ-ჭრ-ი-დ-ი *I* (etc.) *was cutting X*

Thematic Suffix -ob

ვ-სპ-ობ-დ-ი *I* (etc.) *was ruining X*
ვ-ა-თბ-ობ-დ-ი *I* (etc.) *was heating X*

Thematic Suffix -am

ვ-ი-ცვ-ამ-დ-ი *I* (etc.) *was donning X*

Medial verbs

The same procedure is followed for the medials as for the transitives except that, as noted at the time, the ი-ending of medials like ტირ-ი *you cry* is not the same as the thematic suffix. And so medials of this type do not **add** -დ after this -ი but rather **replace** it by -ოდ and then add on the same endings as those just illustrated. Any root-final -ვ (as in ყივ-ი *you shriek*) disappears before the -ო- of the imperfect's suffix, e.g.:

ვ-ტირ-ოდ-ი	*I was crying*	ვ-ყი-ოდ-ი	*I was shrieking*
ტირ-ოდ-ი	*you were crying*	ყი-ოდ-ი	*you were shrieking*
ტირ-ოდ-ა	*X was crying*	ყი-ოდ-ა	*X was shrieking*
ვ-ტირ-ოდ-ი-თ	*we were crying*	ვ-ყი-ოდ-ი-თ	*we were shrieking*
ტირ-ოდ-ი-თ	*you* (pl.) *were crying*	ყი-ოდ-ი-თ	*you* (pl.) *were shrieking*
ტირ-ოდ-ნენ	*they were crying*	ყი-ოდ-ნენ	*they were shrieking*

The same applies to the imperfect indicative of the verb *know* (e.g. ვ-ი-ც-ი *I know X* → ვ-ი-ც-ოდ-ი *I knew X*, etc.).

For other types of medial compare ვ-თამაშ-ობ-დ-ი *I was playing (X)*, ვ-ცეკვ-ავ-დ-ი *I was dancing*, ვ-ტრიალ-ებ-დ-ი *I was spinning around*, etc.

Intransitive verbs

All three sub-types of intransitives (prefixal, suffixal, markerless) behave alike as regards their formation of the imperfect indicative. And indeed the pattern is exactly the same as that of the medials in -ი – the ი-vowel found in the present indicative when the subject is 1st or 2nd person is replaced by -ოდ, to which the same endings already learned are suffixed. Any root-final -ვ is dropped, e.g.:

ვ-ი-კვლ-ებ-ოდ-ი *I* (etc.) *was being killed*
ვ-ე-ს(-)ე-ოდ-ი *I* (etc.) *was attacking X*
(cf. ე-ს(-)ევ-ი *you attack X*)
ვ-ი-ხრჩ-ობ-ოდ-ი *I* (etc.) *was choking*
ვ-წითლ-დ-ებ-ოდ-ი *I* (etc.) *was blushing*
ვ-თბ-ებ-ოდ-ი *I* (etc.) *was getting warm*

The verb of motion also follows this pattern; it is illustrated with the preverb მო-, which gives the form the meaning *come:*

მო-ვ-დი-ოდ-ი	*I was coming*	მო-ვ-დი-ოდ-ი-თ	*we were . . .*
მო-დი-ოდ-ი	*you were . . .*	მო-დი-ოდ-ი-თ	*you* (pl.) *were . . .*
მო-დი-ოდ-ა	*X was . . .*	მო-დი-ოდ-ნენ	*they were . . .*

Indirect verbs

As explained in Lesson 13, indirect verbs differ as to whether their past tense is a formal aorist or imperfect indicative. The relevant forms are now given for those roots with the latter type of past tense. It will be seen below that (with one exception) verbs whose 3rd person singular subject form in the present indicative ends in -ი-ა, -ი-ს or just -ა employ -ოდ- in the their imperfects, whilst those ending in -ს preceded by a consonant use -დ-. Here are some subject–object combinations for the verb *love*:

მ-ი-ყვარ-დ-ა	*I loved X* (sing./pl.)
მ-ი-ყვარ-დ-ი	*I loved you*
უ-ყვარ-დ-ა-თ	*they loved X* (sing./pl.)
ვ-უ-ყვარ-დ-ი	*X* (sing./pl.) *loved me*
გ-ი-ყვარ-დ-ი-თ	*you* (pl.) *loved me/you* (pl.) *loved us/you loved us*

Compare the above with parallels for the root *want*:

მ-ი-ნდ-ოდ-ა	*I wanted X* (sing./pl.)
მ-ი-ნდ-ოდ-ი	*I wanted you*
უ-ნდ-ოდ-ა-თ	*they wanted X* (sing./pl.)
ვ-უ-ნდ-ოდ-ი	*X* (sing.pl.) *wanted me*
გ-ი-ნდ-ოდ-ი-თ	*you* (pl.) *wanted me/you* (pl.) *wanted us/you wanted us*

Note that მ-ა-ქვ-s *I have* (inanimate) *X* → მ-ქონ-დ-ა. This is the only case where, in addition to a change to the root, the pre-radical structure also alters.

მ-ყავ-ს *I have* (animate) *X* → მ-ყავ-დ-ა; მო-მ-წონ-ს *I like X* → მო-მ-წონ-დ-ა

მ-ტკივ-ა *I feel pain in X* → მ-ტკი-ოდ-ა; მ-ცივ-ა *I am cold* → მ-ცი-ოდ-ა

მ-ში-ა *I am hungry* → მ-ში-ოდ-ა; მ-წყურ-ი-ა *I am thirsty* → მ-წყურ-ოდ-ა

მ-ი-ხარ-ი-ა *I am glad* → მ-ი-ხარ-ოდ-ა; მ-ა-კლ-ი-ა *I lack X* → მ-ა-კლ-დ-ა [sic]

მ-ა-ხსოვ-ს *I remember X* → მ-ა-ხსოვ-დ-ა; მ-ცხელ-ა *I am hot* → მ-ცხელ-ოდ-ა

მ-ე-სმ-ი-ს *I understand X* → მ-ე-სმ-ოდ-ა; მ-ძულ-ს *I hate X* → მ-ძულ-დ-ა

მ-ე-შინ-ი-ა *I am afraid* → მ-ე-შინ-ოდ-ა; მ-ი-კვირ-ს *I am amazed* → მ-ი-კვირ-დ-ა

მ-ე-ნატრ-ებ-ა *I miss X* → მ-ე-ნატრ-ებ-ოდ-ა
მ-ე-ცოდ-ებ-ა *I pity X* → მ-ე-ცოდ-ებ-ოდ-ა
მ-ა-ვიწყ-დ-ებ-ა *I forget X* → მ-ა-ვიწყ-დ-ებ-ოდ-ა
მ-რცხვ(-)ენ-ი-ა *I am ashamed* → მ-რცხვ(-)ენ-ოდ-ა
მ-ჭირ-დ-ებ-ა *I need X* → მ-ჭირ-დ-ებ-ოდ-ა

Stative verbs

As we saw in the previous lesson, statives generally have a formal aorist as their past tense. However, მ-ჩვ(-)ევ-ი-ა *I have X as a habit* has the imperfect მ-ჩვ(-)ე-ოდ-ა; similarly მ-ა-ტყვ-ი-ა *X is observable on me* (e.g. ნაკბენი მ-ა-ტყვ-ი-ა *the bite-mark* (ნაკბენი) *is visible on me*) has მ-ა-ტყ-ოდ-ა (cf. the non-stative equivalent ე-ტყ-ობ-ა, also used in the sense of *apparently; it would appear so*, with its aorist და-ე-ტყ-ო).

The **present subjunctive**, to which it is difficult to assign a meaning independent of the context in which it is used, is simple to produce. Take the imperfect indicative, keep the verb form constant up to and including the -(ო)დ. To this add the subjunctive vowel -ე, which is retained in all cases except when the 3rd person plural marker -ნენ is employed. The 3rd person singular ending is -ს, e.g.:

write (X)	*blush*	*cry*	*love (X)*
ვ-წერ-დ-ე	ვ-წითლ-დ-ებ-ოდ-ე	ვ-ტირ-ოდ-ე	მ-ი-ყვარ-დ-ე-ს
წერ-დ-ე	წითლ-დ-ებ-ოდ-ე	ტირ-ოდ-ე	გ-ი-ყვარ-დ-ე-ს
წერ-დ-ე-ს	წითლ-დ-ებ-ოდ-ე-ს	ტირ-ოდ-ე-ს	უ-ყვარ-დ-ე-ს
ვ-წერ-დ-ე-თ	ვ-წითლ-დ-ებ-ოდ-ე-თ	ვ-ტირ-ოდ-ე-თ	გვ-ი-ყვარ-დ-ე-ს
წერ-დ-ე-თ	წითლ-დ-ებ-ოდ-ე-თ	ტირ-ოდ-ე-თ	გ-ი-ყვარ-დ-ე-თ
წერ-დ-ნენ	წითლ-დ-ებ-ოდ-ნენ	ტირ-ოდ-ნენ	უ-ყვარ-დ-ე-თ

Since there is uniformity of formation, only some of the subject–object combinations that might cause difficulties for the indirect verbs are illustrated here. The same five combinations are repeated for the present subjunctive of the verbs *love* and *want* as were given for the imperfect indicative, though the reader should note how two of the forms may now convey an extra pairing (3rd person marker -ს dropping before the pluraliser -თ):

მ-ი-ყვარ-დ-ე-ს *that I love X* (sing./pl.) მ-ი-ყვარ-დ-ე *that I love you*
უ-ყვარ-დ-ე-თ *that they love X* (sing./pl.)/*that X* (sing./pl.) *love you* (pl.)
ვ-უ-ყვარ-დ-ე *that X* (sing./pl.) *love me*
გ-ი-ყვარ-დ-ე-თ *that you* (pl.) *love me/you* (pl.) *love us/you love us/you* (pl.) *love X* (sing./pl.)

Compare the above with parallels for the root *want*:

მ-ი-ნდ-ოდ-ე-ს *that I want X* (sing./pl.) მ-ი-ნდ-ოდ-ე *that I want you*
უ-ნდ-ოდ-ე-თ *that they want X* (sing./pl.)/*that X* (sing./pl.) *want you* (pl.)
ვ-უ-ნდ-ოდ-ე *that X* (sing./pl.) *want me*
გ-ი-ნდ-ოდ-ე-თ *that you* (pl.) *want me/you* (pl.) *want us/you want us/you* (pl.) *want X* (sing./pl.)

The **conditional** is the equivalent to English *X would . . ./would have . . .ed*; it is also used with the particle ხოლმე *as a rule* to mark a habitual activity in the past (e.g. ვ-ი-მღერ-ებ-დ-ი ხოლმე *I would/used to sing as a rule*) and indeed takes its Georgian name (ხოლმეობითი) from this particle. It is formed from the future indicative in exactly the same way as the imperfect indicative is formed from the present indicative – transitives and medials add -დ + endings to the thematic suffix (almost without exception -ებ for the medials, of course), whilst intransitives, indirect verbs and statives add -ოდ + endings to their thematic suffix (usually -ებ, sometimes -ობ, sometimes -ევ, which latter loses its -ვ).
Examples:

და-ვ-წერ-დ-ი	*I would write/have written (X)*
და-ვ-ფ(-)ენ-დ-ი	*I would (have) spread X out*
გა-ვ-ხ(-)ევ-დ-ი	*I would tear/have torn X*
მო-ვ-კლ-ავ-დ-ი	*I would kill/have killed X*
გა-ვ-(ა-)გზავნ-ი-დ-ი	*I would send/have sent X*
ვ-ი-ტირ-ებ-დ-ი	*I would cry/have cried*
ვ-ი-ყვირ-ებ-დ-ი	*I would shriek/have shrieked*
ვ-ი-სწავლ-ი-დ-ი	*I would learn/have learnt X*
ვ-ი-გრძნ-ობ-დ-ი	*I would feel/have felt X*
მო-ვ-ი-კვლ-ებ-ოდ-ი	*I would be/have been killed*
შე-ვ-ე-ს(-)ე-ოდ-ი	*I would attack/have attacked X*
გა-ვ-წითლ-დ-ებ-ოდ-ი	*I would blush/have blushed*
მ-ე-ყვარ-ებ-ოდ-ა	*I would love/have loved X*
მ-ე-ყოლ-ებ-ოდ-ა	*I would have/have had* (animate) *X*
მ-ე-ქნ-ებ-ოდ-ა	*I would have/have had* (inanimate) *X*
მ-ე-ნდომ-ებ-ოდ-ა	*I would want/have wanted X*
მ-ე-ცოდ(-)ინ-ებ-ოდ-ა	*I would know/have known X*
ე-კიდ-ებ-ოდ-ა	*X would be/have been suspended (for/on Y)*

The only difficulties are that the verbs ი-ტყვ-ი *you will say X* and ე-ტყვ-ი *you will say X to Y* do not contain the thematic suffix -ი, as indeed was noted earlier, and so their conditionals are ი-ტყ-ოდ-ი *you would say/have said X* and ე-ტყ-ოდ-ი *you would say/have said X to Y*. The verb of motion has the following conjugation for its conditional, again illustrated with preverb მო-:

მო-[ვ-]ვიდ-ოდ-ი	*I would (have) come*
მო-ხ-ვიდ-ოდ-ი	*you would . . .*
მო-ვიდ-ოდ-ა	*X would . . .*
მო-[ვ-]ვიდ-ოდ-ი-თ	*we would . . .*
მო-ხ-ვიდ-ოდ-ი-თ	*you* (pl.) *would . . .*
მო-ვიდ-ოდ-ნენ	*they would . . .*

The **future subjunctive** is formed from the conditional in exactly the same way as the present subjunctive is formed from the imperfect indicative. And so, since it is slightly anomalous by virtue of the presence of the 2nd person subject-marker -ხ-, the only example to be given is that of the verb of motion – assume that all six forms are preceded by რო(მ) *if:*

მო-[ვ-]ვიდ-ოდ-ე	*if I were to come*
მო-ხ-ვიდ-ოდ-ე	*if you were to . . .*
მო-ვიდ-ოდ-ე-ს	*if X were to . . .*
მო-[ვ-]ვიდ-ოდ-ე-თ	*if we were to . . .*
მო-ხ-ვიდ-ოდ-ე-თ	*if you* (pl.) *were to . . .*
მო-ვიდ-ოდ-ნენ	*if they were to . . .*

After a moment's thought, readers will realise that for those verbs whose future indicative differs from the present indicative solely by the addition of a preverb (i.e. the majority of transitives and intransitives), the same difference distinguishes (a) the conditional from the imperfect indicative and (b) the future subjunctive from the present subjunctive. This does not apply to the medials, indirect verbs and (marginally) the statives, whose future sub-series differ from their respective present sub-series more radically. Suppletive transitives and intransitives also differ more radically but do, of course, behave according to the above rules within each sub-series – cf. the following pairs:

ხედ-ავ	*you see X*
ხედ-ავ-დ-ი	*you were seeing X*
ხედ-ავ-დ-ე	*that you be seeing X*
ნახ-ავ	*you will see X*
ნახ-ავ-დ-ი	*you would (have) see(n) X*
(რო(მ)) ნახ-ავ-დ-ე	*(if) you were to see X*

Expressions of the type If X were to (be) verb(ing), Y would verb

In Lesson 9 we learnt how to form factual conditions relating to the present (*If you are* (at this moment) *writing a letter* . . .) and future (*If you write the letter* (at some future time)). Let us now examine the formation of more remote, less factual conditions.

The conditional marker is რო(მ) *if*, which does not like to stand as first word in its clause. The verb stands in either the present subjunctive, if reference is to the present time, or future subjunctive, if reference is to some point in the future. For those verbs (such as the statives and *to be*) which do not possess a present subjunctive the corresponding aorist subjunctive is used instead. The verb in the other clause in both cases stands in the conditional, e.g.:

კარგი ი-ქნ-ებ-ოდ-ა, ეხლა რო(მ) ხვალინდელ გაკვეთილს ა-მზად-ებ-დ-ე
It would be good, if you were now preparing tomorrow's (ხვალინდელი) *lesson*

დროზე რო(მ) ხვალინდელ გაკვეთილს არ მო-ა-მზად-ებ-დ-ე, ამაღამ ვერ წა-ხ-ვიდ-ოდ-ი კინოში
If you were not to prepare tomorrow's lesson on time, you could not go to the cinema this evening

ჩვენი საჭმელი რო(მ) მო-ჰ-ქონ-დ-ე-თ, გზაზე უკვე ი-ქნ-ებ-ოდ-ნენ
If they were bringing our food, they would already be on the way

ჩვენს საჭმელს რო(მ) მო-ი-ტან-დ-ნენ, ფულს მათ მი-ვ-ც-ემ-დ-ი-თ
If they were to bring our food, we would give them the money

ეს ბიჭი ბედნიერი ი-ქნ-ებ-ოდ-ა, მისი და რო(მ) უ-წმენდ-დ-ე-ს ფეხსაცმელს
This lad would be happy, if his sister were cleaning his shoes for him (ფეხსაცმელი)

შენ რო(მ) გა-მ-ი-წმენდ-დ-ე ფეხსაცმელს, ბედნიერი ვ-ი-ქნ-ებ-ოდ-ი
If you were to clean my shoes, I would be happy

ეხლა რო(მ) წვიმ-დ-ე-ს, ქუჩები სველი ი-ქნ-ებ-ოდ-ა
If it were raining, the streets would be wet (სველი)

ხვალ რო(მ) ი-წვიმ-ებ-დ-ე-ს, ქუჩები და-სველ-დ-ებ-ოდ-ა
If it were to rain tomorrow, the streets would get wet ((და-)სველ-დ-ებ-ა)

მე რო(მ) შენს ადგილზე ვ-ი-ყ-ო, ასეთ საქციელს ვერ მო-ვ-ი-თმ(-)ენ-დ-ი
If I were in your place, I would be unable to put up with ((მო-)ი-თმ(-)ენ) *such behaviour*

ბავშვს რო(მ) ე-ძინ-ო-ს, დედა-მისი უკვე ქვევით ი-ქნ-ებ-ოდ-ა
If the child were asleep, his mother would already be down (ქვევით)

მაგ კითხვაზე პასუხი რო(მ) ვ-ი-ცოდ-ე, მილიონერი უკვე ვ-ი-ქნ-ებ-ოდ-ი
If I knew the answer to that question, I would already be a millionaire

მაგ კითხვაზე პასუხს რო(მ) გა-ვ-ი-გ-ებ-დ-ე, აუცილებლად გ-ე-ტყ-ოდ-ი და შენც გ-ე-ცოდ(-)ინ-ებ-ოდ-ა
If I were to learn the answer to that question, I would certainly tell you, and you too would know it

ასე რო(მ) არ მ-რცხვ(-)ენ-ოდ-ე-ს, მე თვით(ონ) წა-ვიდ-ოდ-ი
If I were not so ashamed, I would go myself

Constructing imperatives from verbs without an aorist indicative

Since the imperative is identical to the 2nd person subject forms of the aorist indicative (apart from the verb of motion), if a verb lacks Series II forms, the chosen method of construction is to employ 2nd person subject forms of the present subjunctive. In practice, there are only two verbs for which this is going to be important. The first is the verb *know*:

ცუდ მდგომარეობაში ხარ, იცოდე!
You are in a bad situation (მდგომარეობა) – *know it/you should know!*

იცოდეთ, რო(მ), ამას თუ არ მოეშვები, ცუდ მდგომარეობაში ჩავარდები
Know that, if you don't give this up ((მო-)ე-შვ-ებ-ი), *you'll find yourself* (lit. *fall down into*) *in a bad situation*

The other verb is the one we learnt in Lesson 1 in such expressions as: როგორ ბრძან-დ-ებ-ი-თ? = როგორა ხართ? *How are you?* When provided with a preverb, this root normally appears not just in a Series II form but actually in the form of a polite imperative equivalent for the verb of motion or the verb *sit down*:

და-ბრძან-დ-ი-თ! = და-სხედ-ი-თ! *Sit down!*
მო-ბრძან-დ-ი-თ! = მო-დი-თ! *Come (in)!*
მი-ბრძან-დ-ი-თ! = მი-დი-ი-თ! *After you!* (= *Go*)!

However, as an equivalent *to be* it exists only in the present sub-series, and so, when a polite version of the parting wish კარგად ი-ყავ-ი-თ! *Be well!* is required, it is the present subjunctive of this root that is used to give კარგად ბრძან-დ-ებ-ოდ-ე-თ!

Constructing expressions of the type X ought to be verbing

In Lesson 12 we saw how expressions of obligation relating to the future were produced by using the aorist subjunctive immediately preceded by the invariant particle უნდა. Parallel expressions relating to the present are produced by associating the same invariant particle with the present subjunctive; if the relevant verb has no present subjunctive, the aorist subjunctive is used instead:

მამა სახლს უნდა ღებ-ავ-დ-ე-ს, მაგრამ ავადაა
Father should be painting the house, but he is ill

მანდ რატომ წევხარ? ხვალინდელ გაკვეთილს უნდა ამზად-ებ-დ-ე!
Why are you lying there? You should be preparing tomorrow's lesson!

რას შვრებით? მაგას არ უნდა ა-კეთ-ებ-დ-ე-თ!
What are you doing? You should not be doing that!

დედა დიდხანს უნდა ი-წვ-ე-ს ლოგინში
Mother has to stay lying in bed a long time

ბავშვი ისე არ უნდა ტირ-ოდ-ე-ს
The child shouldn't be crying like that

სამსახურში უკვე უნდა ვ-ი-ყ-ო!
I should be at work (სამსახური) *already!*

Expressions of purpose relating to the future

Expressions of the type *I am going to the market in order (/so) that I may (/in order to/to) buy some fruit* are rendered in Georgian by coupling რო(მ) (alternatively რათა) at the start of the clause with the aorist subjunctive of the verb stating the purpose, e.g.:

ბაზარში მივდივარ, რო(მ)/რათა ხილი ვიყიდო
I am going to the market (ბაზარი) *to buy fruit* (ხილი)

ამ გამოცდებს ვაბარებ, რო(მ)/რათა შემეძლოს ვიმუშაო მასწავლებლად
I am sitting these exams in order that it may be possible for me to work as a teacher

რა გნებავთ? მინდა შემიშვათ, რო(მ)/რათა თქვენს უფროსს ჩამოვართვა ინტერვიუ

What do you want? I want you to let me in in order that I may interview (lit. take it from) your boss

ბევრი მეცადინეობა საჭიროა, რო(მ)/რათა მოეწყო უნივერსიტეტში
A lot of study (მეცადინეობა) *is necessary* (საჭირო) *in order for you/one to get into* ((მო-)ე-წყ-ობ-ი) *university*

ფარდა ასწიეთ/ახადეთ, რო(მ)/რათა დადგმა დაიწყოს
Raise ((ა-)ს-წ(-)ევ/(ა-)ხდ-ი) *the curtain* (ფარდა) *so that the play* (დადგმა) *may begin*

Some other verbs that take the aorist subjunctive

The verbs or expressions (ს-)ჯობ-ი-ა *it is better*, მ-ი-რჩევნ-ი-ა *I prefer X*, გ-ი-რჩ(-)ევ *I advise you*, საჭიროა *it is necessary*, შესაძლოა/შესაძლებელია *it is possible*, ცდ(-)ილ-ობ *you try* may all be construed with a clause containing the aorist subjunctive, referring, as they do, to actions that may or may not take place in the future – რო(მ) is optional, e.g.:

ამ წვიმაში ჯობია (რო(მ)) არ გავიდეთ
In this rain it is better we do not go out

არ ჯობია (რო(მ)) გაკვეთილი დროზე მოამზადო?
Isn't it better you prepare your lesson in time?

გირჩევნია (რო(მ)) აქ დავრჩეთ თუ შინ დავბრუნდეთ? არც ეს, არც ის – მირჩევნია მიყიდო ნაყინი
Do you prefer we stay here or return home? Neither the one nor the other – I prefer you buy me an ice-cream

პრეზიდენტს ალბათ ურჩევნია (რო(მ)) კონგრესი დაიშალოს
The president probably prefers that the congress break up ((და-)ი-შლ-ებ-ა)

რას გვირჩევთ, ბატონო? გირჩევთ (რო(მ)) არ გაჯიუტდეთ და მოისმინოთ სხვების ბრძნული სიტყვები
What do you advise us, sir? I advise you not to become stubborn ((გა-)ჯიუტ-დ-ებ-ი) *and to listen to the wise* (ბრძნული) *words of others*

ვაიმე! უკვე თორმეტის ნახევარია. საჭიროა (რო(მ)) გავიქცე
Good lord, it's already half past eleven! I must rush away

საჭიროა (რო(მ)) ბავშვი დროზე დაწვეს და ეძინოს ცხრა საათი

It's necessary a child go to bed on time and sleep for nine hours

სრულიად შესაძლოა (= შეიძლება) (რო(მ)) შეგრცხვეს, მაგრამ მაინც უნდა წახვიდე
It's entirely possible that you will feel ashamed, but you must still go

შესაძლოა (= შეიძლება) (რო(მ)) ვერ შევასრულო ის, რასაც დაგპირდი/შეგპირდი
It's possible I may not be able to fulfil what I promised you

გიორგი (შე)ეცდება (რო(მ)) კარგად მოიქცეს
Giorgi will try to behave well

(შე)ეცადე (რო(მ)) სადილი დროზე მზად იყოს
Try (and see to it) that lunch be ready on time

Note also the two words, which were verb-forms in origin, that similarly govern the aorist subjunctive, but which are best translated simply as *perhaps, maybe*: ეგებ/იქნებ (e.g. ეგებ/იქნებ მოვიდე *Maybe I'll come*, ეგებ/იქნებ მამა-შენმა იცოდეს *Maybe your father knows*.

Dialogue 3

Two Georgian students, a philologist and a physicist, discuss the former's interest in Mingrelian

ფიზიკოსი: რატომ მიდიხარ სამეგრელოში?

ფილოლოგი: რატომ და, დავინტერესდი მეგრული ენით და სწორედ იმიტომ მივდივარ სამეგრელოში, რო(მ) მეგრული ვისწავლო ადგილზე, ე.ი. იქ სადაც მოსახლეობა ფართოდ ლაპარაკობს მეგრულად. ხვალ გავემგზავრები. ხომ მეთანხმები, რო(მ) ჯობია ჩვენ ენათმეცნიერებმა ვცადოთ დავეუფლოთ ამა თუ იმ ენას იქ, სადაც ხალხს ჯერ კიდევ აქ(ვს) იგი დედა-ენად?

ფიზიკოსი: რატომ არ უნდა გეთანხმებოდე? მაგრამ ერთი რამ მიკვირს – რატომ უნდა გაინტერესებდეს მეგრული, როცა იგი წარმოადგენს ქართულის მხოლოდ ერთერთ კილოს? მე გირჩევ აქ თბილისში დარჩე, რო(მ) გააგრძელო შენი მნიშვნელოვანი კვლევა-ძიება ქართულში.

ფილოლოგი: განა სერიოზულად მეუბნები, რო(მ) მეგრული დამოუკიდებელი ენა არ არი(ს)?! რა აბდა-უბდას ლაპარაკობ ხანდახან!

ფიზიკოსი: მეგრულს თუ ცალკე ენად თვლი, გთხოვ ამიხსნა, მას რატომ არა აქ(ვს) დამწერლობა?

ფილოლოგი: დამწერლობა რა შუაშია? ენა არ შეიძლება ეგრე განისაზღვროს. ისტორიის შემთხვევაა, რომელ ენას აქ(ვს) დამწერლობა, რომელს კი არა. მეგრული ძალიან ადვილად იწერება ჩვენი ქართული შრიფტით. საჭიროა შევქმნათ მხოლოდ ორი ახალი ასო იმ ბგერებისთვის, რომლებიც არ არსებობს ქართულში.

ფიზიკოსი: კეთილი, მაგრამ რაც უფრო ბევრი შენნაირი ფილოლოგი დაინტერესდება მეგრულით, მით უფრო შესაძლო გახდება მეგრელებმა იფიქრონ, რო(მ) დრო უკვე დადგა ითხოვონ დამოუკიდებლობა საქართველოდან. მერე სად ვიქნებით ჩვენ ქართველები, თუ საქართველო დაქუცმაცდება? – არ შეიძლება დაქუცმაცდეს! ეს ხიფათი ყოველთვის ემუქრებოდა ჩვენს სამშობლოს, და ყველა ქართველი მას ებრძოდა, ებრძვის და ებრძოლება კიდეც!

ფილოლოგი: ქართველებს როგორ არ გვრცხვენია მაგნაირი ულოგიკობისა?! პატივი უნდა ვცეთ ყოველ ერს, განსაკუთრებით იმათ, რომლებიც ცხოვრობენ ჩვენს ტერიტორიაზე, რათა იმათ შეიყვარონ და მერე სულ უყვარდეთ საქართველო. თუ ბრძენი ვართ, ჩვენ ქართველებმა უნდა გავუწიოთ დახმარება იმ მეგრელებს, რომლებსაც სურთ შეიქმნას მეგრული ლიტერატურული ენა, რათა მეგრელები გვიმადლოდნენ მაგ პატივს და მიატოვონ უკმაყოფილების ყოველი გრძნობა ჩვენს მიმართ. სამაგალითო ხელგაშლილებით უფრო უზრუნველვყოფთ საქართველოს მთლიანობას ვიდრე თუ გადავემტერებით ჩვენი მოსახლეობის ნაწილს და გავლანძღავთ ანუ მასხარად ავიგდებთ მათ კულტურას. მერწმუნე!

Vocabulary

სამეგრელო	*Mingrelia*
მეგრული/მეგრელი	*Mingrelian* (thing/person)
ფართოდ	*widely*
ე-თანხმ-ებ-ი (და-)	*you agree with X*
ე-უფლ-ებ-ი (და-)	*you master X*
წარმო-ა-დგ(-)ენ	*you (will) represent X*
ინტერეს-დ-ებ-ი (და-)	*you become interested in*
მოსახლეობა	*population*
გა-ე-მგზავრ-ებ-ი	*you will set out*
ენათმეცნიერი	*linguist*
დედა-ენა	*mother tongue*
ერთერთი	*one of*

კილო	*dialect*	უ-რჩ(-)ევ	*you (will) give X as advice to Y*
ა-გრძელ-ებ (გა-)	*you extend X*	კვლევა-ძიება	*research*
სერიოზულად	*seriously*	დამოუკიდებელი	*independent*
აბდა-უბდა	*nonsense*	ხანდახან	*sometimes*
ცალკე	*separate*	დამწერლობა	*writing*
ი-საზღვრ-ებ-ა (გან-)	*it is defined, delimited*	ისტორია	*history*
შემთხვევა	*accident*	შრიფტი	*script*
ქმნ-ი (შე-)	*you create X*	ასო	*letter*
ბგერა	*sound*	არსებ-ობ (ი- -ებ)	*you exist*
შენნაირი	*like you* (adj.)	დრო დგ-ებ-ა (და-)	*the time comes*
დამოუკიდებლობა	*independence*	ქუცმაც-დ-ებ-ა (და-)	*it is split/splits up*
ხიფათი	*danger*	ე-მუქრ-ებ- (და-)	*you threaten Y*
სამშობლო	*homeland*	ე-ბრძვ-ი (ე-ბრძოლ-ებ-ი)	*you (will) fight X*
ულოგიკობა	*illogicality*	პატივს ს-ც-ემ	*you (will) honour X*
ერი	*nation, people*	განსაკუთრებით	*especially*
ბრძენი	*wise (person)*	უ-წ(-)ევ (გა-)	*you provide X to Y*
დახმარება	*help*	გ-სურ-ს	*you desire X*
უ-მადლ-ი	*you owe gratitude to X for Y*	ა-ტოვ-ებ (მი-)	*you abandon X*
უკმაყოფილება	*dissatisfaction*	უზრუნველ-ყ-ოფ	*you (will) safeguard X*
მთლიანობა	*integrity*	სამაგალითო	*exemplary*
ვიდრე	*than*	ხელგაშლილება	*generosity*
ე-მტერ-ებ-ი (გადა-)	*you treat X with hostility*	ნაწილი	*portion*
ლანძღ-ავ (გა-)	*you abuse X*	მასხარად ი-გდ-ებ (ა-)	*you mock X*
კულტურა	*culture*		

Exercises

1

Write out the conditional paradigm for *I* (etc.) *would say/have said X*, the present subjunctive for *I* (etc.) *may be singing*, the imperfect indicative for *I* (etc.) *was cutting X*, the future subjunctive for *(if) I* (etc.) *were to be*, the imperfect indicative for *I* (etc.) *used to trust X*, and the future subjunctive for *(if) I* (etc.) *were to have* (animate) *X*.

2

Fill in the gaps and translate:

(a) .რ .ე.იძლ.ა. მო..იდ.თ?
(b) .უში. რა. .ვრ.ბ.დ..ნ ის.ნ.?
(c) ა. ქ.ლ.ბ. არ.ფ.რი (ა.) .სმ.დ.თ
(d) ეს წ.გნ. .რ მ..ვ.წონ.ბ.
(e) .ა.გ.დ .რ.ა.დ.ბ.დ.თ!
(f) იქ ა.ა.ო.ეს (.რ) .ა.ვიდ..ით ..ვენ
(g) ა. გ.გო. შე..ყვარ.ე.ო.ი
(h) .ვალ შე.ვ.ძლ.ბ. მო.ი.ე.

3

Put the following present indicative verbs into the equivalent present subjunctive forms:

(a) გვაქ(ვს)
(b) გეუბნებით
(c) გვ(ა)გზავნიან
(d) ვიცით
(e) გებრძვი
(f) ვზელ
(g) მიკვირს
(h) სჩვევიათ

4

Put the following conditional verb forms into their equivalent present indicative forms:

(a) ჩახვიდოდი
(b) იჩივლებდნენ
(c) გეცოდინებოდათ
(d) ვუზამდით
(e) გვეტყოდით
(f) მეტკინებოდა
(g) იელ(ვ)ებდა
(h) ითხოვდა

5

Transpose the following future subjunctive verb-forms into their equivalent imperfect indicative forms:

(a) მეყოლებოდეს
(b) ვიგრძნობდეთ
(c) გვექნებოდეს
(d) წაგიყვანდე
(e) გეყვარებოდე
(f) იყივლებდეს
(g) მოიტანდეთ
(h) მოუკვდებოდეს

6

Wrap the appropriate markers around the verbs in:

(a) მე ის ქალები შე..ყვარდებოდ.
(e) თქვენ მას რატომ არ .ხმარებოდ..?

(b) ისინი მაგას მე ..უბნებოდ. . .
(c) თქვენ გუშინ რა ..ნდოდ..?
(d) ფული ადრე ჩვენ მო. . . ცემებოდ.
(f) შენ ჩვენ რას . . .ძლევდ.?
(g) მე შენ .ძულ. . ., .ცოდ.!
(h) დაბრძანდ..! რას მი.რთმევ.?

7

Translate into English:

(a) პასუხი რო(მ) ვიცოდე, აუცილებლად გეტყოდი, მერწმუნე!
(b) თუ შენს მეგობარს აინტერესებს ჩემი აზრი, მე მას ვურჩევდი აქ დარჩეს და არსად (არ) წავიდეს
(c) ჩემს მშობლებს რო(მ) ქალაქში წაიყვანდეთ, ძალიან დამავალებდით
(d) გასულ კვირაში რო(მ) ერთმანეთს შევხვდით, ზუსტად სად მიდიოდი? ხომ არ მიგყავდა მანქანა გარაჟში? არა, ბაზარში მიმქონდა ხილი
(e) ჩვენთან რო(მ) ხვალ თორმეტზე მოხვიდოდე, ნახავდი ჩვენს ახალ რძალს
(f) (შე)ვეცდები (რო(მ)) მოვიდე, მარა ვერ გპირდები, რო(მ) დროზე ვიქნები. შეიძლება დავიგვიანო. (შე)ეცადე (რო(მ)) არ დაიგვიანო. თუ მოხვალ, ჯობია (რო(მ)) დროზე მოხვიდე
(g) ცუდ მდგომარეობაში რო(მ) ჩავვარდებოდე, ხომ დამეხმარებოდი?
(h) რა თქმა უნდა, დაგეხმარებოდი, მარა ჯობია (რო(მ)) (შე)ეცადო (რო(მ)) არ ჩავარდე ცუდ მდგომარეობაში. ხომ მეთანხმები?

8

Translate into Georgian:

(a) If you want to master Georgian, I advise you to go to Georgia
(b) If his mother were to hit him, the lad would start crying
(c) When I was 12 years old, I used to go to school at 8.15 and studied many subjects
(d) I should be beginning work, but it is late, and so I prefer to begin tomorrow. Now let's dance!
(e) With what were they threatening you? They weren't threatening me – they just did not like my behaviour
(f) Why would a foreigner become interested in Mingrelia and the Mingrelian language? God knows, don't ask me!
(g) Perhaps *you* know how we can bring friends from Georgia to France
(h) If the reason were to become clear, we would all rejoice

Lesson 15

In this lesson you will learn about:

- The formation and accompanying syntax of the perfect of transitive and medial verbs
- Saying *X did not . . .*
- Three colloquial uses of the perfect
- Constructing sentences containing the conjunctions *although, even if*
- Constructing expressions of the type *X is so* (adj.) *that . . .*
- More negative words

Dialogue 1

Grigol wakes up and describes his dream to his wife, Tamuna. (Compare the text of the dream with Dialogue 1, Lesson 4; Dialogue 1, Lesson 6 and Dialogue 1, Lesson 8.)

გრიგოლი: რა საინტერესო სიზმარი ვნახე!
თამუნა: რა დაგესიზმრა?
გრიგოლი: თითქოს ბავშვი ვიყავი და დედას ვუყურებდი, სანამ იგი პურს აცხობდა სამზარეულოში.
თამუნა: უი, რა კარგია! რა გემრიელ პურს აცხობდა დედაშენი. ხომ არ გახსოვს მისი რეცეპტი? სანამ ცოცხალი იყო, არასოდეს არ მოუცია ის ჩემთვის!
გრიგოლი: (შე)ვეცდები დავიმახსოვრო, მაგრამ, თუ რაიმეში შევცდი, ნუ გამიბრაზდები, რადგან ხომ მხოლოდ სიზმარი იყო!
თამუნა: არ გაგიბრაზდები – პურს უბრალოდ ვერ ჭამ!
გრიგოლი: . . . დედას ჯერ დაუწყვია ყველაფერი მაგიდაზე: ჯამი, ფქვილი, თბილი წყალი, მარგარინი, მარილი, შაქარი და საფუარი. ფქვილი საცრით გაუცრია და სასწორზე აუწონია, მერე ჯამში ჩაუყრია იგი

მარგარინს, საფუარს, ცოტა მარილსა და შაქართან ერთად, და ზედ წყალი დაუსხამს. ცომი დიდხანს მოუზელია, მერე ჯამი დაუფარავს და დაუტოვებია. მიკითხავს მისთვის, რა იყო საფუვრის როლი, და მას ჩემთვის უპასუხ(ნ)ია, რომ(მ) საფუარი ცომს ააფუებდა. საათ-ნახევრის შემდეგ კიდევ მოუზელია, და ცომი სამად დაუჭრია. კიდევ ორმოცი წუთით დაუტოვებია. მერე რამ(ო)დენიმე წუთით ადრე აუნთია ღუმელი, და ტაფაზე ცომი შეუდვია ღუმელში. ბოლოსდაბოლოს ღუმლიდან გამოუტანია ფუნთუში, მოუჭრია ერთი ნაჭერი და ჩემთვის უჭმევია. მე ვერ მიჭამია ისე ცხელი პური, და თითქოს მას გავულვიძებივარ!

Vocabulary

სიზმა̲რი	*dream*	გ-ე-სიზმრ-ებ-ა (და-)	*you see X in a dream*
თითქოს	*as if*	რეცეპტი	*recipe*
ცოცხა̲ლი	*alive*	გ-ი-კითხ-ავ-ს (-თვის)	*you apparently asked (X)*
ი-მახსოვრ-ებ (და-)	*you bring X to mind*	ს-ჭრ-ი = ა-ჭრ-ი (მო-)	*you cut X off Y* (= dat.)
ფუნთუში	*loaf*		
ნაჭე̄რი	*slice*		

Dialogue 2

Givi asks his friend, Laura, for a report on the strange happenings that day in town!

გივი: რაღა მოხდა დღეს ქალაქში, თუ იცი?

ლაურა: მე თვითონ არაფერი არ მინახავს. ამიტომ ზუსტ ინფორმაციას ვერ მოგცემ – შიმიძლია გითხრა მხოლოდ ის, რასაც სხვები ამბობენ (= სხვები რომ(მ) ამბობენ, მხოლოდ ის შემიძლია გითხრა).

გივი: არა უშავს. მითხარი ის, რაც სხვებმა გითხრეს შენ (= სხვაბმა რომ(მ) გითხრეს, ის მითხარი).

ლაურა: ხომ იცი რა საზიზღარი მემარჯვენეებისაგან შედგება ე.წ. "ეროვნული ფრონტი"? ჰოდა, მათ თურმე გაუკეთებიათ დიდი დემონსტრაცია ჩვენი მთავრობის წინააღმდეგ. ქალაქის მთავარ მოედანზე პარტიის მეთაურს დიდხანს ულაპარაკ(ნ)ია. პოლიციელებს დიდი ყურადღება რატომღაც არ მიუქცევიათ დემონსტრაცი-

ისთვის. მოედანზე საათი გაუტარებიათ, მერე მემიტინგეებს დაუწყიათ სიარული მოედნიდან მთავრობის შენობისკენ. დემონსტრაციას მიუპყრია ყველას ყურადღება, ვინც ქალაქის ქუჩებში იმყოფებოდა. მოგეხსენება, რო(მ) მემარჯვენეების პარტიის მესვეურსა და ჩვენი პრეზიდენტის ვაჟიშვილს სძულთ ერთმანეთი. ჰოდა, როგორც კი პრეზიდენტის ვაჟიშვილს გაუგია დემონსტრაციის ამბავი, მას მიურბენია ქალაქის ცენტრში. ცენტრამდე რო(მ) მიუღწევია, მიუხედ-მოუხედავს და შეუმჩნევია, რო(მ) პოლიციელები წესიერად არ ჰყარაულობდნენ მის მტერს. ქუჩაზე გადაურბენია, ჯიბიდან გამოუტანია თოფი, თვალის დახამხამებაში დაუმიზნებია თავისი მტრისთვის და უსროლ(ნ)ია მისთვის კიდეც! წარმოგიდგენია?! შიშს შეუპყრია სუყველა. პოლიციელებს სასწრაფო დახმარება გამოუძახებიათ (/გამოუძახნიათ), პრეზიდენტის ვაჟიშვილი დაუჭერიათ და საპყრობილეში ჩაუსვამთ იგი. თუმცა ვერ გადაურჩენიათ მემარჯვენეების მათაური, მაინც დიდხანს უცდიათ. როცა პრეზიდენტს შეუტყვია ვაჟიშვილის ამბავი, თავი ვერ შეუკავებია, გაუსტუმრებია უცხოელების დელეგაცია, და დაუბარებია თავისი მრჩევლები. მათ სასწრაფოდ გადაუწყვეტიათ ყველაფერი. ნახევარი საათის შემდეგ გაუთავისუფლებიათ მკვლელი, დაუსახელებიათ იგი სამშობლოს გმირად, ორდენა მიუციათ მისთვის, და დაუნიშნავთ იგი ჩვენს მომდევნო ელჩად გაეროში! თუ არ მიჯერებ, გაზეთი უფრო გვიან იყიდე (მგონი(ა), დაუგვიანებიათ მისი გამოსვლა დღეს) და ნახავ, რო(მ) არ გეხუმრები.

გივი: აღარაფერი მაოცებს ჩვენი ქვეყნის შესახებ, ისეთი უკუღმართობა სუფევს ყველგან. მადლობა ღმერთს, რო(მ) მე დღეს ქალაქში არ წავედი!

Vocabulary

არა უ-შავ-ს	*it's O.K.; all's fine with X* (dat.)	საზიზღარი	*loathsome*
მემარჯვენე	*right winger*	ე.წ. (= ეგრეთ წოდებული)	*so-called*
ეროვნული	*national*	ფრონტი	*front*
ჰოდა	*well (then)*	წინააღმდეგ	*against*
მოედანი	*square*	პარტია	*party*
მეთაური	*leader*	მემიტინგე	*participant in a meeting*
სიარული	*walking, march*		

ი-პყრ-ობ (მი-)	*you attract to yourself*
მო-გ-ე-ხსენ-ებ-ა-თ	*you know* (polite)
მი-ი-ხედ-მო-ი-ხედ-ავ	*you will look here and there*
ა-მჩნ(-)ევ (შე-)	*you notice X (on Y)*
უ-მიზნ-ებ (და-)	*you aim X at Y*
უყველა	*absolutely all*
საპყრობილე	*jail*
თუმცა	*although*
თავს ი-კავ-ებ (შე-)	*you restrain yourself*
დელეგაცია	*delegation*
მკვლელი	*murderer*
შენობა	*building*
ი-მყოფ-ებ-ი	*you find yourself*
მესვეური	*leader*
ა-ღწ(-)ევ (მი-/ მო-)	*you attain X* (dat.)
თოფი	*gun*
თვალის დახამხამება	*the twinkling of an eye*
წარმო-გ-ი-დგ(-)ენ-ი-ა!	*just imagine it!*
სვ-ამ (ჩა-)	*you place X in*
ი-ტყ-ობ (შე-)	*you learn X*
ი-სტუმრ-ებ (გა-)	*you show X out*
მრჩევე̄ლი	*advisor*
ა-სახელ-ებ (და-)	*you name X*

გმირი	*hero*
ნიშნ-ავ (და-)	*you appoint X*
ელჩი	*ambassador*
ა-გვიან-ებ (და-)	*you delay X*
გამოსვლა	*appearance*
ე-ხუმრ-ებ-ი	*you (will) joke with X*
ა-ოც-ებ (გა-)	*you surprise X*
სუფ(-)ევ-ს	*it reigns*
ორდენა	*medal*
მომდევნო	*next*
გაერო (= გაერთიანებული ერების ორგანიზაცია)	*UNO*
აღარაფე̄რი	*no longer anything*
უკუღმართობა	*injustice*
მადლობა ღმერთს!	*Thank God!*

Grammar

The perfect forms of transitive and medial verbs

The perfect, regardless of verb-type, is called in Georgian თურმეობითი, from თურმე *apparently*. This is because the speaker is inferring something about a past action, the truth of which he cannot verify since he was not an eye-witness. This element of meaning is rather incongruous with a perfect that has 1st person subject, for in most cases the speaker may be presumed to know in what action he has or has not engaged, and in this circumstance the Georgian perfect is difficult to distinguish from its English counterpart (e.g. შენზე დიდი ქება გა-მ-ი-გონ-ი-ა *I have heard* ((გა-)ი-გონ-ებ) *great praise* (ქება) *of you* – Folktale).

Series III verbs

The perfect, the pluperfect and the IIIrd subjunctive constitute Series III of the verb. In Series III the version system has no relevance whatsoever, for, although version vowels are used in all these three forms for transitive and medial verbs, they are obligatory and thus have no 'versional' meaning. Those roots which are usually accompanied by a preverb in the future sub-series and Series II are hardly ever found without them in Series III. The main problem with Series III is that transitive and medial verbs once again change the cases of their subjects and objects and consequently their subject and object marking patterns of agreement.

The subject for transitive and medial verbs throughout Series III stands in the dative case, whilst the object (if there is one) goes into the nominative. The dative nominal is signalled in the verb by means of the object agreement affixes. In the perfect these affixes are then combined (without exception) with the appropriate objective version vowel. Apart from verbs with the thematic suffixes -ამ and -ავ, the suffixes agreeing with the nominative nominal are preceded by the vowel -ი-; a 3rd person nominal (singular or plural, which may not impose its plurality on the verb, being a direct object) is marked by -ა, whilst the appropriate form of the verb *to be* marks a 1st or 2nd person nominative nominal. An indirect object can no longer be left in the dative, since this would involve agreement with the verb, and there is already a dative nominal (the subject) requiring this type of agreement. And so any indirect object is made dependent on the postposition -თვის *for*, which governs the genitive case, e.g.:

მოსწავლეს ვაშლი მასწავლებლის(ა)თვის მი-უ-ც-ი-ა
The pupil (მოსწავლე) *apparently gave/has given an apple to the teacher*

To demonstrate the lack of meaningful version within the verb in Series III let us take the (1) neutral, (2) subjective, (3) objective and (4) locative versional future indicative of the verb *write*, to which may be added (5) the form with indirect object not marked by version, and see how these oppositions are neutralised in Series III (specifically in the perfect):

1 ქალი და-წერ-ს წერილს *The woman will write a letter* → ქალს და-უ-წერ-ი-ა წერილი *The woman apparently wrote a letter*
2 ქართველი ამ სიტყვას და-ი-წერ-ს გულის ფიცარზე *A Georgian will write this word on the plank* (ფიცარი) *of his (own) heart* → ქართველს ეს სიტყვა და-უ-წერ-ი-ა თავისი გულის ფიცარზე *The Georgian apparently wrote this word on his (own) heart*
3 ზაზა და-მ-ი-წერ-ს წერილს *Zaza will write a letter for me* → ზაზას და-უ-წერ-ი-ა ჩემთვის წერილი *Zaza apparently wrote a letter for me*
4 ბიჭი ცუდ სიტყვებს და-ა-წერ-ს საპირფარეშოს კედელს

The lad will write naughty words on the toilet (საპირფარეშო) *door* → ბიჭს ცუდი სიტყვები და-უ-წერ-ი-ა საპირფარეშოს კედელზე *The lad apparently wrote naughty words on the toilet door*

5 ზაზა მო-მ-წერ-ს წერილს *Zaza will write a letter to me* → ზაზას მო-უ-წერ-ი-ა ჩემთვის წერილი *Zaza apparently wrote a letter to me*

The general conjugational pattern for perfect **transitive** verbs may be illustrated with the verb (გა-)ა-თეთრ-ებ *you (will) whiten X*:

გა-მ-ი-თეთრ-ებ-ი-ა	*I apparently whitened X* (sing./pl.)
გა-გ-ი-თეთრ-ებ-ი-ა	*you* ...
გა-უ-თეთრ-ებ-ი-ა	*X* ... ...*Y*
გა-გვ-ი-თეთრ-ებ-ი-ა	*we* ...
გა-გ-ი-თეთრ-ებ-ი-ა-თ	*you* (pl.)
გა-უ-თეთრ-ებ-ი-ა-თ	*they* ...

Different combinations of subject and object produce agreement patterns of the type:

გა-მ-ი-თეთრ-ებ-ი-ხარ	*I apparently whitened you*
გა-გ-ი-თეთრ-ებ-ი-ვარ	*you apparently whitened me*
გა-ვ-უ-თეთრ-ებ-ი-ვარ	*X* (sing./pl.) *apparently whitened me*
გა-ვ-უ-თეთრ-ებ-ი-ვარ-თ	*X* (sing./pl.) *apparently whitened us*
გა-გ-ი-თეთრ-ებ-ი-ვარ-თ	*you* (pl.) *apparently whitened me/you apparently whitened us/you* (pl.) *apparently whitened us*

The details of the formation of the perfect are outlined below for each type of verb:

Root verbs

The above elements are attached to the form the root takes in the present indicative (i.e. there will never be a change of root-vowel -ე- to -ი-), e.g.:

გა-უ-წმენდ-ი-ა	*X apparently cleaned Y* (sing./pl.)

Thematic suffix -eb

It is necessary to distinguish between roots containing a vowel and those without. The former attach the relevant elements around the root plus thematic suffix, the latter do not employ the thematic suffix in the perfect, e.g.:

გა-უ-კეთ-ებ-ი-ა	*X apparently did/made Y* (sing./pl.)
გა-უ-ღ-ი-ა	*X apparently opened Y* (sing./pl.)

A peculiarity must be noted in the case of the pairs (და-)ა-ძინ-ებ-ს *X puts (will put) Y to sleep*, (და-)ი-ძინ-ებ-ს *X goes (will go) to sleep* (= *puts (will put) himself to sleep*) and (გა-)ა-ღვიძ-ებ-ს *X wakes (will wake) up Y*, (გა-)ი-ღვიძ-ებ-ს *X wakes (will wake) up*, where each pair should produce identical perfects: და-უ-ძინ-ებ-ი-ა and გა-უ-ღვიძ-ებ-ი-ა. In fact, these forms exist only in the meanings *X apparently put Y to sleep* and *X apparently woke Y up* respectively. The perfects for these roots in subjective version (in Series I and II) are respectively: და-უ-ძინ-ი-ა and გა-უ-ღვიძ-ი-ა.

Thematic suffix -i

The relevant elements wrap around the root as it exists in Series I (i.e. without any of the extensions found in Series II) minus the thematic suffix, e.g.:

გა-უ-შლ-ი-ა	*X apparently unfurled Y* (sing./pl.)

Thematic suffix -ob

The relevant elements wrap around the root minus the thematic suffix. There are none of the vocal root extensions that characterise some of these verbs in parts of the aorist indicative, but, some of these verbs have a root-final -ვ which disappears before any following ო-vowel. Since there is no such vowel in the perfect, such verbs restore this -ვ in the place it occupies when it is similarly restored in the aorist indicative (i.e. at the end of the root or preceding any root-final -რ), e.g.:

გა-უ-თბ-ი-ა	*X apparently heated Y* (sing./pl.)
გამო-უ-ცხვ-ი-ა	*X apparently baked Y* (sing./pl.)
და-უ-თვრ-ი-ა	*X apparently intoxicated Y* (sing./pl.)

Note: the expanded form of the root -ცნ-, as in (გა-)ა-ცნ-ობ *you (will) introduce X to Y*, in the perfect is გა-გ-ი-ცვნ-ი-ა.

The verb (გა-)ყ-ოფ *you (will) divide X* also drops its thematic suffix in the perfect and restores the -ვ- to its root (recall *you divided X* = გა-ყავ-ი):

გა-უ-ყვ-ი-ა	*X apparently divided Y* (sing./pl.)

The verb *give* forms its Series III on the basis of its root in the future sub-series, which again loses the thematic suffix found there (= -ემ), e.g.:

მი-უ-ც-ი-ა	*X apparently gave Y* (sing./pl.) *thither*
მო-უ-ც-ი-ა	*X apparently gave Y* (sing./pl.) *hither*
მი-მ-ი-ც-ი-ა	*I apparently gave Y* (sing./pl.) *thither*
მო-მ-ი-ც-ი-ა	*I apparently gave Y* (sing./pl.) *hither*
მი-უ-ც-ი-ა-თ	*they apparently gave Y* (sing./pl.) *thither*

მო-გ-ი-ც-ი-ა-თ *you* (pl.) *apparently gave Y* (sing./pl.) *hither*

Thematic suffixes -av ***and*** -am

Verbs in these two sub-types retain their thematic suffixes in full, do not make use of the post-radical perfect marker -ი- and mark the 3rd person nominative nominal on the verb with the suffix -ს (not -ა), e.g.:

მო-მ-ი-კლ-ავ-ს	*I apparently killed X* (sing./pl.)
მო-გ-ი-კლ-ავ-ს	*you* ...
მო-უ-კლ-ავ-ს	*X* ... ...*Y* (sing./pl.)
მო-გვ-ი-კლ-ავ-ს	*we* ...
მო-გ-ი-კლ-ავ-თ	*you* (pl.)
მო-უ-კლ-ავ-თ	*they* ...

Compare: მო-ვ-უ-კლ-ავ-ვარ *X apparently killed me*, მო-მ-ი-კლ-ავ-ხარ *I apparently killed you*, მო-უ-კლ-ავ-ხარ-თ *X* (sing./pl.) *apparently killed you* (pl.)

და-მ-ი-სვ-ამ-ს	*I apparently seated X* (sing. only)
და-გ-ი-სვ-ამ-ს	*you* ...
და-უ-სვ-ამ-ს	*X* ... ...*Y* (sing.)
და-გვ-ი-სვ-ამ-ს	*we* ...
და-გ-ი-სვ-ამ-თ	*you* (pl.) ...
და-უ-სვ-ამ-თ	*they* ...

Compare: და-გვ-ი-სხ-ამ-ხარ-თ [sic] *we apparently seated you* (pl.), და-უ-სვ-ამ-ხარ *X* (sing./pl.) *apparently seated you*, და-გ-ი-სვ-ამ-ვარ-თ *you* (pl.) *apparently seated me* vs და-გ-ი-სხ-ამ-ვარ-თ [sic] *you/you* (pl.) *apparently seated us.*

In the spoken language one does often hear the perfect of verbs in -ავ/-ამ formed according to the more general pattern given above (e.g. მო-უ-კლ-ი-ა *X apparently killed Y* (sing./pl.), და-უ-სვ-ი-ა *X apparently seated Y* (sing.), etc.).

We saw above that the verb *give* uses its future sub-series root as the basis for its Series III forms, and other roots which have suppletive pairs between present and future sub-series, and which have a transitive form in the future, equally base their Series III forms on the future base, thus:

სვ-ამ-ს *X drinks Y* → future და-ლ(-)ევ-ს → perfect და-უ-ლ(-)ევ-ი-ა
ხედ-ავ-ს *X sees Y* → future ნახ-ავ-ს → perfect უ-ნახ-ავ-ს
მო-ა-ქვ-ს *X brings* (inanimate) *Y* → future მო-ი-ტან-ს → perfect მო-უ-ტან-ი-ა
მო-ჰ-ყავ-ს *X brings* (animate) *Y* → future მო-ი-ყვან-ს → perfect მო-უ-ყვან-ი-ა

In the case of the verb *say* the Series III root is identical to the one employed in Series II (e.g. ამბ-ობ-ს *X says (Y)* → future ი-ტყვ-ი-ს → aorist თქვ-ა → perfect უ-თქვ-ამ-ს, which also serves as the perfect to ე-უბნ-ებ-ა *X says Y to Z*, for the indirect object is simply made dependent on -თვის *for*).

One feature of the syntax of Series III transitives is that the paraphrasing explained in the grammar section of Lesson 6 is no longer necessary. The seven examples given there go into the perfect with unaltered 1st or 2nd person direct objects, thus:

ჩემთვის მო-უ-ც-ი-ხარ	*X* (sing./pl.) *apparently gave you to me*
ჩვენთვის მო-უ-ც-ი-ხარ-თ	*X* (sing./pl.) *apparently gave you* (pl.) *to us*
მისთვის მი-ვ-უ-ც-ი-ვარ	*X* (sing./pl.) *apparently gave me to Y*
ვისთვის მი-გ-ი-ბარ-ებ-ი-ვარ-თ?	*To whom have you* (pl.) *entrusted us* (or *me*)*/To whom have you entrusted us?*
შენთვის მო-ვ-უ-ბარ-ებ-ი-ვარ?	*Has/Have X* (sing./pl.) *entrusted me to you?*
ჩემთვის მო-გ-ი-ბარ-ებ-ი-ა-თ?	*Have you* (pl.) *entrusted X* (sing./pl.) *to me?*
მისთვის მი-უ-ბარ-ებ-ი-ხარ	*X* (sing./pl.) *apparently entrusted you to Y*

The perfect of **medial** verbs, regardless of which thematic suffix they take in the present or future sub-series, is formed by placing the regular combinations of markers around the root, without preverb of course. If there is a difference of structure within the root as between the present and future sub-series, the future form usually appears in Series III. A peculiarity is that most medials seem to allow an entirely optional -ნ- to stand immediately after the root in any of their Series III forms, though this element will not appear if the root ends in -ნ, e.g.:

დუღ-ს *X boils* → future ი-დუღ-ებ-ს → perfect უ-დუღ-(ნ-)ი-ა
ცეკვ-ავ-ს *X dances* → future ი-ცეკვ-ებ-ს → perfect უ-ცეკვ-(?ნ-)ი-ა
ქადაგ-ებ-ს *X preaches* → future ი-ქადაგ-ებ-ს → perfect უ-ქადაგ-(ნ-)ი-ა
ტირ-ი-ს *X cries* → future ი-ტირ-ებ-ს → perfect უ-ტირ-(ნ-)ი-ა
ლაპარაკ-ობ-ს *X speaks* → future ი-ლაპარაკ-ებ-ს → perfect უ-ლაპარაკ-(ნ-)ი-ა
ქუხ-ს *it thunders* → ი-ქუხ-ებ-ს → perfect უ-ქუხ-(ნ-)ი-ა
ელ-ავ-ს *it lightens* → future ი-ელ(-ვ)-ებ-ს → perfect უ-ელ(-ვ)-(ნ-)ი-ა
ჩივ-ი-ს *X complains* → future ი-ჩივ(-)ლ-ებ-ს → perfect უ-ჩივ(-)ლ-(ნ-)ი-ა

ბღავ-ი-ს *X bleats* → → future ი-ბღავ(-)ლ-ებ-ს → perfect უ-ბღავ(-)ლ-(ნ-)ი-ა
ი-ღვწ-ი-ს *X toils* → future ი-ღვაწ-ებ-ს → perfect უ-ღვაწ-(ნ-)ი-ა
ცურ-ავ-ს *X swims* → future ი-ცურ(-ავ)-ებ-ს → perfect უ-ცურ(-ავ)-(ნ-)ი-ა
ი-სვრ-ი-ს *X shoots/throws (Y)* → future ი-სრ(-)ოლ-ებ-ს → perfect უ-სვრ-(?ნ-)ი-ა/უ-სრ(-)ოლ-(ნ-)ი-ა
ი-ბრძვ-ი-ს *X fights* → future ი-ბრძ(-)ოლ-ებ-ს → perfect უ-ბრძ(-)ოლ-(ნ-)ი-ა
ი-ცინ-ი-ს *X laughs* → future ი-ცინ-ებ-ს → perfect უ-ცინ-ი-ა
ფიქრ-ობ-ს *X thinks* → future ი-ფიქრ-ებ-ს → perfect უ-ფიქრ-(ნ-)ი-ა
მუშა-ობ-ს *X works* → future ი-მუშა-ვ-ებ-ს → perfect უ-მუშა-ვ-(ნ-)ი-ა
სწავლ-ობ-ს *X learns (Y)* → future ი-სწავლ-ი-ს → perfect უ-სწავლ-(?ნ-)ი-ა
(cf. ა-სწავლ-ი-ს *X teaches/will teach Y to X* → perfect უ-სწავლ-ებ-ი-ა)
სტვ(-)ენ-ს *X whistles* → future ი-სტვ(-)ენ-ს → perfect უ-სტვ(-)ენ-ი-ა
და-რბ-ი-ს *X runs about* → future ი-რბ(-)ენ-ს → perfect უ-რბ(-)ენ-ი-ა

Note: the perfect of გრძნ-ობ-ს *X feels Y* (future ი-გრძნ-ობ-ს) = უ-გრძვნ-ი-ა.

Some transitive verbs in -ებ, namely those that do not take a version vowel in Series I and II and which do not use -დ- to form their intransitive counterparts, vary in the formation of their perfects. Though today they are tending to become regularised (e.g. და-უ-ბად-ებ-ი-ა *X apparently gave birth to Y*, მო-უ-ტაც-ებ-ი-ა *X apparently snatched Y*, და-უ-პატიჟ-ებ-ი-ა *X apparently invited Y*), one also finds older forms that parallel the medial formation (e.g. და-უ-ბად-ი-ა, მო-უ-ტაც-(ნ-)ი-ა, და-უ-პატიჟ-ნ-ი-ა).

This section closes with the perfects of the verbs given in Lesson 11:

კითხ-ულ-ობ-ს *X reads X/enquires* → perfect (წა-)უ-კითხ-ავ-ს
ყიდ-ულ-ობ-ს *X buys Y* → perfect უ-ყიდ-ი-ა
სესხ-ულ-ობ-ს *X borrows Y* → perfect უ-სესხ-(ნ-)ი-ა
თხო-ულ-ობ-ს *X asks for Y* → perfect უ-თხოვ-(ნ-)ი-ა
შო-ულ-ობ-ს *X acquires/finds Y* (intentionally) → perfect უ-შოვ-(ნ-)ი-ა
პო-ულ-ობ-ს *X acquires/finds Y* (accidentally) → perfect უ-პოვ-(ნ-)ი-ა
მატ-ულ-ობ-ს *X increases/gets larger* → perfect უ-მატ-(ნ-)ი-ა (**Note**: the form უ-მატ-ებ-ი-ა exists but only as the perfect to the

present/future indicative ი-მატ-ებ-ს meaning *X increases/will increase his own Y.*) Note also that with reference to gaining weight the non-present sub-series forms are: ქალი მო-ი-მატ-ებ-ს/ქალმა მო-ი-მატ-ა/ქალს მო-უ-მატ-(ნ-)ი-ა *the woman will/did/apparently put on weight.*

კლ-ებ-ულ-ობ-ს *X reduces/gets smaller* → perfect უ-კლ-(?ნ-)ი-ა. With reference to losing weight, outside the present sub-series we have: შენ მო-ი-კლ-ებ/მო-ი-კელ-ი/მო-გ-ი-კლ-(?ნ-)ი-ა *you will/did/apparently did lose weight*

ღ-ებ-ულ-ობ-ს *X receives Y* (regularly), ი-ღ-ებ-ს *X receives Y* (once) → perfect მი-უ-ღ-ი-ა

ვნ-ებ-ს *X harms Y* → perfect უ-ვნ-ი-ა

კ-კბ(-)ენ-ს *X bites Y* → perfect უ-კბ(-)ენ-ი-ა

პწკ(-)ენ-ს *X pinches Y* → perfect უ-პწკ(-)ენ-ი-ა

რგ-ებ-ს *X brings advantage to Y* → perfect უ-რგ-ი-ა

და-დი-ს *X goes* (regularly) → perfect უ-ვლ-ი-ა[1] (with, of course, dative subject)

The transitive perfect of *try* = უ-ცდ-ი-ა.

[1] Cf. მო-უ-ვლ-ი-ა *X (has) apparently looked after Y* (= -თვის), შემო-უ-ვლ-ი-ა *X (has) apparently encircled Y* (= -თვის).

How to say X did not verb

It may seem odd that we have not yet encountered any Georgian equivalents to English sentences in which a verb in the simple past (aorist), especially of a transitive or medial, is negated, for the aorist indicative was introduced in Lesson 8. The reason for this omission is that the association of the simple negative არ with the aorist indicative (especially of a transitive or medial) in Georgian does not merely negate the past verbal action; it carries the extra information that the subject did not wish or refused to carry out the verbal action. The Georgian way of simply negating a past activity (especially for transitive and medial verbs) is to use არ with the perfect. Such combinations are thus translatable into English both as *X did not . . .* and as *X has not . . .ed.* When the perfect is negated, there is not necessarily any notion of *apparently* associated with it, though, of course, if the context demands it, the nuance may be there. Look at these examples of both negated aorists and perfects:

მო-ი-ტან-ეს წიგნი? არა, არ მო-უ-ტან-ი-ა-თ

Did they bring/have they brought [aorist] *the book? No, they didn't bring/haven't brought* [perfect] *it* (არ მო-ი-ტან-ეს [aorist] would mean *they declined to bring it*)

მასწავლებელს ტკბილეულები არ და-უ-ბრუნ-ებ-ი-ა ჩემთვის
The teacher didn't return/hasn't returned the sweets to me (მასწავლე-ბელმა არ და-მ-ი-ბრუნ-ა would imply *refused to return them to me*)

ფული ა-სესხ-ე ზაზას? არა, ფული არ მ-ი-სესხ-ებ-ი-ა მისთვის
Did you lend/have you lent Zaza the money? No, I didn't lend/haven't lent him the money (cf. არა, ფული არ ვ-ა-სესხ-ე, რადგან ბოლო დროს რო(მ) ვასესხე, ის ფული ჯერ არ დაუბრუნებია ჩემთვის *No, I declined to lend him the money, because he has not yet returned to me the money I lent him last time*)

Three colloquial uses for the perfect

The simplest translation of *congratulations!* is მო-მ-ი-ლოც-ავ-ს/მო-გვ-ი-ლოც-ავ-ს, depending respectively on whether the full expression would be *I offer my congratulations* or *we offer our congratulations*. The forms are the perfect of the verb *congratulate* with respectively 1st person singular and 1st person plural subject. If one needs to express the thing occasioning the congratulations, it just goes into the nominative as direct object (e.g. მო-მ-ი-ლოც-ავ-ს/მო-გვ-ი-ლოც-ავ-ს დაბადების დღე/ახალი წელი/უნივერსიტეტში მოწყობა *Congratulations on your birthday/the New Year/getting into* (მოწყობა) *university*). A less colloquial, more direct equivalent to the English would be to use the present indicative in objective version, now of course with dative direct object (e.g. გ-ი-ლოც-ავ(-თ) დაბადების დღეს/ახალ წელს/უნივერსიტეტში მოწყობას).

The translation equivalent of *Can you imagine it?!/Would you credit it?!* is to use the perfect of the verb *imagine* with 2nd person subject (წარმო-გ-ი-დგ(-)ენ-ი-ა(-თ)?!). For example:

გლეხმა არ შეიწყნარა მერის ბოდიში – წარმოგიდგენია(თ)?!
The peasant (გლეხი) *refused to accept* ((შე)იწყნარებ) *the mayor's* (მერი) *apology – can you imagine it?!*

In place of the future or aorist indicatives in an *if*-clause the perfect may be used if a threat is involved. The Georgian folk-tale 'Lazybones' contains a good example. The initial threat includes the perfect, whereas, when the Lazybones tells his wife what was said to him, he uses the future indicative, e.g.:

თუ საღამომდე არ მო-გ-ი-მკ-ი-ა ეგ ყანა, თავს მოგჭრი
If you haven't reaped that field (ყანა) *by evening, I'll put you to shame* (lit.: *cut your head off*) vs

თუ საღამომდე ამ ყანას არ მო-მკ-ი, თავს მოგჭრი
If you don't reap this field by evening, I'll put you to shame

Such examples often contain the negative and are translatable into English by means of the perfect too, but the negative is not obligatory in Georgian, as in the following example, where English cannot use its perfect:

თუ ხელი გა-გ-ი-ნძრ(-)ევ-ი-ა-თ, აქვე გაგათავებთ
If you move ((გა-)ა-ნძრ(-)ევ) *your hand, I'll finish* ((გა)ათავებ) *you right* (-ვე) *here*

The construction of sentences containing although/even if

These two types of concessional clauses are formed in Georgian by using either თუმცა at the start of a clause containing the relevant non-subjunctive form of the verb, or თუნდაც (also თუნდა or თუნდ) with either the present subjunctive, if reference is to an ongoing present activity, or aorist subjunctive, if reference is to one that may occur in the future. The main clause often contains either მაინც *still* or მაგრამ მაინც *but still*. Study these examples:

თუმცა ღამეს აქ გაათენებ, მაინც მეშინია ქურდებისა
Although you will spend ((გა-)ა-თენ-ებ) *the night here, I am still afraid of robbers*

თუმცა ამ ძვირფას წიგნს ხვალ დამიბრუნებდი, მაინც მირჩევნია შინ არ წაიღო
Although you would return this valuable (ძვირფასი) *book to me tomorrow, I still prefer you not to take it home*

თუმცა ამინდი მშვენიერია, ხასიათზე არა ვარ
Although the weather is wonderful (მშვენიერი), *I am not in a good mood* (ხასიათი)

თუმცა ზაზას მკვლელი არ უნახავს, მინდა იგი დაესწროს პროცესს მოწმედ
Although Zaza apparently didn't see the murderer, I want him to attend the trial (პროცესი) *as a witness* (მოწმე)

თუნდაც წვიმდეს, მაინც მოხარული ვიქნებოდი
Even if it were raining, I would still be glad (მოხარული)

თუნდ გეწყინოს, მაინც გეტყვი
Even if you should take offence (გ-წყინ-ს/გ-ე-წყინ-ებ-ა), *I shall still tell you*

An alternative to თუმცა is the expression მიუხედავად იმისა, რო(მ) . . ., which is literally *despite that* (*fact*), *that* . . ., which for the first example given above would produce: მიუხედავად იმისა, რო(მ) ღამეს აქ გაათენებ, მაინც მეშინია ქურდებისა.

Expressions like X is so adj. that . . .

Such expressions of result are very easy to put into Georgian. The result clause is introduced by რო(მ) *that* and contains the appropriate non-subjunctive form of the verb, while the adjective in the main clause is accompanied by ისე *so*, e.g.:

ის ბავშვი ისე მსუქანია, რო(მ) ძლივს სეირნობს
That child is so fat (მსუქანი) *that it walks* (სეირნ-ობ/ი-სეირნ-ებ) *with difficulty* (ძლივს)

ცხენი ისე დაქანცული იყო, რო(მ) დაეცა და მოკვდა
The horse was so exhausted (დაქანცული) *that it fell down and died*

Following მეტისმეტად *too* plus adjective or adverb the construction is the same as for the expression of purpose. We have already dealt with purpose clauses relating to the future in Lesson 14, where რო(მ) is mostly used with the aorist subjunctive. And so we have the examples:

ის კნუტი მეტისმეტად ლამაზია, რო(მ) დავახრჩო
That kitten is too pretty for me to drown it

მეტისმეტად სწრაფად ლაპარაკობს ის ქალი, რო(მ) ვინმემ გაუგოს
That woman speaks/is speaking too quickly for anyone to understand her

For past clauses of purpose (and past expressions of this type) see Lesson 16.

Result clauses may also be introduced by ისეთი *such (a)*, იმდენი *so much* and იმხელა *so large (a)*, e.g.:

იქ ისეთი მგლები და ტურები არიან, რო(მ) შეგჭამენ
There are such wolves (მგე̄ლი) *and jackals* (ტურა) *there that they will devour you*

იმდენი საქმე/სამუშაო მაქ(ვს), რო(მ) დღეში ოცდახუთი საათი მჭირდება
I have so much work (საქმე/სამუშაო) *that I need 25 hours in the day*

შობის დროს იმხელა ინდაური ვიყიდეთ, რო(მ) ახალ წლამდე გასტანა
At Christmas (შობა) *time we bought such a large turkey* (ინდაური) *that it lasted* (გა-ს-ტან) *until the New Year*

ისე in combination with a clause containing the negative არ allows one to produce the translation equivalent of English *without . . .ing* when the action relates to an event in the past (see Dialogue 3, Lesson 13 for the parallel construction with aorist subjunctive when the action is non-past), e.g.:

არცერთი სიტყვა რო(მ) არ უკითხავს, ისე დააბრუნა წიგნი წიგნთსაცავში
He returned the book to the library (წიგნთსაცავი) *without reading/having read a single* (არცერთი) *word*

შვილი რო(მ) არ ჰყავდა, ისე დაბერდა
X grew old ((და-)ბერ-დ-ებ-ი) *without having a child*

Negatives

We have now discussed all three negative adverbs: არ, ვერ, ნუ. From each of these we can build

1 the negative pronouns: არავინ, ვერავინ, ნურავინ *no one*, all of which change case in the same way as ვინ *alone*, and არაფე̄რი, ვერაფე̄რი, ნურაფე̄რი *nothing*
2 the negative adjectives: არავითარი, ვერავითარი, ნურავითარი *no*
3 the negative adverbs of time: არასოდეს/არასდროს, ვერასოდეს/ვერასდროს, ნურასოდეს/ნურასდროს *never*
4 the negative adverbs of place: არსად, ვერსად, ნურსად *nowhere*
5 the negative adverbs of manner: არასგზით, ვერასგზით, ნურასგზით *no way*.

In addition we have: აღარ, ვეღარ, ნუღარ *no longer*, from which are derived: აღარავინ, ვეღარავინ, ნუღარავინ *no longer anyone* and აღარაფე̄რი, ვეღარაფე̄რი, ნუღარაფე̄რი *no longer anything*. Each derivative will be used in circumstances when it is appropriate to use the base from which it is derived, as explained earlier. Georgian quite likes to pile up its negatives, so that the simple negative is likely to be used in conjunction with its derivative (other than with აღარ, ვეღარ, ნუღარ), e.g.:

ნუღარ გააკეთებ!	*Don't do it again!*
არავინ (არ) მინახავს	*I have seen no one*
არაფერს (არ) მოგცემ	*I shall give you nothing*

ალარაფერს (არ) მოგცემ — *I shall give you nothing more*
ვერსად (ვერ) წავიდნენ — *They could not go anywhere*

ნურავინ ნურსად ნურასგზით (ნუ) წავა!
No one is to go anywhere under any circumstance!

Note also the three variants: არც . . . არც, ვერც . . . ვერც, ნურც . . . ნურც *neither . . . nor* as in ვერც ადგნენ ვერც დასხდნენ *They could neither stand up nor sit down.*

Dialogue 3

A foreigner and a young Soviet historian (ისტორიკოსი) discuss the Second World War

უცხოელი: ამბობენ, რო(მ) გამოგიქვეყნებიათ პირველი წიგნი – მომილოცავს (= გილოცავთ)! რა არი(ს) მისი თემა?

ისტორიკოსი: რა და, დიდი სამამულო ომი.

უცხოელი: ბოდიში, მაგრამ რას გულისხმობთ მაგ ტერმინით?

ისტორიკოსი: დასავლეთში მას ჰქვია მეორე მსოფლიო ომი.

უცხოელი: რა საინტერესო. მომისმენია, ისეთი ქაოსი გამოუწვევია მაგ ომს, რო(მ) დიდი ზიანი მოუყენებია საბჭოთა კავშირის ყველა მხრისთვის და საქართველოსაც თავი ვერ დაუღწევია უბედურებისთვის. რას იტყოდით თქვენ როგორც ამ დარგის ერთერთი ბრწყინვალე მკვლევარი?

ისტორიკოსი: ჩემი კვლევა-ძიების დროს გამოირკვა, რო(მ) საქართველოს დაუკარგავს თავისი მოსახლეობის ერთი მეათედი (მათ რიცხვებში ქართველები, მეგრელები, სვანები, აფხაზები, სომხები, ოსები, დ.ა.შ.), ე.ი. რა ბევრი განუცდია ამ პატარა რესპუბლიკას, სადაც თითქმის ყველა ოჯახს უგლოვ(ნ)ია სულ ცოტა ერთი წევრი.

უცხოელი: როცა ვმსჯელობთ საქართველოზე ომის დროს, არ უნდა დავივიწყოთ, რო(მ) სტალინი ქართველი იყო. რა როლი ითამაშა სტალინმა ომში?

ისტორიკოსი: საბჭოთა ისტორიოგრაფიის მიხედვით მას უდიდესი როლი უთამაშ(ნ)ია, მაგრამ საფუძვლებია, კაცს ეჭვი ეპარებოდეს ამ შეხედულების სისწორეში. როცა გერმანელებმა მოულოდნელადა და ვერაგულად ფრონტი გახსნეს აღმოსავლეთში, ისე შეუშინებიათ სტალინი, რო(მ) სასოწარკვეთილს მოუნდომებია დანებება. მაგრამ როგორმე

გადაულახავს თავისი სასოწარკვეთილება, გაუგზავნია მძიმე მრეწველობის ქარხნები ურალების გადაღმა, გაუმაგრებია მოსკოვი და წაუქეზებია საბჭოთა ხალხი. მერე თურმე ისე დაუწყია ომის მართვა, რო(მ) მხოლოდ გლობუსი უხმარ(ნ)ია (= გამოუყენებია)!

უცხოელი: და სტალინის მთავრობას განა არ გაუმარჯვებია გერმანიაზე ბოლოსდაბოლოს?

ისტორიკოსი: მთავრობას კი არა, ჩემი აზრით რუსეთის უზარმაზარ სივრცესა და საბჭოთა ხალხების დიდებულ გმირობას დაუმარცხებია ჰიტლერი როგორც უფრო ადრინდელ ხანაში სწორედ ამ ფაქტორებმა გაიმარჯვა ნაპოლეონზე.

Vocabulary

ა-ქვეყნ-ებ (გამო-)	*you publish X*
გულისხმ-ობ (ი- -ებ)	*you mean X*
დასავლეთი	*West*
ქაოსი	*chaos*
საბჭო (საბჭოთა)	*council, soviet* (Soviet)
მხარე	*region, district*
დარგი	*field, subject*
მკვლევარი	*researcher*
მათ რიცხვებში	*in their number*
აფხაზი	*Abkhazian (person)*
გან-ი-ცდ-ი	*you (will) suffer (X)*
მსჯელ-ობ (ი- -ებ)	*you discuss*
უდიდესი	*very great*
ეჭვი (შე-)გ-ე-პარ-ებ-ა	*doubt comes (will come) upon you*
სისწორე	*correctness*
აღმოსავლეთი	*East*
სასოწარკვეთილი	*depressed*
ლახ-ავ (გადა-)	*you overcome X*
მძიმე	*heavy*
ურალები	*The Urals*
თემა	*theme, subject*
დიდი სამამულო ომი	*The Great Patriotic War*
მეორე მსოფლიო ომი	*Second World War*
ი-წვ(-)ევ (გამო-)	*you cause X*
კავშირი	*union*
თავს ა-ღწ(-)ევ (და-)	*you avoid X* (= dat.)
ბრწყინვალე	*brilliant*
მეათედი	*tenth*
სვანი	*Svan* (person)
სომე̄ხი	*Armenian* (person)
გლოვ (ი- -ებ)	*you mourn (X)*
სულ ცოტა	*at least*
წევრი	*member*
ი-ვიწყ-ებ (და-)	*you put X out of your mind*
საფუძვე̄ლი	*ground(s)*
შეხედულება	*view*
ვერაგული	*treacherous*
ა-შინ-ებ (შე-)	*you frighten X*
დანებება	*surrender*
სასოწარკვეთილება	*depression*
მრეწველობა	*industry*
გადაღმა	*beyond* (+ gen.)

ა-მაგრ-ებ (გა-)	*you strengthen X*	ა-ქეზ-ებ (წა-)	*you encourage X*
მართვა	*directing*	გლობუსი	*globe*
ხმარ-ობ (ი- -ებ)/ ი-ყენ-ებ (გამო-)	*you use X*	უზარმაზარი	*huge*
		დიდებული	*glorious*
სივრცე	*expanse, space*	ა-მარცხ-ებ (და-)	*you defeat X*
გმირობა	*heroism*	ხანა	*epoch*
უფრო ადრინდელი	*earlier* (adj.)	ფაქტორი	*factor*

Exercises

1

Write out the conjugation in the perfect for: *I* (etc.) *have opened X*, *I* (etc.) *have heated X*, *I* (etc.) *have drunk X*, *I* (etc.) *have seen X*, *I* (etc.) *have played X*, *X has seen me* (etc.).

2

Fill in the gaps and translate:

(a) წყ.ლ. .დ.ლ(.)ი.
(b) ვ.შლ. ვი.თ.ის .ი..ცი. .ენ?
(c) მა. ჩე.თ.ი. ფ.ლ. მ..ცი..
(d) მა. .ე შე..ცდ.ნი.ა.
(e) ა.აფ.რ. (ა.) ..თხ.ვ(.)ი. მ.
(f) შ.ნ ჯ.რ .რ გ.და..თა.გმ.ი. წ.რ.ლ.?
(g) ს.უ.რ.ბ. ეგ ა. .თქ.ა..
(h) ქ.ლ.ბ. თ.ვ.ნ .ა.თ.რი.არ.

3

Transpose the following sentences with present indicative verb-forms into their equivalents with perfect forms:

(a) ვერ გხედავ
(b) დედა-მისი სეირს აჩვენებს ბიჭს
(c) მასწავლებელი რატომ გცემს?
(d) კაცები ქალს სახლს უშენებენ
(e) რატომ მაბრაზებთ?
(f) უფროსი მუშაობას იწყებს ორზე
(g) მებაღეები თესლებს თესავენ
(h) ქალი დას უბრუნებს წიგნს

4

Transpose the following sentences with perfect verb-forms into their equivalents with aorist indicative forms:

(a) ამ კაცებს ბევრი რამ უქნიათ
(b) შენთვის ასი მანეთი მომიცია
(c) ტყუილი რატომ გითქვამთ ჩემთვის?
(d) ვის ჩამოურთმევია მოთასთვის ინტერვიუ?
(e) ამას მოუვლია მშობლებისთვის
(f) გოგოებს ბევრი ულაპარაკ(ნ)იათ
(g) მტერი მომიკლავს
(h) დედას ცხენზე შევუსვამვარ/შევუსვივარ

5

Wrap the appropriate agreement markers around the verbs:

(a) ბოდიში, მე თქვენ ეხლა ვერ -ხმარებ-
(b) მტრებს თურმე და-პყრი-ქვეყანა
(c) არავის არაფერი არ -სწავლებ- ჩემთვის
(d) შენ არასოდეს მე არ გა-ლანძღავ-
(e) ბავშვს ჯერ არ გა-ღვიძ-
(f) დედას არ და-ძინებ- ბავშვი
(g) მტრებს წიგნთსაცავი და-წვავ-
(h) ჩვენ კარგად არ -მღერ-

6

Fill in the gaps with an appropriate negative particle:

(a) -ფერი - გავაკეთეთ
(b) მაგას - იზამ!
(c) გაკვეთილს კარგად - სწავლობენ
(d) ეგ - ჩააგდოთ!
(e) -ვის -ფერი - მოუცია ჩემთვის
(f) -ვის -ფერს - მისცემ!
(g) -სად - წახვალ!
(h) -ვის - გადავემტერებით!

7

Translate into English:

(a) საქართველოში განა ათი თვე გაატარე, ისე რომ ქართული არ გისწავლია? როგორ შეიძლება?
(b) ამბობენ, რო(მ) ომში თქვენ ბევრი საინტერესო რამ გინახავთ/გინახიათ და ბევრი საინტერესო რამ გაგიკეთებიათ – ხომ ასეა? ბევრი რამ ვნახე, მარა არაფერი საინტერესო არ გამიკეთებია
(c) თუმცა ბევრი უცხოელი დაესწრო ჩვენს კონფერენციას, არც ერთს (არ) წაუკითხავს მოხსენება – წარმოგიდგენიათ?!

(d) ისე გემრიელი ტორტი მაგიდაზე წინ მიდევს, რო(მ) მინდა შევჭამო
(e) თუმცა იმ ქალს ჯერ არ დაუბადებია ბავშვი, საავადმყოფოში მაინც არ რჩება
(f) შენს მეგობარს არ დავუპატიჟებივართ, ამიტომ როგორ შეგვიძლია წავიდეთ?
(g) ისეთი ქალია, რო(მ) არც არაფერი არ უთხოვ(ნ)ია, არც არაფერს არ ითხოვს
(h) ისე ცუდი ბიჭია, რო(მ) ალბათ არასოდეს არ უთქვამს სიტყვა 'გმადლობთ'. ნურაფერს ნუ მისცემ მას!

8

Translate into Georgian:

(a) The foreigners so abused us that we refused to accept their apology
(b) They apparently dined without pouring any wine – just imagine!
(c) Although he is so fat, the lad still apparently ran up the stairs
(d) To tell you the truth, I no longer recall it, but they tell me that the artist showed me his paintings
(e) When I attended the exhibition, I couldn't buy anything, as I didn't have any money with me
(f) I brought you the book last week, didn't I? So explain to me, why haven't you read it yet?
(g) Because the Georgians apparently didn't fight well in the war, they lost
(h) Because they didn't win, they burst into tears and returned home

Lesson 16

In this lesson you will learn about:

- The formation and meaning of the pluperfect for transitive and medial verbs
- Expressing the idea *X should have . . . ed*
- Expressing a purpose relating to the past
- Expressing conditions of the type *If X had . . . ed . . .*
- Examples of word formation

Dialogue 1

A foreign student asks his Georgian teacher about the meaning of the phrase უკეთესად უნდა მესწავლა ჩემი ზმნური ფორმები

უცხოელი: უკეთესად რატომ უნდა მესწავლა ჩემი ზმნური ფორმები, როგორც სწერია ამ გაკვეთილის თავზე?

მასწავლებელი: ხომ შეიძლება, რო(მ) კიდევ ერთი კითხვა დაისვას?

უცხოელი: როგორ არა?!

მასწავლებელი: მაშ მე კიდევ ერთ კითხვას დავსვამ და ასე გიპასუხებთ თქვენს კითხვაზე. რატომ ჩამოხვედით თბილისში?

უცხოელი: მე იმიტომ ჩამოვედი, რო(მ) გამეცნო ქართველები, მენახულა საქართველო, მეყიდა წიგნები კავკასიური ენების შესახებ და დამეწყო ქართული ენის სწავლა.

მასწავლებელი: და გადაჭარბების გარეშე შემიძლია გითხრათ, რო(მ) უკვე ძალიან კარგად დაეუფლეთ ქართულს.

უცხოელი: დიდი მადლობა ქათინაურისთვის, მაგრამ ჯერ არ გიპასუხ(ნ)იათ ჩემს კითხვაზე.

მასწავლებელი: ამ თავის სათაური პირდაპირ არ გეხებათ

თქვენ – უბრალოდ ამ წიგნის ნებისმიერ მკითხველს აქამომდე რო(მ) უკეთესად ესწავლა ზმნური ფორმები (კერძოდ ნამყო ძირითადისა/წყვეტილისა), მაშინ მას უფრო ადვილად შეეძლებოდა გაეგო და გაეფორმებინა მეორე თურმეობითი. ვაიმე, უკვე თორმეტი საათია!

უცხოელი: მერე რა? რა გინდოდათ გაგეკეთებინათ?

მასწავლებელი: მინდოდა წამეყვანეთ კინო-სტუდიოში, რო(მ) მეჩვენებინა თქვენთვის კიდევ ორი ძველი ქართული ფილმი. ცოტა უფრო ადრე რო(მ) დაგვემთავრებინა დღევანდელი გაკვეთილი, ავტობუსით წავიდოდით, მაგრამ დრო აღარა გვაქვს, და უნდა წავიდეთ ტაქსით.

უცხოელი: მაღვიძარა საათი უნდა დაგეყენებინათ, რათა თავი დაგვეღწია ამ უხერხულობისთვის – სტუდიოში ხომ გველიან (/გველოდებიან) თქვენი მეგობრები?

მასწავლებელი: ნუ გეშინიათ! ეს საქართველოა, სადაც არავინ არაფერს არ ასწრებს დროზე.

უხცოელი: ინგლისელებს რო(მ) საქართველო დაეპყროთ უფრო ადრინდელ საუკუნეებში, ეგ ნაკლი (და არა მხოლოდ ეგ) დღეს არ დაგახასიათებდათ!

Vocabulary

ზმნური — *verbal*
კავკასიური — *Caucasian* (thing)
გადაჭარბება — *exaggeration*
სათაური — *title*
აქამომდე — *hitherto*
ნამყო ძირითადი (= წყვეტილი) — *aorist indicative*
ა-ფორმ-ებ (გა-) — *you form X*
ფილმი — *film*
ა-ყენ-ებ (და-) — *you set X*
ე-ლ-ი/ე-ლოდ-ებ-ი (და-ე-ლოდ-ებ-ი) — *you (will) wait for X*
ი-ს-მ-ებ-ა (და-) — *it is placed/put*
სწავლა — *study(ing)*
ქათინაური — *compliment*
მკითხველი — *reader*
კერძოდ — *in particular*
მეორე თურმეობითი — *pluperfect*
კინო-სტუდიო — *film studio*
მაღვიძარა საათი — *alarm clock*
უხერხულობა — *embarrassment*
საუკუნე — *century*
ნაკლი — *defect*
ა-ხასიათ-ებ (და-) — *you characterise Y*

Dialogue 2

An impertinent child and his exasperated mother have an argument

დედა: წუხელ რო(მ) ისე დიდხანს არ გეთამაშა და უფრო ადრე დაგეძინა, ეხლა ასე დაღლილი არ იქნებოდი, შვილო. ბებიამ რა გირჩიათ შარშან შენ და შენს დას? – გირჩიათ რომ ყველაფერი დროზე დაგეწყოთ და დროზე დაგემთავრებინათ.

შვილი: შენ თუ წუხელ იცოდი თავს როგორ ვიგრძნობდი დღეს, დედიკო, დროზე უნდა გეთქვა ჩვენთვის აგველაგებინა სათამაშოები. ერთი საათით ადრე რო(მ) გაგეგზავნა სახლში ჩემი ახალი მეგობარი, უფრო ადრე დავწვებოდი და დღეს გავიღვიძებდი სულ გამოძინებული.

დედა: მაშ, ყველაფერი კიდევ ჩემი ბრალია, ხომ?! მამაშენს რო(მ) ეცემა შენთვის როცა ბოლო დროს ეგრე კადნიერად მელაპარაკე, ალბათ ეგრე ცუდად აღარ მოიქცეოდი! არასოდეს არ უნდა გაგვეყიდა ჩვენი სახლი სოფელში. შესაძლებლობა მოულოდნელად მოგვეცა გვეყიდა ეს ბინა ქალაქში, და ვიყიდეთ ისე რო(მ) არაფერი გაგვიგია ეს რაიონი ცუდია თუ კარგი. მე მშვენივრად მაინც ვიცოდი, რო(მ) ქალაქელი ბიჭები მავნე გავლენას მოახდენდნენ შენზე და აი მართლა მოახდინეს!

შვილი: სოფელში რო(მ) სიკვდილამდე გვეცხოვრა, ალბათ იქაც ისევე გავიზრდებოდი, როგორც ვიზრდები აქ. სხვათა შორის, გარეთ არ უნდა დაგეტოვებინა ჩემი ველოსიპედი – განა არ იცი, რო(მ) შეიძლება ქანგი მოეკიდოს?

დედა: სულ ერთია ჩემთვის, დაიჟანგება თუ არა. შენი ველოსიპედი კი არა, შენ უნდა მიმეყრდენი ხეზე და მთელი ღამე იქ დამეტოვებინე! თუ არ შეგიძლია წესიერად მელაპარაკო, ნუ მელაპარაკები. წადი შენს ოთახში და ნუღარ გამოხვალ! მორჩა და გათავდა!

Vocabulary

დაღლილი	*tired*	ბებია	*grandmother*
ა-ლაგ-ებ (ა-)	*you clear X away*	სათამაშო	*game*
გამოძინებული	*refreshed by sleep*	ბრალი	*fault*
კადნიერი	*insolent*	სოფელი	*village, country*
ბინა	*flat*	რაიონი	*district*

მშვენივრად	*wonderfully, well*	ქალაქელი	*of the town* (adj.)
მავნე	*harmful*	გავლენა	*influence*
ა-ხდ(-)ენ (მო-)	*you exercise X*	სიკვდილი	*death*
ჟანგი	*rust*	ე-კიდ-ებ-ა (მო-)	*it fastens to X*
ი-ჟანგ-ებ-ა (და-)	*it rusts*	მორჩა და გათავდა!	*that's the end of it! (= it ended and it ended)*

Grammar

The formation and meaning of the pluperfect of transitive and medial verbs

The pluperfect is equivalent to the English *X had ... ed*. Unlike the perfect, it carries no necessary implication of the idea *apparently*.

All transitives and medials share the following features:

(a) their subjects stand again in the dative and are thus marked in the verb by the agreement affixes that in Series I and II served to indicate a verb's objects
(b) standing between any agreement prefix and the root will be the vowel -ე-
(c) any indirect object is made to depend on the postposition -თვის *for* and stands in the genitive
(d) unless we are dealing with a transitive verb in -ებ that has a vowel in the root, the nominative direct object will be indicated exactly as the equivalent ergative **subject** is marked for the relevant verb in the aorist indicative.

It follows from this last point that any root extensions that characterise a verb in the aorist indicative either throughout the declension or just when the subject there is 1st or 2nd person must be repeated in the pluperfect, except that in the pluperfect they are conditioned not by the verb's subject (as in the aorist indicative) but by the verb's direct object, standing in the nominative. To illustrate this fundamental principle, let us take the verb *kill* and compare aorist indicative and pluperfect formations:

Aorist indicative		*Pluperfect*	
მო-ვ-კალ-ი	*I killed X* (sing./pl.)	მო-მ-ე-კლ-ა	*I had killed X* (sing./pl.)
მო-კალ-ი	*you killed X* (sing./pl.)	მო-გ-ე-კლ-ა	*you had killed X* (sing./pl.)
მო-კლ-ა	*X killed Y* (sing./pl.)	მო-ე-კლ-ა	*X had killed Y* (sing./pl.)

მო-ვ-კალ-ი-თ	*we killed X* (sing./pl.)	მო-გვ-ე-კლ-ა	*we had killed X* (sing./pl.)
მო-კალ-ი-თ	*you* (pl.) *killed X* (sing./pl.)	მო-გ-ე-კლ-ა-თ	*you* (pl.) *had killed X* (sing./pl.)
მო-კლ-ეს	*they killed X* (sing./pl.)	მო-ე-კლ-ა-თ	*they had killed X* (sing./pl.)
მო-გ-კალ-ი	*I killed you*	მო-მ-ე-კალ-ი	*I had killed you*
მო-მ-კალ-ი	*you killed me*	მო-გ-ე-კალ-ი	*you had killed me*
მო-მ-კლ-ა	*X killed me*	მო-ვ-ე-კალ-ი	*X* (sing./pl.) *had killed me*
მო-გვ-კლ-ა	*X killed us*	მო-ვ-ე-კალ-ი-თ	*X* (sing./pl.) *had killed us*
მო-მ-კალ-ი-თ	*you* (pl.) *killed me*	მო-გ-ე-კალ-ი-თ	*you* (pl.) *had killed me/us//you had killed us*

This table demonstrates how important it is to be able to form a verb's aorist indicative without hesitation; it is advisable to revise the formation of the aorist indicative of transitive verbs before tackling the present lesson. Examples of the pluperfect follow for each type of verb.

Root verbs

Root verbs differ from the above illustration in carrying over into the pluperfect the weak endings from their aorist indicative. If a radical -ე- changes to -ი- in Series II, it does so in the pluperfect, including all verbs in (-)ენ. Most verbs in (-)ევ convert this to (-)ი- and add the weak endings, apart from those few whose root ends in -მ, which becomes -ვ in Series II and the pluperfect, to which the strong endings are suffixed, e.g.:

გადა-მ-ე-რჩ(-)ინ-ა	*I had saved X* (sing./pl.)
გადა-გ-ე-რჩ(-)ინ-ა	*you . . .*
გადა-ე-რჩ(-)ინ-ა	*X . . . . . . Y* (sing./pl.)
გადა-გვ-ე-რჩ(-)ინ-ა	*we . . .*
გადა-გ-ე-რჩ(-)ინ-ა-თ	*you* (pl.) *. . .*
გადა-ე-რჩ(-)ინ-ა-თ	*they . . .*

cf. გადა-მ-ე-რჩ(-)ინ-ე *I had saved you*, გადა-ვ-ე-რჩ(-)ინ-ე-თ *X* (sing./pl.) *had saved us*, გადა-გვ-ე-რჩ(-)ინ-ე-თ *we had saved you* (pl.).

წა-მ-ე-ქც(-)ი-ა	*I had made X* (sing./pl.) *fall*
წა-გ-ე-ქც(-)ი-ა	*you . . .*
წა-ე-ქც(-)ი-ა	*X . . . . . . Y* (sing./pl.)
წა-გვ-ე-ქც(-)ი-ა	*we . . .*

წა-გ-ე-ქც(-)ი-ა-თ *you* (pl.) . . .
წა-ე-ქც(-)ი-ა-თ *they* . . .

cf. წა-მ-ე-ქც(-)ი-ე *I had knocked you down*, წა-ვ-ე-ქც(-)ი-ე-თ *X* (sing./pl.) *had knocked us down*, წა-გ-ე-ქც(-)ი-ე-თ *you* (pl.) *had knocked me/us down//you had knocked us down.*

წა-მ-ე-რთვ-ა *I had snatched X* (sing./pl.)
წა-გ-ე-რთვ-ა *you* . . .
წა-ე-რთვ-ა *X* . . . . . . *Y* (sing./pl.)
წა-გვ-ე-რთვ-ა *we* . . .
წა-გ-ე-რთვ-ა-თ *you* (pl.) . . .
წა-ე-რთვ-ა-თ *they* . . .

cf. წა-მ-ე-რთვ-ი *I had snatched you*, წა-ვ-ე-რთვ-ი-თ *X* (sing./pl.) *had snatched us*, წა-გ-ე-რთვ-ი-თ *you* (pl.) *had snatched me/us//you had snatched us.*

Thematic suffix -eb

Verbs of this type without a vowel in the root simply follow the root-suffixal structure of the aorist indicative, be this weak or strong. In the examples note that the verb ა-ქ-ებ *you (will) praise X* only optionally takes the preverb შე- where one would normally expect it:

(შე-)მ-ე-ქ-ო *I had praised X* (sing./pl.)
(შე-)გ-ე-ქ-ო *you* . . .
(შე-)ე-ქ-ო *X* . . . . . . *Y* (sing./pl.)
(შე-)გვ-ე-ქ-ო *we* . . .
(შე-)გ-ე-ქ-ო-თ *you* (pl.) . . .
(შე-)ე-ქ-ო-თ *they* . . .

cf. (შე-)მ-ე-ქ-ე *I had praised you,* (შე-)გ-ე-ქ-ე *you had praised me,* (შე-) ე-ქ-ე-თ *X* (sing./pl.) *had praised you* (pl.).

გა-მ-ე-შვ-ა *I had let X* (sing./pl.) *go*
გა-გ-ე-შვ-ა *you* . . .
გა-ე-შვ-ა *X* . . . . . . *Y* (sing./pl.)
გა-გვ-ე-შვ-ა *we* . . .
გა-გ-ე-შვ-ა-თ *you* (pl.) . . .
გა-ე-შვ-ა-თ *they* . . .

cf. გა-მ-ე-შვ-ი *I had let you go,* გა-გ-ე-შვ-ი *you had let me go,* გა-ვ-ე-შვ-ი *X* (sing./pl.) *had let me go.*

The one complicating factor in the formation of the pluperfect of transitive verbs is presented by verbs in -ებ which contain a vowel in the root. Such verbs not only retain their thematic suffix but add to it the element -ინ-. To this they then suffix the weak aorist endings, e.g.:

გა-მ-ე-თეთრ-ებ-ინ-ა *I had whitened X* (sing./pl.)
გა-გ-ე-თეთრ-ებ-ინ-ა *you* . . .
გა-ე-თეთრ-ებ-ინ-ა *X* . . . *Y* (sing./pl.)

გა-გვ-ე-თეთრ-ებ-ინ-ა *we* . . .

გა-გ-ე-თეთრ-ებ-ინ-ა-თ	*you* (pl.)
გა-ე-თეთრ-ებ-ინ-ა-თ	*they* . . .

cf. გა-მ-ე-თეთრ-ებ-ინ-ე *I had whitened you*, გა-გ-ე-თეთრ-ებ-ინ-ე *you had whitened me*, გა-გ-ე-თეთრ-ებ-ინ-ე-თ *you* (pl.) *had whitened us/me//you had whitened us*, გა-ვ-ე-თეთრ-ებ-ინ-ე *X* (sing./pl.) *had whitened me*. A few other roots give the forms: გა-მ-ე-კეთ-ებ-ინ-ა *I had done/made X* (sing./pl.), ა-მ-ე-შენ-ებ-ინ-ა *I had built X* (sing./pl.), მ-ე-ჩვენ-ებ-ინ-ა *I had shown X* (sing./pl.), და-მ-ე-ბად-ებ-ინ-ა *I had given birth to X* (sing./pl.), გა-მ-ე-ადვილ-ებ-ინ-ა *I had facilitated X* (sing./pl.).

When discussing the perfect we saw that there were a couple of verb-pairs which were unexpectedly differentiated in order to preserve a clear difference in meaning. The same applies in the pluperfect. We would expect და-გ-ე-ძინ-ებ-ინ-ა to correspond both to (და-)ა-ძინ-ებ *you (will) put X* (sing./pl.) *to sleep* and (და-)ი-ძინ-ებ *you (will) go to sleep*, whereas it actually corresponds only to the former and means *you had put X* (sing./pl.) *to sleep*. *You had gone to sleep* is და-გ-ე-ძინ-ა. We similarly find გა-გ-ე-ღვიძ-ებ-ინ-ა *you had woken X* (sing./pl.) *up* compared with გა-გ-ე-ღვიძ-ა *you had woken up*.

Thematic suffix -av

The same three sub-types in terms of root structure and ending pattern as described for the aorist indicative in Lesson 8 apply to the pluperfect. See the declension of *kill*, earlier in this grammar section. Other examples:

და-მ-ე-მალ-ა	*I had hidden X* (sing./pl.)	და-გვ-ე-მალ-ა	*we* . . .
და-გ-ე-მალ-ა	*you* . . .	და-გ-ე-მალ-ა-თ	*you* (pl.) . . .
და-ე-მალ-ა	*X* . . . . . . *Y* (sing./pl.)	და-ე-მალ-ა-თ	*they* . . .

cf. და-მ-ე-მალ-ე *I had hidden you*, და-გვ-ე-მალ-ე-თ *we had hidden you* (pl.).

და-მ-ე-წვ-ა	*I had burnt X* (sing./pl.)	და-გვ-ე-წვ-ა	*we* . . .
და-გ-ე-წვ-ა	*you* . . .	და-გ-ე-წვ-ა-თ	*you* (pl.) . . .
და-ე-წვ-ა	*X* . . . . . . *Y* (sing./pl.)	და-ე-წვ-ა-თ	*they* . . .

cf. და-მ-ე-წვ-ი *I had burnt you*, და-გ-ე-წვ-ი *you had burnt me*, და-ვ-ე-წვ-ი-თ *X* (sing./pl.) *had burnt us*.

The suppletive root ნახ- *see* is of course used in the pluperfect to give forms like: მ-ე-ნახ-ა *I had seen X* (sing./pl.), ვ-ე-ნახ-ე *X* (sing./pl.) *had seen me*, ე-ნახ-ე-თ *X* (sing./pl.) *had seen you* (pl.) and so on.

Thematic suffix -i

The same three sub-types in terms of root-structure and ending-pattern as described for the aorist indicative in Lesson 8 apply to the pluperfect:

გა-მ-ე-გზავნ-ა	*I had sent X* (sing./pl.)	გა-გვ-ე-გზავნ-ა	*we . . .*
გა-გ-ე-გზავნ-ა	*you . . .*	გა-გ-ე-გზავნ-ა-თ	*you* (pl.) . . .
გა-ე-გზავნ-ა	*X . . . . . . Y* (sing./pl.)	გა-ე-გზავნ-ა-თ	*they . . .*

cf. გა-მ-ე-გზავნ-ე *I had sent you*, გამო-მ-ე-გზავნ-ე *I had sent you hither*, გა-გ-ე-გზავნ-ე *you had sent me*, გამო-გ-ე-გზავნ-ე *you had sent me hither.*

გა-მ-ე-ზარდ-ა	*I had reared X* (sing./pl.)	გა-გვ-ე-ზარდ-ა	*we . . .*
გა-გ-ე-ზარდ-ა	*you . . .*	გა-გ-ე-ზარდ-ა-თ	*you* (pl.) . . .
გა-ე-ზარდ-ა	*X . . . . . . Y* (sing./pl.)	გა-ე-ზარდ-ა-თ	*they . . .*

cf. გა-მ-ე-ზარდ-ე *I had reared you*, გა-გ-ე-ზარდ-ე *you had reared me*, გა-ვ-ე-ზარდ-ე *X* (sing./pl.) *had reared me.*

და-მ-ე-ჭრ-ა	*I had wounded X* (sing./pl.)	და-გვ-ე-ჭრ-ა	*we . . .*
და-გ-ე-ჭრ-ა	*you . . .*	და-გ-ე-ჭრ-ა-თ	*you* (pl.) . . .
და-ე-ჭრ-ა	*X . . . . . . Y* (sing./pl.)	და-ე-ჭრ-ა-თ	*they . . .*

cf. და-მ-ე-ჭერ-ი *I had wounded you*, და-გ-ე-ჭერ-ი *you had wounded me*, და-გვ-ე-ჭერ-ი-თ *we had wounded you* (pl.).

Thematic suffix -ob

Both strong and weak aorist endings are transferred to the pluperfect along with whatever changes to the root occur in the aorist indicative, including the restitution of the radical -ვ-. The examples begin with (და-)გმ-ობ *you (will) censure X*:

და-მ-ე-გმ-ო	*I had censured X* (sing./pl.)	და-გვ-ე-გმ-ო	*we . . .*
და-გ-ე-გმ-ო	*you . . .*	და-გ-ე-გმ-ო-თ	*you* (pl.) . . .
და-ე-გმ-ო	*X . . . . . . Y* (sing./pl.)	და-ე-გმ-ო-თ	*they . . .*

cf. და-მ-ე-გმ-ე *I had censured you*, და-გ-ე-გმ-ე *you had censured me.*

და-მ-ე-თრ-ო	*I had intoxicated X* (sing./pl.)	და-გვ-ე-თრ-ო	*we . . .*
და-გ-ე-თრ-ო	*you . . .*	და-გ-ე-თრ-ო-თ	*you* (pl.) . . .
და-ე-თრ-ო	*X . . . . . . Y* (sing./pl.)	და-ე-თრ-ო-თ	*they . . .*

cf. და-მ-ე-თვრ-ე *I had intoxicated you*, და-გ-ე-თვრ-ე *you had intoxicated me*, და-ვ-ე-თვრ-ე X (sing./pl.) *had intoxicated me*. If the root does not end in -რ but restores the -ვ-, the restored element of course stands as last component of the root (e.g. და-მ-ე-ხრჩვ-ე *I had suffocated you*).

და-მ-ე-პყრ-ო	*I had seized X* (sing./pl.)	და-გვ-ე-პყრ-ო	*we . . .*
და-გ-ე-პყრ-ო	*you . . .*	და-გ-ე-პყრ-ო-თ	*you* (pl.) . . .
და-ე-პყრ-ო	*X . . . . . .Y* (sing./pl.)	და-ე-პყრ-ო-თ	*they . . .*

cf. და-მ-ე-პყარ-ი *I had seized control of you*, და-გ-ე-პყარ-ი *you had seized control of me*. A similar pattern exists for verbs with root extension in -ე- (e.g. მი-გ-ე-ყრდენ-ი *you had leaned me against (X)*).

Thematic Suffix -am

Only the strong aorist pattern is found in the pluperfect. The example is of (მი-)ა-ბ-ამ *you (will) bind X (to Y)*:

მი-მ-ე-ბ-ა	*I had bound X* (sing./pl.)	მი-გვ-ე-ბ-ა	*we . . .*
მი-გ-ე-ბ-ა	*you . . .*	მი-გ-ე-ბ-ა-თ	*you* (pl.) . . .
მი-ე-ბ-ა	*X . . . . . .Y* (sing./pl.)	მი-ე-ბ-ა-თ	*they . . .*

cf. მი-მ-ე-ბ-ი *I had bound you*, მი-გ-ე-ბ-ი *you had bound me*, მი-ვ-ე-ბ-ი-თ *X* (sing./pl.) *had bound us*.

მ-ე-თქვ-ა	*I had said X* (sing./pl.)	გვ-ე-თქვ-ა	*we . . .*
გ-ე-თქვ-ა	*you . . .*	გ-ე-თქვ-ა-თ	*you* (pl.) . . .
ე-თქვ-ა	*X . . . . . .Y* (sing./pl.)	ე-თქვ-ა-თ	*they . . .*

As in the perfect, this verb serves as pluperfect for ე-უბნ-ებ-ი/ე-ტყვ-ი/უ-თხარ-ი *you tell/will tell/told X to Y* with the indirect object made dependent on -თვის and put into the genitive.

The verb (გა-)ყ-ოფ *you (will) divide X* behaves according to the general pattern (e.g. გა-მ-ე-ყ-ო *I had divided X*, გა-მ-ე-ყავ-ი *I had divided you* etc.), as does ა-ძლ(-)ევ/მი-ს-ც-ემ *you give/will give X to Y*, e.g.:

მი-მ-ე-ც-ა	*I had given X (to Y)*	მი-გვ-ე-ც-ა	*we . . .*
მი-გ-ე-ც-ა	*you . . .*	მი-გ-ე-ც-ა-თ	*you* (pl.) . . .
მი-ე-ც-ა	*X . . . . . .Y (to Z)*	მი-ე-ც-ა-თ	*they . . .*

Study these sentences:

თქვენს ბატონს ვისთვის მი-ე-ც-ი-თ მოჯამაგირედ?
To whom had your master given you as labourer (მოჯამაგირე)*?*

არ გახსოვთ? მას თქვენთვის მო-ვ-ე-ც-ი, მაგრამ გავიქეცი, როგორც კი მო-მ-ე-ც-ა საშუალება
Don't you remember? He had given me to you, but I escaped as soon as the means (საშუალება) *were given* (= intransitive aorist indicative) *to me*

შენთვის უკვე მო-მ-ე-ც-ა ოცი გირვანქა
I had already given you £20

საბუთი რატომ არ მო-გ-ე-ც-ა ჩემთვის?
Why hadn't you given the document (საბუთი) *to me?*

The pluperfect of **medial** verbs, regardless of which thematic suffix they take in the present or future sub-series, is formed by placing the by now familiar markers before the root, without preverb of course. Almost without exception medials are weak in the aorist indicative, and so these are the endings that transfer to the pluperfect. The same entirely optional -ნ- may stand immediately after the root of those verbs that allow it in the perfect, e.g.:

დუღ-ს *X boils* → perfect უ-დუღ-(ნ-)ი-ა → pluperfect ე-დუღ-(ნ-)ა
ცეკვ-ავ-ს *X dances* → perfect უ-ცეკვ-(?ნ-)ი-ა → pluperfect ე-ცეკვ-(?ნ-)ა
ქადაგ-ებ-ს *X preaches* → perfect უ-ქადაგ-(ნ-)ი-ა → pluperfect ე-ქადაგ-(ნ-)ა
ტირ-ი-ს *X cries* → perfect უ-ტირ-(ნ-)ი-ა → pluperfect ე-ტირ-(ნ-)ა
ლაპარაკ-ობ-ს *X speaks* → perfect უ-ლაპარაკ-(ნ-)ი-ა → pluperfect ე-ლაპარაკ-(ნ-)ა
ქუხ-ს *it thunders* → perfect უ-ქუხ-(ნ-)ი-ა → pluperfect ე-ქუხ-(ნ-)ა
ელ-ავ-ს *it lightens* → perfect უ-ელ(-ვ)-(ნ-)ი-ა → pluperfect ე-ელ(-ვ)-(ნ-)ა
ჩივ-ი-ს *X complains* → perfect უ-ჩივ(-)ლ-(ნ-)ი-ა → pluperfect ე-ჩივ(-)ლ-(ნ-)ა
ბღავ-ი-ს *X bleats* → perfect უ-ბღავ(-)ლ-(ნ-)ი-ა → pluperfect ე-ბღავ(-)ლ-(ნ-)ა
ი-ღვწ-ი-ს *X toils* → perfect უ-ღვაწ-(ნ-)ი-ა → pluperfect ე-ღვაწ-(ნ-)ა
ცურ-ავ-ს *X swims* → perfect უ-ცურ(-ავ)-(ნ-)ი-ა → pluperfect ე-ცურ(-ავ)-(ნ-)ა
ი-სვრ-ი-ს *X shoots/throws (Y)* → perfect უ-სვრ-(?ნ-)ი-ა/უ-სრ(-)ოლ-(ნ-)ი-ა → pluperfect ე-სრ(-)ოლ-(ნ-)ა
ი-ბრძვ-ი-ს *X fights* → perfect უ-ბრძ(-)ოლ-(ნ-)ი-ა → pluperfect ე-ბრძ(-)ოლ-(ნ-)ა
ი-ცინ-ი-ს *X laughs* → perfect უ-ცინ-ი-ა → pluperfect ე-ცინ-ა
ფიქრ-ობ-ს *X thinks* → perfect უ-ფიქრ-(ნ-)ი-ა → pluperfect ე-ფიქრ-(ნ-)ა
მუშა-ობ-ს *X works* → perfect უ-მუშა-ვ-(ნ-)ი-ა → pluperfect ე-მუშა-ვ-(ნ-)ა
სწავლ-ობ-ს *X learns (Y)* → perfect უ-სწავლ-(?ნ-)ი-ა → pluperfect ე-სწავლ-(?ნ-)ა (cf. ა-სწავლ-ი-ს *X teaches/will teach Y to X* → pluperfect ე-სწავლ-ებ-ინ-ა)
სტვ(-)ენ-ს *X whistles* → perfect უ-სტვ(-)ენ-ი-ა → pluperfect ე-სტვ(-)ინ-ა
და-რბ-ი-ს *X runs about* → perfect უ-რბ(-)ენ-ი-ა → pluperfect ე-რბ(-)ინ-ა

(Note the pluperfect of გრძნ-ობ-ს *X feels Y* = ე-გრძნ-ო.)

In place of the now regularised transitive pluperfects მო-ე-ტაც-ებ-ინ-ა *X had snatched Y* and და-ე-პატიჟ-ებ-ინ-ა *X had invited Y* do not be surprised to come across the older forms that parallel the medial formation (მო-ე-ტაც-ნ-ა, და-ე-პატიჟ-ნ-ა).

Finally, here are the pluperfects of the verbs given in Lesson 11:

კითხ-ულ-ობ-ს *X reads X/enquires* → pluperfect (წა-)ე-კითხ-ა
ყიდ-ულ-ობ-ს *X buys Y* → pluperfect ე-ყიდ-ა
სესხ-ულ-ობ-ს *X borrows Y* → pluperfect ე-სესხ-(ნ-)ა
თხო-ულ-ობ-ს *X asks for Y* → pluperfect ე-თხოვ-(ნ-)ა
შო-ულ-ობ-ს *X acquires/finds Y* (intentionally) → pluperfect ე-შოვ-(ნ-)ა
პო-ულ-ობ-ს *X acquires/finds Y* (accidentally) → pluperfect ე-პოვ-(ნ-)ა
მატ-ულ-ობ-ს *X puts on weight/gets larger* → pluperfect ე-მატ-(ნ-)ა (NB the form ე-მატ-ებ-ინ-ა exists but only as the perfect to the present/future indicative ი-მატ-ებ-ს meaning *X increases/will increase his own Y*.)
კლ-ებ-ულ-ობ-ს *X loses weight/gets smaller* → perfect ე-კლ-(?ნ-)ო
ღ-ებ-ულ-ობ-ს *X receives Y* (regularly) compared with ი-ღ-ებ-ს *X receives Y* (once) → pluperfect მი-ე-ღ-ო
ვნ-ებ-ს *X harms Y* → pluperfect ე-ვნ-ო
კ-ბ(-)ენ-ს *X bites Y* → pluperfect ე-კბ(-)ინ-ა
პწკ(-)ენ-ს *X pinches Y* → pluperfect ე-პწკ(-)ინ-ა
რგ-ებ-ს *X brings advantage to Y* → pluperfect ე-რგ-ო
და-დი-ს *X goes* (regularly) → pluperfect ე-ვლ-ო[1] (with, of course, dative subject)
(The transitive pluperfect of *try* = ე-ცად-ა)

[1] Cf. მო-ე-ვლ-ო *X had looked after Y* (= -თვის) and შემო-ე-ვლ-ო *X had encircled Y* (= -თვის).

How to express the idea X should/ought to have verbed

Parallel expressions of obligation relating to the future are conveyed by the invariant particle უნდა plus aorist subjunctive, those relating to the present by უნდა plus the present subjunctive. For those relating to the past უნდა is again used but this time in conjunction with the pluperfect, e.g.:

დროზე უნდა მო-გ-ე-მზად-ებ-ინ-ა-თ ხვალინდელი გაკვეთილი, შვილებო
You should have prepared tomorrow's lesson in time, children

თუ ეგრე ძნელია, არასოდეს არ უნდა და-გ-ე-წყ-ო ქართული
If it is as difficult as that, you should never have started Georgian

როგორ უნდა გადა-მ-ე-ხად-ა ანგარიში, როცა თან არ მქონდა საფულე?
How should I have paid the bill (ანგარიში), when I didn't have my wallet (საფულე) *with me* (თან)?

როდის უნდა წა-გვ-ე-ყვან-ე-თ სადგურზე?
When should we have taken you (pl.) *to the station?*

სამის ნახევარზე უნდა წა-გ-ე-ყვან-ე-თ
You (pl.) *should have taken us at half-past two*

წყალს უკვე უნდა ე-დუღ-(ნ-)ა
The water should already have boiled

ბურთი არ უნდა გ-ე-თამაშ-(ნ-)ა-თ, ბიჭებო. უნდა გადა-გ-ე-ცვ-ა-თ და დროზე გ-ე-ჭამ-ა-თ
You should not have played ball, lads. You should have got changed ((გადა-)ი-ცვ-ამ) *and eaten on time*

ჩემს დას იმ დროს არ უნდა და-ე-წერ-ა წერილი – უნდა ე-სწავლ-ებ-ინ-ა ჩემთვის კიდევ რამ(ო)დენიმე ლათინური ზმნა
My sister should not have written a letter at that time – she should have taught me some more (კიდევ) *Latin* (ლათინური) *verbs* (ზმნა)

შენს მტერს უნდა მო-ე-კალ-ი, როცა შესაძლებლობა ჰქონდა
Your enemy should have killed you, when he had the chance

სხვანაირად როგორ უნდა გა-ვ-ე-ზარდ-ე მშობლებს?
How should my parents have reared me differently?

იმ მომენტში როცა გამოხვედი ტალახიდან, დედა-შენს მამა-შენისთვის უნდა ე-ჩვენ-ებ-ინ-ე
At that moment when you came out of the mud (ტალახი), your mother should have shown you to your father

რატომ უნდა გა-მ-ე-შვ-ი-თ?
Why should I have let you (pl.) *go?*

How to express a purpose relating to the past

We saw in Lesson 14 that a purpose relating to the future is expressed by using the aorist subjunctive in a clause introduced by რო(მ) (or რათა). If the verb in the main clause is itself in the past, such that the intention was to fulfil the purpose before the present moment, then instead of the aorist subjunctive the pluperfect is normally used (though the aorist subjunctive is not unknown). Similarly, those expressions introduced in Lesson 12 and Lesson 14 to illustrate the aorist subjunctive will take the pluperfect in the associated clause, if they themselves are put into the past:

ბაზარში წავედი, რო(მ)/რათა ხილი მ-ე-ყიდ-ა
I went to the market to buy fruit

ის გამოცდები ჩავაბარე, რო(მ)/რათა მ-ე-მუშა-ვ-(ნ-)ა მასწავლებლად
I sat ((ჩა-)ა-ბარ-ებ) *those exams in order that I might work as a teacher*

რა გინდოდათ? მინდოდა შე-გ-ე-შვ-ი-თ, რო(მ)/რათა თქვენი უფროსისთვის ჩამო-მ-ე-რთვ-ა ინტერვიუ
What did you (pl.) *want? I wanted you* (pl.) *to let me in in order that I might interview your boss*

განა საჭირო იყო ასე სწრაფად გადა-გ-ე-გდ-ო ჩემი გაზეთი?
Was it really necessary to throw away ((გადა-)ა-გდ-ებ) *my paper so quickly?*

ვინ სთხოვა ჯარისკაცებს და-ე-ყარ-ა-თ მათი იარაღები?
Who requested the soldiers to cast down their weapons?

ბოდიში, მაგრამ არ შემეძლო წა-მ-ე-ყვან-ე-თ სადგურზე
Sorry, but it was not possible for me to take you to the station

მამამ გვირჩია არ და-გვ-ე-თეს-ა ეს ყანა დღეს
Father advised us not to sow this field today

(შე)ვეცადე/ვცადე ა-მ-ე-სრულ-ებ-ინ-ა თქვენი სურვილი
I tried to fulfil your wish (სურვილი)

ვცდილობდი ყარაულს წესიერად ე-ყარაულ-(ნ-)ა ქარხნისთვის
I was trying to see to it that the guard (ყარაული) *properly guarded the factory*

მინდოდა გამო-მ-ე-რთვ-ა თოფი თქვენთვის
I wanted to take away the gun from you

გიბრძანებ ვერცხლი აღარ მო-ჰ-პარ-ო მღვდელს, როგორც გუშინ გიბრძანე არ მო-გ-ე-პარ-ა ოქრო მესაათისთვის
I command you (უბრძანებ) *not to steal* (= aorist subjunctive) *silver* (ვერცხლი) *any more from the priest* (მღვდე̄ლი), *as yesterday I ordered you not to steal gold* (ოქრო) *from the watchmaker* (მესაათე)

არ აჯობებდა ეგ საქმე უფრო ადრე გა-გ-ე-კეთ-ებ-ინ-ა-თ?
Wouldn't it have been better (ა-ჯობ-ებ-ს *it will be better*) *that you do/for you to have done that job earlier?*

როცა გავედით, უნდა გა-გვ-ე-გზავნ-ა ეს წერილი, რო(მ) პირველ მინისტრს მი-ე-ღ-ო ხვალამდე
When we went out, we should have sent this letter in order that the Prime Minister (მინისტრი) *might have received it by tomorrow*

Past result clauses of the type *X was too* (adj.)/*It happened too* (adv.) *to* (verb) follow this same construction:

ის კნუტი მეტისმეტად ლამაზი იყო, რო(მ) დამეხრჩო
That kitten was too pretty for me to drown it

მეტისმეტად სწრაფად ლაპარაკობდა ის ქალი, რო(მ) ვინმეს გაეგო მისთვის
That woman was speaking too quickly for anyone to understand her

How to express conditions of the type If X had verbed

The conditional marker is again რო(მ), preferably not at the beginning of its own clause, but this time accompanied by the pluperfect. In the main clause the verb again stands in the conditional. In speech the conditional clause often starts with the pluperfect verb (preceded by any adverbial modifiers), in which case no რო(მ) appears at all:

კარგი ი-ქნ-ებ-ოდ-ა, უკვე რო(მ) ხვალინდელი გაკვეთილი მო-გ-ე-მზად-ებ-ინ-ა = კარგი ი-ქნ-ებ-ოდ-ა, უკვე მო-გ-ე-მზად-ებ-ინ-ა ხვალინდელი გაკვეთილი
It would have been good, if you had prepared tomorrow's lesson already

დროზე რო(მ) ხვალინდელი გაკვეთილი არ მო-გ-ე-მზად-ებ-ინ-ა, ვერ წა-ხ-ვიდ-ოდ-ი კინოში
If you had not prepared tomorrow's lesson on time, you could not have gone to the cinema

ჩვენი საჭმელი რო(მ) მო-ე-ტან-ა-თ, ეხლა მშიერი არ ვ-ი-ქნ-ებ-ოდ-ი-თ
If they had brought our food, we should not now be hungry (მშიერი)

შენ რო(მ) გა-გ-ე-წმინდ-ა ჩემი ფეხსაცმლები, ბედნიერი ვ-ი-ქნ-ებ-ოდ-ი
If you had cleaned my shoes, I should have been happy

გუშინ რო(მ) ე-წვიმ-ა, ქუჩები და-სველ-დ-ებ-ოდ-ა
If it had rained yesterday, the streets would have got wet

ბავშვს რო(მ) და-ე-ძინ-ა, დედა-მისი უკვე ქვევით ი-ქნ-ებ-ოდ-ა

If the child had gone off to sleep, his mother would already be down

უკვე რო(მ) და-ე-ძინ-ებ-ინ-ა ბავშვი, დედა-მისი უკვე ქვევით ი-ქნ-ებ-ოდ-ა
If she had already got the child off to sleep, his mother would already be down

მაგ კითხვაზე პასუხი რო(მ) გა-მ-ე-გ-ო, აუცილებლად გ-ე-ტყ-ოდ-ი და შენც ეხლა გ-ე-ცოდ(-)ინ-ებ-ოდ-ა
If I had learnt the answer to that question, I would certainly have told you, and you too would now know it

Examples of word formation

In addition to the complexity of its verbs Georgian has quite a richly developed system for creating one class of words from another. Examples of some of the patterns are given here and are continued in Lesson 19. Notice that adjectives indicating origin usually (but not always) end in -ელ(-ი), when referring to a person, but -ურ(-ი), when referring to anything else – this latter ending changes to -ულ(-ი), if there is an -რ- in the base word. The equivalent country or town name is given alongside:

Person	*Non-person*	*Meaning*	*Country/town*
ინგლის-ელ-ი	ინგლის-ურ-ი	*English*	ინგლისი
თბილის-ელ-ი	თბილის-ურ-ი	*of Tbilisi*	თბილისი
ქართვ-ელ-ი	ქართ-ულ-ი	*Georgian*	სა-ქართვ-ელ-ო
სომეხ-ი	სომხ-ურ-ი	*Armenian*	(სა-)სომხ-ეთ-ი
ფრანგ-ი	ფრანგ-ულ-ი	*French*	სა-ფრანგ-ეთ-ი
თურქ-ი	თურქ-ულ-ი	*Turkish*	თურქ-ეთ-ი

Many country names, particularly those bordering Georgia, contain the suffix -ეთ-. The word for *France* combines this with the prefix სა-, which one also often hears prefixed to the word for *Armenia*. The circumfix (the prefix–suffix combination) სა—ო wrapped around a noun indicates *that which is designated for/to be* (the noun), and so *Georgia* literally means *place designated for a Kartvel(ian)*.

This same circumfix is frequent with names denoting relationships, in the sense of *the future* (i.e. *to be*). For example, ქმარი *husband* → სა-ქმრ-ო *fiancé*, **but** ცოლი *wife* → სა-ცოლ-ე [sic] *fiancée*, რძალი *sister-/daughter-in-law* → სა-რძლ-ო *future sister-/daughter-in-law*, სიძე *brother-/son-in-law* → სა-სიძ-ო *future brother-/son-in-law*, მამამთილი *father-in-law* (for wife) → სა-მამამთილ-ო *future father-in-law*, სიმამრი *father-in-law* (for husband) → სა-სიმამრ-ო *future father-in-law*, დედამთილი *mother-in-law* (for wife) → სა-დედამთილ-ო *future mother-*

in-law, სიდედრი *mother-in-law* (for husband) → სა-სიდედრ-ო *future mother-in-law*.

Other names denoting relationship include: მაზლი *husband's brother*, მული *husband's sister*, ქვისლი *wife's sister's husband*, ბებია *grandmother*, ბაბუა *grandfather*, ძმა *brother*, და *sister*, ძმისშვილი/ძმისწული *brother's child*, დისშვილი/დისწული *sister's child*, დეიდა *mother's sister*, მამიდა *father's sister*, ბიძა *uncle*, ბიცოლა (-ა-)/ძალუა (-ა-) *uncle's wife*, ბიძაშვილი/მამიდაშვილი/დეიდაშვილი *cousin*, ვაჟიშვილი *son*, ქალიშვილი *daughter* (NB when giving a patronymic, ძე is used for *son* and ასული for *daughter*), შვილიშვილი *grandchild*, შვილთაშვილი *great grandchild*, გერი *step-child*, მამინაცვალი *step-father*, დედინაცვალი *step-mother*.

To produce an adjective equivalent to English . . . *less* Georgian wraps the circumfix უ—ო around the relevant noun. By putting the resulting adjective into the adverbial case, the associated adverb is produced, e.g.:

Noun	*Privative adjective*	*Meaning*	*Privative adverb*
თვალ-ი	უ-თვალ-ო	*sightless*	უ-თვალ-ო-დ
სინდის-ი	უ-სინდის-ო	*without conscience*	უ-სინდის-ო-დ
კბილ-ი	უ-კბილ-ო	*toothless*	უ-კბილ-ო-დ
კვალ-ი	უ-კვალ-ო	*without trace*	უ-კვალ-ო-დ
მზე	უ-მზე-ო	*sunless*	უ-მზე-ო-დ
დედა	უ-დედ-ო	*motherless*	უ-დედ-ო-დ
მამა	უ-მამ-ო	*fatherless*	უ-მამ-ო-დ
რძე	უ-რძე-ო	*milkless*	უ-რძე-ო-დ
ულვაშ-(ებ-)ი	უ-ულვაშ-(ებ-)ო	*moustacheless*	უ-ულვაშ-(ებ-)ო-დ
წვერ-ი	უ-წვერ-ო	*beardless*	უ-წვერ-ო-დ (NB one totally without facial hair is უ-წვერ-ულვაშ-ო or just ქოსა)
უნარ-ი	უ-უნარ-ო	*talentless*	უ-უნარ-ო-დ
წესრიგ-ი	უ-წესრიგ-ო	*disordered*	უ-წესრიგ-ო-დ

ურჩ-ი *disobedient* is one who is not მო-რჩ-ილ-ი *obedient*.

Dialogue 3

A journalist (ჟურნალისტი) interviews a recently retired, though not universally popular, politician (პოლიტიკოსი) after 10 years in the supreme office of state

ჟურნალისტი: როცა აქტიური იყავით პოლიტიკაში, ალბათ არც ერთი დღე არ იყო, რო(მ) ვინმე არ დაგემუქრათ სიკვდილით. როგორ ფიქრობთ, თქვენს მტრებს რო(მ) მოეკალით ან ისე ღრმად დაეჭრით, რო(მ) აღარ შეგეძლებოდათ გემუშავათ, რანაირი ბედი ექნებოდა ჩვენს სამშობლოს?

პოლიტიკოსი: მე რო(მ) მოვეკალი, ალბათ აღარ იარსებებდა ჩვენი სამშობლო! უკაცრავად, არ უნდა ვიტრაბახო, მაგრამ ძალიან ძნელი კითხვა დამისვით, და დრო არა გვაქვს, რო(მ) ყველა შესაძლო შედეგი ჩამოვთვალოთ. სერიოზულად რო(მ) გიპასუხოთ, უცებ საჭირო იქნებოდა პარლამენტს გადაეცა პრეზიდენტობა ჩემი მოადგილისთვის, თორემ პარლამენტი გაუქმდებოდა და მემარცხენეებს შეეძლებოდათ ხელში (ჩა)ეგდოთ ხელისუფლება, მაშინ ჩვენი ფულის კურსი დაეცემოდა (/დაიწევდა), ვინაიდან (შე)ეცდებოდნენ სიმდიდრე გამოერთვათ მდიდრებისთვის და მიეცათ მუშებისთვის, რა გზითაც უეჭველად (/უთუოდ) გააღარიბებდნენ ქვეყანას. ჩვენი ევროპელი მეწყვილეები ნებას არ დაგვრთავდნენ, რო(მ) დროზე არ გადაგვეხადა ჩვენი ვალები, და ეს დიდ კრიზისს გამოიწვევდა. ჩვენი ხელშეკრულებები რო(მ) დაგვერღვია, კიდევ როგორ დავიმსახურებდით ნდობას საერთაშორისო ასპარეზზე? ხალხს რო(მ) არ ავერჩიე პრეზიდენტად ათი წლის წინ(ათ), ჩვენი ეთნიკური უმცირესობები ისარგებლებდნენ მომენტით, რო(მ) გაეჩაღებინათ დიდი სამოქალაქო ომის ცეცხლები, რომელიც ალბათ დღემდე გაგრძელდებოდა. მე მგონი(ა), რო(მ) უკვე გესმით რატომ იყო საჭირო, რო(მ) მე გამემარჯვებინა და მერე თავი არ დამენებებინა პრეზიდენტობისთვის ამ ბოლო ათი წლის განმავლობაში.

ჟურნალისტი: დიდ მადლობას მაგახსენებთ ინტერვიუსთვის. ეხლა გთხოვთ აგვიხსნათ, როგორ დავბრუნდეთ ჩვენს სასტუმროში.

პოლიტიკოსი: ბოლომდე უნდა ჩაუყვეთ მთავარ ქუჩას. მერე შუქნიშანთან უნდა გადაუხვიოთ მარცხნივ და სასტუმროს დაინახავთ მარჯვნივ.

ჟურნალისტი: როცა მოვდიოდით, მარჯვნივ რო(მ) გადმოგვეხვია შუქნიშანთან, აქ მოვაღწევდით ნახევარი საათით უფრო ადრე! კარგად ბრძანდებოდეთ!

Vocabulary

აქტიური	*active*
სამშობლო	*motherland*
შედეგი	*result*
პარლამენტი	*parliament*
მოადგილე	*assistant*
მემარცხენე	*left-winger*
ხელისუფლება	*power*
ე-ც-ემ-ა (და-)/ ი-წ(-)ევ-ს (და-)	*X falls*
მდიდარი	*rich (man)*
უეჭველად/ უთუოდ	*undoubtedly*
ევროპელი	*European* (person)
ნებას რთ-ავ (და-)	*you allow X*
კრიზისი	*crisis*
ხელშეკრულება	*contract*
ნდობა	*trust*
ასპარეზი	*arena*
ეთნიკური	*ethnic*
ა-ჩაღ-ებ (გა-)	*you light X*
გრძელ-დ-ებ-ა (გა-)	*X lasts*
უ-ყვ-ებ-ი (ჩა-)	*you follow X down*
უ-ხვ(-)ევ (გადა-/ გადმო-)	*you take a turning hither and thither*
მარჯვნივ	*to the right*
პოლიტიკა	*politics*
ტრაბახ-ობ (ი- -ებ)	*you boast*
თვლ-ი (ჩამო-)	*you list X*
პრეზიდენტობა	*presidency*
უქმ-დ-ებ-ა (გა-)	*X is abolished*
ხელში ი-გდ-ებ (ჩა-)	*you (will) seize X*
კურსი	*exchange rate*
სიმდიდრე	*wealth*
მუშა	*worker*
ა-ღარიბ-ებ (გა-)	*you impoverish X*
მეწყვილე	*partner*
ვალი	*debt*
ი-წვ(-)ევ (გამო-)	*you cause X*
ი-მსახურ-ებ (და-)	*you earn X*
საერთაშორისო	*international*
ი-რჩ(-)ევ (ა-)	*you elect X*
უმცირესობა	*minority*
სამოქალაქო	*civil*
მო-ა-ხსენ-ებ	*you say X to Y* (polite)
შუქნიშანი (სინათლე)	*light(s)*
მარცხნივ	*to the left*

Exercises

1

Write out the pluperfect conjugation for:

I (etc.) *had seen X*
I (etc.) *had felt X*
I (etc.) *had drunk X*
I (etc.) *had given birth to X*
X had praised me (etc.)
I (etc.) *had thought*

2

Fill in the gaps and translate:

(a) .ქ.ენ ა. .ნდ. .ა..კეთ.ბი.ა.
(b) .ე ს.ჩ.ქ.რ. უ.დ. ..ყიდ. მ.ნ.ვ.ს
(c) .ენ .რ .ნ.ა .ა..ღვიძ. ა.ე .დრ.
(d) .ა.ვ.თ.ლ. .არგ.დ უ..ა . . .სწავ.ა
(e) ეგ ჩ.მ.ვ.ს .ნ.ა ..სწავ.ე.ი.ა.
(f) მ.თ .რ.ზე .ო(.) .ა.ლ.თ კ.რ.ბ.
(g) მ. უ.რ. ა.რე უ..ა .ო..კალ.. .ქვ.ნ
(h) მე. ა. .ნდ. .ა..ღვიძ.ბი . . . .ვ.ნ

3

Transpose the following sentences with present indicative verb-forms into their equivalents with pluperfect forms:

(a) ვერ გხედავ
(b) დედა-მისი სეირს აჩვენებს ბიჭს
(c) მასწავლებელი რატომ გცემს?
(d) კაცები ქალს სახლს უშენებენ
(e) რატომ მაბრაზებთ?
(f) უფროსი მუშაობას იწყებს ორზე
(g) მებაღეები თესლებს თესავენ
(h) ქალი დას უბრუნებს წიგნს

4

Transpose the following sentences with pluperfect verb-forms into their equivalents with aorist verb-forms:

(a) ქალს დაველალე ლაპარაკით
(b) კაცებს საბუთი გაეფორმებინათ ჩემთვის
(e) ძალიან წაგექეზებინე
(f) ბიჭებს ბურთი ეთამაშ(ნ)ათ

(c) კარგი გავლენა მომეხდინა შენზე

(d) მტრებს დავემარცხებინეთ

(g) მამას ფული მოეცა შენთვის

(h) დუდას ქართული ესწავლებინა ჩემთვის

5

Transpose the following sentences with perfect verb-forms into their equivalents with pluperfect forms:

(a) ამ კაცებს ბევრი რამ უქნიათ

(b) შენთვის ასი მანეთი მომიცია

(c) ტყუილი რატომ გითქვამთ ჩემთვის?

(d) ვის ჩამოურთმევია მოთასთვის ინტერვიუ?

(e) ამას მოუვლია მშობლებისთვის

(f) გოგოებს ბევრი ულაპარაკ(ნ)იათ

(g) მტერი მომიკლავს

(h) დედას ცხენზე შევუსვამვარ/შევუსვივარ

6

Transpose the following sentences with aorist subjunctive verb-forms into their equivalents with pluperfect forms, including any other changes that the presence of the pluperfect would necessitate:

(a) არ უნდა დამიჭირო

(b) მომღერლებმა არ უნდა იმღერონ

(c) სადგურზე დამ უნდა წაგვიყვანოს

(d) არ უნდა დამჭრა

(e) საჭიროა ძმებმა მოგვწერონ

(f) რა ვქნათ?

(g) დებს შეუძლიათ ეს გააკეთონ

(h) გირჩევთ კარები დახუროთ

7

Translate the following into English:

(a) დროზე აგეშენებინათ სახლი, უფრო ბევრ ფულს მოგცემდით

(b) წერილი რო(მ) გუშინ მიიღე, ის რო(მ) უცებ გეჩვენებინა ჩემთვის, ასე არ გავბრაზდებოდი შენზე

(c) მე უფრო კარგად უნდა მესწავლებინა შენთვის ქართული, და შენ რო(მ) უფრო კარგად გესწავლა გაკვეთილები, ეხლა გეცოდინებოდა ყველა ზმნური ფორმა

(d) თუმცა წუხელ მოვაღწიე თბილისამდე, არ შემეძლო გადმომეცა შენთვის ის საბუთი, რომელიც უნდა მიგეღო გასულ კვირაში

(e) მთავრობამ აქ გამოგვ(ა)გზავნა, რომ ქურდები დაგვეჭირა და წაგვეყვანა მოსკოვში
(f) ქართველებს ვთხოვე გავეგზავნე სვანეთში, მაგრამ სურვილი ვერ შემისრულეს
(g) რომელი გირჩევნიათ, ქართული თუ სომხური? თუმცა ქართული მირჩევნია სამხურს, მაინც მოვინდომე სომხურიც მესწავლა
(h) რა გინდოდათ ჩემს საძილეში გაგეკეთებინათ? აქ იმიტომ შემოვედით, რომ ტანსაცმელი გადაგვეცვა, მაგრამ გვეუხ-ერხულება, შენ რო(მ) აქა ხარ

8

Translate the following into Georgian:

(a) If the lads had stolen apples from the gardener, they wouldn't have become hungry
(b) I tried to conceive a love for you, believe me! I can't, and don't try to deceive me any more!
(c) If the enemy hadn't led us astray, *we* would have gained a victory
(d) I wanted to buy fruit. In that case your friends should have taken you to the market
(e) If the water had not boiled at that moment, we should not have been able to drink this coffee
(f) Had you looked after your mother better, she would probably not have died
(g) Why shouldn't the neighbours have woken and dressed the children so early in their new clothes?

Lesson 17

In this lesson you will learn about:

- The main modern function of preverbs
- The formation and functions of the verbal noun
- The formation and functions of the adjectives derived from verbs
- Expressing *at the time of . . . ing*

Dialogue 1

One lady does her frantic friend a good turn

ელუკი: ვაიმე, დღეს იმდენი საქმეა გასაკეთებელი, რო(მ) თავის მოსაფხანი დროც კი არა მაქვს!

ნენე: ვიცი, რო(მ) მშენებლები მალე მოვლენ სახურავზე მუშაობის დასაწყებად, მაგრამ ამის გარდა რა არი(ს) ისე შემაშფოთებელი? სადმე ხომ არა გაქვს წასასვლელი?

ელუკი: ჩვენი უფროსი ქალიშვილი ნასადილევს ჩამობრუნდება საფრანგეთიდან, და ბევრი რამ მოსამზადებელია მის ჩამოსვლამდე – მანქანით უნდა წავიდე მის დასახვედრად, და არ შემიძლია სადმე წასვლა ამ სახლის გაუწმენდლოად. თანაც მანქანა მოსაყვანი მყავს გარაჟიდან, სადაც წუხელ დაიტოვეს მუხრუჭის შესაკეთებლად. არც ერთი ლუკმა საჭმელი სახლში აღარა გვაქვს, და ამიტომ მაცივარი შესავსებია – როგორ მძულს სიჩქარეში საჭმლის ყიდვა! მაგრამ არ შეიძლება სადგურზე დამაგვიანდეს. უი, საწერი ქაღალდი სადაა? უნდა ავუხსნა მშენებლებს, რო(მ), რაკი შინ არავინ იქნება მათ შემოსაშვებად სახლში, უნდა სთხოვონ მეზობელს შემოუშვას. ხომ ხედავ, რამდენი რამ დამიგროვდა გასაკეთებლად?!

ნენე: ედუკი, დაწყნარდი, თორემ ინფარქტი მოგივა! მოდი, სადმე დავსხდეთ და ყავა დავლიოთ.

ედუკი: რა დაგემართა, კაცო?! არ მისმენ? სადა მაქვს მე ყავის დასალევი დრო?!

ნენე: მე კარგად გიცნობ შენ, და არაფრის კეთება არ შეგიძლია ჯერ ყავის დაულევლად! რანაირი მეგობარი ვიქნებოდი მე, გასაჭირში რო(მ) არ შემეძლოს მოხმარების გაწევა შენთვის? მე მაღაზიაში წავალ, საჭირო რო(მ) არი(ს) ყველაფერს ვიყიდი და დროზე აქ მოვალ მშენებლებისთვის კარის გასაღებად. თუ მუხრუჭი უკვე შეკეთებული, შენ პირდაპირ წახვალ გარაჟიდან სადგურზე ქალიშვილის დასახვედრად. მორჩა და გათავდა! ეხლა დაჯექი და ყავა დალიე!

ედუკი: დიდი მადლობა, ნენე, რა გულკეთილი და გულდინჯი ადამიანი ხარ!

ნენე: მანდ რას კერავდი?

ედუკი: კიდევ ერთ საკერებელს ვაკერებდი ამ დახეულ, გაცვეთილ და ჩემს მიერ უკვე ბევრჯერ დაბებკილ (/დაკერებულ) შარვალს! ჩემი აზრით, კონკები (/ძონძები) როდია დასაკერებელი ყოველთვე – უნდა გადაიყაროს. მაგრამ რა ვქნა, ქალიშვილს როგორ უყვარს! ხომ საჩუქრად მიიღო ის ამას წინათ მომკვდარი (/გარდაცვლილი) ბებიისგან?

Vocabulary

მ-შენ-ებ-ე̄ლ-ი	*builder*	სახურავი	*roof*
ა-შფოთ-ებ (შე-)	*you unsettle X*	ნასადილევს	*in the afternoon*
ბრუნდ-დ-ებ-ი (ჩამო-)	*you return to your own town*	ჩამო-სვლ-ა	*coming*
		მუხრუჭი	*brake(s)*
წა-სვლ-ა	*going*	ლუკმა	*mouthful*
ა-კეთ-ებ (შე-)	*you repair X*	ა-ვს-ებ (შე-/ა-)	*you fill X*
მაცივა̲რი	*fridge*	გ-ა-გვიან-დ-ებ-ა (და-)	*you are late*
სიჩქარე	*speed*		
ქაღალდი	*paper*	უ-გროვ-დ-ებ-ა (და-/შე-)	*it accumulates for X*
წყნარ-დ-ებ-ი (და-)	*you calm down*		
		ინფარქტი	*heart attack*
გასაჭირი	*plight*	მო-ხმარ-ებ-ა	*aid(ing)*
გულკეთილი	*kind-hearted*	გულდინჯი	*calm-hearted*
საკერებე̄ლი	*patch*	ა-კერ-ებ (და-)	*you patch X on Y*
გა-ცვეთ-ილ-ი (← (გა-)ცვეთ)	*worn out (← you wear X out)*	ბევრჯერ	*many times*
		და-ბებკ-ილ-ი (← (და-)ბებკ-ავ)	*patched (← you patch X)*
შარვა̲ლი	*pair of trousers*		

კონკ(ებ)ი/ ძონძ(ებ)ი	*rags*	როდი (= არა)	*not*
		ი-ყრ-ებ-ა (გადა-)	*a plurality is thrown away*
ყოველთვე	*every month*		
ამას წინათ	*recently*	მო-მ-კვდ-არ-ი/ გარდა-ცვლ-ილ-ი	*dead/passed away*

Dialogue 2

A foreigner asks a local historian about Georgian history while visiting a remote Georgian village

უცხოელი: ამ განაპირა სოფელში ხელმისაწვდომი არ არი(ს) მასწავლებლის მიერ რეკომენდირებული წიგნი საქართველოს ისტორიის შესახებ. თან(ა) მაქვს ახალი სახელმძღვანელოს მხოლოდ საცდელი ვარიანტი, რომელიც არ გახლავთ შესწორებული. თქვენ, ბატონო, ბრძანდებით თქვენი სამშობლოს წარსულის დიდი მცოდნე. რას მეტყოდით საქართველოს ისტორიის შესახებ, თუნდაც შემოკლებული სახით?

ისტორიკოსი: თქვენ მიერ მოხსენებული (/ნახსენები) წიგნი, თუნდაც შეუსწორებელი, გამოსადეგი მაინც უნდა იყოს თქვენთვის. მას შემდეგ რაც დაიშალა საბჭოთა იმპერია, ჩვენი მეცნიერები მიხვდნენ, რო(მ) დასაწერი იყო ახალი სახელმძღვანელოები, რომლებშიაც არ გამეორდებოდა კომუნისტების მიერ შეთითხნილი ე.წ. "ფაქტები" – მიხვდნენ, რო(მ) შესაქმნელი იყო ახალი ქართული ისტორიოგრაფია.

უცხოელი: ერთი თვალსაზრისით ეგ აუცილებელია, მაგრამ ახალი ისტორიოგრაფიის შექმნა ხომ არ გულისხმობს თვით ისტორიის გაყალბებას? ადვილად წარმოსადგენია, კომუნისტური ტყუილები რა ადვილად შეიცვლებოდა ნაციონალისტური ტყუილებით!

ისტორიკოსი: როგორ გეკადრებათ, ბატონო?! მაგნაირი გარყვნილი ცრუ-მეცნიერები (/ვაი-მეცნიერები) რო(მ) იყონ ჩვენი რესპუბლიკის დამახასიათებელი, მართლა დასაღუპავი ვიქნებოდით როგორც ერი! რაც შეეხება თქვენს თხოვნას, ვიტყოდი ამას: ანტიკური ხანის ბერძნები, შეპყრობილი ინტერესით კავკასიისადმი, აქ პირველად ჩამოვიდნენ ძ.წ. (= ძველი წელთაღრიცხვის)

მერვე თუ მეშვიდე საუკუნეში სავაჭრო ცენტრების ჩამოსაყალიბებლად (/დასაარსებლად); მათი დამხვდურები უთუოდ იქნებოდნენ აფხაზები, მეგრელები და ლაზები, რომლებიც იმ დროს გახლდათ შავი ზღვის სანაპიროს მკვიდრი მცხოვრებები. საკუთრივ ქართველები (ანუ იბერები) პირველად გვხვდება ისტორიაში ადგილობრივი ხალხების გასაცნობად რომაელი ხელმწიფის მიერ მოვლენილი (/მოვლინებული) სტრაბონის ცნობილი "გეოგრაფიის" ფურცლებში ჩვენი წელთაღრიცხვის დასაწყისში. მომდევნო ორი ათასწლეულის განმავლობაში სხვადასხვა დამპყრობ(ლ)ების ხელში ძირითადად იმყოფებოდა საქართველო, მაგრამ მისი აყვავების პერიოდი დაიწყო დავით აღმაშენებლის მეფობით და გასტანა დიდი თამარის მეფობამდე (ის გარდაიცვალა 1213 წელს). დაუვიწყარად მისაჩნევია ე.წ. "თერგდალეულების" როლი მე-19 საუკუნის ბოლო ათწლეულებში – ილია ჭავჭავაძე და მისთანები ხალხს იწვევდნენ უმჯობესი ცხოვრების მოსაპოვებლად, ყრუდ ყოფნისგან თავის დასაღწევად. საბჭოთა ხელისუფლება დამყარდა და დაემხო. ეხლა მომავალი რას მოგვგვრის, ღმერთმა იცის!

Vocabulary

განაპირა	*remote*	ხელ-მი-სა-წვდ-ომ-ი	*accessible*
რეკომენდირებული	*recommended*	სახელმძღვანელო	*textbook*
სა-ცდ-ელ-ი	*trial-, draft-*	ვარიანტი	*variant*
ა-სწორ-ებ (შე-/ გა-)	*you correct X*	წარსული	*past*
მცოდნე	*expert, knowledgeable*	თუნდ(აც)	*albeit*
ა-ხსენ-ენ (მო-)	*you mention X*	სახე	*face, shape, form*
გამო-სა-დეგ-ი	*advantageous*	ა-მოკლ-ებ (შე-)	*you abbreviate X*
იმპერია	*imperium*	ნა-ხსენ-ებ-ი	*mentioned*
თვალსაზრისი	*point of view*	ი-შლ-ებ-ა (და-)	*it falls apart*
გა-ყალბ-ებ-ა	*falsifying*	თითხნ-ი (შე-)	*you fabricate X*
ი-ცვლ-ებ-ა (შე-)	*X is altered, replaced*	ქმნ-ი (შე-)	*you create X*
ცრუ-/ვაი-მეცნიერი	*pseudo-scholar*	წარმო-ი-დგ(-)ენ	*you (will) imagine X*
		ნაციონალისტური	*nationalist*
		ღუპ-ავ (და-)	*you ruin/kill X*

რაც შე-ე-ხ-ებ-ა	*as far as X* (dat.) *is concerned*	თხოვნ-ა	*request*
ანტიკური	*classical*	კავკასია	*Caucasus*
-ადმი (→ -დამი	*towards* (+ gen.) after personal pronouns)	ძ(ველი) წ(ელთაღრიცხვა)	BC (= *the old year-reckoning)*
სავაჭრო	*commercial*	ა-ყალიბ-ებ (ჩამო-) = ა-არს-ებ (და-)	*you found X*
სანაპირო	*shore, coast*	მკვიდრი	*native*
მ-ცხოვრ-ებ-ი	*inhabitant*	საკუთრივ	*proper*
იბერი	*Iberian* (person)	რომაელი	*Roman* (person)
ხელმწიფე	*emperor*	ა-ვლ(-)ენ (მო-)/ ა-ვლინ-ებ (მო-)	*you despatch X here on a mission* (*მი- = thither)*
სტრაბონი	*Strabo*	გეოგრაფია	*geography*
ფურცე̄ლი	*page*	ჩვენი წელთაღრიცხვა	AD (= *our year reckoning)*
დასაწყისი	*beginning*	მომდევნო	*following, next*
ათასწლეული	*millennium*	დამპყრობ(ე̄ლ)ი	*conqueror*
ძირითადი	*basic*	ი-მყოფ-ებ-ი	*you find yourself somewhere*
ა-ყვავ-ებ-ა	*flourishing*	დავით აღ-მა-შენ-ებ-ე̄ლ-ი	*David the Builder*
მეფ-ობ-ა	*being sovereign*	გა-ს-ტან-ს	*X will last*
და-უ-ვიწყ-არ-ი	*unforgettable*	ი-ჩნ(-)ევ (მი-)	*you judge X*
თერგ-და-ლ(-)ე-ულ-ი	*Tergdaleuli* [1]	ათწლეული	*decade*
მისთანა	*someone like X*	ი-წვ(-)ევ (მო-/მი-)	*you invite X*
უმჯობესი	*better*	ცხოვრ-ებ-ა	*life, living*
ი-პოვ-ებ (მო-)	*you find, attain X*	ყრუ	*deaf, backward*
ყოფნ-ა	*being*	მყარ-დ-ებ-ა (და-)	*it is established*
ე-მხ-ობ-ა (და-)	*it collapses*	მომავალი	*future*
ჰ-გვრ-ი (მო-/მი-)	*you bring X to Y*		

[1] Tergdaleuli (lit. one who has drunk of the River Terek (თერგი)) is the term used to refer to that group of intellectuals in the 1860s who received their higher education in Russia – to get there they had to cross the Terek! – and who imported to Georgia the more advanced ideas circulating there. Prince (now Saint!) Ilia Ch'avch'avadze is the best known of them.

Grammar

The main function of preverbs in the Modern Georgian verbal system

This lesson is mainly concerned with the non-finite parts of the Georgian verb (i.e. those parts with cannot of themselves form a sentence, for which a finite verb form is required). Since a number of the forms to be described exist both with and without a preverb, it is essential to say something in general about the role preverbs have come to play in the verbal system.

Preverbs

In origin, preverbs indicated directionality, as they still do with verbs denoting motion. However, for most transitive and intransitive verbs the preverb is that which (a) differentiates the future sub-series from the present and (b) is normally the first element in any Series II or Series III part of the verb. The reason for this is that the presence of a preverb basically shows that the verbal action is fully completed – actions in the past, other than those whose specific function is to mark an ongoing process (e.g. the imperfect indicative), are usually viewed as having been completed, and the completion of an action in the present logically leads us into the future. In what way, then, are Series II forms used without their usual preverb? Since this is not easy to explain in the abstract, some concrete examples are given to show how the system works:

თაგვმა თხარ-ა, თხარ-ა, კატა გამო-თხარ-ა
The mouse dug, dug, (and) *dug out a cat*

ვ-რეკ-ე, ვ-რეკ-ე, მაგრამ ვერ და-ვ-რეკ-ე
I rang, rang but couldn't ring up (= I tried and tried to ring but couldn't get through)

თავისი ხელით უნდა ა-კეთ-ო-ნ ყველაფერი
They must do everything (in a general sense) *with their own hand(s)*, compared with:

ეს ხვალამდე უნდა გა-ა-კეთ-ო-ნ
They must do this before tomorrow

ყველამ უნდა ა-კეთ-ო-ს თავისი საქმე
Everyone should do his own job, compared with:

მინდა მეწყალსადენემ სასწრაფოდ გა-ა-კეთ-ო-ს ეს საქმე
I want the plumber to do this job quickly

Here the action described is either a momentary past event that began and ended but did not lead to its natural conclusion, thus remaining incomplete, or the reference is to a habitual activity, regardless of the fact that on each occasion it was completed in its own right. Similar subtle nuances may distinguish preverbless and preverbal pairs in at least three of the examples cited below. Brackets will enclose the preverb where it is omissible. Since preverbal forms outnumber the preverbless, the rule of thumb must be: if in doubt, use the preverb.

The preverb და- sometimes replaces a verb's normal preverb to underline some notion of plurality (e.g. of a transitive verb's direct object or of an intransitive verb's subject, as in ყანას მო-ხნ-ავ *you will plough a field*, ყანებს და-ხნ-ავ *you will plough the fields*). On the other hand, the preverbs მო-, შე- sometimes replace a verb's normal preverb in order to show that the verbal action applies only to a small extent (e.g. ღორს გა-ა-სუქ-ებ *you will fatten the pig*, ღორს მო-/შე-ა-სუქ-ებ *you will fatten the pig a little*).

The formation and functions of the verbal noun masdar

English has two verbal nouns: the infinitive, usually with the element *to* (e.g. *(to) kill*, *(to) see*, *(to) sleep*) and the gerund in *-ing* (e.g. *killing*, *seeing*, *sleeping*). The direct object of a transitive infinitive is marked in the same way as for a finite form of the verb (e.g. *(to) see her*, *I see her*); Modern-day Georgian has nothing to match this and so lacks an infinitive. A gerund's object is either treated in the same way as the infinitive or stands in the genitive, marked by *of* (e.g. *My seeing her/seeing of her yesterday surprised everyone*). Georgian's verbal noun allows only genitive marking for the object of a transitive verb (and for the subject of an intransitive one), and so Georgian specialists prefer to use the Arabic term **masdar** to refer to it. Where the agent of a transitive masdar is present, it is marked in the same way as an agent with a passive verb, i.e. it is placed in the genitive and governed by either მიერ or -გან *by*; any indirect object is governed by -თვის *for*. The masdar may fulfil the same set of functions as any other noun in the language and declines like a regular noun ending in -ა, e.g.:

ნინოს მიერ საქართველოს მო-ქც-ევ-ა დათარიღებულია მე-4 საუკუნის ოცდაათიანი წლებით
The conversion (მო-ქც-ევ-ა) *of Georgia by Nino is dated* (დათარიღებული) *to the 30s* (ოცდაათიანი წლები) *of the 4th century*

ვინ მოისურვებდა ამდენი ხალხის ამო-ჟლეტ-ა-ს?
Who would have conceived a desire for the wiping out ((ამო-)ჟლეტ) *of so many* (ამდენი) *people?*

ვაპირებდი შენთვის დეპეშის გამო-გზავნ-ა-ს = გიპირებდი დეპეშის გამო-გზავნ-ა-ს
I was intending ((და-)ა-პირ-ებ) *to send you a telegram* (დეპეშა) [Note how the objective version is used in the second variant in place of the თვის-phrase]

ქალის შემო-სვლ-ა-მ ოთახში გაგვაკვირვა ყველა
The woman's coming into the room surprised ((გა-)ა-კვირვ-ებ) *us all*

რთველი ყურძნის კრეფ-ის დროა
Vintage (რთვე̄ლი) *is the time of gathering the grape* (ყურძე̄ნი). Compare with the preverbal:

სხვისი ვაშლის ქურდულად მო-კრეფ-ა ეძნელებოდა იზას
Iza found the picking of another's (სხვისი) *apple in the manner of a thief* (ქურდულად) *difficult*

კლარას სულ არ აინტერესებს წერილების წერ-ა
K'lara is not interested at all (სულ) *in writing letters*. Compare with the preverbal:

მაგ წერილის და-წერ-ა აუცილებელია ამაღამ
The writing of that letter is essential (აუცილებე̄ლი) *tonight*

ქალმა ჩემთან ლაპარაკ-ი დაიწყო = ქალმა ლაპარაკ-ი დამიწყო
The woman began talking to me [again note the objective version in the second variant]

The formation of the masdar is reasonably straightforward. Where a verb exists in both a transitive and intransitive guise, the two usually share a single masdar. The masdar formant is -ა. This is simply added to root verbs; verbs in -ებ, -ობ, -ოფ, -ემ add it after these thematic suffixes; those in -ავ and -ამ also add it after the thematic suffix but in the process lose the ა-vowel from these suffixes. Those verbs in -ავ which allow the -ვ- to slot inside the root in their intransitive Series I forms undergo the same change in the masdar, whilst those in -ამ with a root-final -ვ lose this -ვ; the masdar-ending simply replaces the thematic suffix -ი. A few verbs with a markerless intransitive have an element -ომ- in their masdar. Here is a summary with examples:

Root verbs

(და-)წერ-ა *writing/being written*, (მო-)კრეფ-ა *picking/being picked*, (მო-)ქსოვ-ა *knitting/being knitted*, (გა-)ტეხ-ა *breaking* (trans.) compared with (გა-)ტყდ-ომ-ა *breaking* (intrans.)/*being broken* (cf. (მო-)კვდ-ომ-ა *dying*, მო-ხდ-ომ-ა *happening*, გა-ხდ-ომ-ა *becoming; losing weight*, მი-ხვდ-ომ-ა/მი-ხვედრ-ა *realising*, შე-ხვდ-ომ-ა/შე-ხვედრ-ა *meeting*), (და-)ნგრ(-)ევ-ა *destroying/being destroyed*, (შე-)ცდ(-)ენ-ა *leading into error* compared with შე-ცდ-ომ-ა *erring, error*, (და-)ფ(-)ენ-ა *unfurling/being unfurled*.

Thematic suffix -eb

(გა-)კეთ-ებ-ა *making/being made*, (ა-)შენ-ებ-ა *building/being built*, და-სწრ-ებ-ა *causing to attend/attending; beating X to do Y*, გა-გ-ებ-ა *understanding*, გა-წითლ-ებ-ა *reddening/blushing*.

Thematic suffix -av

(და-)ხატ-ვ-ა *painting/being painted*, (და-)კარგ-ვ-ა *losing/getting lost*, (მო-)კვლ-ა *killing/being killed*, (მო-)ხვნ-ა *ploughing/being ploughed*.

Thematic suffix -i

(გა-)გზავნ-ა *sending/being sent*, (გა-)ჭრ-ა *cutting/being cut in two*, (და-)თვლ-ა *counting/being counted*, (მო-)მკ-ა *reaping/being reaped*.

Thematic suffix -ob

(და-)დნ-ობ-ა *melting* (trans./intrans.), (შე-)შრ-ობ-ა *drying/being dried*, (და-)ხრჩ-ობ-ა *suffocating/being suffocated*.

Thematic suffix -am

(და-)ბ-მ-ა *binding/being bound*, (და-)დგ-მ-ა *placing/being placed*, ს-მ-ა *drinking*, თქ-მ-ა *saying*.

გა-ყ-ოფ-ა = *dividing/being divided*, მი-ც-ემ-ა = *giving* (thither), მო-ც-ემ-ა = *giving* (hither), გა-ც-ემ-ა = *giving (out)* – NB ცემ-ა = *hitting/being hit*.

The copula has the masdar ყოფნ-ა *being*, the verb of motion has სვლ-ა, usually with the relevant preverb (მო-სვლ-ა *coming*, წა-სვლ-ა *going*, მი-სვლ-ა *reaching*, გამო-სვლ-ა *coming out*, etc.), whilst some other important masdars are:

დგ-ომ-ა *standing*, ა-დგ-ომ-ა *standing up*
ჯდ-ომ-ა/სხდ-ომ-ა *sitting* (sing./pl.), და-ჯდ-ომ-ა/და-სხდ-ომ-ა *sitting down* (sing./pl.)
წ-ოლ-ა *lying*, და-წ-ოლ-ა *lying down* – cf. მო-ყ-ოლ-ა *following* (hither); *relating* (story),
(და-)ვარდნ-ა *falling (down)*, (და-)ცვენ-ა/(და-)ცვივ(-)ნ-ა *falling down* (in a plural sense)
ყიდ-ვ-ა *buying* (for ყიდ-ულ-ობ/ი-ყიდ-ი *you (will) buy X*)
გა-ყიდ-ვ-ა *selling* (for (გა-)ყიდ-ი *you (will) sell X*)
თხოვ(-ნ)-ა *request, asking for* (for თხო-ულ-ობ *you ask (for X)*)
შოვ(-)ნ-ა *finding, obtaining* (for შო-ულ-ობ *you find X*), პოვ(-)ნ-ა *finding* (for პო-ულ-ობ *you find X*).

If masdar formation for transitives and intransitives is reasonably uniform, the same cannot be said for the medial and indirect verbs. Here are some of the more useful forms:

Medials

დუღ-ილ-ი *boiling*
რბ(-)ენ-ა/სი-რბ-ილ-ი *running*
ცეკვ-ა *dancing*
ტირ-ილ-ი *crying*
ლაპარაკ-ი *talk(ing)*
ყეფ-ა *barking*
წვიმ-ა *rain(ing)*
ქუხ-ილ-ი *thunder(ing)*
თოვ-ა *snowing* (cf. თოვლი *snow*)
ელ-ვ-ა *lightning*
ჩივ-ილ-ი *complaining* (cf. საჩივარი *complaint*)
მღერ-ა *singing* (cf. სიმღერა *song*)
ნადირ-ობ-ა *hunting* (cf. ნადირი *the game*)
ბრძ-ოლ-ა *fighting/battle*
ყვირ-ილ-ი *yelling*
ზმუ-ილ-ი *mooing*
ცურ-ვ-ა *swimming*,
სრიალ-ი *slipping*
ბზრიალ-ი *spinning round*
პასუხ-ი *answer*
ფიქრ-ი *thought*
ცხოვრ-ებ-ა [sic] *living/life*
თამაშ-ი/თამაშ-ობ-ა *game, playing*
მუშა-ობ-ა *work(ing)*
გრძნ-ობ-ა *feeling*

Indirect verbs

სი-ყვარ-ულ-ი *love*
სი-ძულ-ვ-ილ-ი *hatred*
ყ-ოლ-ა *having* (animate X)
ქონ-(ებ-)ა *having* (inanimate X)
ხს(-)ოვ-ნ-ა *remembering; memory* (cf. მეხსიერება *memory*)
ნდ(-)ომ-ა *wanting*
წყურ-ვ-ილ-ი *thirst*
სა-ჭირ-ო-ებ-ა *need*
ძ(-)ილ-ი *sleep*
ღვიძ-ილ-ი *being awake*
და-ვიწყ-ებ-ა *forgetting*
შიშ-ი *fear*
სი-ცხ-ე *heat*

მო-წონ-ებ-ა *liking*
ტკივ-ილ-ი *pain*
სი-ცივ-ე *cold(ness)*
ში-მში-ლ-ი *hunger*
ნატვრ-ა *longing*
სი-რცხვ-ილ-ი *shame*
შე-ცოდ-ებ-ა *pity(ing)*

As the translation makes clear, the relevant noun here is often more of an abstract noun than a strictly verbal noun. Also, not every verb necessarily has an easily identifiable verbal noun (e.g. შე-ძლ-ებ-ა *having the capability* belongs rather to the transitive შე-ძლ-ებ *you will have the capability to achieve X* than to the indirect შე-გ-ი-ძლ-ი-ა *X is possible for you*). The same is true of ჩან-ს *it appears*, გა-ა-ჩნ-ი-ა *it depends*, etc.

The formation and functions of participles

Georgian verbs can produce up to four participles (adjectives derived from verbs):

(a) the active participle
(b) the privative participle
(c) the future participle, and
(d) the past participle

Particular attention should be paid to the formation of the past participle, as this will be needed to form simple Series III forms of intransitive verbs, just as the masdar is needed as base for Series III forms of intransitive (and indirect) verbs with an indirect object. The future participle will also be of great use. The other two are described below for the sake of completeness.

The active particle

The universal marker of the active participle is the pre-radical prefix მ-, which is often accompanied by the suffix -ელ-. Many medial verbs use a variety of other suffixes, usually with a vowel accompanying the prefix. The object with a transitive active participle goes into the genitive. Without a preverb, this participle refers to an ongoing or general action, equivalent to *a VERBing X*, e.g.:

მ-გორ-ავ ქვა-ს ხავსი არ მო-ე-კიდ-ებ-ა
Moss (ხავსი) *will not stick to* ((მო-)ე-კიდ-ებ-ა) *a rolling* (მ-გორ-ავ-ი) *stone*

Quite often such participles become used as simple nouns (e.g. მ-ს-მ-ელ-ი *drinker; drinking,* მ-კერ-ავ-ი *seamstress; sewing*). With a preverb, such participles are translated according to context as *X who has . . . ed/will (be able to) . . .*, e.g.:

ი-ცნ-ობ ამ წერილის და-მ-წერ-ს?
Do you know the writer of (= the one who wrote) *this letter?*

სად არის დღეს შექსპირისნაირი დრამების და-მ-წერ-ი?
Where today is the one who will (be able to) write Shakespeare-like dramas (დრამა)*?*

Forms which are basically active participles are sometimes used by themselves in the function of nouns; this is especially true of preverbless participles. In such cases the vowel of the suffix -ელ- is **sometimes** lost. Particular attention should be paid below to the indication of vowel loss, which should be understood to apply to the noun function of these participial forms. Here is a comparison of adjectival and nominal functions:

ფანჯრის მ-წმენდ-(ელ-)ის ამბავი რა არი(ს)?
What is the news of the window-cleaner (მ-წმენდ-(ელ-)ი)?

ამ ფანჯრის გა-მ-წმენდ-(ლ-)ის ხელშეკრულებას არ შესთავაზებენ
They will not offer (ს-თავაზ-ობ/შე-ს-თავაზ-ებ) *the contract* (ხელშეკრულება) *to the person who cleaned* (გა-მ-წმენდ-(ე̄ლ-)ი) *this window*

ამ ფანჯრის გა-მ-წმენდ-(ელ-)ი ფირმის ხელშეკრულებას არ გააგრძელებს
They will not extend the contract of the firm which cleaned this window

დედა-ჩემი მ-კერ-ავ-ი-ა. იგი გახლავთ ამ კაბის შე-მ-კერ-ავ-ი
My mother is a seamstress (მ-კერ-ავ-ი). *She is the one who sewed* (შე-მ-კერ-ავ-ი) *this dress*

The privative participle

The universal marker of the privative participle is the prefix უ-, with which most verbs combine the suffix -ელ. The preverb is used with those verbs that take a preverb. The meaning is *not having . . . ed*, if the verb is intransitive (e.g. მო-უ-სვლ-ელ-ი *not having come*), and *not having been . . . ed*, if the verb is transitive (e.g. გა-უ-თავ-ებ-ე̄ლ-ი *not having been ended; endless*). Sometimes this participle is equivalent to English *un-. . .-able* (e.g. და-უ-ვიწყ-არ-ი/და-უ-ვიწყ-ებ-ე̄ლ-ი *unforgettable*). The privative participle in the adverbial case provides a useful tool, for it serves not only as a simple adverb (e.g. გა-უ-თავ-ებ-ლ-ად *endlessly*) but also as an equivalent to the type of construction described on p. 243 in Lesson 15. Compare the following pairs, where the verb in the first part of each example is the perfect:

უკან რო(მ) არ მო-უ-ხედ-ავ-ს, ისე გავიდა vs უკან მო-უ-ხედ-ავ-ად გავიდა
X went out without looking back

ჩემი რჩევა რო(მ) არ მო-უ-სმ(-)ენ-ი-ა-თ, ისე წავიდნენ vs ჩემი რჩევის მო-უ-სმ(-)ენ-ლ-ად წავიდნენ
They went without hearing my advice

from which we see that any object of a transitive verb will again stand in the genitive alongside this participle too. Notice that loss of the vowel in the suffix -ელ- ***may*** occur when followed by the adverbial case marker. Again readers should pay attention to the marking of vowel loss in this suffix.

The future participle

The universal marker of the future participle is the prefix სა-, with which some types of verb combine the suffix -ელ. Any relevant preverb will or will not be used depending on which nuance of those discussed above is required. The meaning is either *that which is for . . .ing* or *that which is to be . . .ed*. Examples:

სად არი(ს) შენი სა-წერ-ი ქაღალდი?
Where is your writing paper?

სად დადე შენი გა-სა-წმენდ-ი წუღები?
Where did you put your boots (წუღა) *that need cleaning?*

ცხრა დღეში სა-კეთ-ებ-ელ-ს ერთ დღეში აკეთებენ
They do in one day things to be done in nine days

გა-სა-კეთ-ებ-ელ-ი არაფერი ექნება
X will have nothing to do

სხვაგან ვართ წა-სა-სვლ-ელ-ი
We are to go elsewhere (სხვაგან)

Note the following handy usages of this participle along with its choice of case marking:

ეს გამოცანა ადვილი გამო-სა-ცნ-ობ-ი-ა/ადვილია გამო-სა-ცნ-ობ-ად
This puzzle (გამოცანა) *is easy to work out* (lit. *an easy to work out thing*)

ის ადგილი ადვილი მი-სა-გნ-ებ-ი-ა/ადვილია მი-სა-გნ-ებ-ად
That place is easy to locate

არაფერი (არა) მაქვს გა-სა-კეთ-ებ-ელ-ი/გა-სა-კეთ-ებ-ლ-ად
I have nothing to do

ექიმს აღარავინ (არა) ჰყავს სა-ნახ-ავ-ი/სა-ნახ-ავ-ად
The doctor has no one more to see

სადმე გაქვთ წა-სა-სვლ-ელ-ი/წა-სა-სვლ-ელ-ად?
Do you have anywhere to go?

Similar to the latter usage in the adverbial case is the role of the future participle as substitute for the full clausal representation of purpose, described in Lesson 14 and Lesson 16. The advantage of using the future participle in the adverbial case is that there will no longer be any need to differentiate between purposes relating to the future and those relating to the past – again, any direct object of a transitive verb's participle will stand in the genitive, whilst any indirect object will be made dependent on -თვის f*or*, e.g.:

ბაზარში მივდივარ/წაველი ხილის სა-ყიდ-(ლ-)ად
I am going/went to the market to buy fruit

მაგზავნიან/გამომაგზავნეს თქვენი უფროსისთვის ინტერვიუს ჩამო-სა-რთმ(-)ევ-ად
They are sending/have sent me (here) to interview your boss

არ მ-ცალ-ი-ა/მ-ე-ცალ-ა თეატრში შენს წა-სა-ყვან-ად
I haven't/hadn't the time (გ-ცალ-ი-ა stative verb) *to take you to the theatre* (თეატრი)

ხვალ მო-ვ-ი-ცლ-ი/გუშინ მო-ვ-ი-ცალ-ე შენთვის საჩუქრის მო-სა-ტან-ად
Tomorrow I shall make/Yesterday I made the time ((მო-)ი-ცლ-ი) *to fetch you the/a present*

როდის წავალთ/წავედით გამოფენის და-სა-თვალიერ-ებ-ლ-ად?
When shall/did we go to view the exhibition?

Note the loss here of the vowel in the suffix -ელ- when followed by the adverbial case marker; not all verbs lose this vowel, and so yet again it is important to note the variant forms.

The past participle

There are three basic formations according to verb type for the past participle:

(1) the suffix -ულ (e.g. მო-კლ-ულ-ი *having been killed*, ა-შენ-ებ-ულ-ი *having been built*, მო-ს-ულ-ი *having come*)
(2) the suffix -ილ (e.g. გა-გზავნ-ილ-ი *having been sent*, და-გმ-ობ-ილ-ი *having been blamed*), and
(3) the circumfix მ- -არ, which becomes მ- -ალ if there is an -რ- in

the root (e.g. მო-მ-კვდ-არ-ი *having died*, გა-მ-შრ-ალ-ი *having been dried*).

The preverb, if used, is normally present (though notice მ-კვდ-ა̲რ-ი *dead person*), and the meaning is either *having been . . .ed* or, for verbs that only exist as intransitives, *having . . .ed*. Readers should also note that a variant for some verbs is sometimes found where the marker is the prefix ნა-, e.g.:

იპოვება სარწყავი არხები ქართველებისაგან ნა-კეთ-ებ-ი (= გა-კეთ-ებ-ულ-ი)
Irrigation (სარწყავი) *canals* (არხი) *made by Georgians are to be found*

This example shows that, if the person who carries out the verbal action appears with the past participle of a transitive verb, it is marked in the same way as is the agent of a passive verb (i.e. it stands in the genitive governed by either მიერ or, as here, -გან). The older type of participial formation in ნა- often exists today as a noun alongside the more modern formation used in true participial function (e.g. პურის ნა-ჭერ-ი *slice of bread*, პური და-ჭრ-ილ-ი-ა *the bread is sliced*). Some irregular verbs do form their only past participle by means of this prefix.

The following examples begin with the masdar followed by participial forms for each verb in the order: 1 active, 2 future, 3 privative, 4 past.

Root verbs

The suffixal component is possible for some active participles, rare in the future, and almost always present in the privative. The past participle is almost always in -ილ-, except for verbs in (-)ევ, which take -ულ- and lose the -ვ- before it, otherwise the root itself is hardly ever affected. Examples:

write (და-)წერ-ა: 1 (და-)მ-წერ-ი [NB მ-წერ-ა̲ლ-ი *writer*] 2 (და-)სა-წერ-ი 3 და-უ-წერ-ე̄ლ-ი 4 და-წერ-ილ-ი

clean (გა-)წმენდ-ა: 1 მ-წმენდ-(ელ-)ი/გა-მ-წმენდ-(ე̄ლ-)ი 2 (გა-)სა-წმენდ-ი 3 გა-უ-წმენდ-ე̄ლ-ი 4 გა-წმენდ-ილ-ი

knit (მო-)ქსოვ-ა: 1 (მო-)მ-ქსოვ-ი 2 (მო-)სა-ქსოვ-ი 3 მო-უ-ქსოვ-ელ-ი 4 მო-ქსოვ-ილ-ი

decide (გადა-)წყვეტ-ა: 1 (გადა-)მ-წყვეტ-ი 2 (გადა-)სა-წყვეტ-ი 3 გადა-უ-წყვეტ-(ე̄ლ-)ი 4 გადა-წყვეტ-ილ-ი

catch (და-)ჭერ-ა: 1 (და-)მ-ჭერ-ი, 2 (და-)სა-ჭერ-ი 3 და-უ-ჭერ-ე̄ლ-ი 4 და-ჭერ-ილ-ი

break (გა-)ტეხ-ა/(გა-)ტყდ-ომ-ა: 1 მ-ტეხ-(ელ-)ი/გა-მ-ტეხ-(ე̄ლ-)ი 2 (გა-)სა-ტეხ-ი 3 გა-უ-ტეხ-ე̄ლ-ი 4 გა-ტეხ-ილ-ი/გა-მ-ტყდ-არ-ი

listen (მო-)სმ(-)ენ-ა: 1 (მო-)მ-სმ(-)ენ-ი [NB მ-სმ(-)ენ-ელ-ი *listener*] 2 (მო-)სა-სმ(-)ენ-(ე̄ლ-)ი 3 მო-უ-სმ(-)ენ-ე̄ლ-ი 4 მო-სმ(-)ენ-ილ-ი

cure მო-რჩ(-)ენ-ა: 1 მო-მ-რჩ(-)ენ-(ე̄ლ-)ი [NB მ-რჩ(-)ენ-ელ-ი/მა-რჩ(-)ენ-ა̲ლ-ი *provider*] 2 მო-სა-რჩ(-)ენ-ი 3 მო-უ-რჩ(-)ენ-ე̄ლ-ი 4 მო-რჩ(-)ენ-ილ-ი

destroy (და-)ნგრ(-)ევ-ა: 1 (და-)მ-ნგრ(-)ევ-ი 2 (და-)სა-ნგრ(-)ევ-ი 3 და-უ-ნგრ(-)ევ-ე̄ლ-ი 4 და-ნგრ(-)ე-ულ-ი

sort out გა-რჩ(-)ევ-ა: 1 გა-მ-რჩ(-)ევ-ი [NB მ-რჩ(-)ევ-ე̄ლ-ი *advisor*, ა-მო-მ-რჩ(-)ევ-ე̄ლ-ი *voter*] 2 გა-სა-რჩ(-)ევ-ი 3 გა-უ-რჩ(-)ევ-ე̄ლ-ი 4 გა-რჩ(-)ე-ულ-ი

snatch (წა-)რთმ(-)ევ-ა: 1 (წა-)მ-რთმ(-)ევ-ი 2 (წა-)სა-რთმ(-)ევ-ი 3 წა-უ-რთმ(-)ევ-ე̄ლ-ი 4 წა-რთმ(-)ე-ულ-ი

eat ჭამ-ა: 1 მ-ჭამ-ელ-ი 2 სა-ჭმ-ელ-ი [NB სა-ჭმ-ე̄ლ-ი *food*] 3 უ-ჭმ-ელ-ი 4 ნა-ჭამ-ი(/შე-ჭმ-ულ-ი *devoured*).

Verbs in -eb

The thematic suffix is retained in all forms. The prefixal component is often accompained by the vowel -ა, especially if the root begins with მ- or a vowel (but not only in such cases! – compare მა-სესხ-ებ-ე̄ლ-ი *lender* with მ-სესხ-ებ-ე̄ლ-ი *borrower*). If there is no vowel in the root, the suffixal component is absent from the active and future participles, though it is regular for the privative. The past participle is in -ულ-. Examples:

do (გა-)კეთ-ებ-ა: 1 (გა-)მ-კეთ-ებ-ე̄ლ-ი 2 (გა-)სა-კეთ-ებ-ე̄-ლ-ი 3 გა-უ-კეთ-ებ-ე̄ლ-ი 4 გა-კეთ-ებ-ულ-ი

prepare (მო-)მზად-ებ-ა: 1 (მო-)მა-მზად-ებ-ე̄ლ-ი 2 (მო-)სა-მზად-ებ-ე̄ლ-ი 3 მო-უ-მზად-ებ-ე̄ლ-ი 4 მო-მზად-ებ-ულ-ი

defeat (და-)მარცხ-ებ-ა: 1 (და-)მ-მარცხ-ებ-ე̄ლ-ი [sic] 2 (და-)სა-მარცხ-ებ-ე̄ლ-ი 3 და-უ-მარცხ-ებ-ე̄ლ-ი 4 და-მარცხ-ებ-ულ-ი

join (შე-)ერთ-ებ-ა: 1 (შე-)მა-ერთ-ებ-ე̄ლ-ი, 2 (შე-)სა-ერთ-ებ-ე̄ლ-ი, 3 შე-უ-ერთ-ებ-ე̄ლ-ი, 4 შე-ერთ-ებ-ულ-ი

build (ა-)შენ-ებ-ა: 1 (ა-)მ-შენ-ებ-ე̄ლ-ი 2 (ა-)სა-შენ-ებ-ე̄ლ-ი 3 ა-უ-შენ-ებ-ე̄ლ-ი 4 ა-შენ-ებ-ულ-ი

frighten (შე-)შინ-ებ-ა: 1 (შე-)მა-შინ-ებ-ე̄ლ-ი 2 (შე-)სა-შინ-ებ-ე̄ლ-ი 3 შე-უ-შინ-ებ-ე̄ლ-ი 4 შე-შინ-ებ-ულ-ი

depress (და-)ლონ-ებ-ა: 1 (და-)მა-ლონ-ებ-ე̄ლ-ი 2 (და-)სა-ლონ-ებ-ე̄ლ-ი 3 და-უ-ლონ-ებ-ე̄ლ-ი 4 და-ლონ-ებ-ულ-ი

light (ა-)ნთ-ებ-ა: 1 (ა-)მ-ნთ-ებ-ი 2 (ა-)სა-ნთ-ებ-ი [NB ა-სა-ნთ-ი *match*] 3 ა-უ-ნთ-ებ-ე̄ლ-ი 4 ა-ნთ-ებ-ულ-ი

begin (და-)წყ-ებ-ა: 1 (და-)მ-წყ-ებ-ი, 2 (და-)სა-წყ-ებ-ი, 3 და-უ-წყ-ებ-ე̄ლ-ი, 4 და-წყ-ებ-ულ-ი

understand გა-გ-ებ-ა: 1 გა-მ-გ-ებ-ი 2 გა-სა-გ-ებ-ი 3 გა-უ-გ-ებ-ე̄ლ-ი/გა-უ-გ-ებ-ა̲რ-ი 4 გა-გ-ებ-ულ-ი

put (და-)დ-ებ-ა: 1 (და-)მ-დ-ებ-ი 2 (და-)სა-დ-ებ-ი 3 და-უ-დ-ებ-ე̄ლ-ი 4 და-დ-ებ-ულ-ი

allow/make X attend; beat X to Y და-სწრ-ებ-ა: 1 და-მ-სწრ-ებ-ი [NB და-მ-სწრ-ე *attender*] 2 და-სა-სწრ-ებ-ი 3 და-უ-სწრ-ებ-ე̄ლ-ი 4 და-სწრ-ებ-ულ-ი

praise ქ-ებ-ა: 1 მ-ქ-ებ-ი 2 სა-ქ-ებ-ი 3 უ-ქ-ებ-ი [sic] 4 ქ-ებ-ულ-ი.

Verbs in -av

The past participle loses the thematic suffix and is in -ულ-, unless the root contains either -ე- or -ო-, in which case it is in -ილ-. The active participle fluctuates between (i) keeping the thematic suffix in full without other suffixal material and (ii), using the suffix -ელ-, which is obligatory if the root lacks a vowel. In this case the thematic suffix loses its vowel, and those verbs that place the remnant -ვ- inside the root in the masdar do so here too. The thematic suffix is usually retained in full in the future and privative participles (without any other suffix), though some verbs may omit it in the future; verbs without a vowel in the root allow -ელ- as a variant in the privative participle, and its presence motivates the same changes to the thematic suffix as in the active participle. Examples:

block (გადა-)ღობ-ვ-ა: 1 (გადა-)მ-ღობ-ავ-ი 2 (გადა-)სა-ღობ-ავ-ი 3 გადა-უ-ღობ-ავ-ი 4 გადა-ღობ-ილ-ი

sew (შე-)კერ-ვ-ა: 1 (შე-)მ-კერ-ავ-ი 2 (შე-)სა-კერ-ავ-ი 3 შე-უ-კერ-ავ-ი 4 შე-კერ-ილ-ი

print (და-)ბეჭდ-ვ-ა: 1 (და-)მ-ბეჭდ-ავ-ი/(და-)მ-ბეჭდ-ვ-ელ-ი 2 (და-)სა-ბეჭდ-(ავ-)ი 3 და-უ-ბეჭდ-ავ-ი 4 და-ბეჭდ-ილ-ი

hide (და-)მალ-ვ-ა: 1 (და-)მ-მალ-ავ-ი 2 (და-)სა-მალ-(ავ-)ი 3 და-უ-მალ-ავ-ი 4 და-მალ-ულ-ი

bury (და-)მარხვ-ა: 1 (და-)მ-მარხ-ავ-ი/(და-)მ-მარხ-ვ-ელ-ი 2 (და-)სა-მარხ-ავ-ი 3 და-უ-მარხ-ავ-ი 4 და-მარხ-ულ-ი

burn (და-)წვ-[ვ-]ა: 1 (და-)მ-წვ-[ვ-]ელ-ი [NB მ-წვ-ავ-ე *bitter*] 2 (და-)სა-წვ-ავ-ი/(და-)სა-წვ-ელ-ი (NB სა-წვ-ავ-ი *fuel*] 3 და-უ-წვ-ავ-ი/და-უ-წვ-[ვ-]ელ-ი 4 და-მ-წვ-არ-ი [sic]

defend (და-)ცვ-[ვ-]ა: 1 (და-)მ-ცვ-[ვ-]ელ-ი/და-მ-ც-ავ-ი [sic] 2 (და-)სა-ც-ავ-ი[sic]/(და-)სა-ცვ-ელ-ი 3 და-უ-ც-ავ-ი[sic]/და-უ-ცვ-[ვ-]ელ-ი 4 და-ც-ულ-ი

paint (და-)ხატ-ვ-ა: 1 (და-)მ-ხატ-ვ-ელ-ი [NB მ-ხატ-ვ-არ-ი *painter*] 2 (და-)სა-ხატ-ავ-ი 3 და-უ-ხატ-ავ-ი 4 და-ხატ-ულ-ი

plough (მო-)ხვნ-ა: 1 (მო-)მ-ხვნ-ელ-ი 2 (მო-)სა-ხნ-ავ-ი 3 მო-უ-ხნ-ავ-ი/მო-უ-ხვნ-ელ-ი 4 მო-ხნ-ულ-ი

kill (მო-)კვლ-ა: 1 (მო-)მ-კვლ-ელ-ი (NB მ-კვლ-ელ-ი *murderer*, მ(-)კლ(-)ავ-ი *arm*) 2 (მო-)სა-კლ-ავ-ი 3 მო-უ-კლ-ავ-ი/მო-უ-კვლ-ელ-ი 4 მო-კლ-ულ-ი.

Verbs in -i

The thematic suffix disappears. The past participle is in -ილ-, the privative requires the suffix -ელ-, as do the active and future participles for those roots with no vowel in the root; some roots with a root vowel also allow this suffix in these two participles. Examples:

send (here) (გა(მო)-)გზავნ-ა: 1 (გა(მო)-)მ-გზავნ-(ელ-)ი 2 (გა(მო)-)სა-გზავნ-ი 3 გა(მო)-უ-გზავნ-ელ-ი 4 გა(მო)-გზავნ-ილ-ი

weigh (ა-)წონ-ა: 1 ა-მ-წონ-ი/მ-წონ-ავ-ი 2 (ა-)სა-წონ-ი 3 ა-უ-წონ-ჱლ-ი 4 ა-წონ-ილ-ი

cut in two (გა-)ჭრ-ა: 1 (გა-)მ-ჭრ-ელ-ი 2 (გა-)სა-ჭრ-ელ-ი 3 გა-უ-ჭრ-ელ-ი 4 გა-ჭრ-ილ-ი

tire (და-)ღლ-ა: 1 (და-)მ-ღლ-ელ-ი 2 (და-)სა-ღლ-ელ-ი 3 და-უ-ღლ-ელ-ი 4 და-ღლ-ილ-ი.

In view of the forms გა-ყიდ-ი *you will sell X* and ი-ყიდ-ი *you will buy X* it might be thought that these verbs belong here. However, the masdars are respectively გა-ყიდ-ვ-ა and ყიდ-ვ-ა, and the participles tend to follow the masdar, as follows: გა-მ-ყიდ-ვ-ელ-ი *seller*, მ-ყიდ-ვ-ელ-ი *buyer*, (გა-)სა-ყიდ-ი *to be sold*, სა-ყიდ-(ჱლ-)ი *to be bought*, გა-ყიდ-ულ-ი *sold*, ნა-ყიდ-ი *bought.*

Verbs in -ob

The thematic suffix is always retained for the active, future and privative participles, and for the past participle of those verbs with prefixal intransitive forms, in which case the past suffix is -ილ-. Roots with a markerless intransitive have a past participle formed by the circumfix მ- -არ/ალ without thematic suffix. In some verbs the often lost root-final -ვ- will reemerge here. The suffixal -ელ- is always used in the privative and for some roots optionally in the active and future participles. The active prefix is sometimes მა-. Examples:

ruin (მო-)სპ-ობ-ა: 1 (მო-)მ-სპ-ობ-(ჱლ-)ი 2 (მო-)სა-სპ-ობ-(ჱლ-)ი 3 მო-უ-სპ-ებ-ჱლ-ი 4 მო-სპ-ობ-ილ-ი

degrade/bring down (და-)მხ-ობ-ა: 1 (და-)მა-მხ-ობ-ჱლ-ი 2 (და-)სა-მხ-ობ-(ჱლ-)ი 3 და-უ-მხ-ობ-ჱლ-ი 4 და-მხ-ობ-ილ-ი

heat (გა-)თბ-ობ-ა: 1 (გა-)მ-თბ-ობ-ი 2 (გა-)სა-თბ-ობ-ი 3 გა-უ-თბ-ობ-ჱლ-ი 4 გა-მ-თბ-არ-ი

extinguish (გა-)ქრ-ობ-ა: 1 (გა-)მ-ქრ-ობ-(ჱლ-)ი 2 (გა-)სა-ქრ-ობ-ი 3 გა-უ-ქრ-ობ-ჱლ-ი 4 გა-მ-ქრ-ალ-ი

intoxicate (და-)თრ-ობ-ა: 1 (და-)მა-თრ-ობ-ჱლ-ი 2 (და-)სა-თრ-ობ-ჱლ-ი 3 და-უ-თრ-ობ-ჱლ-ი 4 და-მ-თვრ-ალ-ი

suffocate (და-)ხრჩ-ობ-ა: 1 მა-ხრჩ-ობ-ელ-ა[sic]/და-მა-ხრჩ-ობ-ჱლ-ი 2 და-სა-ხრჩ-ობ-ი [NB სა-ხრჩ-ობ-ელ-ა *gallows*] 3 და-უ-ხრჩ-ობ-ჱლ-ი 4 და-ხრჩ-ობ-ილ-ი/და-მ-ხრჩვ-ალ-ი.

Note: All verbs with a markerless intransitive, regardless of whether or not they take the thematic suffix -ობ, form their past participle by means of circumfixation (e.g. (მო-)ხდ-ებ-ა *X happens (will happen)* has მო-მ-ხდ-არ-ი *having happened/that which has happened*).

Verbs in -am

The thematic suffix is retained throughout, though without its vowel; any root-final -ვ- will drop. The past participle is in -ულ-; elsewhere the suffixal -ელ- will be used. Examples:

pour; seat (a plurality) (და-)სხ-მ-ა: 1 (და-)მ-სხ-მ-ელ-ი 2 (და-) სა-სხ-მ-ელ-ი 3 და-უ-სხ-მ-ელ-ი 4 და-სხ-მ-ულ-ი

place (standing) (და-)დგ-მ-ა: 1 (და-)მ-დგ-მ-ელ-ი 2 (და-)სა-დგ-მ-ელ-ი 3 და-უ-დგ-მ-ელ-ი 4 და-დგ-მ-ულ-ი

drink ს-მ-ა/და-ლ(-)ევ-ა: 1 მ-ს-მ-ელ-ი/და-მ-ლ(-)ევ-ი 2 სა-ს-მ-ე̄ლ-ი (plural as noun სა-ს-მ-ელ-ებ-ი)/და-სა-ლ(-)ევ-ი 3 უ-ს-მ-ელ-ი/და-უ-ლ(-)ევ-ელ-ი 4 ნა-სვ-ამ-ი/და-ლ(-)ე-ულ-ი

clothe (ჩა-)ც-მ-ა: 1 (ჩა-)მ-ც-მ-ელ-ი 2 (ჩა-)სა-ც-მ-ელ-ი 3 ჩა-უ-ც-მ-ელ-ი 4 ჩა-ც-მ-ულ-ი

say თქ-მ-ა: 1 მ-თქ-მ-ელ-ი 2 სა-თქ-მ-ელ-ი 3 უ-თქ-მ-ელ-ი 4 თქ-მ-ულ-ი/ნა-თქვ-ამ-ი.

The verb გა-ყ-ოფ-ა *divide* has: 1 გა-მ-ყ-ოფ-ი, 2 გა-სა-ყ-ოფ-ი, 3 გა-უ-ყ-ოფ-ე̄ლ-ი, 4 გა-ყ-ოფ-ილ-ი. The verb მი-ც-ემ-ა *give* has (with preverb მო- replacing მი- under the usual circumstances): 1 მი-მ-ც-ემ-ი, 2 მი-სა-ც-ემ-ი, 3 მი-უ-ც-ემ-ე̄ლ-ი, 4 მი-ც-ემ-ულ-ი.

The above represent those aspects which are regular about participial formation in Georgian. Medials are notoriously idiosyncratic, especially as regards the active participle, and listed below are some useful participial forms for some medials and other irregular verbs. Notice that all four participles cannot be formed for every verb:

ყოფნ-ა *be* 1 მ-ყოფ-ი 2 სა-მ-ყოფ-(ე̄ლ-)ი 4 ყოფ-ილ-ი/ნა-მ-ყოფ-ი (e.g. თბილისში ხარ ნამყოფი? დიახ, ბევრჯერ ვარ ნამყოფი იქ *Have you been in Tbilisi? Yes, I have been there many times*)

გა-სვლ-ა *go out; pass* (of time) 1 გა-მ-სვლ-ელ-ი/გა-მა-ვალ-ი 2 გა-სა-ვლ-ელ-ი 3 გა-უ-სვლ-ელ-ი 4 გა-ს-ულ-ი [NB გა-

ნა-ვალ-ი *excrement*, and, with the preverb მო-, მო-მა-ვალ-ი *future*, cf. მ-ყოფ-ად-ი *future indicative*; მო-სა-ვალ-ი = ჭირნახული *harvest* vs შე-მო-სა-ვალ-ი *income* vs გა-სა-ვალ-ი *outgoings* vs შე-მო-სა-სვლ-ელ-ი *entrance* (here) vs შე-სა-სვლ-ელ-ი *entrance* (there) vs შე-სა-ვალ-ი *introduction* (to book)]

დგ-ომ-ა **be standing** 1 მ-დგ-ომ-ი 2 სა-დგ-ომ-ი 4 მ-დგ-არ-ი

ჯდ-ომ-ა/სხდ-ომ-ა **be seated** 1 მ-ჯდ-ომ-ი/მ-სხდ-ომ-ი 2 სა-ჯდ-ომ-ი/სა-სხდ-ომ-ი [NB the former means *bottom* as well as *place for one person to sit*] 4 მ-ჯდ-არ-ი/მ-სხდ-არ-ი

წ-ოლ-ა **be prostrate** 1 მ-წ-ოლ-ი/მ-წ-ოლ-(ი)არე 2 სა-წ-ოლ-ი 4 წ-ოლ-ილ-ი

ცხოვრ-ებ-ა **live** 1 მ-ცხოვრ-ებ-ი 2 სა-ცხოვრ-ებ-ელ-ი 4 ნა-ცხოვრ-ებ-ი

ძოვ(ნ)-ა **graze** 1 მ-ძოვ-არ-ი/მ-ძოვ-ელ-ი 2 სა-ძოვ-არ-ი 4 ნა-ძოვ(ნ)-ი

ტირ-ილ-ი **crying** 1 მ-ტირ-ალ-ი 2 სა-ტირ-ალ-ი 4 ნა-ტირ-ებ-ი/ნა-(მ-)ტირ-ალ-ევ-ი

გლოვ-ა **mourn** 1 მ-გლოვ-იარე 2 სა-გლოვ-ი/სა-მ-გლოვ-იარ-ო

გრძნ-ობ-ა **feel** 1 მ-გრძნ-ობ-იარე 2 სა-გრძნ-ობ-(ელ-)ი 3 უ-გრძნ-ობ-ელ-ი 4 ნა-გრძნ-ობ-ი

წუხ-ილ-ი **sadness** 1 მ-წუხ-არ-ე 2 სა-წუხ-არ-ი(/შე-სა-წუხ-ებ-ელ-ი/სა-მ-წუხ-არ-ო)

დუღ-ილ-ი **boiling** 1 მ-დუღ-არ-ე 2 სა-დუღ-ი 4 ნა-დუღ-(არ-)ი

ძილ-ი **sleep(ing)** 1 მ-ძინ-არ-ე 2 სა-ძინ-ებ-ელ-ი/სა-ძილ-ე/ო

ჩივ-ილ-ი **complain** 1 მო-მ-ჩივ-არ-ი/მო-მ-ჩივ-ან-ი (*plaintiff* vs მო-პასუხ-ე *defendant*) 2 სა-ჩივ(-)ლ-ელ-ი

სი-ცილ-ი **laugh(ter)** 1 მო-ცინ-არ-ი/ე 2 სა-ცინ-ელ-ი/სა-ცინ-არ-ი/სა-სა-ცილ-ო

ღიმ-ილ-ი **smile** 1 მო-ღიმ-არ-ი

მუშა-ობ-ა ***work(ing)*** 1 მო-მუშა-ვ-ე 2 სა-მუშა-ო 4 ნა-მუშა/ე-ვ-არ-ი

ნადირ-ობ-ა **hunting** 1 მო-ნადირ-ე 2 სა-ნადირ-ო 4 ნა-ნადირ-ევ-ი

ლაპარაკ-ი ***talk(ing)*** 1 მო-ლაპარაკ-ე 2 სა-ლაპარაკ-ო 4 ნა-ლაპარაკ-ევ-ი

თამაშ-ი/თამაშ-ობ-ა ***play(ing)*** 1 მო-თამაშ-ე 2 სა-თამაშ-ო 4 ნა-თამაშ-ევ-ი

ცეკვ-[ვ-]ა ***dance*** 1 მო-ცეკვ-ავ-ე 2 სა-ცეკვ-ა-ო

ბრძ-ოლ-ა ***fight(ing)*** 1 მე-ბრძ-ოლ-ი 2 სა-ბრძ-ოლ-ვ-ელ-ი/სა-ბრძ-ოლ-ო 3 უ-ბრძ-ოლ-ვ-ელ-ი 4 ნა-ბრძ-ოლ-ი

ომ-ი ***war(ring)*** 1 მე-ომ-არ-ი 2 სა-ომ-არ-ი 4 ნა-ომ-არ-ი

ჩხუბ-ი ***quarrel(ling)*** 1 მო/ა-ჩხუბ-არ-ი 2 სა-ჩხუბ-არ-ი 4 ნა-ჩხუბ-არ-ი

ცდ-ა/მ-ცდ-ელ-ობა ***attempt*** 1 მ-ცდ-ელ-ი 2 სა-ცდ-ელ-ი 3 უ-ცდ-ელ-ი 4 ნა-ცად-ი

შე-ხვედრ-ა/შე-ხვდ-ომ-ა ***meet*** 1 შე-მ-ხვედრ-(ელ-)ი/შე-მ-ხვდ-ომ-ი/შე-მ-ხ(ვ)დ-ურ-ი 2 შე-სა-ხვედრ-ი 4 შე-ხვედრ-ილ-ი/შე-მ-ხვდ-არ-ი

სი-ყვარ-ულ-ი ***love*** 1 მო-ყვარ-ულ-ი/მო-სი-ყვარ-ულ-ე 2 სა-ყვარ-ე̄ლ-ი

სი-ძულ-ვ-ილ-ი ***hatred*** 1 მო-ძულ-ე 2 სა-ძულ-ვ-ელ-ი

ქონ-(ებ-)ა ***have*** (inanimate X) 1 მ-ქონ-ე(ბ-ე̄ლ-ი) 2 სა-ქონ-ე̄ლ-ი 4 ნა-ქონ-ი

ყ-ოლ-ა ***have*** (animate X) [NB the anticipated active participle მ-ყ-ოლ-ი actually goes with the verb (გა-)ჰ-ყვ-ებ-ი *you (will) follow/attend X* and thus means *companion*] 2 სა-ყ-ოლ-ი 4 ნა-ყ-ოლ-ი

ცოდნ-ა *know(ledge)* 1 მ-ცოდნ-ე 2 სა-ცოდნ-ელ-ი 4 ცნ-ობ-ილ-ი

მი-ხვედრ-ა/მი-ხვდ-ომ-ა ***realise*** 1 მი-მ-ხვედრ-ი/მი-მ-ხვდ-ომ-ი/მი-მ-ხვდ-ურ-ი 2 მი-სა-ხვედრ-ი/მი-სა-ხვდ-ომ-ი 3 მი-უ-ხვედრ-ელ-ი/მი-უ-ხვდ-ომ-ე̄ლ-ი 4 მი-ხვედრ-ილ-ი/მი-მ-ხვდ-არ-ი

(მო-)ჩან-ს *X is visible* gives the active participle მ-ჩინ-არ-ი, whilst (გამო-)ა-ჩ(-)ენ *you (will) manifest X* gives მ-ჩ(-)ენ-(ელ-)ი/გამო-მ-ჩ(-)ენ-(ე̄ლ-)ი.

Expressing at the time of verbing

There are two ways of producing this variant of a clause introduced by *when/while,* both of them involving the masdar of the relevant verb in the genitive case. The full construction makes the masdar (and any words accompanying it) dependent on დრო-ს, the dative of დრო *time*, which must immediately follow the masdar, e.g.:

პრეზიდენტ-ის დარბაზში შემოსვლ-ის დროს ყველა ადგა
At the moment the president came into (შემოსვლა) *the hall* (დარბაზი) *everyone stood up*

პრეზიდენტ-ის დარბაზში შემოსვლ-ის დროს ყველა უნდა ადგეთ
At the moment the president comes into the hall you must all stand up

გამოცდების ჩაბარებ-ის დროს სტუდენტები ნერვიულობენ ხოლმე
At the time of taking exams students are nervous as a rule

მკვლელის მიერ ჩვენი მეზობლის მოკვლ-ის დროს მისი ქალიშვილი ესწრებოდა კონფერენციას ამერიკაში
At the time our neighbour was killed by the murderer (მკვლელი) her daughter was attending a conference in America

The short construction does away with the word for time itself but adds its dative case ending onto the long form (in -ა) of the masdar's genitive. Thus, the above examples can respectively be shortened to the following:

პრეზიდენტ-ის დარბაზში შემოსვლ-ისა-ს ყველა ადგა
At the moment the president came into the hall everyone stood up

პრეზიდენტ-ის დარბაზში შემოსვლ-ისა-ს ყველა უნდა ადგეთ
At the moment the president comes into the hall you must all stand up

გამოცდების ჩაბარებ-ისა-ს სტუდენტები ნერვიულობენ ხოლმე
At the time of taking exams students are nervous as a rule

მკვლელის მიერ ჩვენი მეზობლის მოკვლ-ისა-ს მისი ქალიშვილი ესწრებოდა კონფერენციას ამერიკაში
At the time our neighbour was killed by the murderer her daughter was attending a conference in America

Dialogue 3

A hellfire-and-brimstone preacher (მქადაგებე̄ლი) *with no great love of rich politicians has a biblical message* (Mark 10:19–25) *for them!*

მქადაგებელი: მოემზადეთ მეორე მოსვლისათვის! წუთისოფელი დასაწმენდია და დაიწმინდება კიდეც ქრისტეს მეორედ მოსვლის დროს (/მოსვლისას). ყველგან გარყვნილება სუფევს – მაგალითად, ქრთამი, მოსყიდვა, მუქარა და მოტყუება არჩევნების მუდმივი თანამგზავრები გახლავთ. თქვენ, პოლიტიკოსებო, იკვეხით თქვენი სიმდიდრით, მაგრამ როგორ გამოგადგებათ ქრთამის მიღებითა და მრუშობით მოპოვებული სიმდიდრე? ნუ დაგავიწყდებათ ჩვენი უფლის სიტყვები: “‘იცი მცნებები: არ იმრუშო, არ კლა, არ იპარო, არ იყო ცრუმოწმე, ნუ მოატყუებ, პატივი ეცი შენს მამასა და დედას.” მან მიუგო: “მოძღვარო, ყოველივე ამას ჩემი სიჭაბუკიდან ვიცავდი!” იესომ შეხედა მას, შეუყვარდა და უთხრა: “ერთი რამ გაკლია: წადი, რაც გაქვს, გაყიდე და ღარიბებს დაურიგე და ზეცაში გექნება საუნჯე. მერე მოდი და გამომყევი.” ხოლო ის შეწუხდა ამ სიტყვებზე და დანაღვლიანებული წავიდა, ვინაიდან დიდძალი ქონება ჰქონდა. იესომ მიმოიხედა ირგვლივ და უთხრა თავის მოწაფეებს: “რა ძნელი იქნება სიმდიდრის მქონეების შესვლა ღვთის სასუფეველში.” მოწაფეები შეაკრთო მისმა ნათქვამმა. იესომ კი კიდევ მიუგო მათ: “შვილებო, რა ძნელია ღვთის სასუფეველში შესვლა მათთვის, ვინც სიმდიდრეზეა მინდობილი! უფრო იოლია აქლემის გაძრომა ნემსის ყუნწში, ვიდრე მდიდრის შესვლა ღვთის სასუფეველში.’”

Vocabulary

ე-მზად-ებ-ი (მო-)	*you prepare/get yourself ready*	მო-სვლ-ა	*coming*
წუთისოფე̄ლი	*world*	ი-წმინდ-ებ-ა (და-)	*X is purged*
ქრისტე	*Christ*	მეორედ მოსვლა	*coming a second time*
გარყვნილება	*corruption*	ქრთამი	*bribe*
მო-სყიდ-ვ-ა	*enticing*	მუქარ-ა	*threat(ening)*
მო-ტყუ-ებ-ა	*lying*	არჩევნები	*elections*
მუდმივი	*permanent*	თანამგზავრი	*fellow-traveller*
ი-კვეხ-ი (ი- -ებ)	*you boast*	სიმდიდრე	*wealth*
გ-ა-დგ-ებ-ა (გამო-)	*X is of advantage to you*	მი-ღ-ებ-ა	*receiving*
მრუშ-ობ-ა	*fornication*	უფა̲ლი	*Lord*
მცნება	*commandment*	მრუშ-ობ (ი- -ებ)	*you fornicate*
ცრუმოწმე	*false witness*	უ-გ-ებ (მი-/მო-)	*you answer X*
მოძღვა̲რი	*preceptor*	სიჭაბუკე	*adolescence*
ღარიბი	*poor*	უ-რიგ-ებ (და-)	*you apportion X to Y*
ზეცა	*heaven*	საუნჯე	*treasury, reward*
დანაღვლიანე-ბული	*aggrieved, upset*	დიდძალი	*large*
ქონება	*possession*	მი-მო-ი-ხედ-ავ	*you will look around*
ირგვლივ	*roundabout*	სასუფეве̄ლი	*kingdom, paradise*
ა-კრთ-ობ (შე-)	*you alarm X*	ნა-თქვ-ამ-ი	*what was said*
ე-ნდ-ობ-ი (მი-/მო-)	*you put your trust in X*	იოლი	*easy*
აქლემი	*camel*	გა-ძრ-ომ-ა	*passing through*
ნემსი	*needle*	ყუნწი	*eye*
ვიდრე	*than*	მდიდა̲რი	*rich man*

Exercises

1

Give (or at least try to give) the masdar plus the active, future, privative and past participles of:

(a) გმობ
(b) მოგაქვს
(c) ღებულობ/იღებ
(d) თესავ
(e) ასხამ
(f) ქმნი

2

Fill in the gaps and translate:

(a) .აჩ.ვლ.ლ.. მოვ..ი
(b) ბ.ჭი. .ა.ზრდ.ლ. მ. .არ
(c) ს.დღ.ც .ას.სვლ.ლ. მ.ქ(ვ.)
(d) ვი. მ..რ .ყო მ.კლ.ლ.?
(e) ხო. .დვ.ლ.ა .ა.აგ.ბ.დ?
(f) .ვი.ო უ..ე .ა.ხმ.ლ.ა
(g) შ.ნა .არ .ჯახ.ს ..რჩ.ნ.ლ.?
(h) ჩ.მ. .აყი.ი .ა.დნა.ია

3

Put the correct non-finite form of the bracketed present indicative with 2nd person subject into the following sentences:

(a) მინდა ამ ბარათის ინგლისში ((ა)გზავნი)
(b) მოვიდნენ შენს (მიგყავს) სადგურზე
(c) დედა მუშაობს (კერავ)
(d) სადილი უკვე არი(ს) (ამზადებ)
(e) ეს სწრაფად (წყვეტ) პრობლემაა
(f) ომი უნდა ჩავთვალოთ უკვე (კარგავ)
(g) კაცმა (წყვეტ) როლი ითამაშა ამ საქმეში
(h) ქალი (ამთავრებ) ლაპარაკობდა

4

Express the following subordinate clauses of purpose in a non-finite manner:

(a) ბაღში წავალ, რო(მ) მცენარეები დავრგო/დავრგა
(b) მამა მუშაობს, რო(მ) კარგი მომავალი შეგვიქმნას
(c) საავადმყოფოში წავიდნენ, რო(მ) დედა-შენი შინ მოეყვანათ
(d) პოლიციელი გამო(ა)გზავნეს, რო(მ) ქურდი დაეჭირა
(e) დავსხდეთ, რო(მ) ვილაპარაკოთ
(f) მინისტრს ვწერ, რო(მ) ვიჩივლო ავტობუსების შესახებ
(g) საქართველოში ჩამოვიდნენ, რო(მ) ქართული ესწავლათ და არა რო(მ) ინგლისური ჩვენთვის ესწავლებინათ
(h) ჩვენებმა იბრძოლეს, რო(მ) მტერზე გაემარჯვებინათ

5

Express the following clauses of time non-finitely:

(a) ქართულს რო(მ) ისწავლი, უნდა გამოიყენო ეს ლამაზად შედგენილი წიგნი!
(b) აქ რო(მ) მოდიოდნენ, უბედურება შეემთხვა(თ)

(c) თეფშებს რო(მ) რეცხავ, ოდესმე გივარდება რა(ი)მე ხელიდან?
(d) ეს წერილი რო(მ) დაწერე, რა(ი)მე შეცდომა დაუშვი?
(e) თბილისში რო(მ) იყავი, რას შვრებოდი?

6

Express the following subordinate clauses non-finitely:

(a) აქ მოვედით, ისე რო(მ) მანქანა არ გაგვიჩერებია ((გა-)ა-ჩერ-ებ = *you stop X*)
(b) არ შეგიძლია საქართველოში იცხოვრო, ისე რო(მ) ქართული არ ისწავლო
(c) გაზეთი გამოაქვეყნეს, ისე რო(მ) ჩემი წერილი არ დაუბეჭდავთ
(d) სკოლაში ნუ წახვალ, ისე რო(მ) ეგ ძველი პერანგი არ გაიხადო!
(e) არ შეგვილია საქართველოში დავრჩეთ, ის რო(მ) ღვინო არ დავლიოთ

7

Translate into English:

(a) იქით რო(მ) მივდიოდით (= იქით წასვლისას/წასვლის დროს/იქითობისას), ის მოსაკლავი ბიჭი ვნახეთ
(b) მწერალმა წერა, წერა, მაგრამ სიკვდილამდე ის დრამა ვერ დაწერა
(c) დაღლილი შვილების გასართობად დედა-მათმა დაიწყო მღერა
(d) გოგომ ის ლექსი ბოლომდე წაიკითხა შეცდომის დაუშვებლად
(e) არაფერი (არ) გაქ(ვს) გასაკეთებელი? არსად (არა) გაქ(ვს) წასასვლელი?
(f) თუ სადმე წასასვლელად ან რა(ი)მე გასაკეთებლად მექნება, გეტყვი
(g) ნუ შესწუხდები, არ მცალია აქ დასარჩენად, მარა ხვალ მოვიცლი კიდევ მოსასვლელად(ა) და დღეს შემოთავაზებული ყავის დასალევად.
(h) რაც შეეხება შენს კითხვას, შემიძლია გითხრა, რო(მ) ეს არ ითარგმნება შენი ახლად გამოქვეყნებული სახელმძღვანელოს გამოუყენებლად

8

Translate into Georgian, using non-finite expressions where feasible:

(a) They say that Jesus came to save the already corrupted world. In that case why are so many nations perishing?
(b) I don't have the time today to take you to town, but I'll try to make time tomorrow to show you the recently opened exhibition
(c) Do you have anything to do? I have to go to the library. Why? Because I have to fetch mother some books
(d) I went to the shop at 7 o'clock to buy bread, because I had a lot of sandwiches to prepare
(e) I'll take this to England without showing it to your boss
(f) I lent him the book recommended by you to read, but he returned it to me without reading it
(g) He went to the front to fight and to kill our enemies
(h) He returned from the army without fighting and without killing anyone

Lesson 18

In this lesson you will learn about:

- The formation of the perfect of intransitive, indirect and stative verbs
- Reported speech

Dialogue 1

Bill tells John some surprising news from Georgia about what has been happening there to an old classmate of theirs

ჯონი: ამბობენ, ჩვენი ყოფილი თანაკლასელი წასულა საქართველოში ქართული ენის (შე)სასწავლადო. მე არ შევხვედრივარ მას უკვე კაი ხანი, მარა შენ სულ გქონდა მასთან მჭიდრო კონტაქტი. საქართველოდან ხომ არაფერი მოუწერია მას შენთვის?

ბილი: ერთხელ თვეში მწერს ხოლმე.

ჯონი: როგორ? ქუხილის გამო ვერ მოვისმინე, რაც მითხარი.

ბილი: ერთხელ თვეში მწერს-მეთქი.

ჯონი: მაშ როგორაა იგი? ხომ არ დაქორწინებულა?!

ბილი: რა გულთმისანი ყოფილხარ!

ჯონი: ვიცოდი, რო(მ) მოიხიბლებოდა საქვეყნოდ ცნობილი ქართველი მავთვალა და მავგვრემანი გოგოების მიერ!

ბილი: მისი წერილების მიხედვით ცოლად თურმე არ შეურთავს ქართველი.

ჯონი: ნუ მეტყვი, რო(მ) მას შეჰყვარებია რუსი!

ბილი: არც რუსია, ვინც მას გაჰყოლია ცოლად. თურმე არაფერი გცოდნია. მოგიყვები ყველაფერს, რაც მომხდარა საქართველოში. პირველად დაინტერესებულა ქართულით, როცა ვინმეს უჩვენებია მისთვის ერთი ქართული წიგნი და უცებ მოხიბლულა ლამაზი ქართული შრიფტით. დიდი ბრიტანეთის საბჭოს დახმარებით გაგზა-

ვნილა საქართველოში ათი თვით. სექტემბრის პირველ რიცხვებში მიუღწევია თბილისამდე, სადაც დაბინავებულა საერთო საცხოვრებელში, კარგად უგრძვნია თავი და მალე შესდგომია მუშაობას. იმის გამო, რო(მ) პირველი თვის განმავლობაში არ მოსვლია ფული, ვინმე ამერიკელს გაუწევია მისთვის მოხმარება. როცა ცხადი გამხდარა, რო(მ) ვერ ისწავლიდა ადიღეურ ენას, მის ნაცვლად დათანხმებულა ადიღეურის მონათესავე ენის, აფხაზურის, სწავლაზე. სექტემბრის ბოლოს გაცნობია იმავე საცხოვრებელში დაბინავებულ ორ აფხაზ მოლაპარაკეს – ორივე(ნი[1]) ყოფილან გოგოები! გაცნობის პირველი დღიდანვე ძალიან მოსწონებია ერთი მათგანი, რომელსაც ჰქვია გუნდა. იმ დროს საერთო ენა არ ჰქონიათ და ულაპარაკ(ნ)იათ ერთმანეთთან კიდევ ერთი ახალი ნაცნობის მეოხებით, რომელიც (ასე ვთქვათ) თარჯიმნად ჰყავდათ! ეს ნაცნობი ყოფილა ადიღეელი, რომელსაც სცოდნია ინგლისური, რუსული და ადიღეური.

ჯონი: უკაცრავად. მართლა რა საინტერესო ინფორმაცია გქონია ჩემთვის გადმოსაცემად! სამწუხაროდ, სადღაც მაქვს წასასვლელი, და ამიტომ ეხლა არ მცალია. ხვალ სადმე შევხვდეთ, რო(მ) შემეძლოს მოვისმინო ამ ამბის დაბოლოება. შენს ცოლს უთხარი, ჯონს უნდა ხვალ ერთად ვისადილოთ-თქო, და, თუ იგი დათანხმდა, ხვალ გნახავ ჩვეულებრივ ადგილზე. დამირეკე, რა! თუ ხვალ არ ვარგა, შევხვდეთ ან დღეის სწორს ან ხვალის სწორს!

ბილი: კეთილი!

[1] See Grammatical summary p. 362

Vocabulary

ყოფილი	*former, ex-*	თანაკლასელი	*classmate*
-ო	*saying*	მჭიდრო	*intimate, close*
კონტაქტი	*contact*	ერთხელ	*once*
-მეთქი	*I said*	ქორწინ-დ-ებ-ი (და-)	*you get married*
გულთმისანი	*mind reader*	ი-ხიბლ-ებ-ი (მო-)	*you are charmed*
საქვეყნოდ	*universally*	შავთვალა (-ა-)	*black-eyed*
შავგვრემაი	*dark-skinned*	გ-ცოდნ-ი-ა	*you apparently knew/know*
შრიფტი	*script*	დიდი ბრიტანეთი	*Great Britain*
სექტემბერი	*September*	ბინა-ვ-დ-ებ-ი (და-)	*you install yourself*

საერთო	*common*	საცხოვრებე̄ლი	*hostel*
უ-დგ-ებ-ი (შე-)	*you begin X* (dat.)	ადიღეური	*Circassian, Adyghe* (thing)
ნაცვლად (= მაგივრად)	*instead of* (+ gen.)	თანხმ-დ-ებ-ი (და-)	*you agree*
მონათესავე	*related*	მოლაპარაკე	*speaker*
ორივე	*both*	ნაცნობი	*acquaintance*
მეოხებით	*with the help of* (+ gen.)	თარჯიმა̲ნი	*interpreter*
ადიღეელი	*Circassian person*	სამწუხაროდ	*unfortunately*
დაბოლოება	*ending*	-თქო	*you should say*
არ ვარგ-ა (ი- -ებ) (cf. არ ვ-ვარგ-ი-ვარ/ვარგ-ი-ხარ)	*X is/will be no good* (cf. *I am/you are no good)*	დღეის სწორს	*a week today*
ხვალის სწორს	*a week tomorrow*		

Dialogue 2

Bill and John continue their conversation about their mutual friend's amorous adventures in Georgia

ჯონი: ბილ, გამარჯობა. დაჯექი და გუშინ რო(მ) დაიწყე, იმის მოყოლა დაამთავრე, რა!

ბილი: გაგიმარჯოს, ჯონ. სად დავამთავრეთ? ჰო, გამახსენდა. ჩვენი მეგობარი მშვენივრად მისჩვევია თბილისში ცხოვრებას, დაჰკავშირებია ბევრ ქართველ ენათმეცნიერს, და დამეგობრებია სხვა ქართველებსაც. მაგრამ რაც დრო გადიოდა, მით უფრო ხშირად სწვევია იმ აფხაზებს, რომლებსაც უჭმევიათ მისთვის გემრიელი საჭმელი.

ჯონი: სუკის წარმომადგენლები დაინტერესდნენ თუ არა მათი მეგობრობით?

ბილი: არ დაინტერესებულან, რადგან არაფერი სცოდნიათ მის შესახებ. აპრილში მიუვლენიათ (/მიუვლინებიათ) ჩვენი მეგობარი სოხუმში (აფხაზეთში), სადაც უმუშავ(ნ)ია აფხაზურზე. თბილისის დატოვებისას ძალიან მონატრებია გუნდა, და როცა ორი კვირის შემდეგ იგი ჩასულა სოხუმში ჩვენი მეგობრის სანახავად, მას უთოხვ(ნ)ია მისთვის ხელი – ამ დროს უკვე შესძლებიათ ქართულად ლაპარაკი ერთმანეთთან. გუნდას ჯერ უარი უთქვამს და გული დასწყდომია (/დასწყვეტია) ჩვენს მეგობარს, მაგრამ, როგორც მას სჩვევია, თბილისში დაბრუნების შემდეგ მას მოუკვარახჭინებია ყველაფერი, და გუნდა

დათანხმებულა. მაგრამ გუნდას მშობლებსა და ოჯახს არ ნდომებიათ ინგლისელი სიძე. ამიტომ ყველაფერი ისე მალულად მოგვარებულა, რო(მ) გუნდას ოჯახს ვერაფერი ვერ გაუგია. ოცდახუთ ივნისს დაქორწინებულან თბილისში მხოლოდ რამ(ო)დენიმე მეგობრის თანდასწრებით. მაინც კინაღამ ვერ გამართულა მათი ქორწინი, რადგან ჩვენი მეგობარი ძლიერ ავად გამხდარა, როცა ქ(ალაქ) გორში მოწამლულა – უჭამია გაფუჭებული არაყანი! ერთხელ გადადებულა მათი ქორწინი. ქორწინის შემდეგ ჩვენს მეგობარს ისე სუსტად კიდევ უგრძვნია თავი, რო(მ) ადრე დაწოლილა! დაქორწინების შემდეგ ჩვენს მეგობარს მისცემია თბილისში კიდევ ექვსიოდე კვირის გატარების ნებართვა, და ბოლოსდაბოლოს გუნდას ოჯახს გადაუხდია მათთვის ქორწილი სახლის ეზოში. ჩვენი მეგობარი უკვე გზაზეა შინისკენ. ალბათ გაისად აქ ჩამოიყვანს გუნდას საცხოვრებლად, როცა მას მოუვა საჭირო ვიზები. და ცოლის შეძენის გარდა იგი მშვენივრად დაუფლებია ქართულს!

ჯონი: რა საარაკო ამბავია! თუ არ ვცდები, შოთა რუსთ(ა)ველს სადმე უწერია "სად წაიყვან სადაურსო?" – რა მართალი ყოფილა! ვნახოთ, კიდევ რამდენი ქართველოლოგი ჩამოიყვანს ინგლისში კავკასიელ ცოლს! რა გზა გაუკაფავს ჩვენს მეგობარს!

ბილი: წინა კაცი უკანას ხიდიაო, ნათქვამია!

Vocabulary

უ-კავშირ-დ-ებ-ი (და-)	*you contact X*
უ-მეგობრ-დ-ებ-ი (და-)	*you become friends with X*
წარმომადგე-ნელი	*representative*
სოხუმი	*Sukhum*
გული ს-წყდ-ებ-ა (და-)	*X's heart sinks*
მალულად	*secretly*
თანდასწრებით	*accompanied by* (+ gen.)
ი-მართ-ებ-ა (გა-)	*X takes place*
ძლიერ	*very*
ენათმეცნიერი	*linguist*
სუკი (= სახელმწიფო უშიშროების კომიტეტი)	*KGB (= State Security Cttee.)*
მეგობრობა	*friendship*
უარი	*no* (noun)
ა-კვარახჭინ-ებ (მო-)	*you artfully arrange X*
გვარ-დ-ებ-ა (მო-)	*X is arranged*
კინაღამ	*almost* (of something bad)
ქორწინი	*wedding*
ი-წამლ-ებ-ი (მო-)	*you get poisoned* (from food)

გაფუჭებული	*gone bad*	არაჟანი	*soured cream*
ი-დ-ებ-ა (გადა-)	*X is postponed*	სუსტი	*weak*
-ოდე	*about*	ნება-რთ-ვ-ა (e.g. ნებას მ-რთ-ავ)	*permission* (e.g. *you give me* (dat.) *permission)*
უ-ხდ-ი (გადა-)	*you put on (ceremony) for X*	ქორწილი	*wedding feast*
გაისად	*next year*	საცხოვრებლად	*to live*
ვიზა	*visa*	შე-ძენ-ა	*acquiring*
საარაკო	*legendary*	სადაური	*from where* (adj.)
ქართველოლოგი	*Kartvelologist*	კავკასიელი	*Caucasian* (person)
გზას კაფ-ავ (გა-)	*you show the way/ set an example*	წინა (-ა-)	*the one in front*
უკანა (-ა-)	*the one behind*	ხიდი	*bridge*
ნა-თქვ-ამ-ი	*having been said*		

Grammar

The formation of the perfect of intransitive verbs

Intransitive verbs may be combined with just a single, nominative subject or with two arguments, viz. the nominative subject and the dative indirect object. In the various verb-forms belonging to Series I and II that were examined in earlier lessons the marking of the indirect object within the verb was achieved by employing the appropriate set of agreement affixes with or without a version vowel, but without any other changes to the essential structure of the verb. Now that we have reached Series III, however, there is a sharp distinction in the basic formation depending on whether the verb is mono-personal (i.e. has a subject only) or bi-personal (i.e. has a subject and indirect object).

Intransitive verbs with subject only

These all form their perfects by fusing their past participle (minus any adjective-agreement ending) with the present indicative of the copula, the 3rd person singular form of which is -ა, whilst the plural is in -ან. There is only one complication, and this is that, when the subject is 1st person (sing. or pl.), not only is this indicated by the form of the copula, which stands at the end of the compound, but the characteristic exponent of 1st personhood (ვ-) is also placed immediately before the verb-root (after any preverb(s) that may be present). As a reminder, refer again to

Lesson 17 for the formation of the past participle of the different types of verb.

If the past participle is passive in meaning, then the perfect will be the equivalent of *X apparently was/has been . . .ed*, whereas, if the past participle is active in meaning, the perfect will be translated as *X apparently (has) . . .ed*. To illustrate this opposition simultaneously with the pattern of conjugation, take the passive და-ჭერ-ილ-ი *caught, arrested* and the active მო-ს-ულ-ი *having come*, which respectively form the base for the perfects *I* (etc.) *apparently was/have been caught/arrested* and *I apparently came/have come*:

და-ვ-ჭერ-ილ-ვარ	მო-ვ-ს-ულ-ვარ
და-ჭერ-ილ-ხარ	მო-ს-ულ-ხარ
და-ჭერ-ილ-ა	მო-ს-ულ-ა
და-ვ-ჭერ-ილ-ვარ-თ	მო-ვ-ს-ულ-ვარ-თ
და-ჭერ-ილ-ხარ-თ	მო-ს-ულ-ხარ-თ
და-ჭერ-ილ-ან	მო-ს-ულ-ან

As long as one knows how to form a verb's past participle, one can straightforwardly produce the relevant intransitive perfect according to this model. The same pattern also applies to those verbs whose past participle is formed by the circumfix მ- -არ/ალ, as may be seen by taking the participles და-მ-ხრჩვ-ალ-ი *having been drowned/suffocated*, და-მ-თვრ-ალ-ი *having got drunk*, and გა-მ-ხდ-არ-ი *having become; having grown thin*, which produce the following three perfects:

და-ვ-მ-ხრჩვ-ალ-ვარ	და-ვ-მ-თვრ-ალ-ვარ	გა-ვ-მ-ხდ-არ-ვარ
და-მ-ხრჩვ-ალ-ხარ	და-მ-თვრ-ალ-ხარ	გა-მ-ხდ-არ-ხარ
და-მ-ხრჩვ-ალ-ა	და-მ-თვრ-ალ-ა	გა-მ-ხდ-არ-ა
და-ვ-მ-ხრჩვ-ალ-ვარ-თ	და-ვ-მ-თვრ-ალ-ვარ-თ	გა-ვ-მ-ხდ-არ-ვარ-თ
და-მ-ხრჩვ-ალ-ხარ-თ	და-მ-თვრ-ალ-ხარ-თ	გა-მ-ხდ-არ-ხარ-თ
და-მ-ხრჩვ-ალ-ან	და-მ-თვრ-ალ-ან	გა-მ-ხდ-არ-ან

Note also the three pairs: ვ-მ-დგ-არ-ვარ *I apparently stood*, ა-ვ-მ-დგ-არ-ვარ *I apparently stood up*; ვ-მ-ჯდ-არ-ვარ *I apparently was seated* (pl. = ვ-მ-სხდ-არ-ვარ-თ), და-ვ-მ-ჯდ-არ-ვარ *I apparently sat down* (pl. = და-ვ-მ-სხდ-არ-ვარ-თ); ვ-წოლ-ილ-ვარ *I apparently was lying*, და-ვ-წოლ-ილ-ვარ *I apparently lay down*.

Intransitive verbs with indirect object

This construction is more complicated. This time the base is provided not by the past participle but by the masdar, **regardless of which of the three intransitive formations the verb in question selects in Series I and II**. Replace the masdar's final -ა with -ი, to which the same endings from the copula illustrated above are added to agree with the nominative subject. Again the 1st person marker ვ- stands immediately before the root (after any preverb(s) that may be present). The object-agreement affixes then combine with these indicators of subject according to the basic patterns discussed in Lesson 6. To illustrate let us take the masdar of *give* (with 3rd person indirect object) = მი-ც-ემ-ა, which, if we keep the 3rd person indirect object constant, will give us the following perfect conjugation:

მი-ვ-ც-ემ-ი-ვარ	*I apparently was/have been given to X* (sing./pl.)
მი-ს-ც-ემ-ი-ხარ	*you apparently were/have been given to X* (sing./pl.)
მი-ს-ც-ემ-ი-ა	*X apparently was/has been given to Y*
მი-ვ-ც-ემ-ი-ვარ-თ	*we apparently were/have been given to X* (sing./pl.)
მი-ს-ც-ემ-ი-ხარ-თ	*you* (pl.) *apparently were/have been given to X* (sing./pl.)
მი-ს-ც-ემ-ი-ან	*they apparently were/have been given to X* (sing./pl.)

Let us now observe the effect of altering the person (and number) of the indirect object, remembering that for this verb the preverb მი- yields to მო- when the indirect object is either 1st or 2nd person:

მო-გ-ც-ემ-ი-ვარ	*I apparently was/have been given to you*
მო-გ-ც-ემ-ი-ვარ-თ	*(a) I apparently was/have been given to you* (pl.), *(b) we apparently were/have been given to you* (sing./pl.)
მო-მ-ც-ემ-ი-ხარ-თ	*you* (pl.) *apparently were/have been given to me*
მო-გვ-ც-ემ-ი-ხარ-თ	*you* (pl.) *apparently were/have been given to us*
მი-ს-ც-ემ-ი-ა-თ	*X apparently was/has been given to them*
მო-გ-ც-ემ-ი-ან	*they apparently were/have been given to you* (sing./pl.)

When the indirect object is 3rd person plural and the subject 3rd person singular, the pluralising suffix -თ is, in fact, optional. This model is rigidly followed, and so only a few examples will be offered, though each type of verb will be covered. The masdar is presented first, and after each example the equivalent aorist indicative is placed in brackets:

Root verbs

მი-წერ-ა/მო-წერ-ა *write to* → წერილი ქალებს გუშინ მი-ს-წერ-ი-ა(-თ) *A letter was apparently written to the women yesterday* (მი-ე-წერ-ა(-თ)); წერილი გუშინ მო-გვ-წერ-ი-ა *A letter was apparently written to us yesterday* (მო-გვ-ე-წერ-ა)

და-ტეხ-ა/და-ტყდ-ომ-ა *burst/come crashing down upon* → რა უბედურება ჩვენს ოჯახს და-ს-ტეხ-ი-ა/და-ს-ტყდ-ომ-ი-ა თავს/თავზე! *What misfortune has apparently come crashing down upon* (= about the head (თავს/თავზე) of) *our family!* (და-ა-ტყდ-ა)

(Note that either of the two masdars can be selected as base in Series III for this bi-personal intransitive)

და-ბნ(-)ევ-ა *scatter/confuse* → მგზავრებს გზა და-ბნ(-)ევ-ი-ა(-თ) *The travellers* (მგზავრი) *apparently (have) lost their way* (და-ე-ბნ-ა(-თ))

და-რჩ(-)ენ-ა *remain to* → იმ ერს გვარის გამგრძელებელი არ და-რჩ(-)ენ-ი-ა *That people was apparently left with no one to carry on/continue* (გამგრძელებელი) *the race* (გვარი) (და-(უ)-რჩ-ა)

Verbs in -eb

და-ბად-ებ-ა *give birth to* → შენს ცოლს ლამაზი ბიჭი გუშინ და-ბად-ებ-ი-ა *A handsome lad was apparently born to your wife yesterday* (და-ე-ბად-ა)

გა-წითლ-ებ-ა *redden* → უცხოელებს უცბად გა-ს-წითლ-ებ-ი-ა(-თ) ლოყები *The foreigners' cheeks* (ლოყა) *suddenly* (უცბად) *turned red apparently* (გა-უ-წითლ-დ-ა(-თ))

და-სწრ-ებ-ა *(make) attend* → კონფერენციას არ და-ვ-სწრ-ებ-ი-ვარ-თ *We did not attend the conference* (და-ვ-ე-სწარ-ი-თ)

Verbs in -av

და-მალ-ვ-ა *hide* → ბავშვები დედებს და-მალ-ვ-ი-ან *The children apparently hid/have hidden from their mothers* (და-ე-მალ-ნენ)

მი-კვრ-ა *attach firmly to* → შეშინებული მაია მშობლებს მი-ჰ-კვრ-ი-ა(-თ) *Maia apparently attached herself like glue to her parents in alarm* (შეშინებული) (მი-ე-კრ-ა(-თ))

Verbs in -i

გა(მო)-გზავნ-ა *send* (here) → ჩეკი ჯერ არ გამო-გ-გზავნ-ი-ა-თ? *Hasn't the cheque been sent to you* (pl.) *yet?* (გამო-გ-ე-გზავნ-ა-თ)

გა-ხდ-ომ-ა *become* → სტუმარი გზაზე გა-გ-ხდ-ომ-ი-ა ავად *Your guest apparently became ill on the way* (გა-გ-ი-ხდ-ა)

Verbs in -ob

და-თრ-ობ-ა *make/get drunk* → ქმარი ძალიან და-ს-თრ-ობ-ი-ა ელისოს წუხელ *Eliso's husband apparently got very drunk last night* (და-უ-თვრ-ა)

მო-სპ-ობ-ა *ruin* → მხიარულება მთლად მო-მ-სპ-ობ-ი-ა *My joy* (მხიარულება) *has apparently been thoroughly* (მთლად) *ruined* (მო-მ-ე-სპ-ო)

Verbs in -am

ხაზის გა-ს-მ-ა *stress* → სწორედ ამ ფაქტს გა-ს-მ-ი-ა ხაზი *It was apparently precisely* (სწორედ) *this fact which was stressed* (გა-ე-სვ-ა)

This section closes with a few examples that do not fit into the above list:

გა-ყ-ოფ-ა *divide* → ნაანდერძევი ქონება შუაზე გა-ჰ-ყ-ოფ-ი-ა(-თ) ორ ქალიშვილს *The property* (ქონება) *left in the will* (ნაანდერძევი) *was apparently divided down the middle* (შუაზე) *between the two daughters* (გა-ე-ყ-ო(-თ))

ცოლად გა(მო)-ყ-ოლ-ა *follow as wife/marry* (of woman) → ბრიყვს გა-ჰ-ყ-ოლ-ი-ხარ ცოლად *You have apparently married an idiot* (ბრიყვი) (გა-ჰ-ყევ-ი)

შე-ხვედრ-ა/შე-ხვდ-ომ-ა *meet* → ურჩხულს არასოდეს (არ) შე-ვ-ხვედრ-ი-ვარ/შე-ვ-ხვდ-ომ-ი-ვარ *I have never met a dragon* (ურჩხული) (შე-ვ-ხვდ-ი)

მო-კვდ-ომ-ა *die* → ბებია ჯერ არ მო-გვ-კვდ-ომ-ი-ა *Our grandmother has not yet died* (მო-გვ-ი-კვდ-ა)

მი-ჯდ-ომ-ა *sit at* → უცხოელი მაგიდას ადრე მი-ს-ჯდ-ომ-ი-ა *The foreigner apparently sat down at the table early* (მი-უ-ჯდ-ა)

მო-სვლ-ა *come* → ბევრი ფული მო-გ-სვლ-ი-ა *A lot of money has apparently come to you* (Note the following equivalents: present = მო-გ-დი-ს, imperfect = მო-გ-დი-ოდ-ა, present subjunctive = მო-გ-დი-ოდ-ე-ს, future = მო-გ-ი-ვა, conditional = მო-გ-ი-ვიდ-ოდ-ა, future subjunctive = მო-გ-ი-ვიდ-ოდ-ე-ს, aorist = მო-გ-ი-ვიდ-ა, aorist subjunctive = მო-გ-ი-ვიდ-ე-ს)

და-ჰპირ-ებ-ა *promise* → პრეზიდენტი თავის შვილს და-ჰ-ჰპირ-ებ-ი-ა მაღალ თანამდებობას *The president apparently promised his own son a high post* (და-ჰ-ჰპირ-დ-ა)

The verb *realise,* behaves the same way as *promise* when it is combined with two dative objects (e.g. (შენ) ვერ მი-გ-ხვდ-ომ-ი-ვარ/მი-გ-ხვედრ-ი-ვარ გულის წადილს *I apparently was unable to grasp your heart's desire* (მი-გ-ი-ხვდ-ი)). However, when there is only a single dative object, the IIIrd Series forms are based on the past participle (e.g. ვერ მი-ვ-მ-ხვდ-არ-ვარ უფროსის ნათქვამის სრულ მნიშვნელობას *Apparently I couldn't grasp the full* (სრული) *meaning* (მნიშვნელობა) *of the boss's words* (ნათქვამი) (მი-ვ-ხვდ-ი)).

The perfect of ცდ(-)ილ-ობ/(შე)ე-ცდ-ებ-ი *you (will) try* is (შე-)ცდ(-)ილ-ხარ (e.g. არ ცდ(-)ილ-ხარ ხეზე შეჯდომას *You didn't try/haven't tried to sit on a tree*, where, however, we note the object is in the dative).

There are a few intransitive verbs which imply the presence of an indirect object in Series I and II, even though no such indirect object is actually present. Such verbs in Series III behave like normal mono-personal intransitives with subject only, e.g.:

> ქალი მი-ე-გდ-ებ-ა/მი-ე-გდ-ო ლოგინზე
> *The woman will flop/flopped down on the bed* compared with:

> ქალი მი-გდ-ებ-ულ-ა ლოგინზე
> *The woman apparently flopped down on the bed*

Some verbs of this type may be used mono- or bi-personally. In Series III their shape will be determined accordingly, e.g.:

> ინდაურს მო-ე-შვ-ებ-ა/მო-ე-შვ-ა/მო-შვ-ებ-ი-ა ფეხებზე თასმა
> *The twine* (თასმა) *bound to* (შებმული) *its feet will become/became/apparently became slack on the turkey* (ინდაური) compared with:

> სიმი მო-ე-შვ-ებ-ა/მო-ე-შვ-ა/მო-შვ-ებ-ულ-ა
> *The instrument string* (სიმი) *will become/became/apparently became slack*

Medials with bivalent intransitive forms in Series I and II tend to use their transitive forms in the perfect (and indeed throughout Series III) in association with a suitable postposition governing what was their indirect object (e.g. (მე შენ) გ-ე-ლაპარაკ-ებ-ი/გ-ე-თამაშ-ებ-ი *I speak to/play with you* → (მე) შენთან მ-ი-ლაპარაკ-(ნ-)ი-ა/მ-ი-თამაშ-(ნ-)ი-ა *I have spoken to/played with you apparently*). However, should a preverb be used with such intransitives, the perfect (along with the other IIIrd Series forms) is produced normally (e.g. (მე შენ) დაგელაპარაკები *I'll have a talk with you* → perfect (მე შენ) დაგლაპარაკებივარ; პეპელა სანთელს გაეთამაშება → გასთამაშებია *the butterfly will begin → apparently began to play around the candle*. With the latter formation in ე- compare the suffixal intransitive form seen in ელისოს ნაღვლიანი ღიმილი გაუთამაშდა → გასთამაშებია სახეზე *a smile of hurt played → apparently played across the face of Eliso* (dat.), for which intransitive form there is even a transitive equivalent seen in ელისოს კმაყოფილების ღიმილმა გაუთამაშა სახეზე *a smile of satisfaction played across the face of Eliso* (dat.), though in this case the perfect is transformed in the usual way for transitive verbs, viz. ელისოსთვის კმაყოფილების ღიმილს გაუთამაშ(ნ)ია/გაუთამაშებია სახეზე).

The formation of the perfect of indirect verbs

Indirect verbs form their perfects in **exactly** the same way as intransitive verbs with subject and indirect object. The only difference is that, since the dative nominal is here the subject and the nominative nominal the direct object, when the dative nominal is 3rd person plural and the nominative nominal is 3rd person (sing. or pl.), the verbal element -თ that marks the plurality of the dative nominal is **always** used. In contrast, the plurality of a 3rd person nominative nominal is **never** indicated. The only difficulty is knowing the correct form of the masdar from which the perfect (and Series III as a whole) is produced for indirect verbs. Study these examples:

შე-ყვარ-ებ-ა *fall in love* (სი-ყვარ-ულ-ი *love*):

ქალს ვ-უ-ყვარ-ვარ/ვ-ე-ყვარ-ებ-ი/ვ-უ-ყვარ-დ-ი/ვ-ყვარ-ებ-ი-ვარ *The woman loves/will love/loved/apparently loved me*

შე-გ-ი-ყვარ-დ-ებ-ი/შე-გ-ი-ყვარ-დ-ი/შე-გ-ყვარ-ებ-ი-ვარ *You will fall/fell/apparently fell in love with me*

ყ-ოლ-ა *have* (something animate):

მეფეს მონად ვ-ყავ-ვარ/ვ-ე-ყ-ოლ-ებ-ი/ვ-ყავ-დ-ი/ვ-ყ-ოლ-ი-ვარ *The king has/will have/had/apparently had me as a slave* (მონა)

ქონ-ა *have* (something inanimate):

მეზობლებს დიდი სახლი ა-ქვ-თ/ე-ქნ-ებ-ა-თ/ჰ-ქონ-დ-ა-თ/ჰ-ქონ-ი-ა-თ *The neighbours have/will have/had/apparently had a big house*

(მო-)სმ(-)ენ-ა *hear:*

ქალაქელს პირველად ე-სმ-ი-ს/მო-ე-სმ-ებ-ა/მო-ე-სმ-ა/მო-სმ(-)ენ-ი-ა ბულბულის გალობა *The city-dweller* (ქალაქელი) *hears/will hear/heard/apparently heard the singing* (გალობა) *of the nightingale* (ბულბული) *for the first time*

ნდ(-)ომ-ა *want* (მო-ნდ(-)ომ-ებ-ა *conceive a wish*):

ახალი კოსტიუმი გ-ი-ნდ-ა/გ-ე-ნდ(-)ომ-ებ-ა/გ-ი-ნდ-ოდ-ა/გ-ნდ(-)ომ-ებ-ი-ა *You want/will want/wanted/apparently wanted a new suit* (კოსტიუმი)

მო-წონ-ებ-ა like:

ინგლისელებს ღომი არ მო-ს-წონ-თ/მო-ე-წონ-ებ-ა-თ/მო-ე-წონ-ა-თ/მო-ს-წონ-ებ-ი-ა-თ *Englishmen do/will/did/apparently did not like grits* (ღომი)

შე-ძულ-ებ-ა *conceive hatred for* (სი-ძულ-ვ-ილ-ი *hatred*):

გ-ძულ-ვარ/გ-ე-ძულ-ებ-ი/გ-ძულ-დ-ი/გ-ძულ-ებ-ი-ვარ *You hate/will hate/hated/apparently hated me*

შე-გ-ძულ-დ-ებ-ი/შე-გ-ძულ-დ-ი/შე-გ-ძულ-ებ-ი-ვარ *You will come/did come/apparently came to hate me*

The verb ა-ხს(-)ოვ-ს *X remembers Y* does not exist in either the IInd or IIIrd Series, though there are near equivalents for both *X stays in Y's memory* and *X comes into Y's mind*:

> ის ღამე სტუდენტებს და-ა-ხს(-)ოვ-დ-ა-თ(= და-ა-ხს(-)ომ-დ-ა-თ = და-ა-მახსოვრ-დ-ა-თ)/და-(ჰ-)ხს(-)ომ-ებ-ი-ა-თ(= და-მახსოვრ-ებ-ი-ა-თ)
> *That night stayed/apparently stayed in the students' memory*
>
> ის ღამე სტუდენტებს გა-ა-ხს(-)ენ-დ-ა-თ/გა-(ჰ-)ხს(-)ენ-ებ-ი-ა-თ
> *That night came/apparently came into the students' minds*

Some other formations for indirect verbs are:

ს-ტკივ-ა *X has pain in Y* → ს-ტკ(-)ენ-ი-ა
ა-ს-ტკივ-დ-ებ-ა *X will get a pain in Y* → ა-ს-ტკივ-ებ-ი-ა
შე-ს-ცივ-დ-ებ-ა *X will start to feel cold* → შე-ს-ცივ-ებ-ი-ა
მო-შივ-დ-ებ-ა *X will get hungry* → მო-შივ-ებ-ი-ა
მო-ს-წყურ-დ-ებ-ა *X will get thirsty* → მო-ს-წყურ-ებ-ი-ა
ს-ჭირ-დ-ებ-ა *X needs Y* → და-ს-ჭირ(-)ვ-ებ-ი-ა
ს-ძინ-ავ-ს *X is asleep* → ს-ძინ-ებ-ი-ა
ჰ-ღვიძ-ავ-ს *X is awake* → ჰ-ღვიძ-ებ-ი-ა
შე-უ-ძლ-ი-ა *X is possible for Y* → შე-ს-ძლ-ებ-ი-ა
ა-კლ-ი-ა *X lacks Y* → ჰ-კლ-ებ-ი-ა
ა-ვიწყ-დ-ებ-ა *X forgets Y* → და-ვიწყ-ებ-ი-ა
შე-ე-შინ-დ-ებ-ა *X will feel fear* → შე-შინ-ებ-ი-ა
და-ს-ცხ-ებ-ა *X will feel hot* → და-ს-ცხ-ომ-ი-ა
მო-ე-ნატრ-ებ-ა *X will come to miss Y* → მო-ნატრ-ებ-ი-ა
შე-მ-რცხვ-ებ-ა *I will feel ashamed* → შე-მ-რცხვ(-)ენ-ი-ა
შე-ე-ცოდ-ებ-ა *X will come to pity Y* → შე-ს-ცოდ-ებ-ი-ა
უ-კვირ-ს *X is surprised at Y* → future გა-უ-კვირ-დ-ებ-ა → perfect გა-ჰ-კვირ(-ვ)-ებ-ი-ა

The verb for *to know* belongs here in respect of its Series III formation. In the present sub-series it is odd insofar as its subject stands in the ergative, whilst its object is nominative. In the future sub-series we saw that it behaves like an indirect verb with dative subject and nominative object. The verb does not exist in Series II. Its perfect (and in general Series III) formation continues the pattern of the future sub-series and is based on the masdar ცოდნ-ა *knowing, knowledge* to produce the declension:

მ-ცოდნ-ი-ა	*I apparently knew*	გვ-ცოდნ-ი-ა	*we . . .*
გ-ცოდნ-ი-ა	*you . . .*	გ-ცოდნ-ი-ა-თ	*you* (pl.) . . .
ს-ცოდნ-ი-ა	*X . . .*	ს-ცოდნ-ი-ა-თ	*they . . .*

The structure of the perfect for stative verbs

We saw in Lesson 13 that a peculiarity of the small class of stative verbs is that, whether or not an indirect object is combined with them, their structure (especially in the future sub-series and in Series II) implies the presence of one. As far as the perfect (and Series III as a whole) is concerned, their shape is determined by whether such an indirect object is actually present or not. If they have subject only, they behave like simple intransitive verbs and use the past participle combined with the copula. Such perfects **never** incorporate a preverb but otherwise usually resemble the intransitive perfect for the verb-root concerned. Some verbs, however, add the thematic suffix -ებ- and build the past participle accordingly (i.e. by using the participial ending -ულ-). For example, (და-)ა-წყ-ობ *you (will) put/arrange* (plural) *X in some order* has the intransitive perfect და-წყ-ობ-ილ-ა *they have been arranged in order apparently*, and the stative ა-წყვ-ი-ა *they are arranged* has the perfect წყ-ობ-ილ-ა. On the other hand, (და-)თეს-ავ *you (will) sow X* has the intransitive perfect და-თეს-ილ-ა *X has apparently been sown,* whereas the stative form ს-თეს-ი-ა *X is sown* has the perfect თეს-ებ-ულ-ა.

If the construction involves an indirect object, then the relevant perfect is built on the masdar in the same way as the root in question will form the perfect for its intransitive plus indirect object, minus (of course) the preverb. Again, though, a number of roots add the thematic suffix -ებ-. For example, ქალს და-ე-წყ-ობ-ა წიგნები *The books will be put in order for the woman* has the perfect ქალს და-ს-წყ-ობ-ი-ა წიგნები, and the stative ქალს უ-წყვ-ი-ა წიგნები; *The woman has her books arranged in order* has the perfect ქალს ს-წყ-ობ-ი-ა წიგნები. In comparison, ავტორს და-ე-ხატ-ებ-ა სურათი *The author's picture will be painted* has the perfect ავტორს და-(ჰ-)ხატ-ვ-ი-ა სურათი, whereas the stative წიგნის ყდას ავტორის სურათი ა-ხატ-ი-ა *The author's picture is painted on the cover* (ყდა) *of the book* has the perfect წიგნის ყდას ავტორის სურათი (ჰ-)ხატ-ებ-ი-ა.

The perfects for all the other statives listed in Lesson 13 that possess Series III forms are listed below. (M) = mono-personal form, (B) = bi-personal form:

be suspended → (M) კიდ-ებ-ულ-ა, (B) ჰ-კიდ-ებ-ი-ა
be tied up → (M) ბ-მ-ულ-ა, (B) ბ-მ-ი-ა
think something → (B) ჰ-გონ-ებ-ი-ა
be sorted out → (M) ლაგ-ებ-ულ-ა, (B) ლაგ-ებ-ი-ა
be lit → (M) ნთ-ებ-ულ-ა, (B) ნთ-ებ-ი-ა
hold something → (B) ჰყრ-ობ-ი-ა
hold something → (B) ს-ჭერ-ი-ა
hold something → (B) ჰ-კავ-ებ-ი-ა

be involved → (M) რ(-)ე-ულ-ა, (B) რ(-)ევ-ი-ა
be called something → (B) რქმ(-)ევ-ი-ა
wear something → (B) ს-ც-მ-ი-ა
be written → (M) წერ-ებ-ულ-ა, (B) ს-წერ-ებ-ი-ა
wear headgear → (B) (ჰ-)ხურ-ებ-ი-ა

Reported speech

One can report words or thoughts in Georgian in the same way as English, i.e. by altering the tense of the verb and other features of the original to fit the requirements of the sentence into which it is being fitted. Such 'indirect speech' is introduced by რო(მ), e.g.:

დედა-შენს უთხარი, რო(მ) სამ საათზე შე-ხვდ-ებ-ი მას
Tell your mother that you will meet her at 3 o'clock

ქალს ვუთხარი, რო(მ) და-ვ-ე-ხმარ-ებ-ოდ-ი
I told the woman that I would help her (Georgian uses the conditional)

ხომ ვთქვით, რო(მ) გვ-ცხელ-ოდ-ა?
We said, didn't we, that we were hot? (Georgian has the imperfect)

ხომ გვითხარი, რო(მ) ქურდი მო-კალ-ი/მო-გ-ე-კლ-ა?
You told us, didn't you, that you had killed the thief? (Georgian uses either the aorist or pluperfect)

ფიქრობდნენ, რო(მ) ნაყინი გემრიელი ი-ქნ-ებ-ოდ-ა
They were thinking that the ice-cream would be tasty (Georgian has the conditional)

However, the preferred way of reporting speech in Georgian, especially in the spoken language, is to repeat the actual words or thoughts of the original in association with one of three specific speech particles, a sort of verbal equivalent to the quotation-marks of writing.

Speech particles

The three particles are -თქო (more rarely -თქვა), -მეთქი, and -ო. The first two tend to be used only once per sentence and attach to the final word of it (usually the verb); when written, they are preceded by a hyphen. The third particle tends to be suffixed to each major constituent of the sentence and, when written, is not accompanied by a hyphen. No რო(მ) is used in these cases. NB: these three particles when attached do not affect the position of the stress on the word.

Strictly speaking the particle -თქო is used only when the person being spoken to is being told what words he is to repeat to some third party.

The first example given above fits this definition and so would colloquially be expressed as:

> დედა-შენს უთხარი, სამ საათზე შე-გ-ხვდ-ებ-ი-თქო
> *Tell your mother that you will meet her at 3 o'clock* (lit.: *I shall meet you, saying*)

The second particle is only used when a 1st person singular subject is repeating his or her own words or thoughts. However, -თქო is also possible in such contexts (especially in the speech of speakers from western Georgia). And so a more colloquial way of expressing the second example above would be:

> ქალს ვუთხარი, და-გ-ე-ხმარ-ებ-ი-მეთქი/-თქო
> *I told the woman that I would help her* (lit. *I shall help you, saying*)

In all other cases it is the third particle that is used; it is normally present when proverbs are quoted. When the introductory verb has a 1st person plural subject, however, -თქო may again be used (especially in western Georgia) in place of -ო. The remaining three examples given above would thus, colloquially, become:

> ხომ ვთქვით, გვ-ცხელ-ა-ო/-თქო?
> *We said, didn't we, that we were hot* (lit. *we are hot, saying*)

> ხომ გვითხარი, ქურდი მო-ვ-კალ-ი-ო?
> *You told us, didn't you, that you had killed the thief?* (lit. *I killed him, saying*)

> ფიქრობდნენ, ნაყინი გემრიელი ი-ქნ-ებ-ა-ო
> *They were thinking that the ice-cream would be tasty* (lit. *it will be, saying/thinking*)

Direct quotation is widely used in Georgian, and readers will find it very useful as a means of avoiding more complicated syntactic constructions! For example, expressions of fearing are easily handled this way – simply imagine a suitable form for the fear as originally conceived and/or verbalised, and use that in association with the appropriate particle:

> ძალიან გვეშინოდა, ომი მალე არ და-ი-წყ-ო-ს-ო/-თქო!
> *We were very afraid that war would soon begin* (lit. *let not a war begin, saying*)

> ძალიან გვეშინოდა, ვაი-თუ ომი მალე და-ი-წყ-ებ-ა-ო/-თქო
> *We were very afraid that war would soon begin* (lit. *woe if* (ვაი-თუ) *a war will soon begin, saying*)

> ჩემზე გეშინია, იქნებ/ეგებ სახლი დროზე არ ა-გვ-ი-შენ-ო-ს-ო!?

Are you afraid that I won't build the house on time for you?, (lit. *Are you afraid concerning me, 'Maybe* (იქნებ/ეგებ) *he won't build for us the house on time!' saying?)* or:

ჩემზე გეშინია, ვაი-თუ სახლს დროზე არ ა-გვ-ი-შენ-ებ-ს-ო!?
Are you afraid concerning me, 'Woe if he will not build for us the house on time!' saying?

Direct quotation is also found sometimes where one might have expected a clause indicating an intention (cf. Lesson 14 and Lesson 16), e.g.:

მგზავრები ბალახზე დაწვნენ, აქ და-ვ-ი-სვენ-ო-თ-ო და მერე მგზავრობა გა-ვ-ა-გრძელ-ო-თ-ო
The travellers lay down on the grass in order to rest there before continuing their journey (lit. *let us rest here and then let us continue our journey, saying!*)

Compare the following three examples with variants presented on p. 261 of Lesson 16:

ვინ სთხოვა ჯარისკაცებს, იარაღები და-ყარ-ე-თ-ო!?
Who asked the soldiers to cast down their weapons? (lit. *cast down your weapons, saying!*)

მამამ გვირჩია, ეს ყანა დღეს არ და-თეს-ო-თ-ო/ამ ყანას დღეს ნუ და-თეს-ავ-თ-ო!
Father advised us not to sow this field today (lit. *do not sow it! saying*)

გიბრძანებ, ვერცხლი აღარ მო-ჰ-პარ-ო მღვდელს-მეთქი/-თქო (/ვერცხლს ნუღარ მო-ჰ-პარ-ავ მღვდელს-მეთქი/-თქო), როგორც გუშინ გიბრძანე, არ მო-ჰ-პარ-ო ოქრო მესაათეს-მეთქი/-თქო (/ნუ მო-ჰ-პარ-ავ ოქროს მესაათეს-მეთქი/-თქო)
I command you not to steal silver any more from the priest, as yesterday I commanded you not to steal gold from the watch-maker

And finally note the following:

ბიჭმა მაგიდაზე დატოვებული ფული მალულად ჩაიდო ჯიბეში, არავინ არ და-მ-ი-ნახ-ო-ს-ო!
The lad secretly put into his pocket the money left on the table in the hope that no one would notice him (lit. *may no one notice me, saying!*)

where the listener has to deduce the precise relationship between the main clause and the direct quotation, as the syntax does not make this clear in the Georgian.

Dialogue 3

A foreign student of Georgian, Sam, tells another, Ted, of an amusing incident during their latest lecture, which Ted missed

სამი: რატომ არ დასწრებიხარ დღევანდელ ლექციას?

თედი: თურმე ჩამძინებია, თორემ აუცილებლად დავესწრებოდი. ლექტორმა რა თქვა? მარა ერთი წუთით ნუ დამიწყებ მოყოლას – წყალს დავდგამ ყავისთვის.

[თედი გადის და კიდევ შემოდის ცოტა ხნის შემდეგ]

სამი: ლექტორს რატომღაც თურმე გადაუწყვეტია, რო(მ) დღეს ილაპარაკებდა ბავშვების გადამდებ ავადმყოფობებზე და განაცხადა: დღესო "ბატონებზე" ვიმსჯელებო. ჩვენ-თანო ყველაზე გავრცელებულები გახლავთო წითელა, ჩუტყვავილა, ყივანახველა, ყვავილი და ქუნთრუშაო; სხვათა შორისო, ხომ იცით, რო(მ) სტალინს დასტყობია ნაყვავილარიო? ერთი ამათგანიო თუ ვინმე სჭირსო, სხვებს ეშინიათ – ჩვენც არ გადმოგვედოსო! ამ მომენტში ის ხუმარა (/ენამოსწრებული) ფრანგი გოგო ფეხზე ახტა და ლექტორს წაეხუმრა, როგორც თურმე მას ერთხელ წახუმრებია მას შემდეგ, რაც ჩვენ ამ კლასს შევუერთდით, ოღონდ იმ დღეს შენ და მე სხვაგან ვყოფილვართ: ბოდიშიო, ვიცნობო ბატონ შალვას, ბატონ ზაზას და ასე შემდეგო; გამიგო-ნიაო ის ბატონები, რომლებსაც ყმები ჰყოლიათო ბატონ-ყმობისასო, მაგრამო არასოდეს არ გამიგონიაო ბატონი წითელა, ბატონი ჩუტყვავილა და სხვებიო. რა სიცილი ატყდა დარბაზში! მაგრამ ლექტორი ხუმრობის ხასი-ათზე არ ყოფილა და იმ ფრანგს სერიოზულად უპასუხა: შენო რო(მ) თავში გქონია სიტყვა "ბატონიო", ის იხმარებაო ძირითადად მხოლოობითშიო და აქვსო ის მნიშვნელობებიო, რომლებიც შენ გცოდნიაო. მაგრამო როცა ბავშვების ავადმყოფობებია ნაგულისხმევიო, სიტყვა "ბატონები" იხმარება მხოლოდ მრავლობითშიო. აღარ შეგეშალოსო! მერე საოცარი რამ მოხდა – მიატოვა ლაპარაკი ე.წ. ბატონებზე და მოგვმართა ასე: თუმცაო არ შეგვიძლია ის მივაკუთვნოთ ბატონებსო, დღეს ყველაზე შემაზრზენი გადამდები ავადმყოფობა შიდსი გახლავთო. საქართველოში ბევრი არ ვიცით ამის შესახებო, მაგრამო თქვენ დასავლ(ეთ)ელები ბრძან-დებითო და ალბათ უფრო კარგად იქნებით ინფორმირე-ბულიო. ხომ სწორიაო, რო(მ) ეს საშიშია მხოლოდ მამათმავლებისთვისო და რო(მ) თქვენო სხვებს უკვე აუცერით იგიო? ჩვენ ვუხსნიდით, ეს აზრი ძლიერ

მცდარიაო, არავის ჯერ არა აქვს შიდსის გამძლეობაო და ძნელი იქნება მისი აცრის შემოღებაო, როცა იმ ფრანგმა კიდევ ერთი კითხვა დასვა: ასეთი დისკრიმინაციაო რატომ არი(ს) გ ა ნ ხ ო რ ც ი ე ლ ე ბ უ ლ ი (/ხორცშესხმული) ქართულ ენაშიო? განა არ არსებობსო სიტყვა იმ ქალების გამოსახატავადო, რომლებსაც დედაკაცები მამაკაცებს ურჩევნიათო? განცვიფრებულმა ლექტორმა უპასუხა: შესაბამისი სიტყვაო არა გვაქვსო (და ალბათ არც გვჭირდებაო). მაშო, დასძინა ფრანგმა, რომელიც არ მოშვებია საწყალ ლექტორს, მოდი შევუქმნათო ქართულს ახალი სიტყვაო და ამით მას გავუმდიდროთო სიტყვების მარაგიო! ქართველებსო ვაჩუქოთო სიტყვა "დედათმავალიო". თ უ მ ც ა ლექტორს გული კინაღამ წაუვიდა, მაინც თვითონ წაიხუმრა: სპეციალურად დამზადებულ შრატსო თუ უკვე გვიმხაპუნებენო გადამდები ავადმყოფობების თავიდან ასაცილებლადო, ექიმებს რატომ არ შეუძლიათ რაიმე შემიშხაპუნონო ხუმარა ფრონგი გოგოების თავიდან ასაცილებლადო?! იმ ფრანგს ეს ყველაფერი კი ფეხებზე ჰკიდებია!

თედი: ვაიმე, რა არი(ს) ეგ მუწუკები, რომლებიც გამოგაყარა სახეზე?

სამი: სადა, სადა? სარკე მომე(ცი)! არავითარი გამონაყარი არ არი(ს), შე ოხერო, შენა!

Vocabulary

ლექცია	*lecture*	ლექტორი	*lecturer*
დგ-ამ (და-)	*you put X on/ place X standing*	გადა-მ-დ-ებ-ი	*infectious*
ავადმყოფობა	*illness*	ა-ცხად-ებ (გან-)	*you announce X*
ბატონები	*infectious illnesses in childhood*	მსჯელ-ობ (ი-ებ)	*you discuss*
გავრცელებული	*widespread*	წითელა (-ა-)	*measles*
ჩუტყვავილა (-ა-)	*chickenpox*	ყივანახველა	*whooping-cough*
ყვავილი	*smallpox*	ქუნთრუშა	*scarlet fever*
ა-ტყვ-ი-ა (და-ე-ტყ-ო, და-ს-ტყ-ობ-ი-ა)	*X is (was, was apparently) noticeable on Y*	ნაყვავილარი	*smallpox scars*
ერთი ამათგანი	*one of these*	ს-ჭირ-ს (perfect = ს-ჭირვ-ებ-ი-ა)	*X suffers from Y*

გ-ე-დ-ებ-ა (გადა-/გადმო-)	*X transfers to you*	ხუმარა (-ა-)/ ენამოსწრებული	*joke-loving/witty tongued*
ე-ხუმრ-ებ-ი (cf. წა-ე-ხუმრ-ებ-ი)	*you (will) joke with X* (cf. *you will have a little joke with X)*	უ-ერთ-დ-ებ-ი (შე-/შემო-)	*you join X*
ყმა	*serf*	ბატონ-ყმობა	*feudalism*
ტყდ-ებ-ა (ა-)	*X bursts out*	დარბაზი	*hall*
ხუმრობის ხასიათზე	*in the mood for a joke*	მხოლოობითი	*singular*
ნაგულისხმევი	*meant*	მრავლობითი	*plural*
გ-ე-შლ-ებ-ა (შე-)	*you mix X up*	საოცარი	*amazing*
მართ-ავ (მი-/მო-)	*you address X*	ა-კუთვნ-ებ (მი-/მო-)	*you assign X to Y/ categorise X as Y*
შემაზრზენი	*terrifying*	შიდსი(/სპიდი)	*AIDS*
დასავლ(ეთ)ელი	*Westerner*	ინფორმირებული	*informed*
საშიში	*dangerous*	მამათმავალი	*homosexual* (male)
უ-ცრ-ი (ა-)	*you innoculate X* (indirect object) *against Y* (direct object)	მცდარი	*mistaken*
გამძლეობა	*resistance*	ა-ცრ-ა	*vaccinating*
შე-მო-ღ-ებ-ა	*introducing*	დისკრიმინაცია	*discrimination*
განხორციელებული/ ხორცშესხმული	*realised, made flesh*	გამოხატვა	*representation*
დედაკაცი	*woman, female*	მამაკაცი	*man, male*
განცვიფრებული	*amazed*	შესაბამისი	*relevant, appropriate*
ს-ძენ (და-)	*you add X to what has been said*	უ-მდიდრ-ებ (გა-)	*you enrich X for Y*
მარაგი	*stock*	ჩუქნ-ი (ა-ჩუქ-ებ)	*you (will) present X to Y*
ხუმრ-ობ (ი- -ებ/წა-ი-ხუმრ-ებ)	*you joke (/you will have a little joke)*	სპეციალური	*special*
დამზადებული	*prepared*	შრატი	*serum*
უ-შხაპუნ-ებ (შე-)	*you inject X for Y*	ი-ცილ-ებ (ა-)	*you ward off X*
მუწუკი	*spot*	გამო-გ-ა-ყრ-ი-ს	*it breaks/will break out on you*
გამო-ნა-ყარ-ი	*rash*	ოხერი (= ჯანდაბური, cf. ჯანდაბას მათი თავი!)	*damned* (cf. *to hell with them!)*

Exercises

1

Write out the perfect paradigms for the following:

I (etc.) apparently (have) hid(den); I (etc.) apparently (have) hid(den) from X
I (etc.) apparently (have) stood up; I (etc.) apparently began/have begun [stepped into] X
I (etc.) apparently (have) felt hot
X apparently (has) had me (etc.)

2

Fill in the gaps and translate:

(a) .ევრ. .ა.ვიწ.ე.ი.. თ..ენ
(b) წ.რ.ლ. ჯე· .რ მ..ვ.ვლი. .ვ.ნ
(c) .ავ.ვ. .ურმ. ..ვიძე.ი.
(d) რ. ს.წყ.ლ. .ოფ.ლხ..!
(e) .რ.ფ.რ. (.რ) .ც.ღნი. მ.ნ!
(f) .ერ .რსა. (ა.) .ა.ულ.ნ
(g) ც.ლ. .ავ. ა.ტკ..ებ..
(h) ომ. რ.გ.რ გა.ა.რჩ.ნ.ვა..?

3

Transpose the following present indicative verb-forms into their perfect equivalents:

(a) არ მცალია წამოსასვლელად
(b) ეს კაცები არ თვრებიან
(c) აქ ყოფნას კარგად ეჩვევი
(d) სახე უთეთრდება
(e) ტანსაცმელი არ შრება
(f) ცეცხლი სახლს ეკიდება
(g) სახლი ინგრევა
(h) ამ კაცს მარვალი ეკარგება

4

Transpose the following sentences with aorist indicative verb-forms into their perfect equivalents:

(a) შერცხვათ თქვენი (= of you (pl.))
(b) ლოყები გაგვიწითლდა
(c) ეჭვი შეგეპარათ
(d) მასწავლებლები მელაპარაკნენ
(e) წერილი მიეწერა(თ)
(f) ასე ეწერა წიგნში
(g) ქალი არ მომეშვა
(h) ცუდი სიტყვა ეწერა კედელს

5

Given the following transitive perfects, transform them into the equivalent (a) mono-personal intransitive and (b), bi-personal intransitive perfects, after the model of: (ჩვენ) აგვიშენებია სახლი *we apparently (have) built the house* → სახლი აშენებულა (a) *The house apparently was/has been built* → (b) სახლი აგვშენებია *The house apparently was/has been built for us*:

(a) ბავშვი დამიკარგავს
(b) წერილი დაგიწერია
(c) კაცს ხბო დაუხრჩვია
(d) ქალს გოგო დაუბადებია
(e) ყანა მოგვიხნავს
(f) შვილი გაგიზრდიათ
(g) ჯარისკაცებს მტერი მოუსპიათ
(h) ყველას ცხენები დაგვიბამს

6

Give the colloquial forms for the following examples of reported speech:

(a) მითხრეს, რო(მ) მომკლავდნენ
(b) ხომ გითხარი, რო(მ) არავინ არ მომეკლა?
(c) დედას უთხარი, რო(მ) მაგ საბუთს გადასცემ მის დას
(d) ყვიროდნენ, რო(მ) უცხოელების გალანძღვის ნებას არ დართავდნენ ცრუ-მეცნიერებს
(e) ხომ თქვით, რო(მ) ტელევიზორი არ გქონდათ?
(f) ვფიქრობდით, რო(მ) ეს კარგად არასოდეს (არ) დამთავრდებოდა
(g) თავში მომივიდა ფიქრი, რო(მ) ეს არ ვარგოდა
(h) ხომ გირჩიეს, რო(მ) ეგ არ უნდა გაგეკეთებინათ?

7

Translate into English:

(a) დედა-ჩემმა მითხრა, შენი ძმებიო ჯარში ჩაეწერნენო, მაგრამ ისინი თურმე არ ჩაწერილან
(b) როგორ შეგიძლია გამაცნო ის გოგო, თუ შენ თვითონ არასოდეს არ გასცნობიხარ არც კი შეხვედრიხარ მას?
(c) ძველ სახელმძღვანელოში თურმე წერებულა პასუხები, ხოლო ახალში არაფერი (არ) სწერია
(d) ჰულიგნები სწრაფად გაქცეულან, არავინ (არ) დაგვიჭიროსო
(e) იმ უცხოელებს არ მოსწონებიათ ის სუფრა, რადგან მის შემდეგ აღარასოდეს (არ) გვწვევიან
(f) ხომ გითხარით, ის ამერკელი თურმე ვერაფრით (ვერ) დაუფლებია ქართულს-მეთქი (= ქართულს-თქო)?

(g) შენს მეგობრებს ნდომებიათ სვანეთში წაეყვანე, მარა არ შესძლებიათ
(h) ამბობენ, მოთას შეჰყვარებია სომეხიო და მოუნდომებია მისი ჩამოყვანა თბილისში საცხოვრებლადო. წარმოგიდგენიათ!

8

Translate into Georgian:

(a) What they say is apparently true – what lovely daughters you and your wife seem to have. Congratulations!
(b) I thought my husband (to be) a good man, but it seems I (have) married a thief!
(c) Nene, tell your friend that you will only marry him if he abandons drinking
(d) That girl has apparently fallen in love with me. This is the reason that she no longer leaves me alone
(e) While I was still (= ჯერ კიდევ) in England, my teacher told me that I would like being in Georgia. And evidently you have liked it. Yes, I have [= do like it]
(f) How thin those girls seem to have grown! Apparently some misfortune has befallen them
(g) I thought I had the key in my pocket, but apparently I don't have it with me
(h) How difficult the introduction of vaccination for [lit. of] smallpox seems to have been!

Lesson 19

In this lesson you will learn about:

- The pluperfect of intransitive, indirect and stative verbs
- Forming clauses introduced by the conjunctions *before* and *until*
- Some patterns of word formation

Dialogue 1

John and Bill go over some of the same ground they discussed in Dialogue 1, Lesson 18

ჯონი: მინდა გავიგო, ჩვენი მეგობარი რატომ წავიდა საქართველოში, და რა მოხდა სანამ ის იქ იმყოფებოდა, მაგრამ ვიდრე დამიწყებდე მოყოლას, წყალს დავდგამ ყავისთვის, და სამზარეულოში მანამ დავრჩები, სანამ წყალი (არ) ადუღდება.

[შემოდის და მოაქვს მდუღარე ყავა მერიქიფესავით]

ბილი: ნება თუ დამრთე, დავიწყებ.

ჯონი: ბრძანე!

ბილი: მან გადაწყვიტა საქართველოში წასულიყო და ათი თვე დარჩენილიყო, რათა შესძლებოდა საქართველო ენახულა, ქართველებს გასცნობოდა(თ) (/გაეცნო ქართველები), და ქართულ ენას დაუფლებოდა. დიდი ბრიტანეთის საბჭოს სთხოვა მიევლინათ (/მიევლინებინათ), და მიავლინეს კიდეც.

ჯონი: მას რო(მ) ნდომებოდა ესწავლა ჰინდური, განა მიავლენდნენ (/მიავლინებდნენ) ინდოეთში?

ბილი: მგონი, ინგლისს არა აქვს შესაბამისი ხელშეკრულება ინდოეთთან.

ჯონი: მე თუ ხვალ მოვინდომე სადმე წასვლა რუსეთში, განა ვინმე მიმავლენს (/მიმავლინებს)?

ბილი: შენ აღარა ხარ სტუდენტი, ამიტომ სადმე წასვლის

ნებართვა უნდა გეთხოვა მათთვის წლების წინ, სანამ/ვიდრე ჯერ კიდევ იყავი სტუდენტი.

ჯონი: იგი როგორ მოეწყო იქაურობას?

ბილი: ცოტა დრო დასჭირვებია, რო(მ) შესჩვეოდა ცხოვრების ახალ წესებს, და მერე შესანიშნავად უცხოვრ(ნ)ია იქ, რადგან ოცდახუთ ივნისს დაქორწინებულა! იქაურობა რო(მ) არ მოსწონებოდა, ალბათ არ დარჩებოდა.

ჯონი: დარწმუნებული ხარ? საბჭოთა სისტემა რო(მ) ძალიან შესძულებოდა, არ შეიძლებოდა შინ ჩამობრუნების ნება არ დაერთოთ მისთვის, რათა დაესაჯათ იგი?

ბილი: ნუ სულელობ! ეგრე რატომ უნდა მოქცეულიყვნენ, ნეტავ?

ჯონი: რონალდ რეიგანის სიტყვები რო(მ) გამოვიყენოთ, ეს ხომ "ბოროტი სახელმწიფო" იყო? ანდა რას უზამდნენ მას, ავად რო(მ) გამხდარიყო?

ბილი: ავად გამხდარა ივნისში. ძლიერ რო(მ) არ მოწამლულიყო და (უკაცრავად!) ფაღარათი არ მოსვლოდა (/კუჭი არ აშლოდა), ალბათ ერთი კვირით ადრე დაქორწინდებოდა.

Vocabulary

ვიდრე	*before; while, until*	მანამ	*till then*
სანამ	*until; while, before*	მდუღარე	*boiling*
მერიქიფე (= მწდე)	*drink server*	-ვით	*like* (+ dat. or, if the noun ends in a consonant, nom.)
ბრძან-ე!	*speak!*	ჰინდური	*Hindi*
ინდოეთი	*India*	ჯერ კიდევ	*still*
იქაურობა	*there(ness)*	წესი	*rule*
შესანიშნავი	*wonderful*	დარწმუნებული	*convinced, sure*
ბოროტი	*evil*	სახელმწიფო	*empire*
ფაღარათი	*diarrhoea*	კუჭი	*stomach*
ე-შლ-ებ-ა (ა-)	*X becomes loose for Y*		

Dialogue 2

Two lads, Archil and Bak'ur, play a little game of imagination

არჩილი: თავს ოდესმე ეკითხები, ბაკურ, როგორი ცხოვრება მექნებოდაო, ამერიკაში რო(მ) დავბადებულიყავიო?

ბაკური: შენ რო(მ) დაბადებულიყავი ამერიკაში, საჭირო არ იქნებოდა მეთამაშა ასე სულელური თამაშები! აბა, მითხარი, ამერიკელ მშობლებს რო(მ) დაბადებოდი, იქ როგორ იცხოვრებდი?

არჩილი: დედას რო(მ) შეჰყვარებოდა მაღალი, ლამაზი, ცნობილი მსახიობი და ცოლად გაჰყოლოდა მას, ალბათ იყიდ(ი)დნენ ჩემს დაბადებამდე ბევრ რამეს, რათა მე, მათ პირმშოს, მომცემოდა ყველაფერი, რაც მდიდარ ამერიკელ ბავშვს უნდა ჰქონოდა ათი წლის წინ – მაგ. ტელევიზორი, კომპიუტერი, დ.ა.შ. შემეძლებოდა მემგზავრა ყველგან მსოფლიოში, და სულ, სულ ბედნიერი ვიქნებოდი.

ბაკური: ეგ კაია, მარა რას იზამდი, შენი მშობლები რო(მ) ერთად არ დარჩენილიყვნენ და მანამ დაშორებოდნენ ერთმანეთს, სანამ შენ დაიბადებოდი? ამერიკაში ყველა მცხოვრები არ არი(ს) მდიდარი, როგორც შენ თურმე გგონია, და შენც მაშინ ღარიბი იქნებოდი, მაგნაირი უბედურება რო(მ) თავს დაგტყდომოდა (/დაგტეხოდა).

არჩილი: აფსუს! აღარ მომწონს ეს თამაში. სხვა რამ ვითამაშოთ, რა!

Vocabulary

როგორი	*what sort of* (adj.)	სულელური	*silly* (of things)
მსახიობი	*actor*	პირმშო	*first-born*
კომპიუტერი	*computer*	მგზავრ-ობ (ი- -ებ)	*you travel*
შორ-დ-ებ-ი (და-)	*you part from X*	აფსუს!	*Oops! Darn it!*

Grammar

The formation of the pluperfect of intransitive verbs

The pluperfect of mono-personal intransitives is formed quite simply from the perfect by replacing the present forms of the copula with those of the aorist (which, of course, is the only past tense form that this verb possesses). The only slightly unexpected feature is that, when the subject is 1st person (sing. or pl.), the agreement affix for 1st personhood (ვ-) is absent from the copular ending, although it is retained before the root, just as in the perfect. The conjugational pattern can be illustrated for the two verbs conjugated at the start of the grammar section in Lesson 18, which respectively mean *I* (etc.) *had been caught/arrested* and *I had come*:

და-ვ-ჭერ-ილ-იყავი	მო-ვ-ს-ულ-იყავი
და-ჭერ-ილ-იყავი	მო-ს-ულ-იყავი
და-ჭერ-ილ-იყო	მო-ს-ულ-იყო
და-ვ-ჭერ-ილ-იყავი-თ	მო-ვ-ს-ულ-იყავი-თ
და-ჭერ-ილ-იყავი-თ	მო-ს-ულ-იყავი-თ
და-ჭერ-ილ-იყვნენ	მო-ს-ულ-იყვნენ

The same is naturally true of those verbs whose past participle is formed by means of the circumfix მ- -არ/ალ, as may be seen by taking again the participles და-მ-ხრჩვ-ალ-ი *having drowned/been suffocated*, და-მ-თვრ-ალ-ი *having got drunk,* and გა-მ-ხდ-არ-ი *having become; having grown thin*, which produce the following three pluperfects:

და-ვ-მ-ხრჩვ-ალ-იყავი	და-ვ-მ-თვრ-ალ-იყავი
და-მ-ხრჩვ-ალ-იყავი	და-მ-თვრ-ალ-იყავი
და-მ-ხრჩვ-ალ-იყო	და-მ-თვრ-ალ-იყო
და-ვ-მ-ხრჩვ-ალ-იყავი-თ	და-ვ-მ-თვრ-ალ-იყავი-თ
და-მ-ხრჩვ-ალ-იყავი-თ	და-მ-თვრ-ალ-იყავი-თ
და-მ-ხრჩვ-ალ-იყვნენ	და-მ-თვრ-ალ-იყვნენ

გა-ვ-მ-ხდ-არ-იყავი
გა-მ-ხდ-არ-იყავი
გა-მ-ხდ-არ-იყო
გა-ვ-მ-ხდ-არ-იყავი-თ
გა-მ-ხდ-არ-იყავი-თ
გა-მ-ხდ-არ-იყვნენ

The pluperfects for the following three pairs are normal too: ვ-მ-დგ-არ-იყავი *I apparently had stood*, ა-ვ-მ-დგ-არ-იყავი *I had stood up*; ვ-მ-ჯდ-არ-იყავი *I had been seated* (pl. = ვ-მ-სხდ-არ-იყავი-თ), და-ვ-მ-ჯდ-არ-იყავი *I had sat down* (pl. = და-ვ-მ-სხდ-არ-იყავი-თ); ვ-წოლ-ილ-იყავი *I had been lying*, და-ვ-წოლ-ილ-იყავი *I had lain down*.

When it comes to the pluperfect of intransitive verbs with a dative indirect object readers' expectations will be dashed! It will useful to refer to the section on intransitive verbs in Lesson 14 in considering the formation about to be described. Take the masdar-based perfect, as described in Lesson 18, and remove both the copular endings and the preceding ი-vowel. In place of this -ი- add the suffix -ოდ-, to which the same agreement endings are attached as are employed in the imperfect indicative (or, of course, the conditional). Recall that an ო-vowel, as here, causes an immediately preceding -ვ- to disappear from the thematic suffix or end of the verb root. To illustrate, let us again take the masdar of *give* (with 3rd person indirect object) = მი-ც-ემ-ა, which, if we keep the object constant, will give us the following pluperfect conjugation:

მი-ვ-ც-ემ-ოდ-ი	*I had been given to X* (sing./pl.)
მი-ს-ც-ემ-ოდ-ი	*you had been given to X* (sing./pl.)
მი-ს-ც-ემ-ოდ-ა	*X had been given to Y*
მი-ვ-ც-ემ-ოდ-ი-თ	*we had been given to X* (sing./pl.)
მი-ს-ც-ემ-ოდ-ი-თ	*you (pl.) had been given to X (sing./pl.)*
მი-ს-ც-ემ-ოდ-ნენ	*they had been given to X* (sing./pl.)

Let us now observe the effect of altering the person (and number) of the indirect object, not forgetting that for this verb the preverb მი- yields to მო- when the indirect object is either 1st or 2nd person:

მო-გ-ც-ემ-ოდ-ი	*I had been given to you*
მო-გ-ც-ემ-ოდ-ი-თ	*(a) I had been given to you (pl.),* *(b) we had been given to you* (sing./pl.)
მო-მ-ც-ემ-ოდ-ი-თ	*you* (pl.*) had been given to me*
მო-გვ-ც-ემ-ოდ-ი-თ	*you* (pl.) *had been given to us*
მი-ს-ც-ემ-ოდ-ა(-თ)	*X had been given to them*
მო-გ-ც-ემ-ოდ-ნენ	*they had been given to you* (sing./pl.)

Essentially the same series of examples as was presented in Lesson 18 is now repeated with the verbs transposed from perfect to pluperfect:

Root verbs

მი-წერ-ა/მო-წერ-ა *write to* → წერილი ქალებს გუშინ მი-ს-წერ-ოდ-ა(-თ) *A letter had been written to the women yesterday*, compared with:

წერილი გუშინ მო-გვ-წერ-ოდ-ა *A letter had been written to us yesterday*

და-ტეხ-ა/და-ტყდ-ომ-ა *burst/come crashing down upon* → რა უბედურება ჩვენს ოჯახს და-ს-ტეხ-ოდ-ა/და-ს-ტყდ-ომ-ოდ-ა თავს/თავზე! *What misfortune had come crashing down upon our family!*

და-ბნ(-)ევ-ა *scatter/confuse* → მგზავრებს გზა და-ბნ(-)ე-ოდ-ა (-თ) *The travellers had lost their way*

და-რჩ(-)ენ-ა *remain to* → იმ ერს გვარის გამგრძელებელი არ და-რჩ(-)ენ-ოდ-ა *That people had been left with no one to carry on/extend the race*

Verbs in -eb

და-ბად-ებ-ა *give birth to* → შენს ცოლს ლამაზი ბიჭი და-ბად-ებ-ოდ-ა *A handsome lad had been born to your wife*

გა-წითლ-ებ-ა *redden* → უცხოელებს უცბად გა-ს-წითლ-ებ-ოდ-ა(-თ) ლოყები *The foreigners' cheeks had suddenly turned red*

და-სწრ-ებ-ა *(make) attend* → კონფერენციას არ და-ვ-სწრ-ებ-ოდ-ი-თ *We had not attended the conference*

Verbs in -av

და-მალ-ვ-ა *hide* → ბავშვები დედებს და-მალ-ოდ-ნენ *The children had hidden from their mothers'*

მი-კვრ-ა *attach firmly to* → შეშინებული მაია მშობლებს მი-ჰ-კვრ-ოდ-ა(-თ) *Maia had attached herself like glue to her parents in alarm*

Verbs in -i

გა(მო)-გზავნ-ა *send (here)* → ჩეკი არ გამო-გ-გზავნ-ოდ-ა-თ? *Hadn't the cheque been sent to you* (pl.)?

გა-ხდ-ომ-ა *become* → სტუმარი გზაზე გა-გ-ხდ-ომ-ოდ-ა ავად *Your guest had become ill on the way*

Verbs in -ob

და-თრ-ობ-ა *make/get drunk* → ქმარი ძალიან და-ს-თრ-ობ-ოდ-ა ელისოს *Eliso's husband had got very drunk*

მო-სპ-ობ-ა ruin → მხიარულება მთლად მო-მ-სპ-ობ-ოდ-ა *My joy had been thoroughly ruined*

Verbs in -am

ხაზის გა-ს-მ-ა *stress* → სწორედ ამ ფაქტს გა-ს-მ-ოდ-ა ხაზი *It was precisely this fact which had been stressed*

გა-ყ-ოფ-ა *divide* → ნაანდერძევი ქონება შუაზე გა-ჰ-ყ-ოფ-ოდ-ა(-თ) ორ ქალიშვილს *The property left in the will had been divided down the middle between the two daughters*

ცოლად გა-ყ-ოლ-ა *follow as wife/marry* (of woman) → ბრიყვს გა-ჰ-ყ-ოლ-ოდ-ი ცოლად *You had married an idiot*

შე-ხვედრ-ა/შე-ხვდ-ომ-ა *meet* → ურჩხულს არასოდეს (არ) შე-ვ-ხვედრ-ოდ-ი/შე-ვ-ხვდ-ომ-ოდ-ი *I had never met a dragon*

მო-კვდ-ომ-ა *die* → ბებია არ მო-გვ-კვდ-ომ-ოდ-ა *Our grandmother had not died*

მი-ჯდ-ომ-ა *sit at* → უცხოელი მაგიდას ადრე მი-ს-ჯდ-ომ-ოდ-ა *The foreigner had sat down at the table early*

მო-სვლ-ა *come* → ბევრი ფული მო-გ-სვლ-ოდ-ა *A lot of money had come to you*

და-პირ-ებ-ა *promise* → პრეზიდენტი თავის შვილს და-ჰ-პირ-ებ-ოდ-ა მაღალ თანამდებობას *The president had promised his own son a high post*

(შენ) ვერ მი-გ-ხვდ-ომ-ოდ-ი/მი-გ-ხვედრ-ოდ-ი გულის წადილს *I had been unable to grasp your heart's desire* cf.:

არ მი-ვ-მ-ხვდ-არ-იყავი უფროსის ნათქვამის სრულ მნიშვნელობას *I had not realised the full meaning of the boss's words*

ქალი მი-გდ-ებ-ულ-იყო ლოგინზე *The woman had flopped down on the bed*

ინდაურს მო-შვ-ებ-ოდ-ა ფეხებზე შებმული თასმა *The twine bound to its feet had become slack on the turkey*, compared with

სიმი მო-შვ-ებ-ულ-იყო *The instrument string had become slack*

The formation of the pluperfect of indirect verbs

The pluperfect of indirect verbs is formed from their perfects in exactly the same way as intransitive verbs with dative indirect object form their pluperfects from their perfects. The examples presented in Lesson 18 are now transformed into their respective pluperfects:

შე-ყვარ-ებ-ა *fall in love* (vs სი-ყვარ-ულ-ი *love*) → ქალს ვ-ყვარ-ებ-ოდ-ი *The woman had loved me*, compared with:

შე-გ-ყვარ-ებ-ოდ-ი *You had fallen in love with me*

ყ-ოლ-ა *have* (something animate) → მეფეს მონად ვ-ყ-ოლ-ოდ-ი *The king had had me as a slave*

ქონ-ა *have* (something inanimate) → მეზობლებს დიდი სახლი ჰ-ქონ-ოდ-ა-თ *The neighbours had had a big house*; ხურდა რო(მ) მ-ქონ-ოდ-ა, მაგ ათას მანეთს (გა)და-გ-ი-ხურდა-ვ-ებ-დ-ი *If I had had loose change* (ხურდა), *I would have changed* (to loose change) (((გა)და-)უ-ხურდა-ვ-ებ) *that 1,000 roubles of yours*

(მო-)სმ(-)ენ-ა *hear* → ქალაქელს პირველად მო-სმ(-)ენ-ოდ-ა ბულბულის გალობა *The city dweller had heard the singing of the nightingale for the first time*

ნდ(-)ომ-ა *want* (მო-ნდ(-)ომ-ებ-ა *conceive a wish* → ახალი კოსტიუმი გ-ნდ(-)ომ-ებ-ოდ-ა *You had wanted a new suit*

მო-წონ-ებ-ა *like* → ინგლისელებს ღომი არ მო-ს-წონ-ებ-ოდ-ა-თ *The Englishmen had not liked grits*

შე-ძულ-ებ-ა *conceive hatred for* (სი-ძულ-ვ-ილ-ი *hatred*) → გ-ძულ-ებ-ოდ-ი *You had hated me*, compared with:

შე-გ-ძულ-ებ-ოდ-ი *You had come to hate me*

ის ღამე სტუდენტებს და-(ჰ-)ხს(-)ომ-ებ-ოდ-ა-თ(= და-მახსოვრ-

ებ-ოდ-ა-თ) *That night had stayed in the students' memory*, compared with:

ის ღამე სტუდენტებს გა-(ჰ-)ხს(-)ენ-ებ-ოდ-ა-თ *That night had come into the students' minds*

Some other formations for indirect verbs

ს-ტკივ-ა *X has pain in Y* → ს-ტკ(-)ენ-ოდ-ა
ა-ს-ტკივ-დ-ებ-ა *X will get a pain in Y* → ა-ს-ტკივ-ებ-ოდ-ა
შე-ს-ცივ-დ-ებ-ა *X will start to feel cold* → შე-ს-ცივ-ებ-ოდ-ა
მო-შივ-დ-ებ-ა *X will get hungry* → მო-შივ-ებ-ოდ-ა
მო-ს-წყურ-დ-ებ-ა *X will get thirsty* → მო-ს-წყურ-ებ-ოდ-ა
ს-ჭირ-დ-ებ-ა *X needs Y* → და-ს-ჭირ(-)ვ-ებ-ოდ-ა
ს-ძინ-ავ-ს *X is asleep* → ს-ძინ-ებ-ოდ-ა
ჰ-ღვიძ-ავ-ს *X is awake* → ჰ-ღვიძ-ებ-ოდ-ა
შე-უ-ძლ-ი-ა *X is possible for Y* → შე-ს-ძლ-ებ-ოდ-ა
ა-კლ-ი-ა *X lacks Y* → ჰ-კლ-ებ-ოდ-ა
ა-ვიწყ-დ-ებ-ა *X forgets Y* → და-ვიწყ-ებ-ოდ-ა
შე-ე-შინ-დ-ებ-ა *X will feel fear* → შე-შინ-ებ-ოდ-ა
და-ს-ცხ-ებ-ა *X will feel hot* → და-ს-ცხ-ომ-ოდ-ა
მო-ე-ნატრ-ებ-ა *X will come to miss Y* → მო-ნატრ-ებ-ოდ-ა
შე-მ-რცხვ-ებ-ა *I will feel ashamed* → შე-მ-რცხვ(-)ენ-ოდ-ა
შე-ე-ცოდ-ებ-ა *X will come to pity Y* → შე-ს-ცოდ-ებ-ოდ-ა
უ-კვირ-ს *X is surprised at Y* → future გა-უ-კვირ-დ-ებ-ა → pluperfect გა-ჰ-კვირ(-ვ)-ებ-ოდ-ა.

The pluperfect of ცდ(-)ილ-ობ/(შე)ე-ცდ-ებ-ი *you (will) try* is (შე-)ცდ(-)ილ-იყავი. The transitive variant, გ-ე-ცად-ა, was presented in Lesson 16.

The formation of the pluperfect for stative verbs

Both mono- and bi-personal statives form their pluperfects from their perfects according to the appropriate pattern from the two outlined above. The statives given in Lesson 18 have the following pluperfects:

be arranged → (M) წყ-ობ-ილ-იყო, (B) ს-წყ-ობ-ოდ-ა
be sown → (M) თეს-ებ-ულ-იყო, (B) ს-თეს-ებ-ოდ-ა
be painted → (M) ხატ-ებ-ულ-იყო, (B) (ჰ-)ხატ-ებ-ოდ-ა
be suspended → (M) კიდ-ებ-ულ-იყო, (B) ჰ-კიდ-ებ-ოდ-ა
be tied up → (M) ბ-მ-ულ-იყო, (B) ბ-მ-ოდ-ა
think something → (B) ჰ-გონ-ებ-ოდ-ა
be sorted out → (M) ლაგ-ებ-ულ-იყო, (B) ლაგ-ებ-ოდ-ა

be lit → (M) ნთ-ებ-ულ-იყო, (B) ნთ-ებ-ოდ-ა
hold something → (B) პყრ-ობ-ოდ-ა
hold something → (B) ს-ჭერ-ოდ-ა
hold something → (B) ჰ-კავ-ებ-ოდ-ა
be involved → (M) რ(-)ე-ულ-იყო, (B) რ(-)ე-ოდ-ა
be called something → (B) რქმ(-)ე-ოდ-ა
wear something → (B) ს-ც-მ-ოდ-ა
be written → (M) წერ-ებ-ულ-იყო, (B) ს-წერ-ებ-ოდ-ა
wear headgear → (B) (ჰ-)ხურ-ებ-ოდ-ა.

Clauses introduced by the conjunctions before *and* until

In Lesson 9 we learnt that the expression *while* was conveyed by use of either სანამ or ვიდრე. These same conjunctions are also used to convey the meanings *before* and *until*, but the overall syntax of the sentences is different in each of the three cases. For the meaning to be *while* the verb form had to be one that indicated an ongoing activity. For the other two senses a number of variations are possible, but only the main constructions will be described here. The ordering of clauses is free.

Until

If the main clause contains a negative (*not*), the *until* clause will also contain one. Place the verb of the subordinate clause in the future indicative, if the main clause contains a future or represents a negative command, e.g.:

სანამ/ვიდრე ხვალინდელ გაკვეთილს არ მოამზადებს, კინოში არ წავა
*He will not go to the cinema until he finishes (*lit. *will finish) tomorrow's lesson*

სახლი არ დატოვო/სახლს ნუ დატოვებ, სანამ/ვიდრე დედაშენი არ დაგირეკავს
Don't leave the house until your mother rings (lit. *will ring*) *you*

Place the verb of the subordinate clause in the aorist indicative, if the main clause contains either an aorist or perfect, e.g.:

სანამ/ვიდრე ხვალინდელი გაკვეთილი არ მოამზადა, კინოში ვერ წავიდა/წასულა
He couldn't/apparently couldn't go to the cinema until he (had) finished tomorrow's lesson

Place the verb of the subordinate clause in the conditional, if the main clause contains the conditional, e.g.:

გუშინ კინოში არ წავიდოდა, სანამ/ვიდრე დღევანდელ გაკვეთილს არ მოამზადებდა
He would not have gone to the cinema yesterday until he had prepared (lit. *would have prepared) today's lesson*

Even if the main clause does not contain a negative, the subordinate clause **may** still contain one alongside the future indicative (when reference is to the future) or aorist indicative (when reference is to the past); in this latter instance, the subordinate clause may contain a **non-negated** conditional, e.g.:

აქ ვისხდებით, სანამ/ვიდრე ტანსაცმელს (არ) შეიცვლი
We shall remain seated here until you change (lit.: *will (not) change)* ((შე)ი-ცვლ-ი) *your clothes*

აქ ვისხედით, სანამ/ვიდრე გოგომ ტანსაცმელი (არ) შეიცვალა
We remained seated here until the girl changed her clothes cf. (for the same meaning) აქ ვისხედით, სანამ/ვიდრე გოგო ტანსაცმელს შეიცვლიდა

Before

When reference is to the future, the subordinate clause contains the future subjunctive; when reference is to the past, the subordinate clause contains the conditional, e.g.:

სანამ/ვიდრე კინოში წავიდოდეთ, ცოტა წავიჭამოთ!
Before we go to the cinema, let's snatch a little (ცოტა) *to eat!*

დავიბანთ ხელებს, სანამ/ვიდრე ვივახშმებდეთ
We shall wash our hands before we have dinner

სანამ/ვიდრე კინოში წავიდოდით, ცოტა წავიჭამეთ
Before we went to the cinema, we snatched a little to eat

დავიბანეთ ხელები, სანამ/ვიდრე ვივახშმებდით
We washed our hands before we had dinner

და მომიკვდა, სანამ/ვიდრე მე დავიბადებოდი
My sister died before I was born

The postposition -მდე governing the masdar in the adverbial case (the adverbial case's final -დ dropping before the postposition) may be used with both meanings *until* and *before*, the context determining which is the appropriate rendition into English, e.g.:

და მომიკვდა ჩემს დაბადებამდე
My sister died before I was born

დავიბანეთ ხელები ვახშმობამდე
We washed our hands before dining (NB *before dinner* would be ვახშმამდე)

აქ ვისხედით გოგოს მიერ ტანსაცმლის შეცვლამდე
We remained seated here until the girl changed her clothes (lit. *up to the changing of clothes by the girl)*

ხვალინდელი გაკვეთილის მომზადებამდე კინოში არ წავა
He will not go to the cinema until he finishes tomorrow's lesson

Some patterns of word formation

მე- -ე derives agent nouns from noun bases (e.g. პური *bread* → მეპურე *baker*).

მო- -ე is similar to the above (e.g. ჯანყი *rebellion* → მოჯანყე *insurgent*).

მე- -ურ/-ულ-ი is similar again; the second suffix is used if the root contains an -რ- (e.g. ძუძუ *breast* → მეძუძური *giver* (or *sucker) of the breast*, ბარგი *baggage* → მებარგული *porter*).

მე- -ედ-ი produces fractions, though ნახევარი = *half* (e.g. ოთხი *4* → მეოთხედი *quarter*).

მო- -ო equates to *-ish* (e.g. წითელი *red* → მოწითალო *reddish*, ტკბილი *sweet* → მოტკბო [sic] *sweetish*).

ნა- -არ/-ალ-ი produces a noun (or adjective) meaning *(place) where the noun base used to be* (e.g. სახლი *house* → ნასახლარი *ruins of a house*, მონასტერი *monastery* → ნამონასტრალი *site of former monastery*).

ნა- -ევ-ი similar to the above (e.g. ორი ქმარი *two husbands* → ორნაქმრევი *woman who has had two husbands*).

სა- -ე depicts the place designated for the base (e.g. ნაგავი *rubbish* → სანაგვე *bin* cf. (და-)გვ-ი *you sweep X*).

სი- -ე(/-ო) derive the abstract nouns from adjectives (e.g. მწიფე *ripe* → სიმწიფე *ripeness*, თბილი *warm* → სითბო *warmth*, ტკბილი *sweet* → სიტკბო *sweetness*).

-იერ-ი(/-იელ-ი) derives adjectives meaning *possessed of base* (e.g. კანონი *law* → კანონიერი *legal*, ხორცი *flesh* → ხორციელი *corporeal*).

-იან-ი similar to, and more productive than, the above (e.g. ხმალი *sword* → ხმლიანი *armed with sword*, ჭუჭყი *dirt* → ჭუჭყიანი *dirty*).

-ოვან-ი similar to the above two suffixes (e.g. კლდე *rock* → კლდოვანი *rocky*).

-ოსა–ნ-ი similar to the above three suffixes (e.g. ვეფხ(ვ)ის ტყავი *skin of a panther* → ვეფხისტყაოსანი *(Man) in the Panther Skin*).

-ად-ი is an adjective based on the adverbial case ending, equivalent to *-able* when attached to a masdar base (e.g. ცვალება *changing* → ცვალებადი *changeable*).

-ით-ი is an adjective based on the instrumental case ending (e.g. კანონმდებლობა *legislating* → კანონმდებლობითი *legislative*).

-ურ-ი(/-ულ-ი) is a widely used formant (e.g. სქესი *sex* → სქესური *sexual*, ბაზარი *market* → ბაზრული *market-*, NB monosyllables make use of the form -ი (-)ურ-ი: თვე *month* → თვიური *monthly; menstruation*).

-(ნ)დელ-ი, sometimes preceded by a vowel (-ი- or -ა-), derives adjectives from certain adverb-like expressions of time (e.g. მაშინ *then* → მაშინდელი *of that time*, წლეულს *this year* → წლევანდელი *this year's*, დღეს *today* → დღევანდელი *today's*).

-ება and -ობა are widely used as formants for abstract nouns, the latter being especially common in association with privative adjectives (e.g. ბედნიერი *happy* → ბედნიერება *happiness*, დამოუკიდებელი *independent* → დამოუკიდებლობა *independence*).

Note the special nuance indicating recurrence in time marked by the instrumental case of abstracts in -ობა (e.g. შაბათს *on Saturday* → შაბათობით *on Saturdays*, ზაფხულში *in summer* (once) → ზაფხულობით *in summer* (as a rule)). With numerals the form is invariant, whether used adverbially or adjectivally (e.g. ასობითა და ათასობით მოვიდნენ *they came in hundreds and thousands*, ოცობით თევზი ვნახე *I saw scores of fish* (თევზი)).

For further examples, see the Georgian–English dictionary at the end of this book.

Some useful sets of vocabulary

Seasons of the year

გაზაფხული/გაზაფხულზე *spring/in spring*, ზაფხული/ზაფხულში *summer/in summer*, შემოდგომა/შემოდგომაზე *autumn/in autumn*, ზამთარი/ზამთარში *winter/in winter*.

Compass-points

ჩრდილოეთი *north*, სამხრეთი *south*, აღმოსავლეთი *east*, დასავლეთი *west*.

Colours

შავი *black*, თეთრი *white*, წითელი *red*, ფორთოხლისფერი *orange* (lit. *orange*(= ფორთოხალი)*-coloured*), ყვითელი *yellow*, მწვანე *green*, ლურჯი *blue* and ცისფერი *sky-blue, azure*, იისფერი *violet* (lit. *violet-coloured*), რუხი/ნაცრისფერი *grey* (lit. *ash*(= ნაცარი)*-coloured*), ვარდისფერი *pink* (lit. *rose*(= ვარდი)*-coloured*).

Some foodstuffs

კარტოფილი *potato*	ბრინჯი *rice*	ხახვი *onion*
სოკო *mushroom*	სტაფილო *carrot*	კომბოსტო *cabbage*
ჭარხალი *beetroot*	ბროწეული *pomegranate*	ბოსტნეული *vegetable*
ფხალი *spinach*	ხილი *fruit*	ვაშლი *apple*
კომში/ბია *quince*	მსხალი *pear*	ატამი *peach*
გარგარი *apricot*	ხურმა *persimmon*	ლეღვი *fig*
ყურძენი *grape*	ბადრიჯანი *aubergine*	წიწაკა *pepper (capsicum)*
პილპილი *pepper*	მდოგვი *mustard*	ქინძი *coriander*
ოხრახუში *parsley*	ნიორი (-ვ-) *garlic*	პიტნა *mint*
ტარხუნა *tarragon*	კამა *dill*	დარიჩინი *cinnamon*
მწვანილი *greens*	ქლიავი *plum*	ბალი/ალუბალი *cherry*
კაკალი/ნიგოზი *walnut*	თუთა *mulberry*	მარწყვი/ხენდრო (-ვ-) *strawberry*
ჟოლო *raspberry*	მოცვი *bilberry*	გოგრა/კვახი *pumpkin*
კიტრი *cucumber*	თხილი *ground-nut*	მწვადი *shashlik*
მჭადი *barley bread*	თაფლი *honey*	კვერცხი *egg*
წვენი *juice*	საზამთრო *water-melon*	ნესვი *honeydew-melon*
ზღმარტლი *medlar*	ხაჭო *curd cheese*	შრატი *whey*
ნიახური *celery*	ხორბალი *wheat*	ქერი *barley*
შვრია *oats*	ჭვავი *rye*	მურაბა *jam*
ბარდა *pea*	სიმინდი *maize*	წაბლი *chestnut*
ხაჭაპური *cheese pie* (staple Georgian dish)		ლიმონი *lemon*

(რას მიირთმევთ, ბატონო?
What will you have, sir?

დიდი სიამოვნებით ჩაის დავლევდი, გმადლობთ
I'd drink tea with great pleasure, thank you.

ჩაის როგორ სვამთ?
How do you drink tea?

ჩაის – ლიმნითა და უშაქროდ, ხოლო ყავას – რძითა და შაქრით
Tea with lemon and without sugar, but coffee with milk and sugar

Utensils

ჭურჭელი *crockery*, კოვზი *spoon*, ჩანგალი *fork*, ქილა *jar*, ქვაბი *pan*, ქოთანი *pot(ty)*, ჩაიდანი *kettle*, სუფრა *tablecloth, spread*, წინსაფარი *apron*, ხელსახოცი *towel* (cf. ცხვირსახოცი *handkerchief*).

Dialogue 3

A Georgian journalist, conducting a survey asks a fellow-countryman for his opinion on what has happened in Georgia, since the break-up of the USSR

ქართველი: ეხლა ცხადზე ცხადია, რო(მ) ჩვენ მზად არ ვყოფილვართ თავისუფლებისთვის, როცა საბჭოთა კავშირი დაიშალა.

ჟურნალისტი: მაშინ რო(მ) გვცოდნოდა ის, რაც დღეს ვიცით, სხვანაირად როგორ მოვიქცეოდით, რათა საქართველოს არ დაჰკარგოდა ის უპირატესობები, რომლებითაც ის სარგებლობდა საბჭოთა პერიოდში?

ქართველი: ადრე უნდა მივმხვდარიყავით, რო(მ) ცხოვრების ყველა სფეროში დიდი დახმარება დაგვჭირვებია დასავლეთიდან, ვინაიდან კომუნიზმის სამოცდაათი წლის განმავლობაში ისე ჩამოვრჩენოდით ცივილიზებულ სამყაროს, რო(მ) გვაკლდა ის ცოდნაც კი, ურომლისოდაც შეუძლებელი იყო შექმნილიყო ღირსეული საზოგადოება.

ჟურნალისტი: როგორ ფიქრობთ, ჩვენმა – როგორ ვთქვათ? – თავხედობამ რაიმე როლი ითამაშა თუ არა ჩვენს მიერ შეცდომების დაშვების საქმეში?

ქართველი: ნამდვილად. ისე თავხედი რო(მ) არ ვყოფილიყავით, უფრო დიდი მოთმინება რო(მ) გვქონოდა, უფრო მზად ვიქნებოდით ყურადღება მიგვექცია იმ ბრძნული რჩევისთვის, რომელსაც ზოგი ჩვენი მეგობარი გვთავაზობდა.

ჟურნალისტი: მაგალითად?

ქართველი: კაი ხანი ფეხებზე გვკიდებოდა ჩვენი უმცირე-

სობების ბედი – ფეხებზე არ უნდა გვკიდებოდა, არც უნდა გვეკიდოს – პირიქით, უფრო დიდი გასაქანი უნდა მისცემოდათ მათ თავ-თავიანთი კულტურის განსავითარებლად. საქართველოს რო(მ) ვყოლოდით მხოლოდ ჩვენ ქართველები მოქალაქეებად, შეიძლებოდა წარმატებები მოჰყოლოდა ნაციონალისტურ პოლიტიკას, მაგრამ თუ ხუთი მილიონი კაცი ცხოვრობს საქართველოში, ჩვენ ქართველები (ამ სიტყვის სწორი გაგებით!) ძლივს ალვემატებით სამ მილიონს. სანამ ჩვენი არა-ოფიციალური მეთაურები მომაკვდინებელ შეცდომას დაუშვებდნენ და შეუდგებოდნენ ჩვენს, მეგრელებისა და სვანების გალვივებას სხვა უმცირესობების წინააღმდეგ – ამით, რა თქმა უნდა, მდგომარეობა ძალიან დაიძაბა – უნდა მისულიყვნენ უმცირესობების წარმომადგენლებთან, რათა ადრე გაეგოთ მათი მისწრაფებები. ჩვენები უნდა ცდილიყვნენ დაერწმუნებინათ ისინი იმაში, რო(მ) თავისუფალ საქართველოში უმცირესობები ისარგებლებდნენ იმავე უფლებებით, რა უფლებებითაც ჩვენ ქართველები ვისარგებლებდით. ეს რო(მ) გაგვეკეთებინა, უმცირესობები უნდა შემოგვერთებოდნენ მამულიშვილურ ბრძოლაში თავისუფლებისთვის. ამის ნაცვლად, ჩვენმა პოლიტიკურმა სიბეცემ საქართველო მოსპო: ათასობით დაიღუპნენ ჩვენები, ოსები და აფხაზებიც, და სიღარიბე წილად ხვდა ჩვენს ლამაზ ქვეყანას. და არაფერი ალბათ არ შეიცვლება, სანამ არ გამოიზრდება ახალი თაობა, რომელსაც არ ექნება კომუნიზმის სიბილწის გამოცდილება. ყველაფერი დასანანია, მაგრამ ეხლა უკვე დაშვებული შეცდომები როგორღა გამოვისწოროთ? დროსა და მდინარეს უკან ვერავინ დააბრუნებსო.

Vocabulary

ცხადზე ცხადი	*absolutely clear*	თავისუფლება	*freedom*
უპირატესობა	*advantage*	სფერო	*sphere*
რჩ-ებ-ი (ჩამო-)	*you lag behind X*	ცივილიზებული	*civilised*
სამყარო	*world*	ურომლ(ებ)ისოდაც	*without which* (pl.)
ღირსეული	*worthy*	საზოგადოება	*society*

თავხედობა	*arrogance*	ნამდვილად	*truly*
თავხედი	*arrogant*	ბრძნული	*wise* (of things)
ზოგი/ზოგიერთი	*some*	პირიქით	*on the contrary*
გასაქანი	*field of opportunity*	თავ-თავიანთი (cf. თავ-თავისი)	*each their own* (cf. *each X's own)*
მოქალაქე	*citizen*	წარმატება	*success*
ძლივს	*hardly*	აღ-ე-მატ-ებ-ა	*X exceeds (will exceed) Y*
არა-ოფიციალური	*unofficial*	მომაკვდინებე̄ლი	*fatal*
გა-ღვივ-ებ-ა	*stirring up*	ძაბ-ავ (და-)	*you make X tense*
მი-სწრაფ-ებ-ა	*aspiration*	უფლება	*right(s)*
მამულიშვილური	*patriotic*	სიბეცე	*short-sightedness*
სიღარიბე	*poverty*	წილად ხვდ-ებ-ა	*X falls as the lot to Y*
ი-ზრდ-ებ-ი (გა(მო)-)	*you grow up*	თაობა	*generation*
სიბილწე	*vileness*	გამოცდილება	*experience*
დასანანი	*regrettable*	ი-სწორ-ებ (გამო-)	*you correct your X*
მდინარე	*river*		

Exercises

1

Write out the pluperfect paradigms for:

I (etc.) had been sitting
X had had me (etc.)
I (etc.) had turned red
X had turned white for me (etc.)
I (etc.) had worn X (e.g. a coat)
X had come to hate me (etc.)

2

Fill in the gaps and translate:

(a) მ.გ.ბ.ებ. მე.ო.ვე.თ.ბ.დ.ე.
(b) კ.ტ. .ა.ხრჩ..ლი.ო
(c) გ.ე.დზ. ..მსხდ.მ.დ.თ
(d) ჩ..ნ კ.რგა. .ა.მთვ.ა.ი.ა.ი.
(e) მ.ნ ა. უ.დ. მ..რცხ.ე.ო.. ჩ.მ.
(f) გ.კ.ე.ი.ი .რ .ნ.ა ..წყე.უ.ი.ო
(g) .ვ.ნ .ვი.ნ ..და ა..დგ.რ.ყ.ვ.თ
(h) ..ვმვ. თ..მე .ლ.იძ.ბ.დ.

3

Replace the present indicative verb-forms below with their pluperfect equivalents (and indicate any other necessary changes):

(a) არ მცალია შენთვის
(b) ჩემი მხიარულება ისპობა
(c) მხიარულება გესპობათ თქვენც
(d) არაფერი (არ) იცის კაცმა
(e) პატარა ქუდი ახურავს შოთას
(f) აქ რა დიდი ხანი ზის
(g) არ მიყვარხარ
(h) ძალიან ცდილობენ

4

Replace the aorist indicative verb-forms below with their pluperfect equivalents:

(a) რატომღაც ინგლისელი მეგონე შენ
(b) რა ძლიერ დავთვერით!
(c) რა კარგად დაგვემალეთ!
(d) ადრე გახვედით
(e) მუშებს წუღები ეცვათ
(f) ბიჭი შეეძინა(თ)/დაებადა(თ)
(g) ხომ შეგეცოდე?
(h) კარგად ეძინათ ბავშვებს

5

Given the following transitive pluperfect forms, transform them into the equivalent (a) mono-personal intransitive and (b) bi-personal intransitive pluperfects, after the model: აგვეშენებინა სახლი *we had built the house* → აშენებულიყო სახლი *the house had been built* → აგვშენებოდა *the house had been built for us*:

(a) ამევსო მოთმინების ფიალა
(b) პოლიციელს დაეჭირე
(c) მტერს დავეჭერით
(d) დაგეთვრეთ (თქვენ მე)
(e) სკამზე დაგესვა ბავშვი
(f) გაგვეზარდეთ (ჩვენ თქვენ)
(g) ექიმებს ავადმყოფი გადაერჩინათ
(h) გაგერყვენი (შენ მე)

6

Construct the correct syntax for the conjunctions სანამ/ვიდრე by selecting the appropriate form of the bracketed verbs in the following:

(a) სანამ/ვიდრე მაგიდას (მიჯდომა) სავახშმოდ, სტუმრებს გავუღე კარი!
(b) ნუ ადგებით, სანამ/ვიდრე სკოლის დირექტორი ოთახში არ (შემოსვლა)

(c) ცომს მოვზელ, სანამ/ვიდრე მზად (არ) (ყოფნა)
(d) სანამ/ვიდრე თქვენ მაგიდას (მისხდომა), ღვინო მოიტანეთ!
(e) ლოგინში დავრჩი, სანამ/ვიდრე (არ) (გათენება)
(f) სანამ/ვიდრე ის წერილი არ (დაწერა), დედამ ნება არ დამრთო სახლიდან გამოვსულიყავი
(g) ჩვენ ქვევით ვლაპარაკობდით, სანამ/ვიდრე გოგო ტანსაცმელს (ჩაცმა)
(h) სარეველამ წერწა დამიხრჩო, სანამ/ვიდრე მარგვლას (დაწყება)

7

Translate into English:

(a) ხილი რო(მ) გნდომებოდათ, უნდა გეთქვათ, სანამ/ვიდრე ბაზარში წავიდოდი
(b) კეკემალულობას თამაშობდნენ. ერთმა მათგანმა თვლა დაიწყო, სხვები კი გაიქცნენ, რო(მ) თვალდახუჭულს დამალოდნენ
(c) ათასი მანეთი რო(მ) გვქონოდა, აუცილებლად მოგცემდით ცხრაასს
(d) კონფერენციას რო(მ) არ დასწრებოდი, არასოდეს (არ) შეგეძლებოდა გასცნობოდი იმ მეცნიერს
(e) ორმოცდაცხრა წლისას რო(მ) არ შემძენოდა/დამბადებოდა ბავშვი, უშვილოდ მოვკვდებოდი
(f) ის ქალი რო(მ) ცოლად გამოგყოლოდა, როცა სთხოვე ხელი, ეხლა შენთან იქნებოდა ინგლისში
(g) ნამყოფი ხართ საქართველოში? დიახ, იქ გავატარე ორი კვირა, სანამ/ვიდრე მოვეწყობოდი უნივერსიტეტში
(h) ამ კაცს პრეზიდენტად ნუ ავირჩევთ, სანამ/ვიდრე არ გავიგებთ მის აზრს ჩვენი სამშობლოს დამოუკიდებლობაზე

8

Translate into Georgian:

(a) We used to go to Georgia every other year (= წლის გამოტოვებით), until this misfortune came crashing down upon us
(b) I took the map (= რუკა) with me in order not to lose my way
(c) If your mother had told me how her leg was hurting her, she could have stayed in the car and sat there until we returned
(d) If I had known what would happen, I would never have given you permission to go to England
(e) Her mother became angry, because the girl should have been wearing her new dress when the guests came

(f) Before you put the child to sleep, ask her if she wants anything
(g) If our mother had had 10 children at that time, she would have become a hero(ine) of the Soviet Union
(h) If I hadn't loved the girl, I wouldn't have married her. I wouldn't have behaved honourably, if I'd married her only in order that I might have been able to bring her to England

Lesson 20

In this lesson you will learn about:

- The formation and use of the IIIrd subjunctive for all verbs
- The form and function of causative verbs
- An alternative passive
- An alternative Series III for transitive verbs
- Constructing indefinite clauses

Dialogue 1

As his year in Georgia learning the language comes to an end, Jim visits Rusudan for a final chat

რუსუდანი: ახლოვდება თქვენი წასვლის დრო. ჩვენი შეხვედრებისა და თქვენი მონაყოლების ნიადაგზე დავასკვნიდი, რო(მ) თურმე სასიამოვნო და გამოსადეგი ათი თვე გაგიტარებიათ საქართველოში. ხომ ასეა?

ჯიმი: მართალი ბრძანდებით, ქალბატონო რუსუდან. მაქვს ნახული (/ნანახი) თითქმის ყველაფერი, რაც მინდოდა მენახა (ოღონდ სვანეთი გამონაკლისია – ის დამრჩა სანახავი), მაქვს შეძენილი იმდენი წიგნი, რო(მ) ისინი ალბათ ვერ დაეტევა ჩემი მშობლების სახლში, და გაცნობილი მყავს უამრავი მეგობარი, რომლებიც არასოდეს არ დამავიწყდება, სანამ ცოცხალი ვიქნები. თანაც ვინლა იფიქრებდა, ვიდრე ჩამოვიდოდი, რო(მ) საქართველოში ყოფნისას აფხაზს ცოლად შევირთავდი?! ერთი სიტყვით, ისეთი დრო მაქვს გატარებული, რო(მ) არ მახსოვს ასე ბედნიერად ოდესმე ჩამეთვალოს თავი.

რუსუდანი: რაც ყოველთვის მთავარია ქართველებისთვის, ის გახლავთ, რო(მ) კარგად დაუფლებიხართ ჩვენს

ენას. მაინც არ გეწყინოთ, მაგრამ ცოტა მოთმინება რო(მ) გამოგეჩინათ, გიშოვნიდით მშვენიერ ქართველ გოგოს, რო(მ) ინგლისში ცოლად წაგეყვანათ!

ჯიმი: ჩემი აზრით, ჯობია სიტყვა ეხლა ბანზე აგიგდოთ, თუკი ნებას დამრთავთ! თქვენი ფეხი როგორაა? ჯერ კიდევ გტკივათ?

რუსუდანი: მეგონა, ტკივილს უკვე მოვრჩი-მეთქი, მაგრამ დღეს კიდევ ისე ამტკივდა, რო(მ) ვერ გაველი. ასე რო(მ) არ მტკენოდა, ეხლა ბაზარში ვიქნებოდი – ამბობენ, შემოდგომა რო(მ) დადგაო, ძალიან გემრიელი გამშრალი ხურმა და ჩურჩხელა იყიდებაო, და მოვინდომე მათი ყიდვა, რაკი ორიოდე კილო ხურმა მინდა გაგატანოთ ინგლისში. ამიტომ ჩემს ქალიშვილს დავურეკე, რო(მ) მისთვის მეყიდ-ვინებინა ათი კილო. პირველად რო(მ) (შე)ვეცადე დამერეკა, უცნობმა ვინმემ მითხრა, არასწორად მოხვდითო. თუ არ გეჩქარებათ, დარჩით კიდევ ცოტა ხანი, სანამ იგი მათ (არ) მოიტანს. თუ ვერ დარჩებით, ქალიშვილს ამაღამ გამოვაგზა-ვნინებ ხილს თქვენთვის. ინგლისამდე რო(მ) მიაღწევთ, თქვენი მშობლები მოგვიკითხეთ და აუცილებლად მათ გაასინჯვინეთ ჩვენი ჩურჩხელა!

Vocabulary

ახლოვ-დ-ებ-ი (მო-/მი-)	*you approach*
ა-სკვნ-ი (და-)	*you conclude X*
გამონაკლისი	*exception*
ე-ტ(-)ევ-ი (და-)	*you fit in*
ცოცხალი	*alive*
ი-ჩენ (გამო-)	*you display X*
რჩ-ებ-ი (მო-)	*you have done with X*
ჩურჩხელა	*string of nuts coated in dried, boiled grape juice*
ხვდ-ებ-ი (მო-)	*you hit* (target), *find yourself* (somewhere)
მონაყოლი	*what has been related*
ნიადაგი	*ground, basis*
ი-ძენ (შე-)	*you acquire X*
უამრავი	*countless*
ყოველთვის	*always*
სიტყვას (ა-)უ-გდ-ებ ბანზე	*you (will) change the subject for X*
შემოდგომა და-დგ-ა	*autumn has come*
კილო	*kilo; dialect*
ა-ტან (გა-)	*you get X to take* (inanimate) *Y away with him/her*
უ-კითხ-ავ (მო-)	*you greet X for Y*

Dialogue 2

Jim asks his Georgian teacher for one last lesson

ჯიმი: ვაიმე, ამ კვირაში ვბრუნდები ინგლისში და ჯერ არ მისწავლია ქართულად როგორ უნდა ვწერო წერილები!

მუქია: მაშ, მოდი ერთი შევადგინოთ ერთად. რასაც მე გეტყვით, თქვენ დაწერეთ:

პატივცემულო ბატონო/ქალბატონო!

მე, ჩემი მეუღლე და ორი ქალიშვილი ვაპირებთ ერთი კვირის გატარებას თქვენს ქალაქში ჩემი არდადეგების დროს, რომელიც იქნება აგვისტოს ბოლოს. ჩვენმა მეზობლებმა მირჩიეს დაგკავშირებოდით, რო(მ) გამეგო თავისუფალი ოთახები გექნებათ თუ არა იმ დროს. ჩვენ გვაწყობს ან ორი ორმაგი ოთახი ან ორი ორმაგი ლოგინის შემცველი ერთი ნომერი. როცა მომწერთ, მადლობელი ვიქნები, თუ შემატყობინებთ არა მხოლოდ რა ღირს ღამის გათენება თქვენთან არამედ რამდენად დამიჯდება, თუ ჩვენ ოთხივე ვისადილებთ და ვივახშმებთ თქვენს სასადილოში. მას შემდეგ, რაც მოგვაწოდებთ შესაბამის ინფორმაციას, გადავწყვეტთ, გვინდა თუ არა შევუკვეთოთ ოთახ(ებ)ი თქვენს სასტუმროში, თანაც შევუკვეთთ მატარებლის ბილეთებსაც.

იმედია, რო(მ) მალე გამოგვიგზავნით პასუხს. დიდი მადლობა ყურადღებისათვის.

პატივისცემით,. . .

ადრესატს თუ კარგად იცნობთ, შეგიძლიათ დაიწყოთ სიტყვით "ძვირფასო", თორემ, თუ დიდ პატივს სცემთ, დაიწყეთ სიტყვებით "ღრმად პატივცემულო". თანაც შეგიძლიათ დაამთავროთ ასეთი ვარიანტებით: "სიყვარულით", "მარად თქვენი", "უღრმესი პატივის-ცემით", ანდა "მარად თქვენი სიკეთის მსურველი". და თქვენ სად წახვალთ დასასვენებლად, როცა დაბრუნდებით ინგლისში?

ჯიმი: იქ, სადაც სხვა დამსვენებლები არ იქნებიან!

Vocabulary

ა-დგ(-)ენ (შე-)	*you compose X*	პატივცემული	*esteemed* (cf. *you*
მეუღლე	*spouse*	(cf. პატივს	*respect X)*
არდადეგები	*holidays*	ს-ც-ემ)	
გ-ა-წყ-ობ-ს	*it suits you*	ორმაგი	*double*

შე-მ-ცვ-ელ-ი	*containing*	ნომე̄რი	*room, number*
მადლობელი	*thankful*	არა მხოლოდ . . . არამედ	*not only . . . but also*
რა ღირ-ს	*what does X cost?/ what is it worth?*	გ-ი-ჯდ-ებ-ა (და-)	*X costs you*
ოთხივე	*all four*	სასადილო	*dining-room*
ა-წოდ-ებ (მო-/მი-)	*you pass X to Y*	უ-კვეთ (შე-)	*you book X*
ბილეთი	*ticket*	იმედი-ა	*it is to be hoped*
პატივისცემით	*with respect*	ადრესატი	*addressee*
ძვირფასი (cf. ძვირი)	*dear* (cf. *expensive*)	ღრმა (cf. უღრმესი)	*deep* (cf. *deepest*)
მარად	*always*	სიკეთე	*welfare, well-being*
მ-სურვ-ელ-ი	*wisher*	და-მ-სვენ-ებ-ე̄ლ-ი	*resting, holiday-maker*

Dialogue 3

Jim goes to visit Maq'vala for what he thinks will be the last time during his stay in Georgia

ჯიმი: გამარჯობათ, ქალბატონო. ინგლისში ვერ დავბრუნდებოდი კიდევ ერთხელ თქვენთან მოუსვლელად. მინდოდა დაგმშვიდობებოდით, და სწორედ ამიტომ მოვედი.

მაყვალა: ჯიმ, გაგიმარჯოთ, მობრძანდით, მობრძანდით! ვიცი, რო(მ) ძალიან დაკავებული იქნებით, შვილო, მაგრამ ასე ადვილად არ შემიძლია გამოგეთხოვოთ. არ მინდა მოგეძალოთ, მაგრამ უნდა მოიცალოთ ჩემთან ხვალ რვა საათზე მოსასვლელად. თქვენი ხათრით (/თქვენს პატივსაცემად) პატარა სუფრა მექნება. თუ არ ვცდები, ძალიან მოგწონებიათ ქართული ხალხური სიმღერები. დაპატიჟებული მყავს ზურაბ სოტკილავა, რომელიც მღერის მოსკოვის დიდ თეატრში. მას თქვენთვის ვამღერებთ. ვიცი, რო(მ) ერთი კვირის წინ ჩემი მდივნისთვის უნდა გამომეგზავნინებინა მოსაწვევი ბარათი თქვენთვის, მაგრამ ბოლო ათი თვის განმავლობაში ალბათ შეგიტყვიათ, რო(მ) ჩვენ ქართველები სულ ბოლო წუთამდე ვტოვებთ ხოლმე ყველაფერს. ხომ შემინდობთ (/მომიტევებთ)?

ჯიმი: რა თქმა უნდა! ვერავინ დამაკარგვინებს შესაძლებლობას, რო(მ) არა მხოლოდ მოვისმინო ეს შესანიშნავი მეგრელი ტენორი არამედ პირადად გავიცნო იგი. როგორ მოგიხადოთ შესაფერ(ის)ი

მადლობა? არავინ გამაცდენინებს თქვენს სუფრას, ოლონდ პატარა თხოვნა მაქვს თქვენთან – ბევრს ხომ არ დამალევინებთ? ვიცი, რამდენს ასმევენ ხოლმე ქართველები სტუმრებს!

მაყვალა: როგორ გეკადრებათ! იმდენს დაგალევინებთ, რამდენსაც მოინდომებთ.

ჯიმი: სხვათა შორის, არასწორი სიტყვა ეს-ეს არის წამოგცდათ და არ შემიძლია იგი დავტოვო შეუსწორებლად. თუმცა მომწონს ხალხური სიმღერები საქართველოს ყველა მხრიდან, განსაკუთრებით შემიყვარდა მეგრული სიმღერები – რა კაი დამთხვევა ყოფილა, რო(მ) მეგრელი სოტკილავა მეგრულ სიმღერებს ხვალ მიმღერებს! ხომ იცით იგორ სტრავინსკის ცნობილი ნათქვამი?

მაყვალა: შემახსენეთ.

ჯიმი: ვინმე რო(მ) შეეკითხა, თქვენ რო(მ) შეგეძლოთ ხელმეორედ დაიბადოთო, რომელი ერის შვილი დაიბადებოდითო? სტრავინსკის უპასუხ(ნ)ია ასე: მეო მეგრელი დავიბადებოდიო, რადგანო მეგრულ მუსიკას ახასიათებს ისე რთული და მომხიბლავი მელოდიებიო. არ გეხუმრებით, გეფიცებით!

მაყვალა: წარმოგიდგენიათ! საინტერესო იქნებოდა გაგვეგო, რომელ მეგრელს ჩაუწერინებია სტრავინსკისთვის მეგრული სიმღერები. მაინც ხვალ მოგასმენინებთ მეგრულ და ქართულ სიმღერებს (თუკი ამათ შუა რაიმე განსხვავებას მართლა ამჩნევთ – ბოდიში, მაგრამ ამასთან დაკავშირებით არ შემიძლია ცოტა მაინც არ დაგცინოთ!).

Vocabulary

ე-მშვიდობ-ებ-ი (და-)	*you say goodbye to X*
ე-ძალ-ებ-ი (მი-/მო-)	*you force yourself on X*
თქვენი ხათრით/ თქვენს პატივ-სა-ც-ემ-ად	*in your honour*
ტენორი	*tenor*
პირადად	*in person*
მადლობას უ-ხდ-ი (მი-/მო-)	*you pay your thanks to X*
ა-ცდ(-)ენ (გა-)	*you miss X*
დაკავებული	*busy*
ე-თხოვ-ებ-ი (გამო-)	*you take your leave of X*
ხალხური	*folk* (adj.)
მო-სა-წვ(-)ევ-ი	*for inviting*
შე-უ-ნდ-ობ = მი-/მო-უ-ტევ-ებ	*you (will) forgive X for Y*
შესაფერ(ის)ი	*appropriate*
და-ა-ლ(-)ევ-ინ-ებ	*you will make X drink Y*

ა-სმ-ევ	*you make X drink Y*	არასწორი	*incorrect*
წამო-გ-ცდ-ებ-ა	*(a word) will slip from your mouth unintentionally*	დამთხვევა	*coincidence*
ხელმეორედ	*for a second time*	რთული	*complex*
ე-ფიც-ებ-ი	*you (will) swear to X*	ა-წერ-ინ-ებ (ჩა-)	*you get X to record Y*
განსხვავება	*difference*	ა-მჩნ(-)ევ (შე-)	*you notice X*
-თან დაკავშირებით	*in connection with X*	და-ს-ცინ-ი (და-ს-ცინ-ებ)	*you (will) mock X*

Grammar

The form and use of the IIIrd subjunctive

There is only one form of the Georgian verb that has not yet been described, and that is the final member of Series III, namely the IIIrd subjunctive. Its role is marginal in the language, and so it will be treated here somewhat cursorily. For example:

> ამ თეატრის ავტორიტეტი გა-ზრდ-ილ-იყო-ს და ბევრი ქართველი მაყურებლის გული გა-ე-ხარ-ებ-ინ-ო-ს, მერე მშობლიურ საზღვრებსაც გა-ს-ცდ(-)ენ-ოდ-ე-ს და უცხეოლი მაყურებლების აღიარებაც მო-ე-პოვ-ებ-ინ-ო-ს!
> *May the authority* (ავტორიტეტი) *of this theatre grow and give joy to the heart of many Georgian viewers* (მაყურებე–ლი)*; then may it extend* ((გა-)ს-ცდ-ებ-ა) *even beyond its native* (მშობლიური) *borders* (საზღვარი) *and win* (პო-ულ-ობ/მო-ი-პოვ-ებ) *the acclaim* (აღიარება) *of foreign viewers too!*

Such wishes may be introduced by formulæ like ღმერთმა ქნას (რომ(მ)) *. . . May God act (that) . . .*, დაე *. . . Would that . . .*, ვ-უ-სურვ-ებ (რომ(მ)) *. . . I wish X (that) . . .*. In addition, the IIIrd subjunctive in wishes may be replaced by the aorist subjunctive, so that the four verbs in the last example could be respectively replaced by:

> გა-ი-ზარდ-ო-ს, გა-ა-ხარ-ო-ს, გა-ს-ცდ-ე-ს, მო-ი-პოვ-ო-ს.

Here is another example:

> ღამე ისე ჩვეულებრივად მოვიდა ჩვენს სოფელში, თითქოს იმ დღეს ჩვენს ოჯახში არავინ არ მო-მ-კვდ-არ-იყო-ს
> *The night came to our village in such a normal manner* (ჩვეულე-ბრივად)*, as if* (თითქოს) *no one had died in our family that day*

The IIIrd subjunctive is often found after თითქო(ს) (or its synonym ვითომ(ც)) *as if,* though it may be replaced by either the pluperfect or the aorist indicative, which here would respectively be either მო-მ-კვდ-არ-იყო or მო-კვდ-ა. Clauses introduced by, or at least containing, თითქო(ს) may be used to underline the lack of truth of the relevant proposition, where English uses a simple *that* clause (e.g. ქალმა ისე ი-ფიქრ-ო-ს, (რო(მ)) თითქო(ს) ყველაზე მეტი მისთვის მი-მ-ე-წერ-ო-ს *Let this woman* (so) *think that I wrote to her the most* (ყველაზე მეტი), where in place of the IIIrd subjunctive we could have the perfect მი-მ-ი-წერ-ი-ა or the aorist მას მი-ვ-წერ-ე).

In this example:

> ამის შესახებ დღემდე არ ახსოვთ რაიმე გამო-ქვეყნ-ებ-ულ-იყო-ს
> *They do not recall anything having been published about this to this day*

the IIIrd subjunctive could be avoided by altering the construction to an indirect question: . . .ახსოვთ თუ რაიმე გამო-ქვეყნ-დ-ა . . .*whether anything was published* (= aorist indicative) – cf. the direct alternative: . . . ახსოვთ რაიმე გამო-ქვეყნ-დ-ა თუ არაო lit.: . . .*was anything was published or not, saying.*

As to formation, the IIIrd subjunctive simply replaces the indicative markers of the verb's pluperfect with those of the corresponding subjunctive, all other features of the relevant pluperfect, as described in Lessons 16 and 19, remaining the same. Transitives, medials, mono-personal intransitives and mono-personal statives, whose pluperfects are in one way or another derived from the aorist indicative, replace their aorist indicative forms with those of the appropriate aorist subjunctive. Bi-personal intransitives, indirect verbs and bi-personal statives, whose pluperfect employs the endings that are typical of an intransitive imperfect indicative (or conditional), replace these imperfect indicative (or conditional) forms with those of the corresponding present (or future) subjunctive (see Lesson 14 for the formation of the present and future subjunctives).

Transitive verbs

Depending on the form of the aorist subjunctive, the IIIrd subjunctive will be marked by the vowel -ო-, -ა- or, for *give* -ე-. Verbs in -ებ- which have a vowel in the root and whose pluperfect is weak, containing both the thematic suffix and the extra suffix -ინ-, have the ო-vowel in their IIIrd Subjunctive. In all the following examples the aorist subjunctive is given first; both aorist and IIIrd subjunctive are translated alike, namely as a wish. Do not forget that the subject of transitive (and medial) IIIrd subjunctives stands in the dative, whilst that of their aorist subjunctives stands in the ergative.

Aorist subjunctive	*IIIrd subjunctive*	
მო-ვ-კლ-ა	მო-მ-ე-კლ-ა-ს	*may I kill X* (sing./pl.)
მო-კლ-ა	მო-გ-ე-კლ-ა-ს	*may you kill X* (sing./pl.)
მო-კლ-ა-ს	მო-ე-კლ-ა-ს	*may X kill Y* (sing./pl.)
მო-ვ-კლ-ა-თ	მო-გვ-ე-კლ-ა-ს	*may we kill X* (sing./pl.)
მო-კლ-ა-თ	მო-გ-ე-კლ-ა-თ	*may you* (pl.) *kill X* (sing./pl.)

(NB the IIIrd subjunctive also means *may you* (pl.) *kill me/us//may you kill us*)

მო-კლ-ა-ნ	მო-ე-კლ-ა-თ	*may they kill X* (sing./pl.)

(NB the IIIrd subjunctive also means *may X* (sing./pl.) *kill you* (pl.))

მო-გ-კლ-ა	მო-მ-ე-კლ-ა	*may I kill you*
მო-მ-კლ-ა	მო-გ-ე-კლ-ა	*may you kill me*
მო-მ-კლ-ა-ს	მო-ვ-ე-კლ-ა	*may X* (sing./pl.) *kill me*
მო-გვ-კლ-ა-ნ	მო-ვ-ე-კლ-ა-თ	*may they kill us*

(NB the IIIrd subjunctive also means *may X kill us*)

ვ-ნახ-ო	მ-ე-ნახ-ო-ს	*may I see X* (sing./pl.)
ნახ-ო	გ-ე-ნახ-ო-ს	*may you see X* (sing./pl.)
ნახ-ო-ს	ე-ნახ-ო-ს	*may X see Y* (sing./pl.)
ვ-ნახ-ო-თ	გვ-ე-ნახ-ო-ს	*may we see X* (sing./pl.)
ნახ-ო-თ	გ-ე-ნახ-ო-თ	*may you* (pl.) *see X* (sing./pl.)

(NB the IIIrd subjunctive also means *may you* (pl.) *see me/us//may you see us*)

ნახ-ო-ნ	ე-ნახ-ო-თ	*may they see X* (sing./pl.)

(NB the IIIrd subjunctive also means *may X* (sing./pl.) *see you* (pl.))

გ-ნახ-ო	მ-ე-ნახ-ო	*may I see you*
მ-ნახ-ო	გ-ე-ნახ-ო	*may you see me*
მ-ნახ-ო-ს	ვ-ე-ნახ-ო	*may X see me*

(NB the IIIrd subjunctive also means *may they see me*)

გვ-ნახ-ო-ნ	ვ-ე-ნახ-ო-თ	*may they see us*

(NB the III subjunctive also means *may X see us*)

When it comes to the verb *give*, remember that the indirect object is marked within the verb throughout Series I and II but externally to the verb (by means of the postposition -თვის *for*) in Series III:

მი-ვ-ც-ე	მი-მ-ე-ც-ე-ს	*may I give X to Y*
მი-ს-ც-ე	მი-გ-ე-ც-ე-ს	*may you give X to Y*
მი-ს-ც-ე-ს	მი-ე-ც-ე-ს	*may X give Y to Z*

მი-ვ-ც-ე-თ	მი-გვ-ე-ც-ე-ს	*may we give X to Y*
მი-ს-ც-ე-თ	მი-გ-ე-ც-ე-თ	*may you* (pl.) *give X to Y*

(NB the IIIrd subjunctive also means *may you* (pl.) *give me/us to X//may you give us to X*)

მი-ს-ც-ე-ნ	მი-ე-ც-ე-თ	*may they give X to Y*

(NB the IIIrd subjunctive also means *may X* (sing./pl.) *give you* (pl.) *to Y*)

მი-ს-ც-ე ჩემი თავი	მი-გ-ე-ც-ე მისთვის	*may you give me to X*
მო-გ-ც-ე-ს ჩემი თავი	მო-ვ-ე-ც-ე შენთვის	*may X give me to you*

To illustrate these last two forms in a full sentence, let us take the English *May God give me to you as a faithful slave!* With the aorist subjunctive we have: ღმერთმა მო-გ-ც-ე-ს ჩემი თავი ერთგულ მონად, whilst the IIIrd Subjunctive produces: ღმერთს მო-ვ-ე-ც-ე (მე) შენთვის ერთგულ მონად.

Medial verbs

All medial verbs have aorist subjunctive in -ო. Therefore their IIIrd subjunctive is always in -ო, as illustrated for the aorist and IIIrd subjunctive of *feel* – remember the aorist subjunctive has an ergative subject, the IIIrd subjunctive a dative:

ვ-ი-გრძნ-ო	მ-ე-გრძნ-ო-ს	*may I feel X*
ი-გრძნ-ო	გ-ე-გრძნ-ო-ს	*may you feel X*
ი-გრძნ-ო-ს	ე-გრძნ-ო-ს	*may X feel Y*
ვ-ი-გრძნ-ო-თ	გვ-ე-გრძნ-ო-ს	*may we feel X*
ი-გრძნ-ო-თ	გ-ე-გრძნ-ო-თ	*may you* (pl.) *feel X*
ი-გრძნ-ო-ნ	ე-გრძნ-ო-თ	*may they feel X*

Mono-personal intransitive (and stative) verbs

The aorist indicative of the copula is replaced by the aorist subjunctive, the ვ- marking 1st personhood is absent from the copula ending but present in front of the root. Mono-personal statives follow this same pattern. Compare again aorist subjunctive and IIIrd subjunctive of *to be*:

ვ-ი-ყ-ო	ვ-ყოფ-ილ-იყო	*may I be*
ი-ყ-ო	ყოფ-ილ-იყო	*may you be*
ი-ყ-ო-ს	ყოფ-ილ-იყო-ს	*may X be*
ვ-ი-ყ-ო-თ	ვ-ყოფ-ილ-იყო-თ	*may we be*
ი-ყ-ო-თ	ყოფ-ილ-იყო-თ	*may you* (pl.) *be*
ი-ყ-ო-ნ	ყოფ-ილ-იყო-ნ	*may they be*

Bi-personal intransitive, indirect, and bi-personal stative verbs

The subjunctive vowel is always -ე, and it always follows the suffix -ოდ-. Contrast first the aorist and IIIrd subjunctives for the bi-personal intransitive verb *hide from* and then the present and IIIrd subjunctives of the indirect verb *love*:

და-ვ-ე-მალ-ო	და-ვ-მალ-ოდ-ე	*may I hide from X* (sing./pl.)
და-ე-მალ-ო	და-მალ-ოდ-ე	*may you hide from X* (sing./pl.)
და-ე-მალ-ო-ს	და-მალ-ოდ-ე-ს	*may X hide from Y* (sing./pl.)
და-ვ-ე-მალ-ო-თ	და-ვ-მალ-ოდ-ე-თ	*may we hide from X* (sing./pl.)
და-ე-მალ-ო-თ	და-მალ-ოდ-ე-თ	*may you* (pl.) *hide from X* (sing./pl.)
და-ე-მალ-ო-ნ	და-მალ-ოდ-ნენ	*may they hide from X* (sing./pl.)
და-გ-ე-მალ-ო	და-გ-მალ-ოდ-ე	*may I hide from you*

Present subjunctive	*IIIrd subjunctive*	
მ-ი-ყვარ-დ-ე-ს	მ-ყვარ-ებ-ოდ-ე-ს	*may I love X* (sing./pl.)
გ-ი-ყვარ-დ-ე-ს	გ-ყვარ-ებ-ოდ-ე-ს	*may you love X* (sing./pl.)
უ-ყვარ-დ-ე-ს	ჰ-ყვარ-ებ-ოდ-ე-ს	*may X love Y* (sing./pl.)
გვ-ი-ყვარ-დ-ე-ს	გვ-ყვარ-ებ-ოდ-ე-ს	*may we love X* (sing./pl.)
გ-ი-ყვარ-დ-ე-თ	გ-ყვარ-ებ-ოდ-ე-თ	*may you* (pl.) *love X* (sing./pl.)

(NB both forms also mean *may you* (pl.) *love me/us//may you love us*)

უ-ყვარ-დ-ე-თ	ჰ-ყვარ-ებ-ოდ-ე-თ	*may they love X* (sing./pl.)/ *may X* (sing./pl.) *love you* (pl.)
ვ-უ-ყვარ-დ-ე	ვ-ყვარ-ებ-ოდ-ე	*may X* (sing./pl.) *love me*
ვ-უ-ყვარ-დ-ე-თ	ვ-ყვარ-ებ-ოდ-ე-თ	*may X* (sing./pl.) *love us*

The form and function of causative verbs

In English causation is expressed by using verbs such as *cause* or *make* plus the infinitive (e.g. *I cause you to behave well* or *I made you give the book to John*). Georgian too possesses the verb იძულება *forcing*, which allows a rough parallel to English, e.g.:

გ-ა-იძულ-ებ კარგად მო-ი-ქც-ე
I (shall) force you to behave (= aorist subjunctive) *well*

გ-ა-იძულ-ე წიგნი მი-გ-ე-ც-ა ჯონისთვის
I forced you to give (= pluperfect) *the book to John*

However, Georgian has a method of adapting verb-forms to include the association of a causer thus avoiding the use of a separate verb of causation. The resulting formation is known as the causative, and the meaning of such verbs can cover the range *force*, *compel*, *make*, *persuade*, *let*, *get*, *help X (to) do (Y)*, depending on the context.

These verbs present problems both of morphology and syntax. Let us take the latter difficulty first. When an intransitive verb is made causative, the intransitive subject becomes direct object of the causative; any indirect object remains indirect object of the causative, e.g.:

ევროპის ხალხი გადა-რჩ-ა (დაღუპვას)
The people of Europe survived (perishing (და-ღუპ-ვ-ა)) compared with:

წითელმა ჯარმა ევროპის ხალხი გადა-ა-რჩ(-)ინ-ა (დაღუპვას)
The Red Army helped the people of Europe survive (perishing)

ქალი მი-ე-სალმ-ა ქმარს
The woman greeted ((მი-/მო-)ე-სალმ-ებ-ი) *her husband* compared with:

ჯარისკაცებმა ქალი უკანასკნელად მი-ა-სალმ-ეს საყვარელ ქმარს
The soldiers let the woman greet her husband one last time

When a transitive verb is made causative, the transitive verb's subject becomes indirect object of the resulting causative, whilst the original direct object stays direct object of the causative, e.g.:

მეწყალსადენემ ონკანი შე-ა-კეთ-ა
The plumber mended the tap (ონკანი)

მასწავლებელმა მეწყალსადენეს ონკანი შე-ა-კეთ-ებ-ინ-ა
The teacher got the plumber to mend the tap

When the transitive verb itself already has an indirect object, this indirect object becomes dependent on -თვის *for* and thus stands in the genitive under causativisation, e.g.:

ზაზამ წიგნი (მე) მო-მ-ც-ა
Zaza gave me the book compared with:

მამა-მისმა ზაზას წიგნი მო-ა-ც-ემ-ინ-ა ჩემთვის
His father made Zaza give me the book

Given their meanings such pairs as:

ქალი ჯდ-ებ-ა *The woman is sitting down*; ქალს ვ-სვ-ამ *I seat the woman*
ქალი წვ-ებ-ა *The woman is lying down*; ქალს ვ-ა-წვ(-)ენ *I lay the woman down*
ქალი კვდ-ებ-ა *The woman is dying*; ქალს ვ-კლ-ავ *I kill the woman*

ხილი მწიფ-დ-ებ-ა *The fruit is ripening;* მზე ხილს ა-მწიფ-ებ-ს *The sun* (მზე) *is ripening the fruit*

should be treated as causatives. However, in earlier lessons these pairs have either been treated independently of each other or the non-causative has been described as the intransitive variant of the basic transitive (= causative), and in what follows we shall limit ourselves to describing the causative formations for those verbs that have not so far been covered.

Transitive verbs

Almost without exception the universal marker of causation is the suffix -ინ-, and, together with its root, it forms a verbal base which belongs to the class of verbs with thematic suffix -ებ-, thereby giving the suffixal sequence -ინ-ებ in the present indicative. Some verbs, however, add an extra initial suffix -ევ-, thereby giving the suffixal sequence -ევ-ინ-ებ in the present indicative. The base form to which these compound suffixes are attached is produced as follows: simply take the (preverbless) masdar and remove the masdar marker -ა. It is, however, necessary to learn which (sub-)type of verb requires which suffixal sequence. Such causatives, once produced, behave in terms of forming their different tenses just like a normal verb in -ებ, which includes taking the version vowel ა- in Series I and II (regardless of whether or not the base verb takes a version vowel or, if it does, which one). The preverb is the same as is required by the causative's base verb, e.g. (for the verb (ა-)ა-შენ-ებ *you (will) build X*):

present indicative = ა-შენ-ებ-ინ-ებ *you get X to build Y* →
future indicative = ა-ა-შენ-ებ-ინ-ებ *you will get X to build Y* →
aorist indicative → ა-ა-შენ-ებ-ინ-ე *you got X to build Y* →
aorist subjunctive → ა-ა-შენ-ებ-ინ-ო *may you get X to build Y* →
perfect = ა-გ-ი-შენ-ებ-ინ-ებ-ი-ა (ჯონისთვის) *you apparently got (John) to build X* →
pluperfect = ა-გ-ე-შენ-ებ-ინ-ებ-ინ-ა (ჯონისთვის) *you had got (John) to build X*

As an example of the other compound suffix, take the verb (გა-)ჭრ-ი *you (will) cut X in two*, which gives the causative (გა-)ა-ჭრ-ევ-ინ-ებ *you (will) get X to cut Y in two* etc. . . .

Causatives in subjective or objective version occur (albeit rarely) in Georgian literature but learners should not attempt to produce them. One (also very rare) oddity to which readers should be alerted (should they pursue their Georgian studies to an advanced level) is the possibility of using intransitive morphology with a causative. Unlike most verbs in -ებ, which take a suffixal intransitive, causatives form their intransitives prefixally (in this case in ე-, as they are here being used with intransitive subject and indirect object alone). One example is offered (just to wet the appetite!):

ქალიშვილი მგელს ე-ტაც-ებ-ინ-ებ-ა/გა-ე-ტაც-ებ-ინ-ა/გა-ს-ტაც-ებ-ინ-ებ-ი-ა
The maiden allows/allowed/apparently allowed herself to be snatched away by the wolf

Less colloquially these three tense forms could be expressed, incorporating the reflexive, thus:

present = ქალიშვილი თავს ა-ტაც-ებ-ინ-ებ-ს მგელს compared with
aorist = ქალიშვილმა თავი გა-ა-ტაც-ებ-ინ-ა მგელს compared with
perfect = ქალიშვილს თავი გა-უ-ტაც-ებ-ინ-ებ-ი-ა მგლისთვის

Root verbs

Once the exponent of the masdar is removed, one is left with the simple root, to which -ინ-ებ is attached. No changes ever occur to any ე-vowel in the root. Examples will start with the masdar:

(და-)წერ-ა *writing* → (და-)ა-წერ-ინ-ებ *you (will) get X to write (Y)*

In the case of the verb ჭამ *you eat (X)* (aorist = ჭამ-ე, perfect გ-ი-ჭამ-ი-ა) the causative is exceptional, being ა-ჭმ-ევ *you (will) feed X to Y* (aorist = ა-ჭამ-ე, perfect გ-ი-ჭმ-ევ-ი-ა (მისთვის)). This, in turn, may be put in the causative to produce ა-ჭმ-ევ-ინ-ებ *you (will) get X to feed Y to Z.*

Thematic suffix -eb

Removal of the masdar's characteristic vowel leaves root plus thematic suffix. To these -ინ-ებ is attached, e.g.:

(გა-)ღ-ებ-ა *opening* → (გა-)ა-ღ-ებ-ინ-ებ *you (will) get X to open Y*

Thematic suffix -av

After removal of the masdar exponent one is left with root plus ვ-remnant of the thematic suffix (either following the root or tucked inside it). If the root contains a vowel, the suffix -ინ-ებ is used; if not, -ევ-ინ-ებ is employed, e.g.:

(და-)კარგ-ვ-ა *losing* → (და-)ა-კარგ-ვ-ინ-ებ *you (will) get X to lose Y*
(და-)რგ-ვ-ა *planting* → (და-)ა-რგ-ვ-ევ-ინ-ებ *you (will) get X to plant Y*

(მო-)კვლ-ა *killing* → (მო-)ა-კვლ-ევ-ინ-ებ *you (will) get X to kill Y*
ნახ-ვ-ა *seeing* → ა-ნახ-ვ-ებ (also (და-)ა-ნახ-ვ-ინ-ებ) *you (will) get X to see Y*

Thematic suffix -i

Removal of the masdar exponent leaves the simple root. If there is a vowel in this root, then the suffix will be -ინ-ებ. If, on the other hand, there is no vowel, the suffix is -ევ-ინ-ებ, e.g.:

(გა-)გზავნ-ა *sending (there)* → (გა-)ა-გზავნ-ინ-ებ *you (will) get X to send Y (there)*
(და-)ღვრ-ა *shedding* → (და-)ა-ღვრ-ევ-ინ-ებ *you (will) get X to shed Y*

Thematic suffix -ob

Removal of the masdar's final vowel leaves the root plus thematic suffix. To this -ინ-ებ is attached, e.g.:

(გა-)თბ-ობ-ა *warming* → (გა-)ა-თბ-ობ-ინ-ებ *you (will) get X to warm Y*

Thematic suffix -am

Removal of the masdar exponent leaves the root plus the მ-remnant of the thematic suffix. To this -ევ-ინ-ებ is attached, e.g.:

(და-)ს-მ-ა *seating* → (და-)ა-ს-მ-ევ-ინ-ებ *you (will) get X to seat Y* (sing.)

Note that ს-მ-ა in the sense of *drinking* is irregular in forming its causative (ა-ს-მ-ევ *you (will) give X to Y to drink*, aorist ა-სვ-ი, perfect გ-ი-ს-მ-ევ-ი-ა; from the suppletive root we have (და-)ა-ლ(-)ევ-ინ-ებ). This can then be made causative to produce ა-ს-მ-ევ-ინ-ებ *you (will) get X to give Y to Z to drink.*

The causative of (გა-)ყ-ოფ-ა *dividing* is (გა-)ა-ყ-ოფ-ინ-ებ *you (will) get X to divide Y*, whilst მი-ც-ემ-ა *giving* (thither) produces მი-ა-ც-ემ-ინ-ებ *you will get X to give Y to Z* (thither); ა-ძლ(-)ევ-ინ-ებ is used in the present.

Medial verbs

On p. 159 of Lesson 11 we saw that in almost all cases the future indicative of medials is formed by means of the circumfix ი- -ებ (the rest of the future sub-series, Series II and Series III then behaving in essence like a normal verb with thematic suffix -ებ). The future-forming circumfix is simply the subjective version form of a normal transitive verb with thematic suffix -ებ and version vowel ა-, and it is this latter transitive verb which serves as causative for the medial (e.g. ქალმა ი-ლაპარაკ-ა *The woman spoke* → კაცმა ქალი ა-ლაპარაკ-ა *The man got the woman to speak*). The transitive origin of medials outside the present sub-series explains why their subjects in Series II stand in the ergative and why in Series III they undergo the same inversion that characterises transitive verbs. A peculiarity of the medial's (pseudo-)causative is that, like the basic medial, it does not take a preverb. Look at these examples:

მღერ-ი/ი-მღერ-ებ *you (will) sing* → ა-მღერ-ებ *you (will) get X to sing*
თამაშ-ობ/ი-თამაშ-ებ *you (will) play* → ა-თამაშ-ებ *you (will) get X to play*
მუშა-ობ/ი-მუშა-ვ-ებ *you (will) work* → ა-მუშა-ვ-ებ *you (will) get X to work*
დუღ-ს/ი-დუღ-ებ-ს *it boils/will boil* → ა-დუღ-ებ *you (will) boil X*

NB სწავლ-ობ/ი-სწავლ-ი *you (will) learn (X)* → ა-სწავლ-ი *you (will) teach X to Y*; NB მი-ა-სწავლ-ი/მო-ა-სწავლ-ი, defined as იქით მიმავალს/აქეთ მომავალს გზას ასწავლი *you (will) show the way to one going there/coming here* (e.g. ქალმა მი-გვ-ა-სწავლ-ა სადგური *the woman directed us to the station*)

და-რბ-ი-ს/ი-რბ-ენ-ს *X runs/will run* → ა-რბ-ენ (or ა-რბ-ენ-ინ-ებ) *you (will) get X to run*

If we make a medial that takes a direct object into a causative, then this behaves like the subject of any transitive verb and becomes the indirect object of the causative, e.g.:

ნათელამ ახალი წერილი ი-კითხ-ა
Natela read out the new letter →

ზაზამ ნათელას ახალი წერილი ა-კითხ-ა (or ა-კითხ-ვ-ინ-ა)
Zaza got Natela to read out the new letter

We saw in Lesson 11 that it is usually possible to derive suffixal intransitive verbs with inceptive force from medial roots. These usually take the preverb ა- outside the present sub-series (where they are rare, anyway). By using this preverb with the (pseudo-)causative of medials, one produces the (pseudo-)causative of the inceptive. Compare:

ყვირ-ი/ი-ყვირ-ებ *you (will) yell* → ა-ყვირ-ებ *you (will) get X to yell* compared with:

ა-ყვირ-დ-ებ-ა *X will begin to yell* → ა-ა-ყვირ-ებ *you will get X to begin yelling*

We also saw in Lesson 11 that outside the present sub-series medials can take a preverb to indicate a one-off action. By using the relevant preverb with the medial's (pseudo-)causative one can form the (pseudo-)causative of such semelfactives:

ყვირ-ი/ი-ყვირ-ებ *you (will) yell* → ა-ყვირ-ებ *you (will) get X to yell*
და-ი-ყვირ-ებ-ს *X will let out a yell* → და-ა-ყვირ-ებ *you will get X to let out a yell*

Indirect verbs

In general there will be a simple transitive verb with thematic suffix -ებ corresponding to an indirect verb as its (pseudo-)causative, e.g.:

შე-ყვარ-ებ-ა *get X to love Y; conceive love for X*: წინდახედულებამ შე-მ-ა-ყვარ-ა წიგნის კითხვა *foresight* (წინდახედულება) *instilled in me* (= dative indirect object) *a love for the reading of books*; ხალხმა შე-ი-ყვარ-ა ახალი მღვდელი *The people conceived a love for the new priest*
შე-ძულ-ებ-ა *get X to hate Y; conceive hatred for X*: რამ შე-გ-ა-ძულ-ა ჩემი თავი? *What made you* (= dative indirect object) *hate me?*; ელისაბედმა შე-ი-ძულ-ა ჯერ თვალით არ-ნახული რძალი *Elisabed conceived a hatred for the daughter-in-law she had not yet seen with her own eyes*
მო-წონ-ებ-ა *get X to like Y*: თავი არ მო-გ-წონ-ს? *Don't you like yourself?*; შენ ყველას თავი უნდა მო-ა-წონ-ო *You must get everyone to like you*
ყოლ-(ი-)ებ-ა *get X to have Y*(animate): შვილი არ(ა) მ-ყავ-ს *I have no child* → ორმოცდაათი წლისას შვილი მ-ა-ყოლ-(ი-)ე! *Allow me, a 50 year-old, to have a child!*
და-ვიწყ-ებ-ა *forget/make forget*: როდის და-მ-ა-ვიწყ-დ-ებ-ა ჩემი დარდი? *When shall I forget my woe* (დარდი)*?* → რა და-მ-ა-ვიწყ-ებ-ს ჩემს დარდს? *What will make me forget my woe?*
და-ხსომ-ებ-ა *recall/make recall*: და-მ-ა-ხსომ-დ-ა, გერმანელები როგორ მ-ე-პყრ-ობ-ოდ-ნენ *I recalled how the Germans used to treat me* → გერმანელებს მინდა და-ვ-ა-ხსომ-ო, როგორ მ-ე-პყრ-ობ-ოდ-ნენ *I want to make the Germans recall how they used to treat me*

Copula (*to be*)

The causative of the copula is ა-მყოფ-ებ *you allow X to be* (e.g. მარტო მ-ა-მყოფ-ე ჩემს მკვდარ შვილთან *Let me be alone with my dead child*).

An alternative passive

Not all verbs have passive forms, and the most natural way for Georgian to get round this is to use the active with a non-specific 3rd person plural subject (e.g. ზომებს მი-ი-ღ-ებ-ენ *They will take measures* (ზომა) = *Measures will be taken*, vs ზომები მი-ი-ღ-ეს *They took measures* = *Measures were taken*). An alternative is to use the past participle in association with ი-ქნ-ებ-ა *it will be* or ი-ქნ-ა *it was*. This is usually confined to either the future sub-series or Series II. If the participle immediately precedes the auxiliary verb, it normally loses its final -ი, e.g.:

ზომები მი-ღ-ებ-ულ ი-ქნ-ებ-ა/ი-ქნ-ა *Measures will be/were taken*

An alternative Series III for transitive verbs

Georgian, especially the colloquial language, has developed IIIrd Series forms for transitive verbs that exactly mirror the English type with auxiliary verb *have* plus past participle. Since Georgian has two verbs for *have*, depending upon whether the possessed entity is animate or inanimate, it is important to select the appropriate auxiliary. In the perfect no sense of *apparently* is attached, and these alternative formations are equivalent to the English perfect or pluperfect e.g.:

ჩემი წერილი გ-ა-ქვ-ს/გ-ქონ-დ-ა მი-ღ-ებ-ულ-ი?
Have/Had you received my letter? →

დიახ, შენი წერილი მ-ა-ქვ-ს/მ-ქონ-დ-ა მი-ღ-ებ-ულ-ი
Yes, I have/had received your letter

ჯარისკაცებს ვინმე ჰ-ყავ-თ/ჰ-ყავ-დ-ა-თ მო-კლ-ულ-ი?
Have/Had the soldiers killed anyone? →

დიახ, ვიღაც ჰ-ყავ-თ/ჰ-ყავ-დ-ა-თ მო-კლ-ულ-ი
Yes, they have/had killed someone

Indefinite clauses

These clauses of the type *however you do it*, *wherever you go*, *whoever comes* are produced by using the optionally negated (არ) უნდა in association with (a) the aorist subjunctive for a future event, (b) the present subjunctive for an ongoing event, and (c) the pluperfect for a past event. In addition the particle -ც attaches to a word at the start of the clause:

სადაც/როდესაც (არ) უნდა წახვიდე, მე წამოვალ
Wherever/Whenever you go, I shall come along

რამდენი წლისაც (არ) უნდა იყო, ქმრად მაინც მინდიხარ
However old you are, I still want you as (my) husband

ვინც ამას (არ) უნდა აკეთებდეს, სეირს ვაჩვენებ!
Whoever is doing this, I'll show him what for!

რამდენადაც (არ) უნდა გაგელანძღე, მაინც მიყვარხარ
However much/To whatever degree you abused me, I still love you

Dialogue 4

Jim returns to Maq'vala's for his last Georgian feast (ქეიფი)

მაყვალა: საღამო მშვიდობისათ, ჯიმ, მობრძანდით, ყველა გელ(ოდებ)ით; რატომ დაგაგვიანდათ? ცოტა არ იყოს, გვეშინოდა, ვაი-თუ ჯიმს რაიმე დაემართა და არ მოდისო (/მოდის-თქო)! აი გაიცანით ბატონი ზურაბი.

ჯიმი: ძალიან სასიამოვნოა თქვენი გაცნობა, ბატონო ზურაბ. როგორ ბრძანდებით, ანდა "მუჭო ზოჯუნთ?", თუ შემიძლია ცოტა ჩაგიმეგრულოთ!

ზურაბი: არა მიშავს, გმადლობთ. თქვენ როგორ გიკითხოთ? როგორ მოითბილისეთ? ამბობენ, რო(მ) თითქმის ერთი წელი შესრულდა, რაც თქვენ ჩამობრძანდით. მაგრამ უკვე უნდა მივუსხდეთ მაგიდას, რადგან გვიანაა და საჭმელი მზადაა! მთელი დღე რა დიდი ფუსფუსით დასტრიალებდა ჩვენი მაყვალა ამ მაგიდას! ფრთხილად, სკამს არ გადაებორძიკოთ (/სკამს ფეხი არ წამოჰკრათ)!

მაყვალა: ჯიმ, თქვენ დაბრძანდით ზურაბის გვერდზე. იგი უკვე ავირჩიეთ თამადად.

ზურაბი: ბატონებო! მაპატიეთ, თუ ამაღამ დაირღვევა ქართული სუფრის წესები, მაგრამ ბევრი დრო არ დაგვრჩენია. ხელში მიჭირავს ჭიქა, და ნება მიბოძეთ, რო(მ) ამით შევსვა ჩვენთვის ძვირფასი ადამიანის სადღეგრძელო. ეს ადამიანი გახლავთ დიდი ერის წარმომადგენელი. თავის შორეულ სამშობლოში როგორმე გაუგია პატარა საქართველოს არსებობა, დაინტერესებულა ჩვენი ენებით, შესდგომია ქართული ენის სწავლას, და ისე შევყვარებივართ, რო(მ) გადაუწყვეტია აქ ჩამოსულიყო, რათა უკეთესად გაგვცნობოდა და შესჩვეოდა აქაურობას. ჩვენდა ბედად, არ უნანია ეგ გადაწყვეტილება.

გაუმარჯოს ბატონ ჯიმს! სულ კარგად, ჯანმრთელად და ბედნიერად ყოფილიყოს! გაეხარებინოს თავისი მშობლები მისი ინგლისში დაბრუნებით! არასოდეს არ დავვიწყებოდეთ ჩვენ ქართველები, მეგრელები, და აფხაზები, და მალე კიდევ გვწვეოდეს! სანამ ინგლისში იქნება, გაეგებინებინოს თავისი თანამემამულეებისთვის, რო(მ), როცა ვინმე მოიხსენიებს "ჯორჯია"-ს, ყველამ არ უნდა იფიქროს ამერიკაზე! დამყარებულიყოს მყარი მეგობრობა დიდ ბრიტანეთსა და საქართველოს შუა. მალე გვენახოს ჯიმი და ბევრჯერ შევხვედროდეთ ერთმანეთს საქართველოს მიწა-წყალზე! ეხლა ყველას გთხოვთ დაცალოთ თქვენი ჭიქები – კავკასიური ვ ა ქ ა ც ო ბ ი თ გადაჰკარით! ჯიმს თუ უფრო გვიან მაყვალას საყვარელ ყანწს დავალევინებთ, მაყვალა ალბათ მას საჩუქრად გაატანს ინგლისში! გაუმარჯოს ინგლისს, გაუმარჯოს საქართველოს, გაუმარჯოს მეგობრობას ერებს შორის, და გაუმარჯოს ბატონ ჯიმს!

[ცლიან ჭიქებს]

ეხლა, ყველას მოგეხსენებათ, რო(მ) ინგლისელები ალალ-მართალი ხალხია. აბა, მოვუსმინოთ ჩვენს ინგლისელ სტუმარს. იგი ალბათ გულით და სულით მოგვმართავს. ალავერდი ბატონ ჯიმს . . .

Vocabulary

ცოტა არ იყოს	*greatly*	მუჭო ? როგორ	*how*
ზოჯ-უნ-თ ? ბრძან-დ-ებ-ი-თ	*you* (pl.) *are*	უ-მეგრულ-ებ (ჩა-)	*you slip into Mingrelian speaking to X*
არა გ-ი-შავ-ს	*you're not bad*		
თქვენ როგორ გ-ი-კითხ-ო-თ?	*How are <u>you</u>?* (in answer to როგორ ბრძანდებით?)	ი-კითხ-ავ	*you (will) ask X*
		როგორ მო-ი-თბილის-ე?	*how did you find Tbilisi?*
ფუსფუსი	*fussing about*	და-ს-ტრიალ-ებ	*you flap around X*
ე-ბორძიკ-ებ-ი (გადა-)	*you trip up over X* (dat.)	ფეხს ჰ-კრ-ავ (წამო-)	*you trip up over X* (dat.)
ფრთხილად!	*Careful!*	თამადა	*toast master*
ა-პატი-ებ	*you excuse X for Y*	ჭიქა	*glass*
		ნება მ-ი-ბოძ-ე	*give me permission* (polite)
სვ-ამ (შე-)	*you propose* (toast)	სადღეგრძელო	*toast*

შორეული	*distant*
ჩვენდა ბედად (vs საუბედუროდ)	*luckily (vs unluckily) for us*
გადაწყვეტილება	*decision*
ა-ხარ-ებ (გა-)	*you give joy to X*
ი-ხსენი-ებ (მო-)	*you mention X*
მყარი	*unshakeable*
ცლ-ი (და-)	*you drain X*
ჰ-კრ-ავ (გადა-)	*you drain X in one gulp*
ალალი	*honest*
აბა	*well then*
ადამიანი	*human being*
აქაურობა	*here(ness)*
ნან-ობ (ი- -ებ)	*you regret X*
ჯანმრთელი	*healthy*
თანამემამულე	*fellow-countryman*
ჯორჯია	*Georgia*
მიწა-წყა_ლი	*territory*
ვაჟკაცობა	*manliness*
ყანწი	*drinking-horn*
ალავერდი	*the toast passes to X* (dat.)

Exercises

1

Write out the IIIrd subjunctive paradigms for:

May I (etc.) stay!
May X wound me (etc.)!
May I (etc.) get X to write Y!
May I (etc.) have animate X!
May X fall in love with me (etc.)!
May I (etc.) get X to kill Y!.

2

Fill in the gaps and translate:

(a) .ომ.ლ. .ვ.ნო .აგ.ლ.ვ.ნ.ს?
(b) ს.ყვ.რ.ლ. ა. .აგ.კ.რგ.დ.ს!
(c) ცხ.ნ. სა. და.ბ.ე.ი.ე. .ქვ.ნ?
(d) ა.ალ წელ. .ო.ტან.ს ბ.დ.ი.რ.ბ.!
(e) .რ.ფ.რ. (ა.) .აგვ.კეთ.ბ.ნ.ბი. შ.ნ.ვ.ს
(f) ა. ..ძულ.ბო.ე. ე.თ.ანეთ.!
(g) დ.დ.კ., .კამ.ე და.ს.ი!
(h) ს.რვ.ლებ. ..სრულ.ბ.დ.თ ..ვენ!

3

Imagine the following sentences, all with verbs in the present indicative, standing after the words არ მახსოვს *I don't recall*, and make the necessary changes, of which the main one is the use of the IIIrd subjunctive:

(a) შენ გრცხვენია მათი
(b) გოგოებმა პასუხი იციან
(c) მეგობარს სადილს ვამზადებინებთ
(d) მეგობრობა მათ შორის მყარდება
(e) ის კაცი არაფერს (არ) შვრება
(f) დები სიმართლეს ეუბნებიან დედას
(g) ქალი ლოგინში წევს
(h) სიმართლეს დებს ვათქმევინებთ მშობლების(ა)თვის

4

Replace the following perfect verb-forms with their colloquial variants:

(a) ბევრი წიგნი შემიძენია
(b) რა გაგიკეთებია?
(c) მას არავინ (არ) უნახავს
(d) ყურძენი გაგვისრესია
(e) ლამაზი გოგო დაგიხატავთ?
(f) მშობლებს ბავშვი დაუძინებიათ
(g) პოლიციელებს დავუჭერივართ
(h) (თქვენ მე) აგირჩევივართ

5

Put the nouns below into the correct case with the causative verb forms:

(a) წერილ- დავაწერინებ ქალიშვილ-
(b) ქართველებ- რამდენ- მასმევდნენ
(c) ქალ- გასაღებ- დამაკარგვინა
(d) წერილ- დავაწერინე ქალიშვილ-
(e) ქართველებ- რამდენ- დამალევინეს
(f) წერილ- დამიწერინებია ქალიშვილ-
(g) ძაღლ- ვი- მოაცემინე ჩვენ-?
(h) ქართველებ- რამდენ- დაულევინებიათ ჩემ-

6

Put the following into their causative forms by asking of the given example *What made you* (etc.) . . . (verb)*?*, after the model: წერილს ვწერთ *We are writing a letter* → რამ დაგვაწერინა წერილი? *What made us write the letter?*:

(a) ქალები ერთმანეთს ესალმებიან
(b) ვლაპარაკობთ
(c) სტუმარი კარს აღებს
(d) ბავშვი რძეს სვამს
(e) გოგო ლაპარაკს იწყებს
(f) ჩვენ თქვენ პრეზიდენტად გირჩევთ
(g) მომღერლები მღერდებიან
(h) მამა ფულს მაძლევს

7

Translate into English:

(a) ამით არ გვინდა ვთქვათ, თითქოს საბჭოთა იმპერია სასიამოვნო ყოფილიყოს ქართველი ერის(ა)თვის
(b) მხოლოდ სიმართლე ვთქვათ და სხვებსაც ვათქმევინოთ!
(c) მართალი ბრძანდებით. ამიტომ, თუ სხვები თქვენს რჩევას შეიწყნარებენ და სიმართლეს მოგასმენინებენ თქვენ, უფლება არ გექნებათ (რო(მ)) გაბრაზდეთ მათზე.
(d) გისურვებთ, (რო(მ)) არდადეგები სასიამოვნოდ გაგეტარებინოთ და მომავალში სულ ბედნიერად ყოფილიყოთ თქვენ(ა) და თქვენები!
(e) ვის გავატანო ეს წერილები ინგლისში? ზაზას გაატანეთ – იგი უეჭველად წაიღებს (მათ)
(f) რა ღირდა ეს კაბა? მე ვიყიდე ორი ათას მანეთად, დღეს კი ღირს ათი ათასად
(g) არ მახსოვს, (რო(მ)) ვინმე შესულიყოს თეატრში. ამიტომ არა ღირს შესვლა, სანამ/ვიდრე სხვები არ შემოგვიერთდებიან
(h) ღმერთმა ქნას, (რო(მ)) მთელ მსოფლიოს ბოლოს და ბოლოს გაეგოს სიმართლე საქართველოზე!

8

Translate into Georgian:

(a) You can't show us the way to a hotel, child, can you, so that we may spend the night somewhere?
(b) The hooligans made the girls shatter the plates. They then made fun of them and in this way made them cry
(c) At the end (= დამლევს/მიწურულს) of the year father makes us clean the greenhouse and at the beginning (= დამდეგს) of spring gets us to sow (his) seeds
(d) What meat should I get our daughter to bring from the market? It depends how much everything costs and how much money we have
(e) Your dog finally gave up barking at 10 o'clock, but what made it start barking last night?
(f) This nation wants to make the whole world love it
(g) If the others had had such foresight as that, this misfortune would never have come crashing about their heads
(h) God grant that all your wishes be fulfilled and that the work you have begun end in success!

A grammatical summary of Georgian

The modern plural marking of nouns (see Lesson 8), whereby the pluraliser -ებ- is followed by the same case endings we see in the singular of consonant-stem nouns, though found in Old Georgian, was not the language's usual pluralising strategy. Set out below are the full singular and plural paradigms for the Old Georgian consonant-stem სახლ-ი *house* and the vowel-stem მთა *mountain*:

Nominative	სახლ-ი	სახლ-ნ-ი	მთა-ჲ	მთა-ნ-ი
Vocative	სახლ-ო	სახლ-ნ-ო	მთა-ო	მთა-ნ-ო
Dative	სახლ-სა	სახლ-თა	მთა-სა	მთა-თა
Ergative	სახლ-მან	სახლ-თა	მთა-მან	მთა-თა
Genitive	სახლ-ის(ა)	სახლ-თა	მთ-ის(ა)	მთა-თა
Instrumental	სახლ-ითა	(სახლ-თა)	მთ-ითა	(მთა-თა)
Adverbial	სახლ-ად	(სახლ-თა)	მთა-დ	(მთა-თა)
	house	*houses*	*mountain*	*mountains*

One still comes across all three plural forms (nominatives in -ნ-ი, vocatives in -ნ-ო, and -თ(ა), usually in genitive function). The plural in -თ(ა) is found even in such common expressions of everyday speech as დრო-თა განმავლობაში *in the course of time(s)* and ხალხ-თა შორის *between peoples* (where the latter is an example of it in dative function); we also see it in such compounds as წიგნ-თ-სა-ცავ-ი *library* (lit. *place for the keeping of books*), კაც-თ-მო-ყვარ-ე *philanthrope* (lit. *lover of men*), and კაც-თ-მო-ძულ-ე *misanthrope* (lit. *hater of men*). Also, if we wish to say *one of the nouns*, we can use either ერთ-ერთ-ი *one of* plus the singular of the relevant noun (e.g. ერთ-ერთ-ი წიგნ-ი/ერთ-ერთ წიგნ-ს/ერთ-ერთ-მა წიგნ-მა *one of the books* (nominative/dative/ergative)) or ერთ-ი *one* combined with the appropriate case ending attached to the postposition -გან *from* governing the genitive plural in -თა of the relevant noun (e.g. ერთ-ი წიგნ-თა-გან-ი/ერთ წიგნ-თა-გან-ს/ერთ-მა წიგნ-თა-გან-მა *one of the books* (nominative/dative/ergative)).

In Old Georgian, all 3rd person plural subject nominatives in -ნ-ი

imposed plurality on their verbs, and this feature is carried into the modern language when nominative subjects, even if non-human, are marked in this way (e.g. შენ-ი დანაშაულ-ნ-ი არ გ-ა-წუხ-ებ-ენ? = შენ-ი დანაშაულ-ებ-ი არ გ-ა-წუხ-ებ-ს? *Don't your crimes* (დანაშაული) *upset you*?).

Sound system

Georgian has five vowels and twenty-eight consonants, including a number of difficult, unfamiliar sounds, such as ejective/glottalic plosives and affricates. The other difficulty for the English-speaking learner is Georgian's ability to group several consonants together without a vowel.

Alphabet

The script has one character for each sound unit (phoneme), and each letter is articulated in only one way. There are, thus, thirty-three characters (without any upper- and lower-case distinction), the same number as the units of sound in the language. For the script and sound system see the Introduction.

Nouns

Modern Georgian has seven cases (nominative, vocative, dative, ergative, genitive, instrumental, adverbial). Basically all nouns decline alike, the same case endings being used in both singular and plural, which latter places the pluraliser -ებ- between root and ending. Some vowel-final roots have slight variants for the genitive and instrumental singular. Additionally, the vowel in the (final syllable of the) root is sometimes lost (or, in the case of some ო-vowels, reduced to -ვ-) before a vowel-initial case ending (other than the nominative and vocative singular -ი/-ო) – in other words, before the genitive, instrumental and adverbial singular as well as throughout the plural. Such disappearing vowels are indicated in this grammar by underlining or, in the case of -ე-, a line above the symbol. Schematically the system is as follows (a zero-element is indicated by -Ø, and V stands for 'vowel'):

	Singular	*Plural*
Nominative	-ი/-Ø	[V→-Ø] -ებ-ი
Vocative	-ო/-ვ/-Ø	[V→-Ø] -ებ-ო
Dative	-ს(ა)	[V→-Ø] -ებ-ს(ა)
Ergative	-მა/-მ(ა)	[V→-Ø] -ებ-მა
Genitive	[V→-Ø] -ის(ა)/-ს(ა)	[V→-Ø] -ებ-ის(ა)
Instrumental	[V→-Ø] -ით(ა)/-თი	[V→-Ø] -ებ-ით(ა)
Adverbial	[V→-Ø] -ად(ა)/-დ(ა)	[V→-Ø] -ებ-ად(ა)

Adjectives

When used as nouns, they decline according to the noun pattern just presented. When qualifying a noun, the adjective stands first. As the noun declines, a vowel-final adjective remains unchanged in both singular and plural, whereas a consonant-final adjective manifests the following agreement pattern:

	Singular/Plural
Nominative	-ი
Vocative	-ო
Dative	-Ø
Ergative	-მა
Genitive	-ი
Instrumental	-ი
Adverbial	-Ø

Adverbs

In most cases the adverb is formed by adding the adverbial case ending to the relevant adjective, sometimes omitting the final -დ. The form of adverbs not derived from adjectives (e.g. *here, yesterday, hardly*) is unpredictable.

Numerals

The system from 11 to 19 is represented as *10-UNIT-more*. From 20 to 99 the system is based on units of twenty (i.e. it is vigesimal), so that, for example, 55 is literally *2-times-20-and-(10-5-more)*. Any adjective that states a quantity, such as a cardinal numeral, is conjoined with the singular form of the noun.

Pronouns

1st and 2nd person pronouns remain unchanged for the cases used to encode the verb's main arguments (viz. nominative, dative, ergative). The 3rd person pronoun reflects some older features, with its ergative singular in -ნ and only a nominative or oblique distinction in the plural.

Demonstratives

The demonstrative system (both pronominal and adjectival) is characterised by the three-way division: *this (by me)* vs *that (by you)* and *that (over there)*.

Declension and agreement patterns for the above parts of speech are given in Lesson 8.

Negatives

The language distinguishes

(a) simple (*X does not (verb)*)
(b) potential (*X cannot (verb)* – see Lesson 7)
(c) prohibition (*Do not (verb)!* – see Lesson 12).

Verbs

Structurally a Georgian verb may incorporate such elements as the following:

> (1) Preverb(s) –-(2) Agreement prefix –-(3) Version vowel – (4) ROOT – (5) Passive formant [-დ-] – (6) Causative suffix(es) – (7) Thematic suffix – (8) Past marker [-(ო)დ-] – (9) Tense/mood vowel – (10) Agreement suffix/pluraliser

Preverbs originally indicated direction, a function they retain with verbs of motion, but today they largely serve to denote perfective aspect (i.e. the carrying of a verbal activity through to its conclusion) and tend to occur everywhere outside the present sub-series (present indicative, imperfect indicative, present subjunctive) with transitive and intransitive verbs. For the list see Lesson 2.

Verbs can agree not only with their subject (as is the norm for the Indo-European language family) but with both direct and indirect objects. Agreement is achieved by means of items (2) and (10) from the above list. There are two sets of agreement affixes. The 'subject' agreement affixes were presented and discussed in Lesson 3:

	Singular	Plural	
1st person	ვ-	ვ-	-თ
2nd person	Ø(/ხ)-	Ø(/ხ)-	-თ
3rd person	-ს/ა/ო		-(ა/ე)ნ/ეს/ნენ

The other 'object' agreement set was presented and discussed in Lesson 6:

	Singular	Plural	
1st person	მ-	გვ-	
2nd person	გ-	გ-	-თ
3rd person	Ø(/ს/ჰ)-	Ø(/ს/ჰ)-	(-თ)

Much of the difficulty in mastering Georgian lies in understanding how these two sets are used and combined in any given verb form, and there are no short cuts. However, as regards the correlation between case-marking patterns and verb agreement, three clear patterns exist. These are given in the following table, where the 'subject' affixes are indicated by $_a$ and the 'object' affixes by $_b$:

	Subject	Direct object	Indirect object
Pattern 1	Erg_a	Nom_b	Dat_b
Pattern 2	Nom_a	Dat_b	Dat_b
Pattern 3	Dat_b	Nom_a	(Gen + -თვის *for*)

We have divided the various tense – mood – aspect forms into three Series –

Series I (incorporating present indicative, imperfect indicative, present subjunctive, future indicative, future subjunctive, conditional) **Series II** (incorporating aorist indicative, aorist subjunctive) **Series III** (incorporating perfect, pluperfect, IIIrd Subjunctive)

We have also discussed the verbal system in terms of transitives, intransitives, medials, and indirect verbs (plus the marginal statives). This now allows us to list the three patterns for these four/five verb-types as follows:

	Series I	*Series II*	*Series III*
Transitives/medials	2	1	3
Intransitives/statives	2	2	2
Indirect verbs	3	3	3

Version vowels serve to indicate certain kinds of relationship between subject and object, or between the direct and indirect objects. We have, according to the standard view: Neutral version (in -Ø/-ა) – see Lesson 4; Subjective version (in -ი) – see Lesson 5; Objective version (in -ი/-უ) – see Lesson 7; Locative version (in -ა) – see Lesson 5; plus the ე-vowel – see Lesson 10. Where the objective version is an obligatory part of the marking of the verb's subject in the perfect of transitive and medial verbs (see Lesson 15) or the ე-vowel is obligatory for the marking of the subject in the pluperfect and IIIrd subjunctive of transitives and medials (see Lessons 16 and 20), they are devoid of any true versional sense.

Roots sometimes change shape in (part of) Series II and in the pluperfect and IIIrd subjunctive. The relevant pattern of change may be determined by such features as: (a) whether or not the root contains a vowel, and (b) the nature of the root-final consonant. Total change of the root is also found, determined by such features as: (a) tense, (b) plurality of direct object (or intransitive subject), (c) animacy of direct object (or intransitive subject).

The various patterns of verbal forms are most conveniently explained under the heading of whichever thematic suffix is taken by a given root. Where no such suffix is found, we call the verb a **root verb**; otherwise the suffixes are: -ებ-, -ი-, -ავ-, -ობ-, -ამ-. These thematic suffixes for transitive verbs are present throughout Series I and, apart from -ი, tend to occur in the perfect too.

The **causative marker** is usually the simple -ინ-, sometimes the complex -ევ-ინ-. Such causatives then belong to the class of verbs with thematic suffix -ებ-. The relevant forms and syntax are discussed in Lesson 20.

The **subjunctive vowels** are: -ე-, and, depending on the type of aorist, -ო-/-ა-. Depending on the tense, the indicative vowels are: -ი-/-ე- and, for 3rd person singular, -ო-/-ა-.

Verbs (usually!) produce a verbal noun (called the '**masdar**') plus four verbal adjectives (participles): active, future, privative and past – see Lesson 17. The IIIrd Series of mono-personal intransitives and statives is built around the past participle, whilst the masdar is the base for the formation of bivalent intransitives (including indirect verbs) in Series III.

Syntax

Apart from the variation in case marking for the verb's main arguments across the three series of transitive and medial verbs, there is little out of the ordinary in Georgian syntax. Subordinate clauses are largely produced by means of an introductory word (conjunction, relative pronoun) in association with a particular finite form (indicative or subjunctive) of the verb. Word order is rather free, though the two commonest orders are: **subject** – **object** – **verb** or **subject** – **verb** – **object**.

A glossary of grammatical terms

Abstract nouns are common nouns referring to non-physical concepts (*love, beauty, intelligence*).

Active voice is a form of the verb marking the entity performing or experiencing the verbal action as the subject (e.g.. *Mary is sitting; Mary is sitting down; John is sleeping; John is going to sleep; the wind destroyed two houses; we hear a noise; you see the ghost*).

Adjectives are words which qualify nouns either in terms of quality (*good, just, white, big*) or quantity (*some, five, many, all, each, few*). The definite article (*the*) and indefinite articles (*a, an*) may also be viewed as types of adjective. Adjectives may be used either attributively/adnominally (*big man, few women*) or predicatively (*the man is big, the women are few*).

Adposition is the generic term of reference for prepositions and post-positions.

Adverbial is the name of the case used in Georgian when the noun is used predicatively (e.g. *we elected Thatcher (as) Prime Minister*).

Adverbs are words which qualify verbs, adjectives or other adverbs. They can be of negation (*not*), manner (e.g. *slowly, brilliantly, fast, how?*), degree (*very, sufficiently, hardly*), time (*today, yesterday, last year, never, when?*), place (*here, there, thither, thence, where?*), or causal (*why?*).

Adversative conjunctions link items of equal status but with an element of contrast (*but*, *however*).

Affricate is a consonant that combines both **plosive** and **fricative** components (e.g. *ts, dz*, and *ch* as in *church*).

Anaphoric pronouns are identical with **personal pronouns.**

Aorist is another term for simple past tense (e.g. *I sat down, he died, we watched the match*).

Aspect is a verbal category which intersects with that of tense. Consider the examples *I watched TV last night for two hours* compared with *I was watching TV last night for two hours*. Both verbs are in the past tense, but the same event has its unfolding described differently: the second verb-form stresses the continuous aspect of the event, such that the imperfect indicative (in both English and Georgian) combines past tense and continuous aspect. In Georgian the opposition between perfective (completed activity) and imperfective aspect (uncompleted activity) will also be of relevance.

Auxiliary verbs are those used to help in the formation of a part of the lexical verb (e.g. the English past participle is produced with the aid of the auxiliary *having*, as in *having come*). Auxiliaries are common in English but rare in Georgian.

Bi-personal verbs are those containing two agreement markers.

Bivalent verbs are those with two arguments. Transitive verbs are bivalent by virtue of having a subject and direct object, while an intransitive verb may be bivalent by virtue of having a subject and indirect object, which is a common occurrence in Georgian.

Cases are the different forms nouns may take in languages where nouns alter in some way according to the grammatical role they play in their clause. Georgian has seven of them.

Causal conjunctions are linking words that indicate an explanation. They may be co-ordinating (*for*) or subordinating (*since, as, because*).

Causative is a particular type of verb-form used to indicate that the subject (causer) somehow gets another person (the causee) to carry out the verbal action.

Clauses are sequences of words containing a finite verb; they may be subordinate (e.g. *when you came home*, *if he had done his duty*, *because I love you*) or main, in which case they may function as simple sentences (e.g. *I saw you*, *I shall kiss you*).

Collective nouns are common nouns signifying groupings (*army*, *clergy*, *judiciary*).

Common nouns are nouns which are not **proper nouns**.

Complex sentences contain at least two clauses, where one is subordinate to the other (e.g. *when you came home, I saw you; if he had done his duty, he would have been rewarded; because I love you, I shall kiss you*).

Compound sentences contain at least two clauses of equal status (e.g. *I see you and recognise you*; *You looked at me, and I went out; John likes Jane, but Bill loves Mary*).

Concessive conjunctions are linking words that indicate a concession. They may be subordinating (*although*, *even if*) or co-ordinating (*albeit*).

Concrete nouns are common nouns referring to physical objects (*women*, *town*, *shoe*).

Conditional conjunctions are linking words that indicate the circumstance in which the action of the main clause will take place (*if*).

Conjoining conjunctions link words, phrases or clauses of equal status (*and*, *also*).

Conjugation is the pattern of change undergone by finite verb-forms as they show agreement with their various arguments in their different tense/mood/aspect forms.

Conjunctions link words, phrases or sentences. They may be co-ordinating or subordinating.

Copula is the intransitive verb *to be*, named as such because it serves primarily to link the subject to something else in the clause. In such examples as *the book is an encyclopædia/yours/here*, the three possibilities following the copula represent respectively a noun, adjective or adverb complement. In many languages the copula is irregular.

Dative is the name of the case used primarily to indicate an indirect object (or, under certain circumstances in Georgian, either the subject or direct object), which is typically the recipient with such verbs as *give* (e.g. *you give the pen to Max*).

Declension is a set of changes characterising the different case forms a given noun may take. Georgian basically has only one declensional pattern.

Deliberative questions are those containing the idea of obligation (e.g. *what am I to do?*; *Is she to stand up?*).

Demonstrative adjectives point to the noun they qualify (*this/that book*, *these/those books*).

Demonstrative pronouns have a two-way contrast in English (e.g. *take this (one)* compared with *that (one)*; *take these/those*) but a three-way contrast in Georgian.

Disjunctive conjunctions are co-ordinating and link items of equal status where there is an element of choice (*or, nor*).

Dynamic is used of verbs expressing a verbal action.

Emphatic pronouns in English are formally identical with reflexives but have a different function (e.g. *I did it myself*; *they themselves wish it*).

Ergative is the name of a case found in some languages that is used to mark at least some subjects of transitive verbs.

Finite forms of the verb are those which, when accompanied by appropriate arguments, can form a simple sentence (e.g. *see* in *I see you*).

Fricative is a consonant produced by creating turbulence in the airstream emanating from the lungs; the lip or tongue is brought close to some other part of the vocal tract to form a narrow channel in which the air vibrates (e.g. *s, sh, z*).

Genitive is the name of the case used to mark the possessor (e.g. *father's pipe*) or when one noun qualifies another (e.g. *box of crackers*).

Gerund is a non-finite form of the verb which may act grammatically as a noun (*Bill's coming surprised everyone*; *Bill's killing upset us all*). There is only one verbal noun in Georgian, and, though it could be called a gerund, it is conventionally called the **masdar**.

Glottalisation is a feature of certain **plosives** and **affricates** in Georgian, which is absent from standard English, although English speakers do sometimes glottalise *p*, *t* or *k* when speaking with intensity. The vocal chords close, as for the Cockney articulation of *tt* in *bottle*, and are opened immediately after the closure in the mouth for the plosive or affricate concerned, lending the acoustic effect of sharpness to the articulation.

Imperative mood is employed for the issuing of orders.

Inceptive is a particular type of verb-form that marks the start of the verbal activity.

Indefinite pronouns mark (degrees of) uncertainty (*anyone/anything*), *someone/something*).

Indicative mood describes events as facts in time (e.g. *Mary fainted yesterday*; *John will appear on stage at 7 o'clock*).

Infinitive is a non-finite form of the verb acting grammatically as a noun (e.g. *(to) come*, *(to) kill*). Modern Georgian has no infinitives.

Instrumental is the name of the case used to mark the instrument by means of which an action is carried out (e.g. *I hit it with the hammer*).

Interjections are words simply 'thrown' into sentences to express emotion (e.g. *gosh! alas! blimey! oh!*).

Interrogative conjunctions are linking words used to mark a question (*whether*), which introduces indirect questions (e.g. *I wonder whether he will come*).

Interrogative pronouns appear in questions (e.g. *who(m) did you see? whose book is it?*).

Intransitive verbs are those which have a subject but no direct object (e.g. *I am reading; John was sleeping; Mary died*).

Manner conjunctions are linking words indicating the manner in which an action is realised (*as, as if, as though*).

Masdar is the Georgian verbal noun (see **gerund**).

Medial verbs are a particular class of verbs in Georgian that seem to share features of both transitive and intransitive verbs.

Mono-personal verbs are those containing only one agreement marker.

Monovalent verbs are those taking only one argument (i.e. the subject).

Mood is the verbal category which indicates the disposition of the speaker towards the truth of what he is saying.

Morphemes are the basic units of grammatical analysis (e.g. in *John killed Jane*, the verb *killed* consists of at least two morphemes: one is the lexical unit KILL, the other, shown by *-ed*, marks the grammatical feature of PASTNESS). If morphemes are abstract concepts, their concrete realisations are known as morphs.

Morphology is the study of the way words are composed of the basic units of grammatical analysis (morphemes).

Negative pronouns are such words as *none*, *no-one, nothing.*

Nominative is the name given to the grammatical case used as the basic (citation) form of the noun. Usually it will be the case of the subject with intransitive verbs.

Non-finite forms of the verb are those which cannot serve to form a complete utterance (e.g. *see* or *seeing* in the phrase *to see/seeing films*; by adding a finite verb we can produce a complete utterance such as *I like to see/seeing firms*).

Nouns are the names of objects/concepts and may distinguish singular from plural forms.

Oblique case is a generic term covering all cases other than the nominative in those languages which have a case system.

Paradigm is a set of changes to a noun as it declines or to a verb as it conjugates.

Participles are non-finite forms of verbs acting as adjectives (*I saw Bill killing the sheep; having come in, Bill sat down*). Georgian has four participles: active, future, past and privative.

Passive voice often expresses what is done to the subject, so that the passive subject is in these cases equivalent to the direct object of the equivalent active (e.g. *two houses were destroyed (by the workman)*, where in English the 'doer' or agent may be either present or omitted). Passives are intransitive, although they may take an indirect object (especially in Georgian), but not all verbs with typically passive markings will necessarily be transformations of active expressions. For example, the Georgian equivalent of *the door opens* (where in English *opens* is an intransitive active) will contain a verb form that is traditionally viewed as manifesting passive morphology. This is further proof that grammatical categories that are applicable in one language are not always clearly establishable in another.

Perfect in English is usually described as a tense indicating a past event with present relevance (e.g. *John has died*). In Georgian it often conveys that the speaker is not vouching for the truth of what he is stating and may thus be interpreted as more a mood than a tense.

Periphrastic refers to an alternative way of expressing some idea.

Personal pronouns usually distinguish at least person and number (e.g. *I/me, you, he/him, she/her, we/us, they/them*).

Phonemes are the distinctive units of sound in individual languages.

Phonetics is the study of sounds produced by the human vocal apparatus without reference to individual languages.

Phonology is the study of the sound systems of individual languages.

Phrases are groups of words which do not contain a finite verb but which form meaningful sequences (e.g. *the black cat, in the front room, breeding rabbits, spending sleepless nights, having stupidly fired his gun*).

Plosive is a consonant produced by stopping the airstream from the lungs and then releasing the closure when the air has built up behind it. In English, plosives may be voiced (*b*, *d*, *g*) or voiceless (*p*, *t*, *k*), whereas in Georgian there is an extra series of glottalised voiceless plosives, or ejectives (*p'*, *t'*, *k'*); Georgian also has ejective affricates (e.g. *ts'*).

Possessive adjectives are built on the personal pronouns and show possession (*my, your, our, their, his*).

Possessive pronouns identify the owner of an entity (e.g. *mine, yours, ours, hers, theirs*).

Postpositions are the class of words which are used like prepositions in languages such as English but which stand after the nouns and pronouns they govern.

Prepositions are the class of words which are used in front of nouns and pronouns to indicate their relation to other words (e.g. *on, in, under, beside, from, to*).

Preverbs are parts of the Georgian verb which have a variety of functions, although originally they indicated direction. They often combine with the root to change the overall meaning of the verb. They may be compared with the prepositional elements making up the second component of English phrasal verbs (e.g. *look up/back/down/around/at/into*).

Privative is used to describe certain types of adjective (including participles) that contain a negative notion (e.g. *unpitying, fatherless*).

Pronouns are elements that stand in place of nouns.

Proper nouns are the names of persons (*George Smiley*, *Zaza*), towns (*London*, *Tbilisi*) and countries (*England*, *Georgia*) and in English are written with a capital letter.

Purposive conjunctions are linking words that indicate the aim of an activity. They are subordinating only (*(in order) that*).

Reflexive pronouns indicate identity, normally with the subject (e.g. *I/he/we saw myself/himself/ourselves*).

Relative conjunctions are linking words used to introduce relative clauses (*(the time) where*; *(the place) where/whither/whence*; (*the manner) how*; *(the reason) why)*.

Relative pronouns in English are formally identical to the interrogatives but have a different function (e.g. *kiss the boy who(m) you saw; show me the girl whose book it is)*.

Resultative/consecutive conjunctions are linking words that indicate a result. They may be co-ordinating (*therefore*) or subordinating ((*so) that*).

Semantics is the study of meaning.

Sentences are sequences of words containing at least one finite verb which represent complete utterances in themselves.

Simple sentences contain only one clause (e.g. *I saw you; I shall kiss you*).

Stative verbs are a small group of special verb-forms used to indicate a state rather than an action.

Subjunctive mood where it exists, usually describes events less factually than the indicative. In English it has only a few residual forms (e.g. *God bless you*; *if I were you*; *I ask that he attend*) but in Georgian it is widely attested.

Subordinate clauses are those that cannot stand alone but are linked to a main clause. They can be nominal if they stand in place of nouns (e.g. *that you are here surprises me; I know that you are ill*), adjectival if they replace adjectives (such as most relative clauses, e.g. *the boy whom I met yesterday*), or adverbial if they function as adverbs (e.g. *when you arrive, we shall leave; he went out in order that he might see the film*). Though the sequence *from the house (which we have just bought)* contains the bracketed relative clause with its own finite verb, this is dominated by the preposition *from*, and thus the whole sequence represents a prepositional phrase.

Suppletion is where one root substitutes for another in certain well defined circumstances.

Syncope occurs when an internal vowel of a word disappears under certain conditions.

Syntax is the study of the way words are put together to form longer meaningful units.

Temporal conjunctions are linking words that indicate the time when the action of the main clause takes place (*when, as soon as, after, before*).

Tense is the grammatical analogue to time in the real world. In English, verbs distinguish between past tense, present tense and future tense.

Transitive verbs are those where the action carried out by the subject directly affects or perhaps results in the entity we call the direct object (e.g. *I kill the mosquito*; *she wrote a letter*). When a transitive verb has two objects, one direct and the other indirect, it may be styled 'di-transitive' and it is, of course, trivalent.

Verbs are parts of speech which denote actions or states.

Version is a category of the Georgian verb, expressed by different vowels standing before the root, used to express certain types of relation between the verbal arguments. Georgian has neutral version, subjective version, objective version and locative version (as explained in the relevant Lessons).

Vigesimal is a method of counting based on units of twenty, whereas the more usual pattern in languages is based on units of ten and called 'decimal'.

Vocative is the name of the case used when addressing one's fellow interlocutor (e.g. *come here, John*).

Voice (or 'diathesis') is the verbal category which usually distinguishes at least an active from a passive.

Key to the exercises

Lesson 1

2

(a) gamarǰobat; (b) amindi/midian; (c) madloba; (d) rogora xart; (e) jalian; (f) magram; (g) mšoblebi; (h) dganan.

3

(a) ingliseli; (b) madloba; (c) mivdivar(t); (d) mšvidoba; (e) savarjeli; (f) saavadmq'opo; (g) surati; (h) mšvidobisa(t).

4

(a) cudi; (b) čemi; (c) k'argad; (d) sasiamovno; (e) eg; (f) čveni; (g) nela; (h) imati; (i) cudad/avad.

5

(a) k'argi sk'ola; (b) čveni saxli; (c) balaxze; (d) misi logini; (e) tkveni surati; (f) čemi mšoblebi; (g) kalakši; (h) ra k'argi logini!.

6

(a) Thank you, Nana, this is very good. (b) Today I am (we are) going to school. (c) My parents are sitting here. (d) Where are you going? We are going to the centre. (e) They are at the hospital. They are ill. (f) Why are you (pl.) running to town? (g) How are you? Very well, thank you.

7

(a) dġes kalakši mivdivar; (b) sada xar(t)? ak vzivar loginze; (c) irak'li da zurabi k'inoši midian; (d) sad midixart/mibrjandebit? saavadmq'oposi mivdivart; (e) eseni arian/gaxlavan čemi mšoblebi; (f) tkveni saxlebi sad ari(s)/sadaa? (g) rat'om c'vanan balaxze? (h) čven vsxedvart – isini/igini dganan.

Lesson 2

2

(a) აგვისტო, (b) პარასკევი, (c) თერთმეტი, (d) რაშია საქმე?, (e) ჩვეულებრივ, (f) ნახევარი, (g) პირველი, (h) დედა-ჩემი.

3

(a) uk'acravad *excuse me*, (b) otxmocdametvramet'e *98th*, (c) mat'areblebi *trains*, (d) sxdebit *you* (pl.) *sit down*, (e) rvis naxevarze *at half past seven*, (f) daaxloebit *approximately*, (g) romeli saatia? *what time is it?*, (h) damouk'idebloba *independence*.

4

(a) meoce; ocši, (b) xutšabati; xutšabats, (c) jmebi, (d) kališvili, (e) albat, (f) rodis?, (g) tebervali; tebervalši; oc tebervals, (h) naxevrebi.

5

(a) p'irvelia = p'irveli saatia; p'irvelze = p'irvel saatze; p'irvel saatze, (b) tertmet'is tvramet'ia = tertmet'is tvramet'i c'utia; tertmet'is tvramet'ze = tertmet'is tvramet' c'utze; at saatze da tvramet' c'utze, (c) otxis naxevaria; otxis naxevarze; txutmet' saatze da ocdaat c'utze, (d) p'irvels ak'lia/uk'lia ati (c'uti); roca p'irvels ak'lia/uk'lia ati (c'uti); ormocdaat c'utze, (e) cxras ak'lia/uk'lia ocdarva (c'uti); roca cxras ak'lia/uk'lia ocdarva (c'uti); oc saatze da ocdatormet' c'utze, (f) p'irvelis atia = p'irvelis at c'utia; p'irvelis atze = p'irvelis at c'utze; tormet' saatze da at c'utze, (g) cxras ak'lia/uk'lia erti (c'uti); roca cxras ak'lia/uk'lia erti (c'uti); rva saatze da ormocdacxramet' c'utze, (h) tormet'is txutmet'ia = tormet'is txutmet'i c'utia; tormet'is txutmet'ze = tormet'is txutmet' c'utze; ocdasam saatze da txutmet' c'utze.

6

(a) Why are those brothers coming into our house? (b) At what time do your daughters get up? They get up early and go to bed late. (c) Those two friends of our parents are coming/arriving early tonight. (d) On which bed are those children by you lying down/On which bed do those children lie down (= go to bed)? On this bed (on this one). (e) When it is your birthday, you get up early, don't you? Yes, I get up at seven o'clock (at seven). (f) Either tonight at half-past eleven or tomorrow at a quarter-past six we are going to the station. (g) Who is in this one? That (by you) is my father. In that one your mother is sitting. (h) On the first day of the third week in May we regularly go to the sea.

7

(a) იმ ბავშვის დედა მამა-ჩემის მეგობარია, (b) ვინ ჯდება იმ სველ სკამზე? შენი სამი მეგობარი არ ჯდება – უკვე სხედან მასზე, (c) რომელ დღეს მიდიხართ ზღვაზე? მივდივართ ოთხშაბათს სამ ივნისს. სამში? დიახ, სამში, (d) როდის დგები(თ)? ვდგები, როცა რვას აკლია/უკლია ოცი (წუთი), (e) ვინ მოდის ჩვენს სახლებში ოცდახუთ დეკემბერს? (f) ვისთვის ზიხარ მაგ სკამზე? აქ ვზივარ დედა-ჩემისთვის, (g) სად მიდიხარ(თ), როცა ოთხს აკლია/უკლია თხუთმეტი (წუთი)? მაგ დროს სახლში მივდივარ, (h) ვის სკამებზე სხედან ის ბიჭები? სკამებზე არ სხედან, შენს ლოგინებზე წვანან.

Lesson 3

2

(a) უეჭველად, (b) უმცროსი, (c) საძილე, (d) საუკეთესო, (e) თბილ-ისიდან, (f) სხვათა შორის, (g) უბრალოდ, (h) მოხვედით.

3

(a) რამდენი წლისა ხარ(თ)? *How old are you?* (b) ქარხნიდან *from the factory*, (c) უკეთესი *better*, (d) ჩემი აზრით *in my opinion*, (e) ლობიოთი *with beans*, (f) მოხვედით *you* (pl.) *came*, (g) იყვნენ *they were*, (h) ოცი წლისა ვარ *I am twenty years old.*

4

(a) რომელ სართულზე? (b) ყველაზე მწვანე ბალახზე, (c) ოთხმოც-დაერთი წლის კაცები, (d) უკეთესი (= უფრო კარგი) ცოლის(ა)თვის, (e) ჩემს ორ დასთან ერთად, (f) ოთხის თხუთმეტზე (= თხუთმეტ წუთზე) მოსკოვის დროით, (g) უფრო დიდი ჩაქუჩებით, (h) ჩემზე ერთი წლით უფროს ქალებს შორის.

5

(a) The naughty lads went into the factory and sat on the floor. (b) A large forty-two year old tortoise slowly came out of your (pl.) yard. (c) Than whom are you taller? I am the tallest, aren't I? (d) From which town did you come last night? We came from Moscow. (e) In your opinion, how old was that man when he came to our house? (f) With whom did you go to Tbilisi? We went to Tbilisi with the best Georgian women. (g) Their neighbours went up to the eighth floor, went into the boss's office and sat down, but they stood up when the boss came in. (h) Why have you come to our place? Because tonight we are going to the cinema. You are coming with us, aren't you?

6

(a) რომელი სართულიდან ჩამოხვედი(თ)? მეექვსიდან ჩამოვედი, (b) სად იყავით წუხელ? ნანასთან ვიყავით, (c) რომელ საათზე გავიდნენ? ოვის თხუთმეტზე (= თხუთმეტ წუთზე) გავიდნენ და შემოვიდნენ თორმეტის ოცზე (= ოც წუთზე), (d) რამდენი წლით არი(ს) შენი და შენზე უმცროსი? ჩემზე სამი წლით უმცროსია, (e) რომელ ორ ქალს შუა ზის ზურაბი? ყველაზე საინტერესო ქალებს შუა ზის, (f) დახე! ჩვენი მეზობლების ვაჟიშვილები ჩქარა გამოდიან მათი სახლიდან! რაშია საქმე? (g) ვინ დაჯდა ყველაზე რბილ სკამზე? (h) რომელი მატარებლით ჩამოხვედი(თ) თბილისში?

Lesson 4

1

The 1st person singular forms are: ვწყვეტ, ვანგრევ, ვარჩენ, ვბადებ, ვკლავ, ვწვრთნი, ვამხობ, ვსვამ, ვყოფ.

2

(a) გემრიელი *tasty*, (b) თარგმნი *you translate X*, (b) მტვერიანი *dusty*, (d) მარგლავ *you weed X*, (e) საქართველო *Georgia*, (f) ერთდროულად *simultaneously*, (g) აწითლებ *you redden X*, (h) წინასწარ *in advance.*

3

(a) კერავთ, (b) ვრყვნით, (c) სვამენ, (d) ვთარგმნი, (e) ღლის, (f) მოვიდნენ/სხედან, (g) აწუხებ, (h) წერთ/ვწერ.

4

(a) ქალი პურს აცხობს, (b) შენ რას აკეთებ? (c) თქვენ სარეველას რატომ ფხვრით? (d) დედა რას მალავს სამზარეულოში? (e) მე ჩემს ბოსტანს ვრწყავ, (f) ისინი სად (ა)გზავნიან ვაჟიშვილს? (g) ფქვილს ვინ წონის სასწორზე? (h) ჩვენ რას ვაკეთებთ დღეს ბაღში?

5

(a) მცენარეს, (b) ქალიშვილსა/ვაჟიშვილს, (c) სახლს, (d) ღვინოს, (e) მეზობლები, (f) ფანჯრებს, (g) ყვავილებს, (h) რას/ფქვილს.

6

(a) ჩვენი მეზობლები ჩვენს მშობლებს არჩენენ, (b) ჩვენს ფანჯრებს რატომ ღებავ(თ)? (c) პურს როდის და სად აცხობ(თ) ხოლმე? (d) მე პურს ვაცხობ ხოლმე მაგიდაზე სამზარეულოში, (e) დედები ვაჟიშვილებსა და ქალიშვილებს ბადებენ, (f) თეთრეულს ვინ კიდებს? (g) მაგ ჯამებს რატომ ტეხ(თ), (h) რამდენ ხახვს ფრცქვნიან ქალები?

7

(a) What are you cutting? I am cutting the dough. (b) The English eat Caucasian beans, don't they? They drink Georgian wine, don't they? (c) Now what are you putting on the table? I am putting the scales on the table. (d) How many windows are your sisters whitening today? (e) My grandmother is sweeping the floor with a large brush, whereas my mother is watering my father's plants. (f) Until what time did you sit in the guest-room last night? I sat there until ten. (g) What are Zurab's brothers translating? They are translating your letters into Georgian. (h) Why do I train these men when they only sit at home and drink coffee?

Lesson 5

1

The 1st person singular forms are: ვწერ/ვიწერ, ვკლავ/ვიკლავ, ვათბობ/ვითბობ.

2

(a) კაცები სადმე წავიდნენ? *Did the men go anywhere?* (b) არა, სადღაც დაწვნენ *No, they lay down somewhere*, (c) თქვენ რა(ი)მეს ხედავთ? *Do you see anything?* (d) დიახ, რაღაცას ვხედავ(თ) *Yes, I (we) see something* (e) მოვიდა ვინმე? *Did anyone come?* (f) კი, ვიღაც აქ არი(ს) *Yes, someone is here* (g) რატომ იხდით პალტოს? *Why are you* (pl.) *taking off your coat?* (h) დები წარბებს იჭმუხნიან *the sisters are frowning.*

3

(a) იცვამთ/იხდით, (b) იცვამენ/იხდიან, (c) ვაცვამთ/ვხდით, (d) იცვამს/იხდის, (e) ასხამ/ხდი, (f) ახურავენ/ხდიან, (g) ვიხურავთ/ვიხდით, (h) ისხამენ/იხდიან.

4

(a) ოდესმე, (b) სადმე, (c) რა(ი)მეს, (d) ვინმეები, (e) ვიღაცეები, (f) რატომღაც, (g) სადმე, (h) რაღაცეები.

5

(a) ჩვენი ვაჟიშვილი წვება შვიდზე (შვიდ საათზე), იძინებს რვაზე (რვა საათზე) და იღვიძებს რვის თხუთმეტზე (თხუთმეტ წუთზე), (b) დედა-ჩვენს ვაღვიძებთ რვის ნახევარზე. მერე (ის/იგი) იცვამს (ტანსაცმელს) და თმას ივარცხნის, (c) რა(ი)მეს აკეთებთ? დავსხედით პირველზე (პირველ საათზე) და ვისვენებთ ორამდე (ორ საათამდე), (d) ქუდებს იხდიან და ბევრ ჩეკს ხელს აწერენ, (e) რა(ი)მეს ყნოსავ(თ)? უკაცრავად, ცხვირს ვიხოცავ, (f) რამდენს იწონიან? დაახლოებით ას კილოს იწონიან, (g) ვინმეს აბარებ შენს ქალიშვილს? დიახ, მასწავლებელს, (h) ბავშვებს ტკბილეულებს ვართმევთ და ფულს ვაძლევთ მათ მშობლებს.

6

(a) *I* am cleaning the room, whereas Shota is cleaning out his ear. (b) Somehow these Englishmen are earning/earn a reputation for themselves. (c) Why are you washing your hand(s)? Someone (known to me) has come and we are going to eat something (known to me). (d) Who is seated on the chair and what is he doing? That is Zurab, and he is scratching his head. (e) Their daughter is getting up, putting on her coat and (putting on) her hat; she is probably going somewhere. (f) The child is putting a dress on the doll, is putting a hat on it and is now lying down/going to bed together with it. (g) Why do I wake up as a rule so early (as this) when I am not ill? (h) If *you* rent the flat to the tenant, why are *you* giving *him/her* money?

Lesson 6

1

The 1st person singular forms are: ვიცვამ/ჩავიცვამ, ვხდი/მოვხდი, ვიხდი/გავიხდი.

2

(a) თქვენ რას გვაძლევთ ჩვენ? *What are you* (pl.) *giving to us?* (b) ბევრ ფულს გაძლევთ თქვენ *We are giving you* (pl.) *a lot of money*, (c) ისინი ვის მისცემენ კაბას? *To whom will they give the dress?* (d) მე მომცემენ მას *They will give it to me,* (e) ამ ჩეკს ჩვენ მოვაწერთ ხელს *We shall sign this cheque*, (f) რატომ მაცვამთ პალტოს? *Why are you* (pl.) *putting my coat on me?* (g) იმიტომ რომ ცივა გარეთ *For the reason that it is cold outside*, (h) ჩვენ თვით(ონ) მოგკლავთ შენ *We shall kill you ourselves.*

3

(a) გამოაცხობს, (b) მოგცემთ, (c) იტყვიან, (d) დავლევთ, (e) მოგაბარებენ, (f) მოგვწერენ, (g) ნახავთ, (h) მოიხდის.

4

(a) ჩემს თავს *The teacher will show me to you*, (b) თავს *We shall kill ourselves*, (c) შენს თავს *You see yourself in the mirror, don't you?* (d) თვით(ონ) *Are you going yourself?* (e) თქვენს თავს *I shall introduce you* (pl.) *to that woman*, (f) შენს თავს *Who will give you to me?* (g) თვით(ონ) *The woman will drink this wine herself*, (h) ჩვენს თავს *They will show us to their parents.*

5

(a) გვნახავენ, (b) დაგლლი, (c) დაგვბანთ, (d) გ(ა)გზავნის, (e) გამოგ(ა)გზავნიან, (f) გვაცლენენ, (g) დაგკარგავ, (h) შემოგვათრევთ, (i) შეგვჭამს, (j) მივწერთ, (k) გვზრდით, (l) მომცემ, (m) მისცემენ, (n) დაგახრჩობთ, (o) დაგახურავთ, (p) გაგვხდიან.

6

(a) I/we shall send you (pl.)/we shall send you/X will send you (pl.), (b) you (pl.) will see me, (c) they will dress us, (d) they will undress you/you (pl.), (e) I know you, (f) X knows us, (g) I/we tire you (pl.)/we tire you/X tires you (pl.), (h) you choke me.

7

(a) სადილის შემდეგ შენი მშობლები რას იტყვიან? (b) ჯარისკაცები ბიჭს ფულს აძლევენ, და ის/იგი მას მალე მოგვცემს ჩვენ, (c) ჯარისკაცებს ჩვენს სოფელში გამო(ა)გზავნით? (d) თმას ვინ დამვარცხნის? დედა-შენი თმას დაგვარცხნის, (e) არა, დედა ბუტერბროტებს ამზადებს. ცხვირს მოვიხოცავ, ხელს დავიბან, და თვით(ონ) დავივარცხნი თმას, (f) შენს ლამაზ დას როდის გაგვაცნობ? (g) ვის სწერ მაგ წერილს და როდის მომწერ მე? (h) მალე მივდივართ თბილისში, და მერე მოგწერ საქართველოდან.

8

(a) Will the soldiers take anything off us? (b) I shall plant a few plants and then I shall wash my hand(s), wake up the baby and put the red dress on her. (c) Why are you putting your coat on? Are you going somewhere? I am going to the neighbours' – I shall get something back. (d) What a long time you have been sitting there! What's going on? I am just resting. If I go to sleep, you will wake me before 2, won't you? Of course. (e) How much will you lend me? Since you are ill, I shall lend you 1,000 roubles. Thank you. (f) The parents will entrust the(ir) children to me tomorrow. At school I shall show them many interesting things. Then their parents will give me a lot of money, won't they? (g) I shall wake you (pl.) up at 7. Then you yourselves will get dressed, wash your face(s) and snatch something to eat, won't you? (h) They won't execute us, will they? No, our friends will soon set us free. Good, otherwise I shall kill myself.

Lesson 7

1

დავწერ	დავიწერ	მოვაწერ	მივწერ
დაწერ	დაიწერ	მოაწერ	მისწერ
დაწერს	დაიწერს	მოაწერს	მისწერს
დავწერთ	დავიწერთ	მოვაწერთ	მივწერთ

დაწერთ　　დაიწერთ　　მოაწერთ　　მისწერთ
დაწერენ　　დაიწერენ　　მოაწერენ　　მისწერენ

დაგიწერ, დაგიწერთ, დამიწერ, დაგვიწერ, დამიწერს, დაგვიწერს, დაგიწერს, დაგიწერთ, დაგიწერთ, დაგიწერთ, დავუწერთ, დავუწერთ, დამიწერთ, დაგვიწერთ, დაუწერთ, დაუწერთ, დამიწერენ, დაგვიწერენ, დაგიწერენ, დაგიწერენ, დაუწერენ, დაუწერენ.

2

(a) შენ ვის ურეკავ, დედა? *Whom are you ringing, mother?* (b) საჩუქარს გამომიგზავნიან? *Will they send me a present?* (c) ფულს როდის დაგვიბრუნებთ? *When will you* (pl.) *return the money to us?* (d) ქარი უბერავს *The wind is blowing,* (e) რას გვიშენებ? *What are you building for us?* (f) ამას ვის მივუტან? *To whom shall I take this?* (g) მაგას მე მომიტან *You will fetch that to me,* (h) თხოვნას მათ შევუსრულებთ *We shall fulfil their request.*

3

(a) რასაც *That which/What they are saying is not true,* (b) რომლე-ბისთვის(აც) *Those women for whom you came are my aunts,* (c) ვინც *Greetings to the one who has come in!* (d) რომლის *Tomorrow I shall see that man whose father is sitting on that chair,* (e) ვისგან(აც) *You know everyone from whom you will receive a present,* (f) რომელსაც *I know well that teacher whom you will ring tonight,* (g) რასაც *Everything which you see is mine,* (h) ვისაც *I too shall write to everyone to whom you will send a letter.*

4

(a) დაგიბრუნებთ, (b) ამიშენებ, (c) დააწერს, (d) გაუწმენდენ, (e) მოგვიყვანს, (f) გამოგიგზავნიან, (g) შეგვისრულებ, (h) გადაგვი-თარგმნით.

5

(a) we shall send X to Y, (b) I shall take it/them to X, (c) you (pl.) will take me (there), (d) you (pl.) are translating it/them for us, (e) you (pl.) will give it/them to us, (f) I am writing it/them for you (pl.)/we are writing it/them for you/we are writing it/them for you (pl.)/X is writing it/them for you (pl.), (g) they will bring you/they will bring (some person(s)) to you, (h) X is lying (flat) on us.

6

(a) Zurab, why don't you fulfil our requests as a rule? (b) Who are those lads beside whom your sisters are sitting? (c) If anyone writes anything on the wall, you will tell me, won't you, madam? (d) What will you buy for me and bring me, dad, from that shop which they will open later in town? (e) What on earth do our enemies intend to do to us? Will they really kill our parents? (f) If you give me the handset and dial the number for me, I shall be much obliged, lad, as I am unable to manage that. (g) Your cousin is going to France. If I write to her, she will send me, won't she, a letter? She and her husband too will probably send you a letter. (h) If your teacher is ill today, it doesn't matter – I shall teach you (pl.) Georgian grammar and mathematics from these books.

7

(a) ჩვენ და ჩვენი მასწავლებლები ძალიან კარგად ვუგებთ ერთმანეთს. ბევრ ენას გვასწავლიან, (b) ხვალ გნახავ. ნახევარ საათში დედას დავურეკავ და უფრო გვიან მივუტან ამ წიგნს. ვუჩვენებ/ვაჩვენებ და დავუბრუნებ იმ კვირაში, (c) (ის) სოფელი, სადაც ჩემი მშობლები მიდიან, ძალიან ლამაზია. მის სურათს ოდესმე მოგიტან, (d) შენს ძმას მომიყვან? თქვენ მომცემთ ტკბილეულს? დიახ. კეთილი! ჩემს ძმას მოგიყვანთ, (e) ხომ ხედავ (იმ) ლოგინებს, რომლებზე(დაც) ავადმყოფები წვანან/რომლებსაც ავადმყოფები აწვანან? (f) (იმ) წერილს, რომელიც დღეს მოვიდა, დეიდა/მამიდა ელისოს მივუტან, დედა, (g) (ის,) ვინც პირველი შემოვიდა, დაგვისხამს ღვინოს, (h) ვერ გავდივართ, რადგან ცივა გარეთ და ქარი უბერავს მთაწმინდიდან.

Lesson 8

1

ვუყავი	დავღვარე	გავაცანი	გავსხალი	დავამხვე
უყავი	დაღვარე	გააცანი	გასხალი	დაამხვე
უყო	დაღვარა	გააცნო	გასხლა	დაამხო
ვუყავით	დავღვარეთ	გავაცანით	გავსხალით	დავამხვეთ
უყავით	დაღვარეთ	გააცანით	გასხალით	დაამხვეთ
უყვეს	დაღვარეს	გააცვნეს	გასხლეს	დაამხვეს

2

(a) თქვენ სად დამალეთ რადიო? *Where did you* (pl.) *hide the radio?*, (b) ქურდები დავიჭირეთ *We arrested the thieves*, (c) მშობლებმა ბავშვი დააწვინეს *The parents put the child to bed*, (d) რატომ დამათვრე მაგ ღვინით? *Why did you get me drunk with that wine?*, (e) ჩვენ პური ორად გავჭერით *We cut the bread in two*, (f) ფული გუშინ მოგეცი შენ *I gave you the money yesterday*, (g) თქვენს ბავშვს რა დაარქვით? *What did you name your child?*, (h) ჩემმა დამ ფანჯარა გააღო *My sister opened the window.*

3

(a) ვინ წაართვა ბავშვს ფული? (b) ქალი რას აძლევს ამ კაცს? (c) დედამ სად დადო თეფში? (d) ძმამ სურათი უჩვენა მოთას, (e) დედას დავუმალე ჯამი, (f) ირაკლიმ დას ტანსაცმელი გახადა, (g) ქალმა რა მისცა ამ კაცს? (h) მოწაფემ მასწავლებელს ვაშლი აჩუქა.

4

(a) უთხარი, (b) მისცეს, (c) მივაყრდენით, (d) გარეცხა/გააშრო, (e) გამომიგზავნა, (f) მოუყვანეს, (g) მოვიხადე/ჩავიცვი, (h) დავლიეთ.

5

(a) გაუგზავნეთ, (b) გავზარდეთ, (c) დაიჭირეს, (d) დამსვით, (e) მომეცით, (f) დაგიწერეთ, (g) მოგკალით, (h) ვქენი, (i) მოხანით, (j) შეაცდინეს, (k) ვაჭამეთ, (l) თქვეს.

6

(a) გნახეთ, (b) გაგვზარდეს, (c) მოგწერე, (d) გამიშვით, (e) სცემეთ, (f) დაგღალეთ, (g) დათვალეს, (h) მითხარი, (i) მოგეცი, (j) გაგხრწენი/გაგრყვენი, (k) მიეცი, (l) ვჭამეთ.

7

(a) ჯარისკაცებმა რა(ი)მე გამოგართვეს? (b) რამ(ო)დენიმე მცენარე დავრგი/დავრგე და მერე ხელი დავიბანე, ბავშვი გავაღვიძე და მწვანე კაბა ჩავაცვი, (c) რატომ ჩაიცვი პალტო? სადმე წახვედი? მეზობლებთან მივედი – რაღაც დავიბრუნე, (d) დედა-შენმა რა გააკეთა გუშინწინ? ადგა რვაზე, ჩაიცვა და გაზეთები წაიკითხა, (e) რამდენი მასესხე? რადგან ავად

იყავი, ათასი მანეთი გასესხე. სხვათა შორის, უკვე დამიბრუნე ის წიგნი, რომელიც გათხოვე, (f) მშობლებმა ბავშვები გუშინ მომაბარეს. სკოლაში ბევრი საინტერესო რამ ვუჩვენე მათ. მერე მათმა მშობლებმა ბევრი ფული მომცეს, (g) ჩემი ცოლი დაწვა თორმეტის ნახევარზე. ორზე ბავშვმა დაიწყო ტირილი და გაგვაღვიძა, (h) ჯარისკაცებმა ჩვენი მეგობრები დახვრიტეს? არა, ჩვენმა მეგობრებმა თავი მოიკლეს.

8

(a) Who cut your hair? I cut it myself. It's good, isn't it? Of course. (b) I did introduce to you and your husband my new wife last year, didn't I? (c) The guard told me that you are ill. It was precisely for this reason that I came and brought you these apples. (d) I got that shirt which I put on yesterday dirty at school. And so mother hit me but then washed it for me. Did you start to cry? (e) What did the teacher teach you today, lads? Today (s)he taught us only French. (f) You did explain everything well to the children, when they were unable to translate that letter into Georgian, didn't you? I explained to them everything which was difficult. (g) Why did Zurab switch off the television? The neighbours rang us. Their child is ill, and Zurab will bring the doctor to him/her by car. (h) Where did the policemen arrest the thief? He burgled your friend's house. When he came out of the house, they noticed him, arrested him and took him to the police station.

Lesson 9

1

მე ის/იგი ვიცი	მე მას ვიცნობ	მე მას ის/იგი გავაცანი
შენ ის/იგი იცი	შენ მას იცნობ	შენ მას ის/იგი გააცანი
მან ის/იგი იცის	ის/იგი მას იცნობს	მან მას ის/იგი გააცნო
ჩვენ ის/იგი ვიცით	ჩვენ მას ვიცნობთ	ჩვენ მას ის/იგი გავაცანით
თქვენ ის/იგი იცით	თქვენ მას იცნობთ	თქვენ მას ის/იგი გააცანით
მათ ის/იგი იციან	ისინი/იგინი მას იცნობენ	მათ მას ის/იგი გააცნეს

2

(a) მე რა ვიცი? *What do I know? (= How should I know?)* (b) ამას ვინ მომყიდის? *Who will buy me this?* (c) მშობლებმა განა იციან?! *Do you imagine the parents know?* (d) კალამი მას მოჰპარა ჰულიგანმა *The hooligan stole the pen from X,* (e) შენ ყველაფერი ხომ

ამიხსენი? *You explained everything to me, didn't you?* (f) რატომ გვიწმენდ სახლს? *Why are you cleaning the house for us?* (g) დედამ ის გუშინ გაწმინდა *Mother cleaned it yesterday,* (h) რა საწყალია მამათქვენი! *How wretched your* (pl.) *father is!*

3

(a) გუშინ რო(მ) ვნახეთ, იმ ბიჭს კარგად იცნობ?/გუშინ რო(მ) ბიჭი ვნახეთ, იმას კარგად იცნობ? (b) საჩუქარი რო(მ) (მას) მივეცით, იმ მასწავლებელს ხომ ხედავ?/საჩუქარი რო(მ) მასწავლებელს მივეცით, იმ მასწავლებელს ხომ ხედავ? (c) პური რო(მ) მით დავჭერი, იმ დანას მოგიტანთ/პური რო(მ) დანით დავჭერი, იმ დანას მოგიტანთ, (d) ფული რო(მ) (მას) მოპპარეს, ის აქ დარჩება, (e) ზღვაზე რო(მ) მათთან ერთად წავედით, იმ ქალებს გაგაცნობ/ზღვაზე რო(მ) ქალებთან ერთად წავედით, იმათ გაგაცნობ, (f) აქ რო(მ) მოგიყვანა, ის კაცი ვინ არი(ს)?/კაცმა რო(მ) აქ მოგიყვანა, ის ვინ არი(ს)? (g) ტორტი რო(მ) მათგან მივიღეთ, ის მოწაფეები იქ არიან/ტორტი რო(მ) მოწაფეების(ა)გან მივიღეთ, ისინი/იგინი იქ არიან, (h) დედამ რო(მ) მის თორნეში ეს ლავაში გამოაცხო, ის ქალი ჩვენი მეზობელია/დედამ რო(მ) ქალის თორნეში ეს ლავაში გამოაცხო, ის/იგი ჩვენი მეზობელია.

4

(a) ის ქალი, რომელიც გვერდზე გიზის, ვინაა/ვინ არი(ს)? (b) იმ ხელოვანს, რომელმაც თავისი შედევრი მოგყიდათ, მეც ვიცნობ, (c) ის საავადმყოფო, რომელში(დ)აც დედა-შენს ოპერაცია გაუკეთეს, სადაა/სად არი(ს)? (d) ის ავსტრიელი, რომელსაც ფული მიეცი, რომელი მატარებლით ჩამოვიდა? (e) ის გოგო, რომლისთვის(აც) სახლს ლებავთ, თქვენი მეგობარია? (f) ის ბიჭი, რომელსაც წიგნი ვათხოვე, ქართველია, (g) იმ მატარებელს, რომლითაც გუშინ ჩამოვედით, ეხლა ვხედავ სადგურზე, (h) ის ფული, რომელიც ჩემს მეგობარს მოპპარეს ჯულიგნებმა, მას დაუბრუნეს პოლიციელებმა.

5

(a) თუ ხვალ გნახავ/გნახე, წიგნს დაგიბრუნებ, (b) თუ მაგას იტყვი/ეგ თქვი, მოგკლავენ, (c) თუ სასტუმრო ოთახში სხედან, ალბათ რადიოს ისმენენ, (d) თუ ამ ვაშლს მოგცემ/ეს ვაშლი მოგეცი, ღვინოს დამისხამ? (e) თუ შენი ქალიშვილი კარგადაა, რა გაწუხებს?

6

(a) ცხელი რო(მ) არი(ს)/რომაა/როა, ამ ყავას ვსვამ, (b) ეს ყავა რო(მ) ცივია, ვაბრუნებ, (c) ამ წერილს რო(მ) მიიღებ, ხომ დამირეკავ? (d) შენ რო(მ) შეგატყობინებენ, მეც ხომ მაშინვე შემატყობინებ? (e) ქალი რო(მ) ადგა, ყველა ავდექით.

7

(a) After you write that letter, you will prepare lunch for us, won't you? (b) I, as their teacher, took the sweets off the children. (c) We all know that, as soon as the police learn anything, they will inform us. (d) What did you tell the Georgian you brought home last night about England? (e) We are now paying them just the sort of attention the teachers pay to us as a rule. (f) If the teacher writes you a '5' (i.e. top marks), that won't upset you, will it, lads? (g) I met the girl who phoned me yesterday at the/a cinema. (h) That the girl phoned me yesterday surprises me very much.

8

(a) ყველამ იცის, რო(მ), თუ ამას იზამენ/გააკეთებენ/ეს ქნეს/გააკეთეს, დავსχით, (b) რადგან(აც)/რაკი/ვინაიდან საქართველოში წავიდნენ გუშინ/საქართველოში რო(მ) წავიდნენ გუშინ, როგორ ვნახავთ ერთმანეთს ხუთშაბათს? (c) ამ კაცს იცნობ? თუ არ ინცობ, დავიჭერ, (d) იმ წიგნს, რომელიც მაღაზიაში დღეს გიყიდე, მოგცემ, როცა/როდესაც ხვალ გნახავ/მაღაზიაში რო(მ) დღეს გიყიდე, იმ წიგნს/მაღაზიაში რო(მ) წიგნი დღეს გიყიდე, (ი)მას მოგცემ, როცა/როდესაც ხვალ გნახავ, (e) როცა/როდესაც დამიჭერენ/მე რო(მ) დამიჭერენ, ამას არ დავუმალავ პოლიციელებს, (f) იცი, რო(მ) ყველა, ვინც ამ ოთახში ზის, შიშითაა შეპყრობილი? (g) როცა/როდესაც თბილისში ვიყავი, ჩემმა მეგობარმა მიჩვენა იმ ხელოვანის გამოფენა, რომელმაც მამა-შენს მიჰყიდა ერთი ნახატი/თბილისში რო(მ) ვიყავი, ჩემმა მეგობარმა მიჩვენა მამა-შენს რო(მ) ერთი ნახატი მიჰყიდა, იმ ხელოვანის გამოფენა, (h) იმ გოგომ, რომელსაც რადიო გამოვართვით, იცის, რო(მ) დავუბრუნებთ/რადიო რო(მ) (მას) გამოვართვით, იმ გოგომ იცის, რო(მ) დავუბრუნებთ.

Lesson 10

1

(the future forming preverb is given in brackets)

(და)ვემალები	(და/შე)ვპირდები	(გა)მიწყრება	(და)მნებდებიან
(და)ემალები	(და/შე)ჰპირდები	(გა)გიწყრება	(და)გნებდებიან
(და)ემალება	(და/შე)ჰპირდება	(გა)უწყრება	(და)ნებდებიან
(და)ვემალებით	(და/შე)ვპირდებით	(გა)გვიწყრება	(და)გვნებდებიან
(და)ემალებით	(და/შე)ჰპირდებით	(გა)გიწყრებათ	(და)გნებდებიან
(და)ემალებიან	(და/შე)ჰპირდებიან	(გა)უწყრება(თ)	(და)ნებდებიან

2

(a) თქვენ რას შვრებით? *What are you* (pl.) *doing?* (b) დედა-შენს ხომ არ ეტყვი მაგას? *You won't tell your mother that, will you?* (c) ეგ კაბა ძალიან გიხდება *That dress suits you very much*, (d) ეს ღვინო განა ისმება? *Is this wine really drinkable?* (e) ვაიმე, ესენი როგორ იზრდებიან! *Gracious, how these are growing!* (f) ჩვენ ადვილად ვთვრებით *We get drunk easily*, (g) დახე, კარები იღება! *Look, the doors are opening!* (h) თუ მენდობით, ხომ მომყვებით? *If you* (pl.) *trust me, you will follow me, won't you?*

3

(a) მოგეცემათ, (b) მოვესწრებით, (c) მოგდით, (d) უკვდება(თ), (e) გაგიფუჭდებათ, (f) დაუჯდება, (g) დაგვიწვებიან, (h) დაგშორდებით.

4

(a) X will be sent (hither), (b) we give X, (c) you (pl.) will touch X, (d) X will be decided, (e) you (pl.) will tell X to us, (f) we are doing X to you/you (pl.)/I am doing X to you (pl.), (g) they will flop down, (h) you (pl.) will bite me, (i) they will be wrong, (j) X is warming for them, (k) we trust X/them, (l) you (pl.) are hiding, (m) X will be translated, (n) X will come to them = they will get X, (o) I shall become sovereign, (p) you (pl.) will believe X/them.

5

(a) შვილი მე მომიკვდება, (b) მე შენ ცოლად გამოგყვები, (c) მეგობრები შენ ამას და/შეგპირდებიან, (d) მე ბიჭს რას

ვუზამ? (e) შენ მე ამას მეტყვი, (f) ჩვენ მტერს შევესევით, (g) მეზობლები მე მომესალმებიან, (h) თქვენ მე მომეცემით.

6

(a) ეს ღვინო ისმება? ეს ტორტი იჭმება? არა, თუ ღვინოს დავლევთ და ტორტს ვჭამთ/თუ ღვინო დავლიეთ და ტორტი ვჭამეთ, ავად გავხდებით, (b) ჩემს მშობლებს ევსება(თ) მოთმინების ფიალა. რა აწუხებს (მათ)? ჯერ არ არი(ს) გვიან. ყველა აქ იქნება დროზე (ე.ი. ცხრამდე), (c) ხვალ რა მოხდება, თუ მუშაკები ადრე არ გაიღვიძებენ, ექვსზე არ ადგებიან, არ ჩაიცვამენ, არ გაიპარსავენ, აქ არ ჩამოირბენენ და მატარებელში არ ჩასხდებიან/თუ მუშაკებმა ადრე არ გაიღვიძეს, ექვსზე არ ადგნენ, არ ჩაიცვეს, არ გაიპარსეს, აქ არ ჩამოირბინეს და მატარებელში არ ჩასხდნენ? მათი უფროსი გაბრაზდება მათზე/გაუბრაზდება(თ)/გაუწყრება(თ), (d) თუ არ ვცდები, სკოლაში დავბრუნდებით თერთმეტზე და შიგ დავრჩებით. როცა/როდესაც პრეზიდენტი შემოვა/პრეზიდენტი რო(მ) შემოვა, ყველა ავდგებით და მივესალმებით, (e) ის კაცები (იქ) რას შვრებიან? ცუდ ღვინოს სვამენ. როცა/როდესაც დათვრებიან, წაიქცევიან, და პოლიციელები მოვლენ და დაიჭერენ. ღამეს პოლიციაში გაათევენ, (f) როცა/როდესაც საქართველოში ვიქნები/საქართველოში რო(მ) ვიქნები, ადგილობრივ ღვინოს ოდესმე მივეჩვევი? ყველაფერი რიგზე იქნება, რადგან(აც)/რაკი/ვინაიდან ქართველები მას მიგაჩვევენ. ყველა მათი ღვინო ისმება, (g) თუ ქალაქში ოდესმე დაგეკარვება ვაჟიშვილი, რას იზამ? როგორც კი დამეკარგება/დამეკარგება თუ არა, დავუწყებ ძებნას, (h) შენს მშობლებს ვინ დახვდება(თ)? თუ ეხლა გავემართები, სადგურზე ვიქნები, როცა/როდესაც ჩამოვლენ. ამიტომ მე თვით(ონ) დავხვდები (მათ).

7

(a) When you meet your wife, what will you say to her about what will happen tomorrow in Tbilisi? (b) Your friends are greatly mistaken if they think that the enemy will not attack us and will surrender to us today. (c) For whom is your mother waiting? She is waiting for my brother. After he comes, mother will take us to town where she will take us to the doctor. He will examine our hair. (d) What's going on, man? Why are you all behaving so badly? If the teacher unexpectedly sneaks in upon us, (s)he will take us all to the school's director, and (s)he will show us what for! (e) If this house catches fire, our books will be burned, the house too will itself be completely ruined, and we shall lose everything. Then where shall we be? (f) What I am saying to you is understandable for you, isn't it? If you stay here a little while, you will have a good rest, and then you will get everything done in time. This way is best, isn't it? (g) What will your relatives do if a fifth daughter is born to them? They think that this time a son will be born to them. (h) How many letters you get as a rule! Now what is your mother writing? I don't know why, but she writes that a man will lose a little and gain a little. She is correct. When you write to your mother, you will pass on to her best regards from me, won't you?

Lesson 11

1

დავათვრე	დავთვერი	დავუმალე
დაათვრე	დათვერი	დაუმალე
დაათრო	დათვრა	დაუმალა
დავათვრეთ	დავთვერით	დავუმალეთ
დაათვრეთ	დათვერით	დაუმალეთ
დაათვრეს	დათვრნენ	დაუმალეს
დავემალე	წავაქციე	წავიქეცი
დაემალე	წააქვიე	წაიქეცი
დაემალა	წააქვია	წაიქცა
დავემალეთ	წავაქციეთ	წავიქეცით
დაემალეთ	წააქციეთ	წაიქეცით
დაემალნენ	წააქციეს	წაიქცნენ

2

(a) კარებს მივეყრდენით *we leant against the doors*, (b) ძაღლებმა იყეფეს *the dogs barked*, (c) საშუალება მოგვეცა *we were given the means*, (d) ვაჟიშვილი როდის დაგებადათ? *when was your* (pl.) *son born?* (e) კაცებმა ნარდი ითამაშეს *the men played backgammon*, (f) ძაღლმა თქვენც გიკბინათ? *did the dog bite you* (pl.) *too?* (g) ამაში რატომ ჩაერივნენ ისინი? *why did they get involved in this?* (h) მე შენ გუშინ რას მოგიყევი? *what did I relate to you yesterday?*

3

(a) მოუკვდა/გადაირია, (b) წამოვეგეთ, (c) გამომეგზავნა, (d) მოგვივიდნენ, (e) მელაპარაკებით, (f) ატირდნენ, (g) სდარაჯობს, (h) აუკანკალდა(თ).

4

(a) we dined, (b) it was translated for us, (c) they put on weight, (d) you lost them, (e) you will ask for X, (f) they are coming crying, (g) you (pl.) followed me, (h) it/they turned red for you (pl.), (i) you (pl.) got set in motion, (j) they were somewhere to meet me, (k) we shall learn X, (l) you (pl.) lost weight, (m) I tried, (n) you (pl.) pinched us, (o) they will read X/will ask, (p) we ran out.

5

(a) მამალი იყივლებს/მამალმა იყივლა, (b) მოწაფე მასწავლებელს უპასუხებს/მოწაფემ მასწავლებელს უპასუხა, (c) მდგუმური ფულს ისესხებს/მდგუმურმა ფული ისესხა, (d) ავმღერდები/ავმღერდი, (e) და ძმას ელაპარაკება/და ძმას ელაპარაკა, (f) დედა კარგად იგრძნობს თავს/დედამ კარგად იგრძნო თავი, (g) ქურდები შემომეპარებიან/ქურდები შემომეპარნენ, (h) ის მას გაურბენს/მან მას გაურბინა.

6

(a) ქმარი მე მომიკვდა/გარდამეცვალა, (b) მე შენ ცოლად გამოგყევი, (c) მეგობრები შენ ამას შე/დაგპირდნენ, (d) მე ბიჭს რას მოვუყევი, (e) შენ მას ელაპარაკე, (f) მტრები ჩვენ შემოგვესივნენ, (g) მეზობლები შენ მოგესალმნენ, (h) თქვენ მე მომეცით. (These three words can also mean *you* (pl.) *gave X to me*, where the verb is construed transitively.)

7

(a) Since it rained yesterday from 10 o'clock to 5, we stayed at home. And so we do not know and shall be unable to tell you what happened in town, but we know that guests visited us at 4. (b) What happened to you (pl.)? You are not ill, are you? I feel bad – I feel sick. God knows how my wife and I survived. Gracious, what happened to you (pl.)? (c) I'll tell you everything that happened to us. This car is no good at all – it's conked out on us. When the tyre burst, my wife fainted, whilst I suffered a dizzy spell. The wheel spun out of my hand and we hit a tree. (d) Did the policemen arrest the hooligans who pestered you earlier or not? (e) How should I know? It's just good that, as soon as the policemen approached us, those hooligans left me alone. (f) Why have you grown bored with our spread? You are greatly mistaken, sir – it's just that sleep got the better of me. Excuse me! (g) Do you think it will snow tomorrow (just) the way it snowed yesterday? How our dogs barked last night!

(h) Does your boy study well? When we enroll him with the new teacher, he will probably study better and learn all his lessons well.

8

(a) რას ვეძახით ბევრ ღორს ერთად? არ ვიცი, მაგრამ ბევრ ცხვარს ერთად ეწოდება ფარა, (b) კონფერენციას დაესწარით მარშან? დიახ, და როცა/როდესაც დამთავრდა, ყველამ კარგად ვიქეიფეთ. ღვინო როგორ მოგვეკიდა ყველას! (c) საჩუქრად რო(მ) მოგეცი დაბადების დღეს, იმ კნუტს(/კნუტი რო(მ)...მოგეცი, (ი)მას/იმ კნუტს, რომელიც...მოგეცი,) რა დაემართა? როცა/როდესაც კოკისპირულად იწვიმა/ კოკისპირულად რო(მ) იწვიმა, დაიხრჩო, (d) როგორ წამოვეგე იმ ვაი-მეცნიერების ანკესზე?! (e) როგორც კი ჩვენი სტუმრები შემოვიდნენ/ჩვენი სტუმრები შემოვიდნენ თუ არა, გადავ-ეხვიეთ ერთმანეთს, (f) გამოირკვა, რო(მ) თეფშები დაიმტვრა/დაიმსხვრა, წიგნები დაიწვა, და სახლი დაინგრა, (g) კარს გუშინ მიეყრდენით? არა, მაგრამ კედელს ხვალ მივეყრდობით, (h) უმცროსი ჯარისკაცები გაიგზავნნენ სადაც უფროსმა ჯარისკაცებმა კარგად იბრძოლეს და გაიმარჯვეს.

Lesson 12

1

წავაქციო	წავიქცე	გავათბო
წააქციო	წაიქცე	გაათბო
წააქციოს	წაიქცეს	გაათბოს
წავაქციოთ	წავიქცეთ	გავათბოთ
წააქციოთ	წაიქცეთ	გაათბოთ
წააქციონ	წაიქცნენ	გაათბონ
გავთბე	გავათეთრო	გავთეთრდე
გათბე	გაათეთრო	გათეთრდე
გათბეს	გაათეთროს	გათეთრდეს
გავთბეთ	გავათეთროთ	გავთეთრდეთ
გათბეთ	გაათეთროთ	გათეთრდეთ
გათბნენ	გაათეთრონ	გათეთრდნენ

2

(a) სად უნდა წავიდეთ ჩვენ? *Where should we go?* (b) მანდ ნუ დადებთ მაგას! *Dont (you* (pl.)) *put that there!* (c) სამს მივუმატოთ ორი *Lets add 2 to 3,* (d) თქვენ ადრე უნდა დაწვეთ *You* (pl.) *must go to bed early,* (e) ეგ არ დამიკარგოთ, გთხოვთ *Dont you* (pl.) *lose that for me, I beg of you,* (f) შეიძლება ამ ეზოში ვითამაშოთ? *Is it possible for us to play in this yard?* (g) გაჩუმდით და დასხედით! *Shut up and sit down (you* (pl.))*!* (h) არ შეიძლება მან ფანჯარა გააღოს? *Isn't it possible for X to open the window?*

3

(a) კარებს არ მიეყრდნოთ! (b) არ დავთვრეთ, (c) ჯარისკაცები იქ არ გაიგზავნონ, (d) ლოყები არ გაგიწითლდეთ, (e) თეფშები არ დაიმტვრეს, (f) ტყუილი არ უთხრა დედას! (g) შვილმა არ წაიკითხოს ეს წიგნი, (h) არ გავუბრაზდეთ იმას.

4

(a) ნუ გადამრევთ! (b) ის/იგი ნუ დაუშვებს ამ შეცდომას, (c) ნუ მომიკვდები! (d) ბავშვები ნუ ილაპარაკებენ, (e) ჯერ ნუ დაწვები, (f) უცხოელები ნუ დაიბნევიან, (g) ფული ნუ წაერთმევა ამ ბავშვს, (h) ისინი ნუ ენდობიან იმ კაცს.

5

(a) ქართველები უცხოელს არ უნდა ესტუმრონ, (b) სკოლა არ უნდა დაინგრეს, (c) ბავშვებმა ფეხბურთი არ უნდა ითამაშონ, (d) ქალები არ უნდა გადაირიონ, (e) ბავშვი დედას არ უნდა დაემალოს, (f) ახალი სკოლა არ უნდა აშენდეს, (g) კაცი მაგიდას არ უნდა მიუჯდეს, (h) პოლიციელებმა ქურდი არ უნდა გაუშვან.

6

(a) დიახ, დაივარცხნე/არა, ნუ დაივარცხნი, (b) დიახ, დასხედით/არა, ნუ დასხდებით, (c) დიახ, ამიხსენით/არა, ნუ ამიხსნით, (d) დიახ, გამოაკელი/არა, ნუ გამოაკლებ, (e) დიახ, იმღერეთ/არა, ნუ იმღერებთ, (f) დიახ, დაიწყე ძებნა/არა, ნუ დაიწყებ ძებნას, (g) დიახ, ეგრე მოიქეცით/არა, ეგრე ნუ მოიქცევით, (h) დიახ, გასხალი/არა, ნუ გასხლავ.

7

(a) If it's not possible for us to open the door and enter the house, what are we to do? (b) Why must we force wine on foreigners? It's possible this may be considered bad behaviour on the part of us Georgians. (c) Sit at the table. I have to fetch something from the shop. If possible, I urge you to pour wine for the other guests. I'll come soon. (d) I translated for you (pl.), didn't I, those words (i.e. Do not lean against the doors!) which you see on the door? So why did you lean against them? (e) At the post office they will explain to you how a postcard should be sent to England. It's possible there is a big queue, but you should stand there and wait. (f) Mum, I should be at the station at 11. Is it possible for someone to meet me? Your father will certainly meet you. Don't be late. Now I have to put down the receiver. (g) Let someone explain to us exactly what happened to our friends, then we must go and help them. (h) Don't let the wheel spin out of your hand, otherwise it's possible you'll hit something. I should also remind you that you'll lose nothing, if you are late by one hour, only let no misfortune befall you on the way!

8

(a) ფული რატომ უნდა მომეცეს, როცა/როდესაც ვერ გავდივარ და შინ/სახლში უნდა დავრჩე? (b) როცა/როდესაც თბილისში ჩამოვალ/თბილისში რო(მ) ჩამოვალ, ვინმე უნდა დამხვდეს სადგურზე, თორემ შეიძლება გზა დამებნეს, (c) მოდი ხვალ ცხრაზე. (შენი) და მოიყვანე, მაგრამ (შენს) ძმას ნუ მოიყვან/(შენი) ძმა არ მოიყვანო, (d) შეიძლება ოცდაშვიდი გაიყოს სამზე. რადგან(აც)/ვინაიდან/რაკი ორზე არ (გა)იყოფა/ორზე რო(მ) არ (გა)იყოფა, მას ვუწოდებთ/ვეძახით კენტ რიცხვს, (e) შეიძლება ვაჟიშვილი დაგებადოს/შეგეძინოს, მაგრამ არ შეიძლება მას დაერქვას გიორგი, რადგან(აც)/ვინაიდან/რაკი შენს პირველ ვაჟიშვილს დაარქვი გიორგი, (f) მტერი კარგად უნდა მოგეპყროს/მოგექცეს. თორემ, მას შემდეგ, რაც ჩვენ გავიმარჯვებთ, ჩვენ მათ ცუდად მოვეპყრობით/მოვექცევით, და ეს ფაქტი კარგად იციან, (g) ეს მალე უნდა გადაწყდეს, და, როგორც კი გადაწყდება/გადაწყდება თუ არა, უნდა გითხრან/შეგატყობინონ, (h) ნუ ჯიუტობ! ხვალ ექვსზე ადექი და (შენი) და წაიყვანე სადგურზე. ამით რა უნდა დაგაკლდეს?.

Lesson 13

1

ვყავვარ	ვეყოლები	ვუყვარვარ
ჰყავხარ	ეყოლები	უყვარხარ
ჰყავს	ეყოლება	უყვარს
ვყავვართ	ვეყოლებით	ვუყვარვართ
ჰყავხართ	ეყოლებით	უყვარხართ
ჰყავს	ეყოლება	უყვარს

შემიყვარდა	მინდა	მოვუნდი
შეგიყვარდა	გინდა	მოუნდი
შეუყვარდა	უნდა	მოუნდა
შეგვიყვარდა	გვინდა	მოვუნდით
შეგიყვარდათ	გინდათ	მოუნდით
შეუყვარდათ	უნდათ	მოუნდა

2

(a) ვის სძულხარ შენ? *Who hates you?* (b) ყველას ვუყვარვარ მე *Everybody loves me*, (c) რა ჰქვია შენს დას? *What is your sister called?* (d) შოთას რატომ არ უკეთია სათვალე? *Why is Shota not wearing spectacles?* (e) ეს ნუ დაგავიწყდებათ თქვენ! *Don't you* (pl.) *forget this!* (f) ცხვირს გვაცემინებს ჩვენ *We are sneezing*, (g) ბავშვებს რა აცვიათ? *What are the children wearing?* (h) ნუ გეშინიათ, ყველაფერი მოგვაქვს! *Don't (you* (pl.)) *be afraid, we are bringing everything!*

3

(a) (მას/მათ მე) ვეყვარები, (b) (ჩვენ მას/მათ) მოვიყვანთ, (c) (მე შენ) მომენატრები, (d) (მას/მათ ჩვენ) მოვეწონებით, (e) (შენ მე) გეხსომები, (f) (მას ისინი) შეუყვარდება/(მათ ისინი) შეუყვარდებათ, (g) (ჩვენ თქვენ) შეგვეცოდებით, (h) (მას ის) ენდომება/(მათ ის) ენდომებათ.

4

(a) ეკეთოთ, (b) გვეძინოს, (c) გეგონოთ, (d) მეხუროს, (e) დაგამთქნაროს, (f) შერცხვეთ, (g) გეუხერხულოთ, (h) შემიყვარდე.

5

(a) უბიათ, (b) გღვიძავთ, (c) გვჭირდება, (d) ესმით, (e) მიმყავხარ, (f) შეგიძლია, (g) უჭირავთ, (h) მოგაქვთ.

6

(a) they took fright, (b) X (sing./pl.) will have me, (c) they will feel a desire for X (sing./pl.), (d) we remember you (pl.), (e) they thought, (f) you (pl.) prefer X (sing./pl.), (g) they will like X (sing./pl.), (h) we have X (sing./pl.) lying (somewhere).

7

(a) Who does that woman think I am? Has she gone crazy, or what's it all about? (b) When will you know the answer? Don't be afraid, as soon as I find out, I'll ring you and let you know. (c) Don't put yourself to any trouble, please. We must go soon – we are in a hurry – and we don't want any coffee. (d) Will you be able to put its shirt on this child? If it doesn't have it on when its mother returns from town, she will be very angry with me. (e) In what language do you want us to speak? In Georgian or in English? I personally prefer Georgian to English. (f) Mother wants us to buy apples in town. In that case we can stay here, as father is already fetching them – look! (g) Where did I put my pen? Have you really forgotten that it is lying on your table? You should put it in the kind of place which you will not forget! (h) I think (that) I have fallen in love with Nana, and I want to marry her. O.K., but what feelings does Nana have towards you? If I am not mistaken, she loves me. And if you are mistaken, do you think she'll soon fall in love with you?

8

(a) ხელში რა გიკავია/გიჭირავს? მიჩვენე/მაჩვენე! არაფერი (არ) მიკავია/მიჭირავს. მაშ რა გაქ(ვს) ჯიბეში? დღეს მაქ(ვს) ხუთი მანეთი, ხოლო ხვალ/ხვალ კი მექნება ათი, (b) გუშინ რო(მ) ეცვა, იგივე კაბა რატომ აცვია დღეს ეკას/ეკას რატომ აცვია იგივე კაბა, რომელიც გუშინ ეცვა? არ შეუძლია ახალი რამ/რა(ი)მე ჩაიცვას? მისი ახალი კაბა უნდა ეცვას ჩვენი სტუმრების(ა)თვის, (c) თავი ამტკივდა – უნდა დავწვე. ხომ არ შეგიძლია დამეხმარო? მოდი, დაგეხმარები, (d) აქ უნდა ჩავიდეთ, გაგვატარეთ, გაგვატარეთ! რატომ გეჩქარებათ? იმიტომ რომ შეიძლება დავიგვიანოთ სადგურზე, სადაც უნდა დავხვდეთ ვიღაცას, (e) სახლში რო(მ) უნთიათ ცეცხლი, იმაში შევიდეთ/შევიდეთ იმ სახლში, რომელში(დ)აც ცეცხლი უნთიათ/მასში რო(მ) უნთიათ ცეცხლი, იმ სახლში შევიდეთ. ძალიან დიდი ცეცხლი ანთია იმაში. ხომ არ შეიძლება ცეცხლი მოეკიდოს სახლს? მეშინია, (f) რა გნებავთ, ბატონებო? გვინდა (რო(მ)) შეგვიშვათ ამ სკოლაში. ბოდიში/უკაცრავად, არ შემიძლია აქ შემოვუშვა ვინმე, ვისაც არ ვიცნობ, (g) პალტო რატომ გაიხადე? ცივა აქ კინოში. მეცხელა, როცა/როდესაც შემოვედით. თუ შემცივდება, კიდევ ჩავიცვამ. ნუ გაცივდები/არ გაცივდე, თორემ დედა-შენი გადაირევა!, (h) გშია? რას მიირთმევ? ბუტერბროტი მოგიმზადო? დაჯექი და ვილაპარაკოთ. ნუ შესწუხდები/არ შესწუხდე. თუ მომშივდება/მომშივდა, გეტყვი.

Lesson 14

1

ვიტყოდი	ვმღეროდე	ვჭრიდი
იტყოდი	მღეროდე	ჭრიდი
იტყოდა	მღეროდეს	ჭრიდა
ვიტყოდით	ვმღეროდეთ	ვჭრიდით
იტყოდით	მღეროდეთ	ჭრიდით
იტყოდნენ	მღეროდნენ	ჭრიდნენ
ვიქნებოდე	ვენდობოდი	მეყოლებოდეს
იქნებოდე	ენდობოდი	გეყოლებოდეს
იქნებოდეს	ენდობოდა	ეყოლებოდეს
ვიქნებოდეთ	ვენდობოდით	გვეყოლებოდეს
იქნებოდეთ	ენდობოდით	გეყოლებოდეთ
იქნებოდნენ	ენდობოდნენ	ეყოლებოდეთ

2

(a) არ შეგიძლიათ მოხვიდეთ? *Can't you* (pl.) *come?* (b) გუშინ რას შვრებოდნენ ისინი? *What were they doing yesterday?* (c) ამ ქალებს არაფერი (არ) ესმოდათ *These women understood nothing*, (d) ეს წიგნი არ მოგვეწონება *We shall not like this book*, (e) კარგად ბრძანდებოდეთ! *Be well (you* (pl.))*!* (f) იქ არასოდეს (არ) წახვიდოდით თქვენ *You* (pl.) *would never (have) go(ne) there*, (g) ამ გოგოს შევუყვარდებოდი *This girl would (have) fall(en) in love with me*, (h) ხვალ შეგვეძლება მოვიდეთ *Tomorrow we shall be able to come.*

3

(a) გვქონდეს, (b) გეუბნებოდეთ, (c) გვ(ა)გზავნიდნენ, (d) ვიცოდეთ, (e) გებრძოდე, (f) ვზელდე, (g) მიკვირდეს, (h) სჩვეოდეთ.

4

(a) ჩადიხარ, (b) ჩივიან, (c) იცით, (d) ვუშვრებით, (e) გვეუბნებით, (f) მტკივა, (g) ელავს, (h) თხოულობს.

5

(a) მყავდა, (b) ვგრძნობდით, (c) გვქონდა, (d) მიმყავდი, (e) გიყვარდი, (f) ყიოდა, (g) მოგქონდათ, (h) უკვდებოდა.

6

(a) შემიყვარდებოდა, (b) მეუბნებოდნენ, (c) გინდოდათ, (d) მოგვეცემოდა, (e) ეხმარებოდით, (f) გვაძლევდი, (g) მძულხარ/იცოდე, (h) დაბრძანდით/მიირთმევთ.

7

(a) If I knew the answer, I'd certainly tell you, believe me! (b) If your friend is interested in my opinion, I would advise him to stay here and not to go anywhere. (c) If you (pl.) were to take my parents to town, I'd be much obliged. (d) When we met last week, where exactly were you going? You weren't taking the car to the garage, were you? No, I was taking fruit to the market. (e) If you were to come to our place tomorrow at 12, you would see our new daughter-/sister-in-law. (f) I'll try to come, but I can't give you a promise that I'll be on time. I may be late. Try not to be late. If you come, it's better you come on time. (g) If I were to fall into a bad situation, you would help me, wouldn't you? (h) Of course, I would help you, but it's better you try not to fall into a bad situation. You agree with me, don't you?

8

(a) თუ გინდა დაეუფლო ქართულს, გირჩევ (რო(მ)) წახვიდე საქართველოში, (b) დედა-მისი რო(მ) სცემდეს, ბიჭი ატირდებოდა/ტირილს დაიწყებდა, (c) თორმეტი წლის რო(მ) ვიყავი/როცა/როდესაც თორმეტი წლის ვიყავი, რვის თხუთმეტ(წუთ)ზე სკოლაში დავდიოდი და ბევრ საგანს ვსწავლობდი, (d) უნდა ვიწყებდე მუშაობას, მაგრამ გვიანაა, და ამიტომ მირჩევნია (რო(მ)) ხვალ დავიწყო. ეხლა ვიცეკვოთ! (e) რით(ი) გემუქრებოდნენ? არ მემუქრებოდნენ – უბრალოდ არ მოსწონდათ ჩემი საქციელი, (f) უცხოელი როტომ დაინტერესდებოდა სამეგრელოთი და მეგრული ენით? ღმერთმა იცის, მე ნუ შემეკითხები/მკითხავ/არ შემეკითხო/მკითხო! (g) ეგებ/იქნებ შენ იცოდე როგორ შეგვიძლია ჩამოვიყვანოთ მეგობრები საქართველოდან საფრანგეთში, (h) მიზეზი რო(მ) ცხადი გახდებოდეს, ყველას გაგვი/ეხარდებოდა.

Lesson 15

1

გამილია	გამითბია	დამილევია
გაგილია	გაგითბია	დაგილევია
გაულია	გაუთბია	დაულევია
გაგვილია	გაგვითბია	დაგვილევია
გაგილიათ	გაგითბიათ	დაგილევიათ
გაულიათ	გაუთბიათ	დაულევიათ
მინახავს	მითამაშ(ნ)ია	ვუნახავვარ
გინახავს	გითამაშ(ნ)ია	უნახავხარ
უნახავს	უთამაშ(ნ)ია	უნახავს
გვინახავს	გვითამაშ(ნ)ია	ვუნახავვართ
გინახავთ	გითამაშ(ნ)იათ	უნახავხართ
უნახავთ	უთამაშ(ნ)იათ	უნახავს

2

(a) წყალს უდუღ(ნ)ია *the water (has) apparently boiled*, (b) ვაშლი ვისთვის მიგიცია შენ? *to whom have you given the apple?* (c) მათ ჩემთვის ფული მოუციათ *they have given the money to me,* (d) მას/მათ მე შევუცდენივარ *X has/they have led me astray*, (e) არაფერი (არ) მითხოვნია მე *I have asked for nothing*, (f) შენ ჯერ არ გადაგითარგმნია წერილი? *haven't you yet translated the letter?* (g) სტუმრებს ეგ არ უთქვამთ *the guests didn't say/haven't said that*, (h) ქალებს თქვენ დაუთვრიხართ *the women apparently (have) got you* (pl.) *drunk.*

3

(a) მინახავხარ/მინახიხარ, (b) დედა-მისს სეირი უჩვენებია ბიჭის(ა)თვის, (c) მასწავლებელს რატომ უცემია შენთვის? (d) კაცებს ქალის(ა)თვის სახლი აუშენებიათ, (e) გაგიბრაზებივართ, (f) უფროსს მუშაობა დაუწყია, (g) მებაღეებს თესლები დაუთესავთ/დაუთესიათ, (h) ქალს დის(ა)თვის დაუბრუნებია წიგნი.

4

(a) ამ კაცებმა ბევრი რამ ქნეს, (b) ასი მანეთი მოგეცი (შენ), (c) ტყუილი რატომ მითხარით (მე)? (d) შოთას ვინ ჩამოართვა ინტერვიუ? (e) ამან მოუარა მშობლებს, (f) გოგოებმა ბევრი ილაპარაკეს, (g) მტერი მოვკალი, (h) დედამ ცხენზე შემსვა.

5

(a) გეხმარებით, (b) დაუპყრიათ, (c) უსწავლებია, (d) გაგილანძღავვარ, (e) გაუღვიძია, (f) დაუძინებია, (g) დაუწვავთ, (h) გვიმღერ(ნ)ია.

6

(a) ვარაფერი ვერ (also possible is არაფერი არ), (b) ნუ, (c) ვერ/არ, (d) არ, (e) არავის არაფერი არ, (f) ნურავის ნურაფერს ნუ, (g) ნურსად ნუ, (h) ნურავის ნუ.

7

(a) Have you actually spent 10 months in Georgia without learning Georgian? How is it possible? (b) They say that in the war you evidently saw many interesting things and did many interesting things – it is so, isn't it? I did see many things, but I did nothing interesting. (c) Although many foreigners attended our conference, not even one read a paper – can you imagine it?! (d) Such a tasty cake lies before me on the table that I want to devour it. (e) Although this woman has not yet given birth to (her) baby, she is still not staying in hospital. (f) Your friend has not invited us, and so how can we go? (g) She is such a woman that neither has she asked for anything nor will she ask for anything. (h) He is such a bad lad that he has probably never uttered the word 'thank you'. Don't give him anything more!

8

(a) უცხოელებმა ისე გაგვლანძღეს, რო(მ) მათი ბოდიში არ შევიწყნარეთ, (b) უვახშმ(ნ)იათ, ისე რო(მ) ღვინო არ დაუსხამთ – წარმოგიდგენიათ! (c) თუმცა ასე მსუქანია, ბიჭს მაინც კიბეზე აურბენია, (d) მართალი რო(მ) გითხრა, აღარ მახსოვს, მაგრამ მეუბნებიან, რო(მ) ხელოვანმა მისი ნახატები მიჩვენა, (e) როცა/როდესაც გამოფენას დავესწარი/გამოფენას რო(მ) დავესწარი, ვერაფერი ვერ ვიყიდე, რადგან(აც)/რაკი/ვინაიდან ფული (ჩემ)თან არ მქონდა, (f) გასულ კვირაში წიგნი ხომ მოგიტანე? მაშ ამიხსენი, ჯერ რატომ არ წაგიკითხავს? (g) იმის გამო, რო(მ) ქართველებს (თურმე) კარგად არ უბრძოლ(ნ)იათ ომში, წააგეს, (h) იმის გამო, რო(მ) არ მოუგიათ, ატირდნენ და სახლში/შინ დაბრუნდნენ.

Lesson 16

1

მენახა	მეგრძნო	დამელია
გენახა	გეგრძნო	დაგელია
ენახა	ეგრძნო	დაელია
გვენახა	გვეგრძნო	დაგველია
გენახათ	გეგრძნოთ	დაგელიათ
ენახათ	ეგრძნოთ	დაელიათ
დამებადებინა	(შე)ვექე	მეფიქრ(ნ)ა
დაგებადებინა	(შე)ექე	გეფიქრ(ნ)ა
დაებადებინა	(შე)ექო	ეფიქრ(ნ)ა
დაგვებადებინა	(შე)ვექეთ	გვეფიქრ(ნ)ა
დაგებადებინათ	(შე)ექეთ	გეფიქრ(ნ)ათ
დაებადებინათ	(შე)ექო	ეფიქრ(ნ)ათ

2

(a) თქვენ არ უნდა გაგეკეთებინათ *You* (pl.) *should not have done X*, (b) მე საჩუქარი უნდა მეყიდა შენთვის *I should have bought you a present*, (c) შენ არ უნდა გაგეღვიძა ასე ადრე *You should not have woken up as early as this*, (d) გაკვეთილი კარგად უნდა გვესწავლა *We should have learnt the lesson well*, (e) ეს ჩემთვის უნდა გესწავლებინათ *You* (pl.) *should have taught me that*, (f) მათ დროზე უნდა გაეღოთ კარები *They should have opened the doors on time*, (g) მე უფრო ადრე უნდა მომეკალით თქვენ *I should have killed you* (pl.) *earlier*, (h) შენ არ უნდა გაგეღვიძებინეთ ჩვენ *You should not have woken us up*.

3

(a) მენახე, (b) დედა-მისს სეირი ეჩვენებინა ბიჭის(ა)თვის, (c) მასწავლებელს რატომ ეცემა შენთვის? (d) კაცებს ქალის(ა)თვის სახლი აეშენებინათ, (e) გაგებრაზებინეთ, (f) უფროსს მუშაობა დაეწყო, (g) მებაღეებს თესლები დაეთესათ, (h) ქალს დის(ა)თვის დაებრუნებინა წიგნი.

4

(a) ქალმა დამღალა, (b) კაცებმა საბუთი გამიფორმეს, (c) კარგი გავლენა მოვახდინე შენზე, (d) მტრებმა დაგვამარცხეს,

(e) წამაქეზე, (f) ბიჭებმა ბურთი ითამაშეს, (g) მამამ ფული მოგცა, (h) დუდამ ქართული მასწავლა.

5

(a) ექნათ, (b) მომეცა, (c) გეთქვათ, (d) ჩამოერთვა, (e) მოევლო, (f) ელაპარაკ(ნ)ათ, (g) მომეკლა, (h) შევესვი.

6

(a) დაგეჭირე, (b) მომღერლებს არ უნდა ემღერ(ნ)ათ, (c) დას უნდა წავეყვანეთ, (d) დაგეჭერი, (e) საჭირო იყო ძმებს მოეწერათ ჩვენთვის, (f) გვექნა, (g) შეეძლოთ ეს გაეკეთებინათ, (h) გირჩიეთ კარები დაგეხურათ.

7

(a) Had you (pl.) built the house on time, we would have given you more money. (b) If you had shown to me immediately the letter you received yesterday, I would not have become angry with you. (c) I should have taught you Georgian better, and if you had learnt the lessons better, you would now have known all the verbal forms. (d) Although I reached Tbilisi last night, I was unable to hand on to you that document which you should have received last week. (e) The government sent us here to arrest the thieves and take them to Moscow. (f) I asked the Georgians to send me to Svanetia, but they could not fulfil my wish. (g) Which do you (pl.) prefer, Georgian or Armenian? Although I prefer Georgian to Armenian, I still conceived a desire to learn Armenian too. (h) What did you (pl.) want to do in my bedroom? We came in here in order to change clothes, but we find it embarrassing because you are here.

8

(a) ბიჭებს რო(მ) ვაშლები მოეპარათ მებაღის(ა)თვის, არ მოშივდებოდათ, (b) (შე)ვეცადე/ვცადე (რო(მ)) შემეყვარებინე, მერწმუნე/დამიჯერე! არ შემიძლია, და ნუღარ (ნუ) (შე)ეცდები/სცდი/აღარ (არ) (შე)ეცადო/სცადო (რო(მ)) მომატყუო! (c) მტერს რო(მ) არ შევეცდინეთ, გავიმარჯვებდით ჩვენ(ა), (d) მინდოდა (რო(მ)) ხილი მეყიდა. მაშ შენს მეგობრებს უნდა წაეყვანე ბაზარში, (e) წყალს რო(მ) იმ მომენტში არ ედუღ(ნ)ა, არ შეგვეძლებოდა (რო(მ)) დაგველია ეს ყავა/ამ ყავის დალევა/ამ ყავას ვერ დავლევდით, (f) დედა-შენისთვის რო(მ) უკეთესად/უფრო კარგად მოგევლო, ალბათ არ

მოკვდებოდა, (g) მეზობლებს ასე ადრე რატომ არ უნდა გაეღვიძებინათ და ჩაეცვათ ბავშვებისთვის ახალი ტანსაცმელი?

Lesson 17

1

(და)გმობა	მოტანა	მიღება
მგმობი/	მომტანი	მიმღები/
მგმობელი/დამგმობი/		მიმღებე̄ლი
დამგმობე̄ლი		
(და)საგმობი/	მოსატანი	მისაღები
(და)საგმობე̄ლი		
დაუგმობე̄ლი	მოუტანე̄ლი	მიუღებე̄ლი
(და)თესვა	(და)სხმა	(შე)ქმნა
მთესავი/მთესველი/	(და)მსხმელი	(შე)მქმნელი
დამთესი		
(და)სათესი/დასათესავი	(და)სასხმელი	(შე)საქმნელი
დაუთესავი/	დაგმობილი	მოტანილი
დაუთეს(ვ)ელი		
დათესილი	დასხმული	შექმნილი

2

(a) საჩივლელად მოვედი *I have come to complain*, (b) ბიჭის გამზრდელი მე ვარ *I am the lad's rearer*, (c) სადღაც წასასვლელი მაქ(ვს) *I have somewhere to go*, (d) ვის მიერ იყო მოკლული? *By whom was X killed?* (e) ხომ ადვილია გასაგებად? *It is easy to understand, isn't it?* (f) ღვინო უკვე დასხმულია *The wine is already poured*, (g) შენა ხარ ოჯახის მარჩენალი? *Are you the family's provider?* (h) ჩემი ნაყინი დამდნარია *My ice-cream has melted.*

3

(a) გაგზავნა, (b) წასაყვანად, (c) მკერავად, (d) მომზადებული, (e) გადასაწყვეტი, (f) დაკარგულად, (g) გადამწყვეტი, (h) დაუმთავრებლად.

4

(a) მცენარეების დასარგავად, (b) ჩვენთვის კარგი მომავლის შესაქმნელად, (c) დედა-შენის შინ მოსაყვანად, (d) ქურდის დასაჭერად, (e) სალაპარაკოდ, (f) საჩივლელად, (g) ქართულის

სასწავლად და არა ინგლისურის ჩვენთვის სასწავლებლად, (h) მტერზე გასამარჯვებლად.

5

(a) ქართულის სწავლისას/სწავლის დროს, (b) აქ მოსვლისას/მოსვლის დროს/აქეთობისას, (c) თეფშების რეცხვისას/რეცხვის დროს, (d) ამ წერილის დაწერისას/დაწერის დროს, (e) თბილისში ყოფნისას/ყოფნის დროს.

6

(a) მანქანის გაუჩერებლად, (b) ქართულის უსწავლელად, (c) ჩემი წერილის დაუბეჭდავად, (d) მაგ ძველი პერანგის გაუხდელად, (e) ღვინის დაულეველად.

7

(a) When we were going there, we saw that lad who deserves to be killed. (b) The writer wrote (and) wrote but couldn't finish writing that play before his death. (c) In order to amuse the tired children their mother began singing. (d) The girl read that poem to the end without making a mistake. (e) Don't you have anything to do? Don't you have anywhere to go? (f) If I have somewhere to go or something to do, I'll tell you. (g) Don't trouble yourself, I have no time to stay here, but tomorrow I'll make time to come again and to drink the coffee (you) offered today. (h) As far as your question is concerned, I can tell you that this cannot be translated without using your newly published textbook.

8

(a) ამბობენ, რო(მ) იესო უკვე გარყვნილი მსოფლიოს გადასარჩენად მოვიდა. მაშ ამდენი ერი რატომ იღუპება? (b) დღეს არ მცალია შენს წასაყვანად ქალაქში, მაგრამ (შე)ვეცდები ხვალ მოვიცალო შენთვის ახლად გახსნილი გამოფენის საჩვენებლად, (c) რა(ი)მე გაქ(ვს) გასაკეთებელი/გასაკეთებლად? წიგნთსაცავში მაქ(ვს) წასასვლელი/წასასვლელად. რატომ? იმიტომ რო(მ) დედასთვის წიგნები მაქ(ვს) მოსატანი/მოსატანად, (d) მაღაზიაში წაველი შვიდ საათზე პურის საყიდ(ლ)ად, რადგან(აც)/რაკი/ვინაიდან ბევრი ბუტერბროტი მქონდა მოსამზადებელი/მოსამზადებლად, (e) ამას ინგლისში წავიღებ შენი უფროსისთვის უჩვენებლად, (f) შენს მიერ რეკომენდირებული წიგნი (მას) ვათხოვე წასაკითხავად, მაგრამ დამიბრუნა წაუკითხავად, (g) ფრონტზე წავიდა საბრძოლველად(ა)

და ჩვენი მტრების დასახოცავად, (h) ჯარიდან ჩამობრუნდა უბრძოლველად(ა) და ვინმეს მოუკვლელად/მოუკლავად.

Lesson 18

1

დავმალულვარ	დავმალვივარ	ავმდგარვარ
დამალულხარ	დამალვიხარ	ამდგარხარ
დამალულა	დამალვია	ამდგარა
დავმალულვართ	დავმალვივართ	ავმდგარვართ
დამალულხართ	დამალვიხართ	ამდგარხართ
დამალულან	დამალვიან	ამდგარან
შევდგომივარ	დამცხომია	ვყოლივარ
შესდგომიხარ	დაგცხომია	ჰყოლიხარ
შესდგომია	დასცხომია	ჰყოლია
შევდგომივართ	დაგვცხომია	ვყოლივართ
შესდგომიხართ	დაგცხომიათ	ჰყოლიხართ
შესდგომიან	დასცხომიათ	ჰყოლია

2

(a) ბევრი დაგვიწყებიათ თქვენ *You* (pl.) *apparently forgot/have forgotten much*, (b) წერილი ჯერ არ მოგვსვლია ჩვენ *The letter has not yet come to us*, (c) ბავშვს თურმე ჰღვიძებია *The child apparently is/has been awake*, (d) რა საწყალი ყოფილხარ! *How wretched you evidently are!* (e) არაფერი (არ) გცოდნია შენ! *You evidently know nothing!* (f) ჯერ არსად (არ) წასულან *They have not yet gone anywhere*, (g) ცოლს თავი ასტკივებია *The wife's head apparently (has) started to ache*, (h) ომს როგორ გადავრჩენივართ? *How have we survived the war?*

3

(a) მცლია, (b) დამთვრალან, (c) მისჩვევიხარ/შესჩვევიხარ, (d) გასთეთრებია, (e) გამშრალა, (f) მოჰკიდებია, (g) დანგრეულა, (h) დაჰკარგვია.

4

(a) შერცხვენიათ, (b) გაგვწითლებია, (c) შეგპარვიათ, (d) მასწავლებლებს ჩემთან ულაპარაკ(ნ)იათ, (e) მისწერია(თ), (f) წერებულა, (g) მომშვებია, (h) სწერებია.

5

(a) დაკარგულა/დამკარგვია, (b) დაწერილა/დაგწერია, (c) დამხრჩვალა/და(ვ)ხრჩობია, (d) დაბადებულა/დაბადებია, (e) მოხსნულა/მოგვხსნია, (f) გაზრდილა/გაგზრდიათ, (g) მოსპობილა/მოსპობია(თ), (h) დაბმულა/დაგვბმია.

6

(a) მითხრეს, მოგკლავთო, (b) ხომ გითხარი, არავინ (არ) მომიკლავს-მეთქი/-თქო? (c) დედას უთხარი, ამ საბუთს შენს დას გადავცემ-თქო, (d) ყვიროდნენ, უცხოელების გალანძღვის ნებას(ო) ცრუ-მეცნიერებს(ო) არ დავრთავთო, (e) ხომ თქვით, ტელევიზორი არა მაქ(ვს)ო? (f) ვფიქრობდით, ეს კარგად არასოდეს (არ) დამთავრდებაო/დამთავრდება-თქო, (g) თავში მომივიდა ფიქრი, ეს არ ვარგა-მეთქი/-თქო, (h) ხომ გირჩიეს, ეგ არ გააკეთოთო/მაგას ნუ გააკეთებთო?

7

(a) My mother told me that my brothers had enrolled in the army, but they apparently did not enroll (have not enrolled). (b) How can you introduce that girl to me, if you yourself have never got to know or even met her? (c) The answers were apparently written in the old textbook, whereas in the new one nothing is written. (d) The hooligans apparently fled lest anyone arrest them. (e) Those foreigners apparently didn't like that spread, as following it they have not visited/did not visit us again. (f) I told you, didn't I, that that American was apparently unable to master Georgian at all? (g) Your friends apparently wanted to take you to Svanetia, but they evidently were not able to. (h) They say that Shota has apparently fallen in love with an Armenian and has apparently conceived a desire to fetch her to live in Tbilisi. Imagine it!

8

(a) რასაც ამბობენ მართალი/სწორი ყოფილა – რა კარგი ქალიშვილები გყოლიათ შენ(ა) და შენს ცოლს. მომილოცავს/გილოცავთ!, (b) ჩემი ქმარი მეგონა კარგი კაცი, მაგრამ (თურმე) ქურდს გავყოლივარ, (c) ნენე, უთხარი შენს მეგობარს, ცოლად გამომგყვები მხოლოდ თუ სმას მიატოვებ-თქო, (d) იმ გოგოს (თურმე) შევყვარებივარ. ამიტომაა, რო(მ) აღარ მეშვება, (e) სანამ/ვიდრე ჯერ კიდევ ვიყავი ინგლისში, ჩემმა მასწავლებელმა მითხრა, საქართველოში ყოფნა მოგეწონებაო. და (თურმე) მოგწონებია. დიახ, მომწონს, (f) ის გოგოები როგორ გამხდარან!

რა(ი)მე/რაღაც უბედურება (თურმე) შემთხვევია(თ) (მათ), (g) მეგონა, გასაღები ჯიბეში მაქ(ვს)-მეთქი/-თქო, მარა (თურმე) (ჩემ)თან არ მქონია, (h) რა ძნელი ყოფილა ყვავილის აცრის შემოღება!

Lesson 19

1

ვმჯდარიყავი	ვყოლოდი	გავწითლებულიყავი
მჯდარიყავი	ჰყოლოდი	გაწითლებულიყავი
მჯდარიყო	ჰყოლოდა	გაწითლებულიყო
ვმსხდარიყავით	ვყოლოდით	გავწითლებულიყავით
მსხდარიყავით	ჰყოლოდით	გაწითლებულიყავით
მსხდარიყვნენ	ჰყოლოდა	გაწითლებულიყვნენ
გამთეთრებოდა	მცმოდა	შევძულებოდი
გაგთეთრებოდა	გცმოდა	შესძულებოდი
გასთეთრებოდა	სცმოდა	შესძულებოდა
გაგვთეთრებოდა	გვცმოდა	შევძულებოდით
გაგთეთრებოდათ	გცმოდათ	შესძულებოდით
გასთეთრებოდა(თ)	სცმოდათ	შესძულებოდა

2

(a) მეგობრები შემოგვერთებოდნენ *the friends had joined us,* (b) კატა დამხრჩვალიყო *the cat had drowned*, (c) გვერდზე მომსხდომოდით *you* (pl.) *had sat beside me*, (d) ჩვენ კარგად დავმთვრალიყავით *we had got well drunk*, (e) შენ არ უნდა შეგრცხვენოდა ჩემი *you should not have felt ashamed of me*, (f) გაკვეთილი არ უნდა დაწყებულიყო *the lesson should not have started*, (g) ჩვენ გვიან უნდა ავმდგარიყავით *we should have got up late*, (h) ბავშვს თურმე ჰღვიძებოდა *the child had apparently been awake.*

3

(a) მცლოდა, (b) მოსპობილიყო, (c) მოგსპობოდათ, (d) სცოდნოდა კაცს, (e) (ჰ)ხურებოდა, (f) მჯდარიყო, (g) მყვარებოდი, (h) (შე)ცდილიყვნენ(/ეცადათ).

4

(a) მგონებოდი, (b) დავმთვრალიყავით, (c) დაგვმალოდით, (d) გასულიყავით, (e) სცმოდათ, (f) შესძენოდა(თ)/დაბადებოდა(თ), (g) შეგცოდებოდი, (h) სძინებოდათ.

5

(a) ავსებულიყო/ამვსებოდა, (b) დაჭერილიყავი/დასჭეროდი, (c) დავჭრილიყავით/დავჭროდით, (d) დავმთვრალიყავი/დაგთრობოდით, (e) დასმულიყო/დაგსმოდა, (f) გაზრდილიყავით/გაგვზრდოდით, (g) გადარჩენილიყო/გადარჩენოდა(თ), (h) გავრყვნილიყავი/გაგრყვნოდი.

6

(a) მი(ვ)უჯდებოდი, (b) შემოვა, (c) იქნება, (d) მიუსხდებოდეთ, (e) გათენდა, (f) დავწერე, (g) იცვამდა, (h) დავიწყებდი.

7

(a) If you (pl.) had wanted fruit, you should have said before I went to the market. (b) They were playing hide-and-seek. One of them began counting, whilst the others rushed off in order to hide from the one with eyes shut. (c) If we had had 1,000 roubles, we would certainly have given you 900. (d) If you had not attended the conference, you would never have been able to get to know that scholar. (e) If a child hadn't been born to me at the age of 49, I would have died childless. (f) If that woman had married you when you asked her for her hand, she would now have been with you in England. (g) Have you been in Georgia? Yes, I spent two weeks there before I got into university. (h) Let's not elect this man president until we find out his opinion on our motherland's independence.

8

(a) საქართველოში წლის გამოტოვებით დავდიოდით, სანამ/ვიდრე ეს უბედურება თავს/თავზე (არ) დაგვატყდა, (b) (ჩემ)თან წავიღე რუკა, რო(მ) გზა არ დამბნეოდა, (c) დედა-შენს რო(მ) ეთქვა ჩემთვის როგორ სტკიოდა მას ფეხი, შეეძლებოდა მანქანაში დარჩენილიყო და იქ მჯდარიყო, სანამ/ვიდრე ჩვენ მოვიდოდით, (d) მე რო(მ) მცოდნოდა რა მოხდებოდა, არასოდეს (არ) დაგრთავდი ნებას, რო(მ) წასულიყავი ინგლისში/ინგლისში წასვლის ნებას არ დაგრთავდი, (e) დედა-მისი გაბრაზდა, რადგან(აც)/რაკი/ვინაიდან გოგოს უნდა სცმოდა ახალი კავა,

როცა სტუმრები მოვიდნენ, (f) სანამ/ვიდრე ბავშვს დააძინებდე, შეეკითხე/ჰკითხე თუ უნდა რა(ი)მე/რა(ი)მე გინდა თუ არა-თქო, (g) დედა-ჩვენს რო(მ) ჰყოლოდა ათი შვილი იმ დროს, საბჭოთა კავშირის გმირი გახდებოდა, (h) გოგო რო(მ) არ მყვარებოდა, ცოლად არ შევირთავდი. სინდისიერად არ მოვიქცეოდი, ცოლად რო(მ) შემერთო მხოლოდ (იმისთვის) რო(მ) შემძლებოდა ჩამომეყვანა ინგლისში (/მისი ჩამოყვანა ინგლისში).

Lesson 20

1

დავრჩენილიყო	დავექრა	დამეწერინებინოს
დარჩენილიყო	დაექრა	დაგეწერინებინოს
დარჩენილიყოს	დაექრას	დაეწერინებინოს
დავრჩენილიყოთ	დავექრათ	დაგვეწერინებინოს
დარჩენილიყოთ	დაექრათ	დაგეწერინებინოთ
დარჩენილიყონ	დაექრას	დაეწერინებინოთ
მყოლოდეს	შევყვარებოდე	მომეკვლევინებინოს
გყოლოდეს	შეჰყვარებოდე	მოგეკვლევინებინოს
ჰყოლოდეს	შეჰყვარებოდეს	მოეკვლევინებინოს
გვყოლოდეს	შევყვარებოდეთ	მოგვეკვლევინებინოს
გყოლოდეთ	შეჰყვარებოდეთ	მოგეკვლევინებინოთ
ჰყოლოდეთ	შეჰყვარებოდეს	მოეკვლევინებინოთ

2

(a) რომელი ღვინო დაგალევინეს? *What wine did they give you to drink?* (b) სიყვარული არ დაგვკარგოდეს! *Let us not lose (our) love!* (c) ცხენი სად დააბმევინეთ თქვენ? *Where did you* (pl.) *have the horse tied up/have X* (sing./pl.) *tie up the horse?* (d) ახალ წელს მოეტანოს ბედნიერება! *May the New Year bring happiness!* (e) არაფერი (არ) გაგვიკეთებინებია შენთვის *We didn't make/ haven't made you do anything*, (f) არ გვძულებოდეს ერთმანეთი! *May we not hate each other!* (g) დედიკო, სკამზე დამსვი! *Mum, put me on the chair!* (h) სურვილები აგსრულებოდეთ თქვენ! *May your* (pl.) *wishes be fulfilled!*

3

(a) შენ შეგრცხვენოდეს მათი, (b) გოგოებს პასუხი სცოდნოდეთ, (c) მოგვემზადებინებინოს სადილი მეგობრის(ა)თვის, (d) მეგობ-

რობა მათ შორის დამყარებულიყოს, (e) ამ კაცს რა(ი)მე ექნას, (f) დებს სიმართლე ეთქვათ დედისთვის, (g) ქალი ლოგინში წოლილიყოს, (h) გვეთქმევინებინოს დების(ა)თვის სიმართლე მშობლების(ა)თვის.

4

(a) ბევრი წიგნი მაქ(ვს) შეძენილი, (b) რა გაქ(ვს) გაკეთებული? (c) მას არავინ (არ) ჰყავს ნანახი/ნახული, (d) ყურძენი გვაქ(ვს) გასრესილი, (e) ლამაზი გოგო გყავთ დახატული? (f) მშობლებს ბავშვი ჰყავთ დაძინებული, (g) პოლიციელებს ვყავვართ დაჭერილი, (h) (თქვენ მე) გყავვართ არჩეული.

5

(a) წერილს/ქალიშვილს, (b) ქართველები/რამდენს, (c) ქალმა/ გასაღები, (d) წერილი/ქალიშვილს, (e) ქართველებმა/რამდენი, (f) წერილი/ქალიშვილის(ა)თვის, (g) ძაღლი/ვის/ჩვენთვის, (h) ქართველებს/რამდენი/ჩემთვის.

6

(a) ქალები რამ მიასალმა ერთმანეთს? (b) რამ გვალაპარაკა? (c) სტუმარს კარი რამ გააღებინა? (d) ბავშვს რამ დაალევინა რძე? (e) გოგოს რამ დააწყებინა ლაპარაკი?/გოგო რამ აალაპარაკა? (f) პრეზიდენტად რამ აგვარჩევინა თქვენი თავი? (g) მომღერლები რამ აამღერა? (h) მამას ფული რამ მოაცემინა ჩემთვის?.

7

(a) By this we do not want to say that Soviet imperial rule was pleasant for the Georgian people. (b) We must tell only the truth and get others too to tell it. (c) You are right. And so, if others accept your advice and make *you* listen to the truth, you won't have the right to get angry with them. (d) We wish that you spend (your) holidays pleasantly and that in the future you (pl.) and yours be completely happy! (e) Whom am I to get to take these letters to England? Get Zaza to take them – he will undoubtedly take them. (f) What did this dress cost? I bought it for 2,000 roubles, but today it costs 10,000. (g) I don't recall anyone going into the theatre. And so, there is no point going in until the others join us. (h) God grant that the whole world at long last learn the truth about Georgia!

8

(a) ხომ ვერ მივასწავლი სასტუმროს, შვილო, რო(მ) ღამე სადმე გავათიოთ/გავათენოთ? (b) ჰულიგნებმა გოგოებს თეფშები დაამტვრევინეს/დაამსხვრევინეს. მერე დასცინეს და ამით/ასე ატირეს, (c) წლის დამლევს/მიწურულს მამა სათბურს გვაწმენდინებს და გაზაფხულის დამდეგს თესლებს გვათესვინებს, (d) რა ხორცი მოვატანინო ჩვენს ქალიშვილს ბაზრიდან? გააჩნია, რა ღირს ყველაფერი და რამდენი ფული გვაქ(ვს), (e) შენმა ძაღლმა ბოლოს და ბოლოს მიატოვა ყეფა ათ საათზე, მარა/მაგრამ რამ დააწყებინა ყეფა/ააყეფა წუხელ? (f) ამ ერს უნდა შეაყვაროს თავი მთელ მსოფლიოს, (g) სხვებს რო(მ) ჰქონოდათ მაგნაირი წინდახედულება, ეს უბედურება (მათ) არასოდეს (არ) დაატყდებოდა(თ) თავს/თავზე, (h) ღმერთმა ქნას, (რო(მ)) ყველა სურვილი აგსრულებოდეთ და თქვენს მიერ/თქვენი დაწყებული საქმე დამთავრებულიყოს წარმატებებით!

Georgian–English vocabulary

This section consists of all the Georgian vocabulary presented in this grammar (plus some items that are not), minus the myriad non-finite forms of Lesson 17. Verbs are listed according to their root, together with an indication of any variations. After the listing for the verb-root, the present and future indicatives are given, in most cases with 2nd person singular (logical) subject. For example: გვარ: (მო)აგვარებ, which shows that for the root გვარ the thematic suffix is -ებ, accompanied by the neutral version ა- and (outside the present sub-series) preverb მო-. Medial verbs have their present and future forms separated by a slash. Since an understanding of the verb is an absolutely crucial prerequisite for mastering Georgian, considerably more information is given here than in the grammar for some verbal roots, though no entry should be thought to be necessarily exhaustive. Subjective, objective, locative versional variants or intransitive transforms are not given unless some special point needs to be made. Each sub-entry under a verbal-root is numbered, and the relevant meaning is given against the same number in the gloss. A noun (indirect object or logical subject) that stays dative even in Series II (and Series III if the verb is either intransitive or indirect) is marked '(D)'; 'G' = Genitive, 'I' = Instrumental, 'A' = Adverbial, 'N' = Nominative.

ა

აბა	well then
აბდა-უბდა	nonsense
აგარაკი	dacha
აგერ	over here
აგვისტო	August
აგრეთვე	also
ადამიანი	human being
ადგილი	place
ადგილობრივი	local
ადვილ: *1* (გა)ადვილებ, *2* გეადვილება	*1* facilitate, *2* you (D) find easy
ადვილი	easy
ადიღეელი	Adyghe/Circassian (person)
ადიღეური	Adyghe/Circassian (thing)
-ადმი/-დამი	towards (+ G)
ადრე	early (adv.)
ადრესატი	addressee
ადრინდელი	early (adj.)
ავადმყოფი	ill person
ავადმყოფობა	illness
ავი (ავად)	bad, evil, fierce (poorly)

ავსტრალია	Australia
ავსტრიელი	Austrian (person)
ავტორიტეტი	authority
აზრი	opinion
ათასი	1,000
ათასწლეული	millennium
ათი	10
ათწლეული	decade
აი	lo!, *voila!*, *voici!*
აკრძალული	forbidden
ალავერდი. . .	the toast passes to . . .; Alaverdi Cathedral
ალალი	honest
ალბათ	probably
ალუბალი	cherry
ამანათი	packet, parcel
ამაო	vain, useless
ამაღამ	tonight
ამბ: ამბობ	say [present sub-series]
ამბავი (ამბის)	news, report; business, happening
ამბოხი	rebellion
ამდენი	so many as this
ამერიკა	America
ამერიკელი	American (person)
ამერიკული	American (thing)
ამინდი	weather
ამისი (ამათი)	this one's (these ones')
ამიტომ	for this reason
ამნაირი	such as this
ან. . .ან/ანუ/ანდა	either . . . or
ანგარიში	bill
ანდაზა	proverb
ანკესი	hook
ანტიკური	classical
არ(ა)	not
არა	no
არადრეკადი	unbendable
არავითარი	none
არავინ	no one
არამედ	but (after negative)
არა-ოფიციალური	unofficial
არაჟანი	soured cream
არასდროს	never
არასოდეს	never
არასწორი	incorrect
არაფერი (არაფერ შუაშია)	nothing (X has nothing to do with it)
არაფრის!	not at all!
არდადეგები	holidays
არს: (და)აარსებ	found
არსად	nowhere
არსებ: არსებობ/იარსებებ	exist
არჩევნები	elections
არც. . .არც	neither . . . nor
არცერთი	not one
არხი	canal; channel
ასაკი	age
ასე (ასე თუ ისე)	like this (somehow or other)
ასეთი	such as this
ასი	100
ასიანი	of a hundred; hundred-unit note
ასო	letter; element; organ
ასპარეზი	field, arena
ასული	daughter (in patronymics)
ატამი	peach
აურზაური	commotion, disturbance
აუცილებელი (აუცილებლად)	necessary (certainly)
აფსუს!	oh dear! what a pity!
აფხაზეთი	Abkhazia
აფხაზი	Abkhazian (person)
აფხაზური	Abkhazian (thing)

აქ	here
აქამომდე	up to this point, up to now
აქაური	belonging to here
აქაურობა (ჯვარი აქაურობას!)	here(ness) (Touch wood!)
აქეთ	over here
აქეთობ(ის)ას	on the way here
აქლემი	camel
აქტიური	active
აღარ	no longer
აღარავინ	no longer anyone
აღარაფერი	no longer anything
აღიარ: აღიარებ	confess; acknowledge
აღმატება	exceeding
აღმატებითი	superlative
აღმატებულება	excellence; excellency
აღმოსავლეთი	east
აყვავება	flourishing
აცრა	vaccinating
ახალგაზრდა	young person
ახალი	new
ახლა	now
ახლო(ვ): (მი/მო)-ახლოვდები	approach
ახლობელი	close (friend)
ახლოს	near
ბ	
ბ: *1* (და)აბამ, *2* (შე)აბამ, *3* (მი)აბამ, *4* (ჩა)ებმები, *5* ქსელს/საუბარს/მახეში (გა)აბამ, *6* ხე ნაყოფს (მო)იბამს, *7* ხეს ნაყოფი აბია	*1* tie up, *2* fasten, *3* bind to, *4* get stuck into (some affair), 5 spin web (network)/hold a long conversation/catch in a trap, *6* tree puts on a fruit, *7* tree (D) has a fruit on it
ბაბუა	grandad
ბაგე	lip
ბად: (და)ბადებ	give birth to
ბადე	net
ბადრიჯანი	aubergine
ბავშვი	child
ბავშვობა	childhood
ბაზარი	market
ბაზრული	market (adj.)
ბალანი	fur
ბალახი	grass
ბალი	cherry
ბალიში	pillow
ბამბა	cotton(wool)
ბამბისნაირი	like cottonwool
ბან: *1* (და)ბან, *2* (და)იბან	*1* wash, *2* wash self
ბანი	roof; Georgian letter 'b'
ბანკი	bank
ბანქო	cards
ბარ: *1* (მი/მო)აბარებ, *2* მიწას მიებარები, *3* (ჩა)აბარებ, *4* (ჩა)ბარდები, *5* (და)იბარებ, *6* (გადა)აბარებ, *7* (ჩა)იბარებ (= იკისრებ = თავს/თავზე იდებ = ითავებ)	*1* entrust X to Y (D), *2* be consigned to earth = buried, *3* deposit, pass (exams), *4* be handed/hand self over to X (D), *5* summon, *6* transfer responsibility for X to Y (D), *7* take responsibility for X upon oneself
ბარათი	card
ბარგი	luggage
ბარდა	pea(s)
ბარემ	just
ბატკანი	kid
ბატონები	infectious diseases
ბატონი	lord, master, mister, sir
ბატონყმობა	feudalism
ბაღი	garden

ბაწარი	rope
ბგერა	sound
ბებია	grandmother
ბებკ: (და)ბებკავ	patch
ბედ: *1* (გა)ბედავ, *2* (გა/შე)უბედავ	*1* dare, *2* dare to do X against Y (D)
ბედი (ჩემდა ბედად)	fate, fortune (luckily for me)
ბედკრული	luckless
ბედნიერი	happy, fortunate
ბევრი	many
ბევრჯერ	many times
ბეზრ: *1* თავს (მო)აბეზრებ, *2* (მო)გბეზრდება	*1* upset, annoy, *2* you (D) grow fed up with
ბენზინი	petrol
ბერ: *1* ქარი (და)უბერავს (cf. (და)ბერდები grow old), *2* (შე)უბერავ, *3* (გა)ბერავ	*1* the wind blows (on X (D)), *2* blow on X (D), *3* fill with air
ბეღელი	barn
ბეწვი	fur
ბეჭედი	ring
ბზრიალ: ბზრიალებ/იბზრიალებ	spin
ბია	quince
ბიზნესი	business
ბილეთი	ticket
ბინა	flat
ბინა(ვ): *1* (და)აბინავებ, *2* (და)ბინავდები	*1* give lodging to, *2* take up residence
ბიურო	office
ბიცოლა (ა)	uncle's wife
ბიძა	uncle
ბიძაშვილი	uncle's child
ბიჭი	boy, lad
ბნევ/ბნი(ვ)/ბ(ე)ნ: (და)აბნევ	scatter; lead off course
ბნელ: *1* (და)ბნე-ლდება, *2* ბნელა	*1* get dark, *2* be dark
ბნელი	dark
ბოდიში	apology; sorry!
ბოთლი	bottle
ბოლი	smoke
ბოლო (ბოლოს, ბოლოსდაბოლოს)	end (at last, at long last)
ბოლოკი	radish
ბოლოსიტყვაობა	epilogue
ბოროტი	evil
ბოსტანი	vegetable plot
ბოსტნეული	vegetable(s)
ბოყინ: (და)გაბ ოყინებს	belch
ბოჭკო	fibre
ბოჭკოიანი	fibrous
ბრალ: *1* (და)აბრალებ, *2* (და)გბრალდება, *3* (შე)გებრალება	*1* accuse, *2* you (D) are accused of X, *3* you (D) pity X
ბრალდება	accusation
ბრალდებითი	accusative
ბრალი	fault
ბრბო	crowd
ბრინჯი	rice
ბრიყვი	idiot
ბრმა	blind
ბრმა(ვ): (და)აბრმავებ	blind
ბროწეული	pomegranate
ბრტყელი	flat
ბრუნ: *1* (და)აბრუნებ, *2* (და)იბრუნებ, *3* (და)ბრუნდები, *4* მანქანას (მო)აბრუნებ	*1* return X, *2* get back, *3* return, *4* turn the car round
ბრძან: *1* ბრძანდები, *2* დაბრძანდი, *3* მობრძანდი, *4* მიბრძანდი, *5* უბრძანებ, *6* ბრძანე!	*1* be (polite), *2* sit down! (polite), *3* come! (polite), *4* go! after you! (polite), *5* give order to X (D), *6* please speak! yes, please! (polite)

ბრძენი	wise (person)
ბრძ(ვ)/ბრძოლ: *1* იბრძვი/იბრძოლებ, *2* ებრძვი/ებრძოლები	*1* fight, *2* fight with X (D)
ბრძნული	wise (thing)
ბრძოლა	fight(ing)
ბრჭყალი	claw; quotation mark
ბუ	owl
ბუდე	nest
ბულბული	nightingale
ბურთი	ball
ბუტერბროტი	sandwich
ბღავ(ლ): ბღავი/იბღავლებ	bleat
გ	
გ: *1* (წა)აგებ, *2* (მო)იგებ ((მო)უგებ), *3* (და)აგებ, *4* (ა)აგებ, *5* (მი/მო)უგებ, *6* (წამო)ეგები, *7* (გა)იგებ (cf. (გა)უგებ), *8* გაგეგება, *9* (გადა)აგებ	*1* lose (game, war), *2* win (win against X (D)), *3* lay, set (trap = ხაფანგი/მახე), *4* build, thread, *5* answer X (D), *6* get hooked on (= D/-ზე), *7* find out, learn, understand (cf. find out X for Y (D), understand person X (D)), *8* you (D) have the ability to understand X [present sub-series], *9* lay X out over Y (D), spend X exclusively on Y (D); ruin
გაბედულე/ობა	daring (noun)
გაბედული	daring
გაბრაზებული	angry
გაგება	understand(ing), learn(ing)
გაგიმარჯოს/თ	Hello! (usually as response)
გადამდები	infectious
გადაღმა	beyond (+ G)
გადაცემა	programme
გადაწყვეტილება	decision
გადაჭარბება (cf. გეგმას გადააჭარბეს)	exaggeration (cf. they exceeded the plan)
გაერო (გაერთიანებული ერების ორგანიზაცია)	UNO
გავ: ჰგავხარ	you resemble X (D)
გ(ა)ვ: (და)გვი	sweep
გავლენა	influence
გავლით	via (+ G)
გავრცელებული	widespread
გაზაფხული	spring
გაზეთი	newspaper
გაისად	next year
გაკვეთილი	lesson
გალობა	singing, hymning
გამარჯობა(თ)	Hello! (as opening gambit)
გამბედავი	daring
გამგრძელებელი	continuer
გამო	because of (+ G)
გამოთვლა	computing
გამოთვლითი	computer- (adj.)
გამონაკლისი	exception
გამონაყარი	rash
გამოსადეგი	advantageous
გამოსავალი (cf. გასასვლელი)	way out, escape (cf. exit)
გამოსახულება	expression
გამოსვლა	coming out, making an appearance
გამოფენა	exhibition
გამოყენება	use
გამოყენებითი	practical
გამოშვება	release, product
გამოცანა	puzzle

გამოცდა	exam
გამოცდილება	experience
გამოძინებული	wide awake
გამოხატვა	portray
გამოხატულება	expression
გამოხატული	expressed, portrayed
გამყოფი	divisor
გამძლეობა	resistance
გამწმენდე̄ლი	cleaner
გამხდარი	thin
-გან	from, by (+ G)
განა	is it really the case that
განაპირა	isolated, far distant
განაყოფი	quotient
განებივრებული	spoiled
განვითარება	develop(ing)
განვითარებადი	developable
განთქმული	renowned
განკერძოება	isolating
განკერძოებულე/ობა	isolation
განკერძოებული	isolated
განმავლობაში	during (+ G)
განსაკუთრებით	especially
განსაკუთრებული	special
განცვიფრებული	amazed
განჯინა	cupboard
გარაჟი	garage
გარგარი	apricot
გარდა	apart from (+ G)
გარდაქმნა	transforming; perestroika
გარდაცვლილი	deceased
გარდერობი	wardrobe
გარეთ	outside
გარემოება	circumstance
გარეშე	outside; without (+ G)
გარყვნილება	corruption
გარშემო	around
გასაგები	understandable
გასაქანი	opportunity
გასაღები	key
გასაყოფი	dividend
გასაჭირი	great need
გასული	last, having passed (of time)
გაუმეორებე̄ლი	unrepeatable
გაფუჭებული	broken down, kaput
გაღვივება	rousing
გაყალბება	falsifying
გაცემა	giving out
გაცვეთილი	worn
გაცილებით	much (+ comparative)
გაძრომა	squeezing through
გდ: *1* (გადა)აგდებ, *2* (ჩა)აგდებ, *3* ხელში (ჩა)იგდებ, *4* (მი/მო)უგდებ, *5* ყურს (და)უგდებ, *6* მასხარად (ა)იგდებ, *7* სიტყვას ბანზე (ა)უგდებ, *8* (მი)ეგდები	*1* throw away, *2* throw down into, *3* get into one's clutches, *4* throw X to Y (D), *5* pay attention to X (D), *6* mock, *7* change the subject for X (D), *8* flop down cf. ყ(ა)რ
გებ: *1* (მი/მო)აგებებ, *2* (მი/მო)ეგებები	*1* send X to meet Y (D), *2* go/come to meet X (D)
გეგმა	plan
გემო	taste
გემოვნ: გემოვნებ	sense by taste [present sub-series]
გემრიელი	delicious
გ(ე)ნ: (მი/მო)აგნებ	locate X (D)
გენაცვალე!	darling!
გეოგრაფია	geography
გერი	stepchild
გერმანელი	German (person)
გერმანია	Germany
გერმანული	German (thing)
გესლი	venom
გესლიანი	venomous

გვარ: (მო)აგვარებ	sort out, manage
გვ(ა)რ: (მი/მო)ჰგვრი	bring X to Y (D)
გვარი	kind, race; surname
გვერდი	side
გვიან	late
გვიან: *1* (და)-აგვიანებ, *2* (და)იგვიანებ, *3* (და)გაგვიანდება	*1* do X late, delay X, *2* turn up late, *3* you (D) are late
გზა	road
გზავნ: (გა(მო))-(ა)გზავნი	send
გიჟ: (გა)აგიჟებ	madden
გიჟი	mad
გირვანქა	pound (weight or money)
გლეხი	peasant
გლე/იჯ: (გა)გლეჯ	tear, rip
გლობუსი	globe
გლოვ: (ი)გლოვ = გლოვობ/იგლოვებ	mourn
გმ: (და)გმობ	censure
გმადლობ(თ)	thanks = I thank you
გმირი	hero(ine)
გმირობა	heroism
გოგო	girl
გოგრა	pumpkin
გოდლ̲რი	basket
გომი	barn
გონ: *1* (გა)იგონებ (NB perfect გაგიგონია), *2* (მო)იგონებ (perfect მოგიგონებია), *3* (მო)გაგონდება, *4* (ჩა)აგონებ, *5* გგონია/გეგონება, *6* (მო)აგონებ	*1* sense by hearing; hear of, *2* recall to mind; invent; make pretence of; think/make up (= (გამო)იგონებ), *3* you (D) have memory X come into mind, have an idea, *4* put a thought in X's (D) mind, *5* you (D) think, *6* remind X (D) of Y
გოჭი	piglet
გრამატიკა	grammar
გრე/იხ: (და)გრეხ	twist
გრილ: გრილა	it's cool
გრილი	cool
გრძელ: (გა)აგრძელებ	extend
გრძელი	long
გრძ(ე)ნ: გრძნობ/იგრძნობ	feel
გრძნობა	feeling
გრძნობადი	perceptible
გრძნობითი	sense- (adj.)
გროვ: *1* (შე)აგროვებ, *2* (და)აგროვებ	*1* collect, *2* amass
გუ: *1* (შე)უგუებ, *2* (შე)ეგუები	*1* adapt X to Y (D), *2* adapt to X (D)
გუთა̲ნი	plough
გულახდილი	honest, frank
გულდასმით	assiduously
გულდინჯი	calm-hearted
გულთბილი	warm-hearted
გულთმისა̲ნი	clairvoyant
გული	heart (cf. [present sub-series] გეგულება you (D) suppose X to be somewhere/consider X to be; რას მეგულები? what do you suppose I have?)
გულისხმ: გულისხმობ/იგულისხმებ	mean
გულკეთილი	kind-hearted
გულშემატკივა̲რი	fan
გუშინ	yesterday
გუშინდელი	of yesterday
გუშინწინ	the day before yesterday

დ

დ((ე)ვ): *1* (და)დებ, *2* (შე)დებ, *3* (ჩა)დებ, *4* (გადა)დებ, *5* (გადა/გადმო)ედება, *6* დევს/ედება	*1* put, *2* put in, *3* put down in, *4* put to one side, postpone, *5* X transfers over to Y, *6* (thing) is lying
და	and
და	sister
და ასე შემდეგ (დ.ა.შ)	etc.
დაახლოებით	approximately
დაბადება	birth
დაბებკილი	patched
დაბოლოება	ending
დაბრძანდი(თ)!	do sit down!
დადგმა	play
დადება	put(ting)
დადებითი	affirmative, positive
დადებული	having been put
დაე!	let!
დავალება	homework, obligation
დაზღვეული	registered
დათარიღებული	dated
დაკავებული	occupied
დაკავშირებით	in connection (with X -თან)
დაკეტილი	locked, shut
დამახასიათებე̄ლი	characterising
დამბაჩა	gun
დამდეგს	at the start
დამზადებული	prepared
დამთხვევა	coincidence
დამლევს	at the close
დამოკიდებულება	dependence, relationship
დამოკიდებული	dependent
დამოუკიდებე̄ლი	independent
დამოუკიდებლობა	independence
დამპყრობ(ე̄ლ)ი	conqueror
დამსვენებე̄ლი	holiday-maker
დამწერლობა	writing, literature
-(ი)დან	from (historically -გან + I)
დანა	knife
დანაღვლიანებული	upset, out of sorts
დანაშაული	crime
დანგრეული	destroyed
დანებება	surrender(ing)
დარაჯ: *1* დარაჯობ/იდარაჯებ, *2* სდარაჯობ/უდარაჯებ	*1* be guard, *2* guard X (D)
დარბაზი	hall
დარგი	field, subject
დარდი	sadness, grief
დარიჩინი	cinnamon
დარწმუნებული	certain
დასავლ(ეთ)ელი	Westerner
დასავლეთი	west
დასანანი (რა დასანანია!)	to be pitied (what a pity!)
დასასრული	end
დასაწყისი	start
დაუდასტურებე̄ლი	unconfirmed
დაუდასტურებლობა	lack of confirmation
დაუვიწყარი	unforgettable
დაქანცული	exhausted
დაღლილი	tired
დაღუპვა	perish(ing)
დაშორება	separate, separating
დაშორებითი	ablative
დახამხამება (თვალისა)	twinkling (of an eye)
დახმარება	help
დაჯდომა	sitting down
დგ/დექ: *1* დგახარ/იდგები (masdar დგომა), *2* (ა)დგები (masdar ადგომა), *3* (შე)უდგები, *4* გზას (გა)უდგები	*1* be standing, *2* stand up (cf. Easter = აღდგომა), *3* begin to do X (D), *4* set out, *5* take up standing position at some

(= გზას (და)ადგები), *5* (და)დგები, *6* (გამო)დგები, *7* (გამო)გადგება, *8* დაწესებულებას სათავეში (ჩა)უდგები	place (e.g. in queue = რიგში), *6* be of advantage, *7* be of advantage to you, *8* become the head of the/an institution
დგ: (და)დგამ	put in a standing position
დგე/ინ: *1* (აღ)ადგენ, *2* (წარ)ადგენ, *3* (წარმო)ადგენ, *4* (შე)ადგენ, *5* შედგება	*1* restore, *2* show, *3* represent, *4* compose, constitute, *5* it consists of (+ -გან)
დებულება	regulation
დედა	mother
დედა-ენა	mother tongue
დედაკაცი	woman
დედაკაცური	characteristic of woman
დედალი	female
დედამთილი	mother-in-law (for wife)
დედიკო	mum
დედინაცვალი	step-mother
დევ/დი(ვ): *1* (მი/მო)სდევ, *2* (და)სდევ	*1* follow X (D), *2* follow X (D) in order to catch/keep watch on
დევი	*dev*, ogre
დეიდა	mother's sister
დეიდაშვილი	mother's sister's child
დეკემბერი	December
დელეგაცია	delegation
დეპეშა	telegram
დიახ	yes
დიდ: (გა)ადიდებ	enlarge
დიდგული	quick to anger
დიდგულობა	anger
დიდებული	glorious
დიდი	big, large, great
დიდძალი	a great many
დიდხანს	for a long time
დივანი	divan
დილა (დილა მშვიდობისა(თ)!)	morning (good morning!)
დინჯი	calm
დირექტორი	director
დისკრიმინაცია	discrimination
დისშვილი	sister's child
დისწული	sister's child
დნ: (და)ადნობ	melt X
დრამა	play
დრე/იკ: *1* (და)დრეკ, *2* (მო)დრეკ	*1* bend X, *2* bend X hither
დრეკა	bending
დრეკადი	bendable
დრო	time
დროებით	for the time being
დუღ: *1* დუღს/იდუღებს, *2* (ა)დუღდება	*1* X boils, *2* X starts to boil
დუღილი	boiling
დღე (დღეს)	day (today)
დღევანდელი	of today
დღისით	during the day
დღიური	daily; diary

ე

ეგ (ეგენი)	that (those ones) by you
ეგებ	maybe, perhaps
ეგრე	like that by you
ეგრეთ წოდებული (ე.წ.)	so-called
ევროპელი	European (person)
ევროპული	European (thing)
ეზო	yard
ეთნიკური	ethnic
ელ(ავ): ელავს/იელ(ვ)ებს	it lightens
ელვა	lightning
ელჩი	ambassador
ენა	tongue, language

ენათმეცნიერი	linguist
ენამოსწრებული	quick tongued
ერთ: *1* (შე)აერთებ, *2* (შე(მო))უერთდები	*1* unite X (with Y -თან), *2* join X (D)
ერთგულება	faithfulness
ერთგული	faithful
ერთდროული	simultaneous
ერთერთი	one of
ერთიმეორე	each other
ერთმანეთი	each other
ერთნაირი	of the same type
ერთხელ	once
ერი	nation, people
ეროვნული	national
ეს (ესენი)	this (these ones)
ეს-ეს არი(ს)	(has/have) just
ესე იგი (ე.ი.)	i.e.
ექვსი	6
ექიმი	doctor
ექსკურსია	excursion
ექსპერიმენტი	experiment
ეშმაკი	devil
ეჭვი	doubt
ეხლა	now
ვ	
ვაი-თუ	woe it!
ვაიმე	alas, oh dear!
ვაი-მეცნიერი	pseudo-scholar
ვალ: (და)ავალებ	oblige
ვალი	debt
ვაჟი	lad, boy
ვაჟიშვილი	son
ვაჟკაცობა	manliness
ვარგ: არ ვარგიხარ (არ ვარგა)	you're no good (X is no good)
ვარდ: *1* (და)ვარდები, *2* (ჩა(მო))ვარდები, *3* (გამო)ვარდები, *4* (გადა)ვარდები, *5* ხელიდან (გამო)გივარდება	*1* fall down, *2* fall down (here) into, *3* fall out, come rushing out, *4* fall off, *5* X falls out of your (D) hand [all with singular subject] cf. ცვივ(ნ)
ვარდი	rose
ვარდისფ̄ერი	pink
ვარიანტი	variant
ვარცხნ: *1* თმას (და)ვარცხნი, *2* თმას (და)ივარცხნი	*1* comb X's (D) hair, *2* comb own hair
ვაშლი	apple
ვახშა̲მი	dinner
ვახშმ: ვახშმობ/ივახშმებ	dine
ველოსიპედი	bicycle
ვენა	Vienna
ვერ(ა)	not (potential)
ვერა	no (potential)
ვერაგული	treacherous
ვერავინ	no one (potential)
ვერასდროს	never (potential)
ვერასოდეს	never (potential)
ვერაფ̄ერი	nothing (potential)
ვერსად	nowhere (potential)
ვერც . . . ვერც	neither . . . nor (potential)
ვერცხლი	silver
ვეფხ(ვ)ი	panther; tiger
ვეფხისტყაოსა̲ნი	Man in the Panther's Skin
ველარ	no longer (potential)
ველარავინ	no longer anyone (potential)
ველარაფ̄ერი	no longer anything (potential)
ვიდეო	video
ვიდრე	while, until, before, than
ვიზა	visa
-ვით	like (+ N/D)
ვითარ: (გან)ავითარებ	develop
ვითარება	state
ვინ	who?

ვინაიდან	since, because
ვინმე	anyone
ვირთხა	rat
ვირი	donkey
ვიღაც(ა)	someone
ვიწყ: *1* (და)ავიწყებ, *2* (და)ივიწყებ, *3* (და)გავიწყდება	*1* make forget, *2* put out of one's mind, *3* you (D) forget
ვლ: (მო)ავლებ	run X over Y (D)
ვლ: *1* (მო)უვლი, *2* (შემო)უვლი	*1* look after, *2* encircle [both + D]
ვლე/ინ = ვლინ: *1* (მი/მო)ავლენ = (მი/მო)ავლინებ (cf. მივლინება), *2* (გამო)ავლენ, *3* (გამო)ვლინდები	*1* despatch (cf. study trip), *2* reveal, *3* be revealed
ვნ: ვნებ/ავნებ	harm
ვრცე̄ლი	wide
ვს: (შე/ა/გა)ავსებ	fill
ზ	
ზამ: იზამ	will do
ზამთარი	winter
ზანტი	ponderous
ზ(ა)რდ: (გა(მო))ზრდი	rear
ზარმაცი	lazy
ზარხოშ: (შე)ზარხოშდები	get tipsy
ზაფხული	summer
-ზე	on, about, than (+ D)
ზეგ	day after tomorrow
ზედ(ა)	above
ზედა	upper
ზედმეტი	superfluous
ზედმიწევნით	in detail
ზედმიწევნითი	detailed
ზევით	up(stairs)
ზე/ილ: (მო)ზელ	knead
ზეცა	heaven
ზიანი	harm
ზმნა	verb
ზმნური	verbal
ზმუ(ვლ): ზმუი/იზმუვლებ	moo
ზოგ(იერთ)ი	some
ზომა	measure (cf. (გა)ზომავ 'measure', (მი/მო)აზომებ 'measure X against Y (D)')
ზომიერი	measured
ზრუნ: ზრუნავ/იზრუნებ	care
ზღ: უზღავ	pay recompense to
ზღაპარი	story
ზღვა	sea
ზღმარტლი	medlar
თ	
თაგვი	mouse
თავ: (გა)ათავებ	complete
თავაზ: სთავაზობ/შე(მო)სთავაზებ	offer X to Y (D)
თავაზიანი	polite
თავაზიანობა	politeness
თავბრუ	dizziness
თავ-თავიანთი	each their own
თავ-თავისი	each his/her/its own
თავი	head; chapter; start; self
თავიანთი	their own
თავისი	his/her/its own
თავისუფალი	free
თავისუფლ: (გა)ათავისუფლებ	free
თავისუფლება	freedom
თავხედი	arrogant
თავხედობა	arrogance
თამადა	toastmaster
თამაშ: *1* თამაშობ/ითამაშებ, *2* ეთამაშები,	*1* play, *2* play with X (D), *3* move around in play,

3 დათამაშობ, *4* და/შესთამაშებ, *5* (შე)თამაშდები, *6* (გა)ათამაშებ, *7* (გა)თამაშდები, *8* (გადა)თამაშდება	*4* play around X (D), *5* start playing, *6* put X into play, *7* spend time in play, be played, *8* be replayed
-თან (-თან ერთად)	with, by, at, *chez*, *bei* (together with + D)
თან	along, with (adv.)
თანამგზავრი	fellow-traveller
თანამდებობა	post, job
თანამედროვე	contemporary
თანამემამულე	fellow-countryman
თანამესუფრე = მეინახე	fellow-diner
თანამიმდევარი	successor, follower
თანამიმდევრობა	sequence, succession
თანამიმდევრობითი	sequential, successional
თანამიმდევრული	sequential, successional
თანამშრომელი	co-worker
თანაც	at the same time
თანახმა	agreed
თანდასწრებით	accompanied by (+ G)
თანხა	sum
თანხმ: *1* (და/შე)-ითანხმებ, *2* (და)თანხმდები, *3* (და)ეთანხმები (= (და)სთანხმდები), *4* (შე)ათანხმებ, *5* (შე)თანხმდებით	*1* get X to agree with you, *2* agree, *3* agree with X (D), *4* bring into agreement, *5* you (pl) come to an agreement
თანხმობა	agreement
თაობა	generation
თარგმანი	translation
თარგმნ: (გადა)თარგმნი	translate
თარჯიმანი	interpreter
თასმა	twine; shoelace
თაფლი	honey
თბ: (გა)ათბობ	warm
თბილ: *1* თბილა/ სითბო იქნება, *2* გთბილა	*1* it's warm, *2* you (D) are warm
თბილი	warm
თბილის: (მო)ითბილისებ	enjoy/find Tbilisi
თბილისელი	citizen of Tbilisi
თბილისური	thing of Tbilisi
თეატრი	theatre
თებერვალი	February
თევ/თი(ვ): (გა)ათევ	spend night
თევზი	fish
თეთრ: (გა)ათეთრებ	whiten
თეთრეული	linen
თეთრი	white
თემა	theme
თენ: *1* (გა)ათენებ, *2* (გა)თენდება	*1* spend the night, *2* dawn comes
თერგი	River Terek
თერთმეტი	eleven
თეს: *1* (და)თესავ, *2* თესია	*1* sow, *2* is sown
თესლი	seed
თეფში	plate
თექვსმეტი	16
თვ(ა)ლ: *1* (და)თვლი, *2* (და)ითვლი, *3* (ჩა)თვლი, *4* (ჩამო)თვლი, *5* (მი/მო)ათვლი, *6* (შე(მო))თვლი, *7* (შე(მო))უთვლი	*1* count X, *2* count (abstract), *3* consider, *4* list, *5* count X in with Y (D), *6* send a message, *7* send a message to X (D)
თვალდახუჭული	with eyes closed (cf. თვალს (და)ხუჭავ 'close eye')
თვალი	eye
თვალიერ: (და)ათვალიერებ	look around X

თვალსაზრისი	point of view
თვალწინ	in front of the eye
თვე	month
თვით(ონ)	oneself (emphatic)
თვითმპყრობელობა	autocracy
თვითმპყრობელობითი	autocratic
-თვის	for (+ G)
თვიური	monthly; period
თვრამეტი	eighteen
თ(ვ)რ: 1 (და)ათრობ, 2 (და)თვრები	1 make drunk, 2 become drunk
თითი	finger
თითქმის	almost
თითქოს	as if, allegedly that
თითხნ: (შე)თითხნი	fabricate
თირკმე̄ლი	kidney
თიშ: 1 (გა)თიშავ (გათიშე და იბატონე!), 2 (გამო)თიშავ = (გამო)რთავ	1 divide (*Divide et impera!*), 2 switch X off
თმა	hair
თმე/ინ: (მო)ითმენ	endure X with patience, be patient
თოთხმეტი	fourteen
თოვ: 1 თოვს/ ითოვებს, 2 მოთოვს	1 it snows, 2 snow will come
თოვლი	snow
თოკი	rope, string
თორემ	otherwise
თორნე	special round earthenware oven
თოფი	gun
თოჯინა	toy
თრევ/თრი(ვ)/თერ: 1 (შემო)ათრევ, 2 (გა)ათრევ 3 (გა)ეთრევი	1 drag in here, 2 drag out 3 piss off out
თუ (თუკი)	if, or (if indeed)
თუ არა	or not; as soon as
თუთა	mulberry
თუმცა	although
თუნდა(ც)	even if, albeit
თურმე	apparently
თურმეობითი	perfect (tense)
თურქეთი	Turkey
თურქი	Turk
თურქული	Turkish (thing)
თქვ: 1 თქვი, 2 წარმოთქვამ, 3 გამოთქვამ, 4 დროს დათქვამ (cf. დათქმულ დროს), 5 გადაწყ-ვეტილებას ვინმეს (გადა)-ათქმევინებ	1 you said, 2 utter/ declare (publicly), 3 express, compose, pronounce, 4 agree a time in advance (cf. at the designated time), 5 get someone (D) to renounce their decision
თქვენ	you (pl.)
თქვენი	your (pl.)
-თქო	saying
თხა	goat
თხ(ა)რ: (გა)თხრი	dig
თხ(ა)რ: 1 უთხარი (vs უთხრა), 2 მოუთხრობ (vs მოუთხრო, perfect უამბნია)	1 you (vs X) said Y to Z (D), 2 you relate (vs X related, has related) Y to Z (D)
თხევა	pour(ing)
თხევადი	fluid
თხზულება	composition
თხზული	composed
თხილი	nut
თხო(ვ): 1 თხოულობ/ ითხოვ, 2 სთხოვ, 3 ითხოვებ, 4 მოსთხოვ, 5 მოითხოვ, 6 ათხოვებ, 7 ცოლად (გა)ათხოვებ, 8 (გა)თხოვდები,	1 ask for X, 2 ask X (D) for Y, 3 borrow for a period, 4 demand X of Y (D), 5 demand X, 6 lend X to Y (D) for a period, 7 give in

9 (გამო)ეთხოვები, *10* (და)ითხოვ	marriage (to X = -ზე), *8* get married (of woman) (to X = -ზე), *9* take leave of X (D), *10* sack, get rid of
თხოვნა	request
თხუთმეტი	fifteen
ი	
იანვარი	January
იარაღ: *1* (შე)აიარაღებ, *2* (გან)აიარაღებ	*1* arm, *2* disarm
იარაღი	weapon
იატაკი	floor
იაფი	cheap
იბერი	Iberian (person)
იგი (იგინი)	that (those ones) over there
იგივე	the same (as that over there)
იდეა	idea
ივლისი	July
ივნისი	June
იისფე̄რი (ია)	violet-coloured (violet)
იმდენი	so many (as that over there)
იმდროინდელი	of that (over there) time
იმედი	hope
იმის გამო რო(მ)	because
იმისი (იმათი)	that one's (those ones')
იმიტომ (რო(მ))	because
იმპერია	imperium
იმხელა	so much (as that over there)
ინგლისელი	English (person)
ინგლისი	England
ინგლისური	English (thing)
ინდაური	turkey
ინდოეთი	India
ინტერეს: *1* (და)აინტერესებ, *2* (და)ინტერესდები	*1* interest, *2* become interested in X (I)
ინტერესი	interest
ინფარქტი	heart attack
ინფორმირებული	informed
იოლი	easy
ირგვლივ	around (adv.; postposition + G)
ის (ისინი)	that (those ones) over there
ის-ის იყო	(had) just
ისე	like that over there
ისევე	just like that over there
ისეთი	such a (as that over there)
ისტორია	history
იქ	(over) there
იქაურობა	there(ness)
იქით	thither
იქით-აქეთ	here and there, hither and thither, to and fro, this way and that
იქითობ(ის)ას	on the way over there
იქნებ	maybe, perhaps
იძულ: აიძულებ	force, compel
იჭვნეულე/ობა	mistrustfulness, suspicion
იჭვნეული	mistrustful, suspicious
კ	
კაბა	dress
კაბინეტი	cabinet, office
კადნიერი	impudent
კადრ: *1* კადრულობ/იკადრებ, *2* როგორ გე-	*1* deign to, *2* How can you (D) say such a

კადრება?!	thing?! What a thing for you to say!
კავ: *1* (და)იკავებ, *2* თავს (შე)იკავებ, *3* გიკავია/გეკავება	*1* take hold of, *2* restrain oneself, *3* have hold of
კავკასია (ამიერკავკასია)	Caucasus (Transcaucasus)
კავკასიელი	Caucasian (person)
კავკასიური	Caucasian (thing)
კავშირ: *1* (და)-აკავშირებ, *2* (და)-უკავშირდები	*1* connect, *2* get in touch with X (D)
კავშირი	contact
კაზმ: (შე)კაზმავ	dress (horse)
კაკალი	walnut
კაკუნ: (და)აკაკუნებ	knock
კ(ა)ლ: *1* (მო)კლავ, *2* (და)კლავ, *3* (ჩა)კლავ, *4* თავს (შე)აკლავ, *5* (და)აკლავ, *6* (მი)აკლავ	*1* kill, *2* kill with blade (usually for eating), *3* extinguish, suppress (some feeling), *4* sacrifice self for X (D), *5* kill X over a corpse/grave (D), *6* kill X by Y (D)
კალამი	pen
კამა	dill
კამეჩი	water buffalo
კანკალ: კანკალებ/იკანკალებ	shake
კანონი	law
კანონიერი	legal
კანონმდებლობა	legislating
კანონმდებლობითი	legislative
კაპას: კაპასობ/იკაპასებ	behave spitefully
კაპასი:	spiteful; bitchy
კ(ა)რ: *1* (შე)კრავ, *2* შუბლს/სუნთქვას (შე)იკრავ, *3* (და)აკრავ, *4* (და)უკრავ, *5* (მი/მო)ეკვრება, *6* (გადა)ჰკრავ, *7* ფეხს (წამო)ჰკრავ, *8* ჰკრავ (ხელს/წიხლს ჰკრავ), *9* აკრავს	*1* tie together, *2* knit one's forehead/hold one's breath, *3* stick X (e.g. stamp მარკა) on Y (D), *4* play (instrument), *5* attach oneself firmly to X (D), *6* drain in one go; drop a hint to X (D); with a colour/emotion as subject the meaning may be 'flicker across, show itself upon', *7* trip up (over X = D), *8* strike (slap/kick X = D), 9 X is fixed to Y (D)
კარადა	bookcase
კარაქი	butter
კარგ: (და)კარგავ	lose
კარგი = კაი (კარგად)	good (well)
კარი	door
კარტოფილი	potato
კატა	cat
კაფ: გზას (გა)კაფავ	open up/blaze a trail
კაფე	café
კაცი	man
კაწრ: *1* (და)კაწრავ, *2* იკაწრები	*1* scratch X, *2* scratch [present sub-series]
კბე/ინ: *1* ჰკბენ/უკბენ, *2* იკბინები, *3* ტუჩზე/თითზე იკბენ vs ენაზე იკბენ, *4* ტუჩს/ენას (და)იკბენ	*1* bite X (D), *2* bite [present sub-series], *3* bite oneself on the lip/finger in realisation and regret at something as opposed

	to bite oneself on the tongue (to stop oneself saying anything further), 4 bite one's own lip/ tongue
კბილი	tooth
კედე̄ლი	wall
კეთ: *1* (გა)აკეთებ, *2* (შე)აკეთებ, *3* (გამო)კეთდები, *4* გიკეთია/ გეკეთება	*1* do, make, *2* repair, *3* get well, *4* you (D) wear (e.g. ring, glasses)
კეთილი	kind, good; OK
კეთილმოსურნე	well-disposed
კეკემალულობა	hide-and-seek
კ(ე)ლ: *1* (და)აკლებ, *2* (გამო)აკლებ, *3* (მო)იკლებ, *4* (და)გაკლდება, *5* გაკლია/ გეკლება, *6* კლებულობ/ იკლებ	*1* reduce X for Y (D), *2* subtract X from Y (D), *3* reduce one's X; become less, grow smaller, *4* X is reduced for you, you suffer the reduction of X, *5* you (D) lack X, *6* you reduce, get smaller
კენტი	odd
კერ: *1* (შე)კერავ, *2* (გა)კერავ, *3* (და)აკერებ, *4* (მი/მო)აკერებ	*1* sew, *2* sew up (something with holes), *3* patch, *4* sew X onto Y (D)
კერძო (კერძოდ = სახელდობრ)	private (in particular)
კეტ: (და)კეტავ	lock
კეც: (მო)კეცავ	fold
კვალი	track
კვარახჭინ: (მო)-აკვარახჭინებ	do something deviously
კვახი	pumpkin
კვდ: *1* (მო)კვდები, *2* (და)აკვდები, *3* (შე)აკვდება, *4* (შემო)აკვდები	*1* die, *2* die together with X (D), (metaphorically) perish over X (D), *3* be sacrificed for X (D), *4* you die on X (D) against their will = X (D) will kill you accidentally; cf. ხოც
კვეთ: *1* (მო)ჰკვეთ (მუხლებს (მო)ჰკვეთ), *2* (შე)უკვეთ, *3* (გა)კვეთ	*1* slice body part off X (D) (cause X's (D) knees to buckle), *2* reserve, *3* cut open
კვერცხი	egg
კვეხ(ნ): კვეხ = იკვეხ = იკვეხ(ნ)ი	boast, vaunt
კვირ(ვ): *1* (გა)-აკვირვებ, *2* გიკვირს/ გაგიკვირდება	*1* surprise, *2* be surprised
კვირა (კვირა-დღე)	week, Sunday (Sunday)
კვირაობით	on Sundays
კვიცი	foal
კვლევა(-ძიება)	research
კვლევითი	research- (adj.)
კი	yes; but, however
კიბე	ladder, stairs
კიბო	cancer
კიდ: *1* (და)კიდებ, *2* (ჩამო)კიდებ, *3* (მო)ეკიდები, *4* ჰკიდიხარ/ ეკიდები, *5* (ჩამო)ეკიდები	*1* hang up, suspend, *2* hang up, kill by hanging (= (ჩამო)-ახრჩობ), *3* fasten upon/get the better of X (D), *4* be suspended, *5* pester X (D)

კიდეც	to boot
კითხ: *1* კითხულობ/ იკითხავ (თქვენ როგორ გიკითხოთ?) *2* წაიკითხავ, *3* ჰკითხავ, *4* (შე)ეკითხები, *5* მოჰკითხავ, *6* მოიკითხავ, *7* (მი/მო)აკითხავ, *8* (და)ჰკითხავ	*1* read; ask for information ('How are *you*?' in answer to greeting როგორა ხარ(თ)? 'How *are* you?'), *2* will read, *3* (will) ask X (D), ask X (D) Y, *4* ask X (D), *5* seek explanation from X (D), *6* give regards to; ask for information, *7* go/come to ask after X (D), *8* interrogate X (D)
კითხვა	question; reading
კითხვითი	interrogative
კიკინ: კიკინებ/ იკიკინებ	bleat
კილო	kilogram; dialect
კინაღამ	nearly (of something bad)
კინო	cinema
კინო-სტუდიო	film studio
კისე̄რი	neck
კიტრი	cucumber
კლასი	class
კლასიკური	classical
კლდე	rock
კლდოვანი	rocky
კლიენტი	client
კმაყოფილ: (და)- აკმაყოფილებ	satisfy
კმაყოფილება	satisfaction
კმაყოფილი	satisfied
კმე/ინდ: ხმას (გა)კმენდ	shut up
კნავ(ლ): კნავი/ იკნავლებ	mew
კნუტი	kitten
კოვზი	spoon
კოკისპირული	cats and dogs (of rain)
კოლექტივი	collective
კოლტი	herd of pigs
კომბოსტო	cabbage
კომპიუტერი	computer
კომში	quince
კონვერტი	envelope
კონკ(ებ)ი	rag(s)
კონტაქტი	contact
კონფერენცია	conference
კონცენტრაცია	concentration
კოსტიუმი	costume
კოც(ნ): *1* კოცნი/ აკოცებ, *2* (და)კოცნი	*1* kiss, *2* plaster with kisses
კრე/იბ: *1* (შე)კრებ, *2* (შე)იკრიბებით	*1* gather X, *2* you (pl.) gather together
კრე/იფ: *1* (მო)კრეფ, *2* (ა)კრეფ	*1* pick, *2* dial
კრე/იჭ: *1* თმას (მო)ჰკრეჭ; (მო)იკრეჭ, *2* (გა)იკრიჭება	*1* cut X's hair; cut your own hair, *2* X can be/is being cut off; X smirks
კრთ: *1* (შე)აკრთობ, *2* (შე)კრთები	*1* startle, *2* become startled
კრიზისი	crisis
კრუტუნ: კრუტუნებ/ იკრუტუნებ	purr
კუდი	tail
კუთხე	corner
კუთხოვანი	angular
კულტურა	culture
კუმშ: *1* (შე)კუმშავ, *2* (მო)კუმშავ	*1* reduce in size by exerting pressure, *2* squeeze together, screw up (e.g. lips, cf. ტუჩებს

	(მო)პრუწავ/ (და)პრანჭავ/ (და)ღმეჭ/ (და)მანჭავ))
კურსი	course
კუჭი	stomach
ლ	
ლ(ოდ): *1* ელ-(ოდებ)ი/ დაელოდები, *2* მოელი	*1* wait for, *2* expect
ლაგ: *1* (ა)ალაგებ, *2* ალაგია	*1* tidy up, *2* be stored
ლავაში	unleavened bread
ლაზეთი	Lazistan
ლაზი	Laz (person)
ლაზური	Laz (thing)
ლათინური	Latin
ლამაზ: (გა)ალამაზებ	beautify
ლამაზი	pretty, beautiful
ლანძღ: *1* (გა)ლანძღავ, *2* ილანძღები	*1* abuse, *2* utter abuse
ლაპარაკ: *1* ლაპარაკობ/ ილაპარაკებ, *2* ელაპარაკები	*1* speak, *2* speak to X (D)
ლაპარაკი	talk(ing)
ლახ: (გადა)ლახავ	overcome
ლებანი	half nut-kernel
ლევ/ლი(ვ): *1* დალევ, *2* (შე)ალევ, *3* (გამო)გელევა	*1* will drink, *2* devote (time-span) to X (D), *3* you (D) run out of X
ლეკვი	pup, whelp
ლექსი	poem, verse
ლექტორი	lecturer
ლექცია	lecture
ლეღვი	fig
ლიმონი	lemon
ლობიო	bean(s)
ლოგინი	bed
ლოდი	(large) stone

ლოდინი	wait(ing)
ლოყა	cheek
ლოც: *1* ლოცულობ/ ილოცებ, *2* (მი/მო)ულოცავ, *3* (შე/გამო)-ულოცავ	*1* pray, *2* congratulate X (D) on Y, *3* cast healing spell over X (D)
ლპ: (და)ალპობ	cause to rot
ლუდი	beer
ლუკმა	mouthful
ლურჯი	(dark) blue
ლუწი	even
ლხ(ვ)/ლღ(ვ): (გა)ალხ/ლობ	smelt
მ	
მაგალითი	example
მაგარი	strong
მაგდენი	as much as that by you
მაგიდა	table
მაგივრად	instead of (+ G)
მაგისი (მაგათი)	that one's (those ones') by you
მაგიტომ	for that reason by you
მაგნაირი	of that type by you
მაგრ: (გა)ამაგრებ	make firm; fortify
მაგრამ/მარა	but
მადიანად	with appetite
მადლ: *1* გმადლობ-(თ), *2* უმადლი	*1* thank you, *2* thank X (D) for Y
მადლობა (– ღმერთს!)	thanks (thank God!)
მადლობელი	thankful
მავნე	harmful
მაზლი	husband's brother
მათემატიკა	mathematics
მაინც	however, still, yet
მაისი	May
მალ: *1* (და)მალავ, *2* (ჩა)მალავ, *3* (და)იმალები	*1* hide X, *2* hide X in, *3* hide

მალე	soon
მალულად	secretly
მამა	father
მამათმავალი	homosexual male
მამაკაცი	man
მამაკაცური	manly
მამალი	cockerel; male
მამამთილი	father-in-law (wife's)
მამიდა	father's sister
მამიდაშვილი	father's sister's child
მამინაცვალი	step-father
მამრავლი	multiplier
მამულიშვილური	patriotic
მანამ	up to the time, during the time
მანდ	there by you
მანეთი	rouble
მანქანა	car
მარაგი	stock
მარად	ever
მარანი	wine cellar
მარგარინი	margarine
მარგლ: (გა)მარგლავ	week
მართ: *1* (და)გემართება, *2* (გა)იმართება, *3* (გა)ემართება, *4* (მი/მო)მართავ, *5* (მო)მართავ, *6* (გა)მართავ, *7* (წარ)მართავ	*1* X happens to you (D), *2* X takes place; straighten up, *3* X straightens up for Y (D); X sets out/gets ready to set out, *4* (turn to and) address X (D), *5* tune, wind up, *6* straighten X, put in order, organise (e.g. demonstration, meal), *7* direct, look after the running of, control
მართალი	true
მართვა	directing, driving
მართლა	indeed, truly
მარილი	salt
მარილიანი	salty
მარკა	stamp
მარტი	March
მარტო	alone
მარცხ: (და)ამარცხებ	defeat
მარცხნივ	to the left
მარწყვი	strawberry
მარჯვ: (გა)იმარჯვებ (cf. გაგიმარჯოს!)	gain a victory (cf. [God] grant you victory! = Greetings! Hello!)
მარჯვნივ	to the right
მასპინძელი	host
მას შემდეგ რაც	after
მასწავლებელი	teacher
მასხარა (-დ (ა)იგდებ)	fool, jester (ridicule)
მატ: *1* მატულობ/იმატებ, *2* მოიმატებ, *3* (და)უმატებ, *4* (მი/მო)გემატება, *5* აღემატება	*1* grow bigger, *2* increase one's own X (perfect მოგიმატებია); put on weight (perfect მოგიმატნია), *3* add X to Y (D), *4* you (D) gain X, *5* X exceeds Y (D)
მატარებელი	train
მატყლი	wool
მაღაზია	shop
მაღალი (მაღლა)	tall, high (on high)
მაღვიძარა (ა)	alarm- (adj.)
მაყურებელი	viewer
მაშ	in that case
მაშინ	then
მაშინდელი	of that time
მაცივარი	fridge
მაწოვარი	giver/sucker of the breast

მაწონი (ვ)	yoghurt
მახსოვრ: *1* (და)იმახსოვრებ, *2* (და)გამახსოვრდება	*1* bring to mind, *2* you (D) hold X in mind
მგე̄ლი	wolf
მგზავრ: *1* მგზავრობ/იმგზავრებ, *2* გაემგზავრები	*1* travel, *2* set out
მგზავრი	traveller
მგზავრობა	journey
მგორავი	rolling
მდგომარეობა	situation
მდგუმური	tenant
-მდე/-მდის	up to, until, as far as (+ A)
მდიდარი	rich (man)
მდივანი	secretary
მდინარე	river
მდოგვი	mustard
მდუღარე	boiling
მე	I/me
მეათასე	thousandth
მეათე	tenth
მეათედი	one tenth
მეამბოხე	rebel
მეასე	hundredth
მებადური	net-fisher
მებარგული	porter
მებაღე	gardener
მეგობარი	friend
მეგობრ: (და)უმეგობრდები	become friends with X (D)
მეგობრობა	friendship
მეგრელი	Mingrelian (person)
მეგრული	Mingrelian (thing)
მეექვსე	sixth
მეზობე̄ლი	neighbour
მეზღვაური	sailor
მეთაური	leader
მეთორმეტედი	one twelfth
-მეთქი	saying (for 1st person singular speaker)
მეკარე	doorman; goalkeeper
მელა (ა)/მელია	fox
მემარცხენე	left-winger
მემარჯვენე	right-winger
მემიმინოვე	falconer
მემიტინგე	participant in a meeting
მეოთხე	fourth
მეოთხედი	one fourth
მეორ: (გა)იმეორებ	repeat
მეორე	second
მეოცე	twentieth
მეოცედი	one twentieth
მეოხებით	with the help of (+ G)
მეპურე	baker
მერე	then
მერვე	eighth
მერი	mayor
მერიქიფე	wine-bearer
მერძევე	milkman
მესაათე	watchmaker
მესამე	third
მესვეური	leader
მესიტყვე	wordsmith
მეტი	more
მეტისმეტად	too
მეტიჩარა (ა)	show-off, busybody
მეუღლე	spouse
მეფ: *1* მეფობ/იმეფებ, *2* (გა)მეფდები	*1* be sovereign, *2* become sovereign
მეფე	sovereign
მეფობა	being sovereign
მეღორე	swineherd
მეშვიდე	seventh
მეცადინ(ე): მეცადინეობ/იმეცადინებ	study
მეცადინეობა	studying
მეცნიერი	scholar, scientist
მეცხვარე	shepherd

მეცხრე	ninth
მეძროხე	cow-herd
მეძუძური	giver/sucker of the breast
მეძღვნე	gift-bearer
მეწინავე	leader
მეწისქვილე	miller
მეწყალსადენე	plumber
მეწყვილე	partner
მეხარკე	tax collector/payer
მეხუთე	fifth
მზად	ready
მზად: *1* (მო)-ამზადებ, *2* (მო)ემზადები	*1* prepare X, *2* get oneself ready
მზე	sun
მზე/ირ: *1* უმზერ, *2* იმზირები	*1* gaze upon X (D), *2* stare [present sub-series]
მთა	mountain
მთავარი	main
მთავრ: (და)ამთავრებ	finish
მთავრობა	government
მთელი	whole, entire
მთლად	entirely
მთქნარ: *1* (და)-ამთქნარებ, *2* (და)-გამთქნარებს, *3* გემთქნარება	*1* yawn deliberately, *2* you (D) yawn (involuntarily), *3* you (D) feel like yawning
მთხვევ/მთხვი(ვ): (შე)გემთხვევა	X befalls you (D)
მიერ	by (+ G)
მიზანი	aim, target
მიზეზი	reason
მიზნ: (და)უმიზნებ	aim at X (D)
მილი	pipe, tube
მილიარდი	billion
მილიონერი	millionaire
მილიონი	million
მიმართ	towards (+ G)
მიმზიდველი	alluring
მიმინო	hawk
მინდორი (ვ)	meadow, field
მისთანა (ა)	like X
მისი (მათი)	X's (their(s))
მისწრაფება	aspiration
მიუკერძოებელი	unbiased
მიუკერძოებლობა	lack of bias
მიღება	receiving, reception
მიცემა	giving
მიცემითი	dative
მიწა	land, earth
მიწა-წყალი	territory
მიწურულს	at the close of
მიხედვით	according to (+ G)
მკ: (მო)მკი	reap
მკერავი	seamstress
მკვდარი	dead (one)
მკვიდრი	native
მკვლევარი	researcher
მკვლელი	killer
მკითხველი	reader, questioner
მკლავი	arm
მნიშვნელობა	meaning
მნიშვნელოვანი	important
მოადგილე	assistant
მოდგმა	tribe
მოედანი	square
მოვარდისფრო	pinkish
მოვაჭრე	trader
მოთმინება	patience
მოთხრობა	story, narrative
მოთხრობითი	narrative = ergative
მოკითხვა	regards
მოკლ: (შე)ამოკლებ	abbreviate, shorten
მოკლე	short
მოლაპარაკე	speaker, speaking
მოლარე	cashier
მომავალი	future, coming
მომაკვდინებელი	fatal
მომდევნო	next
მომკვდარი	having died
მომღერალი	singer

მომჩივანი	appellant, plaintiff
მომჩივარი	appellant, plaintiff
მომცრო	smallish
მონადირე	hunter
მონაზონი (ვ)	nun
მონათესავე	related
მონასტერი	monastery
მოპასუხე	defendant
მონაყოლი	what was/has been said
მორჩილი	obedient
მოსარჩელე	appellant, plaintiff
მოსაწყენი	boring
მოსაწვევი	invitation- (adj.)
მოსახლე	dweller
მოსახლეობა	population
მოსვლა	coming
მოსყიდვა	enticement
მოსწავლე	pupil
მოტეხილი	broken
მოტკბო	sweetish
მოტყუება	deceiving, lying
მოუთმენელი	impatient
მოუთმენლობა	impatience
მოულოდნელი	unexpected
მოქალაქე	citizen
მოქმედება	action, activity
მოქმედებითი	instrumental
მოქცევა	behaviour, conversion
მოღალატე	traitor
მოღალატეობა	treachery
მოყვითალო	yellowish
მოცვი	bilberry
მოძალადე	oppressor
მოძალე	oppressor
მოძღვარი	religious teacher
მოწაფე	pupil
მოწითალო	reddish
მოწინავე	leader
მოწმე	witness
მოწყობა	getting into (university); arranging
მოხარკე	taxpayer
მოხარული	joyous, pleased
მოხელე	clerk
მოხმარება	assistance
მოხსენება	academic paper; talk
მოჯამაგირე	labourer
მოჯანყე	revolutionary
მრავალი	several
მრავლ: (გა)ამრავლებ	multiply
მრავლობითი	plural
მრეწველობა	industry
მრიცხველი	calculator
მრუშ: მრუშობ/ იმრუშებ	fornicate
მრუშობა	fornication
მრჩეველი (cf. ამომრჩეველი)	advisor (cf. elector)
მსახიობი	actor
მსახურ: *1* (და)იმსახურებ, *2* (მო)ემსახურები	*1* earn for oneself, *2* serve X (D)
მსმელი	drinker
მსოფლიო	world
მსურველი	wisher
მსუქანი	fat
მსხალი	pear
მსხვილი	thick
მსხვილფეხა	thick-hooved
მსჯელ: მსჯელობ/ იმსჯელებ	converse, discuss
მტერ: (გადა)ემტერები	enter into enmity with X (D)
მღვდელი	priest
მტერი	enemy
მტვერი	dust
მტვერიანი	dusty
მტვრევ/მტვრი(ვ): (და)ამტვრევ	shatter
მუდამ	ever, always
მუდმივი (მუდმივ)	permanent (permanently)
მული	husband's sister
მულტ-ფილმი	cartoon film

მურაბა	jam
მუსიკა	music
მუქარა	threat
მუქი	dark
მუქრ: (და)ემუქრები	threaten X (D)
მუშა	work- (adj.); workman
მუშა(ვ): მუშაობ/იმუშავებ	work
მუშაკი	workman
მუშაობა	work(ing)
მუცე̄ლი	stomach
მუწუკი	spot
მუხლი	knee; verse
მუხრუჭი	brake
მფლობე̄ლი	owner
მღერ: *1* (ი)მღერი/ იმღერებ, *2* გემღერება	*1* sing, *2* you (D) feel like singing
მღერა	singing
მყარ: (და)ამყარებ	make firm
მყარი	unswerving
მყაყე	stagnant
მყ(ე)ნ: (და)ამყნი = (და)ამყნობ	graft
მყოფ: *1* ამყოფებ, *2* იმყოფები	*1* make/allow X to be somewhere, *2* find oneself, be
მყრალი	stinking
მშენებე̄ლი	builder
მშვენიერი (მშვენივრად)	beautiful (beautifully, wonderfully)
მშვიდ: (და)ამშვიდებ	calm
მშვიდობ: (და)ემშვიდობები	take leave of X (D)
მშვიდობა	peace
მშობე̄ლი	parent
მშობლიური	native
მჩნევ/მჩნი(ვ): (შე)ამჩნევ	observe X on Y (D)
მჩხავანა (ა)	cawing
მცდარი	erroneous, wrong

მცენარე	plant
მცირე	slight, small
მცირესაკოვანი	of young age
მცირეწლოვანი	of young years
მცნება	concept
მცოდნე	expert
მცხოვრები	living, dweller
მძახა̲ლი	child's spouse's parent-in-law
მძევა̲ლი	hostage; pot-egg to encourage hen to lay
მძიმე	heavy; comma
მწდე	wine-bearer
მწვადი	shashlik
მწვანე (მწვანეები)	green (greens)
მწვანილი	greens
მწიფე (cf. (მო)ამწიფებ)	ripe (cf. make ripe)
მწმენდ(ელ)ი	cleaner
მწოვა̲რი	sucker
მწყემსი	shepherd
მჭადი	barley-bread
მჭიდრო	intimate
მხ(ვ): (და)ამხობ	bring down
მხა̲რე (cf. მხა̲რი)	side, region (cf. shoulder)
მხატვა̲რი	painter, artist
მხე/ილ: (გა)ამხელ	reveal (something secret)
მხეცი (მხეცი ხარ)	beast, savage ('you're a lucky devil!')
მხიარულება	joy
მხოლოდ	only
მხოლობითი	singular
მხსნელი	saviour
მხურვალე	warm
ნ	
ნაანდერძევი	bequeathed
ნაბა̲დი	shepherd's felt cloak
ნაგა̲ვი	waste, rubbish
ნაგულისხმევი	meant

ნადირ: ნადირობ/ ინადირებ	hunt
ნადირი	game
ნავთი	oil
ნათესავი	relation
ნათესაობა	kinship
ნათესაობითი	genitive
ნათქვამი	(what's been) said
ნაკბენი	bite
ნაკიანი	leap-
ნაკლი	defect
ნალექი	dregs
ნალია	maize-store
ნამდვილი	real
ნამონასტრალი	site of former monastery
ნამრავლი	product
ნამუშევ̲არი	result of work
ნამყო (ნამყო ძირითადი)	past (simple past = aorist)
ნამცხვ̲არი	cake
ნან: *1* ნანობ/ინანებ, *2* (და)გენანება (cf. (მო)ინანიებ)	*1* regret, *2* you (D) feel regret at/are reluctant to (cf. repent)
ნარდი	backgammon
ნარკოტიკა	narcotics
ნასადილევი (ნასადილევს)	afternoon (in the afternoon)
ნასახლარი	site of former house
ნატრ: *1* (მო)- გენატრება, *2* ნატრობ/ ინატრებ, *3* (შე)- ნატრებ, *4* შე(მო)ნატრი	*1* you (D) feel longing for, miss, *2* long for, *3* envy, *4* look upon X (D) with longing [present sub-series]
ნაქალაქარი	site of former town
ნაქალაქევი	site of former town
ნაღდი	real
ნაღვინევი	(having) drunk
ნაღვლიანი	sad
ნაყაჩაღარი	former brigand
ნაყვავილარი	former flower-bed; pock-marked
ნაყინი	ice-cream
ნაყოფი	fruit
ნაყოფიერი	productive, fertile
ნაც̲არი	ash
ნაცვ̲ალი (ნაცვლად)	substitute (in place of)
ნაციონალისტური	nationalist
ნაცნობი	acquaintance, known
ნაცრისფ̄ერი	grey
ნაწილი	part
ნაჭ̄ერი	slice
ნახ: *1* ნახავ, *2* (შე)ინახავ, *3* (და)ინახავ, *4* (მო)ნახავ, *5* საერთო ენას (გამო)ნახავ	*1* see [non-present sub-series], *2* keep, preserve, *3* notice, *4* find, *5* find a common language
ნახატი	painting
ნახევ̲არი	half
ნახვამდის	good-bye! *Auf Wiedersehen!*
ნახსენები	mentioned
ნახულ: ნახულობ/ (მო)ინახულებ	visit in order to see
ნგრევ/ნგრი(ვ): *1* (და)ანგრევ, *2* (ჩამო)ანგრევ	*1* destroy, *2* bring crashing down
ნდ(ვ): *1* (და)ანდობ, *2* (გა)ანდობ, *3* ენდობი, *4* (შე)უნდობ, *5* (შე)გენდობა, *6* (მი/მო)ანდობ, *7* (მი/მო)ენდობი ((მი)ენდობა/ (მო)გენდობა)	*1* rest X on Y (D), *2* reveal X to Y (D), *3* trust X (D), *4* forgive X (D) for Y, *5* you (D) are forgiven X, *6* entrust X (D) with Y, reveal X to Y, *7* place your faith in X (D) (it is

	entrusted to X/it is entrusted to you)
ნდობა	trust
ნდ(ომ): *1* გინდა/გენდომება, *2* მოგინდება (მოუნდება), *3* (მო)ინდომებ	*1* you (D) want, *2* you (D) will feel a want (you (N) will devote some time to X (D)), *3* conceive a desire for
ნებ: *1* თავს (და)ანებებ, *2* (და)ნებდები	*1* leave X (D) alone, *2* surrender to X (D)
ნებ: რა გნებავთ?	what is your (pl.) (D) desire?
ნება	will
ნებართვა	permission
ნებისმიერი	any
ნელი (ნელა)	slow (slowly)
ნემსი	needle
ნერვიულ: ნერვიულობ/ინერვიულებ	be nervous
ნერვიულობა	nervousness
ნესვი	honeydew melon
ნეტავ	pray!
ნთ: *1* (და)ანთებ, *2* (ა)ანთებ, *3* ანთია	*1* light (fire), *2* light (light), *3* be lit
ნთქ: (და)ნთქამ	engulf, swallow up
ნთხევ/ნთხი(ვ): (ამო)ანთხევ	spew out
ნიადაგი	ground
ნიახური	celery
ნიგოზი (ვ)	walnut
ნიღაბი	mask
ნიღბ: (შე)ნიღბავ	mask
ნიშანი	sign
ნიშნ: *1* (და)ნიშნავ, *2* (შე)ნიშნავ, *3* ნიშნავს, *4* (აღ)ნიშნავ	*1* appoint, *2* note, notice, *3* it means, *4* mark, mean, refer to
ნოემბე̄რი	November
ნომე̄რი	number, room
ნორმა	norm
ნუ	not (prohibitional)
ნუთუ	is it really the case that?
ნურავინ	no one (prohibitional)
ნურავითარი	none (prohibitional)
ნურასდროს	never (prohibitional)
ნურასოდეს	never (prohibitional)
ნურაფე̄რი	nothing (prohibitional)
ნურსად	nowhere (prohibitional)
ნურცნურც	neither . . . nor (prohibitional)
ნუღარ	no longer (prohibitional)
ნუღარავინ	no longer anyone (prohibitional)
ნუღარაფე̄რი	no longer anything (prohibitional)
ნძრევ/ძრ: *1* (გა)ანძრევ, *2* (გა)ინძრევი	*1* put into motion, *2* move
ო	
-ო	saying
ობოლი	orphan
-ოდე	about
ოდესმე	anytime
ოდესღაც	sometime
ოდნავ	slightly
ოთახი	room
ოთხი	four
ოთხშაბათი	Thursday
ომი	war
ონკანი	tap
ოპერაცია	operation
ორგული	treacherous
ორგულობა	treachery

ორდენა	medal
ორი	two
ორივე	both
ორმო	hole
ორნაქმრევი	twice-married (woman)
ორსული	pregnant
ორშაბათი	Monday
ოქრო	gold
ოქტომბე̄რი	October
ოღონდ	except that
ოც: (გა)აოცებ	amaze
ოცდაათიანი წლები	’thirties
ოცდაერთი	twenty-one
ოცი	twenty
ოცნება	dream
ოხ	och
ოხე̄რი	damned
ოხრახუში	parsley
ოჯახი	family
პ	
პალტო	coat
პამიდორი (ვ)	tomato
პარ: *1* (მო)იპარავ, *2* (მო)ჰპარავ, *3* (შე(მო))ეპარები	*1* steal, *2* steal X from Y (D), *3* sneak in upon X (D)
პარასკევი	Friday
პარლამენტი	parliament
პარს: (გა)იპარსავ	shave (self)
პარტია	party
პასუხ: *1* პასუხობ/ იპასუხებ, *2* ჰპასუხობ/ უპასუხებ	*1* answer, *2* answer X (D)
პასუხი	answer
პატარა	small
პატი: *1* აპატიებ, *2* გეპატიება	*1* forgive X (D) Y, *2* you (D) are forgiven X
პატივი (cf. პატივს სცემ)	esteem; manure (cf. show respect to X (D))
პატივისცემა	respect
პატივცემული	respected
პატიჟ: (და)პატიჟებ = ეპატიჟები	invite
პეპე̄ლა	butterfly
პერანგი	shirt
პილპილი	pepper
პირ: *1* (და)აპირებ, *2* (და/შე)- ჰპირდები	*1* intend, *2* promise X to Y (D)
პირადი	personal
პირდაპირ	straight ahead, direct (adv.)
პირდაპირი	direct (adj.)
პირველი	first
პირი (განადგურების პირას)	mouth, face (on the edge of extinction)
პირიქით	on the contrary
პირმშო	first-born
პირუტყვი	animal
პიტნა	mint
პიჯაკი	jacket
პო(ვ(ნ)): *1* პოულობ/ იპოვ(ნ)ი, *2* (მო)იპოვებ, *3* (არ) მოგეპოვება	*1* find, *2* earn, *3* (not) have, is (not) found for you (D) [usually negative]
პოზიცია	position
პოლიცია	police(-station)
პოლიციელი	policeman
პოლიტიკა	politics
პოლიტიკური	political
პოპულარული	popular
პორტრეტი	portrait
პრეზიდენტი	president
პრეზიდენტობა	presidency
პრინციპი	principle
პროცესი	process, trial
პური	bread
პყ(ა)რ: *1* (და)იპყ- რობ, *2* (შე)- იპყრობ, *3* (მი)იპყრობ (ყურადღებას),	*1* seize control, *2* take possession of, *3* grab (attention), *4* treat X (D),

4 (მო)ეპყრობი, *5* გიპყრია	*5* you (D) hold
პწკე/ინ: პწკენ/უპწკენ	pinch X (D)
ქ	
ჟანგ: (და)იჟანგება	rust
ჟანგვა	rusting
ჟანგვადი	liable to rust
ჟანგი	rust
ჟლე/იტ: (ამო)ჟლეტ	exterminate
ჟოლო	raspberry
რ	
რა (რა თქმა უნდა)	what?, what!, how!, please (of course)
რადგან(აც)	as, because
რადიო	radio
რათა	in order that
რა(ი)მე/რამ	anything
რაიონი	district
რაკი	as, because
რამდენადაც (ვიცი)	as far as (I know)
რამდენი	how many?
რამდენიც	as many
რამენაირად	anyhow
რამ(ო)დენიმე	some
რამ(ო)დენიმეჯერ = რამდენჯერმე	a number of times
რანაირი	of what sort?
რასაკვირველია	of course
რატომღაც	somehow
რაღაც(ა)	something
რაღაცნაირად	somehow
რაც (დიდი ხანია, რაც)	which (it's a long while since/that)
რახუნი	bang
რბ(ე/ინ): *1* მორბიხარ/მოირბენ, *2* გაურბიხარ/გაურბენ	*1* run here, *2* run away from X (D)
რბენა	running
რბილი	soft
რგ: *1* (ა)რგებ (aorist არგე, perfect გირგია), *2* (შე)არგებ	*1* be of benefit to X (D), *2* use X to benefit Y (D)
რგ: *1* (მო)არგებ *2* (მო)გერგება	*1* select and fit X on Y (D), *2* it fits you (D)
რგ: *1* (და)რგავ, *2* (გადა)რგავ	*1* plant, *2* transplant
რევ/რი(ვ): *1* (გადა)რევ, *2* (გადა)ირევი, *3* (ჩა)რევ, *4* (ჩა)ერევი, *5* (შე)რევ, *6* (შე)ურევ, *7* (ა)რევ, *8* (ა)ირევი, *9* გული (ა)გერევა, *10* ურევია (future ერევა, aorist ერია, perfect რეულა)	*1* derange, *2* go mad, *3* involve X in (= -ში), *4* get involved in (= -ში), *5* mix up together; corrupt, *6* mix up together, *7* throw into disorder, *8* be thrown into confusion, *9* you (D) are sick, *10* be mixed up in, be part/one of
რეკ: *1* (და)რეკავ, *2* (გა)რეკავ, *3* ერეკები	*1* ring, *2* drive (e.g. herd) out, *3* drive X somewhere [present sub-series]
რეკლამა	advert
რეკომენდირებული	recommended
რეჟიმი	diet
რეცეპტი	recipe
რეცხ: (გა)რეცხავ	wash
რვა	eight
რთ: *1* (ჩა)რთავ, *2* (და)რთავ (cf. ნებას (და)რთავ), *3* (და)ართავ, *4* ცოლად (შე)რთავ, *5* ცოლად (შე)ირთავ	*1* switch on, *2* join X to Y (D) (cf. give X (D) permission), *3* spin, *4* marry female X to Y (D), *5* marry female X
რთ(ვ): *1* (გა)ართობ, *2* (გა)ერთობი	*1* amuse, *2* amuse oneself

რთვე̄ლი	vintage, grape gathering
რთმ/რთვ: 1 (გამო)ართმევ, 2 ხელს (ჩამო)-ართმევ, 3 (წა)ართმევ, 4 (მი/მო)ართმევ, 5 (მი)ირთმევ	*1* take X off Y (D), *2* shake hands with X (D), *3* snatch X from Y (D), *4* pass X to Y (D), *5* help oneself (to food/drink)
რთული	complex
რიგ: *1* (და)არიგებ, *2* (შე/მო)არიგებ	*1* distribute; advise, *2* reconcile
რიგი (რიგზე/რიგში)	order, queue (in order/in the queue)
რიცხვი	number
რკვევ/რკვი(ვ): *1* (გამო)არკვევ (cf. თვითგამ-ორკვევა), *2* (გამო)ირკვევა, *3* (გამო)ერკვევი	*1* reveal by investigation (cf. self-determination), *2* it is revealed, transpires, *3* emerge from thought, come to one's senses, sober up
როგორ (როგორ არა!)	how? (of course)
როგორი	of what sort?
როგორიც	of which sort
როგორმე	anyhow
როგორღაც	somehow
როგორც (როგორც კი)	as (as soon as)
როდესაც	when
როდი	not
როდის	when?
როლი	role
რო(მ)	that; if
რომაელი	Roman (person)
რომე̄ლი	which?
რომელიმე	any
რომელიღაც	some
რომე̄ლიც	which
რომც	even if
როცა	when
რუგბი	rugby (under Russian influence რეგბი)
რუსეთი	Russia
რუსი	Russian (person)
რუსული	Russian (thing)
რუხი	grey
რქა	horn
რქმ/რქვ/ქვი: *1* (და)არქმევ, *2* (შე)არქმევ, *3* გქვია	*1* name X (D) 'Y', *2* give X (D) the nickname 'Y', *3* you (D) are called
რღვევ/რღვი(ვ): (და)არღვევ	transgress
რყვ(ე)ნ: (გა)რყვნი	corrupt
რჩ: რას ერჩი?	why do you have it in for X (D)?
რჩევ/რჩი(ვ): *1* (გა(მო))არჩევ, *2* (შე)არჩევ, *3* (ა)ირჩევ, *4* ურჩევ, *5* არჩევ (cf. სიცოცხლეს არჩია სახელიანი სიკვდილი)	*1* distinguish, *2* choose, select, *3* elect, 4 give X as advice to Y (D), *5* choose X in preference to Y (D) (cf. X chose a glorious death in preference to life)
რჩევა	advice
რჩევნ: გირჩევნია/გერჩივნება	you (D) prefer
რჩ(ე/ინ): *1* (გადა)არჩენ, *2* (გადა)რჩები, *3* (მო)არჩენ, *4* (მო)რჩები (cf. მორჩა (და გათავდა)!), *5* (და)რჩები, *6* (ჩამო)რჩები, *7* (შე)არჩენ,	*1* save (from X (D)), *2* survive (X (D)), *3* heal X from/make X avoid Y (D), *4* get over X (D), finish with X (D) (cf. it's over (and done with for good)!),

8 თავს ირჩენ	*5* remain (to X (D)), *6* fall behind (X (D)), *7* leave X for Y (D), pay X (D) back with Y, *8* keep body and soul together
რცხვე/ინ: *1* (შე)არცხვენ, *2* გრცხვენია/ შეგრცხვება	*1* put to shame, *2* you (D) are ashamed (NB the future given here along with aorist შეგრცხვა and perfect შეგრცხვენია mean 'feel shame', whereas the non-inverted forms (კაცი) შერცხვება/ შერცხვა/ შერცხვენილა are used to mean ('the man) will find/found/(has) apparently found himself embarrassed')
რძალი	daughter-/sister-in-law
რწევ/რწი(ვ): (და)არწევ	rock
რწმუნ: *1* (და)არწმუნებ, *2* (და)ერწმუნები, *3* ირწმუნები	*1* convince, *2* believe X (D), *3* try to persuade
რწყ: (მო)რწყავ	water
რჭ(ვ): *1* (და)არჭობ, *2* (ჩა)არჭობ	*1* make pointed X firm in something, *2* fix X down in something
ს	
ს(ვ): (და)ასობ = (და)არჭობ	stick X in Y (D)

საავადმყოფო	hospital
საათი	watch, clock; hour
საალერსო	affectionate
საარაკო	legendary
საბაბი	excuse
საბავშვო sabavšvo	child- (adj.)
საბანი	blanket
საბუთი	document
საბურავი	tyre
საბჭო (საბჭოთა)	council, soviet
საგანი	subject
სად	where?
სადაური	of where?
სადაც	where
სადგური	station
სადედამთილო	future mother-in-law (for woman)
სადილ: სადილობ/ ისადილებ	lunch
სადილი	lunch
სადმე	anywhere
სადღაც	somewhere
სადღეგრძელო	toast (for drinking)
საერთაშორისო	international
საერთო	common
სავალალო	regrettable
სავარძელი	armchair
სავაჭრო	commercial
სავსე	full
საზამთრო	watermelon
საზარელი	horrible
საზიზღარი	disgusting
საზოგადოება	society; company
საზღვარგარეთ	abroad
საზღვარი	frontier, limit
საზღვრ: (გან)საზღვრავ	limit, define
სათაგური	mousetrap
სათამაშო	game, for playing
სათაური	title
სათბური	greenhouse
სათვალე	spectacles
სათითე	thimble

საიდან	whence, from where?
საიდანაც	whence, from where?
საიდანმე	from anywhere
საიდანღაც	from somewhere
საიდუმლო	secret
საით(კენ)	whither, where to?
საინტერესო	interesting
საკაცე	stretcher
საკერებე̄ლი	patch
საკუთა̲რი	own
საკუთრ: (და)ისაკუთრებ	make one's own
საკუთრივ	proper
სალა̲მი	greeting
სალარო	cash-point
სალმ: *1* (მი/მო)-ასალმებ, *2* (მი/მო)-ესალმები	*1* let X/get X to greet Y (D), *2* greet X (D)
სამაგალითო	exemplary
სამამამთილო	future father-in-law (woman's)
სამამულო	patriotic
სამარილე	salt-cellar
სამეგრელო	Mingrelia
სამეზობლო	neighbourhood
სამზარეულო	kitchen
სამი	three
სამკურნალო	healing- (adj.), medicinal
სამოვა̲რი	samovar
სამოქალაქო	civil
სამრავლი	multiplicand
სამსახური	work
სამუშაო	work
სამყარო	world
სამშაბათი	Tuesday
სამშობლო	homeland
სამძახლო	future in-law/ parent of child's future spouse
სამძიმა̲რი	condolence
სამძიმრ: (მი)უსამძიმრებ	offer condolence to X (D)
სამწუხარო	unfortunate
სამხრეთი	south
სანაგვე	bin
სანავთე (– ჭა)	oil- (oil-well)
სანამ	while, until, before
სანაპირო	bank
სანახაობა	sight
სანთე̄ლი	candle
საოცა̲რი	surprising
საპირისპირო	opposite
საპირფარეშო	toilet; bathroom
საპო̲ნი	soap
საპყრობილე	prison
სარგებლ: სარგებლობ/ ისარგებლებ	take advantage of X (I)
სარდა̲ლი	general
სარეველა (ა)	weeds
სართული	floor, storey
სარკე	mirror
სარჩელი	complaint, lawsuit
სარძევე	for milk, milk jug
სარძლო	future daughter/ sister-in-law
სარწყავი	for watering, watering-can
სასადილო	dining-room, café
სასარგებლო	useful
სასიამოვნო	pleasant
სასიდედრო	future mother-in-law (man's)
სასიმამრო	future mother-in-law (man's)
სასიძო	future son/brother-in-law
სასკოლო	school- (adj.)
სასოწარკვეთილება	hopelessness, depression
სასოწარკვეთილი	depressed
სასტუმრო	guest room, hotel
სასულე	windpipe
სასუფევე̄ლი	heaven, paradise

სასწრაფო	urgent, speedy
სატეხი	chisel
საუბედუროდ (ჩემდა –)	unfortunately (for me)
საუზმ: საუზმობ/ ისაუზმებ	breakfast
საუზმე	breakfast
საუკეთესო	best
საუკუნე	century
საუნჯე	treasure, treasury
საფერფლე	ashtray
საფლავი	grave
საფოსტო	post- (adj.)
საფრანგეთი	France
საფუა̲რი (ვ)	yeast
საფულე	wallet, purse
საფუძვე̄ლი	base
საქათმე	chicken-coop
საქართველო	Georgia
საქვეყნოდ	universally
საქმე (რაშია საქმე?)	business, job, work (what's going on?)
საქმრო	fiancé
საქონე̄ლი	livestock
საქციელი	behaviour
საღამო	evening
საღორე	pigsty
საყვარე̄ლი	favourite, lover
საშვილოსნო	uterus
საშიში	dangerous
საშობ(ა)ო	of Christmas
საშუალება	means
საჩუქა̲რი	present
საჩქარო	urgent
საცდელი	draft- (adj.)
საცე̄რი	sieve
საცოდავი	wretched
საცოლე	fiancée
საცხოვრებე̄ლი	dwelling-quarters, apartment-block
საძილე = საწოლი	bedroom
საწყა̲ლი	miserable, poor
საჭე	steering-wheel
საჭირო	necessary
საჭმე̄ლი	food
სახე	face; appearance
სახელ: (და)ასახელებ	name
სახელდობრ	in particular
სახელი	name
სახელმძღვანელო	textbook
სახელმწიფო	state, state- (adj.)
სახელობა	having a name
სახელობითი	nominative
სახლი	house
სახურავი	roof
ს(ა)ჯ: (და)სჯი	punish
საჯარო	public
საჯაროობა	openness; glasnost
სევ/სი(ვ): *1* (შე(მო))უსევ, *2* (შე(მო))ესევი	*1* send X to attack Y (D), *2* attack X (D)
სევდიანი	sad
სეირი (-ს აჩვენებ)	sight (show X (D) what for)
სეირნ: სეირნობ/ ისეირნებ	walk
სერიოზული	serious
სესხ: *1* სესხულობ/ ისესხებ, *2* (გა)ასესხებ, *3* (ჩა)ასესხებ, *4* (ჩა)ისესხებ	*1* borrow, *2* lend X to Y (D), *3* pay back a loan to X (D), *4* redeem a loan
სექტემბე̄რი	September
სვ: *1* სვამ/დალევ, *2* ისმება/ დაილევა, *3* (და)სვამ, *4* (ჩა)სვამ, *5* (შე)სვამ, *6* ხაზს (გა)უსვამ, *7* (მო)ისვამ (cf. შუბლზე ხელს (მო)ისცამ)	*1* drink, *2* be drinkable, *3* seat (singular X); place (punctuation mark = სასვენი ნიშანი), *4* seat down in, imprison, *5* seat (on horse = ცხენზე); propose (toast), *6* underline X (D), *7* seat beside oneself (cf. wipe

	the hand over the forehead)
სვანეთი	Svaneti(a)
სვანი	Svan (person)
სვანური	Svan (thing)
სვ(ა)რ: (გა)სვრი	dirty
სველ: (და)ასველებ	wet
სველი	wet
სვენ: *1* (და)ასვენებ, *2* (და)ისვენებ, *3* (მო)ისვენებ, *4* (შე)ისვენებ	*1* give rest to; place (icon = ხატი/corpse = გვამი/coffin = კუბო) somewhere, *2* have a rest; place (corpse, etc.) before oneself, *3* calm down; have a rest, *4* have a little rest
სვლ/სულ/დი/ვედ/ვიდ: *1* მოსვლა, *2* მოდიხარ, *3* მოხვალ, *4* მოხვიდოდი, *5* მოხვედი, *6* მოსულხარ	*1* coming, *2* you come, *3* you will come, *4* you would (have) come, *5* you came, *6* you have come
სვრ/სროლ: *1* ისვრი/ისროლებ, *2* ესვრი/ესროლებ	*1* shoot, *2* shoot at X (D)
სიარული	walk(ing)
სიბეცე	short-sightedness
სიბილწე	filth; pollution
სიბნელე	darkness
სიბოროტე	evil
სიბრმავე	blindness
სიდედრი	mother-in-law (husband's)
სიდინჯე	calmness
სივრცე	space
სიზმარი	dream
სიზმრ: (და)გესიზმრება	you (D) dream of
სითბო	heat
სიიაფე	cheapness
სიკეთე	kindness
სიკვდილი	death
სიკვდილიანობა	death-rate
სილამაზე	beauty
სიმამრი	father-in-law (husband's)
სიმართლე	truth
სიმაღლე	height
სიმდიდრე	wealth
სიმი	string, chord
სიმინდი	maize
სიმღერა	song
სიმყაყე	putridity
სიმყრალე	stench
სიმძიმე	weight, heaviness
სიმწიფე	ripeness
სინათლე	light
სინამდვილე	reality
სინდისი	conscience
სინდისიერი	honourable
სინჯ: (გა)სინჯავ	test
სისულელე	foolishness
სისწორე	correctness
სისწრაფე	speed
სიტკბო	sweetness
სიტყვა	word, speech
სიღარიბე	poverty
სიყვარული	love
სიჩქარე	speed, gear
სიცივე	cold
სიცოცხლე	life
სიცხე	heat
სიძე	son/brother-in-law
სიძნელე	difficulty
სიწითლე	redness
სიჭაბუკე	adolescence
სკამი	seat, chair
სკდ: (გა)სკდები	burst
სკვ(ე)ნ: *1* (და)ასკვნი, *2* (გა)სკვნი	*1* draw conclusion, *2* tie
სკოლა	school

სმ(ე/ინ): *1* (მო)ისმენ (vs (მო)უსმენ, e.g. გისმენთ!), *2* ისმის/მოისმის = მოისმება, *3* გესმის/მოგესმება = მოგესმის	*1* hear/listen to thing (vs listen to person (D), e.g. 'Yes!' when answering the phone or, of waiters, when taking orders in a restaurant), *2* be audible (or smellable), *3* hear (or detect smell)
სოკო	mushroom, fungus
სომე̄ხი	Armenian (person)
სომხეთი	Armenia
სომხური	Armenian (thing)
სოფე̄ლი	village, country
სოხუმი	Sukhum
სპ: (მო)სპობ	ruin
სპეკულანტი	speculator
სპეციალური	special
სპიდი	AIDS (Russian borrowing; cf. შიდსი)
სპორტი	sport
სრე/ის: (გა)სრეს	press, squeeze
სრიალ: *1* სრიალებ/ისრიალებ, *2* ხელიდან (გა)გისრიალდება	*1* slip, *2* slip out of your (D) hand
სრულ: (ა/შე)-ასრულებ	fulfil
სრულასაკოვანი	of full age
სრული	whole
სრულიად	wholly
სრულყოფილი	perfect
სრულწლოვანი	of full years
სტაფილო	carrot
სტვე/ინ: სტვენ/ისტვენ	whistle
სტუდენტი	student
სტუმა̲რი	guest
სტუმრ: *1* ესტუმრები, *2* (გა)ისტუმრებ	*1* visit X (D), *2* see out, get rid of
სუკი	KGB
სულ	quite, altogether, entirely
სულელ: სულელობ/ისულელებ	act foolishly
სული	soul, spirit
სულიერი	spiritual
სუნი	smell
სურ: გსურს	you (D) desire
სურათი	picture
სურდო	cold
სურვ: უსურვებ	wish X to Y (D)
სურვილი	wish
სუსტი	weak
სუფევ: სუფევს	X reigns
სუფთა	pure, clean
სუქ: *1* (გა)ასუქებ, *2* (მო/შე)ასუქებ	*1* fatten, *2* moderately fatten
სუყველა	absolutely all
სფერო	sphere
სქესი	sex
სქესური	sexual
სწავლ: *1* სწავლობ/ისწავლი, *2* ასწავლი	*1* learn, *2* teach X to Y (D)
სწავლა (vs სწავლება)	learning (vs teaching)
სწ(ა)რ: *1* (მო)ასწრებ, *2* (მო)ესწრები, *3* (გა)ასწრებ, *4* (და)ესწრები	*1* do X in time/before Y (D), *2* live to see X (D), *3* leave before X (D), *4* attend X (D)
სწორ: *1* (გა)ასწორებ, *2* (შე)ასწორებ, *3* (გამო)ასწორებ	*1* put straight/right, correct, *2* correct, *3* put in order; discipline
სწორედ	precisely
სწორს	a week from (+ G)

სწრაფი	quick
სხ: *1* (და)ასხამ (თავბრუს (და)ასხამ), *2* (ჩა)ასხამ, *3* ხორცს/ხოტბას (შე)ასხამ, *4* (მო)ისხამ (cf. (მო)ასხამ), *5* ხე ბევრ ნაყოფს (მო/და)ისხამს, *6* ხეს ბევრი ნაყოფი ასხია	*1* pour; seat them on (make X (D) dizzy), *2* pour X down into, *3* put flesh on X = realise X (D)/heap praise on X (D), *4* seat plurality beside oneself; wrap X around oneself (cf. wrap X around Y (D); pour liquid here and there; bring plurality together), *5* tree puts on a lot of fruit, *6* tree (D) has a lot of fruit on it. cf. ს(ვ), ბ
სხ(ა)ლ: (გა)სხლავ	prune
სხ(ე)დ: *1* სხედხართ/ისხდებით, *2* (და)სხდებით	*1* be seated, *2* sit down (both of a plurality)
სხვა (სხვათა შორის)	other (by the way)
სხვაგან	elsewhere
სხვადასხვა	different
სხვანაირი	of different type
სხვისი	other's
სხლტ: (გა)სხლტები	spring
ტ	
ტალახი	mud
ტან: *1* მოიტან (perfect მოგიტანია), *2* მიიტან, *3* გამოიტან, *4* გაიტან, *5* აიტან, *6* გადაიტან, *7* (ა/გადა)იტან, *8* (გა)ატან (perfect გაგიტანებია), *9* გასტანს	*1* will fetch (inanimate), *2* will take (inanimate) up to, *3* will fetch out (inanimate), *4* will take out (inanimate); score, *5* will take (inanimate) up, *6* will take (inanimate) across, *7* endure, *8* get X to take inanimate somewhere, *9* X will last
ტანი	body
ტანსაცმელი	clothing
ტარ: *1* (გა)ატარებ, *2* დაატარებ, *3* (ჩა)ტარდება = (გა)იმართება	*1* spend (time), let pass out, *2* convey about, *3* X takes place
ტარხუნა	tarragon
ტაფა	pan
ტაქსი	taxi
ტაშტი	bowl
ტევ/ტი(ვ): *1* (და)სტევ, *2* (და)ეტევი (-ში)	*1* fit X in somewhere (-ში), *2* fit in somewhere
ტევ: *1* (მი/მო)უტევებ, *2* (მო)გეტევება	*1* forgive X (D) Y, *2* you (D) are forgiven X
ტელევიზორი (cf. ტელევიზია)	television set (cf. television)
ტენორი	tenor
ტერმინი	term
ტეხ/ტყდ: *1* (გა)ტეხ (cf. ენას/იხტიბარს/სახელს (გა)იტეხ), *2* (მო)(ს)ტეხ, *3* ფეხს (მო)იტეხ (passive ფეხი (მო)გტყდება), *4* (ა)ტყდება, *5* (გამო)უტყდები, *6* თავს/თავზე (და)გატყდება, *7* გარდატეხა	*1* break (cf. practise pronouncing/lose self-control behaving badly/ruin your reputation), *2* break X off (from Y (D)), *3* break your leg (passive = your leg gets broken), *4* burst out, explode, *5* reveal some secret to X (D), *6* (some

	misfortune) befalls you (D), 7 break(ing) through
ტირ: *1* ტირი/იტირებ, *2* (ა)ტირდები, *3* გეტირება, *4* ატირებ	*1* cry, *2* burst into tears, *3* you (D) feel like crying, *4* make X cry
ტირე (ე) (სასვენი ნიშანი)	dash (punctuation mark)
ტიპი	type
ტირილი	crying
ტკბილეული	sweet = bonbon
ტკბილი	sweet (adj.)
ტკივ: *1* გტკივა, *2* გული შეგტკივა	*1* something gives you (D) pain, *2* you (D) feel concern for (= -თვის)
ტკივილი	pain
ტოვ: *1* (და)ტოვებ, *2* (და)იტოვებ, *3* (მი)ატოვებ	*1* leave, *2* keep, *3* abandon
ტორტი	cake
ტრაბახ: ტრაბახობ/იტრაბახებ	boast
ტრაგედია	tragedy
ტრიალ: *1* ტრიალებ/იტრიალებ, *2* დასტრიალებ	*1* spin, *2* fuss over X (D)
ტურა	jackal
ტყ(ვ): *1* (შე)ატყობ, *2* (შე)იტყობ, *3* გეტყობა, *4* ატყვია, *5* ეტყობა	*1* notice X on Y (D), *2* learn, *3* X is (now) noticeable on you (D), *4* X is (generally) noticeable on you (D), *5* apparently
ტყავი	skin, leather
ტყე	wood, forest
ტყვ: *1* იტყვი, *2* ეტყვი	*1* will say, *2* will tell to X
ტყუ: *1* ტყუი, *2* (მო)ატყუებ, *3* (გამო)სტყუებ	*1* tell lies, *2* deceive, *3* wangle X deceptively out of Y (D)
ტყუილი	lie, lying
ტყუპი	twin
უ	
უაზრო	senseless
უამრავი	countless
უარესი	worse
უარი	'no', refusal
უარყოფა	deny(ing)
უარყოფითი	negative
უბედურება	misfortune
უბნ: ეუბნები/ეტყვი	tell to X (D)
უბრალო (უბრალოდ)	ordinary (just)
უდედო	motherless
უდიდესი	bigger
უეჭველი	undoubted
უვიცი	ignorant
უვიცობა	ignorance
უზარმაზარი	huge
უზრუნველყ: უზრუნველყოფ (უზრუნველვყოფ)	safeguard (I safeguard)
უთანხმო(ე)ბა	lack of agreement
უთვალო	eyeless
უთო	iron
უთუო	doubtless
უი	ooh
უკან	back; behind, after + G
უკანა (ა)	back one
უკაცრავად	excuse me
უკბილო	toothless
უკეთესი	better
უკვე	already
უკმაყოფილება	dissatisfaction
უკუქცევა	turning back
უკუქცევითი	reflexive
უკულმართობა	injustice
ულვაშ(ებ)ი	moustache
ულოგიკობა	illogicality

უმამო	fatherless
უმზეო	sunless
უმნიშვნელო	unimportant
უმუშევარი	unemployed
უმცირესობა	minority
უმცროსი	younger, junior
უმჯობეს: (გა)აუმჯობესებ	improve
უმჯობესი	better
უნაგირი	saddle
უნარი	talent
უნდა	it is necessary
უნივერსიტეტი	university
უპატიურ: (გა)აუპატიურებ	rape
უპირატესობა	privilege
ურალები	Urals
ურომელ(ებ)ისოდაც	without which (ones)
ურჩი	disobedient
ურძეო	milkless
უსინდისო	dishonourable
უულვაშ(ებ)ო	moustacheless
უუნარო	talentless
უფალი	lord
უფლ: (და)ეუფლები	master X (D)
უფლება	right
უფრო	more
უფროსი	elder, older, senior, boss
უქმ: (გა)აუქმებ	annul
უქმი	idle
უღვთო	godless
უღვთოობა	godlessness
უშაქრო	sugarless
უშენოდ	without you
უცბად	suddenly
უცებ	suddenly
უცხოელი	foreign (person), foreigner
უცხოური	foreign (thing)
უძეო	sonless
უწესრიგო	disordered
უწვერო	beardless
უწყ: უწყი	know
უწყინარი	harmless, innocent
უხერხულ: გეუხერხულება	you (D) consider embarrassing
უხერხული	embarrassing
უხერხულობა	embarrassment
უჯრა	drawer
ფ	
ფანჯარა	window
ფარ: (და)ფარავ	cover
ფარა	flock
ფარდა	curtain
ფართო	broad
ფართო(ვ): (გა)აფართოვებ	broaden
ფას: *1* (და)აფასებ, *2* (შე)აფასებ, *3* (ჩამო)აფასებ	*1* evaluate (concretely, metaphorically), *2* evaluate (metaphorically), *3* reduce in price
ფაფარი	mane
ფაქტი	fact
ფაღარათი	diarrhœa
ფე/ინ: (გამო)აფენ	put X on exhibition
ფერი	colour
ფერფლი	ash
ფეხბურთი	football
ფეხი (ფეხ(ებ)ზე გკიდია)	foot (you (D) don't give a damn)
ფეხმძიმე	pregnant
ფეხსაცმელი	shoe, footwear
ფიალა	bowl-like cup
ფილმი	film
ფირმა	firm
ფისო	pussy
ფისუნია (ა)	pussy
ფიქრ: *1* ფიქრობ/იფიქრებ, *2* (და)გაფიქრებს/(და/შე)გაფიქრიანებს, *3* გაფიქრებინებს,	*1* think, *2* X sets you thinking, *3* X makes you (D) think Y, *4* become pensive (about X)

4 (და)(უ)ფიქრდები	(D)
ფიქრი	thought
ფიც: *1* (შე)ჰფიცავ, *2* (შე)ეფიცები	*1* give pledge to X (D), *2* swear to X (D) (on Y = -ზე)
ფიცარი	plank
ფოთოლი	leaf
ფორთოხალი	orange
ფორთოხლისფე̄რი	orange(-coloured)
ფორმ: (გა)აფორმებ	form, prepare
ფოსტა	post
ფრანგი	French (person)
ფრანგული	French (thing)
ფრე/ინ: ფრენ/იფრენ	fly
ფრთხილ: *1* (გა)აფრთხილებ, *2* (გა)უფრთხილდები	*1* warn, *2* take care of/be wary of X (D)
ფრთხილი	careful
ფრონტი	front
ფრუტუნ: ფრუტუნობ/ იფრუტუნებ	snort
ფრქვევ/ფრქვი(ვ): (და)აფრქვევ	shed, scatter
ფრცქვ(ე)ნ: (გა)ფრცქვნი	peel
ფუ(ვ): (ა)აფუებ (ცომს)	cause (dough) to rise
ფუთ: (შე)ფუთავ	wrap
ფული	money
ფუნთუში	loaf
ფურნე	special type of earthenware oven
ფურცე̄ლი	page
ფუსფუსი	fuss
ფუჭ: (გა)აფუჭებ	ruin
ფქვილი	flour
ფშვ(ე)ნ: (და)ფშვნი	crumble up
ფშვნა	crumbling
ფშვნადი	friable
ფხალი	spinach
ფხან: *1* (მო)იფხან, *2* (მო)გეფხანება (ზურგი)	*1* scratch, *2* (your (D) back) itches
ფხე/იკ: (გა)ფხეკ	scrape
ფხვ(ე)რ: (ამო)ფხვრი	uproot
ფხვნა	crumbling
ფხვნადი	friable
ქ	
ქ: (შე)აქებ	praise
ქადაგ: ქადაგებ/ იქადაგებ	preach
ქათამი	chicken
ქათინაური	compliment
ქალაქელი	of the town (person)
ქალაქი	town
ქალბატონი	lady, madam
ქალი	woman
ქალიშვილი	daughter
ქან: (გა)ექანები	rush off
ქანდაკება	statue
ქაოსი	chaos
ქართველი	Georgian (person)
ქართველოლოგი	Kartvelologist
ქართული (ქართულად)	Georgian (thing) (in Georgian)
ქარი	wind
ქარიშხალი	storm
ქარხანა	factory
ქაღალდი	paper
ქაჩ: (მო)ქაჩავ	tug
ქეზ: (წა)აქეზებ	encourage
ქეიფ: ქეიფლობ/ იქეიფებ	engage in feasting
ქეიფი	feast
ქერი	barley
ქვ/რქვ/რქმ: გქვია/ გერქვა/გრქმევია	you (D) have/had/ apparently had the name
ქვ/ქონ: *1* გაქვს, *2* მოგაქვს, *3* მიგაქვს, *4* იქონიებ	*1* you (D) have (inanimate), *2* you (D) bring (inanimate), *3* you (D) take (inanimate), *4* have, acquire

ქვა	stone
ქვაბი	pan
ქვედატანი	skirt
ქვევით	below; downstairs
ქვემოთ	below; downstairs
ქვეყანა	country; world; land
ქვეყნ: (გამო)აქვეყნებ	publish
ქვეყნიერება	world
ქვეშ	underneath (adv., postposition + G)
ქვითარი	receipt
ქვისლი	wife's sister's husband
ქილა	jar
ქინძი	coriander
ქირავ: *1* (და)აქირავებ, *2* (და)იქირავებ	*1* rent out, *2* rent
ქლიავი	plum
ქმარი	husband
ქ(მ)(ე)ნ: *1* (შე)ქმნი, *2* ქენი, *3* იქნები, *4* გექნება, *5* იქნა	*1* create, *2* you did, *3* you will be, *4* you (D) will have (inanimate), *5* it was (+ past participle)
ქნევ/ქნი(ვ): *1* (გა)აქნევ, *2* (და)აქნევ, *3* (მო)იქნევ, *4* (მო)უქნევ, *5* (მი)იქნევ	*1* shake from side to side, *2* shake up and down, *3* draw rapidly in one direction; come brandishing something [present sub-series], *4* wave X at Y, *5* shake, wave; go brandishing something [present sub-series]
ქოთანი	pot(ty)

ქონა	having
ქონება	possessions
ქონი	fat
ქორწილი	wedding(-feast)
ქორწინ: *1* (და)-ქორწინდები, *2* (გან)-ქორწინდები	*1* get wed, *2* get divorced
ქორწინი	wedding (ceremony)
ქრ: *1* (გა)აქრობ, *2* (გა)ქრები	*1* extinguish, *2* disappear, go out
ქრ(ოლ): ქრის/იქროლებს	it blows (of wind)
ქრთამი	bribe
ქრისტე	Christ
ქსოვ: (მო)ქსოვ	knit
ქუდი	hat
ქუნთრუშა	scarlet fever
ქურდი	thief
ქურდულად	thief-like
ქუჩა	street
ქუცმაც: (და)აქუცმაცებ	dismember
ქუხ: ქუხს/იქუხებს	it thunders
ქუხილი	thunder(ing)
ქცევ/ქცი(ვ)/ქეც: *1* (გადა)აქცევ, *2* (გა)აქცევ, *3* (მო)აქცევ, *4* (მი)აქცევ, *5* (წა)აქცევ, *6* (შე)აქცევ, *7* (გადა)იქცევი, *8* (გა)იქცევი, *9* (მო)იქცევი, *10* (მო)ექცევი, *11* (მი)ქცევი, *12* (წა)იქცევი, *13* (შე)ექცევი	*1* turn X (into Y = A), *2* make X run off, *3* place in; convert, *4* turn X towards, *5* knock over, *6* turn (e.g. back = ზურგი) on X (D), *7* turn into, *8* rush off, *9* behave, *10* behave towards X (D), convert to, turn up somewhere, *11* turn back,

	12 fall down, *13* amuse self with, spend time doing; tuck into X (D) for sustenance
ქცევა	turning; version

ღ

ღ: *1* (გა)აღებ, *2* (შე)აღებ, *3* (წა)იღებ, *4* ღებულობ, *5* (მი)იღებ, *6* (ა)იღებ, *7* (გადა)იღებ (cf. სურათს (გადა)უღებ), *8* (ამო)იღებ, *9* (მო)უღებ ბოლოს	*1* open, *2* open ajar, *3* take, *4* receive regularly, *5* receive, *6* take up, *7* take picture (= სურათი) (cf. take a picture of X (D)); pass over (of bad weather), *8* extract, *9* put an end to X (D)
-ღა	only; on earth
ღ(ა)ლ: (და)ღლი	exhaust
ღამე	night
ღარიბ: (გა)აღარიბებ	make poor
ღარიბი	poor
ღებ: (შე)ღებავ	paint
ღვ(ა)რ: (და)ღვრი	shed
ღვ(ა)წ: იღვწი/ იღვაწებ	toil
ღვივ: (გა)აღვივებ	stir up
ღვინო (ღვინის)	wine
ღვიძ: *1* (გა(მო))-აღვიძებ, *2* (გა(მო))-იღვიძებ, *3* (გა(მო))-გეღვიძება, *4* გღვიძავს	*1* wake X up, *2* wake up, *3* you (D) wake up, *4* you (D) are awake
ღია	open [originally stative present of ღ]
ღიმ: *1* იღიმები/ გაიღიმებ (perfect = გაღიმებულხარ/ გაგიღიმია), *2* (გა)გეღიმება	*1* smile, *2* you (D) burst into smile despite yourself
ღიმილი	smile
ღიპი	beer-belly
ღიპიანი	beer-bellied
ღირ: *1* ღირს, *2* გეღირსება, *3* ეღირება	*1* cost, *2* you (D) will deserve X, *3* X (N) has the value Y (N)
ღირსეული	worthy
ღირსი	worth
ღმერთი (ღვთის)	God
ღონე	force
ღონიერი (ღონივრად)	forceful (forcefully)
ღორი	pig
ღრე/ინ: *1* (შე)უღრენ, *2* იღრინები	*1* growl at X (D), *2* growl
ღრიჭ: (გა)იღრიჭები	smirk
ღრუტ/ჩუნ: *1* ღრუტ/ჩუნებ// იღრუტ/ჩუნებ, *2* მოღრუტ/ჩუნებ, *3* დაღრუტ/ჩუნებ	*1* honk, *2* come honking, *3* go about honking; honk over X (D)
ღრღ(ე)ნ: (გადა)ღრღნი	gnaw through
ღრძ(ვ): იღრძობ	sprain
ღრჯოლებიანი	with protruding teeth
ღრჯოლი	protruding tooth
ღუმელი	oven
ღუპ: (და)ღუპავ	cause to perish
ღწევ/ღწი(ვ): *1* (მი/მო)აღწევ, *2* თავს (და)აღწევ	*1* attain, reach X (D/ -მდე), *2* avoid X (D)

ყ

ყ((ა)ვ): *1* (გა)ყოფ, *2* (და)ყოფ, *3* (ჩა)ყოფ, *4* (ამო)ყოფ	*1* divide, *2* divide into more than two; spend time, *3* poke X (e.g.

	finger) down into, *4* raise X (e.g. head) up out
ყ(ავ)/ყოფ(ნ): ყოფნა	be(ing)
ყ(ავ): უყავი	you did X to Y (D)/with Y (N)
ყ(ე)ვ/ყოლ: *1* (მი/მო)ჰყვები, *2* (ჩა)ჰყვები, *3* ცოლად (გა(მო))ჰყვები, *4* (მო)ჰყვები, *5* (მო)უყვები	*1* follow there/ here, *2* follow X (D) down, *3* marry (of women) X (D), *4* relate X (D), *5* relate X (D) to Y (D)
ყავ/ყოლ: *1* გყავს, *2* გეყოლება, *3* ყოლა	*1* you (D) have (animate) [present sub-series], *2* you (D) will have (animate), *3* having (animate)
ყავა	coffee
ყალბ: (გა)აყალბებ	falsify
ყალბი	false
ყალიბ: (ჩამო)აყალიბებ	establish
ყანა	field
ყანწი	drinking-horn
ყარ: ყარს	it stinks
ყარაულ: *1* ყარაულობ/ იყარაულებ, *2* ჰყარაულობ/ უყარაულებ	*1* be on guard, *2* guard X (D)
ყარაული	guard
ყ(ა)რ: *1* (და)ყრი, *2* (ჩა)ყრი, *3* (გადა)ყრი, *4* (მი)ეყრებით, *5* ყრია, *6* გამოგაყრის, *7* (გა)ეყრები, *8* (შე)ეყრები, *9* თავს (მო)უყრი, *10* თავს (მო)იყრით	*1* throw (plurality), *2* throw (plurality) down into, *3* throw (plurality) away, *4* you (pl.) flop down, *5* (plurality) lies scattered, *6* you (D) get a rash, *7* separate/get divorced from X (D); be threadable in X (-ში), *8* meet X (D); come to rest in (e.g. dust in your (D) eyes = მტვე–რი (შე)გეყრება თვალებში), *9* gather X (D) together, *10* you (pl.) gather together cf. გდ
ყაჩაღი	brigand
ყდა	cover
ყენ: *1* (და)აყენებ, *2* (მი/მო)აყენებ, *3* (ა)აყენებ, *4* (გამო)იყენებ	*1* set (in standing position), *2* apply X to Y (D), *3* help to stand up, *4* use
ყეფ: *1* ყეფ/იყეფებ, *2* უყეფ/უყეფებ, *3* დაიყეფებ, *4* დაჰ/უყეფ	*1* bark, *2* bark at, *3* will give a bark, *4* start to bark at X (D)
ყვავილი	flower; smallpox
ყვან: *1* მოიყვან, *2* მიიყვან, *3* შეიყვან, *4* წაიყვან	*1* will bring (animate), *2* will take animate up to, *3* will take animate in, *4* will take animate (away)
ყვარ: *1* გიყვარს, *2* შეაყვარებ, *3* შეიყვარებ, *4* შეგიყვარდება	*1* you (D) love, *2* make X (D) love Y, *3* conceive love for, *4* you (D) fall in love with
ყველა (ა)	all
ყველაფე̄რი	everything

ყველგან	everywhere
ყველი	cheese
ყვითე̄ლი	yellow
ყვირ: *1* ყვირი/იყვირებ, *2* მიყვირი, *3* მოყვირი, *4* დაყვირი, *5* დაჰყვირი/დაუყვირებ	*1* scream, *2* go screaming, *3* come screaming, *4* go about screaming, *5* scream at X (D)
ყიდ: *1* ყიდულობ/იყიდი, *2* (გა)ყიდი, *3* (მი/მო)ჰყიდი	*1* buy, *2* sell, *3* sell X to Y (D)
ყივ(ლ): ყივი/იყივლებ	crow
ყივანახველა	whooping cough
ყმა	serf
ყნოს: (და)ყნოსავ	sense by smell
ყოველდღე	everyday
ყოველთვე	every month
ყოვე̄ლი	each
ყოვლისშემძლე	almighty
ყოფილი	ex-; former
ყოჩაღ!	bravo!
ყრდ(ე)ნ: *1* (მი/მო)აყრდნობ, *2* (მი/მო)ეყრდნობი	*1* lean X against Y (D), *2* lean against X (D)
ყროყინ: ყროყინებ/იყროყინებ	hee-haw
ყრუ	deaf
ყუთი	box
ყუნწი	eye of needle (ნემსი)
ყურ: *1* უყურებ, *2* იყურები, *3* გამოიყურები, *4* გაიყურები, *5* გაჰყურებ	*1* watch X (D), *2* look, watch, *3* look = have some appearance, *4* look outwards [present sub-series], *5* look out at X (D) [present sub-series]
ყურადღება (-ის მიქცევა)	attention (paying attention)
ყური	ear
ყურმილი	receiver
ყურძე̄ნი	grape(s)
შ	
შაბათი	Saturday
შაბათ-კვირაობით	at weekends
შავ: *1* (გა)აშავებ, *2* (და)აშავებ, *3* არა გიშავს	*1* blacken, *2* blacken (metaphorically), *3* you (D) are all right
შავგვრემა̲ნი	brunette
შავთვალა (ა)	black-eyed
შავი	black
შ(ა)ლ: *1* (გადა)შლი, *2* (გადა)გეშლება, *3* (შე)შლი (ხელს (შე)უშლი), *4* (შე)გეშლება, *5* კუჭი (ა)გეშლება, *6* (გა)შლი, *7* (და)იშლება, *8* (წა)შლი, *9* (მო)შლი	*1* unfold and spread out, *2* X spreads out before/for you (D), *3* derange (you hinder X = D), *4* you (D) get X mixed up, *5* you (D) get loose bowels, *6* unfold, *7* X (e.g. meeting) breaks up, disperses, *8* erase, *9* ruin, destroy, send into confusion
შარდ: (მო)შარდავ	urinate
შარდი	urine
შარვა̲ლი	trousers
შარშანდელი	of last year
შარშანწინ	the year before last
შაქა̲რი	sugar
შებმული	tied
შედარებით	comparatively (cf. (შე)ა/უდარებ 'you compare X with

	Y' (= -თან/D), ეს მაგას არ/ვერ შეედრება 'this isn't to/can't be compared with that' (D))
შედეგი (შედეგად)	result, consequence (as a result)
შედევრი	work, product
შემაზრზენი	horrifying
შემ(ა)რიგებე̄ლი	compromising
შემ(ა)რიგებლური	concessional
შემგუებე̄ლი	adapting
შემგუებლობა	adaptability
შემდეგ (მას შემდეგ რაც)	later, afterwards; after (+ G) (after)
შემთხვევა	accident; incident; occasion
შემკერავი	one who sewed/ will sew
შემოდგომა	autumn
შემოსვლა	coming in, entering here
შემოღება	introduction, bringing in
შემოწმება	test(ing)
შემსრულებე̄ლი	performing
შემსრულებლობა	performance
შემსრულებლობითი	performing; for executing
შემსრულებლური	performing; for executing
შემცველი	containing
შენ	you (sing.)
შენ: *1* (ა)აშენებ, *2* (მი/მო)აშენებ, *3* (მო)აშენებ, *4* (გადა)აშენებ	*1* build, *2* build X onto Y (D), *3* plant in abundance, breed (cattle, fish), *4* extirpate, kill off
შენი	your (sing.)
შენნაირი	resembling you (sing.)
შენობა	building
შეპყრობილი	gripped
შერეული	mixed
შესაბამისი	relevant
შესავა̲ლი (cf. შე(მო)სასვლელი)	introduction (cf. entrance)
შესანახავი	for keeping, preserving
შესაფერ(ის)ი	relevant, appropriate
შესაძლებლობა	possibility
შესახებ	concerning (+ G)
შეუგუებე̄ლი	unadaptable
შეუგუებლობა	unadaptability
შეუსრულებე̄ლი	incomplete, unfulfilled
შეუსრულებლობა	incompleteness; lack of fulfilment
შეუწყნარებე̄ლი	inadmissible
შეუწყნარებლობა	inadmissibility
შეშინებული	alarmed
შეცდომა	mistake
შეძენა	acquiring
შეწუხება	upset(ting)
შეხედულება	viewpoint
შეხვედრა	meeting
შვ: *1* (გა)უშვებ, *2* შეცდომას (და)უშვებ, *3* (შე)უშვებ, *4* (გამო)უშვებ, *5* (მო)ეშვები	*1* let go, *2* commit an error, *3* let in, *4* let out here, produce, *5* relax, loosen; give X (D) a rest
შვება	easing
შვებულება	leave from work
შვებული	eased
შვედეთი = შვეცია	Sweden
შვედი	Swede
შვედური	Swedish (thing)
შველ: *1* შველი/ უშველი, *2* (მი/მო)-ეშველები	*1* aid X (D), *2* go/come to aid X (D)

შვიდი	seven
შვილთაშვილი	great-grandchild
შვილიშვილი	grandchild
შვრ: შვრები	do [present sub-series]
შ(ვ)რ: *1* (გა)აშრობ, *2* (შე)გაშრება	*1* dry, *2* X dries on you (D)
-ში	in
ში(ვ): *1* გშია/გეშიება = მოგშივა, *2* (მო)გშივდება	*1* you (D) are hungry, *2* you (D) get hungry
შიგ	indoors, inside
შიდსი (cf. სპიდი)	AIDS
შინ	at home
შინ: *1* (შე)აშინებ, *2* გეშინია, *3* შეშინდები/შეგეშინდება	*1* alarm, *2* you (D) are afraid, *3* you (N/D) become alarmed
შინაბერა (ა)	spinster
შინაური	domestic
შიში	fear
შო(ვ(ნ)): შოულობ/იშოვ(ნ)ი	find (by looking) and acquire
შობა	Christmas
შობადი	capable of being born
შობადობა	birthrate
შორ: *1* (და)აშორებ, *2* (და)შორდები	*1* separate X from Y (D), *2* separate from X (D)
შორის	among, between (+ D, more rarely G)
შორს	far (away)
შრატი	whey, serum
შრია	oats
შრიფტი	script
შტერ: *1* თვალებს (მი/მო)აშტერებ, *2* (მი/მო)-აშტერდები	*1* fix eyes on X (D), *2* stare at X (D)
შუა	between, among (+ D, more rarely G)
შუადღე (შუადღისას)	midday (at midday)
შუაზე	down the middle, in two
შუბლი	forehead
შურ: *1* ეშურები (cf. გეშურება), *2* გაეშურები, *3* მი/მოეშურები	*1* you are in a hurry to do something (cf. you (D) envy X), *2* you will set off in a hurry, *3* you go/come in a hurry
შუქნიშანი	traffic-lights
შფოთ: *1* (შე)აშფოთებ, *2* (ა(ღ))აშფოთებ	*1* arouse, stir up, *2* rouse to anger
შხაპუნ: (შე)უშხაპუნებ	inject X (D) with Y
ჩ	
ჩაი	tea
ჩაიდანი	kettle, teapot
ჩამოსვლა	coming (down)
ჩ(ა)ნ: *1* ჩანს, *2* მოჩანს, *3* (გა)ჩნდები, *4* (გამო)ჩნდები, *5* (აღმო)გაჩნდება, *6* გააჩნია	*1* it seems, is visible, *2* is visible from somewhere, *3* come into being, appear, *4* become visible, clear, *5* X is discovered on you (D), *6* it depends; X (D) has
ჩანგალი	fork
ჩანთა	bag
ჩ(ა)რ: (ჩა)სჩრი	stuff X down in for Y (D)
ჩაროზი	dessert
ჩაქუჩი	hammer
ჩაღ: (გა)აჩაღებ	set alight

ჩემი	my, mine
ჩე/ინ: *1* (გამო)აჩენ (ინიციატივას (გამო)იჩენ), *2* თავს იჩენ, *3* (მი/მო)უჩენ, *4* (აღმო)აჩენ	*1* reveal (take the lead), *2* show self, *3* set aside X for Y (D) to use,assign/ appoint/find X for Y (D), *4* discover
ჩერ: (გა)აჩერებ	stop
ჩვევ/ჩვი(ვ): *1* (მი/შე)აჩვევ, *2* (მი/შე)ჩვევი, *3* გჩვევია	*1* accustom X to Y (D), *2* grow accustomed to X (D) , *3* you (D) have as a habit
ჩვენ	we, us
ჩვენ: *1* ა/უჩვენებ, *2* ეჩვენები, *3* გეჩვენება, *4* (მო)გეჩვენება (cf. მოჩვენებითი)	*1* show X (to Y (D)), *2* show yourself to X (D), *3* it seems to you (D), *4* (some vision) appears to you (D) (cf. illusory)
ჩვენი	our, ours
ჩვეულება	habit
ჩვეულებისამებრ	as usual
ჩვეულებრივი (ჩვეულებრივ(ად))	usual (as usual)
ჩვეული	customary
ჩვიდმეტი	seventeen
ჩივ(ლ): *1* ჩივი/ იჩივლებ, *2* შესჩივი/ შესჩივლებ	*1* complain, *2* share (your sorrow) with X (D)
ჩივილი	complaining
ჩლუნგი	blunt
ჩნევ/ჩნი(ვ): (მი)იჩნევ	judge, deem, reckon
ჩოჩორი	donkey foal
ჩოჩქოლი	disturbance; to-do
ჩრდილი	shade, shadow
ჩრდილოეთი	north
ჩუმ: (გა)აჩუმებ	silence
ჩუმი	silent
ჩურჩხელა	dried grape-juice and flour around a core of threaded nuts
ჩუტყვავილა (ა)	chickenpox
ჩუქ: ჩუქნი/აჩუქებ	present X as gift to Y (D)
ჩქარ: *1* (და)აჩქარებ, *2* (და)ეჩქარები, *3* გეჩქარება	*1* hasten, *2* hurry to do X, *3* you (D) are in a hurry
ჩქარი (ჩქარა)	quick (quickly)
ჩხავ(ლ): ჩხავი/ იჩხავლებ	caw
ჩხრ/იკ: *1* (გა)ჩხრეკ, *2* (გამო)ჩხრეკ	*1* search, go through, *2* search out

ც

-ც (-ც კი)	also (even)
ც: *1* მი/მოსცემ, *2* გადა/ გადმოსცემ, *3* მოგეცემა, *4* მიეცემი, *5* (და)ეცემი, *6* პატივს სცემ	*1* will give X to Y (D), *2* will hand X on to Y (D), *3* it will be given to you (D), *4* you will be given/give your-self over to X (D), *5* fall down, hurl self down, go down, *6* honour/respect X (D)
ცა	sky, heaven
ც(ა)დ: *1* (მო)იცდი, *2* (მო)უცდი, *3* (და)აცდი	*1* wait, *2* wait for X (D), *3* give X (D) time by waiting
ც(ა)დ: *1* სცდი, *2* (გამო)სცდი	*1* try, *2* test
ც(ა)ვ: (და)იცავ (masdar დაცვა)	defend (defence)
ც(ა)ლ: *1* (მო)აცლი,	*1* give X (D) free

2 (მო)იცლი, *3* გცალია, *4* (და)ცლი	time; tear X off Y (D), *2* make time for self, *3* you (D) have time, *4* empty
ცალი	one (of two)
ცალკე (ცალ-ცალკე)	apart (independently of each other)
ცამეტი	thirteen
ც(ა)ნ/ცვნ: *1* (გა)აცნობ (NB root in perfect გაგიცვნია and aorist with 3rd person plural subject გაგაცვნეს), *2* (გა)იცნობ, *3* (გა)ეცნობი, *4* იცნობ, *5* იცნობი, *6* ცნობ	*1* introduce X to Y (D), *2* get to know, *3* introduce self/be introduced to X (D), *4* be acquainted with; recognise, *5* can be known, *6* deem
ც(ა)რ: (ა)უცრი	vaccinate X (D) against Y
ც(ა)რ: (გა)ცრი	sieve
ცარიელი	empty
ცდ(ე/ინ): *1* (შე)აცდენ, *2* (გა)აცდენ, *3* (ა)აცდენ, *4* (შე)ცდები, *5* (გა)ცდები; (გა)სცდები, *6* (ა)სცდება, *7* (წამო)გცდება	*1* lead into error, *2* not make use of, waste; miss (appointment), *3* fail to bring object in contact with its target, *4* make mistake, err, *5* remain unused, waste time; go beyond/out of X (D), *6* object fails to hit its target (D), *7* some word unwittingly escapes your (D) lips
ცდ(ილ): ცდილობ/(შე)ეცდები	try
ცდა	attempt
ცეკვ: ცეკვავ/იცეკვებ	dance
ცელქი	naughty
ცელქობა	naughtiness
ცემ: სცემ	hit X (D)
ცემინ: ცხვირს (და)გაცემინებს	you (D) sneeze
ცენტრი	centre
ცეცხლი	fire
ცვ: *1* (ჩა)აცვამ, *2* (ჩა)იცვამ, *3* (გადა)იცვამ, *4* გაცვია	*1* dress X (D), *2* dress self, *3* get changed, *4* you (D) wear
ცვ(ა)ლ: *1* (შე/გამო)ცვლი, *2* (გა)ცვლი, *3* (გარდა)-იცვლები	*1* change, substitute, *2* exchange, *3* pass away
ცვე/ით: *1* (გა)ცვეთ, *2* (გა)ცვდება (perfect გამცვდარა)	*1* wear out X, *2* X wears out
ცვივ(ნ)/ცვენ: *1* ცვივა/ჩამოცვივდება (perfect = ჩამოცვენილა/ჩამოცვივნულა), *2* (და)ცვივდება, *3* (გა(მო))-ცვივდება, *4* ბეწვი სცვივა/გასცვივდება (perfect = გასცვივნია/გასცვენია), *5* სცვივა/ჩამოსცვივდება, *6* სცვივა/დასცვივდება, *7* ხელიდან (გამო)გიცვივდება	*1* plurality falls (down here), *2* plurality falls down, *3* plurality falls/rushes out (here), *4* X (D) moults, *5* plurality falls down (here) from X (D), *6* plurality falls down from X (D), *7* plurality falls from your (D) hand cf. ვარდ
ცივ: *1* ცივა/სიცივე იქნება, *2* (შე)გცივა,	*1* it's cold, *2* you (D) are cold, *3* make cold,

3 (გა)აცივებ, *4* (გა)ცივდები, *5* (ა)ცივდება, *6* (შე)გცივდება, *7* (ჩა)აცივდები	*4* get/catch cold, *5* air temperature turns cold, *6* you (D) start to feel cold, *7* pester X (D)
ცივი	cold
ცივილიზებული	civilised
ცილ: *1* (ა)აცილებ, *2* (ა)იცილებ	*1* keep X away from Y (D), *2* avoid
ცილისმწამებე̄ლი	libelling, slandering
ცილისმწამებლური	libellous, slanderous
ცინ: *1* იცინი/იცინებ, *2* დასცინი/დასცინებ, *3* გაიცინებ, *4* (გა)გეცინება	*1* laugh, *2* mock X (D), *3* begin laughing, *4* you (D) burst out laughing
ცისარტყელა (ა)	rainbow
ცისფე̄რი	sky-blue, azure
ციური	heavenly
ცნობისმოყვარე	inquisitive
ც(ოდ): *1* იცი, *2* გეცოდინება	*1* know, *2* you (D) will know
ცოდ: (შე)გეცოდება	you (D) pity X
ცოდვა	sin
ცოდნა	knowledge
ცოლი	wife
ცომი	dough
ცოტა	few, a little
ცოტა(ვ): გეცოტავება	you (D) consider to be little/few
ცოცხა̲ლი	alive
ცოცხი	brush
ცრემლი	tear
ცრუმეცნიერი	pseudo-scientist
ცრუმოწმე	false witness
ცუდი	bad
ცუნცულ: *1* ცუნცულებ/იცუნცულებ, *2* მიცუნცულდები	*1* scuttle, *2* will scuttle up to
ცურ: ცურავ/იცურ(ავ)ებ	swim
ცური	udder
ცქე/ირ: *1* უცქერ(ი), *2* იცქირები, *3* გაიცქირები, *4* გასცქერი	*1* look at X (D), *2* gaze, *3* gaze out, *4* gaze out at X (D) [2–4 only in present sub-series]
ცხ(ვ): *1* (გამო)აცხობ, *2* (გამო)იცხობა, *3* (გამო)ცხვება	*1* bake X, *2* be baked, *3* bake
ცხად: *1* (გამო)აცხადებ, *2* (გამო)ცხადდები, *3* (გან)აცხადებ	*1* make clear publicly, declare, *2* present oneself, *3* announce
ცხადი	plain
ცხარ: (გა)აცხარებ	make bitter/angry
ცხარე	bitter, sour
ცხელ: *1* ცხელა/სიცხე იქნება = ეცხელება, *2* გცხელა/დაგცხება, *3* გეცხელება, *4* (გა)აცხელებ (cf. გაცხელებს), *5* (გა)ცხელდება	*1* it's hot, *2* you (D) are/will become hot, *3* you (D) deem to be hot, *4* make hot (cf. you (D) have fever), *5* X becomes hot
ცხელი	hot
ცხენი	horse
ცხვა̲რი	sheep
ცხვირი	nose
ცხვირსახოცი	handkerchief
ცხოველი	creature
ცხოვრ: ცხოვრობ/იცხოვრებ	live
ცხოვრება	living, life
ცხრა	nine
ცხრამეტი	nineteen
ძ	
ძაბ: (და)ძაბავ	aggravate, make tense
ძალ: *1* (და)აძალებ,	*1* force X on Y

2 (მი/მო)ეძალები	(D), *2* force self on X (D)
ძალა	strength
ძალიან	very, a lot
ძალუა (ა)	uncle's wife
ძარცვ: (გა)ძარცვავ	burgle
ძაღლი	dog
ძაღლური	canine
ძახ: *1* (გამო)იძახებ, *2* (და)უძახებ, *3* (გამო)სძახებ, *4* (შე)სძახებ, *5* იძახი (Imperfect = იძახ(ო)დი), *6* ეძახი (imperfect = ეძახ(ო)დი)	*1* call X out, *2* shout at, send a call to X (D), *3* shout out to X (D), *4* direct a shout at X (D), *5* shout out, say, *6* call to X (D), call X (D) 'Y'
ძე	son (in patronymics)
ძებნა	search(ing)
ძ(ე)ლ: *1* შეძლებ, *2* შეგიძლია, *3* შეიძლება	*1* display ability to, *2* you (D) are able, *3* it is possible
ძე/ინ: *1* (შე)სძენ, *2* (შე)იძენ, *3* (შე)გეძინება, *4* (და)სძენ	*1* acquire X for Y (D), *2* acquire (actively), *3* you (D) acquire (passively), get a child, *4* add afterthought to X (D)
ძ(ე)ღ: (გა)ძღები → masdar გაძღომა → imperative გაძეხი(თ) (cf. (გა)აძღე/ობ)	satiate oneself (cf. satiate) [Not to be confused with (გა/მი/მო)უძღვები 'you guide X (D) (generally/thither/hither)' (masdar (გა/მი/მო)ძღოლა, imperative გა/მი/მოუძეხი(თ); cf. two useful expressions ეს იმას წინ უძღვის 'this precedes that (D)'; რა ბრალი/ღვაწლი მიგიძღვის ამ საქმეში? 'what fault/good deed lies with you (D) in this matter?')]
ძველი	old
ძვირი	expensive
ძვირფასი	dear, valuable
ძვ(ე)რ: (გა)ძვრები → masdar გაძრომა (cf. (გა)აძვრენ)	squeeze through narrow space, sneak off (cf. get X to squeeze through opening); cf. (და)იძვრი (older form of (და)იძვრები)/ დაიძარი/ დაძრულხარ 'you move/moved/ apparently (have) moved' from (და)(ს)ძრავ/ დაძარი/დაგიძრავს 'set X in motion'; NB კრინტს არ (და)(ს)ძრავ 'you don't utter a squeak'
ძ(ვ)რ: *1* (გა)აძრობ, *2* ტყავი (გა)გძვრება, *3* (წა)აძრობ	*1* strip X off Y (D), flay, *2* your (D) skin is flayed, you are ruined financially, *3* snatch (e.g. ring) off X (D)
ძილი	sleep
ძინ: *1* (და)აძინებ, *2* (და)იძინებ,	*1* put to sleep, *2* go to sleep,

3 გეძინება, *4* (ჩა)გეძინება, *5* გძინავს	*3* you (D) feel like sleep, *4* you (D) drop off to sleep, *5* you (D) are asleep
ძირი (ძირს)	root (at the base, foot, bottom)
ძირითადი	fundamental
ძლევ (cf. ძლევ/ძლი(ვ)): *1* აძლევ (cf. (და)სძლევ), *2* გეძლევა, *3* იძლევი	*1* give X to Y (D) [present sub-series] (cf. overpower), *2* it is given to you (D), *3* you give [present sub-series]
ძლიერი (ძლიერ)	strong (very, strongly)
ძლივს	with difficulty
ძმა (cf. ღვიძლი ძმა)	brother (cf. blood-brother = lit liver-brother)
ძმისშვილი	brother's child
ძმისწული	brother's child
ძნელი	difficult
ძონძ(ებ)ი	rag(s)
ძროხა	cow
ძულ: *1* გძულს, *2* (შე)აძულებ, *3* (შე)იძულებ, *4* (შე)გძულდება	*1* you (D) hate, *2* make X (D) hate Y, *3* conceive hatred for, *4* you (D) begin to hate
ძუძუ	breast
ძღვე̄ნი (cf. (მი/მო)უძღვნი)	gift (cf. present as a gift to, dedicate to X (D))

წ

წაბლი	chestnut
წადილი	yearning
წამა̲ლი	medicine
წამი	second
წამლ: (მო)წამლავ	poison
წარბი	eyebrow
წარმატება	success
წარმატებითი	successful
წარმომადგენე̄ლი	representative
წარსული	past
წასვლა	going, departure
წევ/წი(ვ): *1* (გა)უწევ, *2* (ა)სწევ, *3* შეგწევს, *4* (მო)სწევ, *5* (გა)სწევ, *6* (გადა)იწევ, *7* (მო)იწევ, *8* (და)აწევ, *9* სიტყვას (შე)აწევ, *10* (და)ეწევი, *11* (და)სწევ, *12* (და)იწევ, *13* (და)იწევა, *14* (ჩამო)სწევ, *15* წინ (წა)სწევ, *16* წინ (წა)იწევ, *17* (მი)ეწევი, *18* დახმარება (გა)გეწევა, *19* ეწევი	*1* afford (e.g. help, service) to X (D), drag X aside for Y (D), *2* lift, *3* you (D) have (strength, ability), *4* drag X hither, smoke (tobacco), *5* drag out/aside; rush off, *6* bend over; budge up, *7* draw to oneself, bring in (harvest = მოსავა̲ლი); move up hither, *8* bring (misfortune) upon X (D); make X catch up Y (D); put in a good word (= სიტყვას) for X (D), *9* put in a good word for X (with Y = -თან), *10* catch X (D) up, *11* lower, move X back a short way, *12* lower one's own X; move downwards, wane, sink, drop (e.g. of temperature or in value), *13* lose value/status, *14* draw X

	downwards, *15* move X forward, *16* move forward, *17* gain ground on, catch up with X (D), *18* help is afforded to you (D), *19* draw (in some direction), smoke [present sub-series]; pursue (some activity/one's own path (D), aorist ეწია, perfect სწევიხარ), cf. you (D) meet good fortune (ბედნიერება გეწევა/გეწია/გწევია); put up resistance (წინააღმდეგობა) towards X (D) (გაუწია/გაგიწევია); go in for, perform (agitation = აგიტაცია) (გასწია/გაგიწევია)
წევრი	member
წ(ე)ვ/წექ/წოლ: *1* წევხარ/იწვები (masdar წოლა), *2* (და)წვები (masdar დაწოლა), *3* (მი/მო)აწვები	*1* be lying, *2* lie down, *3* push X (D)
წელთაღრიცხვა	year-reckoning, era
წელი (წელს)	year (this year)
წელიწადი	year
წერ: *1* (და)წერ, *2* (მი/მო)სწერ, *3* (ჩა)წერ, *4* (ჩამო)წერ, *5* (გადა)წერ, *6* ხელს (მო)აწერ, *7* (და)აწერ, *8* (მი)აწერ, *9* (ჩა)ეწერები, *10* რას იწერები?, *11* აღწერ, *12* სწერია	*1* write, *2* write to X (D), *3* write down, record, *4* write down a list, *5* copy, *6* sign X (D), *7* write on X (D), *8* ascribe X to Y (D), *9* enroll, *10* what are you writing = [present sub-series], *11* describe, *12* be written
წერა-კითხვა	writing and reading
წერილი	letter
წერწა	honeysuckle
წესდება	constitution
წესი	rule, order, law
წესიერი	proper, ordered
წესრიგი (cf. დღის წესრიგი)	order (cf. agenda)
წვ: *1* (და)წვავ, *2* თვალები (და)გეწვის = (და)გეწვება	*1* burn, *2* your (D) eyes are burning
წვდ: *1* (მი/მო)აწვდი, *2* (მი/მო)სწვდები	*1* hand to, make available to X (D), *2* reach out and attain X (D)
წვევ/წვი(ვ): *1* (მი/მო)იწვევ, *2* ეწვევი, *3* (გამო)იწვევ	*1* invite, *2* issue invitation to X [present sub-series]; visit X (D) as a guest, *3* occasion, cause
წვე/ინ: *1* (და)აწვენ, *2* (გადა)აწვენ	*1* make lie down, put to bed, *2* move recumbent X
წვე̄ნი	juice
წვერი	beard
წვიმ: წვიმს/იწვიმებს	it rains
წვიმა	rain(ing)

წ(ვ)რთ: აწრთობ	temper
წვრთ(ე)ნ: (გა)წვრთნი	train
წვრილი	slim, fine
წვრილფეხა	thin-hooved
წიგნთსაცავი	library
წიგნი	book
წითელა (ა)	measles
წითე̄ლი	red
წილი	lot
წინ	in front (adv.) of, before, ago (+ G)
წინა (ა)	one in front; former; prior
წინააღმდეგ	against (+ G)
წინააღმდეგ: ეწინააღმდეგები	oppose X (D)
წინააღმდეგი	opposing
წინათ (ამას წინათ)	in the past, ago (just now, recently)
წინასიტყვაობა	preface, introduction
წინასწარ	in advance
წინაშე	in front/the face of (+ G)
წინდა	sock, stocking
წინდახედულება	foresight
წინსაფარი	apron
წირ: *1* (შე)სწირავ, *2* (შე)ეწირები	*1* sacrifice/dedicate X to Y (D), *2* sacrifice oneself to X (D)
წისქვილი	mill
წიწაკა	pepper (capsicum)
წლევანდელი	of this year
წლეულს	this year
წლიური	annual
წმე/ინდ: (გა)წმენდ	clean
წოდ: *1* (მი/მო)-აწოდებ = (მი/მო)აწვდი, *2* (მო)უწოდებ	*1* hand/make X available to Y (D), *2* issue call to X (D) to do Y
წოდ: *1* უწოდებ, *2* გეწოდება	*1* call X (D) 'Y', *2* you (D) get called
წოდება	calling, title
წოდებითი	vocative
წოვ: *1* (მო)წოვ, *2* (მო)აწოვებ	*1* suck, *2* give X (D) (breast = ძუძუ) to suck
წონ: *1* (ა)წონი, *2* რამდენს იწონი?	*1* weigh X, *2* how much do you weigh?
წონ: *1* (მო)იწონებ, *2* მოგწონს/მოგეწონება	*1* approve, *2* you (D) like
წონა	weight, weighing
წრუწუნ: *1* წრუწუნებ/იწრუწუნებ, *2* დაიწრუწუნებ	*1* squeak, *2* will give a squeak
წუთი	minute
წურ: (გამო)წურავ	squeeze out, drain
წუღა	boot
წუხ: *1* (შე)აწუხებ, *2* წუხხარ, *3* (შე)(ს)წუხდები	*1* disturb, trouble, *2* be disturbed/upset, *3* become troubled, trouble oneself over
წუხელ	last night
წყ(ვ): *1* (მო)აწყობ, *2* (და)აწყობ, *3* (ჩა)აწყობ, *4* გაწყობს, *5* (მო)ეწყობი, *6* რა გაეწყობა?, *7* აწყვია, *8* ხელს (შე)უწყობ	*1* arrange (e.g. meeting), *2* arrange, lay out (things), *3* arrange (by cunning means), *4* it's convenient for you (D), *5* settle into X (D), get into (university = -ში), *6* what's to be done?, *7* be arranged somewhere, *8* lend X (D) a

	hand in; make circumstances propitious for X
წყ: (და)იწყებ	begin
წყალი	water
წყდ: *1* (მი/მო)აწყდები, *2* (წა)აწყდები, *3* გული (და)გწყდება	*1* crash against X (D), *2* light upon X (D), *3* your (D) heart sinks
წყე/ინ: *1* აწყენ, *2* გწყინს/გეწყინება, *3* (მო)გწყინდება	*1* harm, upset, cause an upset stomach, *2* you (D) feel distress, annoyance, *3* you (D) become annoyed, distressed, fed up with X
წყვე/იტ/წყდ: *1* (გადა)წყვეტ, *2* (გა)წყვეტ, *3* (შე)წყვეტ, *4* (ა)იწყვეტ, *5* (გადა)წყდება	*1* decide X, *2* break off, liquidate, *3* stop, *4* snap off one's own X (e.g. button ღილი on a coat პალტოზე); break free when tied up; explode in anger, *5* be decided
წყვეტილი	simple past = aorist
წყნარ: *1* (და)აწყნარებ, *2* (შე)იწყნარებ	*1* calm X down, *2* accept
წყ(ე)რ: (გა)წყრები	become angry
წყურ: *1* გწყურია/გეწყურება, *2* (მო)გწყურდება	*1* you (D) are thirsty, *2* you (D) become thirsty

ჭ

ჭ(ა)მ: *1* ჭამ, *2* (შე)ჭამ, *3* იჭმება, *4* აჭმევ	*1* eat, *2* devour, *3* is edible, *4* feed X to Y (D)
ჭარხალი	beetroot
ჭედადი	malleable
ჭედ(ვ)ა	hammering
ჭე/ირ: *1* (და)იჭერ, *2* გიჭირავს	*1* catch, arrest, *2* you (D) hold
ჭ(ე)რ: *1* (გა)ჭრი, *2* (და)ჭრი, *3* (გადა)ჭრი, *4* (მო)სჭრი = (მო)აჭრიჭერი	*1* cut (in two), *2* cut up, wound, *3* cut across, *4* cut X off Y (D)
ჭვავი	rye
ჭიანურ: (გა)აჭიანურებ	spin out, lengthen
ჭიმ: (გა)ჭიმავ	stretch, make taut, spin out
ჭირ(ვ): *1* (და)გჭირდება, *2* ჭირს, *3* გჭირს, *4* გიჭირს	*1* you (D) need, *2* be difficult, *3* you (D) suffer from X, *4* you (D) are in trouble
(შენი) ჭირიმე! (შენი თვალ(ებ)ის ჭირიმე!)	darling! (your darling eye(s)!)
ჭიქა	cup, glass
ჭიხვინ: ჭიხვინებ/იჭიხვინებ	neigh
ჭკუა	intelligence
ჭკუიანი/ჭკვიანი	intelligent
ჭლექი	tuberculosis
ჭმუხნ: (შე)ჭმუხნი	scrunch up
ჭორი	rumour
ჭრილობა	wound
ჭურჭელი	crockery
ჭუჭრუტანა	crevice
ჭუჭყი	dirt
ჭუჭყიანი	dirty
ჭყივ(ლ): ჭყივი/იჭყივლებ	squeal

ხ

ხ: *1* ტუჩს/ხელს (შე)ახებ, *2* (შე)ეხები	*1* bring lip/hand into contact with X (D), *2* touch

(რაც შეეხება)	X (D) (as far as X (D) is concerned)
ხ(ა)დ: *1* (გა)ხდი, *2* (გა)იხდი, *3* (გა)ხდები, *4* (გადა)იხდი, *5* (გადა)გხდება, *6* (მო)ხდება, *7* (მო)გიხდება, *8* (ა)ხდი (ნამუსს (ა)ხდი), *9* (ა)გიხდება, *10* მადლობას (მი/მო)უხდი, *11* (გა)ახდევინებ	*1* make X something; remove clothing X from Y (D), *2* remove own clothing, get undressed, *3* become; grow thin, *4* pay, *5* something (e.g. payment) devolves upon you (D) , *6* X happens, *7* X happens to you (D); X suits you (D), *8* raise X from Y (D) (you rape X (D)), *9* X (e.g. dream) is realised for you (D), *10* thank X (D), *11* make X (D) make Y become something; make/help X (D) undress (either X or Y, in which case Y is governed by -თვის)
ხაზი	line
ხათრი	honour
ხალტურობა	being on the make
ხალხი	folk, people
ხალხური	folk- (adj.)
ხ(ა)ნ: (მო)ხნი	plough
ხანდახან	from time to time
ხანი	time
ხარ: *1* (გა)ახარებ, *2* გიხარია/გაგი/ეხარდება, *3* დახარი	*1* make X joyful, *2* you (D) are joyful, *3* look upon X (D) with joy [present sub-series]
ხ(ა)რ: *1* (და)ხრი, *2* (და)იხრები	*1* bend X down, *2* bend down
ხარი	bull
ხარისხი	quality
ხარისხოვანი	of good quality
ხარკი	tax
ხასიათ: (და)ახასიათებ	write description of
ხასიათი	mood
ხატ: *1* (და)ხატავ, *2* (გამო)ხატავ	*1* paint, *2* represent, portray
ხატი	icon
ხაჭაპური	cheese-bread
ხაჭო	curd-cheese
ხახვი	onion
ხბო	calf
ხდე/ინ: *1* (მო)ახდენ (cf. (მო)ხდება), *2* (წა)ახდენ (cf. (წა)ხდება)	*1* effect (cf. X happens), *2* ruin (cf. X fails, becomes ruined/ no good)
ხე	tree
ხედ: *1* ხედავ/ნახავ vs ხედავ/დაინახავ, *2* იხედები, *3* დახედავ (დახე(თ)! = დახედე(თ)!; მზე დახედავს), *4* დაიხედავ, *5* ჩახედავ, *6* ჩაიხედავ, *7* შე(მო)ხედავ, *8* შე(მო)იხედავ, *9* მი/მოხედავ, *10* მი/მოიხედავ, *11* გახედავ, *12* გაიხედავ, *13* გადახედავ, *14* გადაიხედავ	*1* see, vs notice, *2* be seen/visible; look (e.g. forward = წინ), *3* will look down at/examine X (D) (Look!; the sun will send down its light), *4* will examine one's own (e.g. finger = თითზე); look down, *5* will look down into/ familiarise oneself well with X (D), *6* will look down into, *7* will look into/

take a look at X (D), *8* will look into, *9* will look at/pay attention to X (D) thither/hither, *10* will look thither/hither (მოიხედავ may mean 'will get better'), *11* will look out at/go outside to meet X (D), *12* will look out, *13* will look over/across at X (D), *14* will look over/across

ხევ/ხი(ვ): (და)ხევ (NB უკან (და)იხევ) — tear into pieces (NB retreat)

ხეთქ: (გა)ხეთქ — split

ხ(ე)ლ: გახლავართ, გახლავთ, გახლავან (გეახლებით, გეახელით, გხლებივართ) — Polite expressions for 'I am/we are', 'X is', 'they are' (I am, was, apparently was/have been in attendance upon you (pl.) (D), at your (pl.) service)

ხელგაშლილება — generosity

ხელთათმანი — glove

ხელი — hand

ხელისუფლება — power, government, authority

ხელმეორედ — for a second time

ხელმისაწვდომი — accessible

ხელმწიფე — emperor

ხელოვანი — artist

ხელოსანი — artisan

ხელ-პირი — hands and face

ხელსაწყო — tool

ხელსახოცი — towel

ხელფასი — wage, salary

ხელშეკრულება — contract

ხემს: წაიხემსებ — you will snatch a bite to eat

ხენდრო — strawberry

ხერხ: (მო)ახერხებ (cf. ხერხი) — manage (cf. trick)

ხვალ (ხვალამდე) — tomorrow (till tomorrow)

ხვალინდელი — of tomorrow

ხვ(ე)დ(რ): *1* (შე)ხვდები (cf. შეხვედრა), *2* (და)ხვდები, *3* (მო)ხვდები, *4* (მი)ხვდები, *5* წილად გხვდება, *6* (შე)ახვედრებ, *7* (და)ახვედრებ, *8* (მო)ახვედრებ — *1* meet X (D) (cf. meeting), *2* be somewhere to meet X (D), *3* hit/come into contact with X (D) as target, land somewhere, *4* realise, *5* fall to your (D) lot, *6* arrange for X to meet Y (D), *7* bring X into contact with Y (D), store up X for Y (D), *8* make X hit target Y (D)

ხვევ/ვხი(ვ): *1* (გა)ახვევ, *2* (შე)ახვევ, *3* (გა)ეხვევი, *4* (გადა)ეხვევი, *5* (და)ახვევ (თავბრუს (და)ახვევ)/(თავს/თავზე (და)ახვევ), *6* თავს/თავზე (მო)ახვევ, *7* (შემო)ახვევ (თავს/თავზე (შემო)ახვევ), — *1* wrap up (e.g. ხათაბალაში 'in misfortune'/'bother'), *2* bind up (e.g. (მ)ჩვარში 'in a rag'), *3* get wrapped up in, wrap oneself up in X (= -ში), *4* embrace X (D), *5* wrap around (make X (D) dizzy)/(smother X (D) with Y),

8 (მი/მო)უხვევ, *9* (გადა)უხვევ	*6* impose/force X upon Y (D), *7* wrap around (impose X upon Y (D)), *8* turn (thither/hither), *9* turn off
ხველ: *1* (და)ახველებ, *2* (და)გახველებს	*1* cough deliberately, *2* you (D) cough accidentally
ხვეწ: *1* (შე)ახვეწებ, *2* (შე)ეხვეწები	*1* you entreat X (D) on behalf of Y, *2* entreat X (D)
ხვეჭ: (მო)იხვეჭ	earn for oneself
ხვრე/იტ: *1* (გა)ხვრეტ, *2* (და)ხვრეტ	*1* perforate, *2* execute by shooting
ხიბლ: (მო)ხიბლავ	charm
ხიდი	bridge
ხილვა	seeing
ხილვადი	observable
ხილი	fruit
ხიფათი	danger
ხმა	voice
ხმალი	sword
ხმარ: *1* ხმარობ/იხმარებ, *2* (მო)ახმარ(ებ), *3* (და)ეხმარები	*1* use, *2* use X for the benefit of/to help Y (D), *3* help X (D)
ხმაური	noise
ხმლიანი	having a sword
ხოლმე	as a rule
ხოლმეობითი	conditional
ხოლო	but; whereas; however
ხომ	surely
ხორბალი	corn, wheat
ხორცი	meat
ხორციელი	having flesh, corporeal
ხორცშესხმული	realised, made flesh
ხოც: *1* (და)ხოცავ, *2* ცხვირს (მო)იხოცავ, *3* (და)იხოვებით	*1* kill (many), *2* wipe one's nose, *3* you (pl.) are killed, die
ხოხ: *1* ხოხავ/იხოხებ, *2* მოხოხავ, *3* მიხოხავ, *4* დახოხავ, *5* (შე)ხოხდები	*1* crawl, *2* come crawling, *3* go crawling, *4* crawl about, *5* crawl into
ხრჩ(ვ): (და)ახრჩობ	choke, drown, suffocate X
ხრწ(ე)ნ: (გა)ხრწნი	corrupt
ხსენ: *1* (გა)ახსენებ, *2* (გა)იხსენებ, *3* (გა)გახსენდება, *4* (მო)ახსენებ (cf. მოხსენება), *5* მოგეხსენებათ, *6* (შე)ახსენებ	*1* remind X (D) of Y, *2* recall deliberately, *3* you (D) recall inadvertently, *4* tell X (D) something [polite]; give information to superior/official gathering (cf. conference paper), *5* you (pl.) (D) know [polite], *6* remind X (D) of Y
ხსენი: (მო)იხსენიებ	mention
ხს(ე)ნ: *1* (ა)ხსნი, *2* (გა)ხსნი, *3* (და)ეხსნები	*1* explain, *2* open, *3* leave X (D) alone
ხსოვ: გახსოვს/გეხსომება	you (D) remember
ხტ: *1* ხტი, *2* (ა/შე)ხტები	*1* jump [present sub-series], *2* jump up/into
ხუთი	five
ხუთიანი	*5* out of *5* = top marks
ხუთშაბათი	Thursday
ხულიგანი	hooligan

ხუმარა (ა)	jester, jesting
ხუმრ: *1* ხუმრობ/ იხუმრებ, *2* ეხუმრები, *3* წაიხუმრებ, *4* წაეხუმრები	*1* joke, *2* joke with X (D), *3* have a little joke, *4* have a little joke with X (D)
ხუმრობა	joking
ხურ: *1* (და)ხურავ, *2* (და)ახურავ, *3* (და)იხურავ	*1* cover, shut, *2* put headgear on X (D), *3* put on one's own headgear
ხურდა	change in money
ხურდა(ვ): (და/გადა)-ხურდავებ	change (money)
ხურმა	persimmon
ხშირი	frequent
ჯ	
ჯაგარი	bristle
ჯაგრისი	brush
ჯამაგირი	wage
ჯამი	bowl
ჯანდაბა	hell
ჯანდაბური	hellish, damned
ჯანმრთელი	healthy
ჯანმრთელობა	health
ჯანყი	rebellion
ჯარი	army
ჯარისკაცი	soldier
ჯახ: *1* (და)აჯახებ, *2* (და)ეჯახები	*1* crash X against Y (D), *2* crash into X (D)
ჯდ/ზი/ჯექ (cf. სხ(ე)დ): *1* ზიხარ/იჯდები (masdar ჯდომა), *2* (და)ჯდები (masdar დაჯდომა), *3* (ჩა)ჯდები, *4* (მი/მო)უჯდები, *5* (და)გიჯდება	*1* be seated, *2* sit down, *3* sit down inside, board, *4* sit down by X (D), *5* it costs you (D)
-ჯერ	times
ჯერ	yet; first
ჯერ: *1* (და)აჯერებ, *2* (და)იჯერებ, *3* (და)უჯერებ, *4* (და)იჯერება, *5* (და)გეჯერება, *6* (და)სჯერდები	*1* convince, satisfy, *2* believe (thing), *3* believe (person) (D), *4* it is credible, *5* you (D) find it credible, *6* be satisfied with X (D)
ჯერჯერობით	for the time being, so long
ჯვ: (მო)ჯვამ	defæcate
ჯვარი (ჯვარი აქაურობას!)	cross (touch wood!)
ჯვაროსანი	crusader
ჯიბე	pocket
ჯილდო	prize
ჯიპი	jeep
ჯიუტ: *1* ჯიუტობ/ იჯიუტებ, *2* (გა)ჯიუტდები	*1* behave obstinately, *2* become obstinate
ჯიუტი	obstinate
ჯიქანი	udder
ჯობ: *1* აჯობებს (cf. აჯობებ/ აჯობე/ გიჯობებია = გიჯობნია), *2* ჯობია	*1* it will be better (cf. worst/ worsted/ apparently (have) worsted), *2* it is better
ჯორი	mule
ჰ	
ჰინდური	Hindi (thing)
ჰო	yes
ჰოდა	well

English–Georgian phrase list

In the street (ქუჩაში)

What flag is flying over the government building and what emblem is pictured on it? რომელი დროშა ფრიალებს მთავრობის სახლზე და რომელი გერბი ახატია მას?

You don't have a match, do you?
ასანთი ხომ არა გაქ(ვს)?

What did that lad say?
რაო იმ ბიჭმა? (= რა თქვა იმ ბიჭმა?)

He's asking for a match
ასანთს თხოულობს

No(, I don't) – I don't smoke
არა(, არა მაქ(ვს)) – არ ვეწევი

Are you a believer?
მორწმუნე ხარ?

No, I don't believe in God
არა, ღმერთი არ მწამს

I'm sorry for interrupting you
ბოდიში რო(მ) ლაპარაკი შეგაწყვეტინე/ლაპარაკს გაწყვეტინებ

Don't hinder me!
ხელს ნუ შემიშლი!

You'll lend me your support, won't you?
ხომ დამიჭერ მხარს?

Dynamo scored three goals
დინამოელებმა სამი ბურთი გაიტანეს

What was the score?
შედეგი რა იყო?

They won 3–2
მოიგეს სამით-ორი

The match will be replayed the following day, if the meeting ends in a draw მატჩი გადათამაშდება მეორე დღეს, თუ ფრედ დამთავრდება შეხვედრა

Should we sit down somewhere and have a game of chess?
სადმე დავსხდეთ და ჭადრაკი ვითამაშოთ?

Let's have a game of cards
ბანქო ვითამაშოთ

What are the four suits called in Georgian?
ქართულად რას ეძახიან ოთხ ჯერობას?

We call them 'bricks' (= diamonds), 'crosses' (= clubs), 'crows' (= spades) and 'hearts' მათ ვეძახით აგურს, ჯვარს, ყვავს და გულს

The main one is the ace
მთავარი კიკო/ტუზია

The trump too is important
თულფიც მნიშვნელოვანია

There's a big do (feasting) tonight, but I can't be bothered going
დიდი ჰურ-მარილია ამაღამ, მარა მეზარება წასვლა

Where can I buy some washing powder?
სად შემიძლია ვიყიდო სარეცხი ფხვნილი?

I've amassed a mountain of washing
ერთი მთა სარეცხი დამიგროვდა

Look after your own business!
მიხედე შენს საკუთარ საქმეს!

They will arrest that couple and lock them up separately from each other იმ ცოლ-ქმარს დაიჭერენ და ცალ-ცალკე ჩაამწყვდევენ/ჩაასხამენ

What's your surname?
რა გვარი ხარ?

It seems you share my friend's surname
ჩემი მეგობრის მოგვარე ყოფილხარ

That one's my namesake
ის ჩემი სეხნიაა

I'm popping into the shop for five minutes – wait for me, please
მაღაზიაში შევდივარ ხუთი წუთით – დამაცადე რა

Do call in any time
ნებისმიერ დროს შემოიარე რა

Call round from time to time
ხანდახან გამოიარე

Fortune has let you down – you've missed the bus
ბედმა გიმტყუნა/გიმუხთლა – გაგასწრო ავტობუსმა
Fortune has smiled on me – here comes my bus
ბედმა გამიღიმა – აგერ მოდის ჩემი ავტობუსი
Thread this needle, I can't see anything
ამ ნემსში ძაფი გაუყარე, მე ვერაფერს (ვერ) ვხედავ
I've apparently got a splinter in my finger
ხიწვი თითში შემრჭობია
Look me straight in the eye!
თვალი თვალში გამიყარე!
X's life hangs by a thread
ბეწვზე ჰკიდია მისი სიცოცხლე
Why did you give that child a slap?
მაგ ბავშვს რატომ გააწანი სილა?
Is left-handedness a common phenomenon in Transcaucasia?
ცაციაობა ხშირი მოვლენაა ამიერკავკასიაში?
I haven't a clue
წარმოდგენა არა მაქ(ვს)
When will the G7 examine Georgia's problems?
დიდი შვიდეული როდის განიხილავს საქართველოს პრობლემებს?
How many months after the coup did Shevardnadze take control of the reins of government? გადატრიალებიდან რამდენი თვის შემდეგ (ჩა)იგდო ხელთ/ხელში მმართველობის სადავეები შევარდნაძემ?
What have we got left to be proud of?
საამაყო რა დაგვრჩა?
We can at least take pride in our history
ჩვენი ისტორიით მაინც შეგვიძლია ვიამაყოთ
I'm not familiar with the affair (I know nothing about it)
საქმის კურსში არა ვარ
Enough!
კმარა!
Tbilisi made a wonderful impression on me
მშვენიერი შთაბეჭდილება მოახდინა ჩემზე თბილისმა

Weather (ამინდი)

What is the weather forecast?
რა არი(ს) ამინდის პროგნოზი?

There'll be 25 degrees of heat
ოცდახუთი გრადუსი სითბო იქნება

When it brightens up, we will go to the seaside, won't we?
როცა გამოიდარებს, ხომ წავალთ ზღვის ნაპირზე?

The rain has just stopped
წვიმამ ეს-ეს არი(ს) გადაიღო

You've apparently got soaked in the rain
წვიმაში გაწუწულხარ/გაზუნზლულხარ

The thermometer fell/rose
თერმომეტრმა დაიწია/აიწია

How stifling the air is today!
რა სულთამხუთავია ჰაერი დღეს!

What fierce heat there is in Tbilisi usually in August!
აგვისტოში რა პაპანაქება იცის თბილისში!

Dawn broke/has broken
გათენდა

Dusk fell/has fallen
დაბინდდა = შეღამდა = მოსაღამოვდა

Night came/has come
დაღამდა

Autumn (has) approached
შემოდგომამ მოატანა/შემოდგომა მოადგა

What clouds have come down!
რა ღრუბლები ჩამოწვა!

In a restaurant (რესტორანში)

Press (lit. hold your finger on) the button and the door will open
თითი დააჭირე ღილაკს და კარი გაიღება

This table is free/taken
ეს მაგიდა თავისუფალია/დაკავებულია

Let's sit down and order some food
დავსხდეთ და საჭმელი ვითხოვოთ/შევუკვეთოთ

What's written on the wall over there?
კედელს რა აწერია იქა?

'No smoking here!'
'ჩვენთან არ მოსწევიან!'
'The smoking of tobacco is forbidden'
'თამბაქოს მოწევა აკრძალულია'
I don't fancy tripe today
გული დღეს არ მიმდის ხაშზე
That waiter/waitress isn't in any hurry to serve us
იმ ოფიციანტს ჩვენთვის არ სცხელა
Don't be bashful – complain!
ნუ (მო)გერიდება – იჩივლე!
Bring us two more bottles of beer/wine/cognac
კიდევ ორი ბოთლი ლუდი/ღვინო/კონიაკი მოგვიტანე
Here's the food – please help yourselves/take it!
აი საჭმელი – ინებეთ!
Who takes responsibility for the quality of this food?
პასუხს ვინ აგებს ამ საჭმლის ხარისხის(ა)თვის?
That's enough for me!
მეყოფა!
Without so much as a by-your-leave that woman got up and ran out hell-for-leather – what's going on? იმ ქალმა არც აცივა არც აცხელა – ადგა და თავქუდმოგლეჯილმა გაირბინა – რაშია საქმე?
God, what shall we do if she's been poisoned by this soured cream?
ღმერთმანი, რას ვიზამთ, თუ ამ არაჟნით მოიწამლა?
Let's hope she hasn't been poisoned
იმედი ვიქონიოთ (რო(მ)) არ მოწამლულა
A fish-bone apparently got stuck in her throat
ფხა ყელში გასჩხირვია
You play the *chonguri* and we'll clap
შენ ჩონგური დაუკარი და ჩვენ ტაშს დავუკრავთ
Bring us the bill
ანგარიში მოგვიტანე

At the doctor's/dentist's (ექიმთან/კბილის ექიმთან)

I've got toothache – I am going to the dentist
კბილი მტკივა – კბილის ექიმთან მივდივარ
Did/Will he take out your tooth?
კბილი ამოგიღო/კბილს ამოგიღებს?

No, he filled/will fill two teeth for me
არა, ორი კბილი დამიპლომბა/ორ კბილს დამიპლომბავს

I feel unwell
ცუდად ვგრძნობ თავს

The doctor will write you out a prescription
ექიმი ცნობას გამოგიწერს

Yes, but do you suppose medicine can be found anywhere in your chemists? ჰო, მარა წამალი განა სადმე იშოვება თქვენს აფთიაქებში?

The child has a fever
ბავშვს აცხელებს

I'm afraid a mosquito/flea/louse may have bitten him
მეშინია, ვაი-თუ კოღომ/რწყილმა/ტილმა უკბინა-მეთქი

He hasn't got a fever, he just has a temperature
არ აცხელებს, უბრალოდ სიცხე აქ(ვს)

You will either shake your head as a sign for 'no' or nod it as a sign of agreement თავს ან გაა/იქნევ უარის ნიშნად ან დაა/იქნევ მას თანხმობის ნიშნად

First you will breathe in deeply, then you will breathe out
(ჰაერს) ჯერ ღრმად ჩაისუნთქავ, მერე ამოისუნთქავ

Hold your breath!
სული გაინაბე!

Shut your eyes!
თვალები დახუჭე!

Open your eyes!
თვალები გაახილე!

Rub your eyes and look over there!
თვალები მოიფშვნიტე და მიიხედე იქითკენ!

The upper jaw will be unable to move separately of its own accord
ზემოთი ყბა თავისთავად ცალკე ვერ იმოძრავებს

What made you cross-eyed?
რამ დაგაელმა?

Sitting at home may cause you to lose the ability to walk (= become a cripple) სახლში ჯდომამ ეგებ დაგაკუტოს/დაგასაპყროს

Don't hasten the end of my life for me! = Don't hurry my demise!
სიცოცხლეს ნუ მომისწრაფებ! = ჩემს სიკვდილს ნუ დააჩქარებ!

Willingly or unwillingly you will swallow this pill
ნებსით თუ უნებლიეთ გადაყლაპავ ამ აბს

Travel (მგზავრობა)

How shall we go – by boat or by plane?
რითი წავალთ – გემით თუ თვითმფრინავით?
It's all the same to me
ჩემთვის არაფერი ბედენაა = ჩემთვის არაფერი განსხვავებაა
What's the difference?
რა ბედენაა? = რა განსხვავებაა? = რა მნიშვნელობა აქ(ვს)?
What's the route?
რა არი(ს) მარშრუტი?
If we go by train, is it necessary to change?
მატარებლით თუ წავალთ, გადაჯდომა საჭიროა?
Is the flight direct?
რეისი პირდაპირია?
How much is the rail ticket?
რკინიგზის ბილეთი რა ღირს?
It depends what sort of ticket you want
გააჩნია, რანაირი ბილეთი გინდა
I want a return ticket
ბილეთი იქით-აქეთ მინდა
Where can one buy a platform-ticket?
ბაქანზე გასასვლელი ბილეთი სად იყიდება?
All tickets have already been sold
ყველა ბილეთი უკვე გაიყიდა
Including tax the ticket will cost you $1,000
გადასახადის ჩათვლით ბილეთი დაგიჯდება ათას დოლარად
Don't lean out of the window!
ფანჯარას ნუ გადაეყუდები!
Who will escort us to the station?
სადგურზე ვინ მიგვაცილებს/გაგვაცილებს?
Let's quicken our pace in case we miss the train
ნაბიჯს/სიარულს მოვუმატოთ/ავუჩქაროთ, ვინიცობაა მატარებელმა გაგვასწროს
Don't worry, we won't miss it – we can slow down
ნუ გეშინია, არ გაგვასწრებს – შეგვიძლია ნაბიჯს/სიარულს ვუკლოთ

Where can I buy a one-week travel ticket?
სად შემიძლია ვიყიდო ერთკვირიანი სამგზავრო ბილეთი?
At any kiosk
ნებისმიერ კიოსკში
When getting off, you must show your ticket to the driver
ჩა(მო)სვლისას ბილეთი უნდა წარუდგინო მძღოლს
Which bus will take me to the airport?
რომელი ავტობუსი მიმიყვანს აეროპორტამდე?
In which direction is this trolleybus going?
რომელი მიმართულებით მიდის ეს ტროლეიბუსი
In this direction it goes to the outskirts of the town
ამ მიმართულებით მიდის ქალაქის გარეუბანში
If I get on here, which stop do I want?
თუ აქ ჩავჯდები, რომელი გაჩერება მინდა?
From here you want the third (stop)
აქედან მესამე (გაჩერება) გინდა
Why did the car speed up/slow down?
მანქანამ რატომ უმატა/უკლო სვლას?
Turn the car round!
მოაბრუნე მანქანა!
Where should we turn off?
სად უნდა მოვუხვიოთ/გადავუხვიოთ?
We are approaching the turn-off now
ეხლა ვუახლოვდებით მოსახვევს/გადასახვევს
This road takes us into a cul-de-sac/dead-end/blind alley
ამ გზას ჩიხში შევყავვართ (cf. You'll get caught in an impasse ჩიხში მოემწყვდევი)
If I can't meet you on time, wait for me in the waiting-room
თუ დროზე ვერ დაგხვდები, მომიცადე მოსაცდელში
Wait!
მოიცა(დე(თ))!
On the escalator (on the moving stairs) hold on to the banister, otherwise you'll fall! ესკალატორზე (მოძრავ კიბეზე) ხელი მოჰკიდე მოაჯირს, თორემ დავარდები!
I have to get a tyre changed
ერთი საბურავი უნდა გამოვაცვლევინო
When will the railwaymen go on strike?
რკინიგზის მუშაკები როდის გაიფიცებიან?

I'm excited that I'll soon be in Georgia
აღფრთოვანებული ვარ, რო(მ) მალე ვიქნები საქართველოში
Bon Voyage!/I wish you a happy journey
კეთილი მგზავრობა!/კეთილ მგზავრობას გისურვებ

Documents/Customs (საბუთები/საბაჟო)

My hope was/has been frustrated – they couldn't produce my passport in time იმედი არ გამიმართლდა – პასპორტი დროზე ვერ გამიფორმეს
Let's gather together the relevant documents
თავი მოვუყაროთ შესაბამის საბუთებს
Where is your pass?
სად არი(ს) შენი საშვი?
Let me in without a pass, I beg you!
უსაშვოდ შემიშვი, გეხვეწები!
That is (quite) out of the question
ეგ (სრულიად) გამორიცხულია
How much will the visa cost me?
ვიზა რამდენად დამიჯდება?
Perhaps they'll give you it free
ეგებ უფასოდ მოგცენ
At customs will they really search through even my personal belongings? საბაჟოში ნუთუ გამიჩხრეკენ პირად ნივთებსაც კი?
On what sort of things will I be liable for customs' duty?
რანაირ ნივთებზე გადამხდება ბაჟი?
They (will) keep a close watch on absolutely all travellers
სუყველა მგზავრს (და)ადევნებენ თვალყურს
Nothing will be left unnoticed by them
მათ არაფერი შეუმჩნეველი არ დარჩებათ
Don't poke your nose into my business!
ცხვირს ნუ წაყოფ/ჩაყოფ ჩემს საქმეში!
While in Georgia you won't engage in business, will you?
საქართველოში ყოფნისას ხელს ხომ არ მიჰყოფ აღებ-მიცემას?
That fact at least speaks in your favour
ეგ ფაქტი მაინც შენს სასარგებლოდ მეტყველებს
Which form should I fill in?
რომელი ბლანკი შევავსო?

You don't by any chance know today's dollar (exchange) rate, do you?
შემთხვევით ხომ არ იცი დოლარის დღევანდელი კურსი?
What's the date of your birth?
რა არი(ს) შენი დაბადების თარიღი?
How do you view the course of Georgian politics?
როგორ უყურებ საქართველოს პოლიტიკის მსვლელობას?
I learned Georgian a long time before coming to Georgia
საქართველოში ჩამოსვლამდე დიდი ხნით ადრე ვისწავლე ქართული
Everything is in order
ყველაფერი რიგზეა

Special Greetings (განსაკუთრებული მისალმებები)

Happy New Year!
მომილოცავს ახალი წელი!
Be joyful, be happy, live long and many of them [sc. New Years]!
იხარე, იბედნიერე, იხანგრძლივე, და მრავალს დაესწარი!
Christ is risen! – Truly! [sc. Easter greeting and response]
ქრისტე აღსდგა! – ჭეშმარიტად!
Live long! [sc. addressing the happy couple at a wedding]
იცოცხლეთ მრავალჟამიერ!

Index